MACROECONOMICS

N. Gregory Mankiw 著

總體經濟學

謝振環　譯

國家圖書館出版品預行編目資料

總體經濟學 / N. Gregory Mankiw 著；謝振環譯. --
第五版. -- 臺北市：臺灣東華書局股份有限公司，
2022.09

568 面；19x26 公分.

譯自：Macroeconomics, 11th ed.
ISBN 978-626-7130-19-3（平裝）

1.CST: 總體經濟學

550   111012829

總體經濟學

著　　者	N. Gregory Mankiw
譯　　者	謝振環
發 行 人	謝振環
出 版 者	臺灣東華書局股份有限公司
地　　址	臺北市重慶南路一段一四七號三樓
電　　話	(02) 2311-4027
傳　　眞	(02) 2311-6615
劃撥帳號	00064813
網　　址	www.tunghua.com.tw
讀者服務	service@tunghua.com.tw

2028 27 26 25 24 BH 9 8 7 6 5 4 3

ISBN   978-626-7130-19-3

本書初版由美國紐約 Worth Publishers 出版。
英文版 © 2022, 2019, 2016, 2013 年，Worth Publishers 版權所有，翻印必究。
First published in the United States by Worth Publishers
Copyright © 2022, 2019, 2016 and 2013 by Worth Publishers
All rights reserved.
This edition of MACROECONOMICS 11E, by N. Gregory Mankiw is published by arrangement with Macmillan Inc.

序言

　　一位經濟學家必須是「數學家、歷史學家、政治家、哲學家，在某種程度……是不食人間煙火且未受社會污染的藝術家，而有時又現實地像政治人物。」這是偉大的英國經濟學家，人稱總體經濟學之父 —— 約翰・梅納德・凱因斯的註解。沒有任何一句話能夠比凱因斯的話更適合用來描述經濟學家。

　　如同凱因斯論述的建議，學生學習經濟學必須具備許多不同的才能。協助學生尋找與發展這些才能，是教授經濟學的老師與經濟學教科書作者的職責。我對這本書的目標為讓總體經濟學是容易理解的、與日常生活相關的，而且(不論相信與否)是有趣的。我們這些選擇成為專業的總體經濟學家都是如此，因為這個領域相當令人著迷。更重要的是，我們相信經由總體經濟學的學習能夠闡明世界上的許多事件，且若能適當應用所學到的功課，將可使明天變得更好，冀望本書不僅是傳達累積的專業智慧，也能夠透露書中蘊含的熱忱與目的。

本書觀點

　　儘管總體經濟學家共享整體知識，他們對總體經濟學知識的最佳教導方式並無相同的見解。讓我重述目標作為新版的開始，這些目標共同確立本書在總體經濟學領域的觀點。

　　第一，我嘗試在總體經濟學中的長期與短期議題上提供一個平衡。所有的經濟學家都同意公共政策及其他事件，在不同的時間會影響經濟社會。我們生活在自己的短期，也生活在父母留給我們財產的長期。結果，總體經濟學課程必須包括短期課題(如景氣循環、穩定政策)，以及長期課題(如經濟成長、自然失業率、持續的通貨膨脹及政府債務的影響)。任何時點(短期與長期)的經濟分析都同等重要。

　　第二，本書整合凱因斯學派與古典學派理論的觀點。雖然凱因斯的《一般理論》提供許多我們現在對經濟波動認識的基礎，需要記住的是，古典經濟學也提供許多基本問題的正確答案。我在本書中，整合凱因斯之前的古典學派經濟學家及過去二十年新古典學派經濟學家的貢獻。例如，使用較大篇幅說明利率的可貸資金理論、貨幣數量學說及時間不一致性的問題。同時，我認為有必要以凱因斯與新凱因斯管理學派的許多想法來瞭解經濟波動。本書亦以大篇幅討論總需求的 *IS-LM* 模型、通貨膨脹與失業的短期取捨，以及景氣循環動態的現代理論。

　　第三，我以許多不同的簡單模型來呈現總體經濟學。與其假設有一個模型可以完整說明經濟社會的所有面貌，我鼓勵學生學習如何使用與比較一組傑出的模型。這種觀點有教學上的價值，每一個模型相對簡單且能在一、兩章內完全呈現。更重要的是，這個觀點要求學生以經濟學家的思考方式思考。經濟學家總是以不同的模型去分析經濟事件及公共政策。原書的封面說明此種觀點：圖畫，就像模型的蒐集，顯示相同現象不同的觀點。

第四，我強調總體經濟學是一門實證課程，是由各種廣泛不同的經驗所激發與引導。本書包括許多個案研究，這些個案是運用總體經濟學來說明實際生活的數據與發生的事件。為了凸顯基本理論的廣泛應用能力，個案研究的例子取自全球經濟體系面臨的現在議題，以及過去歷史出現的重大事件。這些個案研究分析亞歷山大・漢彌爾頓、亨利・福特、喬治・布希 (還有兩者！)，以及巴拉克・歐巴馬的政策。它們教導讀者如何應用經濟學原理來分析，從 14 世紀的歐洲、亞胡島、歐茲國到今日報紙的新聞。

第十一版的新內容

課本有一些顯著的改善與更新，特別是：

- 第 3 章包括一新的附錄來解釋含括更多的所得不均課題。
- 第 6 章包括川普總統貿易政策的新個案研究。
- 第 7 章包括 2020 年疫情期間失業保險的新個案研究。
- 長期經濟成長的資料重新安排，並將兩章分成三章 (第 8 章、第 9 章與第 10 章)，讓相關課題更緊密連結，提供學生更容易切入主題的介紹。
- 第 10 章包括印度與中國資本與勞動錯置的新個案研究。
- 第 11 章包括新冠肺炎 2020 年經濟衰退的新章節。

當然，本書的所有資料均已盡可能地更新。

儘管有這些改變，我的目標與前面版本相同：提供學生最清楚、最即時，以及用最簡短的敘述來更貼近總體經濟課程。

課題的安排

我對教授總體經濟學的策略是，首先檢視當價格完全有彈性時的長期模型，然後再檢視當價格僵固性時的短期模型。這種觀點有許多優點：第一，古典二分法允許實質與貨幣議題分開，學生比較容易瞭解長期的經濟行為；第二，當學生開始學習短期經濟波動時，他們可以是完全理解環繞長期均衡的短期經濟波動；第三，從市場結清模型出發 (還有兩者！)，會讓總體經濟學與個體經濟學的關聯性更清楚；第四，學生一開始學習到的是總體經濟學中較無爭議的課題。所有的這些理由都說明從長期古典模型出發的策略簡化了總體經濟學的教導。

讓我們從策略層面轉向技巧層面。以下是本書的導覽。

第一篇，導論

第一篇導論的內容簡短，所以學生能夠很迅速地進入核心課題。第 1 章討論總體經濟學家提出的廣泛問題及經濟學家建構模型來解釋真實世界的觀點。第 2 章介紹總體經濟學的資料，主要強調國內生產毛額、消費者物價指數及失業率。

第二篇，古典理論：長期經濟體系

第二篇檢視價格具完全彈性下的長期經濟體系。第 3 章呈現國民所得的基本古典模型。在這個模型中，生產因素與生產技術決定所得水準，而生產因素的邊際產量決定家計單位的所得分配狀態。此外，模型指出財政政策如何影響經濟體系資源在消費、投資和政府購買間的分配，且模型也凸顯實質利率如何使商品與服務的供需達到均衡。

貨幣與物價水準將於後面介紹。第 4 章檢視貨幣體系與貨幣政策工具。第 5 章開始討論貨幣政策的影響。因為我們假設價格是完全有彈性，可自由調整。本章呈現古典貨幣理論的著名觀念：貨幣數量學說、通貨膨脹稅、費雪效果、通貨膨脹的社會成本，以及惡性通貨膨脹的發生原因與成本。

第 6 章開始學習開放經濟體系的總體經濟學。在假設充份就業仍然維持的情形下，本章以模型來解釋貿易帳與匯率。在本章討論各種不同的政策議題：預算赤字與貿易赤字間的關係、貿易保護政策的總體經濟層面衝擊，以及貨幣政策對外匯市場貨幣價值的影響。

第 7 章放寬充份就業的假設，以探討對勞動市場的動態及自然失業率。本章檢視失業的不同原因，包括工作搜尋、最低工資法、工會力量及效率工資，也呈現失業形態的某些重要事實。

第三篇，成長理論：非常長期的經濟體系

第三篇是以經濟動態的古典模型分析為基礎，來發展成長理論的工具。第 8 章介紹基本梭羅成長模型，強調資本累積人口成長。第 9 章加入與技術進步加入梭羅成長模型。它也提供現代內生成長理論的簡短概述。第 10 章藉由探討世界各國的成長經驗而從理論走向實務，更重要的是，它藉由考慮公共政策如何影響長期生活水準來結束經濟成長的討論。

第四篇，景氣循環理論：短期經濟體系

第四篇檢視當價格僵固時的短期。第 11 章先檢視描寫經濟活動的短期經濟波動的一些重要事實，然後再介紹總供給與總需求模型及穩定政策扮演的角色。以下幾章則是將本章內容加以延伸。

第 12 章和第 13 章仍詳細地探討總需求。第 12 章呈現凱因斯十字架 (交叉) 與流動性偏好理論，並且利用這些模型作為發展 IS-LM 的基石。第 13 章利用 IS-LM 模型來解釋經濟波動與總合需求曲線。本章以經濟大蕭條的延伸個案研究作為結束。

第 14 章繼續討論短期經濟波動，主要專注於開放經濟體系下的總需求模型。本章呈現孟德爾—弗萊明模型，並指出在固定與浮動匯率制度下，貨幣和財政政策如何影響經濟。它也討論匯率應該浮動或固定的問題。

第 15 章詳細探討總供給。本章以不同觀點來解釋短期總供給曲線，並討論通貨膨脹與失業的短期取捨關係。

第五篇，總體經濟理論和政策課題

一旦學生能夠掌握標準模型，本書提供他們潛心研究總體經濟理論與政策的不同章節選擇。

第 16 章發展總需求與總供給的動態模型。它是基於學生已經碰到，並利用這些概念作為進一步認識短期經濟波動的墊腳石，這裡的模型是現代動態，隨機、一般均衡 (DSGE) 模型的簡化版本。一點忠告：本章需要比其他章更多的數學。但在吸收前面章節更簡單的觀念後，學生對本章應能駕輕就熟。

第 17 章思考政策制定者如何針對短期經濟波動反應的政策辯論。本章強調兩個一般性問題：貨幣與財政政策實施應該積極或消極？政策應該依法則或依當時狀況來施行？本章將對這些問題的兩面加以討論。

第 18 章的焦點在政府債務與預算赤字的各種辯論。本章對政府負債數量多寡賦予較大藍圖，討論為什麼預算赤字的衡量並不是直接的，重新敘述傳統對政府債務影響的看法，並以不同角度介紹李嘉圖等值定理，以及從其他各種不同觀點檢視政府負債。如同前面幾章並不會直接給學生結論，而是賦予學習工具來衡量自己的不同觀點。

第 19 章討論金融體系及其與整體經濟的連結。它開始檢視金融體系的功能：融資投資、分散風險、處理不對稱資訊及促進經濟成長。然後再討論金融危機成因、總體經濟衝擊，以及能減緩其影響和降低可能性的政策。

第 20 章分析消費與投資決策的個體經濟基礎。它討論消費者行為的不同理論，包括凱因斯消費函數、莫帝格里尼的生命循環假說、傅利德曼的恆常所得假說、霍爾的隨機漫步假說，以及萊柏森的立即享受模型。它也檢視投資函數的背後理論。聚焦於企業固定投資與包括如資本成本、杜賓 q 與融資限制角色等課題。

結語

本書以簡短結語收尾，複習大多數總體經濟學家同意的一般議題，以及討論某些最重要但尚未解決的問題。無論老師選擇哪些章節教授，本章可以用來提醒學生總體經濟學的許多模型與主題如何彼此相關聯。我在本章與全書各個章節都強調，儘管總體經濟學家的意見並非一致，但我們已經學到更多有關經濟體系如何運作的知識。

透過本書的不同路徑

中級總體經濟學的老師對於課題與架構的挑選有不同的偏好。在寫本書時，我努力將此點牢記在心，讓它可以有一定程度的彈性。以下是老師可以重新安排教學內容的方式：

- 有些老師想要教授短期經濟波動。對這些老師來說，我推薦第 1 章到第 5 章，學生可以古典理論為基礎，然後跳到第 11 章、第 12 章、第 13 章，以及第 15 章來學習總需求與總供給模型。
- 有些老師想要涵蓋長期經濟成長。對這些老師來說，可以在教授第 3 章後，直接跳到第 8 章、第 9 章和第 10 章。
- 有些老師想要將開放總體經濟學延後 (或甚至跳過) 教授，可以跳過第 6 章和第 14 章而無損完整性。
- 想要強調貨幣與財政政策的老師，可以跳過在第 8 章、第 9 章、第 10 章和第 16 章後，立刻教授第 17 章和第 18 章。
- 想要強調總體經濟學的個體經濟學基礎的老師可以在授課初期，甚至在第 3 章後，先教第 20 章。

經由數以百位使用前幾個版次的老師成功之教學經驗指出，本書適合不同方式的教導。

學習工具

我很高興學生已經發現本書前幾個版次簡單易懂。我嘗試讓第十一版更平易近人。

個案研究

當經濟學被用來瞭解實際事件時，才會更接近生活。因此，許多個案研究 (本版有許多新增或重新修訂的個案) 是重要的學習工具。這些個案研究出現的頻率，能夠確保學生在見到理論被應用之前，不致被過多的理論淹沒。學生反映個案研究是本書中最喜歡的部份。

FYI 專欄

此專欄呈現「給你資訊」(for your information) 的輔助題材。我利用它們來澄清難懂的觀念，提供經濟學工具的額外資訊，並指出經濟學如何影響我們的日常生活。

圖形

瞭解圖形分析是學習總體經濟學其中的關鍵，我盡可能使圖形淺顯易懂。我經常利用圖形中的文字做簡短敘述並說明圖形分析的重點。詳細評論的專欄可以幫助學生學習與複習總體經濟學的課題。

數學註解

我偶爾會使用數學附註，將較困難的部份與課本主文分開。這些註解對文中陳述有更嚴謹的討論或是呈現數學結果的證明。若學生尚未具備適當的數學技巧，可以直接跳過這個部份。

快速測驗

每一章末均以 6 個選擇題來作為學生自我測驗閱讀的內容，答案亦附於章末。

本章摘要

每一章均包括簡短且非技術性的摘要，作為該章主要功課的結尾。學生可以利用摘要得到正確的總體經濟學觀念並藉此應付考試。

關鍵詞

學習一個領域的語言是任何課程學習很重要的部份。在每一章中，每一個關鍵詞均以粗體字表示。在每一章的結尾，關鍵詞會重新整理列出以供複習之用。

複習題

在讀完一章後，學生可以藉回答複習題以測試其對基本課題的瞭解程度。

問題與應用

每一章都包括問題與應用作為家庭作業。有些是該章理論的數字應用，有些則是鼓勵學生追求與本章課題相關的新議題。

附錄

有許多章節包含附錄，可提供額外教材，有時是比較高深的數學模型。這樣的設計是讓老師能夠如其所願地更深入掌握某些課題。附錄可以略過，並不會影響章節的連續性。

解釋名詞

幫助學生更瞭解總體經濟學的語言。超過 250 個解釋名詞彙總於本書書末。

謝辭

自從開始撰寫本書的初版以來，我從經濟領域中的審閱者與同事間得到許多寶貴意見。現在，本書已到第十一版，這些人為數眾多而無法一一列出。然而，我由衷地感謝他們願意犧牲寶貴的時間，來協助改善本書的內容與教學。他們的忠告使得本書更能夠成為教導全球數以萬計學生的良好工具。

我想要提及最近協助審閱這個版次的老師們：

Reena Ahuja
Flagler College

Lian An
University of North Florida

Geoffrey Carliner
Boston University

Steven Cassou
Kansas State University

Ryan Chahrour
Boston College

Chi-Young Choi
The University of Texas at Arlington

Jason DeBacker
University of South Carolina

Firat Demir
University of Oklahoma

Ceyhun Elgin
Columbia University

Todd Fitch
University of San Francisco

Bharman Gulati
Colorado State University

Jingxian Hu
Boise State University

Syed Hussain
James Madison University

Samuel Jung
SUNY Cortland

Sherif Khalifa
California State University, Fullerton

Steven Lugauer
University of Kentucky

Shaowen Luo
Virginia Tech

Goncalo Monteiro
Georgia State University

Todd Neumann
University of Arizona

Huaming Peng
Rensselaer Polytechnic Institute

Lodovico Pizzati
University of Southern California

Lioubov Pogorelova
Fashion Institute of Technology

Reza Ramazani
Saint Michael's College

Alice Schoonbroodt
University of Georgia

Fahlino Sjuib
Framingham State University

Liliana Stern
Auburn University

Andre Switala
Tufts University

Pao-Lin Tien
George Washington University

Kiril Tochkov
Texas Christian University

Christian vom Lehn
Brigham Young University

Zeynep Yom
Villanova University

此外，我要感謝哈佛學生 Jay Garg 與耶魯大學研究生 Rohit Goyal 協助我更新資料和潤飾文稿。本書的各個版次都因為這些優秀學生而日益精進。

Worth Publishers 的人員依然友善與投入。我要謝謝副總裁 Catherine Woods、資深副總裁 Charles Linsmeier 人類學、社會學科及大學先修課程高中；節目總監 Shani Fisher；資深節目執行經理 Simon Glick；行銷經理 Clay Bolton；學習解答專案人員 Travis Long；媒體編輯與配件 Noel Hohnstine；媒體編輯 Stefani Wallace；配件編輯 Kristyn Brown；資深配件編輯 Joshua Hill；助理編輯 Amanda Gaglione；資深總編輯 Lisa Kinne；總監 Tracey Kuehn；資深流程經理 Paul Rohloff；目錄管理設計主任 Diana Blume；版權編輯 Kitty Wilson；校稿 Sharon Tripp；資深專案經理 Vanavan Jayaraman。

還有許多其他人也做出重要的貢獻。最重要的有：獨立企劃編輯 Jane Tufts，再一次地對本書施展魔法，證明她是這個行業中的佼佼者。Alexandra Nickerson 編了很出色的索引。我的妻子兼家庭編輯 Deborah Mankiw 仍是新材料的第一位閱讀者，且提供正確的批評與鼓勵。

最後，我要感謝我的三個小孩：Catherine、Nicholas 及 Peter。他們在修訂上幫了一個大忙——透過令人愉悅的打擾，提醒我本書是為了下一代所寫的。

N. Gregory Mankiw

2020 年 9 月

目錄

序言 iii

PART I 導論

第 1 章 總體經濟學 1
1-1 總體經濟學家研究什麼？ 1
1-2 經濟學家如何思考？ 5
1-3 本書如何進行？ 12

第 2 章 總體經濟學的資料 15
2-1 衡量經濟活動的價值：國內生產毛額 16
2-2 衡量生活成本：消費者物價指數 29
2-3 沒有工作的衡量：失業率 33
2-4 結論：從經濟統計數據到經濟模型 37

PART II 古典理論：長期經濟體系

第 3 章 國民所得：它從哪裡來和往哪裡去 41
3-1 什麼因素決定商品與服務總生產？ 42
3-2 國民所得如何分配給生產因素？ 44
3-3 什麼因素決定商品與服務需求？ 55
3-4 使商品與服務供給和需求達到均衡的因素為何？ 59
3-5 結論 64
附錄 富裕國家與貧窮國家日益擴大的差距 71

第 4 章　貨幣體系：它是什麼與它如何運作　77

4-1　何謂貨幣？　77

4-2　銀行在貨幣體系的角色　83

4-3　中央銀行如何影響貨幣供給？　88

4-4　結論　94

第 5 章　通貨膨脹：其原因、影響與社會成本　99

5-1　貨幣數量學說　100

5-2　鑄幣稅：創造貨幣的收入　106

5-3　通貨膨脹與利率　107

5-4　名目利率與貨幣需求　110

5-5　通貨膨脹的社會成本　112

5-6　惡性通貨膨脹　118

5-7　結論：古典二分法　123

第 6 章　開放經濟體系　127

6-1　資本與商品的國際流動　128

6-2　小型開放經濟體系的儲蓄與投資　132

6-3　匯率　141

6-4　結論：大型開放經濟體系的美國　153

附錄　大型開放經濟體系　158

第 7 章　失業與勞動市場　167

7-1　失去工作、就職與自然失業率　168

7-2　工作搜尋與摩擦性失業　170

7-3　實質工資僵固性與結構性失業　173

7-4　勞動市場經驗：美國　179

7-5　勞動市場經驗：歐洲　183

7-6　結論　187

PART III 成長理論：非常長期的經濟體系

第 8 章 資本累積為人口成長來源 191
- 8-1 基本的梭羅模型 192
- 8-2 黃金法則的資本水準 201
- 8-3 結論 208

第 9 章 人口成長與技術進步 213
- 9-1 梭羅模型中的人口成長 213
- 9-2 梭羅模型中的技術進步 220
- 9-3 超越梭羅模型：內生成長理論 223
- 9-4 結論 228

第 10 章 成長經驗與政策 233
- 10-1 從成長理論到成長經驗 234
- 10-2 經濟成長來源的說明 237
- 10-3 提升成長的政策 244
- 10-4 結論 254

PART IV 景氣循環理論：短期經濟體系

第 11 章 經濟波動導論 257
- 11-1 景氣循環的事實 258
- 11-2 總體經濟學的時間長度 264
- 11-3 總需求 268
- 11-4 總供給 270
- 11-5 穩定政策 275
- 11-6 新冠肺炎的 2020 年經濟衰退 279
- 11-7 結論 283

第 12 章　總需求 I：建立 IS-LM 模型　287

- 12-1　商品市場與 IS 曲線　289
- 12-2　貨幣市場與 LM 曲線　301
- 12-3　結論：短期均衡　305

第 13 章　總需求 II：運用 IS-LM 模型　311

- 13-1　以 IS-LM 模型解釋經濟波動　312
- 13-2　IS-LM 是總需求的理論　319
- 13-3　經濟大蕭條　323
- 13-4　結論　333

第 14 章　重新造訪開放經濟體系：孟德爾－弗萊明模型與匯率制度　339

- 14-1　孟德爾－弗萊明模型　340
- 14-2　浮動匯率下的小型開放經濟體系　344
- 14-3　固定匯率下的小型開放經濟體系　348
- 14-4　利率差距　353
- 14-5　匯率應該浮動或穩定？　358
- 14-6　從短期模型到長期模型：價格變動的孟德爾－弗萊明模型　362
- 14-7　一個總結小叮嚀　365
- 附錄　大型開放經濟體系的短期模型　369

第 15 章　總供給和通貨膨脹與失業的短期抵換　375

- 15-1　總供給的基本理論　376
- 15-2　通貨膨脹、失業及菲力浦曲線　382
- 15-3　結論　394
- 附錄　所有模型的源頭　399

PART V　總體經濟理論和政策課題

第 16 章　經濟波動的動態模型　403
16-1　模型的元素　404
16-2　模型求解　410
16-3　模型的運用　416
16-4　兩個應用：貨幣政策的功課　424
16-5　結論：走向 DSGE 模型　431

第 17 章　穩定政策的不同觀點　435
17-1　政策應該主動或被動？　436
17-2　政策應以法則或權衡實行？　443
17-3　結論：在變化無常的世界中制定決策　449
附錄　時間不一致性和通貨膨脹與失業間的抵換　452

第 18 章　政府負債與預算赤字　455
18-1　政府負債規模　456
18-2　衡量的問題　459
18-3　政府負債的傳統觀點　462
18-4　政府負債的李嘉圖觀點　465
18-5　政府負債的其他觀點　470
18-6　結論　473

第 19 章　金融體系：機會與危險　477
19-1　金融體系做什麼？　478
19-2　金融危機　483
19-3　結論　495

第 20 章　消費與投資的個體基礎　499

20-1　如何決定消費者支出？　499

20-2　什麼決定投資支出？　514

20-3　結論：預期的關鍵角色　524

結語　我們知道什麼，我們不知道什麼　529

解釋名詞　537

索引　548

CHAPTER 1

總體經濟學

> 科學的全部不過是將每日生活重新改良。
>
> —— 亞伯特・愛因斯坦

當亞伯特・愛因斯坦 (Albert Einstein) 觀察到上述科學的本質，他可能提到的是物理與其他自然科學。此種說法也運用到如經濟學等社會科學。身為一位經濟體系的參與者與民主社會的一份子，當你汲汲於生活或進行投票時，一定會想到有關經濟方面的議題。更有可能的是，你每天偶爾想到而非認真思考經濟學 (或者至少在你修第一門經濟學之前)。學習經濟學的目標是重新改良經濟學的思考，本書會努力在這方面給予協助。著重於研究影響整體經濟的因素，此領域稱為總體經濟學 (macroeconomics)。

1-1　總體經濟學家研究什麼？

為什麼某些國家在上個世紀經歷所得迅速成長，而其他國家卻陷入貧窮的困境？為什麼某些國家有高度通貨膨脹，而其他國家卻能維持物價穩定？為什麼所有國家都會經歷衰退與蕭條 —— 所得下跌與失業增加的週期性出現 —— 以及政府政策如何縮減這些事件的發生次數並降低其嚴重性？總體經濟學企圖回答這些與許多其他相關問題。

你只要閱讀報紙或收聽新聞，就能夠欣賞並瞭解總體經濟學的重要性。你每天都可以看到報紙標題，如所得成長回升、聯邦準備採取對抗通貨膨脹的行動，或就業報告讓股市下滑等。儘管這些總體經濟事件看來似乎很抽象，但是卻深入我們的日常生活。企業主管必須先預測消費者所得成長幅度，才能夠預測公司產品需求增加的百分比。依靠固定收入的銀髮族會想要知道一般物價水準上升的速度。剛踏出大學校門的畢業生希望是在經濟景氣與廠商求才殷切的環境中尋找工作。

由於經濟狀態會影響每一個人，總體經濟議題在國家的政治辯論中扮演舉足輕重的角色。選民明白經濟體系的狀況，知道政府政策能以強而有力的方式影響經濟。因此，當經濟景氣時，現任總統的支持度會提高；而當經濟不景氣時，現任總統的支持度會下降。

總體經濟學的議題也是全球政治的重心，且國際新聞通常關注總體經濟問題。歐洲採用單一貨幣是一項高明的措施嗎？中國是否應採取固定匯率來兌換美元？為什麼美國一直有龐大的貿易赤字？貧窮國家如何提高生活水準？當世界領袖們集會時，這些議題通常排在討論事項的前面。

儘管制定經濟政策的工作屬於各國領袖，但是解釋整體經濟如何運作的工作卻落在總體經濟學家的身上。為了達成這個目標，總體經濟學家蒐集不同國家在不同時期的所得、物價、失業率及許多其他變數的資料，然後他們嘗試建構一般性理論來協助、解釋這些資料。如同天文學家研究星星的演進或生物學家研究物種的演化一般，總體經濟學家無法在實驗室進行可控制的實驗；相反地，他們必須利用歷史遺留的資料，總體經濟學家要觀察各個不同的經濟體系及其隨時間經過而變化的過程，這些觀察提供發展總體經濟理論與測試理論資料的動機。

的確，總體經濟學是一門年輕且不完美的科學。總體經濟學家預測未來經濟事件方向的能力，不會比氣象學家預測下個月天氣變化的能力強。但是，你將會看到總體經濟學的確對經濟體系如何運作有相當程度的認識。這些知識對經濟事件的解釋與經濟政策的制定是有用的。

每一個世代都有自己的經濟問題，決策者必須面對挑戰而有所因應 (對策)。在 1970 年代，理查‧尼克森 (Richard Nixon)、傑拉德‧福特 (Gerald Ford) 與吉米‧卡特 (Jimmy Carter) 三位美國總統都在對抗日益高漲的通貨膨脹。在 1980 年代，通貨膨脹不再惡化，但是羅納德‧雷根 (Ronald Reagan) 與喬治‧布希 (George H. W. Bush) 兩位美國總統都活在龐大預算赤字的陰影中。在 1990 年代，比爾‧柯林頓 (Bill Clinton) 總統在位時，經濟體系和股市享有榮景，預算赤字縮減，甚至有預算盈餘出現，但是當他卸任總統的一個月，股市開始下跌，經濟體系也正式步入不景氣。當小布希 (George W. Bush) 在 2001 年入主白宮時，施行減稅，使得不景氣能夠結束，但也造成預算赤字的再度提高。

巴拉克‧歐巴馬 (Barack Obama) 總統在 2009 年經濟高度混亂時期接掌白宮。經濟遭受房價大幅下滑、房貸違約事件層出不窮，以及許多大型金融機構破產或瀕臨破產邊緣所造成的金融危機打擊而步履蹣跚。風暴蔓延，喚起對 1930 年代經濟大蕭條 (Great Depression) 的恐怖回憶。在當時最糟的時候，每四個美國人想要工作就有一個人找不到工作。在 2008 年與 2009 年，財政部、聯邦準備及其他政府部門的官員極力想要阻止蕭條再度出現。

在某些方面，決策者是成功的。在 2009 年，失業率曾高達 10%，儘管不景氣，現在稱為「經濟大衰退」(Great Recession)，異常嚴重，接踵而來的復甦非常緩慢。從 2006 年到 2016 年，經通貨膨脹調整後的經濟體系總所得，每年平均以

1.4% 速率成長，遠低於歷史正常值的 3.2%。

這些事件為唐納‧川普 (Donald Trump) 在 2016 年競選總統口號：「讓美國再次偉大。」(Make America Great Again.) 鋪好道路。川普總統一開始倡導的重要議題之一是大幅減稅，尤其是公司稅。在 2020 年初，他開始準備競選連任口號，經濟體系正經歷歷史上最長的經濟擴張。在 2020 年 2 月，失業率為 3.5%，超過半世紀以來的最低，然而，在 2020 年的 3 月及 4 月，因為新冠肺炎 (Covid-19) 造成的經濟嚴重下滑，阻斷了經濟擴張路徑。

總體經濟歷史並不是一個簡單的故事，但它提供一個總體經濟理論的豐富動機。當總體經濟學的基本原理原則不會隨時空的改變而改變，總體經濟學家必須更有彈性和更有創意地運用這些原則來因應變遷的環境。

個案研究

美國經濟的歷史表現

經濟學家使用許多形態的資料來衡量經濟的表現。有三個總體經濟變數特別重要：實質國內生產毛額 (real GDP)、通貨膨脹率 (inflation rate) 及失業率 (unemployment rate)。實質國內生產毛額衡量經濟體系中每個人的所得總和 (經物價水準調整後)；通貨膨脹率衡量物價上升程度；失業率衡量勞動力中沒有工作人口的比例。總體經濟學家研究這些變數如何被決定、為什麼它們會隨時間經過而變動，以及其如何相互影響。

圖 1-1 顯示美國平均每人實質國內生產毛額。這個圖形有兩個層面值得觀察：第一，實質國內生產毛額隨時間經過向上成長。今天的平均每人實質國內生產毛額是 1900 年的八倍多。平均所得的成長讓我們比曾祖父的年代能夠享受更高的生活水準；第二，雖然實質國內生產毛額在大多數的年份是上升的，這種成長並不穩定。實質國內生產毛額下降的期間重複出現，其中最嚴重的一次發生在 1930 年代初期。如果下降幅度尚屬平緩，這段期間稱為衰退 (recession)；如果下降幅度相當嚴重，這段期間稱為蕭條 (depression)。所得下降期間通常伴隨嚴重的經濟困境，這是一點也不令人驚訝的事實。

圖 1-2 顯示美國的通貨膨脹率。你可以看到通貨膨脹的變動相當劇烈。在 20 世紀上半葉，通貨膨脹率平均略高於零。物價下跌，稱為通貨緊縮 (deflation)，期間與物價上漲期間幾乎是一樣的普遍。相反地，自 1950 年以來，通貨膨脹成為常態。在 1970 年代末期，當物價每年以將近 10% 的速度上漲時，通貨膨脹問題變得最為嚴重。近年，通貨膨脹率每年約為 2%，表示物價已趨於穩定。

圖 1-3 顯示美國的失業率。請注意：在我們的經濟體系總是有失業存在。此外，儘管沒有長期趨勢，但失業人數每年的變動相當劇烈。衰退與蕭條通常伴隨異常的高失業現象。1930 年代經濟大蕭條時期的失業率達到歷史高峰。2008 年到 2009 年的經濟大衰退是自經濟大蕭條以來最嚴重的經濟衰退，失業率迅速攀升。即便在金融危機過後許多年，失業率依然居高不下。直至 2016 年，失業率並未回到 2007 年的水準。

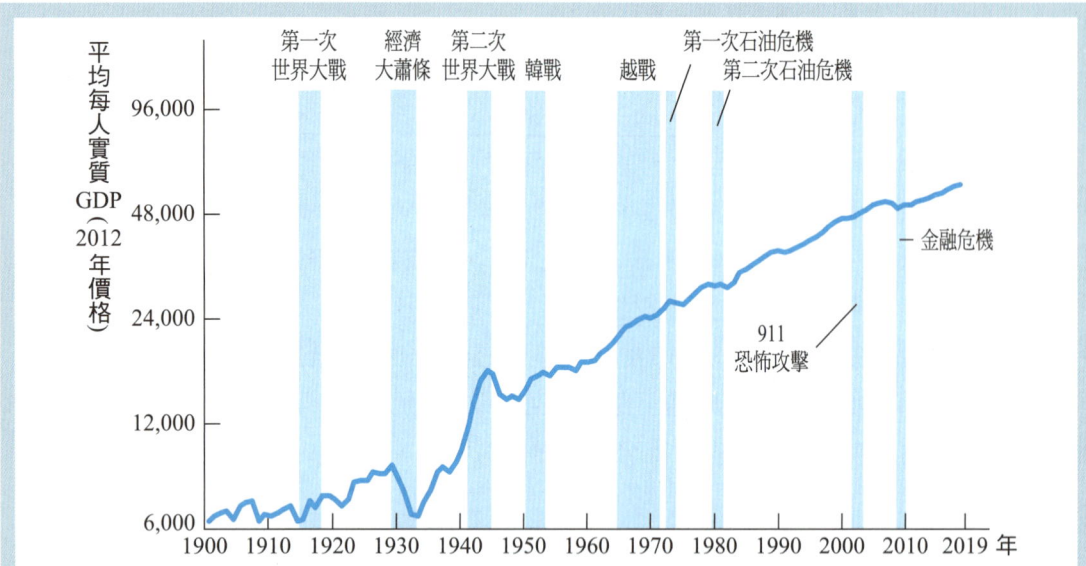

圖 1-1　美國經濟的平均每人實質國內生產毛額　實質國內生產毛額衡量經濟體系中每個人的所得總和，及平均每人實質國內生產毛額衡量經濟體系中每人的平均所得。此圖形指出平均每人實質國內生產毛額隨時間經過而成長，而這個正常成長有時被所得下降期間所中斷。所得下降稱為衰退或蕭條。

注意：實質國內生產毛額是以對數衡量。這種衡量方式代表縱軸等距的變動是相等百分比的變動。因此，$6,000 與 $12,000 之間的距離 (100 個百分點的變動) 等於 $12,000 與 $24,000 之間距離的變動 (100 個百分點的變動)。

資料來源：美國商務部、Measuring Worth Foundation。

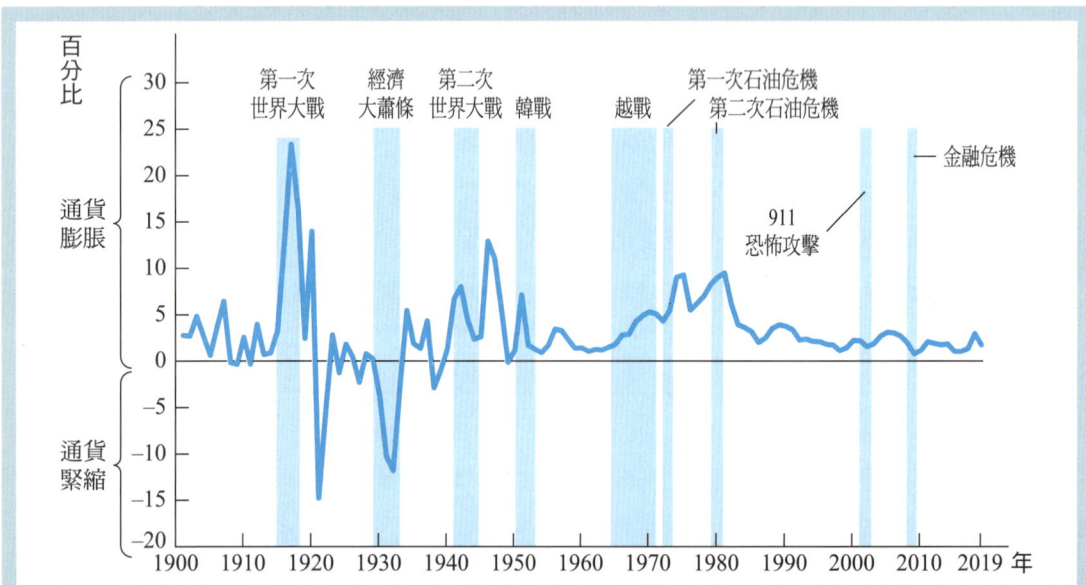

圖 1-2　美國經濟的通貨膨脹率　通貨膨脹率衡量前一年物價水準與今年物價水準變動的百分比。當通貨膨脹率大於零時，物價水準上升；當通貨膨脹率低於零時，物價水準下跌；若通貨膨脹率下跌但為正數，則物價水準是以較緩慢速度上升。

注意：這裡的通貨膨脹率是以 GDP 平減指數衡量。

資料來源：美國商務部、Measuring Worth Foundation。

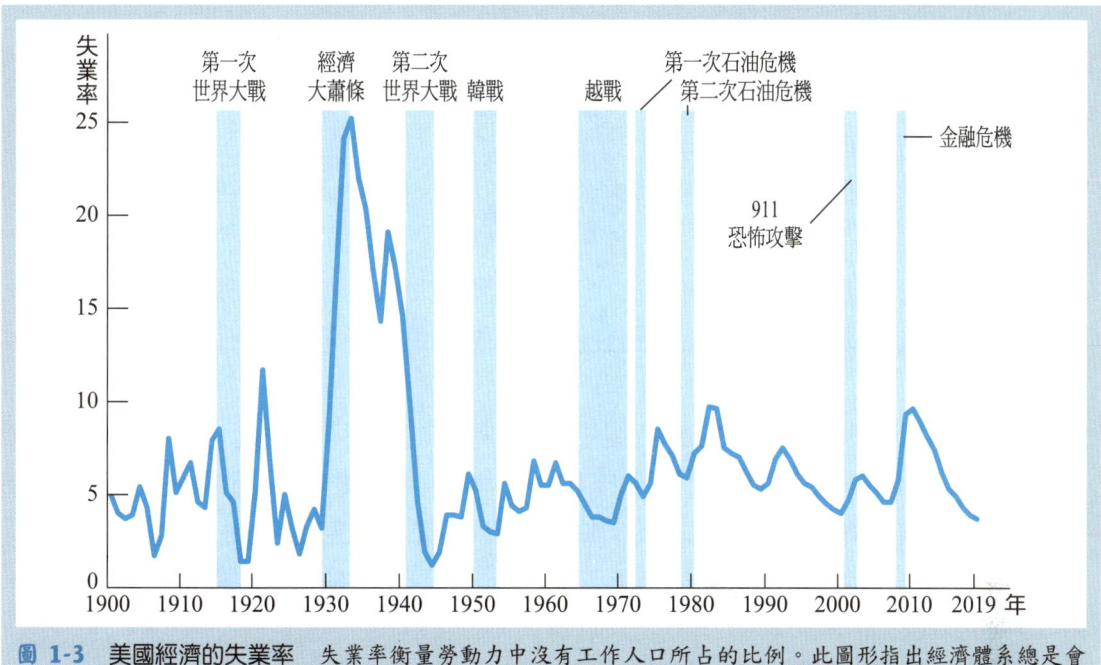

圖 1-3 美國經濟的失業率 失業率衡量勞動力中沒有工作人口所占的比例。此圖形指出經濟體系總是會有失業人口存在，而且這個數量每年均不相同。
資料來源：美國勞工部、美國普查局。

這三個圖形讓我們一窺美國經濟的歷史狀況。在往後幾章中，我們將先討論如何衡量這些變動，然後發展理論來解釋這些變動是如何運作的。

1-2 經濟學家如何思考？

雖然經濟學家研究的議題通常摻雜著政治，但是他們企圖以科學家的客觀方式來說明這些議題。正如其他的科學，經濟學有一套專屬的工具 —— 專有名詞、資料及思考方式 —— 對外行人而言是陌生且神祕的。要熟悉這些工具的最佳方法是利用它們做練習，而本書提供足夠的機會讓你練習。為了讓這些工具不再令人陌生，讓我們在此討論其中的一些工具。

理論是模型建構

兒童透過真實物體的玩具模型，以更瞭解世界的事物。例如，他們通常會將汽車、飛機或建築物的樂高 (Lego) 模型組合在一起。這些模型並不真實，但模型建造者卻可從中學習許多事物。模型是將想要模仿的實際事物精華做一番說明。(此外，對許多兒童來說，建造模型是一件有趣的事。)

經濟學家也利用模型 (models) 來認識世界，但經濟學家的模型並不是使用塑膠製造，而是以符號和方程式建構而成。經濟學家建立其「玩具經濟」來協助解釋經濟變數，如國內生產毛額、通貨膨脹和失業。經濟模型通常以數學術語來顯

外生變數 → 模型 → 內生變數

圖 1-4　模型如何運作　模型是簡化的理論，說明經濟變數間的重要關係。外生變數是來自模型以外；內生變數是模型想要解釋的變數。模型說明外生變數的變動如何影響內生變數。

示變動間的關係。模型是有用的，因為它們幫助我們去除不重要的枝微末節，而專注於重要關聯性的探討。(此外，對於許多經濟學家來說，建造模型是一件有趣的事。)

　　模型有兩種變數：內生變數與外生變數。<u>內生變數</u> (endogenous variables) 是模型企圖要解釋的變數；<u>外生變數</u> (exogenous variables) 則是模型接受給定的變數。一個模型的目的是要說明外生變數如何影響內生變數。換言之，如圖 1-4 所示，外生變數來自於模型以外，並作為模型的投入；而內生變數是由模型內部決定且為模型的產出。

　　為了讓這些觀念更為具體，讓我們回顧所有經濟模型中最著名的一個──供給與需求模型。假設經濟學家對影響披薩價格與銷售數量的因素甚感興趣，她可能建構一個模型來描述披薩購買者的行為、披薩銷售者的行為，以及兩者在披薩市場上的互動。

　　首先，經濟學家假設消費者對披薩的需求數量 Q^d 受披薩價格 P 與總所得 Y 的影響。這個關係可以方程式表示：

$$Q^d = D(P, Y)$$

這個式子說明 Q^d 是 P 與 Y 的函數，以函數記號來說，括號前的變數代表函數。在這種情況下，$D(\ )$ 代表括弧變數如何，決定披薩需求的函數。

　　同樣地，經濟學家假設披薩店供給披薩的數量 Q^s 決定於披薩價格 P 與原料價格 P_m，如起司、番茄、麵粉和鯷魚等。這個關係可以寫成：

$$Q^s = S(P, P_m)$$

其中 $S(\ )$ 代表供給函數。

　　最後，經濟學家假設披薩價格可自由調整，而使供給數量等於需求數量：

$$Q^s = Q^d$$

這三個方程式──需求函數、供給函數及均衡條件──構成披薩市場的模型。

　　經濟學家利用供給與需求圖形來說明模型，如圖 1-5 所示。需求曲線是說明在總所得不變情形下，披薩需求數量與披薩價格之間的關係。因為披薩價格上

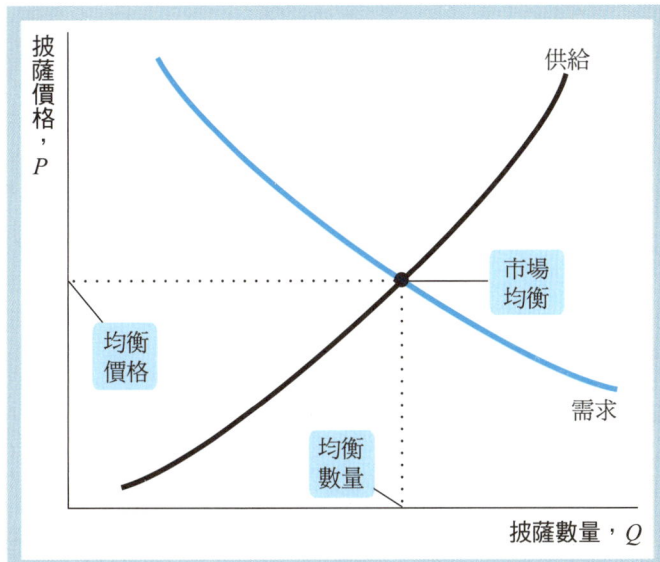

圖 1-5 供給與需求模型 最著名的經濟模型是商品或服務——在本例是披薩——的供給與需求。需求曲線是負斜率曲線，代表披薩價格與消費者披薩需求數量之間的關係。供給曲線是正斜率曲線，代表披薩價格與披薩店供應披薩數量之間的關係。披薩價格調整至供給與需求數量相等的地方為止。兩條曲線相交的點就是市場均衡，此點可顯示披薩均衡價格與披薩均衡數量。

升，導致消費者多購買其他食物，如漢堡或墨西哥脆餅，而減少披薩的購買，披薩需求曲線的斜率為負。供給曲線是說明在原料價格不變下，披薩供給數量與披薩價格之間的關係。當披薩價格上漲時，披薩店的銷售利潤提高，生產數量因而提高，故披薩供給曲線的斜率為正。市場均衡是供給與需求曲線相交的價格與數量。在均衡價格時，消費者願意購買的披薩數量恰好等於披薩店願意生產的披薩數量。

這個披薩市場模型有兩個外生變數和兩個內生變數。外生變數是總所得與原料價格。模型並未嘗試解釋它們，而是接受其為既定數值 (或許其可被另一模型解釋)。內生變數是披薩價格與披薩數量，這些是模型想要解釋的變數。

模型可以被用來顯示，其中一個外生變數的變動如何影響兩個內生變數。例如，假設總所得提高，在每一個價格下，披薩需求數量因而增加，需求曲線向右移動，如圖 1-6(a) 所示。模型指出，披薩的均衡數量與均衡價格都上漲。同樣地，若原料價格上漲，披薩供給數量會減少，如圖 1-6(b) 所示。模型指出，在這個例子裡，披薩均衡價格上升，而披薩均衡數量下跌，因此模型顯示總所得改變或原料價格變動如何影響披薩市場的價格與數量。

就像所有的模型，披薩市場模型做了簡化假設。例如，模型假設披薩只有單一價格，並未考慮到每一家披薩店是在不同的地點。對每個消費者而言，一家披薩店如果比另一家更具有地利之便，這家披薩店具有部份制定自己披薩價格的能力，此違反單一披薩價格的假設。

對這種缺乏真實性的模型，我們應該如何反應？我們應該丟棄此簡單的披薩供給與需求模型？還是應該建構一個更複雜模型來納入不同披薩價格？問題的答

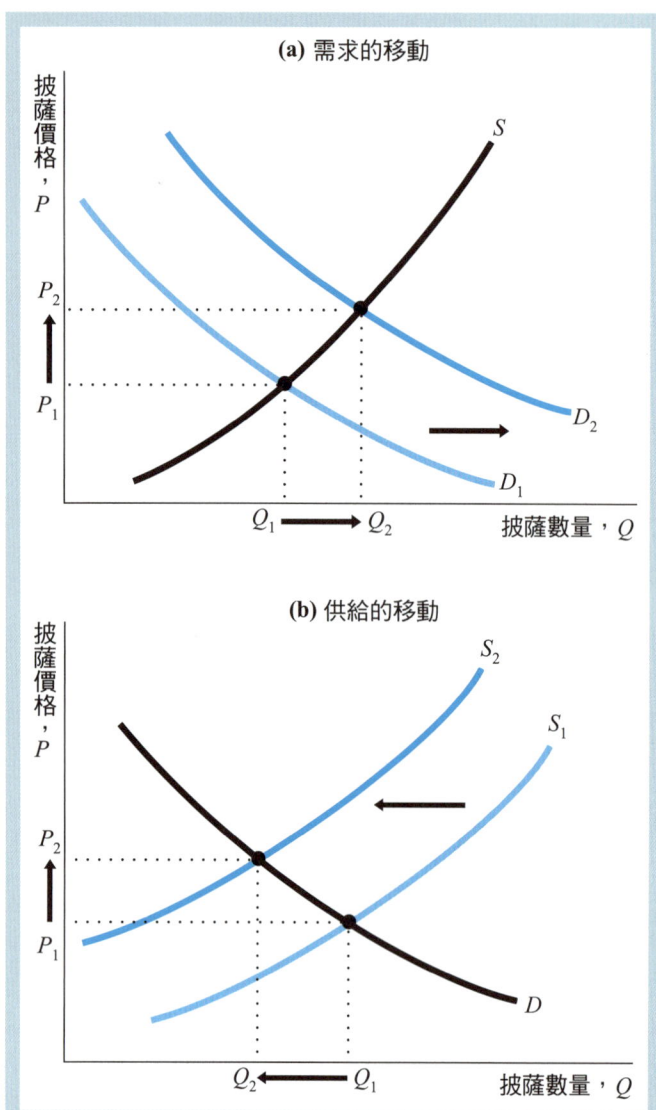

圖 1-6 均衡的變動 在圖 (a)，總所得上升導致披薩需求增加：在任何既定價格下，消費者現在願意購買更多的披薩。這是由需求曲線 D_1 右移至 D_2 來表示。市場移至新的供給與需求曲線的交點。均衡價格從 P_1 上升至 P_2，均衡數量由 Q_1 上升至 Q_2。在圖 (b)，原料價格上漲使披薩供給減少：在任何既定價格下，披薩店老闆發現銷售披薩的利潤降低，因此選擇減少生產披薩。這是由供給曲線 S_1 左移至 S_2 來表示。市場移至新的供給與需求交點。均衡價格由 P_1 上升至 P_2，而均衡數量從 Q_1 下跌至 Q_2。

案取決於我們的目的。如果我們想要解釋起司價格如何影響披薩平均價格與披薩銷售數量，不同的披薩價格就可能不是那麼重要，簡單的披薩市場模型足以勝任回答這個問題。但是如果我們想要解釋為何一個有十家披薩店市鎮的披薩價格低於只有兩家披薩店市鎮的披薩價格，簡單披薩模型可能就無用武之地。

經濟學的藝術是判斷一個簡化的假設 (假設披薩只有單一價格) 何時得以釐清經濟事件，何時會造成誤解。簡化是建構有用模型的必要步驟：任何一個企圖完整代表真實世界的模型都將太過複雜，而讓任何人難以理解。但若模型偏離真實世界的特性，模型將導致錯誤的結論。因此，經濟模型需要小心並運用一般常識來建構。

為數眾多模型的使用

總體經濟學家研究經濟體系的許多層面。例如，他們檢視儲蓄在經濟成長扮演的角色、工會對失業的衝擊、通貨膨脹對利率的影響，以及貿易政策對貿易帳與匯率的影響。總體經濟學如同經濟體系一般充滿多樣性。

雖然經濟學家利用各種模型來探討所有的議題，但是沒有一個單一模型能夠回答所有的問題。就像木匠使用不同的工具來完成不同的工作，經濟學家利用不同的模型來解釋不同的經濟現象。因此，總體經濟學的學生必須牢記，並沒有一個單一「正確」模型可適用所有的目的；相反地，總體經濟學有許多模型，每一個模型可以用來解釋經濟的不同層面。總體經濟學領域就像是一把瑞士刀──一組互補且相異的工具，能夠以不同的方式來解決不同的問題。

本書呈現許多不同的模型，有不同的假設來探討不同的問題。記住：一個模型只有在假設有效時才有用，且假設只適用在某些方面，在另外一些地方可能會產生誤導的結論。當運用一模型解釋問題時，經濟學家必須知道基本假設，並且判斷這些假設是否合理。

物價：彈性對僵固

本書從頭到尾有一組假設特別重要──面對變動的經濟情況，工資與物價的調整速度。經濟學家通常假設商品或服務的價格可以迅速調整，以使供給數量與需求數量平衡。換言之，他們假設市場通常處於均衡，因此，任何商品或服務的價格是由供給與需求相交所決定。這項假設被稱為市場結清 (market clearing)，是先前曾討論披薩市場模型的重要假設。經濟學家利用市場結清模型來回答大多數的問題。

但是，持續性的市場結清假設並不完全符合實際情況。想要讓市場可以持續結清，價格必須隨供需變動而迅速調整。然而，事實上，許多工資與價格均緩慢調整。勞動契約中議定的工資通常可長達三年。許多廠商會讓其商品價格維持一段期間不變，例如，雜誌發行者通常是三年到四年才調整零售價格一次。雖然市場結清模型假設所有的工資與價格是完全有彈性 (flexible)，但在實際生活中，有些工資與價格是僵固的 (sticky)。

價格明顯僵固並不會使市場結清模型變得沒有用，畢竟價格並非永遠僵固；最終它們會隨供需變動而調整。市場結清模型可能無法在每一種情況中描述經濟體系，但卻可以描述經濟處於失衡而趨向均衡的狀況。因此，大多數總體經濟學家相信價格具有彈性是長期的研究議題，如每十年實質國內生產毛額成長的一個良好假設。

在短期研究的議題上，如每年實質國內生產毛額或失業的波動，價格具有彈性的假設比較無法令人信服。在短期內，許多價格都已事先決定。因此，大多數總體經濟學家認為價格僵固性是研究經濟短期行為較佳的假設。

個體經濟思考與總體經濟模型

個體經濟學 (microeconomics) 是研究家計單位與廠商如何制定決策及這些決策者在市場上如何互動。個體經濟學的一個核心原則是家計單位與廠商最適化 (optimize) 行為 —— 在既定目標和面臨的限制下，他們盡可能做出最佳決策。在個體經濟模型中，家計單位選擇消費組合以使其滿足程度達到最大，這個滿足程度，經濟學家稱為效用 (utility)，而廠商則制定生產決策以使其利潤最大。

由於整體經濟事件是因為許多家計單位與廠商的互動所引起，總體經濟學與個體經濟學是相互關聯、無法分開的。當我們研究整體經濟時，就必須考慮個別經濟單位的決策。例如，想要瞭解什麼因素決定消費總支出，我們考慮一個家庭決定今天要支出多少，以及要儲蓄多少以供未來消費之用；想要瞭解什麼因素決定投資總支出，我們必須思考廠商決定是否興建新工廠。因為總合變數是許多描述個別決策變數的總和，總體經濟學理論依賴個體經濟學的基礎。

雖然個體經濟決策是經濟模型的基礎，但是在許多模型中，家計單位與廠商的最適行為是隱含而非外顯的。稍早討論的披薩市場模型即為一例。家計單位決定購買多少數量的披薩是披薩需求的基礎，而披薩店決定生產多少數量的披薩則是披薩供給的基礎。可以假設的是，家計單位係根據效用極大來制定決策，披薩店則是依據利潤極大來制定生產決策。但一模型並非專注於這些個體經濟決策，這些只是背景。同樣地，儘管個體經濟決策構成總體經濟現象的基礎，但總體經濟模型不必然專注於家計單位與廠商的最適行為；相反地，家計單位與廠商的最適行為只隱含在背景中。

FYI 諾貝爾總體經濟學家

人們如何選擇成為總體經濟學家？進入此一職涯並無單一途徑。以下是其中幾位經濟學家，因為他們的貢獻得到諾貝爾獎 (Nobel Prizes) 的故事。[1]

彌爾頓·傅利德曼 (Milton Friedman，1976 年得主)：「我在 1932 年從大學畢業，當時美國處在空前的經濟大蕭條谷底。那時最主要的問題是經濟。如何脫離大蕭條？如何降低失業？如何解釋一方面有大量需求，而另一方面有閒置資源的矛盾？在這種情況下，成為經濟學家似乎比成為應用數學家或精算師更攸關當時的發燒議題。」

---

[1] 前面五位得主的資料取自 William Breit and Barry T. Hirsch, eds., *Lives of the Laureates*, 4th ed. (Cambridge, MA: MIT Press, 2004)；第六、八和九位得主的資料取自諾貝爾網站；第七位得主的資料取自於 Arnold Heertje, ed., *The Makers of Modern Economics* vol. II (Aldershot, U.K.: Edward Elgar Publishing, 1995)。

詹姆士‧杜賓 (James Tobin，1981 年得主)：「這個領域吸引我的原因有二：一為經濟學是一個令人著迷而對自我智慧的挑戰，按照數學或下棋的規律。我喜歡分析和邏輯論述……；另一原因為對於瞭解和克服經濟大蕭條，經濟學有顯著相關性。」

法蘭柯‧莫帝格里尼 (Franco Modigliani，1985 年得主)：「有段時間，我想我應該學醫，因為家父是醫生……。我到註冊處去註冊醫學院，但我閉上眼便想到血！想到血時，我的臉色蒼白，並決定在此情況下，我最好遠離醫學……。為了要做某些事情，我恰好參加一些經濟活動，認識一些德國人，他們要我將一個貿易協會的德文文章翻譯成義大利文。因此，我開始從德國文獻中接觸到一些經濟問題。」

勞勃‧梭羅 (Robert Solow，1987 年得主)：「第二次世界大戰期間，我在陸軍服役，軍中退役後回到大學，幾乎不假思索就註冊且完成經濟學學士。當年我必須迅速做決定。毫無疑問的是，我的行為似乎符合每一期效用折現值的極大，但我無法證明給你看。我好像對自己說『管他的。』」

勞勃‧盧卡斯 (Robert Lucas，1995 年得主)：「在中學，其他人老早就已經發現科學是一個沒有盡頭又沒有組織的事物。在大學，我學到某些有關科學發現的過程，但我所學不足以吸引自己納入生涯規劃的學科……。我想我喜歡的是政治與社會議題。」

喬治‧阿卡洛夫 (George Akerlof，2001 年得主)：「當進入耶魯大學 (Yale University) 就讀時，別人說服我成為經濟學家或歷史學家。對我而言，這是無差異的區別，若我將成為歷史學家，我希望是經濟史學家；而若我將成為經濟學家，我會考慮歷史作為經濟學的基礎。」

艾德蒙‧菲爾浦斯 (Edmund Phelps，2006 年得主)：「就像其他上大學的美國人，我一開始在安默斯特學院 (Amherst College) 並沒有事先決定主修，甚至沒有決定人生目標，我緘默的假設是自己會加入企業——與錢有關的國度，並從事某些相當時髦的行業。雖然在大一時，我對柏拉圖 (Plato)、休姆 (Hume) 及詹姆士 (James) 肅然起敬，如果不是我的父親哄騙及要求我在第二年修一門經濟學，我可能一腳踏進哲學的領域……。我印象非常深刻地想要瞭解那些在報紙上所讀到的事件是否能做一些正式的分析。」

克里斯多福‧西姆斯 (Christopher Sims，2011 年得主)：「從約 13 歲開始，(我舅舅) 馬克 (Mark) 常常敦促我學習經濟學，在我高中的時候，他送我的聖誕節禮物是馮紐曼 (von Neumann) 與摩根斯頓 (Morgenstern) 的《賽局理論》(Theory of Games)。當我修第一門經濟學課程時，我記得與他辯論有關在貨幣供給固定下，通貨膨脹率是否有可能持續向同上攀升，我持貨幣學派的觀點。他質疑我是否有足夠的論證來支持此一說法。多年來，我深信他的意圖與事實相同，而我直到大學二年級才開始修經濟學。而當我開始懷疑是否一輩子都要投入抽象的純數中時，馬克舅舅讓我明瞭我有另外一個選擇。」

勞勃‧席勒 (Robert Shiller，2013 年得主)：「當我在 1960 年剛剛進入底特律附近紹斯菲爾德中學時，大我四歲的哥哥約翰 (John) 在大學放假時，帶了一本保羅‧薩繆爾森 (Paul Samuelson) 寫的《經濟學》(Economics) 教科書回家……。我試圖在那個假期裡，盡力地大量閱讀那本書，也開啟我對經濟學的興趣。至少就像薩繆爾森實踐的，我覺得經濟學真的是一門科學，並且對經濟模型能夠真實地解釋許多發生在我們周遭的重要事件深感著迷。」

1-3　本書如何進行？

本書有五篇。本章與下一章構成第一篇「導論」。第 2 章討論經濟學家如何衡量總體經濟變數，如總所得、通貨膨脹率與失業率。

第二篇「古典理論：長期經濟體系」，呈現經濟如何運作的古典模型。古典模型的關鍵假設是價格具完全彈性；亦即，除了極少數例子之外，古典模型通常假設市場結清。價格具彈性的假設大大地簡化了分析，這也是為何我們要從古典理論出發的原因。因為價格具有彈性的假設只能描述長期經濟現象，古典理論最適於涵蓋許多年期間的經濟分析。

第三篇「成長理論：非常長期的經濟體系」，植基於古典模型之上。它保有市場結清的假設，但是加入一些決定長期成長的新元素，強調資本設備存量、勞動力增加及技術進步的成長。成長理論是用來解釋在數十年間，經濟如何演進的情形。

第四篇「景氣循環理論：短期經濟體系」，檢視當價格是僵固時的經濟行為。這裡發展出的「市場未結清模型」(non-market-clearing model) 是設計來分析短期議題，如經濟波動的原因，以及政府政策對那些經濟波動的影響。這個理論最適合分析逐月或逐年的經濟變化。

第五篇「總體經濟理論和政策課題」涵蓋許多不同、補充和加強我們對長期與短期分析的課題。某些章節呈現有些理論性質的進階內容，包括總體經濟動態、消費者行為模型，以及廠商投資決策理論。其他章節，考慮政府在經濟體系中扮演的角色，以及穩定政策、政府負債和金融危機的政策辯論。

快速測驗

1. 衰退是指下列哪一段期間？
   a. 所得上升　　b. 所得下跌
   c. 物價上升　　d. 物價下跌
2. 失業率衡量下列哪一個定義的比例？
   a. 停止尋找工作的成年人口
   b. 沒有工作的成年人口
   c. 停止尋找工作的勞動力
   d. 沒有工作的勞動力
3. 在美國歷史裡，通貨緊縮
   a. 是常態
   b. 與通貨膨脹相同，經常發生
   c. 罕見，但在過去出現過
   d. 從未發生
4. 經濟學家使用模型，因為
   a. 釐清我們的想法
   b. 顯示外生變數如何影響內生變數
   c. 很有趣
   d. 以上皆是
5. 市場結清模型假設價格是 ＿＿＿ 且最佳的應用是瞭解經濟體系的 ＿＿＿ 期。
   a. 完全彈性，長
   b. 完全彈性，短
   c. 僵固的，長
   d. 僵固的，短

6. 個體經濟學是
   a. 研究總體經濟數據如何從個別觀察中建立
   b. 對瞭解總體經濟關係背後決策是有用的
   c. 是與總體經濟學無關的學科
   d. 總體經濟學寫錯的結果

摘要

1. 總體經濟學是研究整體經濟的科學，包括所得成長、物價的變動與失業率。總體經濟學家企圖解釋經濟事件，並提出改善經濟表現的政策。

2. 為了要瞭解經濟體系，經濟學家利用模型——簡化現實理論的目的是顯示外生變數如何影響內生變數。經濟科學的藝術是判斷一個模型能否正確無誤地捕捉到重要的經濟關係。因為沒有任何單一模型能夠回答所有問題，所以總體經濟學家利用不同的模型來研究不同的議題。

3. 總體經濟模型的一個重要特徵為，假設價格是否具有彈性或僵固。根據大多數總體經濟學家的看法，價格具有彈性的模型適合描述長期經濟體系，而具有價格僵固性的模型則適合描述短期經濟體系。

4. 個體經濟學是一門研究個人與廠商如何制定決策，及其如何互動的科學。因為總體經濟事件是由許多個體經濟的互動所引起，所有的總體經濟模型都必須符合個體經濟學的基礎，即使那些基礎有時是隱含的。

關鍵詞

總體經濟學　macroeconomics
實質國內生產毛額　real GDP
通貨膨脹與通貨緊縮　inflation and deflation
失業　unemployment
衰退　recession
蕭條　depression

模型　models
內生變數　endogenous variables
外生變數　exogenous variables
市場結清　market clearing
彈性與僵固的價格　flexible and sticky prices
個體經濟學　microeconomics

複習題

1. 請解釋總體經濟學與個體經濟學之間的差異。這兩個領域如何發生關聯？
2. 為何經濟學家要建構模型？
3. 何謂市場結清模型？請問何時市場結清模型的假設是合宜的？

問題與應用

1. 在最近的新聞裡，列舉三項總體經濟議題。
2. 你認為科學的確定特性有哪些？經濟體系的研究是否具備這些確實的特性？你是否認為總體經濟學是一門科學？為什麼？

3. 請利用供給與需求模型解釋優格價格下跌，如何影響冰淇淋的價格與冰淇淋的銷售數量。在你的解釋中，請指出外生變數與內生變數。
4. 你剪髮的價格多久變動一次？請問你的答案在分析理髮市場中，到底隱含市場結清模型的何種有用性？

快速測驗答案

1. b 2. d 3. c 4. d 5. a 6. b

CHAPTER 2

總體經濟學的資料

在擁有資料之前就建立理論是一個絕對的錯誤，人們在不知不覺中會扭曲事實來配合理論，而不是以理論來說明事實。

——夏洛克·福爾摩斯

科學家、經濟學家及偵探可能穿不同的制服和在不同場所工作，但他們有一個很大的共同點：都想要知道環繞身邊的世界正發生什麼事。要達到這個目的，必須仰賴理論與觀察。他們建立理論，企圖使其觀察的事物合理化；然後朝向更多系統性觀察來評估理論的有效性。只有當理論與證據具有一致性時，他們才會覺得自己瞭解情況。本章探討經濟學家用來發展理論與測試理論的觀察值形態。

因果觀察是有關經濟現象產生資訊的一種來源。當你購物時，會看到物價上漲、下跌或維持不變；當你找工作時，會曉得廠商是否招募新員工。因為我們都是經濟體系的一份子，在日常生活時便可知道某些經濟狀況。

一個世紀以前，經濟學家僅能靠因果觀察來檢視經濟體系。這種片段的資訊使經濟決策的制定更加困難，一個人的看法會建議經濟往某一個方向移動，而另外一個人的看法則會建議朝另一個相反方向移動。經濟學家需要某些方法來聯合個人經驗成為一致的看法。有一個明顯的答案：正如同古老的雙關語，「看法」的複數就是「資料」。

今天，經濟資料提供一系統性與客觀性的資訊來源，且每天的報紙幾乎都有新的統計資料公佈。大多數的統計數據來自政府。不同的政府單位會對家計單位與廠商進行調查，以瞭解他們的經濟活動──他們賺多少錢、他們購買什麼、他們是否有工作或正在找工作、他們索取什麼樣的價格、他們生產多少數量等。從這些調查中，政府機構可以計算出不同的統計資料來總結說明經濟狀態。經濟學家利用這些統計資料來研究經濟現象；政策制定者利用這些資料來監督經濟發展並擬訂適當政策。

本章將專注於經濟學家與政策制定者最常用的三個統計資料：國內生產毛額，簡稱 GDP，說明國家總所得及商品與服務的總支出；消費者物價指數，簡稱

CPI，衡量一般物價水準；失業率說明勞動力中沒有工作勞工的比例。在接下來的內容中，我們將看到如何計算出這些統計資料，及其所要告訴我們關於經濟體系的資訊。

2-1 衡量經濟活動的價值：國內生產毛額

國內生產毛額 (gross domestic product, GDP) 通常被視為經濟表現如何的最佳衡量指標。這項統計資料是美國商務部的經濟分析局從許多初級資料來源，每三個月計算一次所得。這些初級資料來源包括：(1) 行政資料，其為政府稅收、教育支出、國防及管制等功能的副產品；(2) 統計資料，來自於政府問卷調查，例如，零售商、製造商與農莊。國內生產毛額的目的是在一定時間內，經濟活動的貨幣價值，其以一個單一數值表示。

有兩種不同的方法來觀察這項統計數據：一個方法是視國內生產毛額為經濟體系中每一個人的總所得；另一個方法則是視國內生產毛額為經濟體系對商品與服務的總支出。不論從哪一個角度觀察，國內生產毛額為何成為衡量經濟表現的指標是明顯易見的。經濟體系中，人們賺取的所得愈多，就更有能力能夠購買他們想要購買的商品與服務。同樣地，一經濟體系擁有較多數量的商品與服務，就比較能夠滿足家計單位、廠商與政府的需求。

國內生產毛額如何能夠同時衡量經濟體系的總所得及產出的總支出？原因是這兩個數量其實是相同的：就經濟整體體系而言，所得必須等於支出。這個等式是來自一個更基本的事實：因為每一筆交易牽涉買方與賣方，買方支出的每一塊錢會變成賣方收到的所得。當傑克為吉兒的房屋油漆的代價是 $10,000 時，這 $10,000 是傑克的所得與吉兒的支出。不論我們是加總所有的所得或加總所有的支出，這筆交易貢獻 $10,000 是在國內生產毛額內。

為了瞭解國內生產毛額的意義，我們轉向國民所得會計帳 (national income accounting)，這是用來衡量國內生產毛額與其他相關統計資料的會計制度。

所得、支出與循環流程圖

想像一經濟體系只使用單一生產因素，勞動；生產單一商品，麵包。圖 2-1 說明經濟體系中發生在家計單位與廠商間的所有交易。

圖 2-1 的內圈代表麵包與勞動的流向。家計單位出售勞力給廠商使用。廠商利用勞工提供的勞力來生產麵包，然後將麵包賣給家計單位。因此，勞動由家計單位流向廠商，而麵包由廠商流向家計單位。

圖 2-1 的外圈代表金錢 (在此為美元) 的流向，家計單位向廠商購買麵包，廠商利用銷售收入的一部份來支付勞工的薪資，而其他部份是企業擁有者的利潤

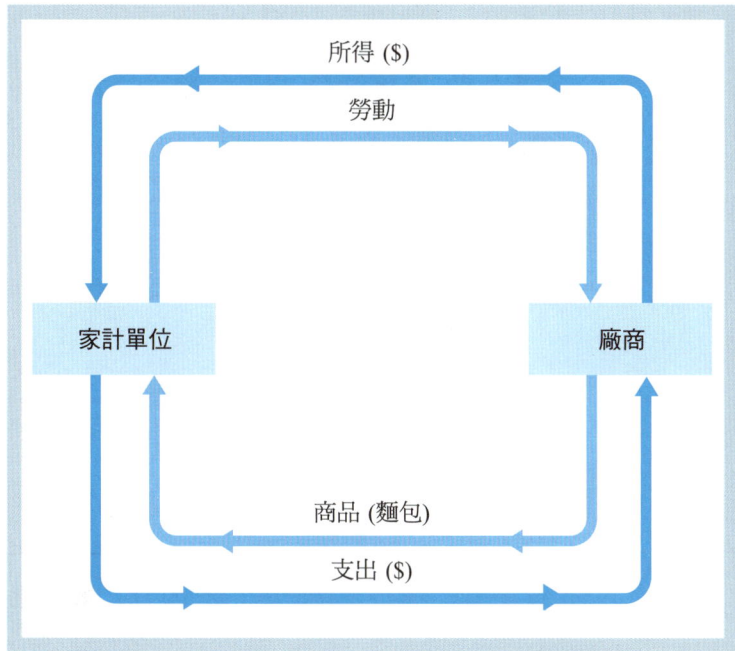

圖 2-1 **循環流程圖** 此圖形說明一經濟體系雇用一種生產因素為勞動,生產單一商品為麵包,家計單位與廠商間的經濟循環流向。內圈代表勞動與麵包的流向:家計單位出售勞動給廠商,廠商銷售其生產的麵包給家計單位,外圈代表金錢的流向:家計單位付錢購買麵包,廠商支付工資與利潤給家計單位。在這個經濟體系,GDP 是麵包的總支出與生產麵包的總所得。

(企業擁有者也是家計單位的一份子)。因此,麵包支出由家計單位流向廠商,而所得以工資和利潤形式出現,由廠商流向家計單位。

國內生產毛額衡量這個經濟體系的金錢流向,我們可以用兩種方法來計算。國內生產毛額是生產麵包的總所得,等於工資與利潤的加總,為金錢循環流程圖的上半部;國內生產毛額也是購買麵包的總支出,為金錢循環流程圖的下半部。為了計算國內生產毛額,我們可以觀察從廠商到家計單位的金錢流向,或從家計單位到廠商的金錢流向,兩者擇一計算,便可得到國內生產毛額。

這兩種計算國內生產毛額的方法必須相等,因為依據會計原則,買方對商品的支出是商品銷售者的所得。每一筆影響支出的交易一定會同樣地影響所得,且每一筆影響所得的交易也會同樣地影響支出。例如,假設廠商多生產與銷售一條麵包給家計單位,顯然這筆交易會提高麵包總支出,但對總所得的影響也相同。若廠商無須雇用額外勞工就可多生產一條麵包 (如讓生產過程更有效率),則利潤會增加;另一方面,若廠商是以多雇用勞工方式來生產額外的麵包,則工資會增加。在上述兩種情況中,支出與所得增加的金額相同。

FYI 存量與流量

許多經濟變數衡量某些東西的數量——貨幣的數量、商品的數量及其他。經濟學家將數量變數分成兩類:存量與流量。存量 (stock) 是衡量特定時點上的數量;流量 (flow) 則是衡量單位時間內的數量。

澡盆是用來說明存量與流量的典型範例,如圖 2-2 所示。澡盆內的水量是存量,是在特定時點澡盆中水的數量;從水龍頭流出的水量是流量,是在單位時間內加入澡盆中水的數量。請注意:我們以不同的單位來衡量存量與流量。我們會說澡盆裡有 50 加侖的水，但水是以每分鐘 5 加侖的速度流出水龍頭。

國內生產毛額可能是經濟學中最重要的流量變數：它告訴我們在單位時間內，有多少金錢在經濟體系中循環流動。當我們說美國的國內生產毛額是 $22 兆，我們指的是每年 $22 兆。(我們也可以說美國的 GDP 相當於每秒 $69 萬 8,000。)

存量與流量經常是有關聯的。在澡盆範例中，這個關係頗為明顯。澡盆裡水的存量代表水從水龍頭流出的累積數量，而水的流量表示存量的變動。當建立理論來解釋經濟變數時，變數屬於存量抑或流量的分辨及兩者是否相關，都是有用的資訊。

以下列出一些在未來幾章即將學習存量與流量相關的例子：

- 個人財富是存量；所得與支出是流量。
- 失業人口的數目是存量；正失去工作的人口數目是流量。
- 經濟體系的資本數量是存量；投資金額是流量。
- 政府負債是存量；政府預算赤字是流量。

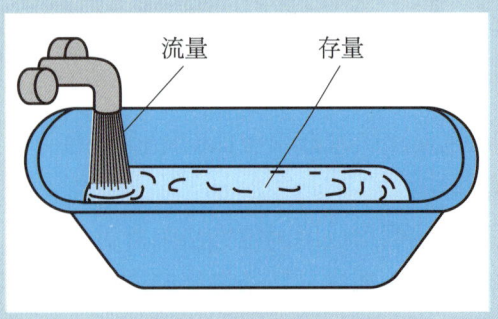

圖 2-2　**存量與流量**　澡盆內的水量是存量：是在特定時點所測量到的數量。從水龍頭流出的水量是流量：是在單位時間內測量到的數量。

國內生產毛額的計算法則

在一個只有生產麵包的經濟中，將麵包總支出加總就可計算出國內生產毛額。然而，在實際經濟社會中，包括生產與銷售為數眾多的商品與服務。要正確計算複雜經濟體系的國內生產毛額，最好是有比較精確的定義：國內生產毛額 (GDP) 是一個經濟在一段時間內，所生產的最終商品與服務市場價值的總和。要觀察這個定義如何應用，讓我們討論經濟學家建構這個統計量的某些法則。

加總蘋果與橘子　美國經濟生產許多不同的商品與服務 —— 漢堡、剪髮、汽車、電腦及其他。國內生產毛額是將這些商品與服務的價值加總成一個單一數值。因為不同的商品有不同的價值，經濟社會中的商品多樣性使得國內生產毛額的計算更加複雜。

例如，假設經濟社會生產 4 個蘋果和 3 個橘子，我們如何計算國內生產毛額？我們可以簡單將蘋果與橘子加總，得到國內生產毛額等於 7 個水果的結論。但只有在蘋果與橘子價值相等時，這個方法才有意義，然而實際情況並非如此。(如果經濟社會生產 4 個西瓜和 3 個葡萄，這種問題才會更為清楚。)

要計算不同商品與服務的總價值，國民所得會計帳使用市場價格，因為這些價格反映民眾購買商品或服務所願意支付的價格。因此，如果一個蘋果是 $0.50，一個橘子是 $1.00，則國內生產毛額為：

$$\begin{aligned} GDP &= (蘋果價格 \times 蘋果數量) + (橘子價格 \times 橘子數量) \\ &= (\$0.50 \times 4) + (\$1.00 \times 3) \\ &= \$5.00 \end{aligned}$$

國內生產毛額等於 $5.00，即所有蘋果的價值 $2.00，加上所有橘子的價值 $3.00。

二手商品 當 Topps 公司製作一套棒球卡且一套售價 $2 時，這 $2 加入國內生產毛額的計算。但是，當一個收藏家將稀有的米奇‧曼托爾 (Mickey Mantle) 卡以 $500 賣給另一個收藏家，又是如何？此 $500 並非國內生產毛額的一部份。國內生產毛額衡量現在生產的商品與服務的價值。曼托爾卡的銷售反映兩人之間的資產移轉 (曼托爾卡與 $500)，而非所得的新增。因此，二手商品的銷售不包括在國內生產毛額的計算內。

存貨 想像一家麵包店雇用勞工生產更多的麵包，支付他們工資後，卻銷售不出額外生產的麵包。這項交易如何影響國內生產毛額？

答案取決於如何處理滯銷的麵包。首先，讓我們假設麵包腐壞。在這種情形下，廠商支付更多的工資卻沒有額外的收入，因此，廠商利潤減少的金額等於工資增加的金額。因為沒有人購買麵包，經濟體系中的總支出並未改變。總所得也未改變，雖然工資增加和利潤減少。因為這項交易並未影響支出或所得，不會改變國內生產毛額。

現在改變假設為麵包放入倉庫作為存貨，以便日後出售。此一情形下，交易的處理方式就不一樣了。我們假設麵包店老闆「購買」麵包作為存貨，而廠商利潤不會減少。因為高工資會提高總所得，且存貨支出增加會提高總支出，國內生產毛額因此增加。

當廠商出清存貨時，稍後會發生什麼樣的變化？這種情形就像是二手貨的銷售。麵包消費者有正的支出，而廠商卻有負的投資。廠商負的投資恰好被消費者正的支出抵銷，所以出清存貨不會影響國內生產毛額。

一般法則是，當一廠商增加商品存貨時，存貨投資視為企業擁有者的支出。因此，存貨的生產與生產最終商品一樣，都會增加國內生產毛額。然而，出清存貨是正支出 (購買) 與負支出 (負的存貨投資) 的組合，所以不會影響國內生產毛額。這種存貨處理方式確保國內生產毛額能夠反映經濟社會商品與服務是現在 (今年) 生產，而非過去生產。

中間商品 許多商品是分階段生產：一家廠商將原料製成中間商品，然後賣給另一家廠商做最後處理。當我們在計算國內生產毛額時，要如何處理這種商品？例如，假設牧牛者以 $1 的代價將四分之一磅的牛肉賣給麥當勞 (McDonald's)，然後麥當勞以 $3 的價格出售一個漢堡給你。國內生產毛額的計算應該包括牛肉與漢堡 (總值 $4)，或是只包括漢堡 ($3)？

答案是國內生產毛額只包括最終商品的價值。因此，漢堡包括在國內生產毛額之中，牛肉則否：國內生產毛額增加 $3，而非 $4。因為中間商品的價值已經包括在使用其最終商品的市場價格內。若將中間商品價值加入最終商品價值內，會有重複計算的問題；亦即，牛肉價值被計算兩次。因此，國內生產毛額是最終商品與服務生產出來的總價值。

一種計算所有最終商品與服務的方法，是將每一生產階段的附加價值加總。廠商的附加價值 (value added) 等於廠商產出的價值減去廠商購買中間商品的價值。在漢堡的例子裡，牧牛者的附加價值是 $1 (假設牧牛者並沒有購買中間商品)，而麥當勞的附加價值為 $3－$1，或 $2。總附加價值是 $1＋$2，等於 $3。就整體經濟而言，所有附加價值的總和一定會等於所有最終商品與服務的價值。因此，國內生產毛額也是經濟體系所有廠商附加價值的加總。

設算 當我們計算國內生產毛額時，雖然大多數商品與服務都以市場價格計算價值，但是有些商品並未在市場銷售，故沒有市場價格。如果國內生產毛額想要包括這些商品與服務的價值，就必須使用商品的估計值，這種估計值稱為設算值 (imputed value)。

設算在決定房屋價值上尤其重要。一個人選擇租房子，其實是購買房屋服務及提供所得給房東，租金是國內生產毛額的一部份，是租屋者的支出與房東的所得。然而，有些人擁有自己的房子。儘管他們並未支付租金給房東，但就像租屋者一般，仍然享有房屋服務。為了說明將自用住宅者享有的房屋服務，國內生產毛額包括房屋擁有者「付」給自己的「租金」。美國商務部估計若將自己居住的房屋出租可得的租金，並將這筆設算租金列為國內生產毛額的一部份。這個設算租金包括在房屋擁有者的支出與所得中。

設算也發生在政府服務價值的評估上。例如，警察、消防隊員及參議員都對一般大眾提供服務。要給這些服務一個價值是很困難的，因為它們並未在市場銷售，所以沒有一個市場價格。國民所得會計帳依成本計算價值，而列入國內生產毛額。亦即，這些公僕的薪資被用來衡量其產出的價值。

在許多例子裡，設算是一種原則，但為了讓事情簡單一些，在實務上不會採用。因為國內生產毛額包含自用住宅的計算租金在內，有人可能會認為家計單位擁有的汽車、割草機、珠寶及其他耐久財的設算租金，也應該包含在國內生產毛額。但這些租金的設算價值並未列入國內生產毛額。此外，經濟體系中有某些產出是在家裡生產和消費且從未進入市場。例如，在家庭準備餐點與外面餐廳準備的餐點類似，但是家庭準備餐點的附加價值從未列入國內生產毛額的計算當中。

最後，地下經濟 (underground economy) 銷售的商品與服務也沒有經過設算。地下經濟是經濟體系的一部份，民眾為了逃稅或從事違法的經濟活動而想辦法避開政府，這些都屬於地下經濟。給付國內工作者的「暗盤薪資」是一個例子；禁藥的交易則是另外一個例子。各個國家的地下經濟規模都不相同。在美國，地下經濟占官方經濟比例不到 10%，而在某些開發中國家，如泰國、奈及利亞、玻利維亞，地下經濟占官方經濟比例超過一半。

由於包括在國內生產毛額的設算只是近似值，且有許多商品與服務並未列入計算，因此國內生產毛額不是衡量經濟活動的完美指標。當我們比較各國的生活水準時，這些不完美形成的缺失是最大的問題。但只要這些不完美造成的損失幅度始終是穩定的，國內生產毛額用來比較各年的經濟活動，仍是有用的指標。

實質國內生產毛額對名目國內生產毛額

經濟學家利用上述的法則來計算國內生產毛額，GDP 是衡量經濟社會中商品與服務總產出的價值。但 GDP 是否為衡量經濟福利的良好指標？讓我們再次以只生產橘子和蘋果的經濟體系為例，在這個經濟體系，國內生產毛額是所有生產的蘋果價值加所有生產的橘子價值，亦即，

$$GDP＝(蘋果價格\times 蘋果數量)＋(橘子價格\times 橘子數量)$$

經濟學家稱以當期價格計算的商品與服務價值為**名目國內生產毛額** (nominal GDP)。請注意：國內生產毛額可以因為價格上升或數量的增加而增加。

我們很容易看到，用這個方法計算國內生產毛額，並非是經濟福利的良好指標；亦即，這個指標並不能正確地反映出經濟體系如何能適切地滿足家計單位、廠商及政府的需求。若每一個價格上漲一倍且數量維持不變，國內生產毛額會上漲一倍。但由於生產數量固定不變，我們不能說，GDP 增加一倍即代表經濟體系滿足需求的能力也增加一倍。經濟學家定義以當期價格計算商品與服務的價值為名目國內生產毛額。

衡量經濟福利的較佳指標是計算經濟社會的商品與服務價值，且不受價格變動的影響。為了達成這個目標，經濟學家利用**實質國內生產毛額** (real GDP) 來衡量，實質國內生產毛額是利用固定價格來計算商品與服務的價值；亦即，實質國內生產毛額顯示，如果只有數量變動且價格不變時，商品與服務支出的變動。

要知道如何計算實質國內生產毛額，假設我們想要比較蘋果—橘子經濟中，2020 年及其後幾年的產出。首先可以選定一組價格，稱為基期價格 (base-year prices)，如 2020 年的價格。然後利用基期價格來計算兩年不同商品與服務的價值。2020 年的實質國內生產毛額為：

$$\text{實質 GDP} = (2020\ 年蘋果價格 \times 2020\ 年蘋果數量) \\ + (2020\ 年橘子價格 \times 2020\ 年橘子數量)$$

同樣地，2021 年的實質國內生產毛額是：

$$\text{實質 GDP} = (2020\ 年蘋果價格 \times 2021\ 年蘋果數量) \\ + (2020\ 年橘子價格 \times 2021\ 年橘子數量)$$

而 2022 年實質國內生產毛額是：

$$\text{實質 GDP} = (2020\ 年蘋果價格 \times 2022\ 年蘋果數量) \\ + (2020\ 年橘子價格 \times 2022\ 年橘子數量)$$

請注意：2020 年的價格用來計算三年的實質國內生產毛額。因為價格維持固定不變，各年實質國內生產毛額的變動必定反映商品與服務生產數量的變動。由於一經濟社會為其成員提供經濟滿足的能力，最終決定於商品與服務生產數量的多寡。作為衡量經濟福利的指標，實質國內生產毛額比名目國內生產毛額更佳。

國內生產毛額平減物價指數

從名目國內生產毛額和實質國內生產毛額，我們可以計算第三個統計量：國內生產毛額平減物價指數。國內生產毛額平減物價指數 (GDP deflator) 又稱為國內生產毛額的隱含平減物價指數，定義成名目國內生產毛額與實質國內生產毛額的比率：

$$\text{GDP 平減物價指數} = \frac{\text{名目 GDP}}{\text{實質 GDP}}$$

GDP 平減物價指數反映經濟體系整體物價水準的變動情形。

為了更瞭解這個概念，再一次假設經濟體系只有麵包一種商品。若 P 是麵包價格及 Q 是去年銷售的麵包數量，則名目國內生產毛額是那一年麵包的總支出金額 $P \times Q$；實質國內生產毛額是那一年生產的麵包數量乘以麵包在基期的價格，$P_{\text{base}} \times Q$。GDP 平減物價指數等於 $(P \times Q)/(P_{\text{base}} \times Q)$，簡化成那一年的麵包價格相對基期的麵包價格 P/P_{base}。

GDP 平減物價指數的定義讓我們可將名目國內生產毛額分成兩個部份：一部份是衡量數量 (實質國內生產毛額)；另一部份則是衡量價格 (GDP 平減物價指數)；亦即，

$$\text{名目 GDP} = \text{實質 GDP} \times \text{GDP 平減物價指數}$$

名目國內生產毛額衡量經濟社會產出的當期貨幣價值；實質國內生產毛額衡量固定價格的產出價值；GDP 平減物價指數衡量產出價格相對產出的基期價格。我們亦可將上式寫成：

$$\text{實質 GDP} = \frac{\text{名目 GDP}}{\text{GDP 平減物價指數}}$$

在這個式子裡，你可以看到平減物價指數的意義：它是用來平減 (亦即，將通貨膨脹移除) 名目 GDP，而得到實質 GDP。

實質國內生產毛額的連鎖加權衡量

我們已經討論實質國內生產毛額，是假設用來衡量產出價值的基期價格從未改變。如果這是真的，則隨時間經過，這些價格會愈來愈跟不上時代。例如，電腦價格在近幾年迅速下跌，而大學一年的學費卻是上升的。當我們評估電腦生產與教育的價值時，使用二十年或三十年前的價格計算將會是錯誤的作法。

要解決這個問題，經濟分析局在過去會定期更新價格來計算實質國內生產毛額。大約每隔五年，會有一個新的基期。然後這些價格被固定下來，且用來衡量年與年之間商品與服務生產的變動，直到基期被更新為止。

在 1995 年，經濟分析局宣佈處理基期變動的新政策，特別是現在強調使用連鎖加權方式來衡量實質國內生產毛額。使用這個新的方法，基期會隨時間連續的變動。本質上，2020 年與 2021 年的平均價格用來衡量從 2020 年到 2021 年的實質成長；2021 年與 2022 年的平均價格用來衡量從 2021 年到 2022 年的實質成長，以此類推。然後這些不同的年與年之間的成長率可以集合起來，形成一「連鎖」用來比較任何兩個日期商品與服務的產出。

這個新的計算實質 GDP 的連鎖加權衡量法比傳統計算方法來得好，因為它確保在計算實質 GDP 上，價格不會嚴重過時。然而，就大部份目的而言，這個差別並不重要。事實證明，這兩種衡量實質國內生產毛額的方法是高度相關。高度相關的原因是，大多數的相對物價隨時間經過緩慢調整。實際上，兩種衡量實質國內生產毛額的方法反映相同的事：整體經濟商品與服務生產的變動。

支出的組成

經濟學家與政策制定者不僅關心經濟社會商品與服務的總產出，並關心這個產出在不同用途間的分配。國民所得會計帳將國內生產毛額分成四大項支出：

FYI　兩個計算變動百分比的有用提示

就操作許多經濟學的關係而言，一個有用的數學事實需要知道：兩個變數乘積變動的百分比約為各個變數變動百分比的加總。

要知道這項事實如何操作，我們可以考慮以下的例子。令 P 代表 GDP 平減物價指數，Y 代表實質國內生產毛額。名目國內生產毛額是 $P \times Y$。這個數學事實可寫成：

$(P \times Y)$ 變動百分比 $\approx P$ 變動百分比 $+ Y$ 變動百分比

假設有一年的實質國內生產毛額是 100，且 GDP 平減物價指數是 2；明年，實質國內生產毛額是 103 且 GDP 平減物價指數是 2.1。我們可以計算出實質國內生產毛額上升 3%，而 GDP 平減物價指數上漲 5%。名目國內生產毛額從第一年的 200 增加至第二年的 216.3，增加 8.15%。請注意：名目國內生產毛額成長率 (8.15%) 約為 GDP 平減物價指數成長率 (5%) 加上實質國內生產毛額成長率 (3%)。[1]

第二個數學事實是第一個數學技巧的推論：一個比率的變動百分比約為分子變動百分比減去分母變動百分比。我們同樣可舉一個例子說明。令 Y 代表國內生產毛額和 L 代表總人口，Y/L 則為平均每人國內生產毛額。第二個數學事實寫成：

(Y/L) 變動百分比 $\approx Y$ 變動百分比 $- L$ 變動百分比

現在，假設在第一年，Y 是 100,000 和 L 是 100，則 Y/L 就是 1,000。在第二年，Y 是 110,000 和 L 是 103，則 Y/L 會是 1,068。請注意：平均每人國內生產毛額成長率 (6.8%) 大約是國內生產毛額成長率 (10%) 減去總人口成長率 (3%)。

- 消費 (C)。
- 投資 (I)。
- 政府購買 (G)。
- 淨出口 (NX)。

因此，令 Y 代表國內生產毛額，

$$Y = C + I + G + NX$$

國內生產毛額是消費、投資、政府購買與淨出口的總和。國內生產毛額的每一塊錢一定是這些組成中的一部份。這個方程式是一恆等式──此方程式一定成立，因為我們就是以這種方式來定義變數。這個方程式被稱為 國民所得會計帳恆等式

---

[1] 數學註解：這個數學技巧的證明是從微積分的連鎖法則開始：

$$d(PY) = Y\,dP + P\,dY$$

現在將上式等號兩邊都除以 PY，可得：

$$\frac{d(PY)}{(PY)} = \frac{dP}{P} + \frac{dY}{Y}$$

請注意：上式的三項均為變動百分比。

(national income accounts identity)。

消費 (consumption) 包括家計單位購買的商品與服務。商品是有形物品，可分為耐久財與非耐久財。耐久財是指商品能夠持續使用一段長時間，如汽車、電視與洗衣機；非耐久財是指商品只能持續一短暫時間，如食物與衣服；服務是指個人或廠商為消費者提供的工作，如剪髮、醫療服務與大學教育。

投資 (investment) 包括商品購買是供未來使用。投資可以分為三小項：企業固定投資、住宅固定投資及存貨投資。企業固定投資，也稱為非住宅固定投資，是指廠商購買新設備、興建新廠房與智慧財產權產品 (智慧財產權產品包括軟體、研究發展、娛樂、文學及藝術真跡)；住宅固定投資是指家計單位與房東購買新房子；存貨投資是指廠商商品存貨的增加 (若存貨減少，存貨投資小於零)。

政府購買 (government purchases) 是聯邦、州及地方政府購買的商品與服務。這個項目包括軍事設備、高速公路等商品及公務員提供的服務，不包括個人移轉支付，如社會安全和福利支出。因為移轉支付只是在現有所得中重新分配，並沒有拿來交換商品與服務，不是國內生產毛額的一部份。

最後一項，**淨出口** (net exports) 是與其他國家的交易。淨出口是出口到其他國家商品與服務的價值減去外國人賣給我們商品與服務的價值。當我們的出口值超

FYI 何謂投資？

總體經濟學的初學者有時對總體經濟學家以新鮮且特別的方式使用我們熟悉的語言而感到相當困惑。其中一個例子是投資。困惑發生的原因是，因為對個人而言看起來像投資，對整體經濟而言可能不算投資。一般法則是，經濟體系的投資沒有包括不同個人間在現有資產重新分配的資產購買。投資，就像總體經濟學家使用的字眼，是創造新實體資產，稱為資本，其可用來作為未來生產之用。

讓我們考慮某些例子。假設我們觀察兩個事件：

- 史密斯為自己購買一幢一百年歷史的維多利亞式住宅。
- 瓊絲為自己建造一幢全新現代住宅。

總投資是多少？兩幢房子、一幢房子或零？

總體經濟學家觀察到兩項交易，但只將瓊絲的房子列為投資。史密斯的交易並沒有為經濟體系創造新的房子，只是在現有房屋間重新分配。反之，瓊絲在經濟體系中增加一幢新房子；她的新房子是投資的一部份。

同樣地，考慮以下兩個事件：

- 蓋茲從紐約證券交易所中巴菲特手上購進 $500 萬的 IBM 股票。
- 通用汽車 (General Motors) 出售 $1,000 萬的股票給社會大眾，並使用這些收入興建一座新汽車工廠。

在此，投資是 $1,000 萬。在第一個交易，蓋茲投資 IBM 股票，而巴菲特則是負投資，整體經濟的投資沒有變動。相反地，通用汽車使用一部份經濟社會商品與服務的產出，來增加公司的資本存量；因此，新的工廠視為投資的一部份。

過進口值時，淨出口為正；而當我們的出口值小於進口值時，淨出口為負。淨出口代表外國購買本國商品與服務的淨支出，提供所得給國內生產者。

個案研究

國內生產毛額及其組成項目

在 2019 年，美國國內生產毛額總值約 $21.7 兆。這個數字非常龐大，且大到難以理解。當我們將這個數字除以 2019 年美國總人口 3 億 2,800 萬人時，會變得比較好瞭解。使用這種方式，我們得到平均每人國內生產毛額 —— 美國人平均支出金額 —— 在 2019 年是 $66,199。

國內生產毛額如何支出？表 2-1 顯示 GDP 約有三分之二，或平均每人 $45,074 是花在消費。投資金額是平均每人 $11,267。政府購買金額是平均每人 $11,619，其中的 $2,626 由聯邦政府用在國防支出上。

表 2-1　國內生產毛額及支出的組成項目：2019 年

	總額 (10 億美元)	平均每人 (美元)
國內生產毛額	$21,729	$66,199
消費	14,795	45,074
非耐久財	3,011	9,173
耐久財	1,548	4,715
服務	10,237	31,186
投資	3,698	11,267
非住宅固定投資	2,863	8,721
住宅固定投資	818	2,491
存貨投資	18	55
政府購買	3,814	11,619
聯邦政府	1,450	4,417
國防支出	862	2,626
非國防支出	588	1,790
州與地方政府	2,364	7,202
淨出口	−578	−1,761
出口	2,498	7,609
進口	3,076	9,370

資料來源：美國商務部、美國普查局。

平均一個美國人花費 $9,370 購買進口商品，生產 $7,609 的商品，出口到其他國家。因為平均一個美國人的進口大於出口，淨出口為負。此外，因為平均一個美國人銷售給外國人商品所賺的錢，小於他花費在外國商品的支出，這個差額必須對外國舉債來融通 (或相當於出售資產給外國人)。因此，平均一個美國人在 2019 年時向國外借款金額是 $1,761。

所得的其他衡量指標

國民所得會計帳還包括所得的其他衡量指標，這些指標與國內生產毛額的定義略有出入。因為經濟學家與報紙經常提到，瞭解不同指標是很重要的。

想要知道這些不同指標的關聯性，我們先從國內生產毛額開始，並加上或減去不同的數量。要得到國民生產毛額 (gross national product, GNP)，我們加上從國外收到的要素所得 (工資、利潤和租金)，並減去支付給國外的要素所得：

$$GNP = GDP + 從國外收到的要素所得 - 支付給國外的要素所得$$

國內生產毛額衡量國內生產的總所得，而國民生產毛額衡量國民 (該國國籍) 賺取的總所得。例如，一日本人在紐約擁有一棟房屋，賺取的租金所得是美國國內生產毛額的一部份，因為是在美國境內賺到租金所得。但因為這租金所得是支付給國外的要素所得，不是美國國民生產毛額的一部份。在美國，從國外收到的要素所得與支付給國外的要素所得金額大致相等 —— 每一項約是國內生產毛額的 5% —— 所以 GDP 和 GNP 數值十分接近。

要得到國民生產淨額 (net national product, NNP)，我們要減去資本折舊 —— 經濟體系在一年當中，工廠、設備與住宅建築存量耗損的金額：

$$NNP = GNP - 折舊$$

在國民所得會計帳中，折舊稱為固定資本消耗 (consumption of fixed capital)。折舊約為 GNP 的 16%。因為資本折舊是經濟體系生產商品的成本，扣除折舊可以顯示經濟活動的淨結果。

國民生產淨額約略等於國民所得 (national income, NI) 的衡量指標。兩者之間的差異，是因為不同資料來源並非完全一致所引起的統計遺漏與誤差 (statistical discrepancy) 所導致：

$$國民所得 = NNP - 統計遺漏與誤差$$

國民所得衡量經濟體系中每一個人賺取金錢的多寡。

國民所得會計帳將國民所得依所得賺取的方式分為六個部份。在 2019 年，這六個類別及各類別占國民所得的百分比為：

- 員工報酬 (63%),勞工賺取的工資和福利。
- 自雇者所得 (9%)。非公司組織形態,如小型農莊、一般商店和律師事務所的所得。
- 租金所得 (4%)。房東收到的所得,包括房屋擁有者「給付」給自己的設算租金,扣除費用,如折舊的部份。
- 公司利潤 (12%)。公司所得扣除員工薪水及債務的部份。
- 淨利息 (3%)。本國企業支付的利息減去收到的利息,加上從外國人手中收到的利息。
- 生產與進口稅 (8%)。某些企業的稅負,如銷售稅減去企業的補貼,這些稅負造成消費者支付的商品價格與廠商收到的價格有所差異。

一連串的調整讓我們從國民所得到個人所得 (personal income),個人所得是家計單位與非公司組織形態企業收到的所得。這些調整中有四項是最重要的。第一,我們扣除生產與進口稅,因為這些稅並非屬於任何人的所得;第二,我們從國民所得扣除公司賺取但未支付出去的金額,這個未支出的金額可能是公司保留盈餘或打算支付給政府的營利事業所得稅。這項調整是先減去公司利潤 (是公司稅、股利與保留盈餘的加總),然後再加回股利;第三,我們將國民所得加上政府的淨移轉支付,這個調整項等於政府支付給個人移轉金額減去付給政府的社會保險金額;第四,我們將家計單位賺取的利息,而非企業支付的利息,加入國民所得。這個調整是加入個人利息所得並減去淨利息。(個人利息與淨利息之間的差額,有一部份是因為政府公債的利息是家計單位賺取,但並非由企業支出的利息。)因此,

$$
\begin{aligned}
個人所得 = \ &國民所得 \\
&-企業間接稅 \\
&-公司利潤 \\
&-社會保險金額 \\
&-淨利息 \\
&+股利 \\
&+政府對個人移轉 \\
&+個人利息所得
\end{aligned}
$$

其次,如果我們減去個人所得稅,可以得到個人可支配所得 (disposable personal income):

$$個人可支配所得 = 個人所得 - 個人所得稅$$

我們對個人可支配所得較有興趣,因為這是家計單位與非公司組織形態企業繳交

稅款給政府後,真正可以支配的所得。

季節調整

因為實質國內生產毛額和所得的其他衡量指標,反映經濟體系表現的好壞,經濟學家對這些季與季之間變數的變動研究甚感興趣。但是,當我們開始進行研究時,有一個事實浮現:所有這些指標呈現規則性季節形態。經濟體系的產出在年中上漲且在第四季 (10 月、11 月和 12 月) 達到高峰,然後在隔年的第一季 (1 月、2 月和 3 月) 下跌。這種規律的季節性變動相當明顯,從第四季到第一季,實質國內生產毛額平均約下跌 8%。[2]

實質國內生產毛額遵循季節循環的事實,一點也不令人驚訝。其中有部份的變動是歸因於我們生產能力的改變:例如,在寒冷的冬季建造房屋較其他季節更困難。此外,人們有季節性偏好:他們偏好在假日和聖誕節日購物。

當經濟學家研究實質國內生產毛額與其他經濟變數的波動情形時,通常希望能夠消除可預測季節性變動所引起那一部份的波動。你將發現大多數在報紙上刊載的經濟統計數據已經過季節調整 (seasonally adjusted),這意味著資料已經調整,去除規律的季節性波動。(精確的統計步驟牽涉到複雜運算,在此不打算介紹。但本質上,它們包括扣除季節性變動引起可預測所得變動的部份。) 所以,當你觀察實質國內生產毛額或其他時間數列資料上下波動時,必須觀察在季節循環因素以外的解釋。[3]

2-2 衡量生活成本:消費者物價指數

今天的一塊錢買到的東西不如二十年前的一塊錢多。幾乎每件東西的成本都上漲。這種一般物價水準的上升稱為通貨膨脹 (inflation),從一個期間到下一個期間,物價水準變動的百分比稱為通貨膨脹率 (inflation rate),這是經濟學家與政策制定者主要關心的重點之一。在往後幾章中,我們會詳細檢視通貨膨脹的原因與後果。此處我們討論經濟學家如何衡量生活成本的變動。

一籃商品價格

最常使用來衡量物價水準的指標是消費者物價指數 (consumer price index, CPI)。計算 CPI 是美國勞工統計局的工作。勞工統計局蒐集數以千計商品與服務的

---

[2] Robert B. Barsky and Jeffrey A. Miron, "The Seasonal Cycle and the Business Cycle," *Journal of Political Economy* 97 (June 1989): 503-534.

[3] 想知道更多有關 GDP 的建立,請見 J. Steven Landefeld, Eugene P. Seskin, and Barbara M. Fraumeni, "Taking the Pulse of the Economy: Measuring GDP," *Journal of Economic Perspectives* 22 no. 2 (2008): 193-216。

價格,正如同國內生產毛額將許多商品與服務的數量匯總成一個單一數字來衡量生產價值,消費者物價指數也是將許多商品與服務的價格匯總成單一指數以衡量一般物價水準。

經濟學家應該如何將經濟體系中的許多價格匯總成值得信賴的衡量物價水準的單一指標?他們可以簡單地將所有價格平均。但這個方法是將所有商品與服務視為同等重要。因為民眾對雞肉的消費數量大於對魚子醬的消費數量,雞肉價格在消費者物價指數的計算中應該比魚子醬價格的權數更大。勞工統計局針對一典型消費者購買一籃商品與服務的價格,給予不同的權數。消費者物價指數是這一籃商品與服務的當期價格相對同一籃商品與服務的基期價格。

例如,假設一典型消費者每個月購買 5 個蘋果與 2 個橘子,則這一籃商品包括 5 個蘋果與 2 個橘子,而消費者物價指數為:

$$CPI = \frac{(5 \times 蘋果的當期價格) + (2 \times 橘子的當期價格)}{(5 \times 蘋果的 2020 年價格) + (2 \times 橘子的 2020 年價格)}$$

在這個消費者物價指數中,2020 年是基期。消費者物價指數告訴我們,現在購買 5 個蘋果與 2 個橘子的成本,相對於 2020 年購買同樣數量水果的成本。

消費者物價指數是最受注目的物價指數,但並非唯一的指數,另一個是*生產者物價指數* (producer price index)。生產者物價指數是從廠商角度來測量通貨膨脹,是衡量廠商銷售典型一籃商品給消費者與其他廠商的價格。除了這兩個物價指數外,勞工統計局也針對特定形態商品,如食物、房屋和能源,計算物價指數。另外一個統計量,稱為*核心通貨膨脹* (core inflation),衡量不包括食物與能源產品以外,消費商品組合價格的上升。由於食物與能源價格在短期波動劇烈,核心通貨膨脹有時被視為基本通貨膨脹趨勢的較佳衡量指標。

消費者物價指數與 GDP 及 PCE 平減物價指數的比較

在本章的前面,我們看到另一個物價指數——國內生產毛額隱含物價指數,它是名目國內生產毛額與實質國內生產毛額的比率。GDP 平減物價指數與消費者物價指數對經濟社會的一般物價水準,所帶來的資訊不盡相同。兩個指數之間,有三個主要的不同點。

第一個差異是 GDP 平減物價指數是衡量所有生產商品與服務的價格,而消費者物價指數是衡量消費者所購買商品與服務的價格。因此,廠商或政府購買的商品價格上漲,會反映在 GDP 平減物價指數,而不會出現在消費者物價指數中。

第二個差異是 GDP 平減物價指數只包含國內生產的商品。進口商品不是國內生產毛額的一部份,所以不會出現在 GDP 平減物價指數裡。因此,在日本製造的

豐田 (Toyota) 汽車價格上漲，在美國銷售會影響美國的消費者物價指數，但不會影響美國的 GDP 平減物價指數。

第三個且最細微的差異是兩種指數如何匯總經濟體系許多價格的方式。消費者物價指數對不同商品的價格採取固定的權數，而 GDP 平減物價指數採取變動的權數。換言之，消費者物價指數是利用固定一籃商品來計算，而 GDP 平減物價指數允許一籃商品隨時間經過，國內生產毛額組成商品變動時隨之改變。以下的範例指出兩種方法的差異處。假設一場嚴重霜害摧毀國內橘子的收成。橘子的生產數量驟降至零，且在超級市場架上的少數橘子價格暴漲，因為橘子不再是國內生產毛額的一部份，橘子價格上漲不會反映在 GDP 平減物價指數中。但因為消費者物價指數是以固定一籃商品，當然包括橘子在內，計算橘子價格的上漲會使消費者物價指數巨幅上揚。

經濟學家稱以固定一籃商品計算的物價指數為拉氏指數 (Laspeyres index)，而以變動一籃商品計算的物價指數為帕氏指數 (Paasche index)。經濟理論學者研究這兩種指數的特性，決定哪一個指數是衡量生活成本的良好指標，答案是沒有任何一個指數比另一個好。當不同商品價格變動幅度不同時，拉氏指數 (固定一籃商品) 傾向高估生活成本的增加，因為並未考慮消費者會以較便宜的商品替代較貴的商品；這種通貨膨脹的高估稱為替代偏誤 (substitution bias)；相反地，帕氏指數 (變動一籃商品) 會低估生活成本的增加。儘管帕氏指數將不同商品的替代納入考量，但並未反映出因為替代，導致消費者福利的減少。

橘子收成被摧毀的例子指出拉氏指數與帕氏指數的問題。因為消費者物價指數是一種拉氏指數，高估橘子價格上漲對消費者的衝擊；利用固定一籃商品計算，消費者物價指數忽略消費者以蘋果替代橘子的能力。反之，因為 GDP 平減物價指數是一帕氏指數，低估對消費者的衝擊；GDP 平減物價指數顯示價格沒有上漲，但橘子價格上漲的確使得消費者福利減少。[4]

除了 CPI 與 GDP 平減物價指數之外，另外一個值得注意的通貨膨脹衡量指標，是個人消費支出 (personal consumption expenditure, PCE) 平減物價指數或 PCE 平減物價指數 (PCE deflator)。PCE 平減物價指數的計算與 GDP 平減物價指數相同，但其以 GDP 組成中的消費項目而非以所有 GDP 的組成項目為計算基準；也就是，PCE 平減物價指數是名目消費支出除以實質消費支出的比率。

PCE 平減物價指數在某些方面與 CPI 相似，而在另外一些方面則與 GDP 平減物價指數相似。就像是 CPI，PCE 平減物價指數只包括消費者購買的商品與服務；未包括投資支出和政府購買的商品與服務價格。但就像是 GDP 平減物價指

---

[4] 因為拉氏指數高估通貨膨脹和帕氏指數低估通貨膨脹，我們可以將兩種衡量通貨膨脹率的指數平均而得到一平衡，這是另外一種指數形態的衡量看法，稱為**費雪指數** (Fisher index)。

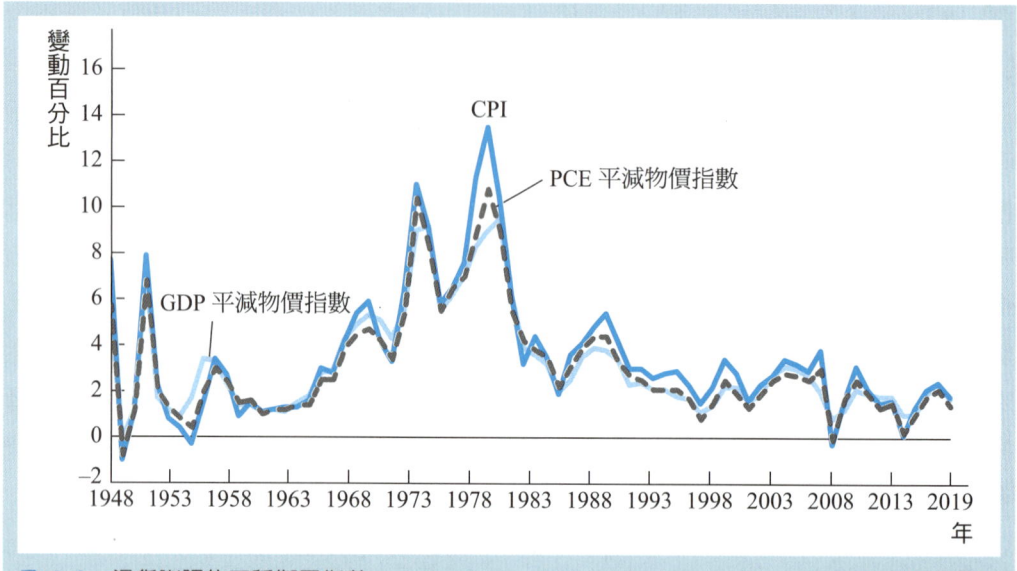

圖 2-3　通貨膨脹的三種衡量指數　此圖形顯示，自 1948 年到 2019 年，GDP 平減物價指數、PCE 平減物價指數與消費者物價指數每年的變動百分比。雖然這些物價指數有時會有差異，但它們經常說明相同的故事，物價如何迅速上漲。GDP 平減物價指數和消費者物價指數，在 1950 年代和 1960 年代的大部份時間都緩慢上漲，而在 1970 年代上升得非常迅速，自 1980 年代中期之後上升的速度再次趨緩。

資料來源：美國商務部、美國勞工部。

數，PCE 平減物價指數允許一籃商品隨著消費支出組合在不同時間改變而改變。因為這些特殊的性質，聯邦準備偏好使用 PCE 平減物價指數來衡量通貨膨脹。

幸運的是，GDP 平減物價指數與消費者物價指數，實際上差別不大。如圖 2-3 所示，從 1948 年到 2019 年，各年的 GDP 平減物價指數變動百分比與消費者物價指數變動百分比。這三個指數經常說明相同的故事，物價如何迅速上漲。

消費者物價指數是否高估通貨膨脹？

消費者物價指數是最引人注意的通貨膨脹衡量指標。聯邦準備的政策制定者在選擇貨幣政策時，會監看消費者物價指數的水準。此外，許多法律與私人契約有生活成本津貼 (cost-of-living allowance, COLA)，都使用消費者物價指數來調整物價水準的變動。例如，社會安全福利每年會自動調整，所以通貨膨脹不會侵蝕到老年人的生活水準。

因為很大程度上仰賴消費者物價指數，所以確保這項物價水準衡量的正確性是很重要的。許多經濟學家相信，有許多原因使消費者物價指數高估通貨膨脹。

其中一個問題是我們已經討論的替代偏誤。因為消費者物價指數衡量一籃固定商品的價格，並未反映消費者會替代相對價格較低商品的能力。因此，當相對價格變動時，真實生活成本上升的速度會比消費者物價指數慢。

第二個問題是新商品的引進。當一個新商品引進市場時，消費者福利提高，因為有更多的商品可供選擇。事實上，新商品的引進提高貨幣的實質價值，但貨幣購買力的增加並未反映在較低的消費者物價指數上。

第三個問題是未衡量出品質的變動。當一商品的品質變動時，一商品價格的變動不僅反映生活成本的變動，並反映品質的改變。勞工統計局在消費者物價指數中將品質盡可能地改變考慮。例如，若車商今年將某種特殊車款的馬力提高，勞工統計局計算消費者物價指數時會反映這項變動：品質調整後的車價並不會比品質未調整的車價上升速度快。但許多品質的變動，如舒適度或安全性的加強是很難衡量的。若未衡量出的品質提升比未衡量出的品質惡化更加頻繁出現，則衡量品質提升後的消費者物價指數應該較原有的速度要快。

在 1995 年，參議院財政委員會指派一組經濟學家來研究消費者物價指數的衡量誤差程度。小組的結論是消費者物價指數每年向上偏誤 0.8 到 1.6 個百分點，且其「最佳估計」為 1.1 個百分點。這個報告導致消費者物價指數計算方法的改變，所以現在的偏誤相信是略低於 1 個百分點。消費者物價指數仍高估通貨膨脹，但是高估的程度已經不像過去來得高。[5]

2-3 沒有工作的衡量：失業率

經濟表現的其中一個層面是經濟體系如何使用資源。因為勞工是經濟體系中的主要資源，讓勞工就業是經濟政策制定者最主要關心的議題。失業率是統計數據，衡量經濟體系勞動力中想要卻沒有工作的人口比例。美國勞工統計局每一個月會計算失業率及許多其他統計數據，可以讓經濟學家和政策制定者用來觀察勞動市場的發展。

家計調查

失業率來自約 60,000 個接受調查的家庭，稱為當代人口調查 (Current Population Survey)。這些家計單位包括約 110,000 位個人。根據問卷類別問題的答案，每一個家庭中的成年人 (16 歲及 16 歲以上) 落入三個類別：

- **就業**：這個項目包括在調查期間，有報酬的工作或在家庭企業的無酬工作者；也包括那些正值休假、生病或因天氣惡劣而暫時未工作者。
- **失業**：這個項目包括那些前四週沒有工作且正在找工作的人；也包括那些暫時被解雇，正等待被召回之失去工作者。

---

[5] 想知道更多相關議題，請見 Matthew D. Shapiro and David W. Wilcox, "Mismeasurement in the Consumer Price Index: An Evaluation," *NBER Macroeconomics Annual* 11 (1996): 93-142, and the symposium on "Measuring the CPI" in the Winter 1998 issue of the *Journal of Economic Perspectives*。

- 非勞動力：這個項目包括不適用前述兩類者，如學生或退休者。

請注意：一個人想要工作但放棄尋找工作 —— 氣餒的工人 (discouraged worker) —— 計算在非勞動力內。

勞動力 (labor force) 定義為失業人口與就業人口的總和，而失業率 (unemployment rate) 定義成勞動力中失業人口的比例；亦即，

$$勞動力＝就業人口＋失業人口$$

與

$$失業率＝\frac{失業人口}{勞動力}\times 100$$

一個相關的統計量是勞動參與率 (labor-force participation rate)，是成年人口中勞動力的比率：

$$勞動參與率＝\frac{勞動力}{成年人口}\times 100$$

勞工統計局分別為總人口和不同族群計算這些統計數據：男性與女性、白人與黑人、青少年與壯年工作者。

圖 2-4 顯示在 2020 年 3 月時，將成年人口劃分成三個類別。統計數據劃分如下：

$$勞動力＝155.8＋7.1＝162.9 \text{ (百萬人)}$$

$$失業率＝(7.1/162.9)\times 100＝4.4\%$$

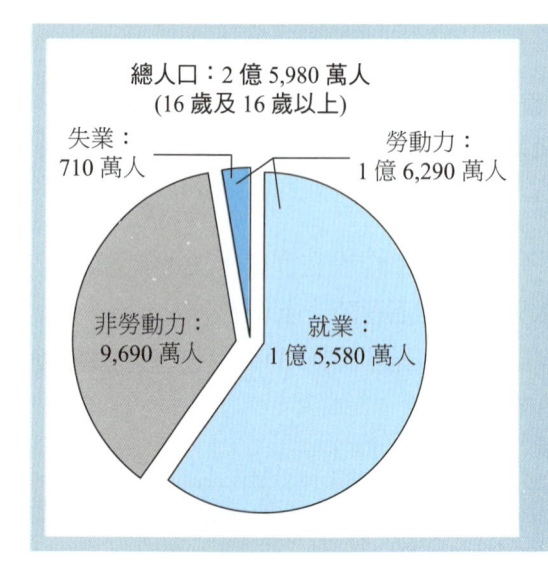

圖 2-4　成年人口中的三個類別　當勞工統計局對美國人進行調查時，將成年人劃分成三個類別：就業、失業或非勞動力。此圖形顯示 2020 年 3 月每個類別的人口數。
資料來源：美國勞工部。

$$勞動參與率＝(162.9/259.8)×100＝62.7\%$$

因此，約有三分之二的成年人口屬於勞動力，而勞動力中約有 4.4% 的人口沒有工作。

個案研究

勞動參與的趨勢

勞工統計局蒐集的勞動市場資料不僅反映經濟發展，如景氣循環的上升與下降，也反映出隨著時間經過，不同的社會與人口變化。

圖 2-5 顯示，美國從 1950 年到 2019 年男性與女性的勞動參與率。在第二次世界大戰剛結束時，男性與女性有相當不一樣的經濟角色。相對於 86% 的男性，只有 34% 的女性有工作或正在找工作。此後，隨著女性進入勞動力和一些男性離開勞動力的人數增加，男性與女性勞動參與率的差距逐漸縮小。2019 年的資料顯示，相對於 69% 的男性，有超過 57% 的女性在勞動力內。若以勞動參與來衡量，男性與女性現在在經濟體系中扮演更平等的角色。

這種變化的原因很多，部份原因要歸功於新科技，如洗衣機、乾衣機、冰箱、冰櫃及洗碗機，縮短完成例行性家事的時間；另外一部份是因為生育控制的進步，減少一典型家庭的幼兒人數；還有一部份則是因為政治和文化態度的轉變造成女性角色的改變。所有的發展均對女性經濟體系扮演的角色有深遠的影響，如這些資料所示。

儘管女性勞動參與的上升很容易解釋，但是男性勞動參與的下降卻令人費解。就業市場有幾個發展方向：第一，年輕人比父親輩和祖父輩就學年數來得長；第二，年長者現在

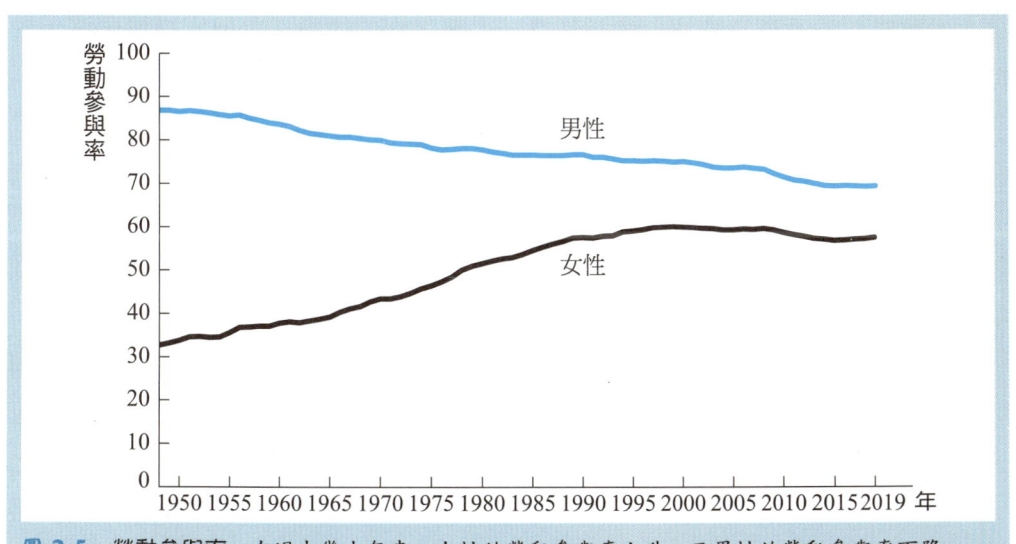

圖 2-5　勞動參與率　在過去幾十年來，女性的勞動參與率上升，而男性的勞動參與率下降。資料來源：美國勞工部。

提早退休且更長壽；第三，有更多的女性工作後，現在愈來愈多的父親會留在家中照顧小孩。全職學生、退休者和家庭主夫都視為非勞動力。

圖 2-5 也顯示，在最近十年間，男性與女性的勞動參與率逐漸下降。這個現象，主要歸因於嬰兒潮世代的年齡老化與退休所致。嬰兒潮是從第二次世界大戰後，在 1946 年開始，當時軍人返鄉並開始組成家庭，這種現象持續至 1964 年為止。在 2008 年，嬰兒潮的第一代已 62 歲──這是最早可領取社會安全退休給付的年紀。當愈來愈多的嬰兒潮世代逼近退休年齡，勞動參與率開始逐漸下降。

機構調查

當勞工統計局每個月報導失業率時，也報導不同的其他統計量來描述勞動市場的狀況。這些統計量之一，如勞動參與率是由當代人口調查中得到的；而其他統計量則是來自約 70 萬個工作場所的 14 萬 5,000 家不同的企業與政府單位。當你讀到一則標題說：經濟體系在上個月創造某個數量的工作時，那個統計量是員工領取薪資時，勞工人數的改變。

因為勞工統計局進行兩種勞動市場狀況的調查，會產生兩種總就業的衡量指標。從家計調查，得到人們說他們正在工作的估計數字；從機構調查，獲得勞工在廠商薪資表上的估計數字。

有人可能預期這兩個數字完全相同，但通常不會是如此。儘管它們呈現正相關，但兩個衡量指標仍有可能不同，尤其是在短期間內。一個特別大的差異發生在 2000 年代初期，當時經濟體系正從 2001 年的衰退中復甦。從 2001 年 11 月到 2003 年 8 月，機構調查顯示就業人數減少 100 萬人，而家計調查則顯示增加 140 萬人。有些評論者認為經濟社會正經歷一「無工作的復甦」，但此描述只適用於機構調查，而不適用於家計調查。

為什麼這兩種就業衡量指標會如此不同？部份的原因是調查衡量不同事物。例如，一人經營自己的事業為自營工作者，家計調查視此人為就業，而機構調查則否，因為那個人不會出現在公司的薪資表上。再舉另外一個例子，一個人有兩份工作，在家計調查視為就業人數為一人，而機構調查視就業人數為兩人，因為那個人會出現在兩家公司的薪資表上。

此外，兩種就業衡量指標差異的原因是調查不盡完美。例如，當一些新公司開始營運時，還得等待一段時間，才會被列入機構調查中。勞工統計局嘗試在新公司起步階段估計就業人數，但用來產生這些估計值的模型是可能的錯誤來源之一。一個不同的問題來自家計調查從受訪家計單位如何向外推估到全體人口。若勞工統計局運用不正確的人口估計值，這些錯誤將會反映在其家計單位就業人數的估計上，其中一個可能的錯誤來自合法和非法移民比例的變動。

最後，2001 年到 2003 年家計調查與機構調查的差異仍然是一個難解之謎。有些經濟學家認為機構調查比較精確，因為它的樣本數較大。然而，最近有一個研究指出：最佳就業衡量指標是兩項調查的平均值。[6]

然而，比這兩項調查的細節或這件事更重要的功課是：所有的經濟數據並不完美。儘管經濟數據包含發生在經濟體系中的有用資訊，但是每一項數據應該用更小心謹慎和一些懷疑的態度來解釋。

2-4　結論：從經濟統計數據到經濟模型

本章討論的三個統計數據 —— 國內生產毛額、消費者物價指數及失業率 —— 衡量經濟體系的表現。政府與民間決策者利用這些統計數據來追蹤經濟的變化與擬訂適合的政策。經濟學家利用這些統計數據來發展和測試有關經濟體系如何運作的理論。

在以下幾章將檢視其中的一些理論；亦即，我們將建立模型來解釋這些變數如何被決定，以及經濟政策會如何影響它們。在知道如何衡量經濟表現後，我們現在準備學習如何解釋。

快速測驗

1. ＿＿＿ GDP 以當期價格衡量經濟體系產出，且是一個 ＿＿＿ 變數。
   a. 名目，存量　　b. 名目，流量
   c. 實質，存量　　d. 實質，流量

2. GDP 組成中最大的項目為
   a. 消費　　　　　b. 投資
   c. 政府購買　　　d. 淨出口

3. 福特汽車公司在 2020 年製造的車子，在 2021 年賣給瓊斯這個事件增加
   a. 2020 年的消費與 GDP
   b. 2021 年的消費與 GDP
   c. 2020 年的消費與 2021 年 GDP
   d. 2021 年的消費與 2020 年 GDP

4. 若名目 GDP 與實質 GDP 同時上升 10%，則 GDP 平減物價指數
   a. 也上升 10%　　b. 約上升 20%
   c. 下跌 10%　　　d. 不變

5. 下列哪一些事件會影響消費者物價指數 (CPI)，但不會影響 GDP 平減物價指數？
   a. 美國飛機製造商波音 (Boeing) 提高賣給美國空軍戰鬥機的價格
   b. 瑞典汽車製造商，富豪汽車 (Volvo) 提高其賣給美國的汽車售價
   c. 美國早餐穀物製造商家樂氏 (Kellogg's) 降低玉米片的售價
   d. 國內的理髮師提高理髮的價格

6. 若有一人因為年邁父母而辭去工作，勞動參與率會 ＿＿＿ 且失業率會 ＿＿＿。
   a. 上升，上升　　b. 上升，不變
   c. 下跌，上升　　d. 下跌，不變

---

[6] George Perry, "Gauging Employment: Is the Professional Wisdom Wrong?" *Brookings Papers on Economic Activity* no. 2 (2005): 285-321.

摘要

1. 國內生產毛額 (GDP) 衡量經濟社會中每一個人的所得及經濟體系中商品與服務產出的總支出。

2. 名目國內生產毛額以當期價格衡量商品與服務的價值；實質國內生產毛額以固定價格衡量商品與服務的價值。只有當商品與服務數量增加時，實質國內生產毛額才會上升，而產出增加或價格上升，均會使名目國內生產毛額增加。GDP 平減物價指數是名目 GDP 對實質 GDP 的比率，其衡量整體物價水準。

3. 國內生產毛額是四個支出類別的加總：消費、投資、政府購買及淨出口，此關係稱為國民所得會計帳恆等式。

4. 消費者物價指數 (CPI) 衡量典型消費者，相對基期購買相同一籃商品，購買固定一籃商品與服務的價格。如同 GDP 平減物價指數與 PCE 平減物價指數，消費者物價指數衡量一般物價水準，但不像平減物價指數，不會隨著物價變動而在不同期間變動商品與服務組合。

5. 勞動參與率說明正在工作或想要工作成年人的比例。失業率是指那些想要卻找不到工作的人口比例。

關鍵詞

國內生產毛額　gross domestic product, GDP
國民所得會計帳　national income accounting
存量與流量　stocks and flows
附加價值　value added
設算值　imputed value
名目對實質國內生產毛額　nominal versus real GDP
國內生產毛額平減物價指數　GDP deflator
國民所得會計帳恆等式　national income accounts identity
消費　consumption
投資　investment
政府購買　government purchases
淨出口　net exports
消費者物價指數　consumer price index, CPI
個人消費支出平減物價指數　PCE deflator
勞動力　labor force
失業率　unemployment rate
勞動參與率　labor-force participation rate

複習題

1. 請列出衡量國內生產毛額的兩個類別。國內生產毛額如何能一次衡量這兩個類別？
2. GDP 的四個組成項目為何？針對各項組成，請舉一例。
3. 消費者物價指數衡量什麼？列出其與 GDP 平減物價指數的三個差異。
4. CPI 與 PCE 平減物價指數的相同點為何？相異點又為何？
5. 請列出勞工統計局將經濟社會中的每一個人劃分成哪三類？勞工統計局如何計算失業率？
6. 請解釋兩種勞工統計局衡量總就業的方式。為何它們會有差異？

問題與應用

1. 請至經濟分析局網站，找到最新一季的實質 GDP 成長率。請至勞工統計局網站，找出過去一年的通貨膨脹率及最近月份的失業率。你要如何解釋這些數據？
2. 一個農夫種植一蒲式耳的小麥，並以 $1 賣給麵粉工廠。麵粉工廠將小麥碾成麵粉，而以 $3

賣給麵包店。麵包店利用麵粉做成麵包，並以 $6 賣給工程師。工程師吃掉這個麵包，請問每一個人創造的附加價值是多少？麵包對國內生產毛額的貢獻是多少？

3. 假設一名女子嫁給她的管家。婚後，她的丈夫仍像婚前一樣服侍她，而她仍像以前一樣付薪水給丈夫 (現在的角色是丈夫，而非管家)。請問這種婚姻對國內生產毛額有何影響？這應該會以何種方式影響國內生產毛額？

4. 請將下列的交易歸類在支出的四個組成項目之一：消費、投資、政府購買及淨出口。
    a. 蘋果 (Apple) 出售一部電腦給肯塔基州巴黎市的公立學校。
    b. 蘋果出售一部電腦給伊利諾州巴黎市的會計師事務所。
    c. 蘋果出售一部電腦給法國巴黎的麵包店。
    d. 蘋果出售一部電腦給巴黎斯・希爾頓。
    e. 蘋果製造一部電腦，在明年出售。

5. 請找出在 1950 年、1990 年和最近一年的國內生產毛額，各項組成項目及各項組成項目占國內生產毛額的比率資料。
    a. 個人消費支出。
    b. 國內私人投資毛額。
    c. 政府購買。
    d. 淨出口。
    e. 國防支出。
    f. 進口。

    在這些資料中，是否有穩定關係存在？是否有任何趨勢？(提示：你可以到經濟分析局的網站 www.bea.gov 查詢資料。)

6. 緹娜是緹娜除草公司 (TLM) 的唯一老闆。TLM 一年可從顧客收到 $1,000,000 的除草收入。TLM 公司的設備，一年折舊 $125,000，支付員工薪資 $600,000，勞工所得稅為 $140,000，營利事業所得稅為 $50,000，緹娜可拿到股利 $150,000，而股利所得稅為 $60,000，TLM 的保留盈餘是 $75,000，此項經濟活動對下列各項的貢獻是多少？
    a. GDP。
    b. NNP。
    c. 國民所得。
    d. 勞工報酬。
    e. 自營者所得。
    f. 公司利潤。
    g. 個人所得。
    h. 個人可支配所得。

7. 假設一經濟社會生產熱狗與漢堡。下列表格有兩種商品不同年份的資料。

商品	2010 年 數量	2010 年 價格	2020 年 數量	2020 年 價格
熱狗	200	$2	250	$4
漢堡	200	$3	500	$4

a. 以 2010 年為基期，請計算各年的統計量：名目國內生產毛額、實質國內生產毛額、GDP 隱含平減物價指數，以及固定權數物價指數，如 CPI。
b. 在 2010 年到 2020 年間，價格上升的百分比？說明各個商品與整體物價水準兩種衡量指標的答案。比較拉氏與帕氏物價指數的答案，並解釋兩者的差異。

8. 阿比只消費蘋果。第一年，紅蘋果每顆 $1，青蘋果每顆 $2，阿比總共購買 10 顆紅蘋果；第二年，紅蘋果每顆 $2，青蘋果每顆 $1，阿比總共購買 10 顆青蘋果。
   a. 請計算各年蘋果的消費者物價指數 (CPI)。假設第一年為基期，消費籃在第一年是固定的數量。從第一年到第二年的消費者物價指數有何變化？
   b. 請計算阿比在兩個年份的蘋果名目支出。從第一年到第二年有何變化？
   c. 以一年為基期，請計算阿比在各年對蘋果的實質支出。從第一年到第二年的實質支出變化為何？
   d. 隱含平減物價指數定義為名目支出除以實質支出，請計算各年的平減物價指數。從第一年到第二年的平減物價指數的變動為何？
   e. 假設阿比吃紅蘋果與青蘋果的滿足程度一樣。阿比的真實生活成本增加多少？請比較本題答案與 (a) 小題到 (d) 小題的答案。這個例子告訴你關於拉氏物價指數與帕氏物價指數的特性有哪些？

9. 100 人的經濟體系分成下列群組：全職工作者 25 人、有一份部份工時者 20 人、有兩份部份工時者 5 人、想要且正在尋找工作者 10 人、想工作而未找工作且隨時可以開始工作者 10 人、自營工作者 10 人、退休者 10 人及小孩 10 人。
   a. 請計算勞動力人數和勞動參與率。
   b. 請計算失業人數與失業率。
   c. 以兩種方式：家計調查及機構調查來計算總就業人口。

10. 1968 年參議員羅伯·甘迺迪 (Robert Kennedy) 在一場總統競選的演說中，提到國內生產毛額：

    (GDP) 不包括孩童的健康、教育品質或玩耍的愉悅，也不包含詩句的美好、婚姻的力量、公開辯論的智慧或公務員的正直，它無法衡量風趣、我們的勇氣、我們的智慧、學習，以及對國家的奉獻。簡單地說，除了讓生命更為美好的事物，它衡量一切；除了為何能以身為美國人而自豪外，它可以告訴我們有關美國的一切事物。

    甘迺迪的說法是否正確？如果他是正確的，為何我們仍如此關心國內生產毛額？

11. 請考慮下列事件如何影響實質國內生產毛額。你認為實質 GDP 的變動與經濟福利的變動是否相同？
    a. 侵襲佛羅里達州的颶風迫使迪士尼樂園 (Disney World) 關閉一個月。
    b. 發明一種容易成長的小麥新品種，提高農夫收穫量。
    c. 工會與管理階層間日益升高的敵對態度，引發罷工行動。
    d. 經濟體系中的所有廠商經歷需求不振，導致必須解僱員工。
    e. 國會通過新的環境法律，禁止廠商使用會造成大量污染的生產方法。
    f. 更多的高中生休學，從事修剪草皮的工作。
    g. 全國各地的父親減少工作時數，以便有更多的時間陪小孩。

快速測驗答案

1. b   2. a   3. d   4. d   5. b   6. c

CHAPTER

3

國民所得：它從哪裡來和往哪裡去

> 一筆鉅額所得是我曾聽過得到快樂的最佳處方。
>
> ——珍・奧斯汀

國內生產毛額 (GDP) 是最重要的總體經濟變數。如同我們在上一章所見，國內生產毛額衡量一個國家商品與服務的總產出和總所得。想要欣賞國內生產毛額的重要性，我們只要快速檢視國際資料：與較貧窮的國家相比，擁有較高平均每人國內生產毛額的國家，從兒童時期有較佳營養到每一個家庭有很多的電視，每一樣東西都比較多。一個國家有較高的國內生產毛額並不保證所有人民都快樂，然而它是總體經濟學家所能提供快樂的最佳處方。

本章探討四組有關國內生產毛額來源與用途的問題：

- 經濟體系裡的廠商生產多少？什麼因素決定一個國家的總所得？
- 誰可從生產中獲得所得？有多少錢會是勞工報酬，有多少錢是資本提供者的報酬？
- 誰會購買經濟體系的產出？家計單位購買多少產出以供消費，廠商與家計單位購買多少產出以供投資，政府購買多少以供公務用途？
- 什麼因素會讓商品與服務的供給和需求達到均衡？確保消費、投資和政府購買的計畫支出等於生產水準的因素為何？

要回答這些問題，我們必須檢視經濟體系不同部門之間如何互動。

經濟活動循環流程圖是一個好的開始。在第 2 章中，我們曾檢視假想經濟體系的金錢循環流程圖，在那個經濟體系只有一種生產因素 (勞動)；生產一種商品 (麵包)。圖 3-1 更正確地反映實際經濟如何運作。它顯示不同經濟部門：家計單位、廠商和政府之間的關聯，以及金錢如何在經濟體系透過市場在不同經濟部門間流通。

讓我們從這些經濟部門的觀點來觀察金錢的流向。家計單位收到所得並用來繳稅給政府、消費商品與服務，以及透過金融市場來儲蓄。廠商銷售商品與服務而獲得收入，並用以支付生產因素的報酬。家計單位和廠商都向金融市場貸款購

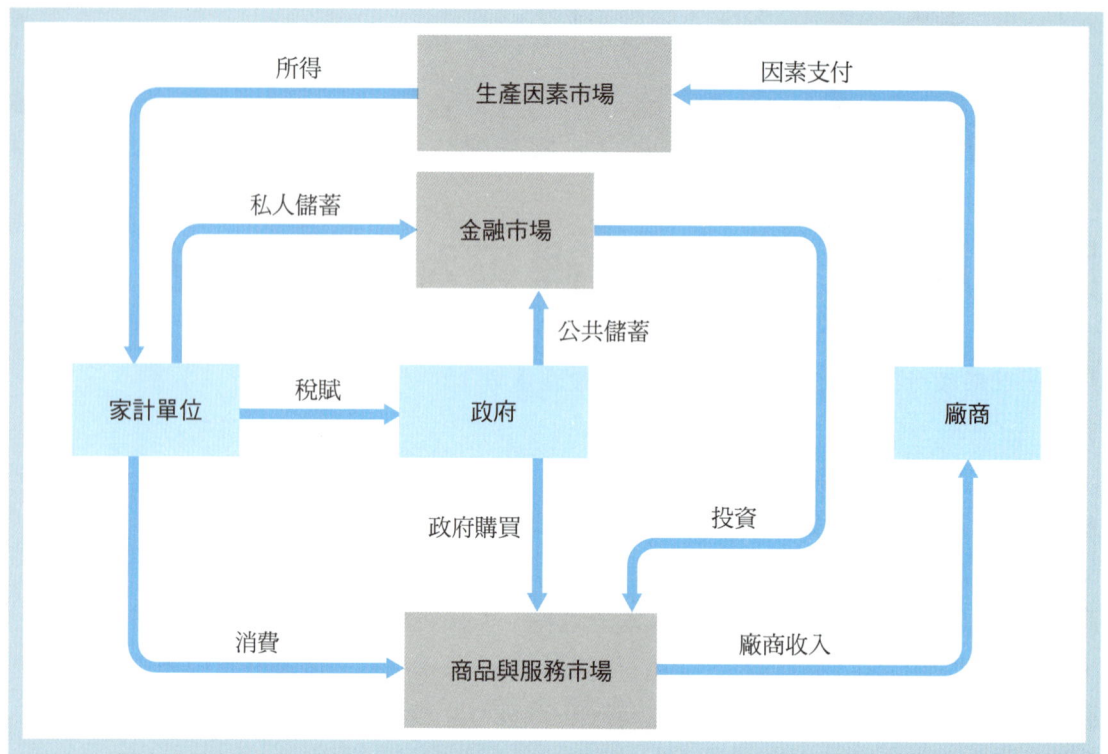

圖 3-1　經濟體系的金錢循環流程圖　此圖比第 2 章的循環流程圖更符合真實世界。各個方塊分別代表一個經濟部門：家計單位、廠商和政府，或一種市場：商品與服務市場、生產因素市場和金融市場。箭頭代表不同經濟部門的金錢如何透過三種類型市場間流通。

買投資商品，如房子與工廠。政府部門從稅收獲得收入，並利用來進行政府購買。任何政府稅收超過政府支出的部份稱為公共儲蓄 (public saving)，可以是正的 [預算盈餘 (budget surplus)] 或負的 [預算赤字 (budget deficit)]。

在本章中，我們將發展一個基本的古典模型來解釋圖 3-1 所描繪的經濟部門之間的互動。我們先從廠商開始，檢視其生產水準的決定因素為何 (因此，可決定國民所得水準)，然後檢視生產因素市場如何分配所得給家計單位，接著考慮家計單位收到的所得中會消費多少和儲蓄多少。除了討論因為家計單位消費所引起商品與服務的需求外，我們還討論因為投資與政府購買引起的需求。最後，我們觀察整個圖形，並探討商品與服務需求 (消費、投資及政府購買的總和)，以及商品與服務供給，兩者如何達到平衡。

3-1　什麼因素決定商品與服務總生產？

一經濟體系商品與服務的產出 —— 國內生產毛額 —— 決定於：(1) 投入的數量，我們稱投入為生產因素；(2) 將投入轉換成產出的能力，這是以生產函數表示。

生產因素

生產因素 (factors of production) 是指用來生產商品與服務的投入。資本與勞動是兩個最重要的生產因素。資本是指勞工使用工具的集合：建築工人的起重機、會計師的計算機及作家的個人電腦。勞動是指人們花在工作的時間。我們以符號 K 代表資本數量和符號 L 代表勞動數量。

本章將經濟體系中的生產因素數量視為已知。換言之，我們假設經濟體系擁有固定數量的資本與固定數量的勞動。我們寫成：

$$K = \bar{K}$$
$$L = \bar{L}$$

K 和 L 上的橫線意味著資本與勞動的數量都是固定。在第 8 章和第 9 章中，我們將檢視當生產因素數量會隨時間經過而變動時，就像真實世界一樣，究竟會發生什麼事。目前，為了簡化分析，我們假設資本與勞動數量固定不變。

在此，我們也假設生產因素充分利用；亦即，沒有絲毫資源被浪費。再一次，我們知道在真實世界裡，有一部份的勞動力是失業的，且有些資本設備也閒置不用。在第 7 章將探討失業的原因，但目前我們假設資本與勞動充份就業。

生產函數

現有的生產技術決定，在一定的資本與勞動數量下，可以生產多少產出。經濟學家利用生產函數 (production function) 表示這種關係。令 Y 代表產出數量，我們可將生產函數寫成：

$$Y = F(K, L)$$

這個方程式說明產出是資本與勞動數量的函數。

生產函數反映將資本與勞動轉成產出的現有技術。如果有人發明更好的方式生產商品，結果是同樣數量的資本與勞動，就能夠得到更多的產出。因此，技術變動會改變生產函數。

許多生產函數有一個特性稱為固定規模報酬 (constant returns to scale)。一生產函數有固定規模報酬，若所有生產因素增加相同百分比，導致產出也增加相同的比例。舉例來說，若生產函數擁有固定規模報酬的特性，則當勞動與資本同時增加 10% 時，產出也會增加 10%。從數學上來說，一生產函數具有固定規模報酬，如果

$$zY = F(zK, zL)$$

就任何正數 z 而言皆成立。這個方程式係假設我們將資本數量與勞動數量都乘以常數 z，產出會增加 z 倍。固定規模報酬的假設將有一個重要的涵義，即從生產而來的所得是如何分配的。

在此考慮麵包店的生產作為生產函數的例子。麵包店的資本是廚房及設備，麵包店的勞動是生產麵包必須雇用的員工，而產出則是麵包的數量。麵包店的生產函數說明，麵包生產數量會受廚房設備數目和員工人數的影響。若生產函數具有固定規模報酬，則廚房設備與員工人數增加一倍，麵包數量也會增加一倍。

商品與服務的供給

整體而言，生產因素和生產函數共同決定商品與服務的供給數量，這個供給數量就是經濟體系的產出。若以數學式表示，可寫成：

$$Y = F(\bar{K}, \bar{L})$$
$$= \bar{Y}$$

在本章，因為我們假設生產技術、資本與勞動的供給數量和技術都是固定，產出也會是固定 (固定產出水準以 $\bar{Y}$ 表示)。當我們在第 8 章、第 9 章與第 10 章討論經濟成長時，將檢視資本與勞動數量提高和生產技術進步，如何導致經濟社會產出的成長。

3-2 國民所得如何分配給生產因素？

如同我們在第 2 章中討論的，經濟體系的總產出等於總所得。因為生產因素和生產函數共同決定商品與服務總產出，也決定國民所得。圖 3-1 的循環流程圖形顯示，透過生產因素市場，國民所得從廠商流向家計單位。

在本節中，我們藉由討論這些生產因素市場如何運作，來繼續發展我們的經濟模型。長久以來，經濟學家研究生產因素市場以瞭解所得的分配。例如，19 世紀著名的經濟學家卡爾‧馬克思 (Karl Marx)，花費大量時間嘗試解釋資本與勞動所得。共產主義政治哲學的一部份，是源於馬克思至今仍令人懷疑的理論。

在此，我們檢視國民所得如何在生產因素之間分配的現代理論。它基於古典學派 (18 世紀) 的觀念，價格調整至使供需相等，在此運用到生產因素市場，加上比較現代 (19 世紀) 的觀念，每個生產因素的需求受該生產因素邊際生產力的影響。這個理論稱為新古典分配理論 (neoclassical theory of distribution)，為今日大多數的經濟學家所接受，作為開始瞭解經濟體系的所得如何從廠商分配到家計單位的最佳所在。

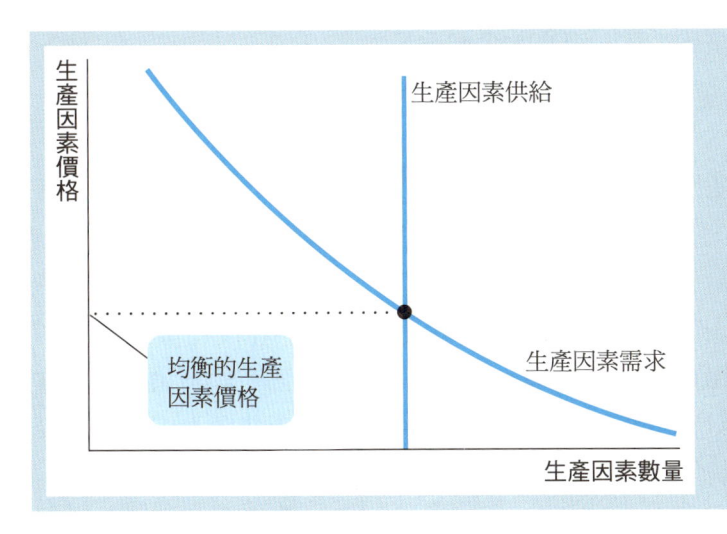

圖 3-2 生產因素如何得到報酬 任何生產因素價格由生產因素提供服務的供給與需求所決定。因為我們假設供給是固定的，供給曲線為一垂直線。一如往常，需求曲線為一負斜率的曲線。供給與需求的交點決定均衡的生產因素價格。

生產因素價格

國民所得的分配是由生產因素價格決定。生產因素價格 (factor prices) 是支付給生產因素的金額。在一經濟體系中，兩個生產因素為資本和勞動，兩個生產因素價格是勞工賺取的工資與資本擁有者收到的租金。

如圖 3-2 所示，各個生產因素提供服務所收到的價格是由生產因素的供給與需求共同決定。因為我們假設經濟體系中生產因素的數量固定，所以圖 3-2 的生產因素供給曲線是垂直的。不管生產因素價格為何，生產因素供給到市場的數量都一樣。負斜率生產因素需求曲線與垂直供給線相交，決定均衡的生產因素價格。

要瞭解生產因素價格與所得分配，我們必須檢視生產因素的需求。由於生產因素的需求是由數以千計廠商使用資本與勞動所造成，我們現在就來觀察一典型廠商面臨需要雇用多少生產因素的決策。

競爭廠商面對的決策

對一典型廠商所做的最簡單假設是：它是競爭的。一競爭廠商 (competitive firm) 相對於市場而言，規模是很小的，所以對市場價格沒有影響力。例如，我們的廠商生產一商品並以市場價格銷售。因為許多廠商生產這種商品，我們的廠商可以盡可能地銷售，而不會引起商品價格的下跌；或可以停止銷售而不會引起商品價格的上升。同樣地，我們的廠商無法影響雇用勞工的工資，因為當地許多其他廠商也雇用勞工。廠商沒有任何理由支付比市場工資更高的工資，且若廠商想要支付較低的工資，其勞工會到別處工作。所以，競爭廠商視產出價格與投入價格為由市場狀況給定。

想要生產商品，廠商需要兩個生產因素：資本與勞動。如同之前在總體經濟的討論，我們以生產函數來代表單一廠商的生產技術：

$$Y = F(K, L)$$

其中 Y 是生產數量 (廠商產出)，K 為機器使用的數目 (資本數量)，L 是員工工作時數 (勞動數量)。若廠商有更多的機器或雇用更多員工，工作更多時數，就能夠生產更多商品。

假設廠商是以價格 P 來銷售商品，以工資 W 雇用員工，和以利率 R 租賃資本。請注意：當我們提到廠商租賃資本時，是假設家計單位擁有經濟體系的資本存量。在這個分析中，家計單位將資本對外出租，如同他們出售勞力一樣。廠商從家計單位手中獲得這兩個生產因素。[1]

廠商的目標是追求利潤最大。**利潤** (profit) 是收入減成本 —— 是企業擁有者銷售產品並支付生產成本後剩餘的部份。收入等於 $P \times Y$，商品的銷售價格 P 乘以廠商生產商品的數量 Y。成本包括勞動成本和資本成本。勞動成本等於 $W \times L$，工資 W 乘以勞動數量 L。資本成本等於 $R \times K$，資本租賃價格 R 乘以資本數量 K。我們可以寫成：

$$\begin{aligned}利潤 &= 收入 - 勞動成本 - 資本成本 \\ &= PY - WL - RK\end{aligned}$$

要瞭解利潤如何受生產因素影響，我們利用生產函數 $Y = F(K, L)$ 代替 Y，得到：

$$利潤 = PF(K, L) - WL - RK$$

這個方程式指出，利潤受商品價格 P、生產因素價格 W 和 R，以及生產因素數量 L 和 K 的影響。競爭廠商視商品價格與生產因素價格為已知，並選擇勞動與資本數量來極大利潤。

廠商對生產因素的需求

現在我們知道廠商會雇用勞動和租賃資本，使利潤達到最大。但利潤極大化的生產因素數量是多少？要回答這個問題，首先我們考慮勞動數量，然後再考慮資本數量。

勞動的邊際產量 廠商雇用的勞工愈多，商品的生產數量會愈多。**勞動的邊際產量** (marginal product of labor, MPL) 係指在資本數量固定不變下，多雇用一單位勞

---

[1] 這是一個簡化。在真實世界中，擁有資本是間接的，因為廠商擁有資本，而家計單位擁有廠商；亦即，實際生活中的廠商有兩個功能：擁有資本和生產商品。然而，為了幫助瞭解生產因素如何得到報酬，我們假設廠商只生產商品，而家計單位直接擁有資本。

工廠商能夠多增加的商品數量。我們可以利用生產函數來表示這個概念：

$$MPL = F(K, L+1) - F(K, L)$$

等號右邊第一項是廠商雇用 K 單位資本與 $L+1$ 單位勞動的產出數量；第二項是廠商雇用 K 單位資本與 L 單位勞動的產出數量。這個方程式說明勞動的邊際產量是雇用 $L+1$ 單位勞動的產出數量與雇用 L 單位勞動的產出數量，兩者的差距。

大多數的生產函數具有**邊際產量遞減** (diminishing marginal product) 的特性：在資本數量固定不變下，隨著勞動雇用量的增加，勞動的邊際產量遞減。讓我們再一次以麵包店的麵包生產為例。當麵包店雇用更多員工時，麵包的產量就愈多。MPL 是雇用額外一單位勞工時，所能額外增加的麵包數量。然而，當愈來愈多勞工搭配固定數量的資本時，MPL 開始下跌。因為當廚房愈來愈擁擠時，勞工生產力就會變得愈來愈低，額外增加的麵包數量會因此愈來愈少。換言之，在廚房面積固定下，每增加一名勞工的雇用，所能貢獻的麵包產量就會愈來愈少。(因此，有一句諺語說：「人多誤事。」)

圖 3-3 畫出生產函數，說明當我們固定資本數量和變動勞動數量時，產出數量的變動情形。這個圖形顯示勞動的邊際產量是生產函數的斜率。當勞動數量增加時，生產函數變得愈平坦，這表示邊際產量遞減。

從勞動的邊際產量到勞動需求 當一家追求利潤最大的競爭性廠商決定是否多雇用一單位勞工時，會考慮這個決定如何影響利潤；亦即，會比較額外新增勞工提升產量所帶來的額外收入，和支付更多工資的額外成本。雇用額外一單位勞工所增加的收入係決定於兩個變數：勞動的邊際產量和產出的價格。因為額外一單位勞工生產 MPL 單位的產量，且每一單位產量是以 P 元銷售，額外的收入是

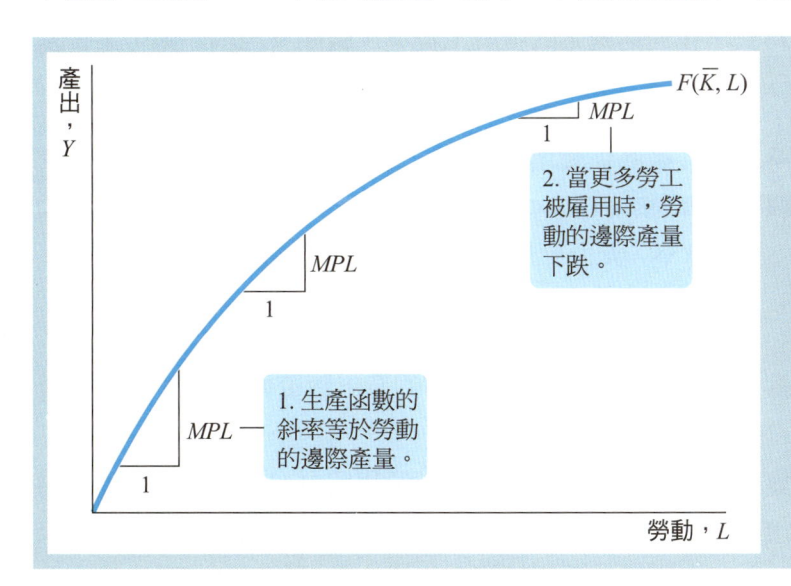

圖 3-3 生產函數 這條曲線顯示在資本數量固定不變時，產出如何受勞動投入的影響。勞動的邊際產量 MPL 是勞動投入增加 1 單位時，產出的變動量。當勞動數量增加時，生產函數變得比較平坦，代表邊際產量遞減。

$P \times MPL$。多雇用一單位勞工的額外成本是工資 W。因此，多雇用額外一單位勞工的利潤變動是：

$$\Delta 利潤 = \Delta 收入 - \Delta 成本$$
$$= (P \times MPL) - W$$

符號 Δ (稱為 *delta*) 代表變數的變動。

現在我們能夠回答本節一開始所問的問題：廠商會雇用多少勞工？企業經理知道，若額外收入 $P \times MPL$ 超過工資 W，額外一單位勞動會提高公司利潤。所以，經理會繼續雇用勞工，直到下一個單位不再為公司創造利潤為止；亦即，MPL 會下跌到額外收入等於工資為止。廠商的勞動需求是決定於：

$$P \times MPL = W$$

我們也可以寫成：

$$MPL = W/P$$

W/P 是實質工資 (real wage) —— 勞工所得以產出數量而非以貨幣衡量。為了追求利潤最大，廠商對勞動的雇用會持續到勞動的邊際產量等於實質工資為止。

我們再次以麵包店為例，假設麵包每個價格是 $2，而勞工每小時工資是 $20。實質工資 W/P 則是每小時 10 個麵包。在本例中，只要每位額外勞工至少每小時生產 10 個麵包，廠商就會繼續雇用勞工。當 MPL 下跌到每小時 10 個麵包或更少時，額外勞工的雇用不再為公司帶來利潤。

圖 3-4 顯示勞動的邊際產量如何受勞動雇用數量的影響 (假設廠商的資本存量固定不變)；亦即，這個圖形畫出 MPL 曲線。因為隨著勞動雇用量增加 MPL 遞減，這條曲線的斜率為負，在任何既定的實質工資下，廠商會繼續雇用勞工，直到 MPL 等於實質工資為止。因此，MPL 曲線也是廠商的勞動需求曲線。

資本的邊際產量與資本需求　廠商係使用相同的方式決定租賃多少單位的資本與決定雇用多少勞工。資本的邊際產量 (marginal product of capital, MPK) 是在勞動數量固定時，多使用一單位資本，廠商能夠額外獲得的產出數量：

$$MPK = F(K+1, L) - F(K, L)$$

因此，資本的邊際產量是廠商租用 $K+1$ 單位資本的產出數量與只租用 K 單位資本的產出數量，兩者的差距。

如同勞動一樣，資本也受限於邊際產量遞減。讓我們再次考慮麵包店生產麵包的例子，一開始放在廚房的烤箱將會很有生產力，然而如果麵包店購置愈來愈多的烤箱，同時假設勞動力不變，最終所擁有的烤箱數目將超過店員能夠有效

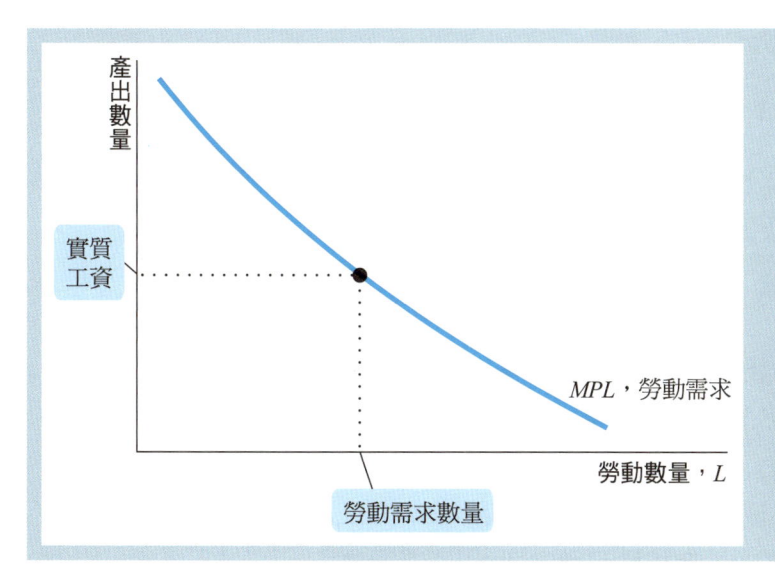

圖 3-4 勞動邊際產量曲線 勞動的邊際產量 MPL 是受勞動雇用量的影響。因為隨著 L 增加，MPL 遞減，MPL 曲線斜率為負。廠商會繼續雇用勞工，直到實質工資 W/P 等於 MPL 為止。因此，這條曲線也是廠商的勞動需求曲線。

率操作的數目。因此，最後幾台烤箱的邊際產量會低於一開始幾台烤箱的邊際生產力。

租用額外一部機器所增加的利潤是該部機器帶來的額外收入減去機器的租賃價格：

$$\Delta 利潤 = \Delta 收入 - \Delta 成本$$
$$= (P \times MPK) - R$$

想要極大利潤，廠商會持續租用更多的資本，直到 MPK 等於實質租賃價格為止：

$$MPK = R/P$$

實質資本租賃價格 (real rental price of capital) 是以商品數量，而非貨幣衡量的租賃價格。

總之，追求利潤最大的競爭廠商遵循一簡單法則來雇用勞工數量和租用資本數量：廠商需要生產因素，直到該生產因素的邊際產量等於生產因素實質價格為止。

國民所得的分配

在分析單一廠商如何決定雇用多少生產因素以後，我們現在可以解釋生產因素市場如何分配經濟體系的總所得。若經濟體系裡所有廠商都是追求利潤最大競爭廠商，則各個生產因素價格會等於生產過程中的邊際貢獻。每位勞工的實質工資等於 MPL，且每位資本擁有者收到的實質租賃價格等於 MPK。因此，勞工總實質工資是 $MPL \times L$，而資本擁有者的總實質報酬是 $MPK \times K$。

扣除廠商支付生產因素報酬後的所得是企業擁有者的**經濟利潤** (economic

profit)，實質經濟利潤是：

$$經濟利潤 = Y - (MPL \times L) - (MPK \times K)$$

請注意：此處的所得 Y 與經濟利潤都是實質的 —— 亦即，以數量而非以價格來表示。因為我們想要檢視國民所得的分配，上式可重新整理成：

$$Y = (MPL \times L) + (MPK \times K) + 經濟利潤$$

總所得可以分成勞動報酬、資本報酬及經濟利潤。

經濟利潤有多大？答案是令人驚訝的：若生產函數具固定規模報酬的特性，如同一般的情形，則經濟利潤一定是零；亦即，扣除生產因素報酬後，沒有剩下任何利潤。這個結果是由著名的數學結果尤拉定理 (Euler's theorem) 推導而得，[2] 這個定理係若生產函數有固定規模報酬，則：

$$F(K, L) = (MPK \times K) + (MPL \times L)$$

若各個生產因素價格等於邊際產量，則這些生產因素報酬的加總會等於總產出。換言之，固定規模報酬、利潤極大化及競爭廠商三個假設共同隱含經濟利潤為零。

若經濟利潤為零，則我們如何能解釋存在於經濟社會中的「利潤」？答案是我們所熟悉的利潤與經濟利潤意義不同。我們曾經假設有三種不同形態的經濟單位：勞工、資本擁有者和企業擁有者。總所得可細分成工資、資本報酬和經濟利潤。然而，在真實世界裡，大多數廠商擁有資本而不是租賃資本。因為企業擁有者和資本擁有者是相同的人，經濟利潤和資本報酬通常是加在一起。如果我們稱這種定義為會計利潤 (accounting profit)，可以說：

$$會計利潤 = 經濟利潤 + (MPK \times K)$$

在我們的假設 —— 固定規模報酬、利潤極大化及競爭廠商 —— 之下，經濟利潤為零。若這些假設與真實世界相去不遠，則國民所得會計帳的「利潤」一定大部份是資本報酬。

現在我們能夠回答本章一開始提出的問題，有關經濟體系的所得如何從廠商

---

[2] **數學註解**：要證明尤拉定理，我們必須用到一些多變量微積分。先從固定規模報酬的定義著手：$zY = F(zK, zL)$，現在對 z 做全微分，可得：

$$Y = F_1(zK, zL) K + F_2(zK, zL) L$$

其中 F_1 與 F_2 分別代表函數對第一個變數與第二個變數的偏微分，在 $z=1$ 處評估此式，注意偏微分等於邊際產出，而得到尤拉定理。

到家計單位之間進行分配。各個生產因素是依據其邊際產量支付價格，這些生產因素報酬總和恰好等於總產出。根據資本與勞動生產力多寡，總產出可細分成資本報酬與勞動報酬。

> **個案研究**
>
> ### 黑死病與生產因素價格
>
> 　　根據新古典分配理論，生產因素價格等於生產因素的邊際產量。因為各個生產因素的邊際產量取決於所有生產因素的數量，每一生產因素數量的變動會改變所有生產因素的邊際產量。因此，生產因素供給的變動會改變均衡的生產因素價格與所得分配。
>
> 　　有關生產因素數量如何影響生產因素價格，14 世紀的歐洲提供一個鮮明的範例。1348 年淋巴腺鼠疫 (黑死病) 爆發流行，在短短幾年內，歐洲人口減少約三分之一。因為勞動的邊際產量隨勞動數量的減少而增加，這種勞動力銳減提高勞動的邊際產量與均衡實質工資。(也就是說，在圖 3-3 和圖 3-4 中，經濟應該沿曲線向左移動。) 證據與理論相符：在黑死病的年代裡，實質工資約略上漲一倍。能夠在黑死病威脅下倖存的農夫，都享受到經濟繁榮。
>
> 　　這場瘟疫引起勞動力的下降，也影響土地的報酬，土地是中古世紀歐洲另一項主要的生產因素。由於耕種土地的勞工人數減少，額外一單位土地所能增加的農作物就會遞減。因此，土地的邊際產量下跌導致實質租金下跌。再一次，理論與證據相符；實質租金在這段期間下跌超過 50%。所以，當農民享受經濟繁榮的果實時，地主階級遭受所得降低之苦。[3]

Cobb-Douglas 生產函數

　　什麼樣的生產函數能夠描繪實際經濟如何將資本與勞動轉換成國內生產毛額？這個問題的答案係來自一位美國參議員與一位數學家的歷史性合作。

　　保羅・道格拉斯 (Paul Douglas) 是 1949 年到 1967 年美國伊利諾州的參議員。然而，在 1927 年，當他還是經濟學教授時，注意到一個令人訝異的事實：國民所得在資本和勞動間的分配，在很長一段期間內大致是固定的。換言之，隨時間經過，當經濟變得愈繁榮時，勞工的總所得與資本擁有者的總所得幾乎以相同比例成長。這個觀察引起道格拉斯想知道，什麼條件會導致固定比例的生產因素報酬。

　　道格拉斯請教數學家查爾斯・柯伯 (Charles Cobb)：如果存在什麼樣的生產函數，會產生固定比例的生產因素報酬？生產函數必須具備以下的特性：

---

[3] Carlo M. Cipolla, *Before the Industrial Revolution: European Society and Economy, 1000-1700*, 2nd ed. (New York: Norton, 1980), 200-202.

$$資本所得 = MPK \times K = \alpha Y$$

與

$$勞動所得 = MPL \times L = (1-\alpha)Y$$

其中 α 是常數，介於 0 與 1 之間，α 衡量資本份額 (capital's share) 的比例；亦即，α 決定所得分配給資本的比例，以及所得分配給勞動的比例。柯伯證明具有這個特性的函數是：

$$F(K, L) = AK^{\alpha}L^{1-\alpha}$$

其中 A 是一大於零的參數，是衡量現有技術的生產力。這個函數成為著名的 Cobb-Douglas 生產函數 (Cobb-Douglas production function)。

讓我們更仔細地觀察這個生產函數的某些特性。首先，Cobb-Douglas 生產函數具有固定規模報酬的特性；亦即，若資本和勞動都以相同比例增加，則產出也會以相同比例成長。[4]

接著，讓我們考慮 Cobb-Douglas 生產函數的邊際產量。勞動的邊際產量為：[5]

$$MPL = (1-\alpha)AK^{\alpha}L^{-\alpha}$$

以及資本的邊際產量是：

$$MPK = \alpha AK^{\alpha-1}L^{1-\alpha}$$

記得 α 值是在 0 與 1 之間，從這些方程式中，我們可以看到引起兩個生產因素邊際產量發生變動的因素為何。增加資本數量會提高 MPL 和降低 MPK。同樣地，

---

4 **數學註解**：想要證明 Cobb-Douglas 生產函數具有固定規模報酬特性，讓我們檢視當資本與勞動都乘以常數 z 時，會發生何事：

$$F(zK, zL) = A(zK)^{\alpha}(zL)^{1-\alpha}$$

將等號右邊的式子展開：

$$F(zK, zL) = Az^{\alpha}K^{\alpha}z^{1-\alpha}L^{1-\alpha}$$

重新集項，可得：

$$F(zK, zL) = Az^{\alpha}z^{1-\alpha}K^{\alpha}L^{1-\alpha}$$

因為 $z^{\alpha}z^{1-\alpha} = z$，函數變成：

$$F(zK, zL) = zAK^{\alpha}L^{1-\alpha}$$

但是 $AK^{\alpha}L^{1-\alpha} = F(K, L)$，因此，

$$F(zK, zL) = zF(K, L) = zY$$

產出數量 Y 以相同比例 z 增加，這隱含生產函數具固定規模報酬的特性。

5 **數學註解**：想要從生產函數獲得邊際產量的公式，需要一點微積分。要找到 MPL，將生產函數對 L 微分。這是先讓指數 $(1-\alpha)$ 乘以 Y，然後將 L 的指數 $(1-\alpha)$ 減 1，而得新的指數，$-\alpha$。同樣地，要得到 MPK，將生產函數對 K 微分。

增加勞動數量會降低 MPL 和提高 MPK。技術進步是指參數 A 的增加，會使兩個生產因素的邊際產量等比例的上升。

Cobb-Douglas 生產函數的邊際產量也可以寫成：[6]

$$MPL = (1-\alpha)\,Y/L$$
$$MPK = \alpha Y/K$$

MPL 與平均每位勞工產出呈固定比例，MPK 與平均每單位資本產出成固定比例。Y/L 稱為勞動平均生產力 (average labor productivity)，Y/K 稱為資本平均生產力 (average capital productivity)。若生產函數是 Cobb-Douglas，則一生產因素的邊際生產力與平均生產力呈固定比例。

現在我們能夠證明，若生產因素是依據邊際產量支付報酬，則參數 α 的確告訴我們有多少所得會到勞動和有多少所得會到資本。我們知道總工資是 $MPL \times L$，即 $(1-\alpha)Y$。因此，$(1-\alpha)$ 是產出的勞動份額 (labor's share)，勞動所得占產出的比例。同樣地，資本總報酬 $MPK \times K$ 為 αY，α 是產出的資本份額，其為資本所得占產出的比例。勞動所得與資本所得的比例為一常數 $(1-\alpha)/\alpha$，這正是道格拉斯的觀察。因素份額決定於參數 α，而不是受到資本或勞動數量，或受技術水準參數 A 的影響。

更近期的美國資料也符合 Cobb-Douglas 生產函數。圖 3-5 顯示從 1960 年到 2019 年，美國勞動所得占總所得的比例。儘管過去六十年，經濟體系面臨許多變化，這個比例大約維持在三分之二。所得分配可以很輕易地由 Cobb-Douglas 生產函數解釋，在這個生產函數中，參數 α 約為三分之一。一個具有此生產函數的經濟體系，資本收到三分之一的所得，而勞動收到三分之二。

儘管資本與勞動份額大致固定，但它們並不完全固定。在圖 3-5 中，勞動份額從 1970 年的高點 73% 跌至 2012 年的 63% (資本份額在這段期間從 27% 增加至 37%)，因素份額改變的原因並不清楚。一個可能是過去數十年來的技術進步，不僅使參數 A 上升，且導致資本與勞動在生產過程中的相對重要性上升，因而也改變參數 α。但另一個可能性是，所得的主要決定因素無法由 Cobb-Douglas 生產函數和產品與生產因素市場競爭模型，如廠商或工會市場力量的改變來解釋。本章附錄將更完整地討論這些議題。

Cobb-Douglas 生產函數並不是經濟體系生產商品與服務或國民所得在勞動和資本間分配的最後解釋；相反地，它是一個好的開始。

---

[6] **數學註解**：要檢驗這些邊際產量的式子，將生產函數 Y 代入，可以證明出這些式子與較早的邊際產量公式是一樣的。

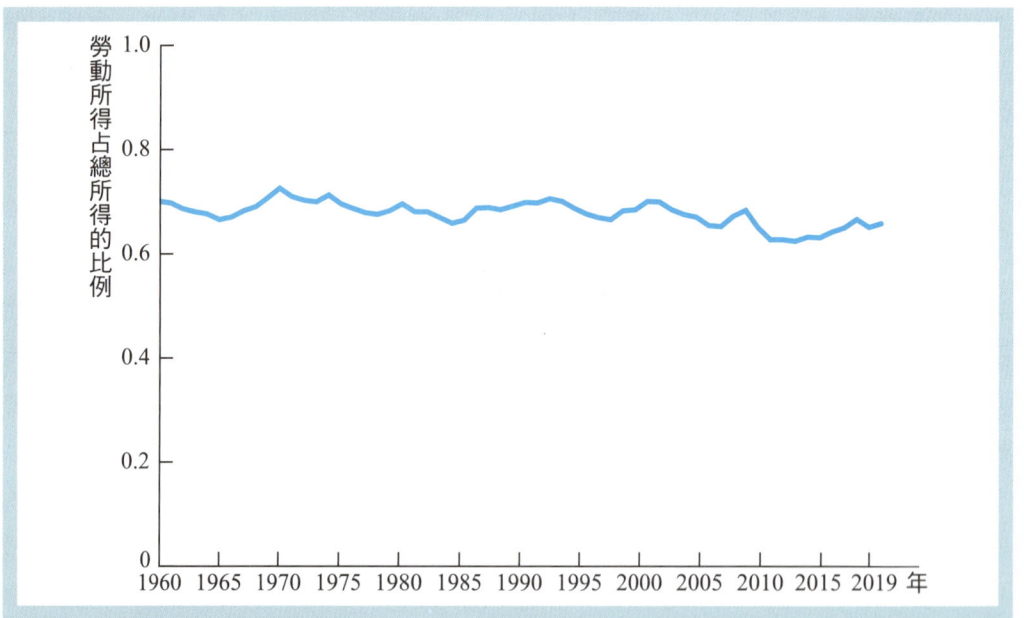

圖 3-5　勞動所得占總所得的比例　在一段很長的時間裡，勞動所得約為總所得的三分之二。這個近似固定的因素份額是 Cobb-Douglas 生產函數存在的證據。

資料來源：美國商務部。此圖形是從美國國民所得帳資料繪製而得。勞動所得是勞工報酬，總所得是勞動所得，公司利潤淨利息收入、租金所得與折舊的加總。自營者所得不列入計算，理由是其為勞動所得與資本所得的加總。

個案研究

勞動生產力是實質工資的關鍵決定因素

古典分配理論告訴我們，實質工資 W/P 等於勞動邊際產量。Cobb-Douglas 生產函數告訴我們，勞動邊際產量是勞動平均生產力 Y/L 呈固定比例。若理論正確，則勞工應該在勞動生產力成長迅速時，享受生活水準快速地上升。這是否正確？

表 3-1 顯示美國經濟生產力與實質工資成長的資料。從 1960 年到 2019 年，以每位勞工每小時產出來衡量的生產力每年約以 2.0% 成長。若以每年 1.8% 的速率成長，生產力和實質工資約每 35 年成長一倍。

生產力隨著時間經過有所變動。表格顯示經濟學家劃分四個不同短期間有不同的生產力經驗。在 1973 年左右，美國經濟經歷生產力成長的大幅衰退，此現象持續到 1995 年為止。生產力減緩的原因並不清楚，但生產力與實質工資間的關聯正如標準理論所預測。每年生產力成長從 3.0% 下降至 1.5%，與每年實質工資從 2.7% 下降至 1.2% 的現象一致。

生產力成長在 1995 年開始上揚，許多觀察家歡迎「新經濟」的到來。這種生產力的加速歸因於電腦和資訊科技的普及，如理論所預測的，實質工資的成長也上揚，從 1995 年到 2010 年，生產力每年成長 2.7%，而實質工資每年成長 2.2%。在 2010 年後，實質工資再度下降，而評論家感嘆此為「新的正常水準」，從 2010 年到 2019 年，生產力與實質

表 3-1　勞動生產力與實質工資的成長：美國經驗

時間 (年)	勞動生產力成長率	實質工資成長率
1960~2019	2.0%	1.8%
1960~1973	3.0	2.7
1973~1995	1.5	1.2
1995~2010	2.7	2.2
2010~2019	0.9	1.0

資料來源：美國勞工部。勞動生產力成長在這裡是以非農業部門每小時產出的每年變動率來衡量。實質工資成長在這裡則是以非農業部門每小時報酬除以該部門的隱含平減物價指數的每年變動率來衡量。

工資每年約成長 1%。

這種生產力的改變很多是無法預測的，即使是有後見之明，他們也很難解釋。理論和歷史均證實勞動生產力和實質工資的緊密關係，這個功課是瞭解為何現代勞工比過去勞工生活過得更好的重要關鍵。

3-3　什麼因素決定商品與服務需求？

我們已經知道什麼因素決定生產水準，以及生產所得如何分配給勞工和資本擁有者。現在我們可以繼續圖 3-1 的經濟活動循環流程圖，檢視生產的產出如何使用。

在第 2 章中，我們曾指出國內生產毛額的四個組成項目：

- 消費 (C)。
- 投資 (I)。
- 政府購買 (G)。
- 淨出口 (NX)。

循環流程圖只包括前面三個組成項目。為了簡化分析，目前假設我們學習的經濟體系為一封閉經濟體系 (closed economy) ── 一個並未與其他國家交易的經濟體系。因此，淨出口始終為零。[我們會在第 6 章檢視開放經濟體系 (open economy) 的總體經濟學。]

封閉經濟體系所生產的商品與服務有三個用途。這三個國內生產毛額的組成項目可以國民所得會計帳恆等式表示：

$$Y = C + I + G$$

家計單位消費某些經濟社會的產出、廠商和家計單位使用某些產出進行投資，以及政府部門購買某些產出作為公務之用。我們想要知道國內生產毛額如何在這三個用途間分配。

消費

當我們吃飯、穿衣服或看電影時，正在消費經濟體系的某些產出。所有消費形態加起來約占國內生產毛額的三分之二。因為消費金額如此龐大，經濟學家投注許多心力研究家計單位決定消費多少金額。第 20 章將詳細地檢視這個工作。我們在此只考慮最簡單的消費行為。

家計單位從提供勞力與擁有資本獲取所得，付稅給政府，然後決定有多少的稅後所得要進行消費，有多少要儲蓄。如同在第 3-2 節所討論的，家計單位收到的所得等於經濟體系的產出 Y，然後政府向家計單位課徵稅收 T。(雖然政府課徵許多種類的稅收，如個人與公司所得稅及銷售稅，但是為了我們的目的，將這些稅全部加總起來。) 我們定義扣除所有稅收後的所得 $Y-T$ 為可支配所得 (disposable income)。家計單位將可支配所得分成消費與儲蓄兩種用途。

我們假設消費水準直接受可支配所得水準的影響，可支配所得愈多，消費愈多。因此，

$$C = C(Y-T)$$

這個方程式說明消費是可支配所得的函數。消費與可支配所得之間的關係稱為消費函數 (consumption function)。

邊際消費傾向 (marginal propensity to consume, MPC) 是可支配所得增加 \$1 時，消費變動的金額。MPC 是介於 0 與 1 之間：額外增加 \$1 的所得會增加消費，但增加的幅度少於 \$1。因此，若家計單位獲得額外 \$1 的所得，會將其中一部份儲蓄起來。例如，若 MPC 是 0.7，則家計單位每增加 \$1 的可支配所得，其中 \$0.70 會用在消費商品與服務，剩下的 \$0.30 作為儲蓄。

圖 3-6 說明消費函數。消費函數的斜率告訴我們，當可支配所得增加一塊錢時，消費會增加多少；亦即，消費函數的斜率就是 MPC。

投資

廠商與家計單位都購買投資商品。廠商購買投資商品來增加資本存量，並替換已經磨損的現有資本。家計單位購買新房屋，這也視為投資財，在美國的總投資平均約占國內生產毛額的 15%。

投資商品需求的數量受利率的影響，利率 (interest rate) 是衡量融通投資的資金成本。對一項有利可圖的投資方案，其報酬 (未來商品與服務生產所增加的收入) 必須超過成本 (貸款資金的成本)。若利率上升，融資成本上升，較少的投資方

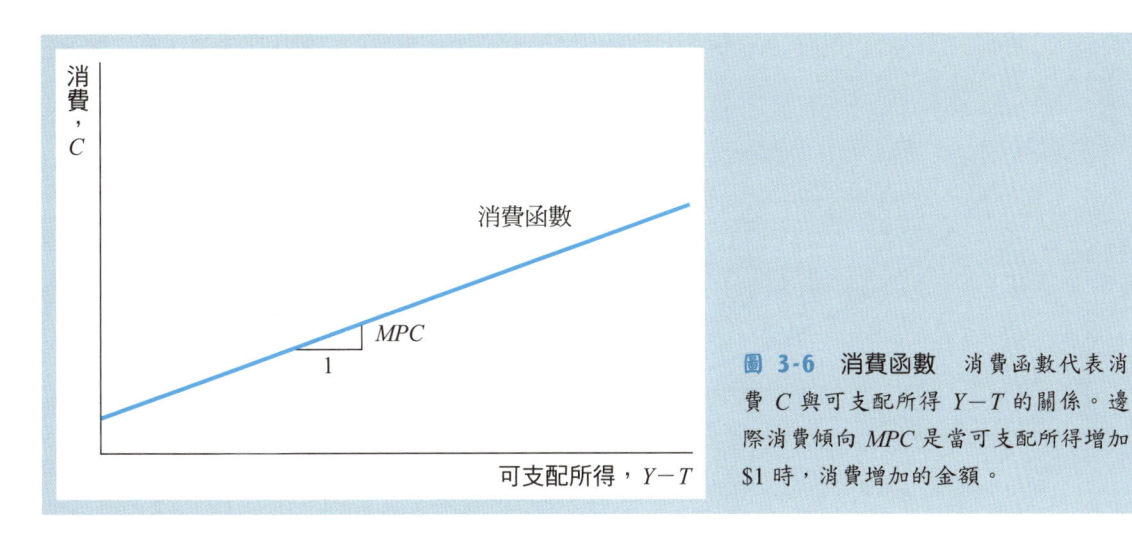

圖 3-6　消費函數　消費函數代表消費 C 與可支配所得 $Y-T$ 的關係。邊際消費傾向 MPC 是當可支配所得增加 $1 時，消費增加的金額。

案會有利潤，所以投資商品需求數量會下跌。

例如，假設一廠商考慮是否應該興建一座 $100 萬的工廠，這座工廠每年可帶來 $10 萬或 10% 的報酬。廠商比較這個報酬與貸款成本 $100 萬。若利率低於 10%，廠商會在金融市場貸款並決定投資；若利率高於 10%，廠商會放棄這項投資機會，而不興建工廠。

即使廠商使用自有資金而不貸款 $100 萬，仍會做出相同的投資決策。廠商總是能將錢存入銀行或貨幣市場共同基金以賺取利息，只有在利率低於工廠報酬 10% 時，興建工廠才會比存款顯得有利可圖。

一個人想要購買新房子也會面臨相同抉擇。利率愈高，房屋貸款成本也會愈高。若利率是 6%，一筆 $10 萬的房屋貸款，每年利息負擔是 $6,000；如果利率是 8%，每年利息負擔是 $8,000。當利率上升時，擁有房子的成本上升，而新房子的需求會下跌。

當我們研究利率在經濟體系中扮演的角色時，經濟學家會分辨名目利率與實質利率。當一般物價水準變動時，這個區分顯得異常重要。名目利率 (nominal interest rate) 是一般報紙刊載的利率，其為投資者貸款的利率；實質利率 (real interest rate) 則是調整通貨膨脹影響後的名目利率。若名目利率是 8% 和通貨膨脹率是 3%，則實質利率是 5%。在第 5 章中，將詳細討論名目利率與實質利率間的關係。在這裡只要注意實質利率衡量貸款的真實成本，因此它決定投資數量。

我們可以一方程式連結投資 I 與實質利率 r 的關係，來總結上面的討論：

$$I = I(r)$$

圖 3-7 顯示投資函數。它是負斜率的曲線，因為隨利率上升，投資需求數量會下跌。

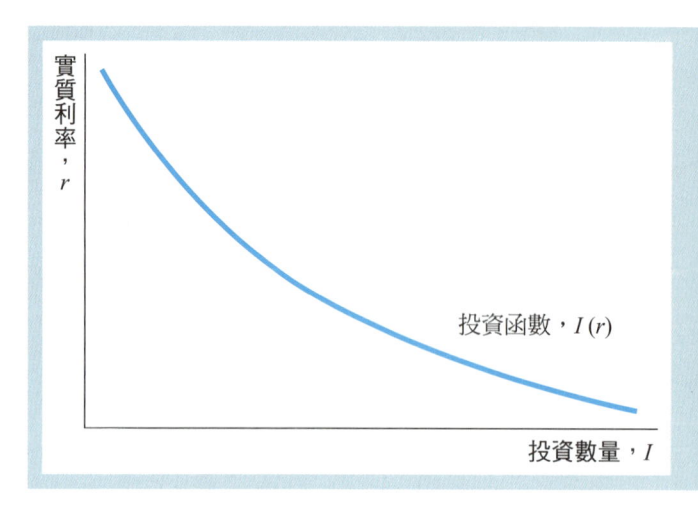

圖 3-7 投資函數 投資函數是連結投資數量 I 與實質利率 r 的關係。因為利率是貸款成本，投資受實質利率影響。當利率上升時，較少的投資計畫可獲利，故投資函數斜率為負。

政府購買

政府購買是商品與服務需求的第三個組成項目。聯邦政府購買槍砲、飛彈及政府雇員的服務；地方政府購買圖書館的書籍、興建學校和聘用老師；各級政府都會開闢道路及其他公共工程。所有的這些交易構成政府購買，在美國約為國內生產毛額的 20%。

這些購買僅是政府支出的一種形態。另外一種形態是對家庭的移轉性支付，如窮人的福利津貼與老年人的社會安全給付。不像是政府購買，移轉性支付不會用來交換經濟體系中的商品與服務，因此不包括在變數 G 之中。

移轉性支付的確會間接影響商品與服務的需求。移轉性支付是稅收的相反：它們提高家計單位的可支配所得，正如同稅收會減低可支配所得。因此，移轉性支付的增加是藉稅收的增加來融通，這會讓可支配所得不會變動。我們現在可以修正 T 的定義，等於稅收減移轉性支付。可支配所得 $Y-T$，包括稅收的負面衝擊和移轉性支付的正面衝擊。

政府購買與稅收水準的抉擇，稱為財政政策 (fiscal policy)，如果政府購買等於稅收減移轉性支付，則 $G=T$，且政府有平衡預算 (balanced budget)；如果 G 超過 T，政府遭遇預算赤字，必須發行公債來融通 —— 亦即，向金融市場貸款；若 G 小於 T，政府有預算盈餘，能夠用來償還流通在外的負債。

此處，我們並不打算解釋導致特定財政政策的政治過程；相反地，我們視政府購買與稅收為外生變數。為了表示這兩個變數是由國民所得模型以外所決定，我們寫成：

$$G = \overline{G}$$
$$T = \overline{T}$$

> **FYI　許多不同的利率**
>
> 如果你翻閱新聞出處或造訪金融網站，將會發現報紙刊載許多不同的利率。為什麼會有許多不同的利率？這些不同的利率有四方面的不同：
>
> - **期間**。經濟體系中有些貸款是短期的，甚至短到只有隔夜。其他貸款有三十年或甚至更長期間。貸款利率受貸款期限長短的影響。由於長期貸款鎖住可貸資金，長期利率通常比短期利率高，但並非絕對。
> - **信用風險**。借款者在決定是否借錢給別人時，必須考慮貸款者償還金錢的機率。法律允許貸款者宣告破產，且無須償還。倒帳風險愈高，利率也會愈高。政府最沒有信用風險，所以政府公債的利率都比較低。另一方面，有財務危機的公司只能藉由發行**垃圾債券** (junk bond) 來籌措資金。垃圾債券是支付高利率來補償偏高的倒帳風險。
> - **稅賦處理**。不同形態的債券利息有不同的課稅方式。最重要的是，當州與地方政府發行債券時，稱為**市政府債券** (municipal bonds) 時，持有市政府債券的人不必繳交聯邦政府利息所得稅。因為有這種稅賦優點，市政府債券支付的利率較低。
> - **抗通膨**。對大多數債券來說，利率與本金以通貨，如美元表示。若物價上漲，每 1 元能買到的東西減少，債券的實質價值下跌。然而有些債券，包含連結利率與連結本金到物價指數，如消費者物價指數 (CPI)，以抗通膨。由於這種抗通膨特性具有價值，抗通膨債券通常會比其他債券的利率來得低。
>
> 當你看到兩種不同的利率時，總是幾乎可藉由考慮貸款期間、信用風險、稅賦處理和抗通膨，解釋兩者的差異。
>
> 儘管經濟體系有許多不同的利率，但總體經濟學家經常會忽略這些差異，因為不同的利率會一起上升或下跌。就本書主要的區別，是分辨**名目利率**(未經通貨膨脹調整)與**實質利率**(經通貨膨脹調整)。

然而，我們想要檢視財政政策對模型以內決定的變數的衝擊。此處的內生變數是消費、投資及利率。

要明瞭外生變數如何影響內生變數，我們必須完成整個模型。這正是下一節的主題。

3-4　使商品與服務供給和需求達到均衡的因素為何？

我們現在明白圖 3-1 循環流程圖的整個流程。首先，檢視商品與服務的供給，以及剛才已經討論商品與服務的需求。我們如何能確定所有這些流向是平衡的？換言之，什麼因素可確保消費、投資與政府購買的加總等於產出生產數量？我們即將在這個古典模型看到利率扮演重要的角色，使供給與需求達到平衡。

有兩種不同的方式可以讓我們思考利率在經濟體系中的角色：可以思考利率如何影響商品與服務的供給和需求；或是可以思考利率如何影響可貸資金的供給

和需求。如同我們即將見到的，這兩個觀點是一體兩面的。

商品與服務市場的均衡：經濟社會產出的供給與需求

下列方程式總結第 3-3 節對商品與服務需求的討論：

$$Y = C + I + G$$
$$C = C(Y - T)$$
$$I = I(r)$$
$$G = \overline{G}$$
$$T = \overline{T}$$

經濟社會產出的需求來自消費、投資和政府購買。消費受可支配所得影響；投資受實質利率影響；政府購買與稅收是外生變數，由財政政策制定者決定。

對這個分析而言，讓我們加入第 3-1 節學到的商品與服務的供給。在那裡，我們看到生產因素與生產函數決定經濟社會的產品供給數量：

$$Y = F(\overline{K}, \overline{L})= \overline{Y}$$

現在讓我們結合這些描述產出供給與需求的方程式。如果我們將消費函數與投資函數代入國民所得會計帳恆等式中，可得：

$$Y = C(Y - T) + I(r) + G$$

因為變數 G 與 T 都是被政策固定，而產出水準是由生產因素與生產函數固定，可以寫成：

$$Y = C(\overline{Y} - \overline{T}) + I(r) + \overline{G}$$

這個方程式說明產出的供給等於產出的需求，需求是消費、投資與政府購買的加總。

請注意：利率 r 是在上列方程式中唯一未被決定的變數。這是因為利率仍有重要角色要扮演：必須調整到使商品需求等於供給。利率愈高，投資水準愈低，商品與服務的需求 $C + I + G$ 因此降低；若利率太低，投資太高，則需求會超過供給；在均衡利率，商品與服務的需求等於供給。

這個結論似乎有些神祕。我們可能會覺得奇怪，利率如何能使商品與服務的供給和需求達到平衡？要回答這個問題的最好方法是，思考金融市場如何融入故事之中。

金融市場的均衡：可貸資金的供給和需求

　　因為利率是金融市場的貸款成本和放款的報酬，我們可以思考經濟體系中的金融市場，以更瞭解利率所扮演的角色。要達到這個目的，讓我們重寫國民所得會計帳恆等式為：

$$Y-C-G=I$$

$Y-C-G$ 是扣除滿足消費者與政府需求後的產出，稱為國民儲蓄 (national saving) 或簡稱儲蓄 (saving, S)，國民所得會計帳恆等式的這種表示方式說明儲蓄等於投資。

　　要完整地瞭解這個恆等式，我們將國民儲蓄分成兩部份：一部份代表私人部門的儲蓄，另一部份則代表政府的儲蓄：

$$S=(Y-T-C)+(T-G)=I$$

$(Y-T-C)$ 為可支配所得減消費，稱為私人儲蓄 (private saving)；$(T-G)$ 是政府收入減政府支出，稱為公共儲蓄 (public saving)。(若政府支出超過政府收入，政府發生預算赤字，且公共儲蓄為負。) 國民儲蓄是私人儲蓄與公共儲蓄的加總。圖 3-1 的循環流程圖透露這個方程式的解釋：此一方程式說明流入金融市場的資金 (私人儲蓄與公共儲蓄) 必須和流出金融市場的資金 (投資) 平衡。

　　要明瞭利率如何讓金融市場達到均衡，我們將消費函數與投資函數代入國民所得會計帳恆等式中：

$$Y-C(Y-T)-G=I(r)$$

接著，請注意：G 和 T 由政策固定，Y 由生產因素與生產函數固定：

$$\overline{Y}-C(\overline{Y}-\overline{T})-\overline{G}=I(r)$$
$$\overline{S}=I(r)$$

這個方程式等號的左邊指出，國民儲蓄受所得 Y 和財政政策變數 G 與 T 的影響。就固定的 Y、G 和 T，國民儲蓄 S 也隨之固定。方程式等號右邊顯示，投資受實質利率的影響。

　　圖 3-8 繪出儲蓄和投資為利率的函數。儲蓄函數是一垂直線，因為這個模型的儲蓄不受利率的影響。(稍後我們將放寬這個假設。) 投資函數的斜率為負：利率愈高，有利可圖的投資方案愈少。

　　快速瀏覽圖 3-8，我們或許會以為它是某件商品的供給—需求圖形。事實上，儲蓄與投資可以解釋成供給和需求。在這個例子裡，「商品」是可貸資金 (loanable funds)，商品「價格」是利率。儲蓄是可貸資金供給 —— 家計單位將儲蓄借給投

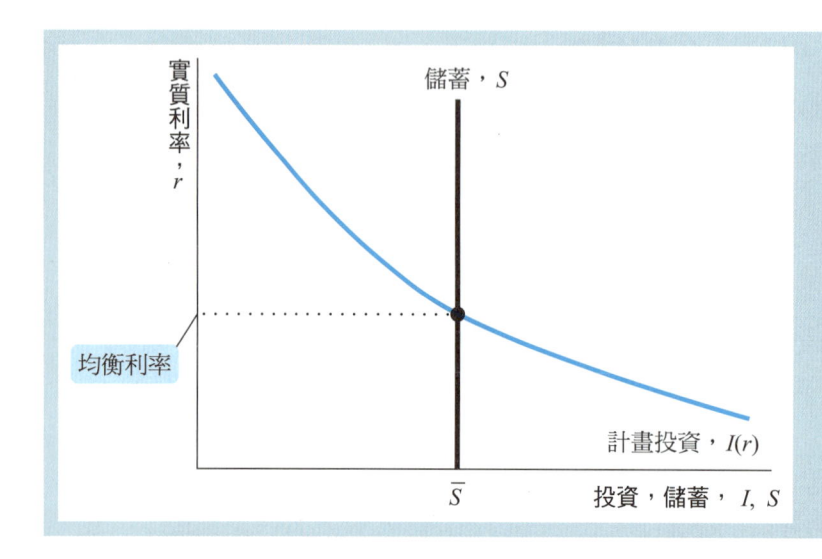

圖 3-8　儲蓄、投資與利率
利率調整至使儲蓄與投資達到平衡。垂直線代表儲蓄：可貸資金供給。負斜率的線代表投資：可貸資金需求。兩條曲線的交點決定均衡利率。

資者或將儲蓄存入銀行然後再貸放出去。投資是可貸資金需求——投資者藉由發行債券直接向大眾貸款或間接向銀行貸款。因為投資受利率影響，可貸資金需求數量也會受到利率的影響。

利率會調整到廠商想要投資的金額，等於家計單位想要儲蓄的金額為止。若利率太低，投資者比儲蓄者想要更多的經濟產出，相當於可貸資金需求超過可貸資金供給，當這種情形發生時，利率會上升；反之，如果利率太高，家計單位想要儲蓄的金額會超過廠商想要投資的金額；因為可貸資金供給大於可貸資金需求，利率會下跌。均衡利率是發生在兩條線的相交處。在均衡利率，家計單位想要儲蓄的金額與廠商想要投資的金額平衡，且可貸資金供給等於可貸資金需求。

儲蓄的變動：財政政策的影響

我們可以利用模型來說明財政政策如何影響經濟。當政府改變支出或稅收水準時，會影響經濟體系中商品與服務的需求，進而改變國民儲蓄、投資與均衡利率。

政府購買的增加　首先，考慮政府購買增加 ΔG 的影響。立即的衝擊是商品與服務的需求增加 ΔG。但因為總產出為生產因素所固定，政府購買的增加必須由其他需求項目的減少來配合。因為可支配所得 $Y-T$ 不變，消費 C 不會改變。政府購買的增加，必定是投資等量的減少所抵銷。

欲使投資下跌，利率必須上升。因此，政府購買增加，促使利率上升，導致投資下降。政府購買排擠民間投資。

想要更瞭解排擠 (crowding out)，讓我們考慮政府購買增加對可貸資金市場的衝擊。因為政府購買的增加並未伴隨稅收的提高，政府必須藉由貸款——亦即，減少公共儲蓄來融通額外支出。由於私人儲蓄並未改變，這個政府貸款會降低國

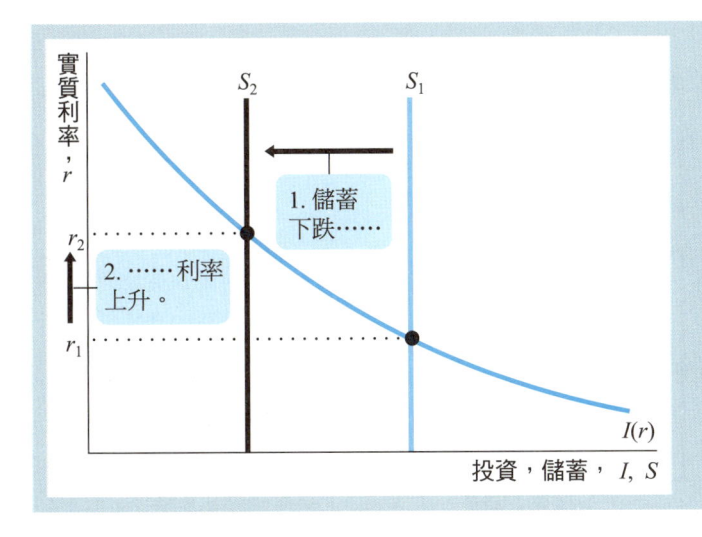

第 3 章 國民所得：它從哪裡來和往哪裡去

圖 3-9 儲蓄的下跌 儲蓄下跌，可能是財政政策改變的結果，使儲蓄曲線向左移動。新的均衡點是新的儲蓄曲線與投資曲線的交點。儲蓄下跌導致投資金額降低和利率上升。降低儲蓄的財政政策措施，被稱為排擠民間投資。

民儲蓄。如圖 3-9 所示，國民儲蓄減少以可貸資金供給曲線左移來表示。在最初的利率水準下，可貸資金需求超過供給。均衡利率會上升到投資曲線與新的儲蓄曲線的交點。因此，政府購買增加，導致利率由 r_1 上升至 r_2。

稅收的減少 現在考慮稅收減少 ΔT。減稅的立即衝擊是提高可支配所得，因此使消費增加。可支配所得增加 ΔT，且消費增加的幅度等於 ΔT 乘以邊際消費傾向 MPC。MPC 愈高，減稅對消費的衝擊愈大。

因為經濟體系的產出是由生產因素固定，和政府購買水準由政府固定，消費的增加必須由投資的減少來搭配。要使投資下跌，利率必須提高。因此，降低稅收就像是增加政府購買，會排擠民間投資和提高利率水準。

我們也可以藉由觀察儲蓄與投資來分析減稅的影響。因為減稅會使可支配所得增加 ΔT，消費會增加 $MPC \times \Delta T$。國民儲蓄 S，等於 $Y-C-G$ 下跌的幅度與消費增加的幅度相同。如圖 3-9 所示，儲蓄減少會使可貸資金供給曲線向左移動，進而使均衡利率上漲，而排擠民間投資。

投資需求的變動

截至目前為止，已經探討財政政策如何能夠改變國民儲蓄。我們也利用模型來檢視市場的另外一邊——投資需求。本節要觀察投資需求變動的原因和影響。

技術進步是投資需求可能增加的一個理由。例如，假設有人發明一項新技術，如鐵路或電腦，在廠商或家計單位利用這項創新之前，必須先購買投資商品。等到生產了火車並鋪設完鐵軌，鐵路的發明才有價值；直到電腦被製造出來，電腦的觀念才有生產力。因此，技術創新會導致投資需求增加。

因為政府可透過稅法來鼓勵或抑制投資，投資需求也會改變。例如，假設政府提高個人所得稅，並利用這筆額外的收入給那些投資新資本的廠商提供減稅誘

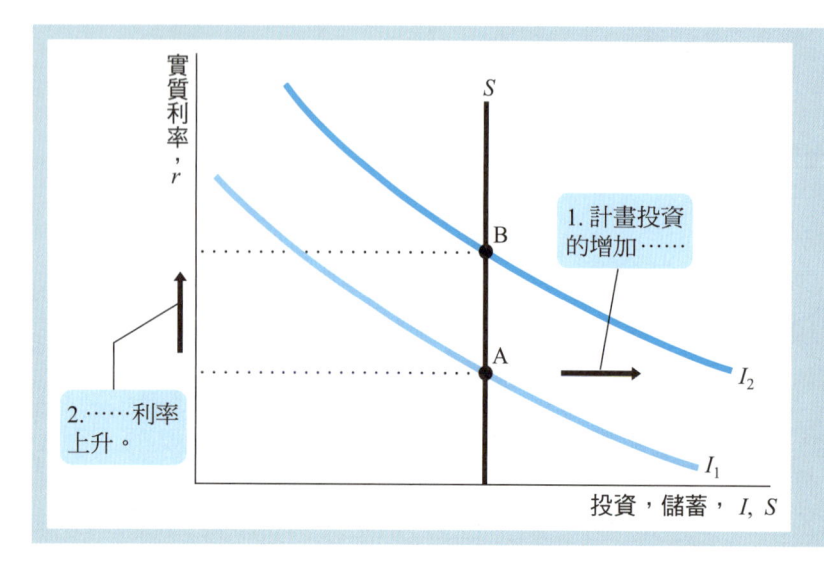

圖 3-10 投資需求的增加

投資需求的增加使投資需求曲線向右移動。在任何既定利率水準下，投資數量比以前更多。均衡從 A 點移向 B 點。因為儲蓄數量固定，投資需求的增加會提高利率，且均衡投資數量不變。

因。這種稅法的改變使更多的投資方案更有利潤，並且如同技術創新一般，增加投資商品的需求。

圖 3-10 顯示投資需求增加的影響。在任何既定的利率水準下，投資商品的需求 (及可貸資金需求) 會比以前更高。需求增加是以需求曲線向右移動表示。經濟體系會由舊均衡的 A 點，移到新均衡的 B 點。

圖 3-10 中令人驚訝的涵義是投資均衡數量不變。在我們的假設下，固定的儲蓄水準決定投資數量；換言之，可貸資金供給是固定的，投資需求的增加僅提高均衡利率水準。

然而，若修改我們簡單的消費函數，並允許消費 (及其反面，儲蓄) 受利率的影響，將可得到不同的結論。因為利率是儲蓄的報酬 (及貸款的成本)，較高的利率會降低消費和增加儲蓄。在這種情況下，儲蓄曲線將是正斜率而非垂直線。

當儲蓄曲線斜率為正時，投資需求的增加將提高均衡利率和均衡投資數量。圖 3-11 顯示這種變動。利率上升導致家計單位消費減少和儲蓄增加，消費減少釋放出資源給投資使用。

3-5 結論

在本章中，我們發展一個模型來解釋經濟體系中商品與服務的生產、分配和配置。模型信賴古典學派假設，即價格如何調整至使供給與需求達到均衡。生產因素價格使生產因素市場達到均衡。利率使商品與服務市場的供給和需求達到均衡 (或相當於可貸資金市場的供給和需求達到均衡)。因為模型包括所有在圖 3-1 循環流程圖中說明的所有互動，有時稱為一般均衡模型 (general equilibrium model)。

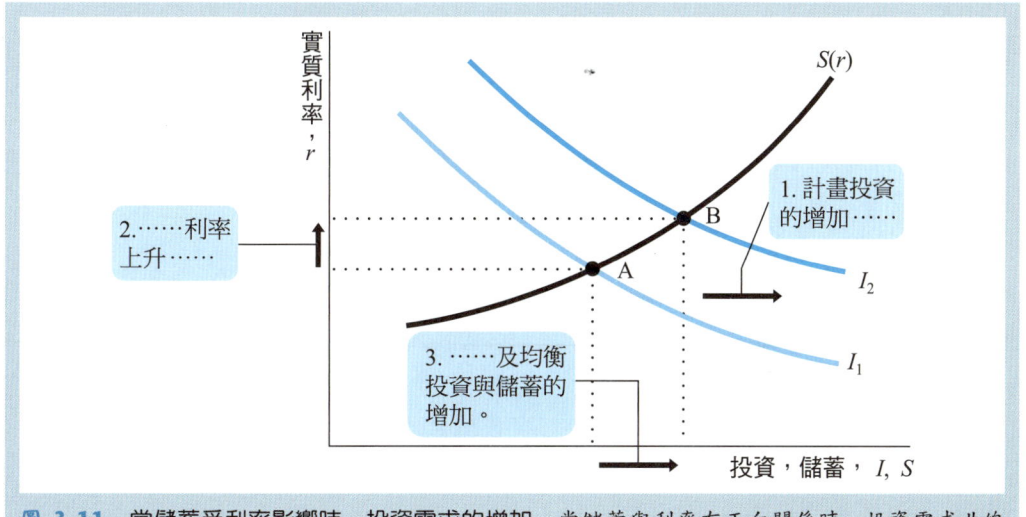

圖 3-11 當儲蓄受利率影響時，投資需求的增加 當儲蓄與利率有正向關係時，投資需求曲線向右移動使利率和投資數量增加。較高的利率水準誘使民眾增加儲蓄，進而導致投資水準提高。

　　本章從頭到尾主要討論模型的不同應用。模型能夠解釋所得如何在生產因素之間分配，以及生產因素價格如何受生產因素供給影響。我們也利用模型來探討財政政策如何改變產出在不同用途──消費、投資和政府購買之間的分配，以及其如何影響均衡利率。

　　在此，回顧本章模型所做的某些簡化假設是很有用的。我們在以下幾章將放寬其中的某些假設，以利於探討更廣泛的問題。

- 我們忽略貨幣的角色。貨幣是一種資產，可用來交換商品與服務。在第 4 章和第 5 章中，會探討貨幣如何影響經濟及貨幣政策的影響。
- 我們假設與其他國家沒有貿易發生。在第 6 章中，將考慮國際間的互動如何影響我們的結論。
- 我們假設勞動力是充分就業。在第 7 章中，將檢視失業的原因，以及公共政策如何影響失業人數。
- 我們假設資本存量、勞動力和生產因素都固定。在第 8 章、第 9 章與第 10 章中，會探討這些因素如何隨時間經過，導致經濟體系中商品與服務產出的成長。
- 我們忽略短期價格僵固所扮演的角色。從第 11 章到第 15 章，會發展一包括價格僵固性的短期波動模型。

在進入這些章節之前，回到本章一開始的地方，並確定你能夠回答有關國民所得的四組問題。

快速測驗

1. 一完全競爭廠商經理觀察到，勞動邊際產量是每小時 5 單位，資本邊際產量是每部機器 40 單位，每小時工資是 $20，資本的租賃價格是每部機器 $120，而每單位產出價格是 $5，想要極大利潤，經理應該雇用 _____ 勞動與租用 _____ 資本。
   a. 更多，更多　　b. 更多，較少
   c. 較少，更多　　d. 較少，較少

2. 一經濟體系的 Cobb-Douglas 生產函數為 $Y = 10K^{1/3}L^{2/3}$。若經濟體系的資本存量增加一倍，總所得支付給資本擁有者的份額將
   a. 增加 10%　　b. 增加三分之一
   c. 增加三分之二　d. 不變

3. 一經濟體系的生產函數為 Cobb-Douglas 形式，若移入人口使勞動力增加，工資 _____ 與資本租賃價格 _____。
   a. 增加，增加　　b. 增加，減少
   c. 減少，增加　　d. 減少，減少

4. _____ 利率提高，投資會 _____。
   a. 名目，增加　　b. 名目，減少
   c. 實質，增加　　d. 實質，減少

5. 若國民所得為 $1,200，消費 $600，稅收為 $200，而政府購買為 $300，則國民儲蓄是
   a. $300　　　　b. $400
   c. $500　　　　d. $600

6. 政府對商品與服務的購買減少，將 _____ 均衡實質利率與 _____ 投資。
   a. 增加，增加　　b. 增加，減少
   c. 減少，增加　　d. 減少，減少

摘要

1. 生產因素和生產技術決定經濟體系中商品與服務的產出。增加其中一個生產因素數量或技術進步都會使產出增加。

2. 追求利潤極大的競爭廠商會雇用勞工，直到勞動的邊際產量等於實質工資為止。同樣地，這些廠商會租用資本，直到資本的邊際產量等於實質租賃價格為止。因此，每一個生產因素是依據邊際產量來支付報酬。若生產函數具固定規模報酬特性，則根據尤拉定理，所有的產出都用來支付生產因素的報酬沒有經濟利潤。

3. 經濟體系的產出可用在消費、投資及政府購買。消費受可支配所得的正向影響；投資受實質利率的負向影響。政府購買和稅收是財政政策的外生變數。

4. 實質利率調整至使經濟產出的供給和需求達到均衡為止──或相當於：讓可貸資金供給(儲蓄)和可貸資金需求(投資)達到均衡為止。國民儲蓄減少，可能是因為政府購買的增加或稅收的減少，會降低均衡投資數量和提高利率。投資需求的提高，可能是因為技術創新或投資租稅誘因，可貸資金需求增加，也會提高利率。只有在較高利率刺激額外儲蓄條件下，提高投資需求才會增加投資數量。

關鍵詞

生產因素　factors of production
生產函數　production function
固定規模報酬　constant returns to scale
生產因素價格　factor prices
競爭廠商　competitive firm
利潤　profit
勞動的邊際產量　marginal product of labor, MPL
邊際產量遞減　diminishing marginal product
實質工資　real wage
資本的邊際產量　marginal product of capital, MPK
實質資本租賃價格　real rental price of capital
經濟利潤對會計利潤　economic profit versus accounting profit

Cobb-Douglas 生產函數　Cobb-Douglas production function
可支配所得　disposable income
消費函數　consumption function
邊際消費傾向　marginal propensity to consume, MPC
利率　interest rate
名目利率　nominal interest rate
實質利率　real interest rate
國民儲蓄(儲蓄)　national saving (saving)
私人儲蓄　private saving
公共儲蓄　public saving
可貸資金　loanable funds
排擠　crowding out

複習題

1. 請問決定經濟體系產出數量的因素為何？
2. 請解釋一追求利潤極大的競爭廠商如何決定各個生產因素的需求。
3. 固定規模報酬在所得分配上扮演什麼樣的角色？
4. 描述資本賺取四分之一總所得的一經濟體系 Cobb-Douglas 生產函數。
5. 決定消費與投資的因素為何？
6. 請解釋政府購買與移轉性支付的差異，各舉兩個例子。
7. 什麼因素可使商品與服務的供給等於需求？
8. 請解釋當政府增稅時，消費、投資與利率有何變化？

問題與應用

1. 請利用新古典分配理論預測下列各個事件對實質工資和實質資本租賃價格的衝擊：
    a. 一波移民潮增加勞動力。
    b. 地震摧毀某些資本存量。
    c. 技術進步改善生產函數。
    d. 高通貨膨脹使經濟體系所有因素與產出價格上漲一倍。
2. 假設中古世紀歐洲的生產函數是 $Y=K^{0.5}L^{0.5}$，其中 K 是土地數量，L 是勞動數量。經濟體系最初有 100 單位的土地和 100 單位的勞動。利用本章的式子與計算機，找出下列問題的答案。
    a. 經濟體系產出為何？
    b. 工資與土地租金價格為何？
    c. 勞動的產出份額是多少？

d. 若瘟疫導致一半人口死亡，新的產出水準是多少？
e. 新的工資與土地租金價格是多少？
f. 勞工現在收到的產出份額是多少？

3. 假設資本與勞動增加 10%，導致產出的增加少於 10%。生產函數呈現規模報酬遞減 (decreasing returns to scale)；若其使產出增加超過 10%，生產函數是呈現規模報酬遞增 (increasing returns to scale)，為何一生產函數會呈現規模報酬遞減或遞增？

4. 假設一生產函數為 Cobb-Douglas 形式，參數 $\alpha = 0.3$。
   a. 請問資本與勞動占所得的比例是多少？
   b. 假設移民使勞動力上升 10%。請問總產出有何變動 (以百分比表示)？資本的租賃價格有何改變？實質工資有何變動？
   c. 假設外國贈送 10% 的資本存量給我國。請問總產出有何變動 (以百分比表示)？資本的租賃價格有何改變？實質工資有何變動？
   d. 假設技術進步使參數 A 的數值提高 10%。請問總產出有何變動 (以百分比表示)？資本的租賃價格有何改變？實質工資有何變動？

5. 圖 3-5 顯示在美國的資料，其中勞動所得占總所得的比例隨著時間經過約略固定。表 3-1 顯示實質工資的成長趨勢與勞動生產力成長趨勢走勢相符。這些事實的關聯性為何？即使第二個事實不為真，第一個事實可否為真？利用勞動份額的數學式子驗證你的答案。

6. 根據新古典分配理論，任何勞工賺取的實質工資等於勞工的邊際生產力。讓我們利用這個觀察來檢視兩群勞工的所得：農夫與理髮師。令 W_f 與 W_b 代表農夫與理髮師的名目工資，P_f 與 P_b 代表食物與理髮師價格，而 A_f 與 A_b 為農夫與理髮師的邊際生產力。
   a. 就上述六個變數，請精確地寫出它們衡量的單位。(提示：每個單位以「X 單位的 Y」來表示。)
   b. 在過去一個世紀，因為技術進步，農夫的生產力 A_f 大幅提升。根據新古典理論，其實質工資 W_f/P_f 會發生什麼變化？實質工資以什麼單位來衡量？
   c. 在相同期間，理髮師的生產力 A_b 固定不變，請問其實質工資 W_b/P_b 會發生什麼變化？實質工資是以什麼單位來衡量？
   d. 假設在長期，勞工可以在農夫與理髮師之間自由轉換職業。這種移動隱含農夫與理髮師的名目工資 (W_f 與 W_b) 有何變化？
   e. (a) 小題到 (d) 小題的答案隱含理髮價格相對食物價格 P_b/P_f 的意義為何？
   f. 假設理髮師和農夫消費相同的商品與服務。誰會從農耕技術進步中獲利──農夫或理髮師？請解釋你的答案與 (b) 小題與 (c) 小題實質工資的一致性。

7. (這個問題需要使用微積分。) 假設一 Cobb-Douglas 生產函數有三種投入：K 是資本 (機器數量)、L 是勞動 (員工人數)、H 是人力資本 (員工中有大學學歷的人數)，生產函數是：

$$Y = K^{1/3} L^{1/3} H^{1/3}$$

   a. 請求出勞動邊際產量的式子。人力資本數量增加如何影響勞動的邊際產量？
   b. 請求出人力資本邊際產量的式子。人力資本數量的提高如何影響人力資本的邊際產量？
   c. 請問所得付給勞動份額為何？所得付給人力資本份額是多少？在這個經濟體系的國民所得會計帳中，你認為勞工收到總所得中的份額為何？(提示：請思考人力資源報酬在哪裡

d. 一缺乏技術的勞工報酬等於勞動的邊際產量，一純熟技術勞工的報酬等於勞動的邊際產量加上人力資本的邊際產量。利用 (a) 小題和 (b) 小題的答案，找出純熟技術勞工工資對缺乏技術勞工工資的比率。人力資本數量的增加如何影響這個比率？請解釋。

e. 有些人敦促政府應挹注大學獎學金，以創造平等的社會。其他人認為獎學金應該給那些有能力上大學的學子。前面幾個問題的答案是否可幫助你釐清這個爭議？

8. 政府增加稅收 $1,000 億。假設邊際消費傾向是 0.6，下列事件有何變化？它們會上升或下跌？金額又是多少？

a. 公共儲蓄。

b. 私人儲蓄。

c. 國民儲蓄。

d. 投資。

9. 假設消費者信心提高，使消費者預期未來所得增加，因此今天的消費數量也提高。這種變動可以消費函數上移來解釋。請問這種移動如何影響投資與利率？

10. 考慮一經濟體系由下列方程式所描述：

$$Y = C + I + G$$
$$Y = 8,000$$
$$G = 2,500$$
$$T = 2,000$$
$$C = 1,000 + 2/3(Y - T)$$
$$I = 1,200 - 100r$$

a. 在這個經濟體系中，請計算私人儲蓄、公共儲蓄與國民儲蓄。

b. 請求出均衡利率水準。

c. 現在假設 G 減少至 500，請計算私人儲蓄、公共儲蓄與國民儲蓄。

d. 請求出新的均衡利率。

11. 假設政府稅收與政府購買增加相同的金額。這種預算中立的變動對利率與投資有何影響？請問你的答案是否會受邊際消費傾向的影響？

12. 當政府以投資抵減來補貼投資時，這種補貼只適用某些種類的投資。這個問題要請你思考這種改變的影響。假設經濟體系有兩種類型的投資：企業投資與住宅投資。利率調整至使國民儲蓄與企業投資和住宅投資相加的總投資相等，而政府立法只對企業投資享有租稅抵減。

a. 請問這個政策如何影響企業投資需求曲線？又會如何影響住宅投資需求曲線？

b. 請畫出經濟體系中可貸資金供給與需求曲線。請問這個政策如何影響可貸資金供給和需求？對均衡利率又會有何影響？

c. 請比較舊的均衡與新的均衡。請問這個政策如何影響總投資數量？對企業投資數量有何影響？對住宅投資數量的影響為何？

13. 假設消費受利率影響，這個假設如何影響本章有關增加政府購買對投資、消費、國民儲蓄及利率衝擊的結論？

14. 總體經濟資料並未顯示投資與利率強烈相關，讓我們解釋為何可能如此。利用利率調整至可貸資金供給(正斜率)與可貸資金需求(負斜率)達到均衡的模型。

a. 假設可貸資金需求穩定但供給每年都變動。可貸資金供給變動的原因為何？在這種情況下，投資與利率的關係為何？
b. 假設可貸資金供給穩定，但需求每年都變動。可貸資金需求變動的原因為何？在這種情況下，投資與利率的關係為何？
c. 假設隨著時間經過，市場供給和需求都變動。若你打算畫出投資和利率的散佈圖，其間的關係為何？
d. 對你而言，上述三種情況中哪一個情況最實際？為什麼？

快速測驗答案

1. a   2. d   3. c   4. d   5. a   6. c

附錄

富裕國家與貧窮國家日益擴大的差距

本章檢視新古典學派分配理論，它顯示國民所得如何依據生產因素 (資本與勞動) 進行所得分配。在本附錄中，我們檢視另一種層面的所得分配，富裕國家與貧窮國家日益加大的差距。一個美國經濟與世界其他國家的驚人發展是，自 1970 年代以來，所得分配不均日益惡化。

圖 3-12 利用吉尼係數來說明此一現象，吉尼係數衡量所得分散程度。至於吉尼係數的計算並不是重點，記得其值介於 0 與 1 之間，0 代表完全相等 (所有家庭有相同所得)，而 1 代表完全不相等 (一家庭擁有所有所得)。[7] 圖形顯示從 1947 年到 2018 年家庭所得的吉尼係數。此項衡量指標從 1947 年的 0.38 跌至 1968 年的低點 0.35，該年的所得比較平均。然後，經濟體系陷入所得分配惡化。在 2018 年，吉尼係數上升至 0.45。

家庭所得分配惡化的原因為何？經濟學家耗費很多時間來回答這個問題，目前並沒有確定的結論，但他們提出許多假設，讓我們討論其中一些解釋。

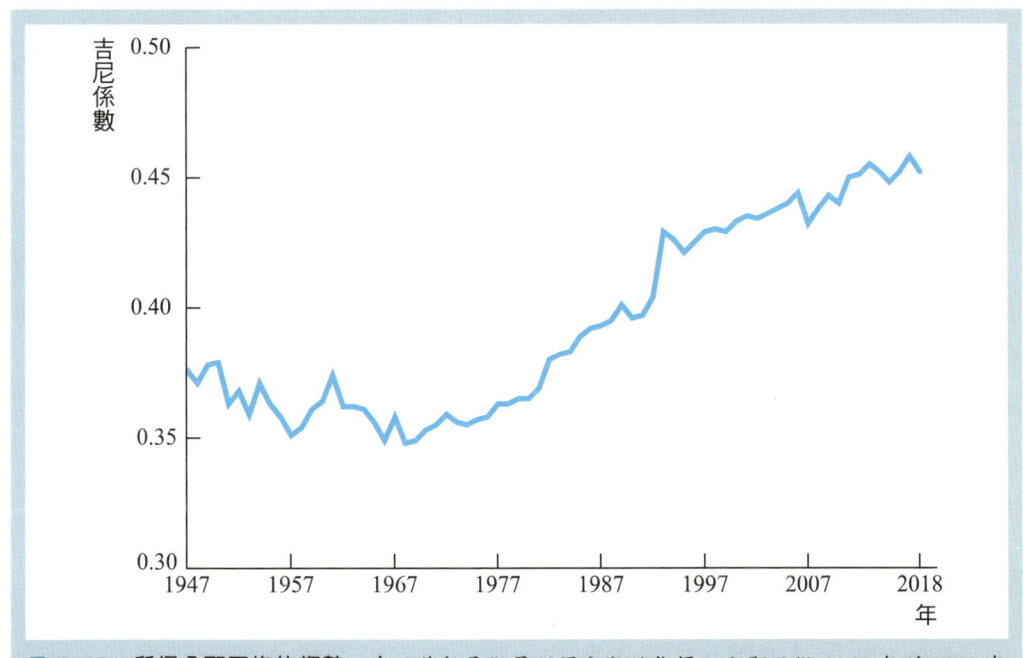

圖 3-12 所得分配平均的趨勢 吉尼係數是衡量所得分散的指標。它顯示從 1947 年到 1968 年家庭所得開始下滑，然後再上升。

資料來源：美國商務部。

---

[7] **數學註解**：吉尼係數可解釋如下：若你從人口中隨機抽取兩組所得，差異所得之絕對值占人口平均所得的比率預期為吉尼係數的兩倍。

日益上升的資本份額

部份的原因是稍早提到的因素份額的改變。如前所述，國民所得中的勞動份額從 1970 年的高點 73% 下跌至 2012 年低點的 63%，而資本份額從 27% 上升至 37%。由於資本所得比勞動所得更容易集中於高所得家庭，勞動份額的下跌與資本份額的上升使貧富差距擴大。

有兩個能夠解釋因素份額變動的方式。如果我們依舊假設商品與因素市場為競爭市場，則最自然的解釋原因為技術。或許最近的技術進步減低勞動在商品與服務的角色，而資本扮演較重要的角色。自動化 (automation)，如機器人，意指使用資本設備來替代人力生產商品與服務。人力智慧的進化 —— 利用電腦系統來複製人類知覺，以決策制定 —— 可說是最近幾年來自動化腳步加速的結果。

另外一個因素份額變動的解釋，是背離競爭市場假設與考慮不同形式市場力量的因素份額變動。有些廠商在商品市場具某種程度的獨占力 (monopoly power)，讓他們能夠制定高於邊際成本的售價，或者是在勞動市場有某種程度的獨買能力 (monopsony power)，好讓他們能夠給付低於勞動邊際產量的工資。同樣地，透過堅定的談判，部份勞動力擁有某種程度上的勞工權力 (worker power)，好讓他們得到高於競爭市場的現行工資。因此，國民所得在資本與勞動的分配，取決於廠商與勞工之間的市場力量。有些經濟學者建議，在過去數十年間，廠商的市場力量提升，而勞工的市場力量下滑，導致勞動份額的減少。[8] 支持此假設的一份證據是，美國的私人部門工會會員人數，從 1950 年代高峰的超過三分之一，時至今日，只剩 6%。

儘管有這個解釋，但因素份額改變只是解答的一小部份。若我們檢視勞動所得，會發現自 1970 年代以後，高工資勞工與低工資勞工的所得差距擴大。這種發展無關乎資本與勞動的國民所得分配；相反地，它關注的是技術 (純熟) 勞工 (如具大學學歷) 與非技術 (不純熟) 勞工 (無大學學歷) 間的勞動所得分配。一直以來，技術 (純熟者的) 勞工薪資高於非技術 (不純熟者的) 勞工薪資，但在過去數十年間，兩者之間的薪資差距加大，進而加深所得差距。

教育與技術間的競賽

另外一個日益擴增的所得差距的診斷，來自於克羅蒂亞・高蒂 (Claudia Goldin) 與勞倫斯・卡斯 (Lawrence Katz) 的著作《教育與技術間的競賽》(*The*

---

8 Thomas Philippon, *The Great Reversal: How America Gave Up on Free Markets* (Cambridge, MA: Belknap Press, 2019); Susanto Basu, "Are Price-Cost Markups Rising in the United States? A Discussion of the Evidence," *Journal of Economic Perspectives* 33, no. 3 (2019): 3-22; Anna Stansbury and Lawrence Summers, "Declining Worker Power and American Economic Performance," *Brookings Papers on Economic Activity*, Spring 2020.

Race Between Education and Technology) 做出重要的診斷。[9] 他們的主要的貢獻是「貧富不均的惡化大部份是教育減速所致。」

根據高蒂與卡斯的說法，上個世紀的技術進步是穩定的經濟因素，不僅提高生活水準且增加技術勞工相對非技術勞工的需求。新科技的勞工的應用與管理需要技術勞工，而非技術勞工則瀕臨淘汰邊緣。(例如，想像機器人用在製造業的自動化或銀行的自動櫃員機，這些發明取代非技術勞工，但更需要電機與軟體工程師。) 這種技術導向的科技變動，本身會提高技術勞工相對非技術勞工的工資，因而導致貧富差距擴大。

然而，在 20 世紀大部份的時候，教育程度提高的幅度超過技術導向科技變動的幅度。換句話說，當技術進步導致技術勞工需求增加時，我們教育體系供給技術勞工的速度更快。所以，技術勞工並未享有大部份的經濟成果。確實，直到 1970 年代為止，技術勞工相對非技術勞工，其工資成長較慢。

最近，事情開始有了改變。在過去數十年，高蒂與卡斯認為，技術進步迎頭趕上，但教育進步相形緩慢。1950 年出生的勞工比 1900 年出生的勞工，其受教育年數平均多 4.67 年，代表每十年受教育的年數增加 0.93 年；相反地，1975 年出生的勞工比 1950 年出生的勞工，其受教育年數只多出 0.74 年，每十年只增加 0.30 年受教育年數。也就是說，教育進步幅度下跌 68%。因為技術勞工的供給減緩，其工資相對非技術勞工工資上升。(個人決策的意涵為：唸大學與研究所是一項值得的投資。)

如果高蒂與卡斯是正確的，日益擴大的所得差距將需要在教育上投入更多的社會資源，以增加經濟學家所謂的人力資本 (human capital)。教育改革已超出本書的範疇，但這個議題值得重視，如果成功的話，此種改革將深遠地影響經濟體系及所得分配。

全球化

另外一個解釋日益擴大所得差距的假說是，國際貿易改變技術勞工與非技術勞工相對需求。近年來，國際貿易日益頻繁，以進出口占國內生產毛額的比例來說，美國進口從 1969 年的 5% 上升至 2019 年的 15%，而出口則從 1969 年的 5% 上升至 2019 年的 12%。由於非技術勞工在國外工資低廉且供給無虞，美國會進口非技術勞工生產的商品，而出口技術勞工生產的商品，因此當國際貿易日益盛行時，技術勞工的國內需求上升，而非技術勞工的國內需求下跌。這些需求的移動造成技術勞工的工資上升，與非技術勞工工資下跌，所得差距再次拉大。

---

[9] Claudia Goldin and Lawrence F. Katz, *The Race Between Education and Technology* (Cambridge, MA: Belknap Press, 2011). 另請見 David H. Autor, "Skills, Education, and the Rise of Earnings Inequality Among the 'Other 99 Percent,'" *Science* 344, no. 6186 (2014): 843-851.

全球化的影響與技術導向技術變動的影響雷同。當工作被自動化後，非技術勞工被機器人取代，但更需要技術工程師來操作日益複雜的生產過程。當工作被外包至國外時，國內的非技術勞工可能被國外非技術勞工取代，但具技術的經理將需要監督這些日益複雜的全球供應鏈。在這兩種情況下，非技術勞工需求下跌，而技術勞工需求增加。

有一個受到重視的所得擴大差距的可能原因是，與中國的國際貿易往來日益緊密，美國對中國製造產品的總支出比例從 1991 年的 0.6% 上升至 2007 年 4.6%，中國經濟的快速成長與中國在 2001 年加入世界貿易組織 (World Trade Organization, WTO)，促成中國的國際貿易擴張。研究顯示，美國面臨中國產品最強力競爭的地區經歷工資衰退。因此，當美國消費者享受中國製進口商品低廉價格的同時，某些地區的非技術勞工也忍受較低的工資。[10]

值得注意的是，大多數的經濟學家都認為對外導向的國貿政策有益於整體經濟，以免有人得到全球化有害的結論。(第 10 章的「個案研究」會討論證據。) 然而，國際貿易有贏家與輸家，即便全球化提升繁榮水準，也可能是加重所得差距的原力。

不斷演化的婚姻角色

所得差距變動的文化成因有許多。考慮下列的事實：今日，配偶之間的所得是正相關。換言之，一人擁有高於平均的所得，其配偶所得也會高於平均。或許這種現象並不令人驚訝，有時稱為選擇性交換 (assortative mating)。然而，這種關係隨著時間經過而改變。在 1960 年代，配偶間所得為負相關，婦女的勞動參與率在過去比現在來得低，且男性賺得愈多，女性愈處於非勞動力。配偶間所得從負相關變成正相關，導致家庭所得差距擴大。[11]

另外一個解釋是，婚姻盛行的轉變。在過去數十年間，整體結婚率下降，此種下跌趨勢在教育水準低的族群尤其顯著。在大學學歷的族群中，成人 (25 歲及 25 歲以上) 結婚的比例，從 1990 年的 69% 下跌至 2015 年的 65%；而在高中或高中以下學歷的族群，比例則從 63% 下降至 50%。因此，不僅非技術勞工的所得比技術勞工所得低，他們也愈來愈不可能得到其配偶來補貼家庭所得。再一次，這種趨勢使家庭所得差距加劇。

---

[10] David H. Autor, David Dorn, and Gordon H. Hanson, "The China Syndrome: Local Labor Market Effects of Import Competition in the United States," *American Economic Review* 103, no. 6 (October 2013): 2121-2168.

[11] Christine R. Schwartz, "Earnings Inequality and the Changing Association Between Spouses' Earnings," *American Journal of Sociology* 115, no. 5 (2010): 1524-1557.

政策問題

　　如我們所見，所得差距擴大有許多可能的解釋，某種程度上，它們都是有效的。至於哪一個理由最能夠解釋，仍有討論的空間。

　　決策制定者面對這些趨勢該如何因應？哪些有效的理由，如技術導向的科技進步與不斷演化的婚姻角色，可能超出政策的範疇，然而我們的民選領袖通常辯論，如教育政策、反托辣斯法、工會管制法律，以及國貿協議等議題。有關這些議題的決策，會影響整體國民所得水準，以及其在富人與窮人間的分配。

　　除了討論這些成因外，決策制定者也能夠面對其徵兆。政府的稅制及將經濟資源從高所得家庭移轉重分配至低所得家庭。因此，生活水準的差距會低於所得差距。重分配的適當程度已超出純粹經濟學框架，且不可避免地牽涉到政府角色的價值判斷，這種頻繁的政治辯論議題，隨著所得差距的擴大而變得更加嚴重。

CHAPTER 4

貨幣體系：它是什麼與它如何運作

史上有三項偉大發明：火、汽車及中央銀行。

——威爾·羅傑斯

總體經濟政策的雙臂是財政政策與貨幣政策。如同我們先前所見，財政政策圍繞政府有關支出與稅收的決策。貨幣政策指的是一國的硬幣、通貨及銀行體系。財政政策通常由民選議員，如美國國會、英國國會及日本國會來制定，而貨幣政策是由一些票選委員但可獨立運作的中央銀行來制定。例子包括美國聯邦準備、英格蘭銀行及日本銀行。威爾·羅傑斯 (Will Rogers) 說中央銀行是史上最偉大三項發明之一的說法略顯誇大，但有關這些決策機構對世界各國人民的生活及生計有著極其主要影響的說法是正確的。

本書很大的一部份是用來解釋財政與貨幣政策的正確角色及影響，本章先從貨幣政策的分析談起。將提及三個相關問題：第一，何謂貨幣？第二，在決定經濟體系的貨幣數量上，一國銀行體系的角色為何？第三，一國中央銀行如何影響銀行體系與貨幣供給？

本章介紹的貨幣體系提供瞭解貨幣政策的基礎。在下一章中，與本書長期重點一致，我們將檢視貨幣政策的長期影響。貨幣政策的短期影響較為複雜，我們會在第 11 章開始討論，但將花費許多章節來完整解讀。本章將為我們做好準備。貨幣政策的短期與長期分析，必須植基於對何謂貨幣、銀行如何影響貨幣，以及中央銀行如何控制貨幣的良好認識上。

4-1 何謂貨幣？

當我們說一個人擁有很多貨幣時，通常是指他很有錢。然而，經濟學家以更專業的方式來使用「貨幣」這個名詞。對經濟學家而言，貨幣不是指所有的財富，而是專指其中的一種：貨幣 (money) 是能夠隨時用來進行交易的資產存量。大體而言，大眾手中持有的美元 (或在其他地方，如歐元、披索、英鎊或日圓) 構成國家貨幣存量的一部份。

貨幣的功能

貨幣有三個目的：它是價值的儲存、計價的單位及交易的媒介。

作為**價值的儲存** (store of value)，貨幣提供購買力從現在移轉到未來的一種方式。如果你今天工作賺到 $100，你可以持有這些貨幣到明天、下個星期或下個月再行花費。當然，貨幣不是一個完美的價值儲存工具：如果物價上漲，你以任何固定貨幣數量購買的東西數量會減少。儘管如此，人們仍會持有貨幣，因為他們能夠在未來的某一時點以貨幣交換商品與服務。

作為**計價的單位** (unit of account)，貨幣提供人們用來報價與債務記錄的條件。個體經濟學教導我們，資源是根據相對價格——一個商品相對其他商品的價格——來分配，但商店是以美元與美分對商品進行報價。車商會告訴你一部汽車價格是 $40,000，而非 800 件襯衫 (即使兩者的價值相同)。同樣地，許多負債需要債務人在未來償還一定金額的貨幣，而不是一定數量的某種商品。貨幣是我們衡量經濟交易的標準。

作為**交易的媒介** (medium of exchange)，貨幣是人們用來購買商品與服務的東西。在美元紙鈔上印有「這張紙鈔對公共和私人的所有負債，是無限法償」。當你走進商店時，確信店員會接受我們用貨幣交換其銷售的商品。一資產可轉換成交易媒介的難易程度，並用來購買其他東西 (商品與服務或資本資產)，有時稱為資產的**流動性** (liquidity)。

想要更瞭解貨幣的功能，嘗試想像一沒有貨幣的經濟社會：一以物易物的經濟 (barter economy)。在那個世界裡，交易需要雙方互為滿足——兩個人在正確的時間與正確的地點，每一個人剛好擁有對方想要的東西來進行交換，這是不太可能發生的事。以物易物的經濟只容許簡單的交易。

貨幣讓許多更複雜的交易更有可能發生。教授利用薪水購買書籍；出版商利用銷售書籍的收入購買紙張；造紙公司利用賣紙的收入支付伐木工人工資；伐木工人利用他的所得支付孩子的大學學費；而學校再利用學費收入來支付教授薪水。在一現代經濟社會，交易通常牽涉許多方，且需要使用貨幣來便利交易。

「你想要什麼樣可愛的貨幣？」

貨幣的種類

貨幣有許多形式。在美國經濟社會裡，我們以一物品：美元紙鈔，其唯一功能是作為貨幣，進行交易。這些印有美國名人肖像的綠色紙張，如果不廣為大眾接受為貨幣，就沒有價值可言。本身不具價值的貨幣稱為**強制貨幣** (fiat money)，因為它是由政府的法令或命令賦予地位。

儘管在現今大多數經濟社會中，強制貨幣是最常見的，過去大部份的社會使用本身具有價值的商品作為貨幣。這種形態的貨幣稱為**商品貨幣** (commodity money)。黃金是最普遍的商品貨幣。當人們使用黃金作為貨幣 (或使用可兌換黃金的紙幣) 時，經濟是處於**金本位** (gold standard) 制度。黃金是商品貨幣的一種，因為它有許多不同用途 —— 珠寶、鑲牙等，以及作為交易之用。在 19 世紀末，金本位制度在全世界普遍存在。

個案研究

集中營裡的貨幣

第二次世界大戰期間，在某些納粹集中營 (prisoner of war, POW) 發展出一種不尋常的商品貨幣。紅十字會 (Red Cross) 提供給戰俘各種商品 —— 食物、衣服、香菸等。但這些配給並沒有根據個人的偏好發放，所以配給作業通常是沒有效率的。第一位戰俘可能偏好巧克力，第二位戰俘可能喜歡起司，第三位戰俘可能想要一件新襯衫。戰俘間的不同偏好與財產，讓他們可以彼此交換商品。

然而，以物易物不是這些資源分配最方便的方式，因為這需要雙方互為滿足。換言之，以物易物制度並不是讓每位戰俘得到其最想要物品的最佳方式。即使在集中營這樣有限的經濟體系，仍需要某種形式貨幣來便利交易。

最後，香菸變成公認的「通貨」，任何商品都以香菸計價，並利用香菸達成交易。例如，一件襯衫值 80 根香菸。服務也以香菸計價：替別的戰俘洗一件衣服的代價是 2 根香菸。即使不抽菸的人也樂於接受香菸，因為他們知道將來自己能夠用香菸交換喜歡的東西。在集中營內，香菸變成價值的儲存、計價的單位及交易的媒介。[1]

強制貨幣的發展

不管是多原始的任何社會中，某種形式的商品貨幣的出現是為了便於交易，這一點也不令人驚訝：人們願意接受黃金作為商品貨幣，是因為黃金本身具有價值。然而，強制貨幣的發展有些令人困惑。是什麼原因讓人們開始重視這沒有價值的物品？

要瞭解商品貨幣如何發展到強制貨幣，想像人們攜帶幾袋黃金到處走動的經

---

[1] R. A. Radford, "The Economic Organisation of a P.O.W. Camp," *Economica* (November 1945): 189-201. 不只本例使用香菸作為貨幣，在 1980 年代末期的蘇聯，萬寶路 (Marlboro) 香菸是黑市中比盧布更受歡迎的貨幣。

濟社會。當一項購買完成時，買方數算出適當數量的黃金。若賣方相信黃金的重量與純度是正確的，交易便達成。

首先，介入貨幣體系來協助民眾降低交易成本的是政府。利用黃金作為貨幣是耗費成本的，因為要花時間驗證黃金的純度並衡量正確的數量。要降低這些成本，政府可以一定純度與重量的黃金鑄成金幣。這些金幣比金條更方便使用，因為它們的價值被廣泛認可。

政府的下一步驟是接受大眾持有的黃金來交換黃金憑證——一張能夠贖回一定黃金數量的票據。如果大眾相信政府承諾以黃金贖回紙鈔，這些紙鈔就如同黃金本身一樣具有價值。此外，因為這些紙鈔比黃金(和金幣)更輕，比較容易在交易中使用。最後，不再有人攜帶黃金走動，而這些黃金背書的政府紙鈔變成貨幣本位。

最後，黃金背書變得不再重要。如果沒有人想要以紙鈔贖回黃金，就沒有人會關心贖回的黃金是否存在。只要每個人繼續接受紙鈔來交換商品，它就會有價值並成為貨幣。因此，商品貨幣體系演進到強制貨幣體系。請注意：到最後使用貨幣進行交換是一種社會慣例：每一個人會重視強制貨幣，因為預期別人也會重視它。

個案研究

亞胡島的貨幣與社會慣例

一群位於太平洋上的小島——亞胡島的經濟曾經有一種介於商品貨幣與強制貨幣之間的貨幣。亞胡島上傳統交易的媒介稱為費 (fei)，是一種直徑達 12 呎的石輪。這些石輪的中間有洞，所以能夠用棍子穿過和攜帶，並用來進行交易。

大石輪並不是一種方便的貨幣。這些石頭非常笨重，新主人在完成交易後必須花費很多力氣才能帶回家。雖然貨幣體系有利交易，但交易成本實在太大。

最終，情況變成費的新擁有者不會將巨大的石頭帶回家；相反地，新擁有者只是接受費的所有權，而不去移動它。在未來的交易，他只是以這個所有權來交換想要的東西。擁有石頭的法定權利變得比擁有石頭的實體更為重要。

當一個貴重的石頭在暴風雨中掉落海裡時，這種習慣曾被拿來檢驗。因為所有人是意外，而非粗心大意地丟掉貨幣，每個人都同意其對費的所有權仍然有效。即使過了好幾個世代，當沒有任何活著的人見過這個石頭時，這個費的所有權仍可作為交易的媒介。

時至今日，石頭貨幣在亞胡島上仍有其價值。不過，不再作為平常交易的交易媒介。就交易媒介的目的而言，亞胡島上 11,000 名居民使用較平凡的貨幣：美元。[2]

---

2 Norman Angell, *The Story of Money* (New York: Frederick A. Stokes Company, 1929), 88-89.

FYI　比特幣：數位貨幣的奇特案例

在 2009 年，世界出現一新穎且不尋常的資產，稱為比特幣 (bitcoin)。由匿名為中本聰的電腦專家 (或一群人) 提出，比特幣是一種電子形式的貨幣。最初人們藉由電腦解出複雜的數學題目可獲得比特幣。比特幣的協定製作以專案「挖礦」軟體進行，總額為 2,100 萬單位 (儘管有些專家懷疑比特幣數量能否限制)。在比特幣問世後，可用來交易，它們可在有組織的比特幣交易所，以美元或其他國家貨幣來買賣由供需決定價格的比特幣。你可以用比特幣向任何願意接受比特幣的賣家購買商品。

作為一種貨幣形式，比特幣既非商品貨幣，也非強制貨幣。不像商品貨幣，它們沒有實質價值。除了交易外，你無法用比特幣做任何事。不像強制貨幣，它們並非由政府法令規定而成。事實上，許多比特幣粉絲接受這種非政府電子貨幣的事實 (而有些人用它來進行非法交易，如毒品買賣，因此欣賞比特幣交易的匿名性)。比特幣只有在人們接受其為交易的媒介時才有價值。從這個角度觀察，現代的比特幣酷似原始亞胡島貨幣。

在短短的歷史裡，以美元衡量的比特幣價格波動異常劇烈。在 2010 年一整年，比特幣的價格介於 5 美分到 39 美分之間。在 2011 年，價格上漲超過 $1，而在 2013 年曾短暫地高於 $1,000，在 2014 年又跌至 $500 以下。接下來幾年，比特幣飆漲，在 2017 年，超過 $19,000，然後在隔年，重跌至 $4,000 以下。黃金通常被視為風險性資產，但比特幣每元價格的波動幅度約為黃金價格波動幅度的七倍。

比特幣長期成功與否的關鍵在於其是否能持續地執行貨幣功能；價值的儲存、計價的單位及交易的媒介。許多經濟學家抱持懷疑的態度。比特幣的波動幅度讓它成為風險性資產且無法記錄商品價格。至少到目前為止，很少零售商接受比特幣作為交易媒介；而接受比特幣交易者，其交易量甚少。

贊成比特幣者視其為未來的貨幣，然而另一個可能是最終會演變成投機性泡沫。[3]

如何控制貨幣數量

在經濟體系中，現有的貨幣數量稱為貨幣供給 (money supply)。就商品貨幣而言，貨幣供給是該商品的數量。在一個使用強制貨幣的經濟社會，如今天大多數的經濟社會，政府控制貨幣供給：法律給予政府印製貨幣的獨占地位。如同稅收水準與政府購買水準是政府的政策工具，貨幣供給也扮演相同的角色，對貨幣供給的控制稱為貨幣政策 (monetary policy)。

在大多數國家中，貨幣政策是委託給一個部份獨立機構 —— 稱為中央銀行 (central bank)。美國的中央銀行是聯邦準備 (Federal Reserve) —— 通常簡稱為 Fed。若你仔細看美國的紙幣，會看到其稱為聯邦準備銀行券 (Federal Reserve

---

[3] 想要閱讀更多有關比特幣的內容，請見 David Yermack, "Is Bitcoin a Real Currency?" in David K.C. Lee, ed., *The Handbook of Digital Currency* (London: Elsevier, 2015), 31-44。

Note)。貨幣政策的決定由聯邦公開市場委員會 (Federal Open Market Committee, FOMC) 制定。這個委員會的成員包括：(1) 由總統提名和國會通過的聯邦準備理事會的理事，加上 (2) 區域性聯邦準備銀行 (Federal Reserve Banks) 的總裁。聯邦公開市場委員會大約每六個星期開會一次討論及制定貨幣政策。

傳統上，聯邦準備控制貨幣供給最主要的方式是透過公開市場操作 (open-market operations) —— 購買與出售政府債券。當聯邦準備想要增加貨幣供給時，可以用手中的美元向大眾買進政府債券。因為這些美元離開聯邦準備並進入大眾的手中，購買債券可增加流通中的貨幣數量；相反地，當聯邦準備想要降低貨幣供給時，可以從自己的資產中出售某些政府債券。這種公開市場銷售債券會從民眾手中收回部份貨幣，因此可以降低流通中的貨幣數量。(在後續章節將詳細討論聯邦準備如何控制貨幣供給。)

如何衡量貨幣數量

本章的一個目標是決定貨幣供給如何影響經濟；我們將於下一章討論這個問題。作為這個問題的背景，先來討論經濟學家如何衡量貨幣數量。

因為貨幣是作為交易使用的資產存量，貨幣數量就是這些資產的數量。在集中營，貨幣數量就是集中營內的香菸數量；在亞胡島上，貨幣數量為島上費的數量。但是，在一個像我們一樣更複雜的經濟社會，如何衡量貨幣數量？答案並不明顯，因為沒有任何單一資產可通用所有交易。儘管某些資產比其他資產更方便使用，民眾能夠使用不同資產，如現金或支票來進行交易。許多不確定性導致貨幣數量有許多衡量方式。

最明顯包括在貨幣數量的資產是通貨 (currency)，係在外流通紙幣與硬幣的總和。許多的每日交易都是使用通貨作為交易媒介。

第二種用來交易的資產是活期存款 (demand deposits)，係民眾在支票存款帳戶裡的資金。如果大多數的店家接受支票，則支票帳戶裡的資產會和通貨一樣的方便。在這兩種情況裡，資產是以便利交易的形式出現。因此，當我們衡量貨幣數量時，活期存款會加入通貨之中。

一旦我們接受將活期存款納入衡量貨幣存量的邏輯，許多其他資產都變成貨幣數量的候選人。例如，儲蓄帳戶內的資金能夠輕易地轉帳成支票存款或透過簽帳金融卡 (debit card) 使用；這些資產也有利交易的進行。貨幣市場共同基金允許投資者可以開立支票，雖然有時會限制支票金額或支票張數。因為這些資產能夠很容易地用來交易，其應包含在貨幣數量之中。

因為很難判斷何種資產應該包括在貨幣數量之中，所以便有不同的衡量標準可供使用。表 4-1 列出聯邦準備為美國經濟計算的各種貨幣存量衡量標準，以及

表 4-1　貨幣的衡量標準

符號	涵蓋資產	2020 年 3 月的金額 (10 億美元)
C	通貨	$ 1,745
M1	通貨加活期存款、旅行支票及其他支票存款	4,268
M2	M1 加零售的貨幣市場共同基金、儲蓄存款 (包括貨幣市場存款帳戶)，以及小額定期存款	16,104

資料來源：聯邦準備。

各個指標所涵蓋的資產。從最小到最大，分別為 C、M1 和 M2。用來研究貨幣對經濟社會影響的指標最常見者為 M1 和 M2。

FYI　信用卡與簽帳金融卡如何進入貨幣體系中？

許多人使用信用卡與簽帳金融卡來購買商品。由於貨幣是交易媒介，我們自然想要知道這些卡如何進入貨幣的衡量與分析中。

讓我們從信用卡開始。儘管我們可能猜測信用卡是經濟體系中貨幣存量的一部份，然而事實上，貨幣存量的衡量指標並未將信用卡列入計算當中，信用卡其實不是一種支付的方法，而只是一種延遲支付的方法。當你以信用卡購買一項商品時，發卡銀行付給商店應付的金額。稍後，你必須償還該金額給銀行。當支付信用卡帳單的時間來到時，你可能會從支票存款帳戶轉帳或從支票帳戶中開一張支票來給付。這個支票帳中的餘額是經濟體系中貨幣存量的一部份。

簽帳金融卡的情況並不相同，它會自動地從銀行帳戶扣除購買商品的金額。簽帳金融卡允許使用者即刻直接存取銀行帳戶的存款，而非允許使用者延遲支付其所購買的商品。使用簽帳金融卡與開支票是一樣的。轉帳帳戶背後的帳戶餘額包含於貨幣存量的統計當中。

儘管信用卡不是貨幣，但其對分析貨幣體系仍是重要的。因為擁有信用卡的人們可以在月底一次支付所有的帳單，而非在購買商品時個別付款，一般而言，他們比那些沒有信用卡的人握有較少的貨幣。因此，信用卡的日益普及，降低人們選擇握有的貨幣數量。換言之，信用卡不是貨幣供給的一部份，但它們會影響貨幣需求。

4-2　銀行在貨幣體系的角色

稍早，我們以非常簡化的方式介紹「貨幣供給」。我們定義貨幣數量為民眾持有的美元數量，而我們假設聯邦準備藉由公開市場操作來改變流通在外美元數量以控制貨幣供給。這對貨幣供給決定因素的解釋是一個很好的開始，但因為省略銀行體系在這個過程中扮演的角色，此解釋並不完整。

在本節中，我們看到貨幣供給不僅由聯邦準備政策決定，且受家計單位 (持有貨幣) 與銀行 (收受貨幣) 行為的影響。記得貨幣供給包括民眾持有的通貨及民眾可用來進行交易的銀行存款 (如支票存款)。若 M 代表貨幣供給、C 為通貨和 D 為活期存款，我們可寫成：

$$\text{貨幣供給} = \text{通貨} + \text{活期存款}$$
$$M = C + D$$

為了瞭解貨幣供給，我們必須瞭解通貨與活期存款間的互動，以及銀行體系和聯邦準備政策如何影響貨幣供給的兩個組成項目。

百分之百準備銀行

想像一個沒有銀行的世界，在這個世界中，所有貨幣以通貨形式出現，而貨幣數量就是民眾持有的通貨數量。針對這個討論，假設經濟體系有 $1,000 的通貨。

現在將銀行引進。一開始，假設銀行收受存款，但不承做貸款。銀行唯一的目的是提供存款者貨幣的安全場所。

銀行收到而未來貸放出去的存款，稱為準備 (reserves)。有些準備是放在全國各地銀行的金庫中，但大部份是放在如聯邦準備的中央銀行。在我們假想的經濟體系中，所有存款以準備形式持有：銀行收受存款，將其放在準備，直至存款者提款或開立支票用掉存款。這種體系稱為百分之百準備銀行 (100-percent-reserve banking)。

假設家計單位將經濟體系所有的 $1,000 存入第一銀行。第一銀行的資產負債表 (balance sheet)——資產與負債的會計報表——如下所示：

第一銀行資產負債表

資產		負債	
準備	$1,000	存款	$1,000

銀行資產是它持有作為準備的 $1,000；銀行負債則是它欠存款者的 $1,000。不像我們經濟體系中的銀行，這個銀行不會承做貸款，所以也不會從資產中獲利。銀行可能向存款者索取小額費用來彌補其成本。

此經濟體系的貨幣供給為何？在有第一銀行之前，貨幣供給是 $1,000 的通貨，在有了另一銀行之後，貨幣供給是 $1,000 的活期存款。存入銀行 $1 等於通貨減少 $1 和存款增加 $1，因此貨幣供給維持不變。若銀行持有百分之百的準備，銀行體系不會影響貨幣供給。

部份準備銀行體系

現在想像銀行開始將一部份存款放貸，例如給買房子的家庭或投資新廠商或設備的廠商。銀行的優點是它們能得到貸款利息收入。銀行必須在手中持有部份準備部位，好讓存款者隨時可提回其存款。但只要新的存款金額約略等於贖回金額，銀行不需將所有存款以準備形式擁有。因此，銀行有誘因承做貸款。當銀行如此做時，我們有部份準備銀行體系 (fractional-reserve banking) —— 銀行只保留一部份存款作為準備的體系。

此為第一銀行承做貸款的資產負債表：

第一銀行資產負債表

資產		負債	
準備	$200	存款	$1,000
貸款	$800		

此資產負債表假設存款準備率 —— 存款占準備的比率 —— 是 20%。第一銀行的 $1,000 存款中，保留 $200 作為準備，而剩下的 $800 可貸放出去。

請注意：當第一銀行貸款 $800 時，貸款供給增加 $800。在貸款承做之前，貨幣供給等於第一銀行的存款 $1,000；而在貸款承做之後，貨幣供給是 $1,800：存款者依然有 $1,000 的活期存款，但現在貸款者持有通貨 $800。因此，在部份準備銀行體系下，銀行創造貨幣。

貨幣創造不會只停在第一銀行，若貸款者將 $800 存入另外一家銀行 (若貸款者使用 $800 支付給某人，然後對方將 $800 存入)，貨幣創造過程持續。此為第二銀行的資產負債表：

第二銀行資產負債表

資產		負債	
準備	$160	存款	$800
貸款	$640		

第二銀行收受存款 $800，將 20% 或 $160 作為準備，然後將 $640 貸放出去。第二銀行創造 $640 的貨幣。若此 $640 最終存入第三銀行，且留 20% 或 $128 作為準備，並將 $512 貸放出去，可得到資產負債表：

第三銀行資產負債表

資產		負債	
準備	$128	存款	$640
貸款	$512		

過程一直持續下去。每一個存款與後續的貸款持續，更多的貨幣會被創造出來。

貨幣創造的過程可一直持續，但不會創造無限量的貨幣。令 rr 代表存款準備率，最初 \$1,000 的存款可創造的貨幣數量是：

$$\begin{aligned}
\text{原始存款} &= \$1{,}000 \\
\text{第一銀行借款} &= (1-rr) \times \$1{,}000 \\
\text{第二銀行借款} &= (1-rr)^2 \times \$1{,}000 \\
\text{第三銀行借款} &= (1-rr)^3 \times \$1{,}000 \\
\hline
\text{總貨幣供給} &= [1+(1-rr)+(1-rr)^2 \\
&\quad +(1-rr)^3+\cdots]\times \$1{,}000 \\
&= (1/rr)\times \$1{,}000
\end{aligned}$$

每 \$1 的準備產生 \$$(1/rr)$ 的貨幣。在我們的例子裡，$rr=0.2$，所以原始的 \$1,000 創造貨幣數量 \$5,000。[4]

銀行體系創造貨幣的能力，是銀行與其他金融機構的主要差異。如我們在第 3 章中所討論，金融市場具有移轉家計單位想要儲蓄部份所得以備將來，以及廠商想要購買投資財以備將來生產之用的重要功能。資金從儲蓄者移轉至貸款者的過程稱為金融中介 (financial intermediation)，許多經濟社會裡的金融機構可作為金融中介機構：最明顯的例子是股票市場、債券市場及銀行體系。然而在這些金融機構中，只有銀行可以合法地創造貨幣供給資產 (如支票帳戶)。因此，銀行是唯一能直接影響貨幣供給的金融機構。

請注意：儘管部份準備銀行體系可創造貨幣，但它不能創造財富。當銀行將一部份的準備貸放出去時，讓貸款者有能力進行交易，因而增加貨幣供給。不過，貸款者同時也承受銀行債務，因此貸款不會讓他們更富有。換句話說，銀行體系創造貨幣是增加經濟體系的流動性，而非財產。

銀行資本、槓桿與資本適足

截至目前為止，我們所呈現的是簡化的銀行體系模型。這不必然是一個問題，畢竟所有模型都簡化，但對某些特定的簡化假設仍值得我們注意。

在剛剛看到的銀行資產負債表中，銀行收受存款，然後用它來創造貸款或持有作為準備。根據此決策，你可能認為銀行並未使用任何資源來開設銀行。但這並不是真的，開設銀行需要一些資本；亦即，銀行股東必須使用一些金融資源來

---

[4] **數學註解**：得到總貨幣供給的最後一個步驟用到無限幾何數列的代數結果。根據公式，若 x 介於 -1 與 1 之間，則：

$$1+x+x^2+x^3+\cdots = 1/(1-x)$$

在這個應用中，$x=(1-rr)$。

經營銀行，這些資源稱為 銀行資本 (bank capital)，或相當於銀行的業主權益。

以下是銀行更為真實的資產負債表：

真實銀行資產負債表

資產		負債與業主權益	
準備	$200	存款	$750
貸款	$500	負債	$200
證券	$300	資本 (業主權益)	$ 50

銀行從業主提供資本，同時也從消費者存款與從投資者發行債務得到資源。這些資源的使用有三種方式：有些資金作為準備；有些用來作為銀行貸款；而有些用來購買金融證券，如公債或公司債。銀行在這些資產種類中進行資源分配，考慮每項資產的風險與報酬，以及限制其選擇的管制措施。資產負債表左邊的準備、貸款和證券的加總，必須與資產負債表右邊的存款、負債和資本的加總相等。此等式來自於以下的事實，從定義來看，業主權益的價值是銀行資產價值 (準備貸款及有價證券) 扣除其負債 (存款與債務)。

對銀行體系十分重要的是稱為 槓桿 (leverage) 的現象，其為使用貸款資金未補足投資目的之現有資金。槓桿比率是銀行總資產 (資產負債表左邊科目的加總) 與銀行資本 (資產負債表右邊，代表業主權益的一項科目) 的比率。在本例中，槓桿比率是 20。這意味著銀行擁有者貢獻 $20 資產給銀行。在 $20 的資產中，其中的 $19 由貸款──收受存款或發行債務融通──來融通。

由於槓桿，在遭受危機時，銀行會很快地喪失大部份的資本。想要瞭解為何如此，讓我們繼續用數字例子說明。若銀行價值下跌 5%，$1,000 的資產現在只值 $950，由於銀行欠存款者和債權人 $950 (存款者與債權人擁有求償的權利)，業主權益的價值下跌為零。也就是說，當槓桿比率是 20 時，銀行資產價值下跌 5%，導致銀行資本下跌 100%。如果資產價值大跌超過 5%，資產低於負債，導致銀行資本變成負值。銀行則會破產 (insolvent)。銀行資本可能用盡，以及存款者拿不到錢的憂慮，通常會造成在無存款保險時銀行擠兌。

銀行管制者要求銀行必須持有足夠的資本。這種 資本適足 (capital requirement) 是確保銀行能夠清償存款者與其他債權人的債務。資本適足金額與銀行持有的資產種類有關，若銀行持有像政府債券的安全資產，管制者要求的資本會低於銀行持有違約率較高的貸款所需的資本。

銀行資本和槓桿晦澀難解的議題，通常是留給銀行家、管制者和金融專家，但卻在 2008 年到 2009 年金融危機期間與之後變成一個公共辯論的熱門議題。在這段期間，房價下跌造成許多銀行和其他金融機構遭受抵押擔保證券的損失。因為槓桿，銀行資本損失的比例遠高於銀行資產損失。有時這些損失大到難以承擔；有些金融機構會破產。這些事件的後果不僅是在金融體系，更要經濟體系所有部門承擔。在金融危機之後，法律與監管制度的變動，銀行必須符合更高與更複雜的資本適足，以符合降低金融危機發生的機率。[5]

在本章剩下的部份，我們將銀行資本與槓桿的議題放下。但當我們在第 13 章和第 19 章討論金融危機時，將再重新提起此議題。

4-3 中央銀行如何影響貨幣供給？

現在已經瞭解何謂貨幣，以及銀行體系如何影響經濟社會中的貨幣數量，我們已經準備好來檢視中央銀行如何影響銀行體系與貨幣供給。這個影響是貨幣政策的本質。

貨幣供給模型

若聯邦準備增加一塊錢至經濟體系，且該美元以通貨形式持有，貨幣供給恰好增加一塊錢。但如我們所見，若該美元存入銀行，銀行持有一部份存款作為準備，貨幣供給的增加會超過一塊錢。因此，想要瞭解部份準備銀行體系下的貨幣供給決定因素，我們需要考慮：(1) 美元創造的聯邦準備決策；(2) 銀行有關持有存款作為準備或貸放出去的決策；以及 (3) 家計單位的貨幣持有是以通貨或活期存款形式出現決策間的互動。本節將建立一包含這些因素的貨幣供給模型。

模型有三個外生變數：

- **貨幣基數** (monetary base) B 是大眾持有的美元數量，以通貨 C 表示，以及銀行的準備 R，它由聯邦準備直接控制。
- **存款準備率** (reserve-deposit ratio) rr 是銀行存款中作為準備的部份，它由銀行的經營政策與銀行管制的法律決定。
- **通貨存款比率** (currency-deposit ratio) cr 是民眾持有通貨數量 C 占活期存款 D 的部份，它反映家計單位想要持有貨幣形式的偏好。

藉由顯示貨幣供給如何受貨幣基數、存款準備率及通貨存款比率的影響，這個模型有助於瞭解聯邦準備政策、銀行及家計單位的抉擇會如何影響貨幣供給。

首先，我們從貨幣供給與貨幣基數的定義開始：

$$M = C + D$$
$$B = C + R$$

---

[5] 有關更高資本適足的例子，請見 Anat Admati and Martin Hellwig, *The Bankers' New Clothes: What's Wrong with Banking and What to Do About It* (Princeton, NJ: Princeton University Press, 2013)。

第一個式子說明貨幣供給是通貨加活期存款，第二個式子說明貨幣基數是通貨加銀行準備。為了求解貨幣供給作為三個外生變數 (B、rr 及 cr) 的函數，我們將第一個式子除以第二個式子，得到：

$$\frac{M}{B} = \frac{C+D}{C+R}$$

然後，等號右邊的分子與分母都除以 D，

$$\frac{M}{B} = \frac{C/D+1}{C/D+R/D}$$

請注意：C/D 是通貨存款比率 cr 與 R/D 是存款準備率 rr。將這些比率代入上式，並將 B 移至等號右邊，我們得到：

$$M = \frac{cr+1}{cr+rr} \times B$$

這個式子顯示貨幣供給如何受這三個外生變數的影響。

現在我們見到貨幣供給是貨幣基數的一個比例。這個比例，$(cr+1)/(cr+rr)$ 可以 m 表示，並稱為**貨幣乘數** (money multiplier)，我們可寫成：

$$M = m \times B$$

每一塊錢的貨幣基數產生 m 元的貨幣。因為貨幣基數對貨幣供給有乘數效果，貨幣基數有時稱為**強力貨幣** (high-powered money)。

以下為數字例子，假設貨幣基數是 \$8,000 億，存款準備率 rr 是 0.1，而通貨存款比率 cr 是 0.8。在這個例子裡，貨幣乘數是：

$$m = \frac{0.8+1}{0.8+0.1} = 2.0$$

而貨幣供給是：

$$M = 2.0 \times \$8{,}000 \text{ 億} = \$1 \text{ 兆 } 6{,}000 \text{ 億}$$

每一塊錢的貨幣基數創造 \$2 的貨幣，因此總貨幣供給是 \$1 兆 6,000 億。

現在我們可以看到三個外生變數 —— 貨幣基數、存款準備率及通貨存款比率的變動，如何造成貨幣供給的變動。

1. 貨幣供給與貨幣基數等比例。因此，貨幣基數增加使貨幣供給等比例增加。
2. 存款準備率愈低，銀行承做更多貸款且銀行每一塊錢準備能夠創造的貨幣數

量愈多。因此，存款準備率下跌，使貨幣乘數與貨幣供給增加。

3. 通貨存款比率愈低，民眾持有通貨的貨幣基數愈小，銀行持有的準備愈多，銀行能創造的貨幣數量愈多。因此，通貨存款比率下跌，導致貨幣乘數與貨幣供給增加。

記住這個模型，現在我們能夠討論聯邦準備影響貨幣供給的方式。

貨幣政策的工具

雖然通常假設聯邦準備直接控制貨幣供給頗為方便，事實上，聯邦準備透過不同工具間接影響貨幣供給；這些工具可分成兩大類：那些能影響貨幣基數者，以及那些能影響存款準備率因而影響貨幣乘數者。

聯邦準備如何改變貨幣基數　如我們在本章稍早的討論，公開市場操作是聯邦準備買賣政府債券。當聯邦準備向民眾購買公債時，支付買公債的錢會增加貨幣基數，因而增加貨幣供給；當聯邦準備賣公債給社會大眾時，收到的錢會減少貨幣基數，因而降低貨幣供給，公開市場操作是聯邦準備最常使用的政策工具 (儘管最近幾年，其他工具扮演較重要角色)。

聯邦準備也可藉由貸放準備給銀行，來改變貨幣基數和貨幣供給，當銀行認為手中沒有足夠的準備來符合銀行規定、滿足存款者的提款、承做新貸款或滿足其他企業需求時，就會向聯邦準備貸款。當聯邦準備借錢給那些無法從別處獲得資金的銀行時，是扮演資金最後融通者。

銀行有很多不同方法來向聯邦準備借錢。傳統上，銀行在聯邦準備的貼現窗口借錢；貼現率 (discount rate) 是聯邦準備向這種貸款索取的利率。貼現率愈低，借入準備成本愈低，銀行向聯邦準備的貼現窗口貸錢愈多。因此，貼現率下跌將會提高貨幣基數和貨幣供給。

在 2008 年到 2009 年的金融危機，陷入財務危機的銀行比較不願意向貼現窗口借錢，因為這等於是向一般大眾釋放銀行財務窘境的訊號。為了因應這種情況，聯邦準備設立銀行向其貸款的新機制。舉例來說，在定期拍賣工具 (Term Auction Facility) 下，聯邦準備制定想要借款給銀行的資金數量，而合格的銀行則競標取得所需貸款。這些款項由最合格的競標者 —— 也就是有合格抵押品及給付最高利率的銀行。不像在貼現窗口，聯邦準備制定貸款價格和銀行決定貸款數量，在定期拍賣工具下，聯邦準備設定貸款數量與銀行間的競標過程決定價格。最近一次的定期拍賣工具發生在 2010 年，但此政策說明聯邦準備以不同的方式來改變貨幣基數和貨幣供給。

聯邦準備如何改變存款準備率　如我們的貨幣供給模型所示，貨幣乘數是貨幣基數與貨幣供給間的連結。貨幣乘數受存款準備率的影響，存款準備率則受不同聯邦準備政策工具影響。

法定準備 (reserve requirements) 是聯邦準備規定銀行最低的存款準備率。提高法定準備會提高存款準備率，因而降低貨幣乘數和貨幣供給法定。但是，銀行也可以持有超過法定存款準備的準備，即超額準備 (excess reserves)。變動法定準備是聯邦準備在過去歷史上最不常用的政策工具。在 2020 年 3 月，聯邦準備廢除了法定準備。

在 2008 年 10 月，聯邦準備開始支付準備利息 (interest on reserves)。也就是說，當一銀行的準備存在聯邦準備時，聯邦準備會支付利息給這些存款。這種改變讓聯邦準備有另外一個影響經濟的工具，準備的利率愈高，銀行會選擇持有愈多準備。因此，提高準備利率會提高存款準備率，降低貨幣乘數和降低貨幣供給。在最近幾年，聯邦準備支付準備利息可以說是最重要的貨幣政策工具。

個案研究

量化寬鬆與貨幣基數爆發

圖 4-1 顯示 1960 年到 2020 年的貨幣基數，你可以看到在 2007 年後有一些不尋常的變化。從 1960 年到 2007 年，貨幣基數隨著時間經過逐漸成長。但從 2007 年到 2014 年，短短幾年間，貨幣基數增加約五倍。

貨幣基數巨幅增加的原因是，聯邦準備在金融危機與不景氣期間採取的行動。由於金融市場一片混亂，聯邦準備追隨過去步伐作為最終貸款者，開始大量地購買資產擔保

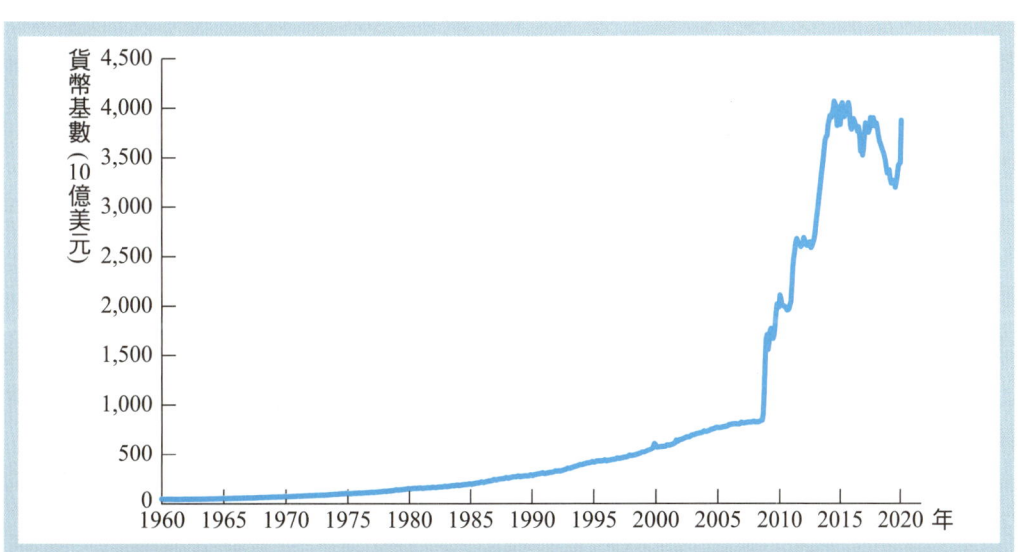

圖 4-1　**貨幣基數**　歷史上，貨幣基數隨著時間經過，相對穩定成長。但從 2007 年到 2014 年增加約五倍。然而，貨幣基數的巨幅擴增，並未造成 $M1$ 和 $M2$ 同樣增加。

資料來源：美國聯邦準備。

證券，目的是恢復抵押市場的秩序，好讓想要買屋者能夠貸到款項。後來，聯邦準備採取購買長期公債的政策，以提高長期公債價格和降低長期利率。這個政策稱為**量化寬鬆**(quantitative easing)，是一種公開市場操作。但購買短期國庫券不是聯邦準備經常執行的公開市場操作，而是購買較長期、風險性更高的證券。這些公開市場購買，導致貨幣基數大幅攀升。

不過，貨幣基數的遞增並未造成貨幣供給同樣的增加，當貨幣基數從 2007 年到 2014 年增加約 400% 時，$M1$ 只增加 100%，而 $M2$ 僅增加 55%，這些圖形說明貨幣基數的大幅擴增伴隨貨幣乘數的大幅下跌。為何會發生下跌情形？

本章稍早的貨幣供給模型顯示，貨幣乘數的主要決定因素是準備率 rr。從 2007 年到 2014 年，由於銀行持有巨量的超額準備，準備率大幅上揚。也就是，不是承做貸款，銀行將大部份資金以準備形式持有 (超額準備從 2007 年的 $15 億上升至 2014 年的 $2.5 兆)，此決策妨礙部份準備銀行體系下的貨幣創造過程。

為何銀行選擇持有大量的超額準備？部份理由是銀行有許多不良貸款導致金融危機；當事實變得明顯時，銀行企圖縮緊信用標準，並貸款給認為會償還貸款的人。此外，利率跌到貸款無法像過去般的獲利。銀行持有超額準備並不會造成金融資源損失太多。

儘管貨幣基數的爆發並未導致貨幣供給同樣增加，但一些觀察家擔心它們仍會隨著經濟從谷底翻揚和利率回到正常水準，他們認為銀行會藉由承做貸款而減低超額準備的持有。貨幣供給會開始成長，或許迅速攀升。

然而，聯邦準備決策者已經明瞭這個潛在的問題，並準備處理這個問題。從 2015 年到 2017 年，聯邦準備支付給準備的利率從 0.25% 增至 1.50%。較高的準備利率將使銀行持有的準備更有利潤，因而降低銀行貸款，並使貨幣乘數降低。[6]

貨幣控制的問題

聯邦準備對貨幣供給有巨大的影響力，但卻無法完全控制貨幣供給，銀行自行斟酌的經營方式及家計單位制定個人理財規劃的決策，會造成貨幣供給往聯邦準備非預期的方向變動。舉例來說，若銀行選擇持有更多的超額準備，存款準備率上升與貨幣供給減少；同樣地，若家計單位決定持有更多的通貨在手中，通貨存款比率上升，而貨幣供給下跌。因此，貨幣供給有時不是往聯邦準備想要的方向移動。

---

[6] 想知道更多有關量化寬鬆政策，請見 Arvind Krishnamurthy and Annette Vissing-Jorgensen, "The Ins and Outs of LSAPs," Economic Policy Symposium, Jackson Hole, Wyoming, Federal Reserve Bank of Kansas, 2013。

個案研究

1930 年代的貨幣供給與銀行倒閉

在 1929 年 8 月到 1933 年 3 月間，貨幣供給下跌 28%。如同將在第 13 章中討論的，有些經濟學家相信貨幣供給的大幅下跌是 1930 年代經濟大蕭條的主因，當時失業達到空前水準，價格出乎意料地下跌，而經濟困境相當普遍。依照這個假說，人們會很自然地問：為什麼貨幣供給下滑得如此劇烈？

表 4-2 顯示 1929 年和 1933 年決定貨幣供給的三個變數 —— 貨幣基數、存款準備率及通貨存款比率。你可以看到貨幣供給的下跌，並非由貨幣基數減少所引起。事實上，這段期間的貨幣基數上升 18%。相反地，因為貨幣乘數下跌 38%，所以貨幣供給減少。貨幣乘數減少的原因是，通貨存款比率和存款準備率都大幅上升所致。

大多數經濟學家認為，1930 年代初期，大量的銀行倒閉導致貨幣乘數下跌。從 1930 年到 1933 年，超過 9,000 家銀行停止營業，許多銀行造成存款者提領不到錢。藉由改變存款者與銀行經營者的行為，銀行的倒閉導致貨幣供給減少。

銀行倒閉使得民眾對銀行體系失去信心，通貨存款比率因而提高，人們憂慮銀行倒閉將會擴大，通常會想要持有通貨，而非活期存款。當他們將存款解約時，銀行準備隨之流失；貨幣創造的過程則相反，銀行面對準備下跌，而減少其在外貸款的數量。

此外，銀行倒閉使經營者更加小心，存款準備率因此上升。看到許多銀行被擠兌，銀行經營者憂心自己的準備不足，因此持有的準備數量遠遠超過法律規定的最低數量。就像家計單位面對銀行危機選擇持有更多通貨，而非活期存款，銀行的因應之道則是持有更多準備，而非承做更多貸款。所有的變動都造成貨幣乘數大幅下滑。

儘管貨幣供給下滑很容易解釋，但很難決定是否所有錯誤都由聯邦準備造成。有人可

表 4-2 貨幣供給及其決定因素：1929 年和 1933 年

	1929 年 8 月	1933 年 3 月
貨幣供給	**26.5**	**19.0**
通貨	3.9	5.5
活期存款	22.6	13.5
貨幣基數	**7.1**	**8.4**
通貨	3.9	5.5
準備	3.2	2.9
貨幣乘數	**3.7**	**2.3**
存款準備率	0.14	0.21
通貨存款比率	0.17	0.41

資料來源：Milton Friedman and Anna Schwartz, *A Monetary History of the United States, 1867-1960* (Princeton, NJ: Princeton University Press, 1963), Appendix A.

能認為貨幣基數並未下跌，所以這並非聯邦準備的過錯。批評這段期間聯邦準備政策的人提出兩項反駁的論點：第一，他們聲稱在銀行擠兌期間，聯邦準備應該採取更強而有力作為最終貸款者的角色來阻止銀行倒閉，這可協助維繫銀行體系的信心，並防止貨幣乘數大幅下跌；第二，他們指出聯邦準備面對貨幣乘數的下跌，應該積極以增加更多的貨幣基數因應。這兩項政策中的一項均可以阻止貨幣供給的大幅下滑，因而可以減少經濟大蕭條的災難程度。

自 1930 年代以來，許多政策的實施讓貨幣供給大幅且突然下跌的可能性降低。更重要的是，聯邦存款保險制度在銀行倒閉時可保護存款者。這種政策是用來維繫民眾對銀行體系的信心，因此，可避免通貨存款比率的大幅波動，存款保險也有成本：在 1980 年代末期和 1990 年代初期，聯邦政府花費大筆金錢來拯救許多破產的儲蓄貸款機構。而存款保險協助穩定經濟體系和貨幣供給，這也是為什麼在 2008 年到 2009 年金融危機期間，聯邦存款保險公司 (Federal Deposit Insurance Corporation) 將每位存款者的保證金額從 $100,000 提高至 $250,000 的原因。

4-4 結論

現在你應該瞭解何謂貨幣，以及中央銀行如何影響貨幣供給。這項成就是有價值的，但只是瞭解貨幣政策的第一步。下一個和更有趣的步驟是檢視貨幣供給如何影響經濟體系，我們將在下一章開始研究該問題。當我們檢視貨幣政策的效果時，便朝著正確認識中央銀行如何能夠改善經濟體系功能的方向前進，而同樣重要的是，朝著認識它們無法達成的方向前進，但要事前提醒的是：你必須等到讀完本書才能一窺堂奧。

快速測驗

1. 下列何者非貨幣供給的項目？
   a. 口袋裡的硬幣
   b. 皮夾裡的紙鈔
   c. 退休帳戶餘額
   d. 支票存款帳戶的金額

2. 在部份準備銀行體系，銀行借款增加導致下列何者增加？
   a. 貨幣基數
   b. 貨幣供給
   c. 超額準備金額
   d. 經濟體系淨值

3. 若一中央銀行想要增加貨幣供給，可以 _____ 公開市場的公債數量，或 _____ 法定準備。
   a. 買進，提高
   b. 買進，降低
   c. 賣出，提高
   d. 賣出，降低

4. 當聯邦準備降低其支付準備的利率時，將使貨幣乘數 _____，且 _____ 貨幣供給。
   a. 上升，增加
   b. 上升，減少
   c. 下跌，增加
   d. 下跌，減少

5. 因為槓桿，銀行資產減少 5%，使得銀行 _____ 價位下跌 _____ 5%。
   a. 資本，超過
   b. 資本，少於
   c. 存款，超過
   d. 存款，少於

第 4 章　貨幣體系：它是什麼與它如何運作　95

6. 假設交易技術的改變，降低人們相對活期存款想要持有的通貨數量。倘若 Fed 並未做出任何改變，貨幣供給會 _____，但如果 Fed 藉由在公開市場 _____ 債券，可維持貨幣供給數量不變。
   a. 增加，買進　　b. 增加，賣出
   c. 減少，買進　　d. 減少，賣出

摘要

1. 貨幣是用來交易的資產存量，可作為價值的儲存、計價的單位及交易的媒介。不同資產可被當成貨幣：商品貨幣體系使用具實質價值的資產，而強制貨幣使用唯一功能為交易媒介的資產。在現代經濟中，如聯邦準備的中央銀行負責控制貨幣供給。

2. 由於每一塊錢可產生更多的活期存款，部份準備銀行體系創造貨幣。

3. 想要經營銀行，股東必須投入自己的金融資源，這成為銀行的資本。然而，因為銀行利用槓桿，銀行資產價值的變動會對銀行資本價值造成更大衝擊。銀行管制者要求銀行必須持有足夠資本，來確保存款者無虞。

4. 貨幣供給取決於貨幣基數、存款準備率及通貨存款比率。貨幣基數增加會使貨幣供給等比例增加；存款準備率或通貨存款比率下跌，會提高貨幣乘數和貨幣供給。

5. 聯邦準備藉由改變貨幣基數或改變準備率和貨幣乘數來影響貨幣供給。它可透過公開市場操作或貸款給銀行來改變貨幣基數，並可藉由改變法定準備或改變支付給銀行準備的利率來改變法定準備率。

關鍵詞

貨幣　money
價值的儲存　store of value
計價的單位　unit of account
交易的媒介　medium of exchange
強制貨幣　fiat money
商品貨幣　commodity money
金本位　gold standard
貨幣供給　money supply
貨幣政策　monetary policy
中央銀行　central bank
聯邦準備　Federal Reserve
公開市場操作　open-market operations
通貨　currency
活期存款　demand deposits
準備　reserves

百分之百準備銀行　100-percent-reserve banking
資產負債表　balance sheet
部份準備銀行　fractional-reserve banking
金融中介　financial intermediation
銀行資本　bank capital
槓桿　leverage
資本適足　capital requirement
貨幣基數　monetary base
存款準備率　reserve-deposit ratio
通貨存款比率　currency-deposit ratio
貨幣乘數　money multiplier
貼現率　discount rate
法定準備　reserve requirements
超額準備　excess reserves
準備利息　interest on reserves

● 複習題

1. 請描述貨幣的功能。
2. 何謂強制貨幣？何謂商品貨幣？
3. 何謂公開市場操作，以及它們如何影響貨幣供給？
4. 請解釋銀行如何創造貨幣。
5. 聯邦準備影響貨幣供給的方法為何？
6. 為什麼銀行危機可能會導致貨幣供給下跌？

● 問題與應用

1. 貨幣的三個功能為何？下列各項滿足哪一個功能？哪一個不滿足？
   a. 信用卡。
   b. 林布蘭特 (Rembrandt) 的繪畫。
   c. 星巴克 (Starbucks) 禮物卡。
2. 請解釋下列事件如何影響貨幣基數、貨幣乘數及貨幣供給。
   a. 聯邦準備在公開市場操作中買進債券。
   b. 聯邦準備提高支付給銀行準備的利率。
   c. 聯邦準備透過定期拍賣工具減少給銀行的貸款。
   d. 有關電腦病毒入侵自動櫃員機的謠言，使得人們持有更多的貨幣，而非活期存款。
   e. 聯邦準備雇用直升機在紐約市第五大道上空灑下 $100 的新鈔。
3. 一經濟體系有 1,000 張 $1 的貨幣基數，請計算 (a) 小題到 (d) 小題的貨幣供給，然後回答 (e) 小題。
   a. 所有貨幣以通貨形式持有。
   b. 所有貨幣以活期存款形式持有。銀行持有存款的 100% 作為準備。
   c. 所有貨幣以活期存款形式持有。銀行持有存款的 20% 作為準備。
   d. 民眾持有等量的通貨和活期存款，銀行持有存款的 20% 作為準備。
   e. 中央銀行決定增加貨幣供給 10%，在上述四個小題中，貨幣基數應該增加多少？
4. 在威克蘭國只有一家銀行──威奇銀行。民眾持有 $1,000 的通貨和 $4,000 的活期存款，而存款準備率是 0.25。
   a. 請問貨幣供給、貨幣基數及貨幣乘數是多少？
   b. 假設威奇銀行是一家簡單的銀行，收受存款，承做貸款，並沒有資本，請寫出威奇銀行的資產負債表。銀行在外貸款金額是多少？
   c. 威克蘭中央銀行想要增加貨幣供給 10%，公開市場操作是應買進或賣出政府公債？假設貨幣乘數不變，請計算中央銀行需要交易的金額。
5. 在潘妮西亞的經濟社會中，貨幣基數是 $1,000，其中三分之一是以通貨形式持有 (因此三分之二是銀行存款)。銀行持有存款的三分之一作為準備。
   a. 請問存款準備率、通貨存款比率、貨幣乘數和貨幣供給是多少？
   b. 某天，因為擔心銀行體系經營出問題，民眾持有一半的貨幣為通貨。若中央銀行什麼都不做，新的貨幣供給是多少？

c. 倘若在面對危機時，中央銀行想要公開市場操作來維持貨幣供給至原來水準，應買進或賣出政府公債？請計算中央銀行需要交易的金額。
6. 如本章的「個案研究」所提，因為從 1929 年到 1933 年存款準備率和通貨存款比率都上升，貨幣供給下跌。利用貨幣供給模型和表 4-2 的資料，來回答有關此事件的下列問題。
　　a. 若通貨存款比率上升，而存款準備率維持不變，貨幣供給有何變動？
　　b. 若存款準備率上升，而通貨存款比率固定不變，貨幣供給有何變動？
　　c. 這兩種變動，哪一個比較會造成貨幣供給下跌？
7. 為了要增加稅收，美國政府在 1932 年徵收每寫一張支票需繳 $0.02 的稅。(以今日幣值而言，大約是每張支票 $0.4 的稅。)
　　a. 你認為支票稅如何影響通貨存款比率？請解釋。
　　b. 利用部份準備銀行體系的貨幣供給模式，來討論此稅負如何影響貨幣供給。
　　c. 許多經濟學家認為貨幣供給下跌是造成 1930 年代經濟大蕭條的部份原因，從此觀點，支票稅在經濟大蕭條期間實施，是否為一良好政策？
8. 請舉一個槓桿比率 20% 銀行資產負債表的例子。若銀行資產價值上升 2%，銀行業主權益的變動是多少？若想要讓銀行資本為零，銀行資產必須減少多少？
9. 吉米‧保羅‧米勒開了一家名為 JPM 的銀行。身為股東的米勒存入 $2000，JPM 銀行向米勒的舅舅長期貸款 $4,000，收受鄰居 $14,000 的活期存款，購買 $7,000 的美國政府公債，承做 $10,000 的貸款給當地企業投資之用，而將其他資產作為準備，存放在聯邦準備。
　　a. 請寫出 JPM 銀行的資產負債表，JPM 的槓桿比率是多少？
　　b. 經濟不景氣造成 5% 的當地企業破產而無力償還貸款，請寫出新的 JPM 銀行資產負債表。請問 JPM 資產價值下跌多少個百分比？JPM 銀行資本下跌多少個百分比？

快速測驗答案

1. c　　　　2. b　　　　3. b　　　　4. a　　　　5. a　　　　6. b

CHAPTER 5

通貨膨脹：其原因、影響與社會成本

> 據稱弗拉迪米爾·列寧 (Vladimir Lenin) 曾說過摧毀資本主義體系的最佳方法是使貨幣貶值……。列寧確實是對的。沒有一種比破壞貨幣更細緻、更確定的方法來推翻社會的現有基礎。這過程使用所有經濟定律隱藏破壞力量，而幾乎沒有一個人能夠診斷。
>
> —— 約翰·梅納德·凱因斯

從 1970 年到 2020 年，一份《紐約時報》(*New York Times*) 從 $0.15 上升至 $3、一打蛋價從 $0.60 上升至 $1.60，在美國一中價位獨棟住宅售價從 $23,500 上漲至 $327,100，製造業平均薪資每小時從 $3.40 上升至 $24。這種整體物價的上漲稱為 通貨膨脹 (inflation)，即為本章的主題。

通貨膨脹率即整體物價水準變動百分比，會隨時間經過而在不同國家之間上下波動。在美國，依據消費者物價指數來計算，1960 年代的物價每年以 2.3% 的幅度上漲；在 1970 年代，每年以 7.1% 幅度上漲；在 1980 年代，每年以 5.6% 的幅度上漲；到了 1990 年代，每年以 3.0% 幅度上漲。而從 2000 年到 2019 年，則為 2.1%，即使在 1970 年代期間，美國通貨膨脹問題變得相當嚴重時，與其他國家時常經歷異常高的通貨膨脹，稱 惡性通貨膨脹 (hyperinflation) 相比，美國通貨膨脹問題實在不算什麼。一個典型的例子是 1923 年的德國，當時物價是以每個月平均 500% 的速度上漲。近幾年，在 2008 年，類似惡性通貨膨脹例子緊咬著 2008 年的辛巴威、2017 年的委內瑞拉，然後在 2020 年又再度出現在辛巴威。

本章將檢視古典理論有關通貨膨脹的原因、影響與社會成本，這個理論稱為「古典」係因假設物價可自由調整。如同曾在第 1 章中討論的，大多數經濟學家認為這個假設係描述經濟體系的長期行為；相反地，許多價格在短期視為僵固。從第 11 章開始，我們會將這個事實納入分析當中。但是，目前將忽略短期價格僵固性的事實。如同我們即將見到的，古典通貨膨脹理論不僅提供長期現象的清楚描述，並提供我們稍後發展短期分析的有用基礎。

導致通貨膨脹的「經濟定律的隱藏力量」，並不像約翰·梅納德·凱因斯 (John Maynard Keynes) 在本章開頭引言所宣稱的如此神秘。通貨膨脹只是一般物價水準的上升,而價格是貨幣用來交換商品與服務的比率。所以,要瞭解通貨膨脹,我們必須認識貨幣 —— 它是什麼、什麼因素會影響貨幣供給與需求,以及其對經濟體系的影響是什麼。在前一章藉探討經濟學家對「貨幣」的概念,和在大多數的現代經濟中,政府如何控制大眾手中的貨幣數量來分析通貨膨脹。第 5-1 節開始說明貨幣數量決定物價水準,以及貨幣數量成長率決定通貨膨脹率的高低。

通貨膨脹本身對經濟社會有許多影響。第 5-2 節探討政府藉由印製貨幣,有時稱為通貨膨脹稅 (inflation tax) 來增加收入;第 5-3 節檢視通貨膨脹如何影響名目利率;第 5-4 節討論名目利率如何影響民眾希望持有的貨幣數量,以及如何影響物價水準。

在分析完通貨膨脹的原因與影響後,第 5-5 節將探討可能是通貨膨脹最重要的問題:它是主要的社會問題嗎?亦即,是否正如本章的引言,通貨膨脹足以「推翻社會的現有基礎」?

最後,在第 5-6 節探討惡性通貨膨脹的極端範例。惡性通貨膨脹是值得檢視的,因為它們清楚地說明通貨膨脹的原因、影響和成本。正如同地震學家藉由研究地震來學習許多事物,經濟學家也藉由研究惡性通貨膨脹的開始與結束來學習貨幣與物價。

5-1 貨幣數量學說

在第 4 章中,我們定義何謂貨幣,並學習經濟體系的貨幣數量稱為貨幣供給。我們也看到貨幣供給是由銀行體系與中央銀行的決策共同決定,在這個基礎上,開始檢視貨幣政策的總體經濟效果。想要達到這個目的,我們必須瞭解貨幣數量如何與其他變數,如物價與所得的關聯。現在即將發展的理論稱為**貨幣數量學說** (quantity theory of money),源自早期的貨幣理論學者的論述,包括哲學家與經濟學家大衛・休姆 (David Hume, 1711~1776)。它依然是最主要解釋貨幣如何在長期影響經濟體系的理論。

交易與數量方程式

如果你聽到經濟學家使用供給這個詞彙,你可以確定的是需求已經不遠。的確,在完全瞭解貨幣供給後,我們現在來談貨幣需求。

貨幣數量學說的起點是洞悉民眾以手中握有的貨幣購買商品與服務。這種交易需要的貨幣愈多,其所持有的貨幣數量也愈多。因此,經濟體系中的貨幣數量與交易所需的金額有關。

交易與貨幣之間的關係是以下列方程式表示,此式稱為**數量方程式** (quantity equation):

第 5 章　通貨膨脹：其原因、影響與社會成本

$$\text{貨幣} \times \text{流通速度} = \text{價格} \times \text{交易}$$
$$M \times V = P \times T$$

讓我們檢視方程式中的各個變數。

數量方程式的右邊說明有關交易的資訊。T 代表在一段時間內，如一年，交易的總次數。換言之，T 是一年內商品與服務交換貨幣的次數。P 為一典型交易的價格 —— 貨幣交換的數目。交易價格與交易次數的乘積 PT，等於一年內貨幣交換的數量。

數量方程式的左邊說明有關用來進行交易的貨幣相關資訊。M 是貨幣數量，V 是貨幣的交易流通速度 (transactions velocity of money)，其為衡量貨幣在經濟體系中流通的速率。換言之，流通速度說明每一塊錢在一固定期間內轉手的次數。

例如，假設在某年賣出 50 條麵包，每條麵包價格是 $2，則 T 等於每年 50 條，P 等於每條 $2。貨幣交易總次數是：

$$PT = \$2 / 條 \times 50 \text{ 條} / 年 = \$100 / 年$$

數量方程式的右邊等於每年 $100，為所有交易的金錢價值。

再假設經濟體系的貨幣數量是 $20，重新整理數量方程式，我們可計算出流通速度為：

$$\begin{aligned}V &= PT / M \\ &= (\$100 / 年) / (\$20) \\ &= \text{每年 } 5 \text{ 次}\end{aligned}$$

亦即，每年 $100 的交易以 $20 的貨幣進行，每一塊錢在一年內必須轉手 5 次。

數量方程式為一恆等式：四個變數的定義，讓方程式一定相等。這個方程式相當有用，因為它指出：若其中一個變數發生變動，一個或多個其他變數必須跟隨變動，以使恆等式成立。例如，若貨幣數量增加且貨幣流通速度固定不變，則價格或交易次數必須上升。

從交易到所得

研究貨幣在經濟社會所扮演的角色時，經濟學家經常使用一個與上一節略有不同的數量方程式版本。第一個方程式的問題是交易次數很難衡量。我們以經濟總產出 Y 代替交易次數 T 來解決這個問題。

交易與產出相關，因為經濟社會生產愈多，可以買賣的商品與服務就愈多。然而，它們並不相同。例如，當一個人將二手車賣給另一個人，他們使用貨幣進行一次交易，即使這部二手車並非當前產出的一部份。儘管如此，交易的金錢價

值大約與產出的金錢價值成比例。

若 Y 代表產出數量和 P 表示單位產出的價格,則產出的金錢價值為 PY。當我們在第 2 章討論國民所得會計帳時,曾經遭遇這些變數的衡量方式:Y 是實質國內生產毛額,P 為 GDP 平減物價指數,PY 是名目國內生產毛額。數量方程式變成:

$$\text{貨幣} \times \text{流通速度} = \text{價格} \times \text{產出}$$
$$M \times V = P \times Y$$

因為 Y 亦為總所得,V 在這個版本的數量方程式稱為**貨幣的所得流通速度** (income velocity of money)。貨幣的所得流通速度告訴我們:在一固定期間內,每一塊錢進入某人所得的次數。這個版本的數量方程式是最常見的。我們從現在開始,都使用這個方程式來討論。

貨幣需求函數與數量方程式

當我們分析貨幣如何影響經濟時,將貨幣數量表示成貨幣能夠購買的商品與服務數量,是相當有用的表示方式。這個數量 M/P 稱為**實質貨幣餘額** (real money balances)。

實質貨幣餘額衡量貨幣存量的購買能力。例如,考慮一經濟體系只生產麵包一種商品。若貨幣數量是 \$20,一條麵包價格是 \$2,則實質貨幣餘額是 10 條麵包;亦即,在現行價格下,經濟體系中的貨幣存量能夠買 10 條麵包。

貨幣需求函數 (money demand function) 是說明什麼因素決定民眾希望持有實質貨幣餘額數量方程式。一個簡單貨幣需求方程式為:

$$(M/P)^d = kY$$

其中 k 為常數,告訴我們就每一塊錢所得,民眾想要持有的貨幣數量。此一方程式說明實質貨幣餘額需求數量與實質所得成固定比例。

貨幣需求函數與某一特定商品的需求函數類似,除了這個「商品」是指持有實質貨幣餘額的方便。就像是一個人擁有一部汽車旅行會更方便一樣,持有貨幣讓交易更方便進行。因此,如同較高所得導致汽車需求提高,所得愈高也會導致實質貨幣餘額的需求愈高。

這個貨幣需求函數提供我們另外一種方式來觀察數量方程式。要瞭解這個說法,讓我們加上一個條件,實質貨幣餘額需求 $(M/P)^d$ 必須等於實質貨幣餘額供給 M/P。因此,

$$M/P = kY$$

重新整理，可將方程式改成：

$$M(1/k) = PY$$

這可以寫成：

$$MV = PY$$

其中 $V = 1/k$。這個簡單的數學指出，貨幣需求與貨幣流通速度之間的關係。就每一塊錢所得來說，當民眾想要持有很多貨幣(亦即，k 很大)在手上時，貨幣轉手次數較不頻繁(V 很小)；反之，當民眾只想持有一點貨幣在手上(k 很小)時，貨幣轉手就會相當頻繁(V 很大)。換言之，貨幣需求參數 k 與貨幣流通速度 V，恰好是硬幣的兩面。

流通速度固定的假設

數量方程式可以視為一個定義式：流通速度 V 定義成名目國內生產毛額 PY 對貨幣數量 M 的比率。但若我們額外假設貨幣流通速度是固定的，則數量方程式會成為一個相當有用的貨幣影響理論，這個理論稱為<u>貨幣數量學說</u> (quantity theory of money)。

如同經濟學中的許多其他假設，固定流通速度的假設只是現實的一個近似。例如，當自動櫃員機出現後，民眾可以降低平均貨幣持有數量，這意味著貨幣需求參數 k 下跌，流通速度 V 上升。儘管如此，經驗指出固定流通速度的假設是有用的。因此，讓我們假設流通速度固定，並觀察這個假設對經濟社會中貨幣供給的影響隱含何種資訊。

因為包含這個假設，數量方程式可以視為決定名目國內生產毛額的理論。數量方程式為：

$$M\bar{V} = PY$$

其中 V 上面的橫線表示流通速度是固定的。所以，貨幣數量(M)變動，必定引起名目國內生產毛額(PY)等比例變動；亦即，若 V 為固定，貨幣數量決定經濟產出的金錢價值。

貨幣、物價及通貨膨脹

我們現在有理論可以解釋，究竟是什麼因素決定經濟體系的整體物價水準。這個理論有三項基石：

1. 生產因素與生產函數決定產出水準 Y。這是從第 3 章得到的結論。
2. 貨幣供給 M 決定產出的名目價值 PY。這個結論得自數量方程式及貨幣流通速度固定的假設。
3. 物價水準 P 則為產出名目價值 PY 對產出水準 Y 的比率。

換言之，經濟體系的生產容量決定實質國內生產毛額、貨幣數量決定名目國內生產毛額，以及 GDP 平減物價指數是名目 GDP 對實質 GDP 的比率。

這個理論解釋，當聯邦準備改變貨幣供給時，經濟社會的衝擊為何。因為流通速度 V 固定，任何貨幣供給 M 的變動導致名目國內生產毛額 PY 等比例變動。因為實質國內生產毛額已經由生產因素與生產函數決定，名目國內生產毛額的變動必定代表物價水準 P 的變動。因此，數量學說隱含物價水準與貨幣供給等比例變動。

因為通貨膨脹率是物價水準變動的百分比，此一物價水準的理論也是通貨膨脹率的理論。數量方程式，以變動百分比形式表示為：

$$\%\Delta M + \%\Delta V = \%\Delta P + \%\Delta Y$$

我們依序考慮上述的四項變數。第一，貨幣數量變動百分比 $\%\Delta M$ 是由中央銀行控制；第二，流通速度變動百分比 $\%\Delta V$ 反映貨幣需求的移動；我們假設流通速度固定，故流通速度變動百分比也是零；第三，物價水準變動百分比 $\%\Delta P$ 為通貨膨脹率；這是方程式中我們想要解釋的變數；第四，產出變動百分比 $\%\Delta Y$ 受生產因素與技術進步成長的影響。以我們現在的目的而言，這項變數也是固定的。這個分析告訴我們(除常數取決於產出外生成長外)，貨幣供給成長決定通貨膨脹率。

因此，貨幣數量學說指出，控制貨幣供給的中央銀行具有最終控制通貨膨脹率的能力。若中央銀行維持穩定的貨幣供給，物價水準將會穩定。若中央銀行快速地增加貨幣供給，物價水準也會迅速地上升。

> 個案研究

通貨膨脹與貨幣成長

「通貨膨脹無時不在，是一貨幣現象。」這是 1976 年諾貝爾經濟學獎得主傅利德曼的名言。貨幣數量學說讓我們相信貨幣數量的成長是通貨膨脹率主要的決定因素。但傅利德曼的說法是實證，而非理論。要評估這個說法，並判斷我們理論的有用性，需要觀察貨幣與物價的資料。

傅利德曼與同是經濟學家的同事安娜‧史瓦茲 (Anna Schwartz)，合寫兩篇貨幣歷史

第 5 章 通貨膨脹：其原因、影響與社會成本

的論文，以資料說明前一個世紀，貨幣數量變動的原因和影響。[1] 圖 5-1 利用他們的一些資料及最近的資料，繪出自 1870 年代後，美國每十年的平均貨幣成長率和平均通貨膨脹率。這些資料證實通貨膨脹與貨幣數量成長的關係，高貨幣成長的年代 (如 1970 年代) 通常會有較高的通貨膨脹，而低貨幣成長的年代 (如 1930 年代) 會有較低的通貨膨脹。

如同你在統計學課程所學，變數間關係的衡量指標稱為相關係數。若兩變數走勢完全一致，相關係數為 +1；完全不相關，相關係數為 0；若走勢恰好相同，相關係數為 −1。在圖 5-1 中，相關係數是 0.79 代表兩變數間緊密相關。

圖 5-2 以國際資料檢視相同的問題，顯示從 2007 年到 2019 年 115 個國家的平均通貨膨脹率與平均貨幣成長率。具有高貨幣成長的國家 (如馬拉威和蘇丹)，貨幣成長與通貨膨脹間的連結同樣相當明顯，通常會有較高的通貨膨脹；而低貨幣成長的國家 (如日本和美國)，有較低的通貨膨脹。相關係數是 0.74。

如果我們觀察貨幣成長與通貨膨脹的月資料，而非十年期的資料，就看不到這兩個變數之間的緊密關係。通貨膨脹理論適合解釋長期而非短期現象。讓我們在本書第四篇的經

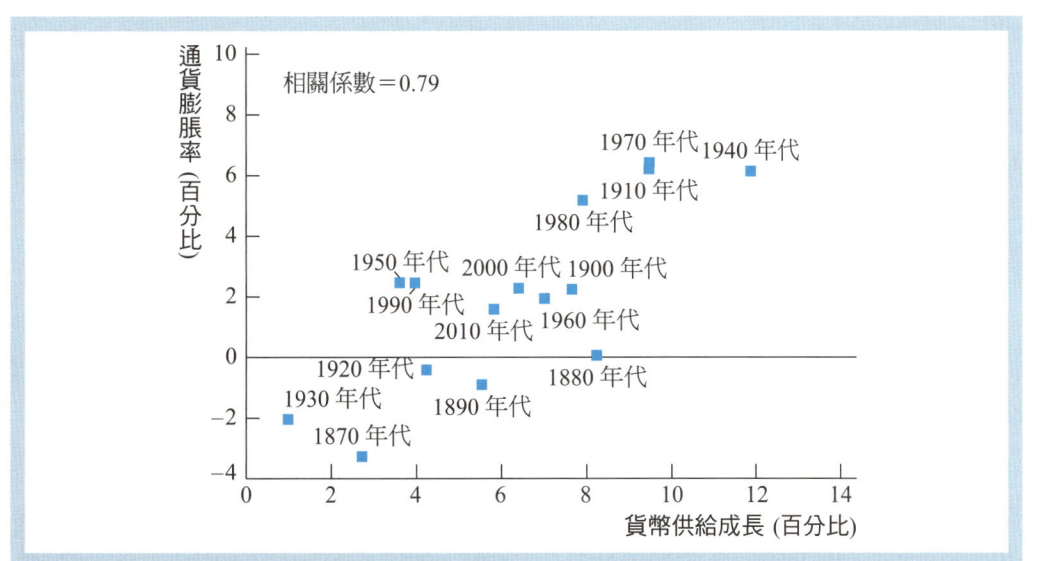

圖 5-1 美國通貨膨脹與貨幣成長的歷史資料 在這個貨幣成長與通貨膨脹的散佈圖中，每一點代表十年。橫軸是每十年的貨幣供給平均成長率 (以 M2 衡量)，而縱軸是平均通貨膨脹率 (以 GDP 平減物價指數衡量)。貨幣供給與通貨膨脹的正相關，是數量學說預測高貨幣成長導致高通貨膨脹的證據。
資料來源：到 1960 年代以前的資料：Milton Friedman and Anna J. Schwartz, *Monetary Trends in the United States and the United Kingdom: Their Relation to Income, Prices, and Interest Rates 1867-1975* (Chicago: University of Chicago Press, 1982)。至於近期資料來自：美國商務部與聯邦準備理事會。

---

[1] Milton Friedman and Anna J. Schwartz, *A Monetary History of the United States, 1867-1960* (Princeton, NJ: Princeton University Press, 1963); Milton Friedman and Anna J. Schwartz, *Monetary Trends in the United States and the United Kingdom: Their Relation to Income, Prices, and Interest Rates, 1867-1975* (Chicago: University of Chicago Press, 1982).

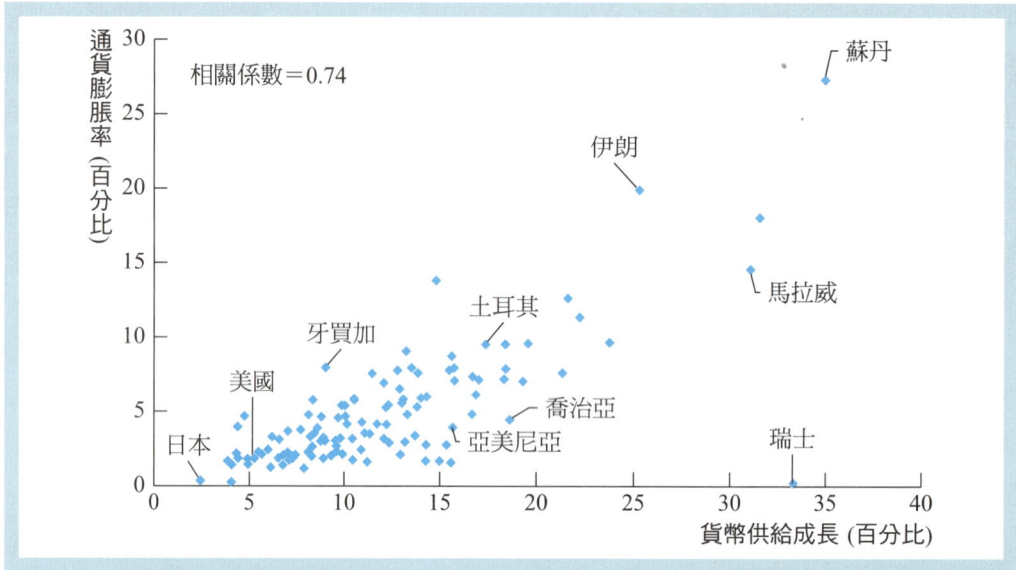

圖 5-2 **通貨膨脹與貨幣的國際資料** 在這個散佈圖裡，每一個點代表一個國家。橫軸係指 2007 年到 2019 年貨幣供給 (以廣義貨幣總計數來衡量) 的平均成長率，縱軸為平均通貨膨脹率 (以消費者物價指數衡量)。再一次，正相關是數量學說預測高貨幣成長導致高通貨膨脹的證據。

資料來源：國際貨幣基金 (International Monetary Fund)。

濟波動部份，再來檢視貨幣數量變動的短期衝擊。

5-2 鑄幣稅：創造貨幣的收入

截至目前為止，我們已經看到貨幣供給成長如何引發通貨膨脹。若通貨膨脹為其結果，究竟是什麼原因促使政府增加貨幣供給？在此，我們要探討以求得一個答案。

讓我們從一個不爭的事實出發：所有政府都會花錢。有些支出是購買商品與服務 (如開闢道路與維持警力)，而有些是提供移轉性支付 (如給窮人與老年人福利金)。政府融通支出的方法有三：第一，它可以課稅增加收入，如個人與公司所得稅；第二，它可以發行公債向大眾貸款；第三，它可以印製貨幣。

透過創造鈔票來增加收入稱為**鑄幣稅** (seigniorage)。這個名詞源自法文 *seigneur*，為「封建領主」 (feudal lord) 之意。在中世紀，領主享有其領地內鑄幣的唯一權利。今天這個創造貨幣權利屬於中央政府，且為其收入的一個來源。經濟學家通常將創造貨幣的過程描述成「印製貨幣」，然而因為現在大多數的貨幣多以銀行存款的電子形態而非通貨形態呈現，印製並非一定需要。

當政府印鈔票來融通支出時，會提高貨幣供給。貨幣供給的增加，進而引發通貨膨脹。印製鈔票以增加收入，如同是課徵通貨膨脹稅。

起初，通貨膨脹似乎並不像一個稅。畢竟，沒有一個人收到稅單；政府只是印製其需要的貨幣。究竟負擔通貨膨脹稅者為誰？答案是持有貨幣者。當物價上漲時，你皮包裡貨幣的實質價值會下跌。當政府因為支出需要而印新鈔票時，使大眾手中的舊貨幣價值下跌。本質上，通貨膨脹就像對持有的貨幣課稅。

創造貨幣以增加收入，在每個國家不盡相同。在美國，這個金額很小：鑄幣稅占政府收入的比例經常是少於 3%；在義大利和希臘，鑄幣稅通常超過政府收入的 10%。[2] 通常，在一些經歷惡性通貨膨脹的國家，鑄幣稅是政府收入的主要來源——的確，需要以印製鈔票來融通政府支出，是惡性通貨膨脹的元凶。

個案研究

為美國獨立戰爭支出籌措經費

雖然在美國歷史裡，鑄幣稅一直都不是政府收入的主要來源，但在兩個半世紀前，情況卻非常不同。在 1775 年開始，大陸會議 (Continental Congress) 需要找出為獨立戰爭籌措經費的方法，但透過稅收增加收入的能力相當有限。因此，必須依賴印製強制貨幣來協助支付戰爭的花費。

隨著時間過去，大陸會議依賴鑄幣稅的程度日益加深。在 1775 年，新發行的大陸通貨約 $600 萬。在 1776 年，這個金額增加到 $1,900 萬；在 1777 年是 $1,300 萬；1778 年是 $6,300 萬，而到了 1779 年高達 $1 億 2,500 萬。

貨幣供給的迅速成長導致非常嚴重的通貨膨脹，一點也不令人意外。在獨立戰爭結束後，以大陸貨幣計價的黃金價格比幾年前的水準超過一百倍。這個經驗也誕生一句俚語：人們經常說某樣東西是「不值一張大陸紙鈔」，意味著這件物品沒有什麼實際價值。

當新成立國家贏得獨立戰爭時，自然會對強制貨幣產生懷疑。直至第一任財政部長亞歷山大·漢彌爾頓 (Alexander Hamilton) 的建議，國會通過 1792 年鑄幣法案 (Mint Act of 1792)，建立以黃金和白銀作為商品貨幣的新基礎。 ■

5-3 通貨膨脹與利率

如同曾在第 3 章中討論的，利率是最重要的總體經濟變數之一，它的本質是聯繫現在與未來價格間的橋樑。在此，我們探討通貨膨脹與利率的關係。

兩種利率：名目與實質

假設你將儲蓄存入銀行帳戶，年利率是 8%。明年，你將本金和利息一起提出，你是不是比一年前存款時較富有 8%？

答案是取決於對「較富有」的定義。肯定地，你比以前多 8% 的金錢。但若

---

[2] Stanley Fischer, "Seigniorage and the Case for a National Money", *Journal of Political Economy* 90 (April 1982): 295-313.

物價上漲，每一塊錢能買到的東西比以前少，且你的購買力並沒有上升 8%。若通貨膨脹率在一年內為 5%，則你能夠購買的商品數量只增加 3%；而若通貨膨脹率是 10%，則你的購買力實際下跌 2%。

經濟學家稱銀行給付的利率是**名目利率** (nominal interest rate)，而你增加的購買力是**實質利率** (real interest rate)。若 i 為名目利率，r 為實質利率，π 是通貨膨脹率，則三個變數間的關係可寫成：

$$r = i - \pi$$

實質利率即名目利率與通貨膨脹率之差。[3]

費雪效果

重新整理實質利率的方程式，我們能夠證明名目利率是實質利率和通貨膨脹率的加總：

$$i = r + \pi$$

使用這種方式表示的方程式稱為**費雪方程式** (Fisher equation)，以經濟學家爾文‧費雪 (Irving Fisher, 1867~1947) 命名。它指出名目利率的變動有兩個原因：因為實質利率變動，或因為通貨膨脹率變動。

一旦我們將名目利率分成兩個部份，即可以利用這個方程式發展解釋名目利率的方程式。第 3 章曾經指出，實質利率調整到使儲蓄等於投資。貨幣數量學說指出，貨幣成長率決定通貨膨脹率。費雪方程式告訴我們，實質利率與通貨膨脹率的加總決定名目利率。

數量學說與費雪方程式同時說明貨幣成長如何影響名目利率。根據數量學說，貨幣成長率上升 1 個百分點，引起通貨膨脹率上升 1 個百分點。根據費雪方程式，通貨膨脹率上升 1 個百分點，導致名目利率上升 1 個百分點。通貨膨脹率與名目利率之間的一對一關係，稱為**費雪效果** (Fisher effect)。

個案研究

通貨膨脹與名目利率

費雪效果在解釋利率走勢上的用處如何？我們觀察通貨膨脹與名目利率這兩項資料來回答這個問題。

圖 5-3 顯示從 1954 年到 2019 年美國名目利率與通貨膨脹率隨著時間經過的變動情形。你可以看到，費雪效果相當能夠解釋這段期間名目利率的波動。當通貨膨脹高時，名

---

[3] 數學註解：這個連結實質利率、名目利率和通貨膨脹率的方程式只是一個近似式。正確的公式為 $(1+r)=(1+i)/(1+\pi)$。只要 r、i 和 π 相對較小 (如少於每年 20%)，這個近似會非常接近正確公式得到的數值。

目利率通常較高；而當通貨膨脹較低時，名目利率也比較低。通貨膨脹率與名目利率間的相關係數是 0.77。

檢視不同國家的變動也得到類似支持費雪效果的證據。如圖 5-4 所示，一國的通貨膨脹率與名目利率是有關的。具有高通貨膨脹的國家，通常會有較高的名目利率，而低通貨

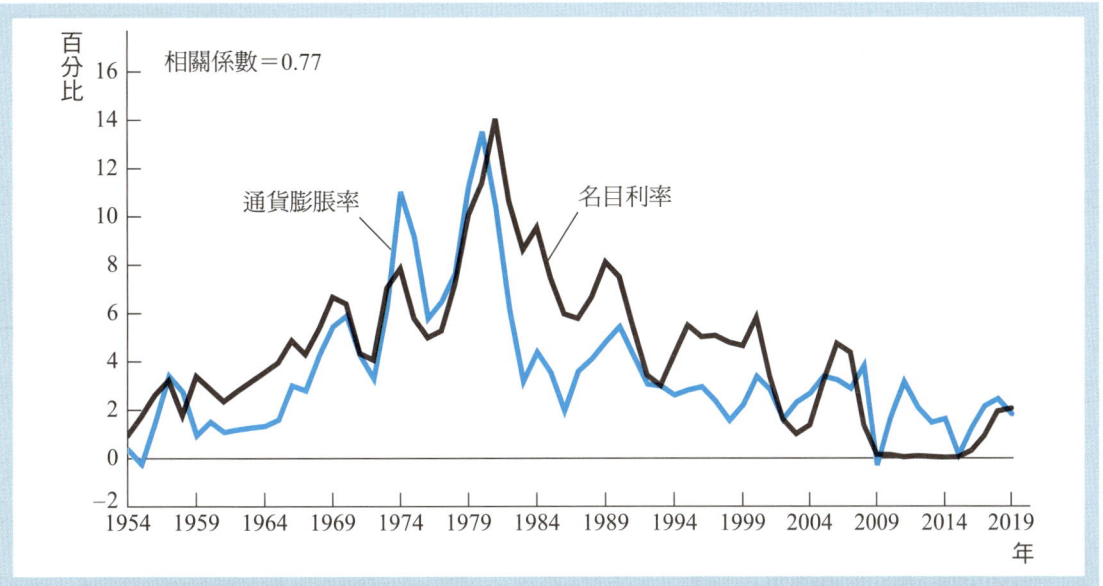

圖 5-3　隨著時間經過的通貨膨脹與名目利率　此圖形繪出美國自 1954 年以來的名目利率 (三個月期的國庫券利率) 與通貨膨脹率 (以消費者物價指數計算)。它顯示費雪效果：高通貨膨脹導致高名目利率。
資料來源：聯邦準備。

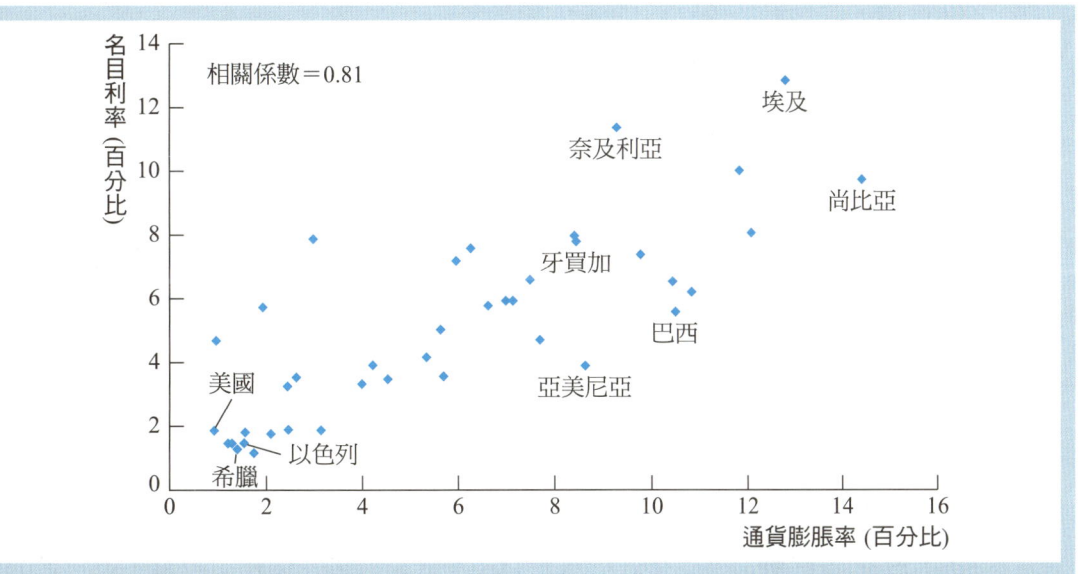

圖 5-4　不同國家的通貨膨脹與名目利率　這個散佈圖顯示 2007 年到 2019 年 40 個國家，短期國庫券的平均名目利率及平均通貨膨脹率。通貨膨脹率與名目利率的正相關，是費雪效果存在的證據。
資料來源：國際貨幣基金。

膨脹的國家則會有較低的名目利率。這兩個變數間的相關係數是 0.81。

華爾街的投資公司都相當瞭解通貨膨脹與利率的關係。因為債券價格與利率走勢相反，一個人可以因為預測利率走勢正確而致富。許多華爾街公司雇用聯邦準備觀察者 (Fed watchers) 來追蹤貨幣政策與通貨膨脹的消息，以便預測利率的變動。

兩種實質利率：事前與事後

當貸款者與放款者約定名目利率時，並不清楚貸款期間通貨膨脹率的大小。因此，我們有必要區分兩種實質利率的概念；當貸款協議完成時，貸款者與借款者預期的實質利率，稱為事前實質利率 (ex ante real interest rate)；後來真正實現的實質利率，稱為事後實質利率 (ex post real interest rate)。

儘管貸款者與放款者無法確實地預測未來的通貨膨脹，但是他們對未來通貨膨脹率的大小會有所預期。令 π 表真實未來通貨膨脹和 $E\pi$ 表預期未來通貨膨脹。事前實質利率是 $i-E\pi$，而事後實質利率為 $i-\pi$。當真實通貨膨脹 π 與預期通貨膨脹 $E\pi$ 不同時，兩種實質利率也不同。

這種真實與預期通貨膨脹的區別如何能修正費雪效果？很明顯地，名目利率不能隨真實通貨膨脹做調整，因為當名目利率決定時，通貨膨脹仍是未知，名目利率僅能隨預期通貨膨脹做調整。費雪效果更正確的寫法是：

$$i=r+E\pi$$

事前實質利率是由第 3 章描述的商品與服務市場均衡所決定。名目利率會隨預期通貨膨脹 $E\pi$ 的變動，進行一對一的變動。

如果名目利率應該與預期通貨膨脹一對一調整，為什麼我們在圖 5-3 和圖 5-4 觀察到名目利率與真實通貨膨脹強烈相關？理由是真實通貨膨脹經常是持續的，因此，高真實通貨膨脹與高預期通貨膨脹一起發展。但這不一定都是如此，在 19 世紀末和 20 世紀初，通貨膨脹斷斷續續出現。當人們經歷高通貨膨脹時，沒有理由認為高通貨膨脹將會持續。因此，名目利率與真實通貨膨脹間的相關程度並不緊密。費雪自己也注意到這個事實，並建議通貨膨脹「令人猝不及防，焦頭爛額。」[4]

5-4 名目利率與貨幣需求

數量學說是建立在簡單的貨幣需求函數上：假設實質貨幣餘額需求與所得成固定比例。雖然數量學說是分析貨幣對經濟社會影響一個好的起點，但它並非是

---

[4] Robert B. Barsky, "The Fisher Hypothesis and the Forecastability and Persistence of Inflation," *Journal of Monetary Economics* 19 (January 1987): 3-24.

全部的故事。在此我們加入另外一個貨幣數量需求的決定因素——名目利率。

持有貨幣的成本

放在皮包裡的錢不會幫你賺利息，如果你不打算持有貨幣而用它購買政府債券或將錢存入儲蓄帳戶，你可賺到名目利率。名目利率是持有貨幣的機會成本：它是持有貨幣而放棄債券的收益。

另外一個觀察貨幣持有成本等於名目利率的方式是，比較不同資產的實質報酬。除了貨幣以外的資產，如政府債券，賺取實質報酬 r。貨幣賺取的預期實質報酬為 $-E\pi$，因為實際價值上升的幅度就是通貨膨脹率下跌的幅度。當你持有貨幣時，放棄的正是貨幣與其他資產報酬的差異。因此，持有貨幣的機會成本是 $r-(-E\pi)$，這正是費雪方程式告訴我們的名目利率 i。

如同麵包需求量受麵包價格的影響，貨幣需求量受持有貨幣價格的影響。因此，實質貨幣餘額需求受所得水準和名目利率兩項因素的影響，我們可將一般貨幣需求函數寫成：

$$(M/P)^d = L(i, Y)$$

大寫字母 L 表示貨幣需求，因為貨幣是經濟社會中最具流動性的資產 (最容易用於進行交易的資產)。這個方程式說明實質貨幣餘額的流動性需求，是所得與名目利率的函數。所得水準 Y 愈高，實質貨幣餘額需求愈大。名目利率 i 水準愈高，實質貨幣餘額需求愈低。

未來貨幣與現在價格

貨幣、物價與利率之間以許多種方式連結在一起。圖 5-5 說明我們曾經討論的各種關聯。如同貨幣數量學說的解釋，貨幣供給與貨幣需求共同決定均衡物價水準。從定義上來看，物價水準的變動是通貨膨脹率。通貨膨脹透過費雪效果，進而影響名目利率。但現在因為名目利率是持有貨幣的成本，名目利率會回過頭來影響貨幣需求。

讓我們思考引進最後一個關聯如何影響我們的物價水準理論。首先，讓實質貨幣餘額供給 M/P 等於貨幣需求 $L(i, Y)$：

$$M/P = L(i, Y)$$

其次，利用費雪方程式將名目利率寫成實質利率與預期通貨膨脹的總和：

$$M/P = L(r + E\pi, Y)$$

這個方程式說明，實質貨幣餘額水準受預期通貨膨脹率的影響。

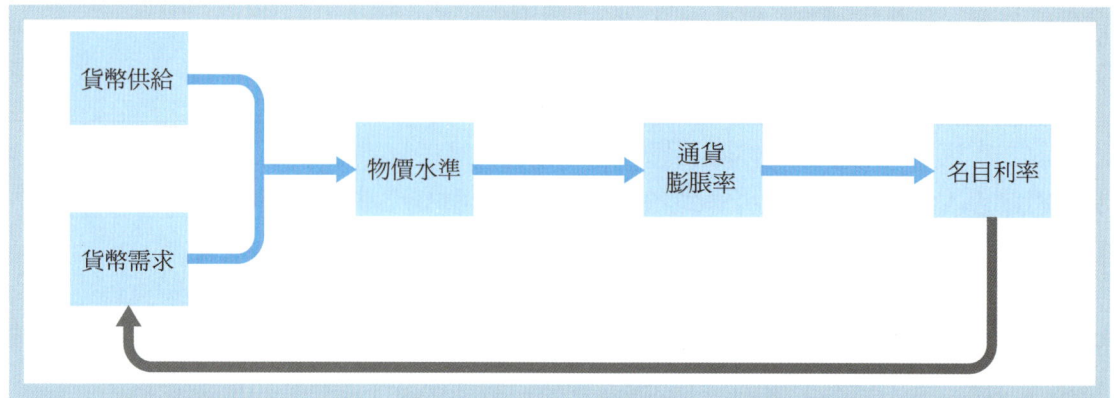

圖 5-5　貨幣物價與利率的關聯性　此圖形說明貨幣、物價與利率的關聯性。物價水準的變動決定通貨膨脹率。通貨膨脹率影響名目利率。因為名目利率是持有貨幣的成本，會影響貨幣需求。最後一個關聯 (如圖中灰線所示) 並未出現在基本貨幣數量學說中。

　　上式說明一個比數量學說更複雜的關於解釋物價水準的決定。貨幣數量學說主張今天的貨幣供給決定今天的物價水準。這個結論有部份真實性：若名目利率與產出水準固定不變，物價水準與貨幣供給成等比例變動。但名目利率並非固定；取決於預期通貨膨脹，而預期通貨膨脹又決定於貨幣供給的成長。名目利率出現在貨幣需求函數，使貨幣供給多得到一個影響物價水準的管道。

　　這個一般貨幣需求函數隱含物價水準不僅受今天貨幣供給的影響，還受未來預期貨幣供給的影響。要瞭解為何如此，假設聯邦準備宣佈在未來將提高貨幣供給，但今天不會改變貨幣供給。這個宣佈導致民眾預期貨幣成長將會提高，且通貨膨脹預期也將增加。透過費雪效果，預期通貨膨脹的增加會提高名目利率。較高的名目利率提高持有貨幣的成本，因而使實質貨幣餘額的需求減少。因為聯邦準備並未改變今天的貨幣數量，實質貨幣餘額需求減少導致物價水準上升。因此，未來預期貨幣成長增加，導致今天的物價水準上升。

　　因此，貨幣對物價的影響比簡單數量理論建議的更加複雜。正式模型是以更一般的貨幣需求函數來說明物價水準的決定。這些模型已超出本書的範圍，但關鍵因素是：物價水準取決於當期貨幣供給與預期未來貨幣供給的加權平均，通貨膨脹則受現在與未來貨幣供給成長的影響。

5-5　通貨膨脹的社會成本

　　對通貨膨脹發生原因與影響的討論，並不能說明通貨膨脹引起多少社會問題。現在我們要討論這些問題。

外行人的觀點與古典理論的回應

如果你詢問一般人：為何通貨膨脹是一個社會問題，她可能會回答通貨膨脹讓自己變得比較窮。「每一年老闆都給我加薪，但物價也上漲，便吃掉部份的加薪。」這句話所隱含的假設是：如果沒有通貨膨脹，且得到相同幅度的加薪，她可以購買更多的商品。

這種有關通貨膨脹的抱怨是一種常見的謬誤。我們在第 3 章得知，勞工的購買力——實質工資——取決於勞動的邊際生產力，並非受政府印製鈔票數量的影響。若政府藉降低貨幣成長率使通貨膨脹下跌，勞工將不會見到其實質工資迅速上升；相反地，當通貨膨脹減緩時，廠商提高產品價格的幅度日益降低，廠商給員工的加薪幅度也會減少。

根據古典貨幣理論，整體物價水準的改變就像是衡量單位的變動。這就好像是我們將距離衡量單位由呎改成吋：數字變大，但實質並未改變。如果你明天早上醒來，發現因為不知名的原因，經濟社會裡所有以金錢表示的東西都上漲十倍。你買的每一件物品都漲價十倍，但你的工資與儲蓄也增加十倍。這樣有什麼不同？所有的數字只是在末端加一個零，但實質上沒有任何改變。你的經濟福利是受相對價格而非整體物價水準的影響。

然而，為何物價水準持續上升是一個社會問題？事實上，通貨膨脹的成本是錯綜複雜的。確實，經濟學家對社會成本的大小有不一樣的意見。出乎許多外行人的意料，有些經濟學家認為通貨膨脹成本很小——至少對近年來大多數經歷溫和通貨膨脹每年約 1% 到 5% 之間的國家而言，是合理的說法。[5]

個案研究

經濟學家與社會大眾對通貨膨脹的觀點

如同我們已經討論的，外行人與經濟學家對通貨膨脹成本抱持非常不同的觀點。在 1996 年，經濟學家 (2013 年諾貝爾經濟學獎得主) 席勒在一項針對兩組人的調查中，記錄其不同的意見。調查結果令人驚訝，因為它們說明經濟學的研究如何改變一個人的態度。

其中一個問題，席勒詢問民眾是否他們「對通貨膨脹最大的煩惱」為「通貨膨脹減損我的實質購買力，它讓我變得更窮。」在一般社會大眾中，有 77% 同意這種說法，相較之下，只有 12% 的經濟學家同意這種說法。席勒也詢問民眾是否贊同下面的說法：「當我看到某些預測表示，未來大學學費將上漲好幾倍，或生活成本在未來十年內將上漲數倍時，我感覺到壓力。這些通貨膨脹的預測讓我憂心自己的所得上升的速度，不會比這些成本上升的速度快。」在一般社會大眾中，有 66% 的民眾表示完全同意這種說法，只有 5%

---

[5] 例如，請見 Alan S. Blinder, *Hard Heads, Soft Hearts: Tough-Minded Economics for a Just Society* (Reading, MA: Addison Wesley, 1987) 的第 2 章。

的經濟學家贊同這種說法。

受訪者被要求判斷通貨膨脹是否嚴重到成為一項政策問題：「你是否同意將防止高通貨膨脹列為重要國家優先政策，其重要性是否與禁止毒品氾濫和防止學校品質惡化一樣重要？」席勒發現，有 52% 的外行人同意，但只有 18% 的經濟學家完全贊同這個觀點。很明顯地，社會大眾比經濟學家更憂心通貨膨脹的成本。社會大眾不喜歡通貨膨脹，可能是心理層面的因素。

席勒詢問那些受訪者是否同意下面的說法：「我認為如果自己的薪水上漲，即使物價上漲的幅度相同，我對自己的工作會比較滿意，也會比較有成就感。」在社會大眾中，有 49% 的受訪者完全同意或部份同意這種說法，相較之下，只有 8% 的經濟學家贊成這種說法。

這些調查結果是否意味著對通貨膨脹成本的觀點，外行人是錯的，而經濟學家是對的？並不盡然。但經濟學家的確能夠對這個議題有更深一層的思考，所以讓我們現在來探討通貨膨脹的成本是什麼。[6]

預期通貨膨脹的成本

首先，探討預期通貨膨脹的情況。假設物價水準每個月上漲 0.5%。這種穩定且可以預測每年上漲 6% 通貨膨脹率的社會成本是什麼？

其中一個成本是通貨膨脹稅對民眾持有貨幣所造成的扭曲。就像先前的討論，較高的通貨膨脹導致較高的名目利率，進而降低實質貨幣餘額的需求。但對持有較少貨幣並花費相同金額的一般民眾而言，必須更頻繁地到銀行提款；例如，他們可能是一星期提款兩次，每次 $50，並不是只去銀行一次，一次提領 $100。這種減少貨幣持有所引起的不方便，被隱喻為通貨膨脹的**皮鞋成本** (shoeleather cost)，因為跑銀行的次數愈頻繁，皮鞋磨損的速度愈快。

第二種通貨膨脹成本的發生，是因為高通貨膨脹使廠商經常更改訂價所引起。有時更改訂價的成本很大，例如，可能需要印製與發送新目錄。這些成本稱為**菜單成本** (menu costs)，因為通貨膨脹率愈高，餐廳需要印製新菜單的次數愈多。

第三種成本的產生是因為廠商面對菜單成本，價格變動不夠頻繁所引起；因此，通貨膨脹率愈高，相對價格變動愈大。例如，假設一家廠商每年 1 月份發行新的目錄，如果沒有通貨膨脹，則廠商產品價格相對整體物價水準，一年內都不會變動。但若通貨膨脹每月增加 0.5%，則從年初到年尾，廠商產品相對價格會下跌 6%。這個目錄的銷售額在年初會比較低 (產品價格相對較高)，到年底則會比較高 (產品價格相對較低)。因此，當通貨膨脹引起相對價格變動時，會導致個體經

---

[6] Robert J. Shiller, "Why Do People Dislike Inflation?" in *Reducing Inflation: Motivation and Strategy*, edited by Christina D. Romer and David H. Romer (Chicago: University of Chicago Press, 1997), 13-65.

濟上資源分配的沒有效率。

第四種通貨膨脹成本來自稅法。許多稅務法規並未考慮通貨膨脹的影響。通貨膨脹可以改變個人稅賦，且通常不是立法者的本意。

其中一個稅法並未考慮通貨膨脹的例子是，資本利得稅的課徵。假設你今天買進某些股票，且在明年以相同實質價格賣出。政府對這種情形不課稅似乎是合理的作法，因為你並未從這筆投資賺取任何實質所得。的確，如果沒有通貨膨脹，結果會是零稅賦。但假設通貨膨脹率是 6%，且一開始每股買進價格是 $100；如果要在一年後維持相同實質價格，每股售出價格應該上升至 $106。在這種情形下，稅法不會考慮通貨膨脹的影響，認為你每股賺 $6 的所得，政府將針對這筆資本利得課稅。當然，問題出在稅法認定的所得是名目而非實質資本利得。在這個例子及其他許多例子裡，通貨膨脹會扭曲稅賦。

第五種通貨膨脹的成本，是居住在一個價格變動頻繁世界所產生的不方便。貨幣是我們用來衡量交易的標準。當通貨膨脹發生時，這個標準也會隨之改變。例如，假設國會通過一項法律規定，1 碼在 2022 年等於 36 吋、2023 年是 35 吋、2024 年是 34 吋等。儘管法律沒有任何疑義，但是將會造成極大的不便。當某人以碼來衡量距離時，必須明確指出這是以 2023 年的碼或 2024 年的碼來衡量。為了比較不同年份的距離，我們必須經過「通貨膨脹」調整。同樣地，當貨幣價值不斷變動時，貨幣不再是一個有用的計價單位。

例如，不斷變動的物價水準，使個人的財務規劃變得複雜。所有家庭都會面臨其所得有多少比例用在今日的消費，有多少比例要儲蓄，供將來退休使用的重大決策。今天儲蓄 $1 並以固定名目利率投資，未來將可回收一定金額的所得。但這個所得的實質價值──將決定退休者的生活水準──受到未來物價水準的影響。若今天的物價水準與三十年前相似，決定要儲蓄多少將更為簡單。

未預期通貨膨脹的成本

未預期通貨膨脹比任何穩定、可預期通貨膨脹產生的成本更具殺傷力：會在人們之間任意重分配財富。藉由檢視長期貸款，你可以觀察它是如何運作的。大多數貸款協議都會約定一個名目利率，係根據協議當時的預期通貨膨脹率決定的。若通貨膨脹與當時的預期有所差異，債務人支付給債權人的事後實質報酬，將與雙方的預期不同。一方面，若實際通貨膨脹高於預期，債務人獲利，而債權人遭遇損失，因為債務人償還貸款的實質價值較低；相反地，若實際通貨膨脹低於預期，債權人獲利而貸款者損失，因為償還款項的實質價值高於雙方當時的預期金額。

例如，假設有一個人在 1960 年去銀行取得房屋貸款。當時，三十年期房屋貸款利率為每年 6%。這個利率係依據低通貨膨脹預期──前十年的通貨膨脹平均僅有 2.5%──所制定。債權人可能預期賺得約 3.5% 的實質報酬，且債務人預期支付這筆實質報酬。實際上，在這筆房屋貸款存續期間，平均通貨膨脹率是 5%，所以事後實質報酬僅約 1%。這個未預期通貨膨脹使債務人受益，並將損失轉嫁給債權人。

未預期通貨膨脹也會傷害領取固定退休金的人。通常員工與雇主會在員工退休 (或更早) 時，協議一筆固定的名目退休金。因為退休金就是延期收入，事實上是勞工提供貸款給公司：員工在年輕時提供廠商其勞動服務，直到年老退休時才拿回全部薪水。當通貨膨脹高於預期時，勞工便如同債權人一樣會遭遇損失；當通貨膨脹低於預期時，廠商就像是債務人一樣會遭遇損失。

這些狀況針對變動頻繁的通貨膨脹提供一明確論點。通貨膨脹率變動幅度愈大，債務人與債權人面對的不確定愈高。因為大多數人是風險厭惡者 (risk averse)──他們憎惡不確定性──由高度變動的通貨膨脹引起的不可預測性，幾乎傷害到每一個人。

在不確定通貨膨脹的影響已知情形下，名目契約仍然盛行令人大惑不解。我們可能會預期，債務人與債權人為了避免受不確定的影響，而以實質條件簽訂契約──亦即，與某種物價指數連動。在一個通貨膨脹高漲且變動的經濟社會中，指數化 (indexation) 是相當普遍的作法；有時這種指數化是以較穩定的外國貨幣為標準來簽訂契約。在通貨膨脹比較溫和的經濟體系，如美國，指數化並不常見。但即使在美國，某些長期約定是指數化的。例如，老年人的社會安全福利津貼每年根據消費者物價指數的變動做調整。在 1997 年，美國聯邦政府第一次發行通貨膨脹指數化的債券 (inflation-indexed bonds)。

最後，在思考通貨膨脹成本時，我們應該注意一個經常被寫下且很少人瞭解的事實：高度通貨膨脹就是變動幅度劇烈的通貨膨脹；亦即，平均通貨膨脹率較高的國家，通常也是每年通貨膨脹大幅變動的國家。這意味著若一個國家決定追求高通貨膨脹的貨幣政策，可能必須接受高度變動的通貨膨脹。一如我們剛才的討論，高度變動的通貨膨脹，使債權人與債務人陷於任意和潛在的財富大幅分配，並增加借、貸雙方面臨的不確定性。

> **個案研究**

銀本位運動、1896 年大選與《綠野仙蹤》

因為未預期物價水準變動引起財富重分配，通常是政治動亂的一個來源，19 世紀末期的銀本位運動 (Free Silver movement) 提供證據支持這種說法。從 1880 年到 1896 年，美國物價水準下跌 23%。這種通貨緊縮對債權人──主要是美國東北部的銀行家有利，但是對債務人──主要是美國西部與南部的農民不利。此問題的一個建議答案，是以雙金屬本位制度——將黃金與白銀鑄成錢幣，替代金本位制度。採用雙本位制度可增加貨幣供給，並抑制通貨緊縮。

銀本位的議題主宰 1896 年的美國總統大選。共和黨提名的威廉‧麥金利 (William McKinley)，主張保留原來的金本位制度；民主黨提名候選人威廉‧詹寧斯‧布萊恩 (William Jennings Bryan) 則支持雙金屬本位制度。在一場著名的演說中，布萊恩宣告：「別把荊棘做成的冠冕戴在勞工階級的頭上，別把人類釘在黃金的十字架上。」一點也不令人意外，麥金利是保守東北部勢力的代表，而布萊恩則是西部與南部民粹主義的代言人。

最令人記憶深刻的白銀辯論，出現在童話故事書《綠野仙蹤》(The Wizard of Oz)。這本書是由中西部的新聞記者法蘭克‧包姆 (L. Frank Baum) 在 1896 年美國總統大選後所撰寫。描述一個小女孩桃樂絲 (Dorothy) 在距離家鄉堪薩斯州的遙遠陌生國度裡迷了路。桃樂絲 (代表傳統美國價值) 交了三個朋友：稻草人 (農民)、鐵樵夫 (製造業工人)，以及一頭虛張聲勢的獅子 (布萊恩)。四個人沿危機四伏的黃磚路 (金本位制度) 前進，希望找到魔法師協助桃樂絲回家。最終，他們抵達歐茲 (華盛頓)，在那裡的每個人戴著綠色眼鏡 (貨幣)看世界。魔法師 (麥金利) 想要替所有人解決所有的事，但結果是一場騙局。當桃樂絲知道她的銀拖鞋魔力後，她的問題才獲得解決。[7]

儘管共和黨贏得 1896 年美國總統大選，美國仍維持金本位，但提倡銀本位制度者仍得到他們想要的答案：通貨膨脹。在大選期間，阿拉斯加、澳洲及南非發現金礦。此外，冶金業者發明氰化過程——從金礦開採提煉黃金更為便利。這些發展導致貨幣供給與物價上漲，從 1896 年到 1910 年，物價水準上升 35%。

一個通貨膨脹的好處

截至目前為止，我們探討許多通貨膨脹的成本。這些結論讓經濟學家得到一個結論，貨幣政策制定者應該追求零通貨膨脹的目標。但故事還有另外一面，有些經濟學家相信一點點通貨膨脹——如每年 2% 或 3%——可能是一件好事。

溫和通貨膨脹的說法，首先是觀察到名目工資調降十分罕見：廠商比較不願意調降員工的名目工資，而員工也不願意接受這種減薪方式。在零通貨膨脹的社會，2% 的減薪，實際上與 5% 的通貨膨脹下增加 3% 的薪水是一樣的。然而，勞工卻不會這樣想。2% 的減薪看起來似乎是一種侮辱，而 3% 的加薪畢竟還是加薪。實證研究支持名目工資很少下跌的說法。

---

[7] 大約四十年後《綠野仙蹤》搬上大銀幕，將桃樂絲的銀拖鞋換成紅寶石。想要更瞭解這個議題，請見 Henry M. Littlefield, "*The Wizard of Oz*: Parable on Populism," *American Quarterly* 16 (Spring 1964): 47-58；以及 Hugh Rockoff, "*The Wizard of Oz* as a Monetary Allegory," *Journal of Political Economy* 98 (August 1990): 739-760. 應該注意的是，並沒有直接證據顯示包姆想讓他的研究作為貨幣象徵，因此有些人認為相似之處是經濟學家的過度想像。

這個事實建議，適度通貨膨脹有助於勞動市場的順暢運作。不同形態勞工的需求與供給總是在變動。有時供給增加或需求減少，導致某一類勞工的實質工資下跌。若名目工資不能減少，則唯一降低實質工資的方法是使通貨膨脹擔當這個工作。若沒有通貨膨脹，實質工資將停留在均衡水準之上，而產生更多的失業。

因為這個原因，有些經濟學家認為通貨膨脹能夠「潤滑勞動市場的齒輪」。微幅上升的通貨膨脹是必要的：在不降低名目工資情形下，每年 2% 的通貨膨脹使實質工資每年下跌 2%，或每十年下跌 20%。這種實質工資的自動調降現象，在零通貨膨脹社會是不可能存在的。[8]

5-6 惡性通貨膨脹

惡性通貨膨脹通常定義成，每個月超過 50% 或是每天超過 1% 的通貨膨脹。經過幾個月的複利，這個通貨膨脹率會導致物價水準巨幅上揚。每個月 50% 的通貨膨脹率隱含一年物價水準的上漲會超過原先的一百倍，而三年後會超過兩百萬倍。在此，我們考慮這種極端通貨膨脹的成本與形成原因。

惡性通貨膨脹的成本

雖然經濟學家對溫和通貨膨脹成本的大小會有不同意見，但是沒有任何人會懷疑惡性通貨膨脹讓社會付出昂貴代價。這些成本與我們先前討論的通貨膨脹成本性質上是一樣的。然而，當通貨膨脹達到極端水準時，這些成本更為明顯，因為它們太過嚴重。

例如，因減少貨幣持有的皮鞋成本，在惡性通貨膨脹情景下異常嚴重。當現金價值迅速降低時，企業主管會投入大量時間與精力做現金管理。當時間與精力從更有社會價值的活動，如生產與投資決策偏離時，惡性通貨膨脹會讓經濟體系的運轉沒有效率。

菜單成本在惡性通貨膨脹下也變得很大。廠商必須經常改變價格，以致於企業的正常行為，如以固定價格印製與分送目錄變得不可能。在 1920 年代，德國惡性通貨膨脹期間，一家餐廳的服務生必須每三十分鐘站到桌子上，大聲告訴顧客新的價格。

同樣地，在惡性通貨膨脹期間，相對價格無法發揮應有的功能，反映資源真實稀少性。當物價經常大幅變動時，消費者很難用比價的方式找到最便宜的價

---

[8] 最近有一篇檢視通貨膨脹好處的文章，請見 George A. Akerlof, William T. Dickens, and George L. Perry, "The Macroeconomics of Low Inflation," *Brookings Papers on Economic Activity* no. 1 (1996): 1-76。另外一個通貨膨脹好處的論點是，它允許負實質利率的存在。這個議題將在第 13 章流動性陷阱中討論。

格。高度多變與迅速上升的物價，從許多方面改變消費者行為。根據一份報告指出，在德國惡性通貨膨脹期間，當一位顧客走進酒吧時，通常會買兩壺啤酒。雖然第二壺啤酒會隨時間過去而不夠冰涼，但啤酒價值降低的速度比顧客皮包裡貨幣價值下跌的速度緩慢許多。

稅制也被惡性通貨膨脹扭曲，但方式與溫和通貨膨脹下大不相同。在大多數稅制、稅收開徵與政府收到稅款的時間有段差距。例如，在美國，納稅人必須每三個月估計所得稅賦一次。在通貨膨脹較低情形下，短暫的遲延並沒有太大關係；相反地，在惡性通貨膨脹期間，即使是短暫遲延仍會大幅減少實質稅收。當政府收到這筆錢時，貨幣價值早已下跌。結果，一旦惡性通貨膨脹開始，通常政府實質稅收會大幅減少。

最後，人們不應該低估生活在惡性通貨膨脹社會的不方便。當攜帶貨幣到雜貨店，與從雜貨店帶商品回家的負擔一樣時，貨幣制度並沒有發揮便利交易的功能。政府克服這個問題的方法是在紙鈔上增加愈來愈多的零，但通常都趕不上物價暴漲的速度。

最終，這些惡性通貨膨脹成本變得無法忍受。隨著時間經過，貨幣喪失作為交易的媒介、計價的單位與價值的儲存之角色，而一個更穩定的非官方貨幣——香菸或美元——開始取代官方貨幣。

惡性通貨膨脹的原因

惡性通貨膨脹為何會開始，及其如何結束？這個問題可從不同層面回答。

最明顯的答案是，惡性通貨膨脹是貨幣供給過度成長所引起。當中央銀行印製鈔票時，物價水準上升。當中央銀行印製鈔票的速度太快，結果就造成惡性通貨膨脹。想要遏止惡性通貨膨脹，中央銀行必須降低貨幣成長率。

然而，這個答案並不完整，因為並未回答為什麼中央銀行選擇在惡性通貨膨脹期間，印製過多的鈔票。要探討此一深入的問題，我們必須將注意力由貨幣政策轉向財政政策。大多數惡性通貨膨脹的開始，是因為政府稅收無法適當地支應政府支出。雖然政府偏好發行公債來融通赤字，但是它可能發現並不容易借到錢，或許是因為借款者認為政府的信用風險不佳。想要彌補赤字，政府只能轉向唯

「我早就告訴過你 Fed 應該緊縮貨幣。」

一的工具：印製鈔票。結果就造成快速的貨幣成長與惡性通貨膨脹。

一旦惡性通貨膨脹開始發生，財政問題會變得更加惡化。因為稅收遲延，實質稅收隨通貨膨脹上升而下跌。因此，政府需要依賴鑄幣稅的程度日益加深。貨幣創造迅速導致惡性通貨膨脹，進而導致更大的預算赤字，更大的預算赤字則導致比以前更多的貨幣創造。

惡性通貨膨脹的結束幾乎總是與財政改革一起發生。一旦這個問題變得明顯，政府會集中政治意願來降低政府支出和提高稅收。這些財政改革措施可降低對鑄幣稅的需要，而使貨幣成長減少。因此，即使「通貨膨脹無時無刻是一個貨幣現象。」正如傅利德曼的建議，結束惡性通貨膨脹也是一個財政現象。[9]

個案研究

兩次世界大戰間德國的惡性通貨膨脹

在第一次世界大戰後，德國經歷歷史上最引人注目的惡性通貨膨脹。在戰爭結束後，同盟國要求德國支付鉅額賠款，這些賠款導致德國的財政赤字，而德國政府最終以印製大量鈔票來融通赤字。

圖 5-6(a) 顯示從 1922 年 1 月到 1924 年 12 月，德國的貨幣數量與一般物價水準。在這段期間內，貨幣與物價均以驚人速度上漲。例如，一份日報從 1921 年 1 月的 0.30 馬克，上升到 1922 年 5 月的 1 馬克、到 1922 年 10 月的 8 馬克、到 1923 年 2 月的 100 馬克，以及到 1923 年 9 月的 1,000 馬克。然後在 1923 年秋天，價格狂飆：10 月 1 日報紙一份賣 2,000 馬克，10 月 15 日是 20,000 馬克，10 月 29 日是 100 萬馬克，11 月 9 日是 1,500 萬馬克，而到了 11 月 17 日是 7,000 萬馬克。在 1923 年 12 月，貨幣供給與物價突然穩定下來。[10]

如同財政問題引發德國惡性通貨膨脹，財政改革結束惡性通貨膨脹。在 1923 年底，政府公務員被裁撤三分之一，賠款也暫時凍結，且最後縮減賠款金額。同時，一個新的中央銀行 Rentenbank 出現，並取代舊的中央銀行 Reichsbank。Rentenbank 承諾不以印製鈔票來融通政府支出。

根據我們對貨幣需求的理論分析，實質貨幣需求受預期通貨膨脹率的影響。圖 5-6(b) 顯示德國的實質貨幣餘額的確隨通貨膨脹增加而下跌，然後隨通貨膨脹下跌而增加，但實

---

[9] 想知道更多相關議題，請見 Thomas J. Sargent, "The End of Four Big Inflations," in *Inflation: Causes and Effects*, edited by Robert Hall (Chicago: University of Chicago Press, 1983), 41-98；以及 Rudiger Dornbusch and Stanley Fischer, "Stopping Hyperinflations: Past and Present," *Weltwirtschaftliches Archiv* 122 (April 1986): 1-47。

[10] 報紙價格的資料來自 Michael Mussa, "Sticky Individual Prices and the Dynamics of the General Price Level," *Carnegie-Rochester Conference Series on Public Policy* 15 (Autumn 1981): 261-296。

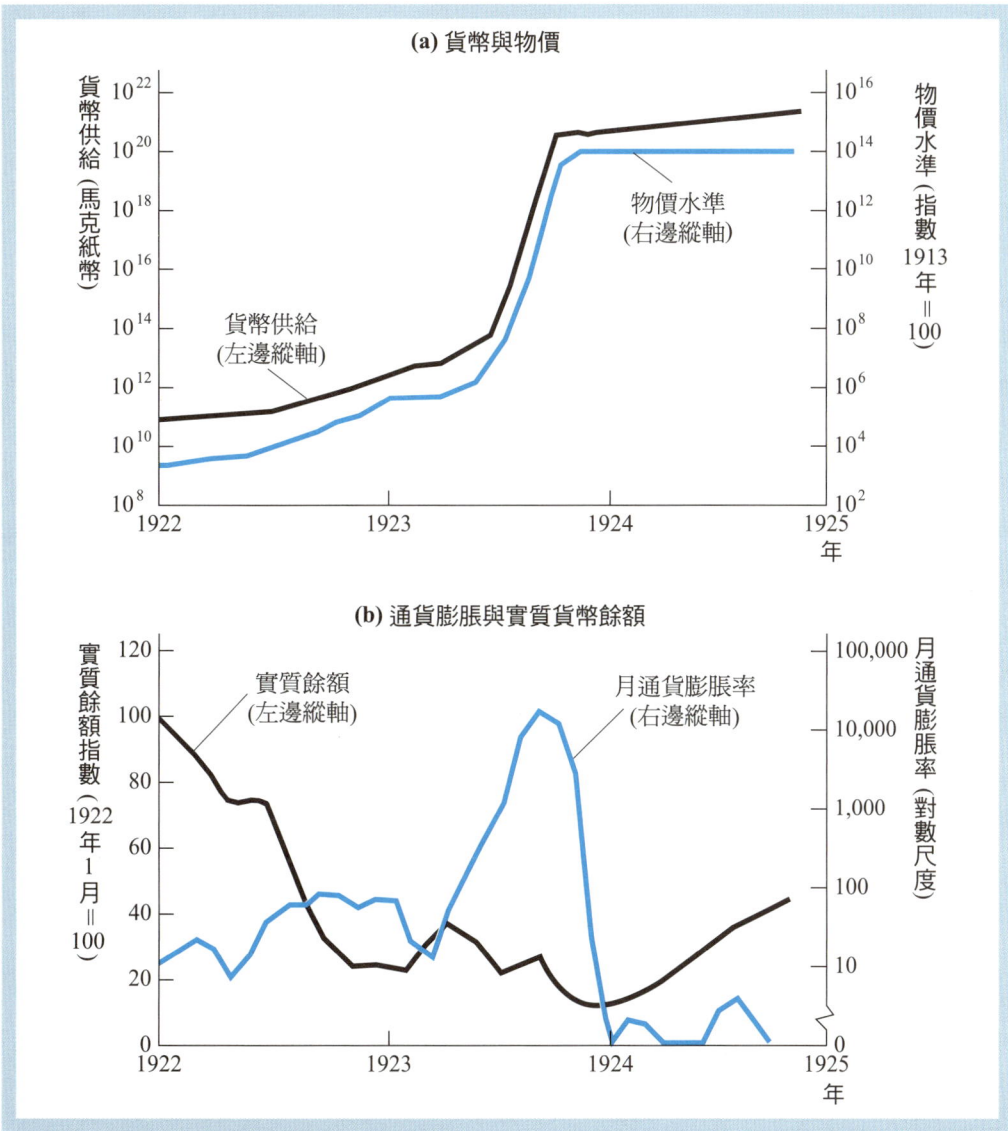

圖 5-6　兩次世界大戰間德國的貨幣與物價

圖 (a) 顯示德國自 1922 年 1 月到 1924 年 12 月，貨幣供給與物價水準的時間數列圖形。印製太多貨幣，造成貨幣供給與物價水準在這段期間內巨幅上升。圖 (b) 顯示通貨膨脹與實質貨幣餘額的時間數列圖形。當通貨膨脹上升時，實質貨幣餘額下跌。當通貨膨脹在 1923 年底結束時，實質貨幣餘額上升。

資料來源：取自 Thomas J. Sargent, "The End of Four Big Inflations," in *Inflation*, edited by Robert Hall (Chicago: University of Chicago Press, 1983), 41-98。

質貨幣餘額不會立刻增加，實質貨幣餘額對貨幣持有成本的調整是一個緩慢的過程。或許是德國人民需要一段時間，相信通貨膨脹已經結束，所以預期通貨膨脹下降的速度，比實際通貨膨脹下降速度更為緩慢。

> **個案研究**

辛巴威的惡性通貨膨脹

在 1980 年，經過許多年的殖民統治後，舊英國殖民地羅德西亞變成新的非洲國家辛巴威。辛巴威幣成為新的貨幣，用來取代舊的羅德西亞幣。第一個七年，通貨膨脹在這個新的國家還算溫和——大約每年 10% 到 20%，但是不久之後一切都將改變。

辛巴威獨立運動的民族英雄是勞勃·穆加比 (Robert Mugabe)，在 1980 年的大選，他成為國家第一任總理，而在政府重組之後成為總統。多年來，他不斷地連任總統。然而，在 2008 年的總統大選中，許多報導都宣稱選舉作票，而且支持反對黨的民眾也受到威脅。穆加比已不再像以前那麼受歡迎，但他絲毫沒有打算交棒的意願。

在整個任期內，穆加比奉行的經濟哲學是馬克思主義 (Marxist)，且其中一個目標是財富重分配。在 1990 年代，他的政府制定一連串的土地改革措施，表面上的目的是將殖民時期統治辛巴威的少數白人手中土地，重新分配給那些過去沒有投票權的黑人。這些改革的其中一個結果是普遍的貪污腐敗，許多被棄置及被沒收的白人農場最終都落入內閣官員與資深政府官員的手中。另外一個結果則是農場產出的持續下滑，生產力下跌及許多有經驗的白人農夫逃離這個國家。

經濟體系產出的下跌，導致政府稅收的減少。面對收入的短缺，政府透過印製鈔票來給付公務員的薪水。如同經濟學教科書的預測，貨幣擴張導致高漲的通貨膨脹。

穆加比企圖藉由物價管制來對抗通貨膨脹。再一次，結果是可以預測的：許多商品短缺，而且逃稅及迴避物價管制的地下經濟蓬勃發展。政府稅收再度縮減，誘發更多的貨幣擴張及更加嚴重的通貨膨脹。在 2008 年 7 月，官方宣佈的通貨膨脹率高達 2 億 3,100 萬個百分比 (約每天 4%)，其他的觀察家相信實際數字更高於官方數據。

惡性通貨膨脹的後果相當嚴重。在《華盛頓郵報》(*Washington Post*) 刊載的一篇文章中，一個辛巴威民眾描述當時的情景如下：「如果你不在四十八個小時內收到帳款，就不值得花心思去收帳，因為它已不值錢。每當我們收到錢，就必須立刻花掉，趕快去買能夠買到的東西。我們的退休金老早就沒了，沒有人有任何儲蓄。」

當政府宣佈放棄自己的貨幣時，辛巴威的惡性通貨膨脹終於在 2009 年 3 月畫上句點，美元變成辛巴威的官方貨幣。接下來幾年，通貨膨脹穩定且處於低的水準。直到 2017 年辛巴威發生叛亂，穆加比被驅逐之前，他依然是辛巴威的總統。在 2019 年，高齡 95 歲的穆加比辭世。

然而，人們對這段歷史事件並不十分在意。在 2019 年，辛巴威財政部長引進新的國家貨幣。在短短一年內，國家再度經歷惡性通貨膨脹，在 2020 年本書付印時，通貨膨脹年漲 790%。

5-7 結論：古典二分法

在本章和前一章中，我們已經完成貨幣的意義與貨幣對通貨膨脹和其他變數的討論。這個分析是建立在第 3 章的國民所得模型中。現在回過頭來檢視在我們討論中隱含的一項關鍵假設。

在第 3 章中，我們解釋許多總體經濟變數。有些是數量 (quantities) 變數，如實質國內生產毛額與資本存量；其他為相對價格 (relative prices) 變數，如實質工資與實質利率。但所有的這些變數有一共同點——它們是以物質 (而非貨幣) 數量來衡量。實質國內生產毛額是在一段期間內，商品與服務的生產數量，而資本存量是在一定期間內，現有的機器設備與廠房建築的數量。實質工資是一小時勞工賺取的產出數量，且實質利率是一個人今天借出一單位產出，而在未來能夠獲得的產出數量。所有以物質單位衡量的變數，如數量和相對價格，都稱為**實質變數** (real variables)。

在本章中，我們檢視**名目變數** (nominal variables)——以貨幣衡量的變數。經濟體系有許多名目變數，如物價水準、通貨膨脹率及個人賺取的貨幣工資。

一開始，我們能夠在不引進名目變數或貨幣存在的情形下解釋實質變數，這是一件令人驚訝的事。在第 3 章中，我們研究經濟產出水準的決定與分配，並未提及物價水準或通貨膨脹。勞動市場理論可以只解釋實質工資，而無須解釋名目工資。經濟學家稱這種理論上將實質變數與名目變數分開的情況為**古典二分法** (classical dichotomy)，它是古典總體經濟理論的印記。古典二分法是一個重要的觀察，因其簡化經濟理論。特別是它可以讓我們檢視實質變數，而不用管名目變數。古典二分法的產生是因為在古典經濟理論中，貨幣供給的改變不會影響實質變數。這種貨幣不會影響實質變數的現象，稱為**貨幣中立性** (monetary neutrality)。對許多目的而言——特別是研究長期議題——貨幣中立性大致上是正確的。

但是，貨幣中立性並不能完全解釋我們現在居住的社會。從第 11 章開始，我們將從古典模型與貨幣中立性分離。這種分離對瞭解許多總體經濟現象，如短期經濟波動是重要關鍵。

快速測驗

1. 一經濟體系生產 50 個小器械，每個售價 $4，且貨幣供給是 $100，貨幣流通速度為
   a. 1/8
   b. 1/2
   c. 2
   d. 8

2. 一經濟體系的流通速度固定，實質國內生產毛額成長率 3%，貨幣成長率 7%，而實質利率 2%。名目利率是 ____ %。

a. 2　　　　　　　b. 6
c. 8　　　　　　　d. 12

3. 根據費雪效果，增加 _____ 通貨膨脹導致 _____ 利率等量上升。
   a. 預期，名目　　b. 預期，實質
   c. 未預期，名目　d. 未預期，實質

4. 由於大多數貸款以名目報價，高 _____ 通貨膨脹將傷害 _____。
   a. 預期，債務人　　b. 預期，債權人
   c. 未預期，債務人　d. 未預期，債權人

5. 惡性通貨膨脹發生在
   a. 獨占廠商將價格提高超過競爭價格水準
   b. 價格變動的菜單成本微不足道
   c. 中央銀行融通鉅額政府預算赤字
   d. 中央銀行決策與財政政策無關

6. 若實質貨幣餘額需求受名目利率影響，則高通貨膨脹能
   a. 提高實質貨幣餘額數量
   b. 降低名目利率
   c. 來自實質國內生產毛額的成長
   d. 源自預期未來貨幣成長

摘要

1. 貨幣數量學說假設貨幣流通速度穩定，並得到名目國內生產毛額與貨幣存量呈固定比例的結論。因為生產因素與生產函數決定實質國內生產毛額，數量學說隱含物價水準與貨幣數量呈固定比例。所以，貨幣數量成長率決定通貨膨脹率。

2. 鑄幣稅是政府藉創造貨幣來增加收入，它是持有貨幣的稅負。儘管現代經濟體系中，鑄幣稅的數量很少，但它是經歷惡性通貨膨脹的經濟體系，政府主要的收入來源。

3. 實質利率是名目利率（經常報導的利率）經通貨膨脹調整。事後實質利率是基於真實通貨膨脹，而事前實質利率則是基於預期通貨膨脹。費雪效果強調名目利率與預期通貨膨脹是一對一調整。

4. 名目利率是持有貨幣的機會成本。因此，預期貨幣需求受名目利率的影響。如果這是真的，則物價水準會受現在貨幣數量與未來預期貨幣數量的影響。

5. 預期通貨膨脹的成本，包括皮鞋成本、菜單成本、相對價格變動成本、稅制扭曲，以及糾正通貨膨脹引起的不便。此外，未預期通貨膨脹導致債務人與債權人之間財富的任意重分配。一個可能的通貨膨脹利益，是它藉調整實質工資達到均衡水準，且不必降低勞工的名目工資，以改善勞動市場的運作。

6. 在惡性通貨膨脹期間，大多數的通貨膨脹成本變得相當嚴重。惡性通貨膨脹通常發生在政府以印製鈔票來融通龐大預算赤字時。當財政改革消除對鑄幣稅的需要時，惡性通貨膨脹跟著結束。

7. 根據古典學派經濟理論，貨幣是中立的：貨幣供給不會影響實質變數。因此，古典理論允許我們研究，在不提及名目變數情形下，實質變數如何決定。然後，貨幣市場均衡決定物價水準及所有其他名目變數。這種實質變數與名目變數在理論上的分離，稱為古典二分法。

第 5 章　通貨膨脹：其原因、影響與社會成本

● 關鍵詞

通貨膨脹　inflation
惡性通貨膨脹　hyperinflation
數量方程式　quantity equation
貨幣的交易流通速度　transactions velocity of money
貨幣的所得流通速度　income velocity of money
實質貨幣餘額　real money balances
貨幣需求函數　money demand function
貨幣數量學說　quantity theory of money
鑄幣稅　seigniorage

名目與實質利率　nominal and real interest rates
費雪方程式與費雪效果　Fisher equation and Fisher effect
事前與事後實質利率　*ex ante* and *ex post* real interest rates
皮鞋成本　shoeleather costs
菜單成本　menu costs
實質與名目變數　real and nominal variables
古典二分法　classical dichotomy
貨幣中立性　monetary neutrality

● 複習題

1. 請寫出數量方程式並解釋它。
2. 請問流通速度固定的假設隱含什麼意義？
3. 何人支付通貨膨脹稅？
4. 假設通貨膨脹從 6% 上升到 8%，根據費雪效果，實質利率與名目利率會有何變動？
5. 請列出你能想到的通貨膨脹成本，並根據你認為的重要性，排列評比。
6. 請解釋貨幣與財政政策在引起和結束惡性通貨膨脹扮演的角色。
7. 請定義實質變數與名目變數兩個名詞，並各舉一例說明。

● 問題與應用

1. 在威克蘭這個國家，貨幣流通速度是固定的。若實質國內生產毛額每年成長 3%，貨幣存量每年增加 8%，名目利率是 9%。請問：
   a. 名目國內生產毛額成長率是多少？
   b. 通貨膨脹率是多少？
   c. 實質利率是多少？
2. 假設一國的貨幣需求函數 $(M/P)^d = kY$，其中 k 是固定參數。貨幣供給每年成長 12%，而實質所得每年成長 4%。
   a. 請問平均通貨膨脹率是多少？
   b. 若實質所得成長更快，通貨膨脹將有何不同？請解釋。
   c. 假設貨幣需求函數並非固定，因為金融創新，經濟體系中的貨幣流通速度穩定成長。這將如何影響通貨膨脹率？請解釋。
3. 一經濟體系的貨幣需求函數：$(M/P)^d = 0.2Y/i^{1/2}$
   a. 請求出貨幣流通速度。流通速度決定因素為何？請解釋。
   b. 若名目利率 i 為 4%，請算出流通速度。
   c. 若產出 Y 為 1,000 單位，貨幣供給 M 是 $1,200，請問價格水準 P 是多少？
   d. 假設中央銀行有新總裁，其對通貨膨脹的態度較和緩，使預期通貨膨脹上升 5%，根據費雪

效果，新的名目利率是多少？
   e. 請計算新貨幣的流通速度。
   f. 若在宣佈之後，經濟體系產出和貨幣供給均維持不變，物價水準為何？請解釋為何如此。
   g. 若新的中央銀行總裁在任命後想要維持物價固定不變，貨幣供給水準應是多少？
4. 假設貨幣需求函數形式為：

$$(M/P)^d = L(i, Y) = Y/(5i)$$

   a. 若產出以 g 速率成長，實質餘額需求的成長速率為何 (假設名目利率固定)？
   b. 經濟體系中的貨幣流通速度為何？
   c. 若通貨膨脹率與名目利率固定，如果真有的話，流通速度是以何種速率成長？
   d. 利率水準恆久增加 (一勞永逸)，會如何影響流通速度？此將如何影響後續的流通速度成長率？
   e. 若中央銀行想要達成長期目標通貨膨脹率 π，貨幣供給應以何種速率成長？
5. 根據一篇新聞報導，美國經濟處於低通貨膨脹率的時期，表示：「低通貨膨脹也有負面影響：4,500 萬名社會安全與其他福利津貼領取者，將會看到明年的支票只上漲 2.8%。」
   a. 為什麼通貨膨脹會影響社會安全與其他福利津貼的增加？
   b. 這個效果是否正如報導宣稱，是一項通貨膨脹的「成本」？為什麼？
6. 在第二次世界大戰期間，德國與英國都有紙張武器的計畫：各自印製對方國家的鈔票，並打算以飛機空投到對方國家領土之內。如果它被使用，為何這個武器會奏效？
7. 在下列各項問題中，請解釋並歸類通貨膨脹成本。
   a. 由於通貨膨脹率高漲，服飾公司決定每個月而非每一季發行新目錄。
   b. 祖母向保險公司買年金 $100,000，保險公司承諾每年支付 $10,000，直至她辭世為止。在購買保單之後，她對接下來幾年物價上漲三倍感到異常震驚。
   c. 瑪利亞身處惡性通貨膨脹的經濟體系中，每天領到薪水後，就儘快地跑去商店消費，避免幣值損失。
   d. 吉塔身處通貨膨脹率為 10% 的經濟體系中，去年她的股票和債券的投資組合報酬是 $50,000，由於她的稅率是 20%，支付 $10,000 給政府。
   e. 父親告訴妳，他在妳這個年紀時，時薪只有 $4，他認為妳能拿到 $9 的時薪是幸運的。
8. 某些經濟歷史學家曾注意到，在金本位時期，一段長時期的通貨緊縮後，很有可能會發現新的黃金 (1896 年的開採為一例)。這個現象發生的原因為何？

快速測驗答案

1. c   2. b   3. a   4. d   5. c   6. d

CHAPTER

6

開放經濟體系

沒有一個國家會被貿易毀滅。

—— 班哲明・富蘭克林

即使從未離開自己的家鄉,你仍然是全球經濟的積極參與者。例如,走進雜貨店時,你可能會在本地栽種的蘋果或智利種植的葡萄間挑選;當你在本地銀行存入一筆錢,銀行可能將錢借給你的鄰居或一家準備在東京郊外興建工廠的日本公司。因為全球各個經濟體系相互整合,消費者有更多的商品與服務可供選擇,而儲蓄者面臨更多機會來投資他們的財富。

在前面幾章中,我們為了簡化分析,假設經濟社會是一封閉經濟體系。然而,大多數經濟體系都是開放的;它們出口商品與服務到國外,並從國外進口商品與服務,且其在全球金融市場進行貸款與放款。圖 6-1 顯示 10 個主要國家,其進口與出口占國內生產毛額的比例,讓我們對國際間互動的重要性有某些感覺。如圖所示,美國的出口約占 GDP 的 12%,而進口約占 GDP 的 15%。貿易對其他國家更是重要:在中國,進口與出口約占 GDP 的 19%;在加拿大,進口與出口占 GDP 的 33%;在德國,出口與進口占 GDP 的 44%。在這些國家,國際貿易對分析經濟發展與制定經濟政策是相當重要的。

本章將開始研究開放經濟體系下的總體經濟學。第 6-1 節先探討衡量的問題。想要瞭解開放經濟體系如何運作,我們必須認識衡量各國互動的重要總體經濟變數。會計恆等式顯示一個重要觀點:各國商品與服務的流動,總是會有一筆對等的,用來融通資本累積的資金流動相互配合。

在第 6-2 節,檢視決定這些國際流動因素,我們會發展一小型開放經濟體系模型來對應第 3 章的封閉經濟體系模型。模型會說明決定一個在全球市場是貸款者或放款者的因素,以及國內、外政策如何影響資本與商品流動。

在第 6-3 節,將模型延伸探討一個國家與全球市場交易的價格。我們將檢視決定本國商品相對外國商品價格的因素為何,也將檢視是什麼因素決定本國貨幣與外國貨幣的交換比率。這些模型顯示保護主義下的貿易政策 —— 政策用來保護國內產業免受國外競爭 —— 如何影響國際貿易和匯率水準。

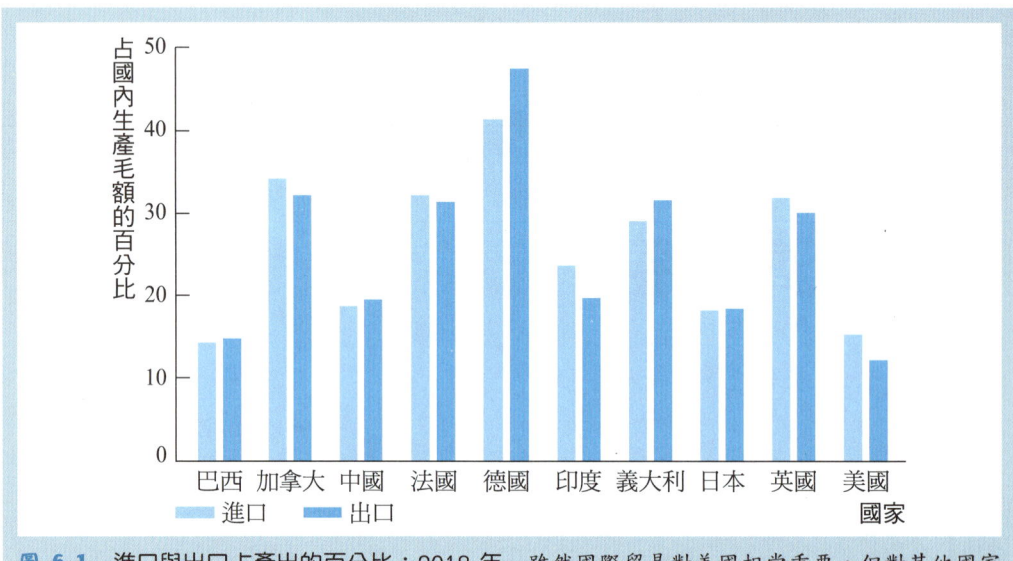

圖 6-1　進口與出口占產出的百分比：2018 年　雖然國際貿易對美國相當重要，但對其他國家更是關鍵。

資料來源：國際貨幣基金。

6-1　資本與商品的國際流動

開放經濟體系與封閉經濟體系最重要的總體經濟差異是，在開放經濟體系裡，任何一年國家的總支出不一定會等於該國商品與服務的總產出。一國可藉由對外貸款，使支出大於產出，或其支出小於生產，而將剩餘的錢借給外國人。要更完整瞭解這種說法，讓我們再回到第 2 章討論的國民所得會計帳。

淨出口的角色

讓我們考慮一個經濟社會對商品與服務的總支出，以 Y 來表示。在一封閉經濟體系，所有產出都在國內出售，且支出可以分為三個部份：消費 C、投資 I 及政府購買 G。在一開放經濟體系，有些產出可在國內出售，有些則可賣到國外。此外，有些包含在消費、投資及政府購買的商品與服務，在國外生產並進口至國內。因此，我們可將國民所得會計帳恆等式寫成：

$$Y=C+I+G+X-IM$$

因為進口支出是包括在國內支出 $(C+I+G)$ 內，且其中 X 代表出口和 IM 代表進口，並不是本國產出 $(C+I+G)$ 的一部份，這個方程式將進口支出扣除。

淨出口 (net exports) 定義為出口減進口 $(NX=X-IM)$，恆等式變成：

$$Y=C+I+G+NX$$

這個式子說明國內產出的支出，是消費、投資、政府購買和淨出口的加總。這是國民所得會計帳恆等式最常見的形式；這與第 2 章討論的相類似。

國民所得會計帳恆等式說明國內產出，國內支出與淨出口間如何相關。特別是：

$$NX = Y - (C+I+G)$$
淨出口＝產出－國內支出

這個式子顯示在一開放經濟體系下，國內支出不一定會等於商品與服務的產出。若國內產出超過國內支出，我們會將剩餘部份出口，淨出口為正；若國內產出低於國內支出，我們將進口不足的部份，淨出口為負。

國際資本流動與貿易餘額

在一開放經濟體系，如第 3 章討論的封閉經濟體系，金融市場與商品市場緊密相關。想要觀察這個關係，我們必須將國民所得會計帳恆等式重寫，並以儲蓄和投資來表示。讓我們從恆等式開始：

$$Y = C + I + G + NX$$

等號兩邊同時減去 C 和 G，可得：

$$Y - C - G = I + NX$$

記得從第 3 章，$Y-C-G$ 是國民儲蓄 S，其為私人儲蓄 $Y-T-C$ 與公共儲蓄 $T-G$ 的加總，其中 T 為稅收。因此：

$$S = I + NX$$

等號兩邊同時減掉 I，我們可將國民所得會計帳恆等式寫成：

$$S - I = NX$$

這種形式的國民所得會計帳恆等式指出：一經濟社會的淨出口一定始終等於儲蓄與投資的差額。

讓我們更仔細地觀察恆等式的各個部份。最簡單的部份是等號右邊，其為商品與服務的淨出口，NX。淨出口的另一個名稱是貿易餘額 (trade balance)，因為它告訴我們，一國商品與服務的貿易及進出口相等的標準之間有多少差距。

恆等式的左邊是國內儲蓄與國內投資的差額，$S-I$，我們稱為淨資本外流 (net capital outflow)。(有時稱為淨國外投資。) 淨資本外流等於國內居民借給國外的金額減去外國人借給我們的金額。假設淨資本外流是正的，經濟體系的儲蓄超過其投資，並將超過的部份借給外國人；若淨資本外流是負的，經濟體系的投資超過其儲蓄，並向國外貸款來融通額外的投資。因此，淨資本外流等於國內居民借給外國的金額減去外國人向我們借錢的金額。它反映出為融通資本累積，國際資金的流動。

國民所得會計帳恆等式指出，淨資本外流始終等於貿易餘額，亦即：

$$\text{淨資本外流} = \text{貿易餘額}$$
$$S - I = NX$$

若 $S-I$ 與 NX 都是正的，一國有貿易盈餘 (trade surplus)。在這種情形下，其為是全球金融市場的淨放款者，且它的出口超過進口。若 $S-I$ 與 NX 皆為負，一國有貿易赤字 (trade deficit)。在這種情形下，其為全球金融市場的淨貸款者，且它的進口超過出口。若 $S-I$ 與 NX 正好為零，一國有貿易平衡 (balanced trade)，因為出口值等於進口值。

國民所得會計帳恆等式顯示，融通資本累積的國際資金流動和商品與服務的國際流動是一體的兩面。假設在一個稱為厄斯索斯的國家，其國內儲蓄超過投資。在這個情況下，厄斯索斯未用來國內投資的剩餘儲蓄，可以用來借給外國人。外國人需要這些錢，因為厄斯索斯提供給他們的商品與服務，超過他們提供給厄斯索斯的商品與服務；亦即，厄斯索斯有貿易盈餘。相反地，假設在一個名為維斯特洛的國家，其投資超過儲蓄，則維斯特洛的額外投資一定是向國外貸款來融通。這些國外貸款讓商品與服務的進口大於出口；亦即，維斯特洛有貿易赤字。表 6-1 將這些內容討論做一總結。

請注意：國際資本流動可以有不同的形式。最簡單的方式是假設 ── 如同我們過去所做的假設 ── 當一國有貿易赤字時，外國人會借錢給它。例如，當中國人購買美國公司或購買美國政府發行的債券時，就會發生這種借款。但資本流動也可以是外國人購買本國資產，如德國人在紐約證券交易所 (New York Stock Exchange)，從美國人手中買進股票。不論外國人是買進本國發行的債券或購買本國人所擁有資產，都是獲得本國資產未來報酬的請求權。在這兩種情形下，外國

表 6-1　商品與資本國際流動：總結

這個表格顯示開放經濟體系可能經歷的三種結果。

貿易盈餘	貿易平衡	貿易赤字
出口＞進口	出口＝進口	出口＜進口
淨出口＞0	淨出口＝0	淨出口＜0
$Y > C+I+G$	$Y = C+I+G$	$Y < C+I+G$
儲蓄＞投資	儲蓄＝投資	儲蓄＜投資
淨資本外流＞0	淨資本外流＝0	淨資本外流＜0

人都擁有某些本國的資本存量。

商品與資本的國際流動：一個範例

淨出口與淨資本外流的等式是一恆等式；在這些數字加總後，一定會成立。但我們很輕易地將這個重要關係背後的直覺忘記，要瞭解這個恆等式的最佳方法是以一個例子做說明。

假設比爾·蓋茲 (Bill Gates) 出售一套視窗作業系統 (Windows) 給一家日本公司，價格是 10,000 日圓。因為蓋茲先生是美國公民，這筆銷售代表美國的出口。在其他條件不變下，美國的淨出口上升。如果要讓恆等式成立，還有什麼需要改變？這必須視蓋茲先生如何處置 10,000 日圓而定。

假設蓋茲先生決定將 10,000 日圓藏在床墊內。在這種情形下，蓋茲先生是將一部份儲蓄投資到日本經濟中 (以日本貨幣投資)，而非投資到美國經濟。因此，美國儲蓄超過美國投資，美國淨出口的上升是由美國淨資本外流來配合。

然而，若蓋茲先生決定在日本投資，不可能讓貨幣成為他的資產選擇。其可能利用此 10,000 日圓購買股票，如索尼 (Sony) 公司股票，或可能購買日本政府發行的公債。不管是哪一種情形，部份美國儲蓄流向國外。再一次，美國淨資本外流恰好與美國淨出口平衡。

相反的情況也在日本發生。當日本購買一套視窗作業系統時，日本對商品與服務的購買 ($C+I+G$) 增加，但日本的生產 (Y) 沒有變動。在一定的投資水準 (I) 下，這項交易降低日本儲蓄 ($S=Y-C-G$)。當美國經歷資本外流時，日本經歷淨資本流入。

現在讓我們略微更動例子。假設蓋茲先生決定不將 10,000 日圓投資購買日本資產，而是利用其購買日本製商品，如神奇寶貝 (Pokémon) 卡。在這種情形下，進口到美國的商品上升。合併視之，視窗作業系統出口與神奇寶貝卡的進口，代表日本和美國之間有貿易平衡。因為出口與進口等量增加，淨出口和淨資本外流都沒有變動。

最後一個可能性是，蓋茲先生將 10,000 日圓在當地銀行兌換成美元。但是，這件事不會改變任何結果。銀行會對 10,000 日圓做某些處置，可以購買日本資產 (美國的淨資本外流)；也可以購買日本商品 (美國進口)；或其可以將日圓賣給另外一個需要日圓的美國人。如果追蹤這筆錢，你即將發現美國的淨出口必定與美國淨資本外流相等。

雙邊貿易餘額無關論

我們討論的貿易餘額是，衡量一國和世上其他國家的出口與進口的差額。在某些時候，你可能聽到媒體報導有關一國與另一國貿易餘額，我們稱此為雙邊貿

易餘額 (bilateral trade balance)，舉例來說，美國與中國的雙邊貿易餘額，等於美國賣產品給中國的出口減去美國向中國買進產品的進口。

如同我們所見，整體貿易餘額與一國的儲蓄和投資間關係密不可分。對雙邊貿易餘額而言，這並不正確。確實，一國與另一國可以有鉅額貿易赤字和盈餘，但仍享有貿易平衡。

例如，假設世界上有三個國家：美國、中國及澳洲，美國賣 $1,000 億的機械工具給澳洲，澳洲賣 $1,000 億的小麥給中國，而中國賣 $1,000 億的玩具給美國。在這種情況下，美國對中國有雙邊貿易赤字。中國對澳洲有雙邊貿易赤字，而澳洲對美國有雙邊貿易赤字。但因為三個國家的進口與出口商品皆為 $1,000 億，均為貿易平衡。

雙邊貿易赤字在政治領域裡，吸引到的注意力比預期多，由於國際關係是在國與國之間進行，政治家和外交官很自然地著眼於國與國之間經濟交易的統計數據。然而，大多數經濟學家相信雙邊貿易餘額並非十分有意義，從總體經濟觀點來看，一國與所有國外整體貿易餘額才是重要的。

應用到國家的功課也可應用到個人身上。你個人的貿易餘額是你的所得與支出的差額，而如果這個變數相差懸殊，你可能會多加關注。但你不應該關注你的所得、支出與特定個人或廠商間的差異，諾貝爾經濟學獎得主梭羅曾以「我對我的理髮師有長期的赤字，他從未向我買過任何東西。」這句話解釋雙邊貿易餘額無關論，但這並不會阻止梭羅量入為出 ── 也就是當他需要理髮時會去剪頭髮。

6-2 小型開放經濟體系的儲蓄與投資

截至目前為止，在討論國際間的商品與資金流動，我們只是重新安排會計恆等式；亦即，在開放經濟體系下，我們定義一些衡量交易的變數，並根據這些變數的定義說明變數之間的關聯性。下一個步驟是發展一個可以解釋這些變數的模型，模型將回答諸如貿易餘額如何因應政策變動等的問題。

資本移動與全球利率

稍後將介紹一個國際間資本與商品流動的模型。因為貿易餘額等於淨資本外流，又等於儲蓄減投資，我們的模型專注於討論儲蓄與投資兩個變數。要發展這個模型，會利用第 3 章中某些熟悉的假設，但與第 3 章模型不同的是，不會假設實質利率使儲蓄與投資達到均衡；相反地，我們允許經濟體系有貿易赤字，並向其他國家貸款，或有貿易盈餘並借款給其他國家。

如果這個模型的實質利率不會調整到讓儲蓄等於投資，究竟是什麼變數決定實質利率？我們藉由考慮一個資本可以完全自由移動的**小型開放經濟體系** (small open economy) 來回答這個問題。「小型」的意思是指這個經濟體系是全球市場的一小部份，因此其本身沒有能力影響全球利率水準。「資本完全自由移動」則是指本國居民毫無阻礙地自由進出全球金融市場，尤其是政府不會阻礙國際間放款或貸款的資金往來。

因為資本完全自由移動的假設，在小型開放經濟體系下的本國利率 r 必定與全球利率 (world interest rate) r^* 相等，全球利率為全球金融市場上現行的實質利率：

$$r = r^*$$

小型開放經濟體系的居民絕對不會以高於 r^* 的利率貸款，因為其能夠以 r^* 向國外貸款；同樣地，這個經濟體系的居民不會以低於 r^* 的利率借錢給別人，因為其始終能以 r^* 借錢給外國人。因此，全球利率決定小型開放經濟體系的利率水準。

讓我們花一點時間討論：什麼變數會決定全球實質利率？在一封閉經濟體系，國內儲蓄與國內投資的均衡決定利率。如果禁止全球之間進行交易，則全球經濟是一封閉經濟體系。所以，全球儲蓄與全球投資的均衡決定全球利率。小型開放經濟體系無法影響全球利率，因為小型開放經濟體系只是全球經濟體系的一小部份，沒有能力影響全球儲蓄與全球投資。因此，小型開放經濟體系視全球利率為外生的既定變數。

為何假設小型開放經濟體系？

本章分析的主體假設被研究的國家是一小型開放經濟體系。(第 14 章將再次採用此一觀點，在那裡是檢視開放經濟體系下的短期經濟波動。) 這個假設引起一些問題：

問：美國是否可以小型開放經濟體系的假設來描述？

答：不可以，至少不完全是。美國確實在全球金融市場借貸，而這些市場強烈地影響美國實質利率，但若說美國實質利率單獨由全球金融市場決定是誇張了一些。

問：因此，為何我們假設小型開放經濟體系？

答：有些國家，如加拿大與荷蘭，用小型開放經濟體系的假設來描述較好。然而，做此假設的主要理由是發展開放總體經濟學的認識與直覺。記得在第 1 章，經濟模型是由簡化的假設所建立。假設不一定要切合實際才能有用，假設小型開放經濟體系可大幅簡化分析，且可因此協助釐清我們的思路。

問：我們可否放寬假設，並使模型更符合實際現象？

答：是的，我們可以，並且即將這樣做。本章附錄將考慮更複雜且更符合實際的大型開放經濟體系 (與第 14 章附錄亦是如此)。因為這個觀點對某些經濟體系 (如美國) 更切合實際，有些老師在教授這些課題時，直接略過而跳到附錄部份；其他老師認為學生在跑之前應先學會走路，因此會先從小型開放經濟體系的簡化假設開始。

模型

為了建立小型開放經濟體系的模型，我們自第 3 章取用三個假設：

- 經濟體系的產出 Y 由其生產因素與生產函數決定且是固定的。我們可寫成：

$$Y = \bar{Y} = F(\bar{K}, \bar{L})$$

- 消費 C 與可支配所得 $Y-T$ 是正相關。我們將消費函數寫成：

$$C = C(Y-T)$$

- 投資 I 與實質利率 r 是負相關。我們將投資函數寫成：

$$I = I(r)$$

此三項關係是我們模型的三個關鍵部份。如果你不瞭解這些關係，在繼續往下看之前，請先回顧第 3 章。

現在我們可以回到會計恆等式，並將其寫成：

$$NX = (Y - C - G) - I$$
$$NX = S - I$$

將第 3 章的三個假設代入上式，並利用本國利率等於全球利率的條件，可得：

$$NX = [\bar{Y} - C(\bar{Y} - T) - G] - I(r^*)$$
$$= \bar{S} \qquad - I(r^*)$$

此一方程式指出決定儲蓄 S 與投資 I 的因素為何，且因此決定貿易餘額 NX。記得儲蓄受財政政策的影響 (降低政府購買 G 或提高稅收 T)，會使國民儲蓄增加，而投資決定於全球實質利率 r^* (高利率使得有些投資計畫無利可圖)，所以貿易餘額也受這些變數的影響。

在第 3 章中，我們畫出如圖 6-2 的儲蓄與投資曲線。在該章學習的封閉經濟體系，實質利率調整到讓儲蓄與投資達到平衡；亦即，儲蓄曲線與投資曲線的交點決定實質利率水準。然而，在小型開放經濟體系下，實質利率等於全球實質利率。貿易餘額是決定於一定的全球利率下，儲蓄與投資的差額。

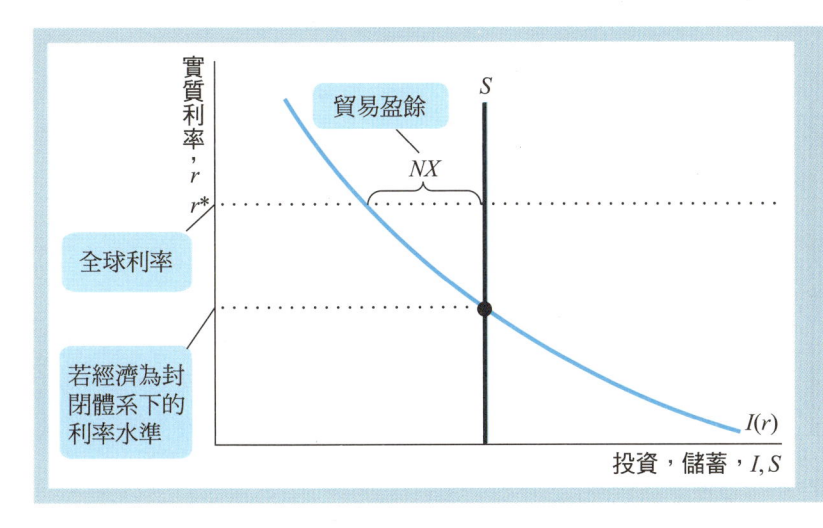

圖 6-2 開放經濟體系下的儲蓄與投資 在一封閉經濟體系，實質利率調整到讓儲蓄與投資達到均衡。在小型開放經濟體系，利率是由全球金融市場決定。儲蓄與投資的差額決定貿易餘額。在此圖形中，貿易是有盈餘的，因為在全球利率水準已知下，本國儲蓄超過本國投資。

在此，你可能想要知道使貿易餘額與淨資本外流相等的機制。資本流動的決定因素很容易瞭解。當儲蓄低於投資時，投資者會向國外貸款；當儲蓄超過投資時，超過的部份會借給其他國家。但究竟是什麼機制讓進口商與出口商的行為，確保國際間商品的流動恰好與國際間資本的流動達到平衡？現在暫時不回答這個問題，但會在第 6-3 節討論匯率決定因素時一起說明。

不同政策如何影響貿易餘額

假設經濟一開始是處於貿易平衡的狀態；亦即，在全球利率水準下，投資 I 等於儲蓄 S，淨出口 NX 等於零。讓我們利用模型來檢視國內、外政府政策的影響。

國內財政政策 首先，若政府藉增加政府購買來提高國內支出，讓我們考慮對小型開放經濟體系會有何變化。提高 G 會降低國民儲蓄，因為 $S=Y-C-G$，在一個固定的全球利率水準及 $I=I(r^*)$ 下，投資仍維持相同水準。因此，儲蓄會小於投資，且某些投資方案必須由國外資金融通。因為 $NX=S-I$，S 的下跌隱含 NX 的下跌。經濟體系現在發生貿易赤字。

稅收減少的分析也可運用相同的邏輯。減稅使 T 下跌，可支配所得 $Y-T$ 提高，刺激消費，而降低國民儲蓄。(即使部份的可支配所得會使私人儲蓄提高，公共儲蓄下跌的數量正是減稅的金額；整體而言，總儲蓄會下跌。) 因為 $NX=S-I$，國民儲蓄的減少會使 NX 下降。

圖 6-3 顯示這些效果。財政政策的改變，增加私人消費 C 或公共消費 G 會降低國民儲蓄 $(Y-C-G)$，因此會使垂直的儲蓄曲線從 S_1 左移至 S_2。因為 NX 是在固定全球利率下，儲蓄曲線與投資曲線的距離，儲蓄曲線左移會使 NX 下跌。因此，從貿易平衡出發，財政政策的變動會降低國民儲蓄，導致貿易赤字。

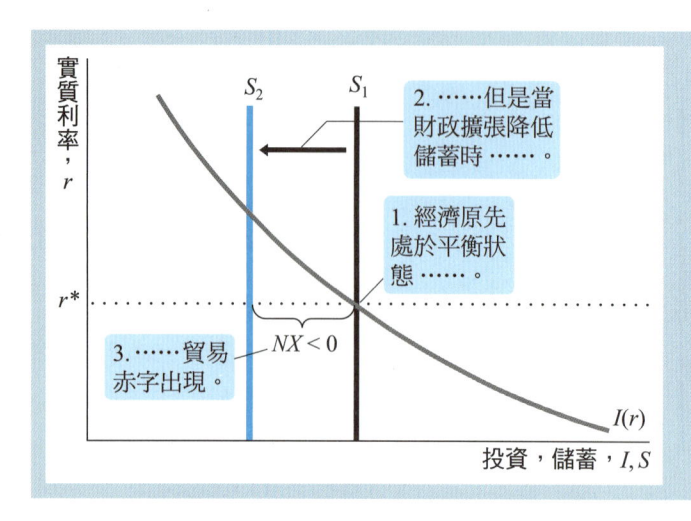

圖 6-3 小型開放經濟體系下，國內財政擴張　增加政府支出或降低稅收會使國民儲蓄減少，因此使儲蓄曲線左移，從 S_1 至 S_2。結果是貿易赤字出現。

國外財政政策　現在考慮當外國政府增加其購買時，對小型開放經濟體系會產生什麼衝擊。如果這些國家只占全球經濟的一小部份，則其財政改變不會對其他國家造成任何影響；但如果這些國家占全球經濟很大的一部份，它們提高政府購買會降低全球儲蓄，導致全球利率的上升。降低全球儲蓄會造成全球利率上升，正如同我們在封閉經濟體系下所見 (記得地球是一封閉經濟體系)。

全球利率上升會提高貸款成本，因此降低小型開放經濟體系下的投資水準。因為國內儲蓄沒有改變，儲蓄 S 現在會超過投資 I，有些儲蓄流向國外。因為 $NX = S - I$，投資減少必定會提高 NX。因此，國外儲蓄減少導致國內的貿易盈餘。

圖 6-4 說明原先處於貿易平衡狀態下的小型開放經濟體系，如何因應國外財政政策的變動。因為政策變動是發生在國外，國內儲蓄曲線與投資曲線不會變動，唯一改變是全球利率從 r_1^* 上漲至 r_2^*。我們知道貿易餘額是儲蓄與投資曲線的差距；因為在 r_2^* 時，儲蓄超過投資，故會有貿易盈餘。因此，國外財政擴張引發的全球利率上升，將導致國際貿易出現盈餘。

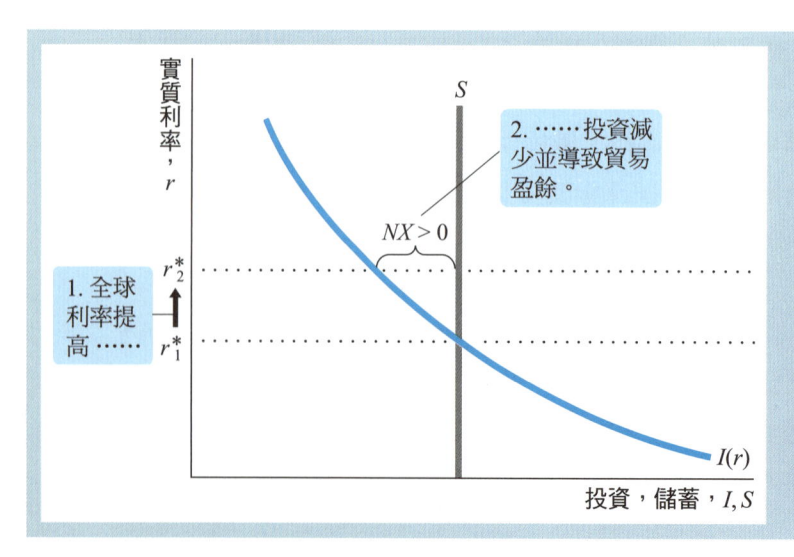

圖 6-4 小型開放經濟體系下，國外財政擴張　國外經濟的財政擴張，大到足以影響全球儲蓄與投資，使全球利率由 r_1^* 上升至 r_2^*。較高的全球利率使小型開放經濟體系下的投資減少，導致貿易盈餘。

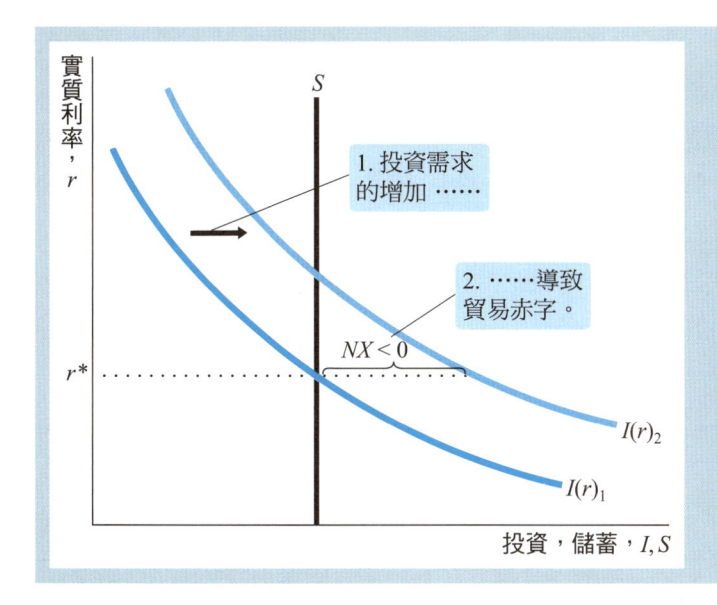

圖 6-5 小型開放經濟體系下，投資曲線的移動 投資曲線從 $I(r)_1$ 往外移動至 $I(r)_2$。在全球利率固定為 r^* 時，投資數量會提高。因此，現在投資超過儲蓄，這表示經濟社會需向國外借錢和發生貿易赤字。

投資需求的移動　現在來考慮在一小型開放經濟體系下，若投資曲線向外移動；因此在每一個利率水準下，投資商品的需求增加。例如，若政府鼓勵更多的國內投資，投資曲線就會往外移動。圖 6-5 說明投資曲線移動所造成的衝擊。在固定的全球利率水準下，投資現在比以前更高。因為儲蓄水準不變，所以有些投資方案所需的資金必須向國外貸款來融通。資本流入經濟體系來融通投資，以致於淨資本外流是負的。從另一個角度來看，$NX = S - I$，I 的增加隱含 NX 的減少。因此，從貿易平衡出發，投資曲線往外移動會引起貿易赤字。

評估經濟政策

我們的開放經濟模型指出以貿易餘額衡量的商品與服務的流動，及為了資本累積所發生國際資金流動，兩者之間的關係錯綜複雜。淨資本外流等於國內儲蓄減國內投資。因此，我們可以藉由檢視經濟政策對國內儲蓄與國內投資的衝擊，來瞭解這些政策的衝擊。提高投資或降低儲蓄的政策會造成貿易赤字，而降低投資或提高儲蓄的政策則會引發貿易盈餘。

我們對開放經濟體系的分析是實證分析而非規範分析；已經顯示經濟政策如何影響資本與商品在國際間的流動，但並未說明我們這些政策是否為好的政策與結果。評估經濟政策及其對開放經濟體系的衝擊，經常是經濟學家與政策制定者爭辯的課題。

當一經濟發生貿易赤字時，政策制定者面對的問題係其是否為全國性問題。許多經濟學家不認為貿易赤字本身是一個問題，但可能是問題的徵兆。貿易赤字可能是反映低儲蓄。在封閉經濟體系下，低儲蓄導致低投資和未來資本存量的降低；在開放經濟體系下，低儲蓄會導致貿易赤字和日益高漲的國外債務，這是將來必須償還的債務。在這兩種情況下，現在消費水準上升將使未來消費水準下降，隱含未來的世代將負擔國民儲蓄下降的後果。

不過，貿易赤字並非總是經濟病態的徵兆。當貧窮的農村經濟發展成現代工業經濟時，有時是以對外舉債方式融通大型的投資方案。例如，南韓在 1970 年代與 1980 年代初期出現龐大貿易赤字，而其經濟成長被譽為相當成功的範例之一。這裡學到的功課是：我們無法單獨從貿易餘額來判斷經濟的表現；反之，我們必須觀察國際間各項變數流動的基本原因。

個案研究

美國的貿易赤字

在 1980 年後的四十年間，美國出現龐大貿易赤字。圖 6-6(a) 藉由顯示淨出口占國內生產毛額百分比的走勢圖來說明這個經驗。貿易赤字的幅度會隨著不同時間上下起伏，但在這段期間始終如此龐大。在 2019 年，貿易赤字為 \$6,320 億，也就是國內生產毛額的 2.9%。如同會計恆等式的要求，貿易赤字會等於向國外貸款的金額 (或出售美國資產給外國人)。在這段期間內，美國從全球最大的債權國，變成全球最大的債務國。

究竟是什麼因素導致美國貿易赤字？並沒有單一解釋可以回答這個問題。但要瞭解其中的某些因素，觀察圖 6-6(b) 的國民儲蓄與國內投資的時間數列資料是有幫助的。請注意：貿易赤字是國內儲蓄與國內投資的差額。

貿易赤字的出現恰好與國民儲蓄的下跌一起出現。這種發展可以 1980 年代擴張性財政政策解釋。由於雷根總統的支持，美國在 1981 年立法通過，在往後三年將大幅降低個人所得稅。因為稅收的減少並未以等量的政府支出減少來配合，所以聯邦政府預算出現赤字。這些預算赤字的金額是戰後與經濟繁榮期間最高的紀錄，即使在雷根總統卸任後，預算赤字仍持續存在。根據我們的模型，這樣的政策會降低國民儲蓄，因此造成貿易赤字。事實上，這正是實際發生的狀況，因為政府預算與貿易帳約在同時間一起出現赤字，這些負債稱為*孿生赤字* (twin deficits)。

在 1990 年代，事情開始有些變化，美國聯邦政府預算漸趨平衡。老布希總統與柯林頓總統都簽署同意增稅，且國會同意支出有一最高上限。除了這些政策改變以外，1990 年代末期生產力的快速成長使所得提高，導致稅收增加得更快。上述這些發展使得美國聯邦政府預算轉虧為盈，進而使國民儲蓄水準提高。

對照我們的模型預測，國民儲蓄的增加並未帶來貿易赤字的縮小，因為國內投資在同一時期也增加。一個可能的解釋是，1990 年代資訊科技產業的蓬勃發展，導致美國投資函數擴張性地往外移動。即使財政政策讓貿易從赤字轉為盈餘，投資上漲的力量更大，讓貿易帳再轉為赤字。

在 2000 年代初期，財政政策再度造成國內儲蓄向下修正的壓力。在小布希總統任

(a) 美國貿易餘額

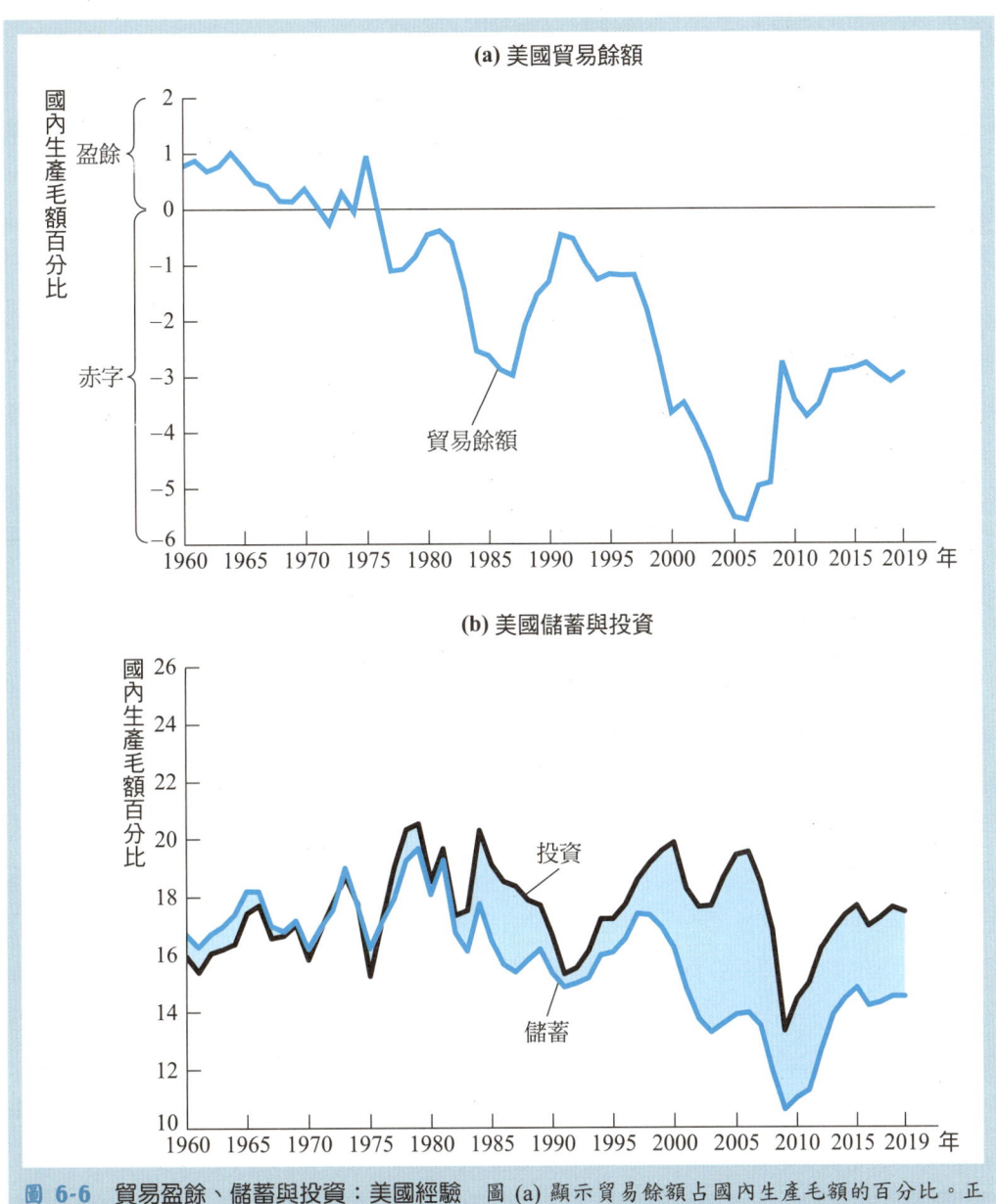

(b) 美國儲蓄與投資

圖 6-6　貿易盈餘、儲蓄與投資：美國經驗　圖 (a) 顯示貿易餘額占國內生產毛額的百分比。正的數字代表盈餘，而負的數字代表赤字。圖 (b) 顯示從 1960 年到 2019 年，國民儲蓄與投資占國內生產毛額的百分比。貿易盈餘等於儲蓄減去投資。

資料來源：美國商務部。

內，減稅在 2001 年和 2003 年簽署成為法案，以及對付恐怖份子的戰爭，導致政府支出大幅上揚。聯邦政府再度面臨赤字。國民儲蓄創下歷史新低，而貿易赤字也達歷史新高。

幾年之後，隨著經濟體系歷經房價大幅下滑 (導致第 13 章檢視的經濟大衰退現象)，貿易赤字開始稍微下降。房價下跌，導致住宅投資大幅下降。貿易赤字從 2006 年最高峰時占 GDP 的 5.6%，跌至 2009 年的 2.7%。從 2009 年到 2019 年，隨著經濟逐漸從陰霾中走出,儲蓄與投資都上升,而貿易貿額並無太大的改變。

美國貿易赤字的歷史顯示,這個統計數據本身無法告訴我們經濟體系有何變化。我們必須更詳細觀察儲蓄、投資,以及引起儲蓄和投資在不同時間變動的政策與事件。[1]

個案研究

為何資本不流向貧窮國家?

在上一個「個案研究」討論的美國貿易赤字,代表資本從世界其他國家流入美國。哪些國家是資本流入的來源?因為全球是一封閉經濟體系,資本必定來自那些有貿易盈餘的國家。在 2018 年,這些國家包含遠比美國更貧窮的國家,如泰國、安哥拉、伊朗、斯洛維尼亞和俄羅斯。在這些國家中,儲蓄超過國內資本投資。這些國家將資金送到外國,如美國的國內資本投資超過儲蓄。

從一個角度來看,國際資本流動的方向是一種矛盾。記得在第 3 章討論生產函數時,我們建立一個在實證上符合實際的 Cobb-Douglas 生產函數:

$$F(K, L) = A K^{\alpha} L^{1-\alpha}$$

其中 K 是資本,L 是勞動,變數 A 代表技術狀態,而 α 為一參數,決定資本的總所得份額。就此生產函數而言,資本邊際產量為:

$$MPK = \alpha A (K/L)^{\alpha - 1}$$

資本邊際產量告訴我們,額外一單位資本將生產多少單位的產出。因為 α 是所得的資本份額,一定小於 1,所以 $\alpha - 1 < 0$,這意味著提高 K/L 會降低 MPK。換言之,假設其他變數不變,一國擁有的平均每位勞工資本愈多,額外一單位資本的價值愈低。這種邊際產量遞減的現象說明,當資本稀少時,資本應該更有價值。

然而,這個預測似乎與由貿易不平衡代表的國際資本流動並不一致。資本似乎不流向那些具有最高資本價值的國家。不是那些富裕國家 (如美國) 借錢給資本貧窮國家,我們通常觀察到相反現象。為何會如此?

其中一個原因是,除了資本累積外,各個國家之間還有一些重要差異。貧窮國家不僅擁有較低的資本累積 (以 K/L 代表),且有較差的生產能力 (以變數 A 代表)。相較於富裕國家,貧窮國家可能較無法取得先進科技、擁有較低的教育水準 (或人力資本),或較無效率的經濟政策。這些差異可能意味著在一定勞動與資本投入下,產出將會較少;在 Cobb-Douglas 生產函數中,這些差異是由較低的參數 A,來反映意味著在一定的資本與勞動投入下產出較少。果真如此,即使資本是稀少的,在貧窮國家資本不一定會更有價值。

第二個原因是,財產權通常無法執行。貧窮國家的腐敗通常較多;革命、暴動和沒收

---

[1] 想知道更多相關議題,請見 Catherine L. Mann, *Is the U.S. Trade Deficit Sustainable?* Institute for International Economics, 1999。

財富的現象非常普遍；而政府也經常倒帳。所以，即使資金在貧窮國家較有價值，外國人也會避免將財富投資在那裡，只是因為害怕失去他們的投資。此外，更有甚者，本地投資者面對相同的誘因。想像你居住在一貧窮國家，且你幸運地有些財富可供投資，可能會決定放在像美國一樣的安全國家是最佳抉擇，即使資本在安全國家比在本國更不具價值。

無論哪一個原因才是正確的，貧窮國家面臨的挑戰是找出逆轉局勢的作法。若這些國家像美國經濟一樣，提供相同的生產效率和法律保障，國際資本流動也可能轉向。美國貿易赤字將變成貿易盈餘，而資本將流入這些新興國家。這種改變將協助世界上貧窮國家脫離貧窮的困境。[2]

6-3 匯率

在檢視國際間資本及商品服務的流動後，我們現在將分析延伸，探討這些交易使用的價格。讓我們依序個別討論，並且觀察它們之間的關係。兩個國家之間的**匯率** (exchange rate) 是兩國居民互相交易的價格。在本節中，首先檢視匯率衡量什麼，然後討論如何決定匯率。

名目匯率與實質匯率

經濟學家會分辨兩種不同的匯率之名目匯率和實質匯率。讓我們依序討論，並觀察它們之間的關係。

名目匯率　**名目匯率** (nominal exchange rate) 為兩國通貨的相對價格。例如，若美元與日圓的匯率是 100 日圓 / 美元，這表示你在全球外匯市場上，可以 1 美元兌換 100 日圓。一日本人想要持有美元，可以用 100 日圓買進 1 美元；一美國人想要持有日圓，可以用 1 美元買進 100 日圓。當他們提到兩個國家的「匯率」時，所指的是名目匯率。

請注意：匯率可以有兩種報導方式。若 1 美元可以買 100 日圓，則 1 日圓可購買 0.01 美元。我們可以說匯率是 1 美元兌 100 日圓，或是可以說匯率是 1 日圓兌 0.01 美元。由於 0.01 等於 1/100，這兩種匯率的表示方式是相同的。

本書的匯率是以 1 美元兌換的外幣數量來表示。利用這種慣例，匯率上升──如從 1 美元兌 100 日圓上升至 1 美元兌 110 日圓──為美元升值 (appreciation)；匯率下跌為貶值 (depreciation)。當本國貨幣升值時，能買到更多的外國貨幣；當本國貨幣貶值時，則買到較少的外國貨幣。升值有時稱為強勢 (strengthening) 貨幣，而貶值稱為弱勢 (weakening) 貨幣。

---

[2] 想知道更多相關議題，請見 Robert E. Lucas, "Why Doesn't Capital Flow from Rich to Poor Countries?" *American Economic Review* 80 (May 1990): 92-96。

實質匯率　實質匯率 (real exchange rate) 是兩個國家商品的相對價格；亦即，實質匯率告訴我們，一個商品與另外一國家商品的交換比率。實質匯率有時稱為貿易條件 (terms of trade)。

想要知道名目匯率與實質匯率之間的關係，假設許多國家只生產一種商品：汽車。假設一部美國車價格是 $30,000，和一部相同的日本車價格是 6,000,000 日圓。要比較兩部汽車的價格，我們必須將其轉換成相同貨幣。若 1 美元值 100 日圓，則一部美國車值 100×30,000 或 3,000,000 日圓，比較美國車價格 (3,000,000 日圓) 和日本車價格 (6,000,000 日圓)，我們的結論是：美國車價格是日本車價格的一半。換言之，按照目前的價格，我們可以用兩部美國車交換一部日本車。

可以下式來總結我們的計算：

$$\text{實質匯率} = \frac{(100\ \text{日圓} / \text{美元}) \times (30{,}000\ \text{美元} / \text{美國車})}{(6{,}000{,}000\ \text{日圓} / \text{日本車})} = 0.5\ \frac{\text{日本車}}{\text{美國車}}$$

依照這些價格與匯率，我們得到 0.5 部日本車 / 美國車。將這個算式寫成一般式：

$$\text{實質匯率} = \frac{\text{名目匯率} \times \text{本國商品價格}}{\text{外國商品價格}}$$

本國商品與外國商品的交換比率，取決於以當地貨幣表示兩個商品的價格及兩國通貨的交換比率。

這個單一商品實質匯率的計算建議，當我們面對更多商品時，應該如何定義實質匯率。令 e 代表各名目匯率 (1 美元兌換日圓的數量)，P 是美國的物價水準 (以美元衡量)，P^* 是日本物價水準 (以日圓衡量)，則實質匯率 ϵ 是：

$$\text{實質匯率} = \text{名目匯率} \times \text{物價水準比率}$$
$$\epsilon\ =\ e\ \times\ (P/P^*)$$

兩個國家間的實質匯率是從兩個國家名目匯率與物價水準計算而來。若實質匯率較高，外國商品相對便宜，則本國商品相對較貴；若實質匯率較低，外國商品相對較貴，則本國商品相對便宜。

實質匯率與貿易餘額

實質匯率能發揮什麼樣的總體經濟影響力？要回答這個問題，記得實質匯率只是一個相對價格。正如同漢堡與披薩的相對價格會決定你的午餐選擇，本國與外國商品的相對價格也會影響這項商品的需求。

舉例來說，假設實質匯率在美國較低。在這種情形下，因為美國商品相對便宜，美國居民購買進口商品的數量減少：他們會買福特 (Fords) 汽車，而非豐田 (Toyota) 汽車；喝百威 (Budweiser)，而非海尼根 (Heineken) 啤酒；到佛羅里達州，而非義大利渡假。同理，外國人會多購買美國商品：他們會買福特汽車、喝百威啤酒，以及在假期時遠渡重洋到奧蘭多渡假，因為美國人與外國人的行為，導致美國的淨出口數量增加。

「內布拉斯加州如何？美元在內布拉斯加州仍然強勁。」

如果實質匯率較高，則情形剛好相反。在這種情況下，美國商品相對外國商品較貴，美國居民會多購買進口商品，而外國則會少購買美國商品，因此美國淨出口需求數量會降低。

我們可將實質匯率與淨出口之間的關係寫成：

$$NX = NX(\epsilon)$$

這個式子說明淨出口是實質匯率的函數。圖 6-7 說明貿易餘額與實質匯率之間的負向關係。

實質匯率的決定因素

我們現在擁有模型建構需要的所有部份，足以解釋決定實質匯率的因素究竟為何。特別是我們結合此新的淨出口與實質匯率的關係，及本章稍早發展的貿易餘額模型，兩者加以結合。我們將這些分析總結如下：

- 實質匯率與淨出口相關，當實質匯率下跌時，本國商品相對外國商品較便宜，故淨出口會增加。

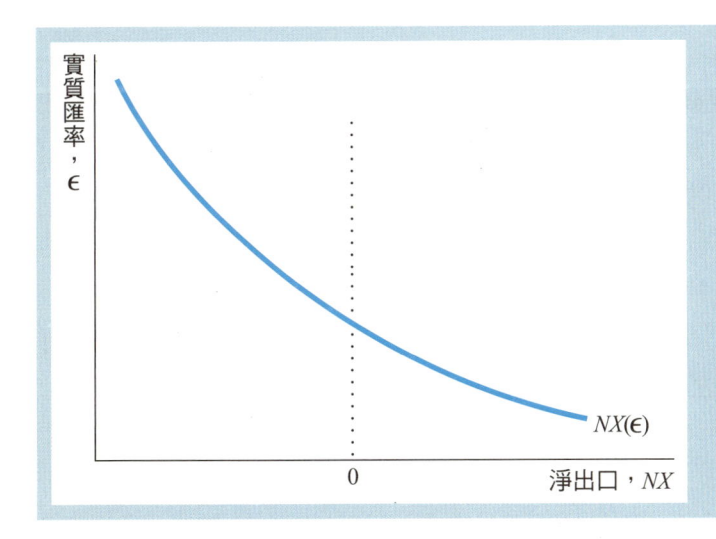

圖 6-7　淨出口與實質匯率　此圖形顯示實質匯率與淨出口的關係，實質匯率愈低，本國商品相對於外國商品愈便宜，因此本國淨出口愈多。請注意：橫軸的一部份衡量負的 NX：因為進口可以大於出口，淨出口可以小於零。

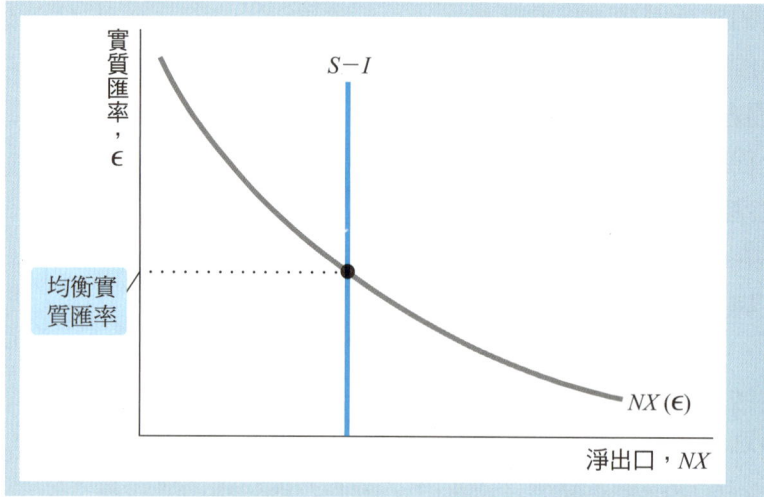

圖 6-8　實質匯率如何決定　實質匯率是由垂直的儲蓄減投資曲線與負斜率的淨出口曲線的交點決定，在此交點，淨資本外流的美元供給等於商品與服務淨出口的美元。

- 貿易餘額 (淨出口) 一定會等於淨資本外流，其又等於儲蓄減去投資。儲蓄由消費函數與財政政策決定；投資是由投資函數與全球利率水準共同決定。

圖 6-8 描繪這兩種情況。表示淨出口與實質匯率間曲線關係為負，因為較低的實質匯率使本國商品相對便宜。代表儲蓄與投資差額 $S-I$ 的曲線是垂直的，因為儲蓄或投資都不受實質匯率的影響。兩條線的交點決定均衡實質匯率。

圖 6-8 看起來就像一般的供給與需求曲線。事實上，你可將這個圖形看成是美元兌換外國貨幣的供給與需求曲線。垂直線 $S-I$ 表示淨資本外流，它是供給美元以兌換成外國貨幣，並到外國投資。負斜率曲線 $NX(\epsilon)$ 代表外國人對美元的淨需求，且用這些美元買更多的美國商品。故在均衡實質匯率下，從淨資本外流而來的美元供給與外國人購買淨出口需要的美元達到平衡。

政府政策如何影響實質匯率？

我們可以利用剛才推導的模型，說明早先提到的經濟政策變動如何影響實質匯率。

國內財政政策　如果政府提高政府購買或減稅來降低國民儲蓄，實質政府政策如何影響實質匯率，匯率有何變化？如同我們先前討論的，儲蓄的減少會降低 $S-I$ 與 NX；亦即，儲蓄減少會讓貿易餘額發生赤字。

圖 6-9 顯示均衡實質匯率是如何調整，導致 NX 的下跌。政策的改變讓垂直的 $S-I$ 線左移，減少預備在外國投資的美元供給。供給減少使均衡實質匯率從 ϵ_1 上升到 ϵ_2；亦即，美元變得更有價值。因為美元升值，國內商品變得比國外商品更貴，造成出口減少和進口增加。這些進口與出口的變動，兩者均使淨出口減少。

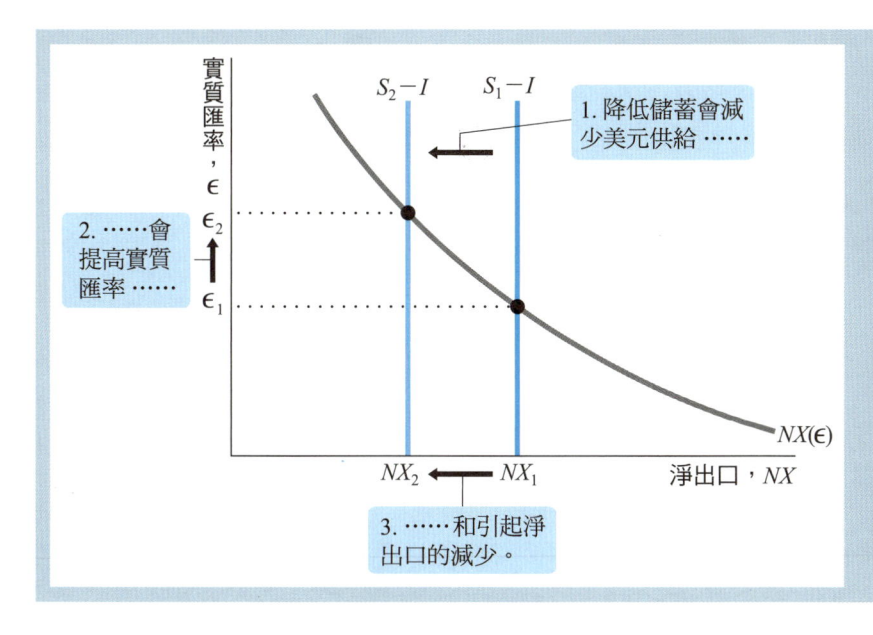

圖 6-9　國內擴張性財政政策對實質匯率的衝擊　國內擴張性財政政策，如增加政府支出或減少稅收，會降低國民儲蓄。降低儲蓄會減少兌換外國通貨的美元供給，從 S_1-I 到 S_2-I。供給曲線的移動使均衡實質匯率從 ϵ_1 上升到 ϵ_2。

圖中標示：
1. 降低儲蓄會減少美元供給……
2. ……會提高實質匯率……
3. ……和引起淨出口的減少。

國外財政政策　如果外國政府增加政府購買或減稅，實質匯率會有何變化？財政政策的改變會使全球儲蓄減少，而提高全球利率。全球利率上升造成國內投資 I 減少，$S-I$ 增加，NX 因而隨之上升；亦即，全球利率上升造成貿易餘額產生盈餘。

圖 6-10 顯示政策變動讓垂直的 $S-I$ 向右移動，可投資到國外的美元供給增加。最後，均衡實質匯率下跌；亦即，美元價值更低，而國內商品變得比國外商品更便宜。

投資需求的移動　若國內投資需求，因為企業管制解除而增加，實質匯率有何變化？在固定的全球利率水準下，投資需求的增加導致投資提高。較高的 I 值意味著較低的 $S-I$ 和 NX；亦即，投資需求增加使貿易餘額變成赤字。

圖 6-11 顯示投資需求提高，使垂直的 $S-I$ 曲線左移，可供對外投資的美元減少。最後，均衡實質匯率上升。因此，當投資抵減使美國國內投資更吸引人時，同時提高美元價值。當美元升值時，國內商品相對國外商品變得較昂貴，所以淨出口會下跌。

貿易政策的影響

現在已經有能夠解釋貿易餘額和實質匯率的模型，我們擁有檢視貿易政策總體經濟效果的工具。貿易政策的廣義定義是指直接影響商品與服務進出口的政策。大多數時候，貿易政策是以保護國內產業免受國外競爭的形式出現──對進口商品課稅(關稅)，或限制商品與服務的進口數量(配額)。

我們以一個保護主義傘下的貿易政策為例，假設政府決定禁止外國汽車進

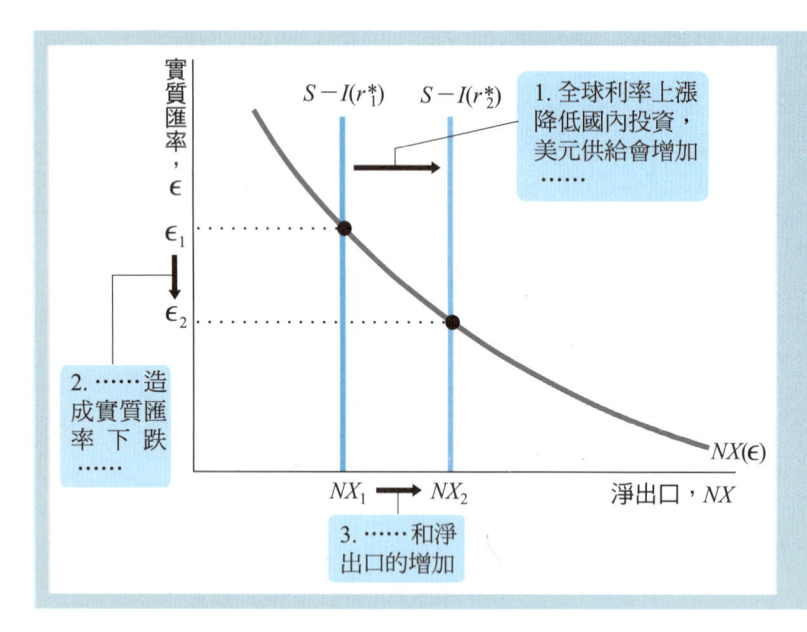

圖 6-10 外國擴張性財政政策對實質匯率的衝擊 外國的擴張性財政政策降低全球儲蓄，使全球利率從 r_1^* 上升至 r_2^*。全球利率上升，導致國內投資減少，進而提高兌換外國貨幣的美元供給。結果是均衡實質匯率從 ϵ_1 下跌至 ϵ_2。

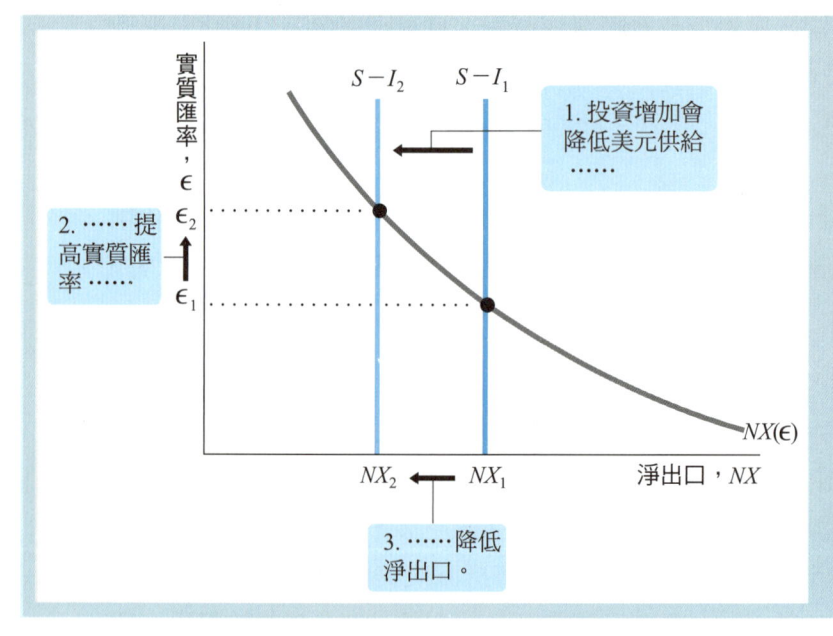

圖 6-11 投資需求增加對實質匯率的衝擊 提高投資需求使國內投資從 I_1 上升至 I_2。因此，預備兌換外國貨幣的美元供給從 $S-I_1$ 下降至 $S-I_2$。這種供給的減少，造成均衡實質匯率從 ϵ_1 上升至 ϵ_2。

口，對總體經濟有何衝擊？在任何既定的實質匯率水準下，進口數量會比以前降低，此隱含淨出口 (出口減去進口) 將會較高。因此，淨出口曲線往外移動，如圖 6-12 所示，實質匯率較高，且淨出口數量不變。儘管淨出口曲線向右移動，但均衡的淨出口數量並未改變，因為貿易保護政策並未改變儲蓄水準或投資水準。

這個分析顯示，保護主義的貿易政策不會影響貿易餘額。這個令人驚訝的結論通常會在貿易政策辯論中被忽略，因為貿易赤字反映進口大於出口的差額，我們或許會猜測減少進口——如禁止外國汽車進口——會降低貿易赤字；但我們的模型顯示，保護主義的貿易政策只會使實質匯率升值。國內商品相對國外商品

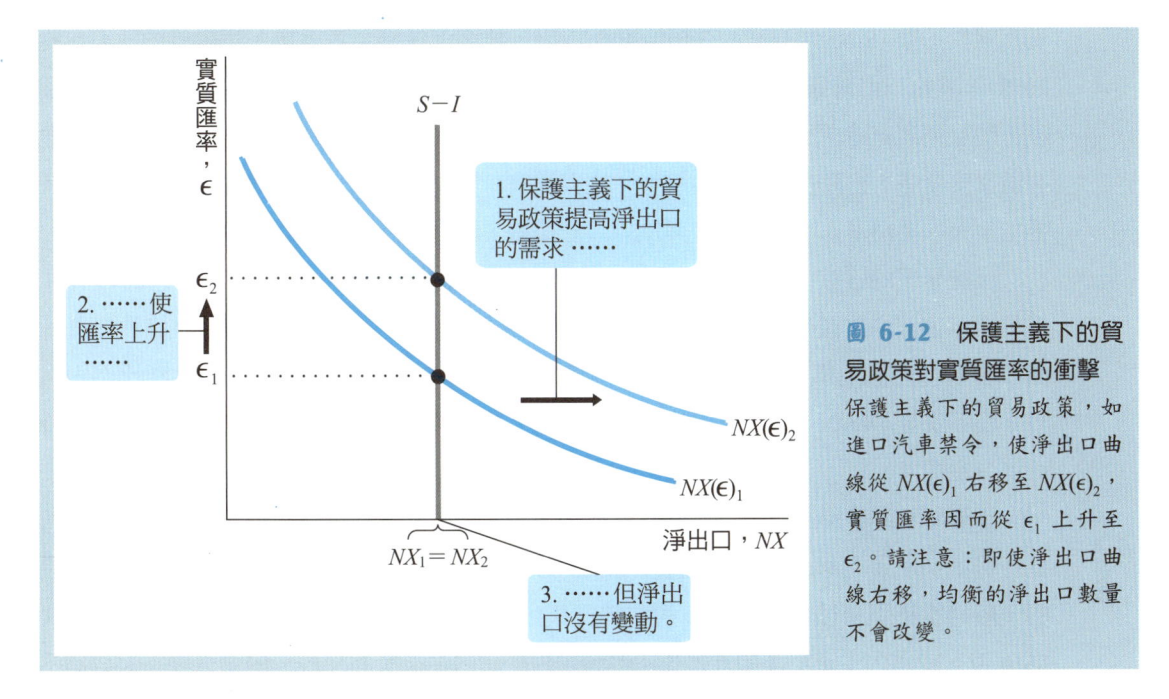

圖 6-12 保護主義下的貿易政策對實質匯率的衝擊

保護主義下的貿易政策，如進口汽車禁令，使淨出口曲線從 $NX(\epsilon)_1$ 右移至 $NX(\epsilon)_2$，實質匯率因而從 ϵ_1 上升至 ϵ_2。請注意：即使淨出口曲線右移，均衡的淨出口數量不會改變。

1. 保護主義下的貿易政策提高淨出口的需求……
2. ……使匯率上升……
3. ……但淨出口沒有變動。

價格的上漲，會刺激進口和抑制出口，造成進出口的減少。因此，升值會抵銷貿易限制造成的淨出口增加。

雖然保護主義的貿易政策並未改變貿易餘額，但是的確改變貿易量。如同我們已經知道，因為實質匯率升值，一國生產的商品與服務變得比國外的商品與服務更貴。因此，在新均衡點，一國的出口數量減少。因為淨出口不變，一國的進口數量也會減少。(匯率升值的確刺激某種程度的進口，但這只能部份抵銷貿易限制帶來的進口減少。)因此，貿易保護政策會同時降低進口數量和出口數量。

貿易總數量的下跌，是經濟學家始終反對貿易保護政策的理由。國際貿易使各國專業化生產機會成本較低的商品，以及提供各個人民許多不同種類的商品與服務，而使所有國家受益。儘管這些貿易政策能夠使社會中某些利益團體受惠──如進口汽車禁止，可幫助國內汽車業者──但當政策降低國際貿易總量時，社會平均利益會比以前更糟。

個案研究

川普先生的經濟後果

當川普在 2016 年競選總統時，其中一個代表性議題是貿易政策，他通常指出，美國持續性的貿易赤字是美國成為國際貿易輸家的證據，認為過去的貿易協議削弱美國利益，而主張重新協商貿易協議，也作為他競選口號「美國優先」(America First) 的部份內容。這些說法並未得到經濟學家的支持，但得到某些選民的認同。

當選總統之後，川普採取赫伯特·胡佛 (Herbert Hoover) 總統自 1930 年簽署斯姆特—

霍利關稅法案 (Smoot-Hawley Tariff Act) 以來，比任何總統更加貿易保護主義的政策。從 2018 年開始，川普總統對許多種類的產品，如太陽能板、洗衣機、鋼鐵和鋁，課徵高關稅。他宣稱政府追求此種政策是依據一項古老且鮮少被援用的立法，總統有權力在進口危害國家安全時，對商品課徵進口關稅。在美國宣佈課徵關稅後，一些美國的貿易夥伴，包括加拿大、墨西哥、中國、印度與歐盟，立即對美國產品課徵報復性關稅。

根據早期的證據，川普總統的政策並未降低預期的貿易赤字，從 2017 年到 2019 年，貿易赤字占國內生產毛額的比例依舊維持在 2.9%，然而，貿易金額下跌。在這兩年間，出口占國內生產毛額的比例從 12.1% 下跌至 11.7%，而進口占國內生產毛額比例則從 15.0% 下跌至 14.6%。如同我們的模型所預測，提升貿易障礙無助於改變貿易餘額，並降低貿易金額。

國際貿易經濟學家花費許多時間，檢視川普總統的關稅措施。一項卓越的研究證實，這些關稅加上貿易移作實施的報復性關稅，導致進出口巨幅減少，這個研究也利用貿易的一般均衡模型來估計此項政策的利弊得失，發現美國消費者與廠商購買進口商品損失 $510 億，或國內生產毛額的 0.27%。然而，由於國內生產者面臨較少的國外競爭及政府的關稅收入，會有一部份的利得。考慮利得與損失後，淨損失估計為 $720 億，或國內生產毛額的 0.04%。

這項研究也發現這種利得與損失的貿易層面。川普總統的關稅課稅對政治競爭地區 (即共和黨與民主黨選民人數約略相當的地區) 較為有利，報復性關稅影響共和黨州，而對民主黨州的衝擊較小，這些發現建議，特定產品關稅的選取不僅是經濟且為政治考量。[3]

名目匯率的決定因素

在瞭解決定實質匯率的因素後，現在可將注意力放在名目匯率——兩個國家通貨的交換比率。記得名目匯率與實質匯率之間的關係：

$$\text{實質匯率} = \text{名目匯率} \times \text{物價水準比率}$$
$$\epsilon = e \times (P/P^*)$$

我們可將名目匯率寫成：

$$e = \epsilon \times (P^*/P)$$

上式顯示名目匯率受實質匯率與兩個國家物價水準的影響。在實質匯率已知的情形下，若國內物價水準上升，則名目匯率 e 將下跌：因為美元價值降低，1 美元兌換的日圓數量減少。然而，若日本物價水準 P^* 上升，則名目匯率將上升：因

---

[3] Pablo D. Fajgelbaum, Pinelopi K. Goldberg, Patrick J. Kennedy, and Amit K. Khandelwal, "The Return to Protectionism," *The Quarterly Journal of Economics* 135, no. 1 (February 2020): 1-55.

為日圓下降，1 美元可買到更多日圓。

考慮匯率隨時間經過變化，更有助於我們的認識。匯率方程式可以寫成：

$$\frac{e\text{的變動}}{\text{百分比}} = \frac{\epsilon\text{的變動}}{\text{百分比}} + \frac{P^*\text{的變動}}{\text{百分比}} - \frac{P\text{的變動}}{\text{百分比}}$$

ϵ 的變動百分比是實質匯率的百分比，P 的變動百分比是國內通貨膨脹率 π，而 P^* 變動百分比是外國的通貨膨脹率 π^*。因此，名目匯率變動百分比是：

$$e\text{的變動百分比} = \epsilon\text{的變動百分比} + (\pi^* - \pi)$$
名目匯率變動百分比＝實質匯率變動百分比＋通貨膨脹率的差距

這個式子說明，兩個國家通貨間名目匯率變動百分比等於實質匯率百分比加上通貨膨脹率的差距。如果一個國家相對於美國有較高的通貨膨脹率，隨著時間經過，1 美元能夠買到更多數量的外國貨幣；若一個國家相對於美國有較低的通貨膨脹率，隨著時間經過，1 美元能夠買到的外國貨幣數量將會減少。

這個分析說明貨幣政策如何影響名目匯率。從第 5 章可知，貨幣供給成長過快會導致通貨膨脹。此處，我們剛剛看到高通貨膨脹的一個後果是貨幣貶值，高的 π 隱含 e 下跌。換言之，正如同貨幣成長會提高商品的貨幣價格，也會提高以本國貨幣表示的外國貨幣價格。

個案研究

通貨膨脹與名目匯率

如果我們觀察不同國家的匯率與物價水準資料，就可以很快瞭解通貨膨脹在解釋名目匯率變動的重要性。最具戲劇性的範例是來自於通貨膨脹非常高的時期。例如，墨西哥從 1983 年到 1988 年物價水準上升 2,300%。因為這個通貨膨脹，民眾用 1 美元能夠買到的披索數量，從 1983 年的 144 漲到 1988 年的 2,281。

同樣的關係也發生在許多具有通貨膨脹的國家。圖 6-13 為一散佈圖，顯示 15 個國家通貨膨脹與匯率之間的關係，橫軸是各國平均通貨膨脹率與美國平均通貨膨脹的差距 ($\pi^* - \pi$)，縱軸是各國通貨與美元間匯率的平均變動百分比 (e 的變動百分比)。在這個圖形中，這兩個變數之間的正向關係是非常明顯的。這些變數的相關係數 —— 衡量兩變數間的相關程度，其值介於 -1 與 $+1$ 之間 —— 為 0.88。擁有相對較高通貨膨脹的國家，一般會有貶值的通貨 (隨著時間經過，相對於美元，它們較不值錢)。

例如，考慮瑞士法郎與美元之間的匯率。瑞士與美國在過去這些年來都經歷通貨膨脹，所以瑞士法郎和美元所能夠買到的東西都比以前少。但是，如圖 6-13 所示，瑞士的

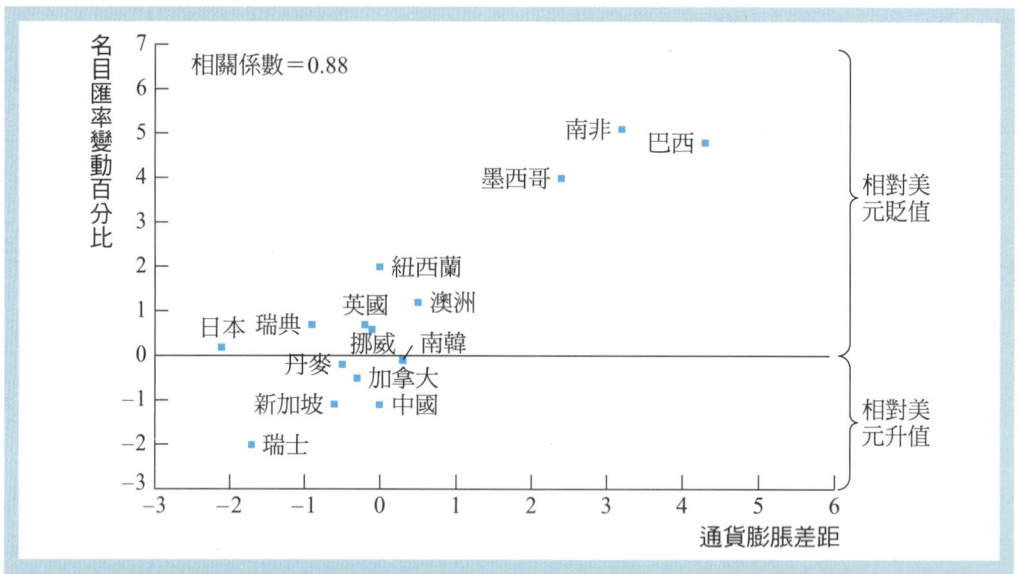

圖 6-13 通貨膨脹差距與匯率

這個散佈圖顯示通貨膨脹與名目匯率之間的關係。橫軸是從 2000 年到 2018 年，一國的平均通貨膨脹率減去美國的平均通貨膨脹率。縱軸是在這段期間內，一國匯率匯率平均變動百分比 (對美元)。此圖形顯示，具有相對較高通貨膨脹的國家會有貶值的通貨，而具有相對較低通貨膨脹的國家則會有升值的通貨。

資料來源：聯邦準備銀行聖路易分行。

通貨膨脹低於美國的通貨膨脹。這表示瑞士法郎價值的跌幅要比美元跌幅低。因此，1 美元所能買到的瑞士法郎數量，會隨著時間經過而減少。

購買力平價的特殊範例

經濟學中的一個著名假設稱為單一價格法則 (law of one price)，主張相同的商品不能在相同的時間於不同的地點以不同的價格出售。若一蒲式耳小麥的價格在紐約的售價低於芝加哥，我們可以在紐約買進小麥，然後在芝加哥賣出小麥，賺取中間的差價。這個利潤機會很快地被精明的套利者 —— 專精於在一市場「買低」和在另一市場「賣高」的人們 —— 知道。當套利者利用這個機會時，會在紐約增加對小麥的需求，並在芝加哥增加對小麥的供給。他們的動作會造成紐約小麥價格的上揚和芝加哥小麥價格的下滑 —— 直至兩個市場價格趨於一致。

將單一價格法則運用到國際市場上，稱為購買力平價 (purchasing-power parity)，主張若國際套利是可能的，則 1 美元在每個國家都應該有相同的購買力。這個論點的說明如下。若 1 美元在國內購買的小麥數量要比國外多，則在國內買進小麥且在國外賣出一定可以賺取利潤，追求利潤的套利者將使小麥國內價格相對國外價格上升。同樣地，如果 1 美元在國外比在國內能夠買到更多數量的小麥，套利者會在國外買進小麥且在國內出售，使國內價格相對國外價格下跌。因此，國際套利者追求利潤的行為導致小麥價格在所有國家都會相同。

我們可以利用實質匯率模型來解釋購買力平價的主張。國際套利者的快速行動，隱含淨出口對實質匯率小幅度的變動相當敏感。本國商品相對外國商品價格微幅下跌──亦即，實質匯率微幅下跌，導致套利者買進本國商品並銷往國外。同樣地，本國商品相對價格的微幅上漲，導致套利者從國外進口商品。因此，如圖 6-14 所示，在使各國購買力相等的實質匯率水準下，淨出口是非常平坦的曲線：任何實質匯率的微幅移動導致淨出口的大幅改變。這種淨出口的極度敏感保證，均衡實質匯率非常接近讓購買力平價成立的水準。

購買力平價有兩個重要的涵義：第一，因為淨出口的曲線相當平坦，儲蓄或投資的改變不會影響實質或名目匯率；第二，因為實質匯率固定，所有名目匯率的變動都來自於物價水準的變動。

購買力平價的理論是否合乎實際？大多數經濟學家認為，儘管購買力平價的邏輯很吸引人，但並不能完全正確地描述實際生活。第一，許多商品與服務無法進行貿易。在東京剪髮可能比紐約昂貴，但這個情形並不存在套利空間，因為理髮不可能從東京運送到紐約；此外，即使是可交易的商品，它們之間也不一定是完全替代。因為某些消費者偏愛豐田汽車，而其他人可能喜愛福特汽車。因此，豐田汽車與福特汽車的相對價格可能會有某種幅度的差距，但還是不存在套利機會。因此，實質匯率事實上會隨著時間經過而上下起伏。

儘管購買力平價理論無法完美地描述實際生活，但的確說明為什麼實質匯率的移動是有限的。其基本邏輯相當令人信服：實質匯率偏離購買力平價預測的水準愈遠，民眾從事商品國際套利的誘因就愈高。雖然我們無法依賴購買力平價來消除所有實質匯率的變動，但這個理論的確提供我們一個預期實質匯率波動將是暫時或微幅變動的理由。[4]

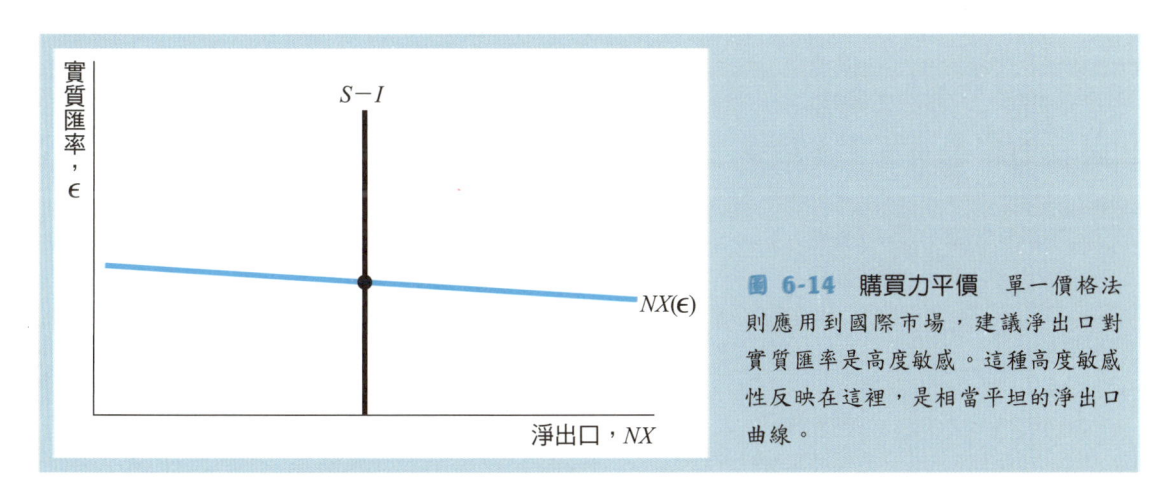

圖 6-14　購買力平價　單一價格法則應用到國際市場，建議淨出口對實質匯率是高度敏感。這種高度敏感性反映在這裡，是相當平坦的淨出口曲線。

---

[4] 想知道更多有關購買力平價的內容，請見 Kenneth A. Froot and Kenneth Rogoff, "Perspectives on PPP and Long-Run Real Exchange Rates," in *Handbook of International Economics*, vol. 3, edited by Gene M. Grossman and Kenneth Rogoff (Amsterdam: North-Holland, 1995)。

個案研究

全球各地的大麥克

購買力平價理論強調，在我們調整匯率後，應該發現商品在每個地方的價格相同；反之，它主張兩個不同貨幣的匯率是受兩個國家物價水準的影響。

要瞭解這個理論的適用性，一份國際性新聞雜誌——《經濟學人》(The Economist) 定期蒐集商品在不同國家間的售價：麥當勞的大麥克。根據購買力平價，一個大麥克的售價應與該國的名目匯率緊密相關。以當地貨幣表示的大麥克價格愈高，匯率 (以美元兌換當地貨幣數量衡量) 應該也會愈高。

表 6-2 列出當一個大麥克在美國的售價為 $5.67 時 (如為紐約、舊金山、芝加哥及亞特蘭大的平均價格)，2020 年的大麥克在國際間的價格。根據這些資料，我們可以利用購買力平價理論來預測名目匯率。例如，因為在瑞典，一個大麥克賣 51.5 瑞典克朗，我們預測美元與瑞典克朗間的匯率是 51.5/5.67，或 1 美元兌換 9.08 瑞典克朗。在這個匯率水準下，一個大麥克在瑞典的售價與美國相同。

表 6-2　大麥克價格與匯率：購買力平價的應用

國家	通貨	一個大麥克的售價	匯率 (兌 1 美元) 預期	匯率 (兌 1 美元) 實際
印尼	印尼盾	33,000	5,820	13,670
哥倫比亞	披索	11,900	2,099	3,288
南韓	韓圜	4,500	794	1,156
智利	智利披索	2,640	466	773
匈牙利	富林	900	159	299
巴基斯坦	盧比	520	91.7	154.9
日本	日圓	390	68.8	110
印度	盧比	188	33.2	70.9
阿根廷	阿根廷披索	171	30.2	60.1
菲律賓	菲律賓披索	142	25.0	50.6
俄羅斯	盧布	135	23.8	61.4
泰國	泰銖	115	20.3	30.3
捷克	捷克克朗	85	15.0	22.6
台灣	新台幣	72	12.7	29.9
挪威	挪威克朗	53	9.35	8.88
瑞典	瑞典克朗	51.5	9.08	9.46
墨西哥	墨西哥披索	50	8.82	18.82
埃及	埃及鎊	42	7.41	15.88
南非	蘭特	31	5.47	14.39

表 6-2　大麥克價格與匯率：購買力平價的應用（續）

國家	通貨	一個大麥克的售價	匯率（兌 1 美元）預期	匯率（兌 1 美元）實際
丹麥	丹麥克朗	30	5.29	6.72
中國	人民幣	21.5	3.79	6.89
香港	港幣	20.5	3.62	7.78
巴西	巴西里耳	19.9	3.51	4.14
以色列	錫克爾	17	3.00	3.46
沙烏地阿拉伯	里亞爾	13	2.29	3.75
土耳其	里拉	12.99	2.29	5.88
祕魯	索爾	11.9	2.10	3.33
波蘭	波蘭幣	11	1.94	3.80
馬來西亞	林吉特	9.5	1.68	4.07
加拿大	加幣	6.77	1.19	1.31
紐西蘭	紐幣	6.5	1.15	1.51
瑞士	瑞士法郎	6.5	1.15	0.97
澳洲	澳幣	6.45	1.14	1.45
新加坡	新幣	5.9	1.04	1.35
美國	美元	5.67	1.00	1.00
歐元區	歐元	4.12	0.73	0.90
英國	英鎊	3.39	0.60	0.77

註解：預測匯率是讓該國大麥克價格與美國大麥克價格相等所計算出的匯率。
資料來源：《經濟學人》。

　　表 6-2 顯示，以預測匯率排列，36 個國家加上歐元區的預測與實質匯率的資料。你可以看到支持購買力平價的證據是同意與不同意混雜。如同最後兩欄資料所示，實際與預期匯率經常是相同的。例如，我們的理論預測，美元將購買最多數量的印尼盾和最少數量的英鎊，而這與實際情況相符。在瑞典的例子裡，1 美元兌換 9.08 瑞典克朗的預期匯率是 9.08，與實際匯率 1 美元兌換 1,848 披索，還算接近。但是，理論預測並非百分之百準確，在許多國家中，差距 30% 或是更多。因此，雖然購買力平價理論對匯率水準提供一粗略的指引方向，但並不能完全解釋。 ∎

6-4　結論：大型開放經濟體系的美國

　　在本章，我們已經瞭解小型開放經濟體系如何運作。我們曾檢視，為了融通資本累積的國際資金流動及國際間商品與服務流動的決定因素，也檢視實質匯率和名目匯率的決定因素。我們的分析顯示不同政策 —— 貨幣政策、財政政策及貿易政策——如何影響貿易餘額與匯率水準。

我們研究的經濟體系是「小型」的意義，在利率由全球金融市場決定；亦即，假設這個經濟體系不會影響全球利率，而我們可在固定的全球利率水準下，無限制的進行借款與放款。這個假設與第 3 章封閉經濟體系下的假設形成對比。在封閉經濟體系下，國內利率使國內儲蓄與國內投資達到平衡，隱含影響投資或儲蓄的政策會改變均衡利率。

我們應該在如美國這樣的經濟體系應用何種分析？答案是兩者都需要。美國經濟並非很大，但也不是封閉到不受國外發展局勢的影響。1980 年代、1990 年代和 2000 年代龐大的貿易赤字顯示，國際金融市場對美國投資所需資金的重要性。因此，第 3 章的封閉經濟體系分析無法完全解釋這些政策對美國經濟的衝擊。

但美國經濟也不是很小和很開放到本章的分析能夠完全解釋。第一，美國經濟大到足以影響全球金融市場；第二，資本在不同國家間並非完全自由移動，若民眾偏好以國內而非國外資產方式持有，可供資本累積的資金便無法在所有國家間自由移動，各國利率因此不會相等。因為這兩個理由，我們無法直接將小型開放經濟體系模型運用到美國經濟。

當分析像美國這樣國家的經濟政策時，我們必須結合第 3 章封閉經濟體系邏輯和本章小型開放經濟體系的邏輯。本章附錄將建立介於這兩個極端之間的經濟模型。在這個中間情況，會有國際間的借貸，但利率並非由全球金融市場決定；相反地，經濟社會向國外貸款金額愈高，付給國外投資者的利率也會愈高。這個結果是兩個曾經檢視極端的模型混合體，一點也不令人感到驚訝。

例如，考慮一財政擴張造成國民儲蓄減少的例子。若是在封閉經濟體系，這個政策會提高實質利率和排擠國內投資。在小型開放經濟體系，也會減少淨資本外流，導致貿易赤字和匯率升值。因此，儘管這裡的小型開放經濟體系模型無法精確地描述如美國一般的經濟體系，其大約提供有關政策如何影響貿易餘額與匯率水準的正確答案。

快速測驗

1. 當一國有貿易赤字時，
   a. 它經歷資本流入
   b. 其儲蓄超過國內投資
   c. 其產出超過其消費投資與政府購買總和
   d. 以上皆是

2. 其他條件不變，政府購買商品與服務增加，造成貿易餘額 _____ 與通貨 _____。
   a. 盈餘，升值　　b. 盈餘，貶值
   c. 赤字，升值　　d. 赤字，貶值

3. 其他條件不變，全球利率上升導致貿易餘額 _____，並造成通貨 _____。
   a. 盈餘，升值　　b. 盈餘，貶值
   c. 赤字，升值　　d. 赤字，貶值

4. 若一進口限制並未影響國內投資或儲蓄，

會造成通貨
　　a. 升值，進口不變
　　b. 貶值，進口不變
　　c. 升值，貿易餘額不變
　　d. 貶值，貿易餘額不變
5. 下列哪一個事件會造成貨幣貶值？
　　a. 減稅　　　　　b. 投資增加
　　c. 外國增稅　　　d. 物價水準上漲
6. 假設一杯咖啡價格在波士頓是 3 美元，而在柏林是 6 歐元，根據購買力平價理論，匯率為 _____ 歐元兌換 1 美元。
　　a. 1/3　　　　　b. 1/2
　　c. 2　　　　　　d. 3

摘要

1. 淨出口是一國出口與進口的差額，等於一國生產與對消費、投資和政府需求間的差額。

2. 淨資本外流是國內儲蓄超過國內投資的金額。貿易餘額是一國商品與服務淨出口所收到的金額。國民所得會計帳恆等式顯示淨資本外流始終等於貿易餘額。

3. 任何政策對貿易餘額造成的衝擊，可以由其對儲蓄與投資的衝擊決定，提高儲蓄或降低投資的政策將導致貿易盈餘。降低儲蓄或提高投資的政策則會導致貿易赤字。

4. 名目匯率是一個國家通貨與另一個國家通貨的交換比率；實質匯率是兩個國家民眾對商品的交換比率。實質匯率等於名目匯率乘以兩個國家物價水準的比例。

5. 由於國家實質匯率是本國商品相對外國商品價格的比率，實質匯率的升值會降低本國淨出口。均衡實質匯率是由淨出口需求數量與淨資本外流相等時所決定的匯率。

6. 名目匯率是由實質匯率和兩個國家物價水準共同決定。在其他條件不變下，高通貨膨脹會導致貨幣貶值。

關鍵詞

淨出口　net exports
貿易餘額　trade balance
淨資本外流　net capital outflow
貿易盈餘與貿易赤字　trade surplus and trade deficit
貿易平衡　balanced trade
小型開放經濟體系　small open economy
全球利率　world interest rate
名目匯率　nominal exchange rate
實質匯率　real exchange rate
購買力平價　purchasing-power parity

複習題

1. 請定義淨資本外流和貿易餘額？請解釋它們之間如何相關。
2. 請定義名目匯率與實質匯率。
3. 若一小型開放經濟體系降低國防支出，請問儲蓄、投資、貿易餘額、利率及匯率有何變化？
4. 若一小型開放經濟體系禁止從日本進口電玩遊戲，請問對儲蓄、投資、貿易餘額、利率及匯率所造成的衝擊為何？

5. 根據購買力平價理論，若日本有低通貨膨脹，墨西哥有高通貨膨脹，請問日圓與墨西哥披索間匯率的變化如何？

問題與應用

1. 利用小型開放經濟體系模型，預測下列事件對貿易餘額、實質匯率及名目匯率的影響。
    a. 消費者對未來信心下降，造成消費減少和儲蓄增加。
    b. 稅收提高企業興建新工廠的誘因。
    c. 豐田汽車推出一款時髦車種，使消費者比較喜歡外國車而非本國車。
    d. 中央銀行提高貨幣供給一倍。
    e. 限制信用卡使用的新規則，使貨幣需求增加。

2. 考慮由下列方程式描述的經濟體系：

$$Y = C + I + G + NX$$
$$Y = 8,000$$
$$G = 2,500$$
$$T = 2,000$$
$$C = 500 + 2/3(Y - T)$$
$$I = 900 - 50r$$
$$NX = 1,500 - 250\epsilon$$
$$r = r^* = 8$$

   a. 在這個經濟體系，請求出國民儲蓄、投資、貿易餘額、利率及匯率。
   b. 現在假設 G 上升到 2,000，請求出國民儲蓄、投資、貿易餘額、利率及匯率，並解釋你發現的結果。
   c. 假設全球利率由 8% 下跌至 3%（G 為 2,500），請求出國民儲蓄、投資、貿易餘額、利率及匯率，並解釋你發現的結果。

3. 假設拉弗瑞特屬於小型開放經濟體系國家，突然間世界流行趨勢的改變，造成拉弗瑞特出口商品不再受到喜愛。
   a. 請問拉弗瑞特的儲蓄、投資、淨出口、利率及匯率的變化為何？
   b. 拉弗瑞特人民喜歡到國外旅遊。這種匯率的改變如何影響他們的行為？
   c. 拉弗瑞特的財政政策制定者希望調整稅收，來維持以前的匯率水準。他們應該怎麼做？這個政策，對儲蓄、投資、淨出口及利率的整體影響為何？

4. 小型開放經濟體系下，當政府購買增加，如戰爭時，請問對貿易餘額和實質匯率造成什麼衝擊？請問你的答案是否會受地區性戰爭或全球性戰爭的影響？

5. 本章「個案研究」的結論是：若貧窮國家提供較好的生產效率與法律保障富有國家 (如美國) 的貿易帳會趨向盈餘，讓我們思考為何如此。
   a. 若貧窮國家提供較佳的生產效率與法律保障，哪些國家的投資需求函數會有變化？
   b. (a) 小題所描述的變動如何影響全球金融市場的可貸資金需求？
   c. (b) 小題所描述的變動如何影響全球利率水準？
   d. (c) 小題所描述的全球利率變動如何影響富有國家的貿易帳？

6. 總統考慮對日本進口豪華轎車課徵進口關稅。請討論這種政策的經濟與政治衝擊。特別是這項政策會如何影響美國的貿易赤字？其如何影響匯率？誰會是這種政策的受害者？誰又是受益者？

7. 以下為類似表 6-2 的四個假想國度貨幣表格 (但以字母順序排列)，利用購買力平價理論填滿下列空格，或者不確定的話，請填「N/A」，請解釋你的答案。

國家	貨幣	奶油啤酒價格	匯率 (每海格得福祿飛) 預期	實際
海格得	福祿飛	5	——	——
哈米尼亞	如林	——	80	70
波特丹	席克	60	——	10
羅蘭	納特	100	20	——

8. 假設中國出口電視且用人民幣為其貨幣，而俄羅斯出口伏特加且用盧布為其貨幣。中國有穩定的貨幣供給，以及電視的生產技術緩慢而穩定；而俄羅斯的貨幣供給快速成長，以及伏特加的生產技術沒有進步。根據這些資訊，你預測實質匯率 (以每台電視換到的伏特加瓶數表示) 及名目匯率為何？請解釋你的推理。(提示：對實質匯率而言，請思考稀少性與相對價格間的關係。)

9. 歐玄尼亞是一個小型開放經濟體系，假設某些外國政府開始實施投資抵減來補貼投資活動 (並調整其他稅來使稅收不變)，但歐玄尼亞並未實施此種投資補貼。
   a. 如果全球投資是全球利率的函數，這種政策會發生什麼影響？
   b. 對全球利率水準有何影響？
   c. 對歐玄尼亞的投資有何影響？
   d. 對歐玄尼亞的貿易餘額有何影響？
   e. 對歐玄尼亞的實質匯率有何影響？

10. 「現在去墨西哥旅行比十年前便宜多了。」一個朋友說：「十年前，1 美元兌換 10 披索；今年，1 美元兌換 15 披索。」你的朋友是對還是錯？假設這段期間美國的通貨膨脹是 25%，墨西哥的通貨膨脹是 100%，在墨西哥旅行會比較貴或比較便宜？請用一個範例 (如一份美國熱狗和一份墨西哥捲)，並用你寫下的答案來說服你的朋友。

11. 你在金融網站上看到加拿大名目利率每年是 12%，而美國名目利率每年是 8%。假設實質利率在這兩個國家是相等的，且購買力平價也成立。
    a. 利用費雪方程式 (曾在第 5 章討論)，請問你對加拿大與美國的預期通貨膨脹推論為何？
    b. 對加拿大幣與美元匯率之間的預期變動，請問你有何推論？
    c. 一位朋友提出一套快速致富方案：向美國銀行以 8% 貸款，並將錢存入加拿大銀行，賺取 12% 的利率，而有 4% 的利潤。請問這個方案有何錯誤之處？

快速測驗答案

1. a   2. c   3. b   4. c   5. d   6. c

附錄
大型開放經濟體系

當分析一個國家的政策時，如美國，我們需要結合第 3 章封閉經濟體系的邏輯及本章小型開放經濟體系的邏輯。本附錄將探討介於這兩個極端之間的模型，稱為大型開放經濟體系 (large open economy)。

淨資本外流

大型開放經濟體系與小型開放經濟體系，最主要的差別是淨資本外流的行為。在小型開放經濟體系模型中，在固定全球利率水準 r^* 下，資本可自由進出。大型開放經濟體系模型對國際間資本流動做出不同的假設。要瞭解這個假設，請記得：淨資本外流是國內投資者借給外國人的金額減去外國投資者借給本國人的金額。

想像你是一個本國投資者 (如大學校務基金的投資顧問)，決定要在何處投資這筆基金。你可在本國投資 (如借錢給本國公司)，或是可借錢給外國人 (如借給外國公司)。有許多因素會影響你的決定，但其中之一是你能夠賺取的利率。你能在國內賺取的利率愈高，就會發覺對外投資愈無法吸引你。

外國投資者面臨相同的決策，他們可以選擇在本國投資或將錢借給美國公司。美國的利率愈高，國外投資者借錢給美國公司或購買美國資產的意願也愈高。

因此，由於國內與國外投資者的行為，流入其他國家的資本淨額，我們以 CF 表示，與國內實質利率 r 呈負相關。當利率上漲時，國內儲蓄流向國外金額減少，更多的資金會從國外流入來融通國內資本累積。我們可以將這個關係寫成：

$$CF = CF(r)$$

這個式子說明淨資本外流是國內利率的函數，圖 6-15 描繪這個關係。請注意：CF 可以是正值或負值，取決於經濟體系在全球金融市場是借貸者或貸款者而定。

要瞭解 CF 函數如何與前面的模型相關，請思考圖 6-16。這個圖形說明兩個特殊範例：垂直的 CF 函數與水平的 CF 函數。

另外一段封閉經濟體系是一個特殊範例，如圖 6-16(a) 所示。在封閉經濟體系中，在所有利率水準下，$CF=0$：不會發生國際間的放款與貸款，且利率會調整至國內儲蓄與投資達到均衡為止。若國內投資者不管報酬是多少，都不願意握有外國資產，這種情形就會出現。這也可能發生在政府禁止人民在國外金融市場買賣資產時，有些政府的確採行這種政策。

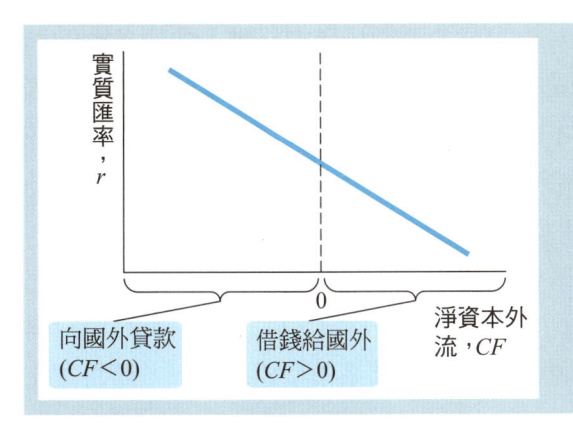

圖 6-15 **淨資本外流如何受利率影響** 較高的國內利率阻礙國內投資者向國外放款和鼓勵外國投資者借錢給本國人。因此，淨資本外流 CF 與利率是負向關係。

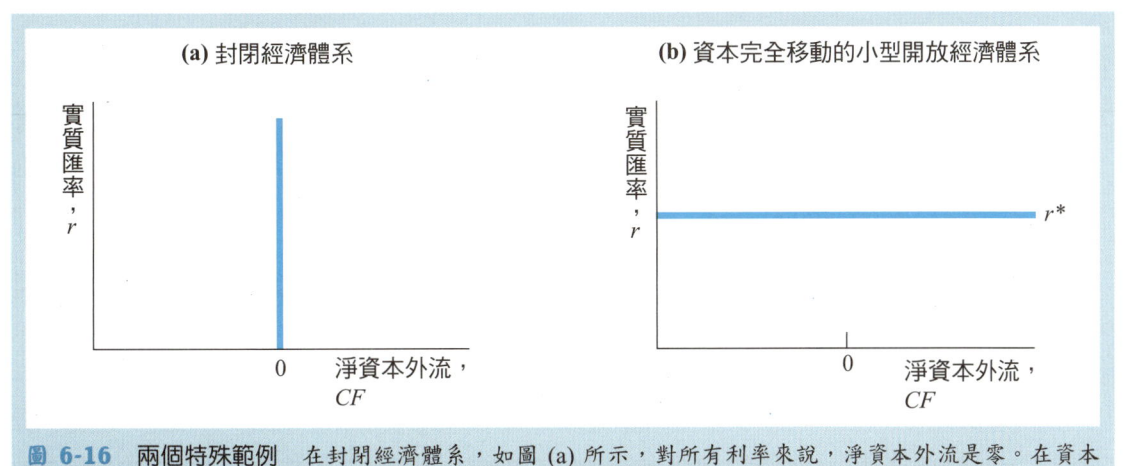

圖 6-16 **兩個特殊範例** 在封閉經濟體系，如圖 (a) 所示，對所有利率來說，淨資本外流是零。在資本完全移動的小型開放經濟體系，如圖 (b) 所示，在全球利率水準為 r^* 時，淨資本外流是完全有彈性。

　　資本完全自由移動的小型開放經濟體系，也是一種特殊範例，如圖 6-16(b) 所示。在這個情況下，在固定的全球利率水準 r^*，資本可自由的在該國家進出。如果國內外投資者選擇購買收益率最高的資產，且若經濟規模太小，以致無法影響全球利率水準，這種情形就會出現。此時經濟體系的利率就是全球金融市場現行的利率水準。

　　為什麼一個大型開放經濟體系 (如美國) 的利率無法由全球金融市場固定？有兩個原因。第一是美國經濟大到足以影響全球金融市場，美國借給外國人的金額愈高，全球經濟的可貸資金是供給愈多，全球利率水準也就會愈低。美國向外國人貸款的金額愈高 (亦即，CF 負的愈大)，全球利率水準變得愈高。我們使用「大型開放經濟體系」作為標題，是因為模型適用的經濟體系大到足以影響全球利率水準。

　　然而，國內利率並未被全球利率固定的第二個理由是：資本並非完全移動；亦即，國內外投資者可能偏好持有本國資產，而非國外資產。這個對國內資產的偏好發生，可能是因為對國外資產的不完全資訊，或因政府阻礙國際間的放款與貸款。在任何一種情況下，可供資本累積的資金都無法自由移動，而使各國的利率趨於一致；相反地，淨資本外流會受國內利率相對國外利率高低的影響。美國投資者只有在美國利率相對較低時，才願意將錢借給外國人；外國投資者只有在美國利率相對較高時，才願意將錢借給美國人。所以，大型開放經濟體系模型甚至也可能運用到資金並非完全移動的小型開放經濟體系。

因此，可能因為大型開放經濟體系會影響全球利率水準，或因為資本並非完全移動，或兩個原因都可能會發生，CF 函數的斜率為負。除了這個新的負斜率 CF 函數外，大型開放經濟體系模型與小型開放經濟體系模型相似，下一節將做完整模型的討論。

模型

要瞭解大型開放經濟體系模型如何運作，我們必須考慮兩個重要市場：可貸資金市場 (決定利率的市場)，以及外匯市場 (決定匯率的市場)。利率和匯率是兩個引導資源分配的價格。

可貸資金市場　開放經濟體系下的儲蓄可以有兩種用途：融通國內投資 I 及融通淨資本外流 CF。我們可以寫成：

$$S = I + CF$$

讓我們思考如何決定這三個變數。國民儲蓄是由產出水準、財政政策及消費函數共同決定。投資與淨資本外流都是受國內實質利率的影響。我們可寫成：

$$\overline{S} = I(r) + CF(r)$$

圖 6-17 顯示可貸資金市場，可貸資金供給是國民儲蓄，可貸資金需求是國內投資需求與國外投資需求 (淨資本外流) 的加總。利率調整至使可貸資金供給與可貸資金需求達到均衡。

外匯市場　其次，讓我們考慮淨資本外流與貿易餘額的關係。國民所得會計帳恆

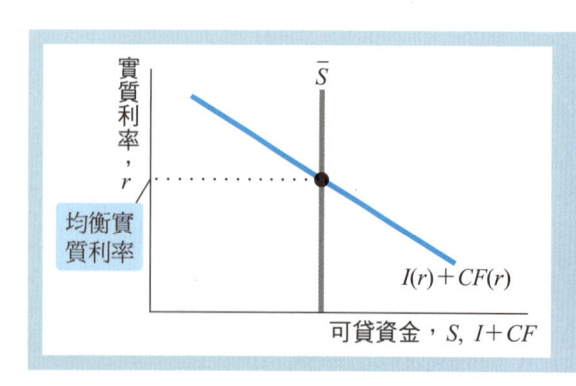

圖 6-17　大型開放經濟體系的可貸資金市場　在均衡利率時，從儲蓄 S 而來的可貸金資金供給與從國內投資 I 及國外資本投資 CF 而來的可貸金資金需求，兩者達到平衡。

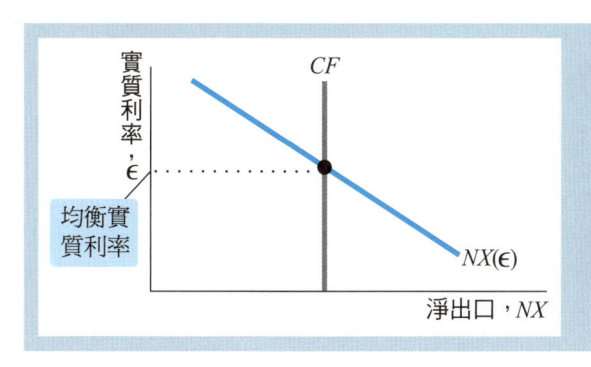

圖 6-18　大型開放經濟體系的外匯市場　在均衡匯率時，從淨資本外流 CF 而來的美元供給，和從商品與服務淨出口 NX 而來的美元需求，兩者達到平衡。

等式告訴我們：

$$NX = S - I$$

因為 NX 是實質匯率的函數，且因為 CF = S − I，我們可以寫成：

$$NX(\epsilon) = CF$$

圖 6-18 顯示外匯市場的均衡。再者，實質匯率是讓貿易餘額與淨資本外流達到均衡的價格。

最後一個我們應該考慮的變數是名目匯率，如同以前的定義，名目匯率是實質匯率乘以物價水準的比率：

$$e = \epsilon \times (P^*/P)$$

實質匯率的決定如圖 6-18 所示，而兩個國家的物價水準是由國內外貨幣政策決定，已在第 5 章討論。任何影響實質匯率或物價水準的因素，也會影響名目匯率。

大型開放經濟體系的各項政策

現在我們來討論各項經濟政策如何影響大型開放經濟體系。圖 6-19 列出分析需要的三個圖形：圖 (a) 顯示可貸資金市場均衡；圖 (b) 顯示均衡利率與淨資本外流之間的關係；以及圖 (c) 顯示外匯市場的均衡。

國內財政政策　讓我們考慮擴張性財政政策的效果 —— 增加政策購買或降低稅收。圖 6-20 說明政策效果。這個政策會降低國民儲蓄 S，因此導致可貸款資金供給減少和均衡利率水準 r 的上漲。高利率會使國內投資 I 和淨資本外流 CF 同時下降。淨資本外流的減少造成兌換外國通貨的美元供給減少。最後，匯率升值和淨出口下跌。

請注意：這個模型的財政政策衝擊是結合封閉經濟體系的財政政策衝擊及小型開放經濟體系的財政政策衝擊。如同在封閉經濟體系，大型開放經濟體系的財政擴張提高利率和排擠投資，如同在小型開放經濟體系，財政擴張造成赤字和匯

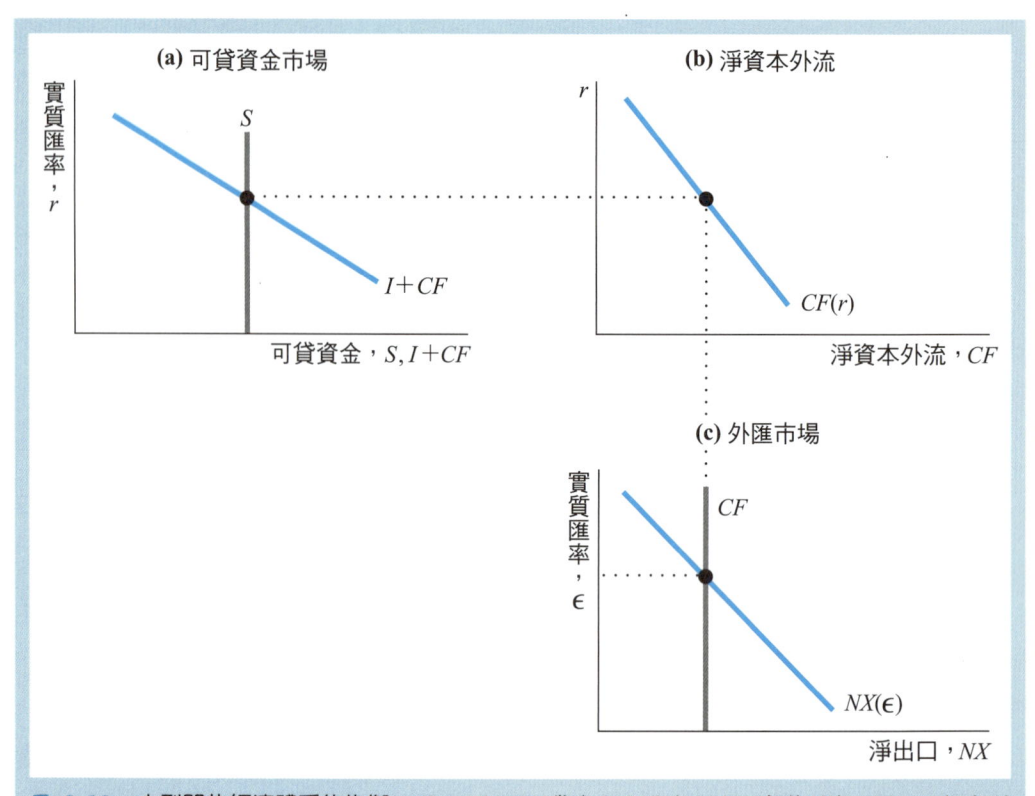

圖 6-19 大型開放經濟體系的均衡 圖 (a) 顯示可貸資金市場決定均衡實質利率。圖 (b) 指出利率決定淨資本外流，且淨資本外流決定兌換成外國通貨的美元供給數量。圖 (c) 說明實質匯率調整到讓美元供給與從淨出口而來的美元需求達到均衡。

率的升值。

一個觀察三種經濟類型如何相關的方式是考慮下列恆等式：

$$S=I+NX$$

在所有的三種情況中，擴張性財政政策都會降低國民儲蓄 S。在封閉經濟體系中，S 的減少等於 I 等量的減少，且 NX 仍維持在零；在小型開放經濟體系中，S 的下跌等於 NX 等量的下跌，而 I 仍維持在零，則 I 仍維持在全球利率固定下的投資水準；大型開放經濟體系則是折衷情況：I 與 NX 都下跌，但跌幅小於 S 的跌幅。

投資需求的移動 假設投資需求曲線向外移動，可能是因為國會通過投資抵減措施。圖 6-21 顯示此政策效果。可貸款資金需求增加，使均衡利率上漲。較高的利率使淨資本外流減少。美國人對外貸款減少，而外國人借給美國人金額增加，淨資本外流的下跌造成外匯市場的美元供給減少。最後，匯率升值和淨出口減少。

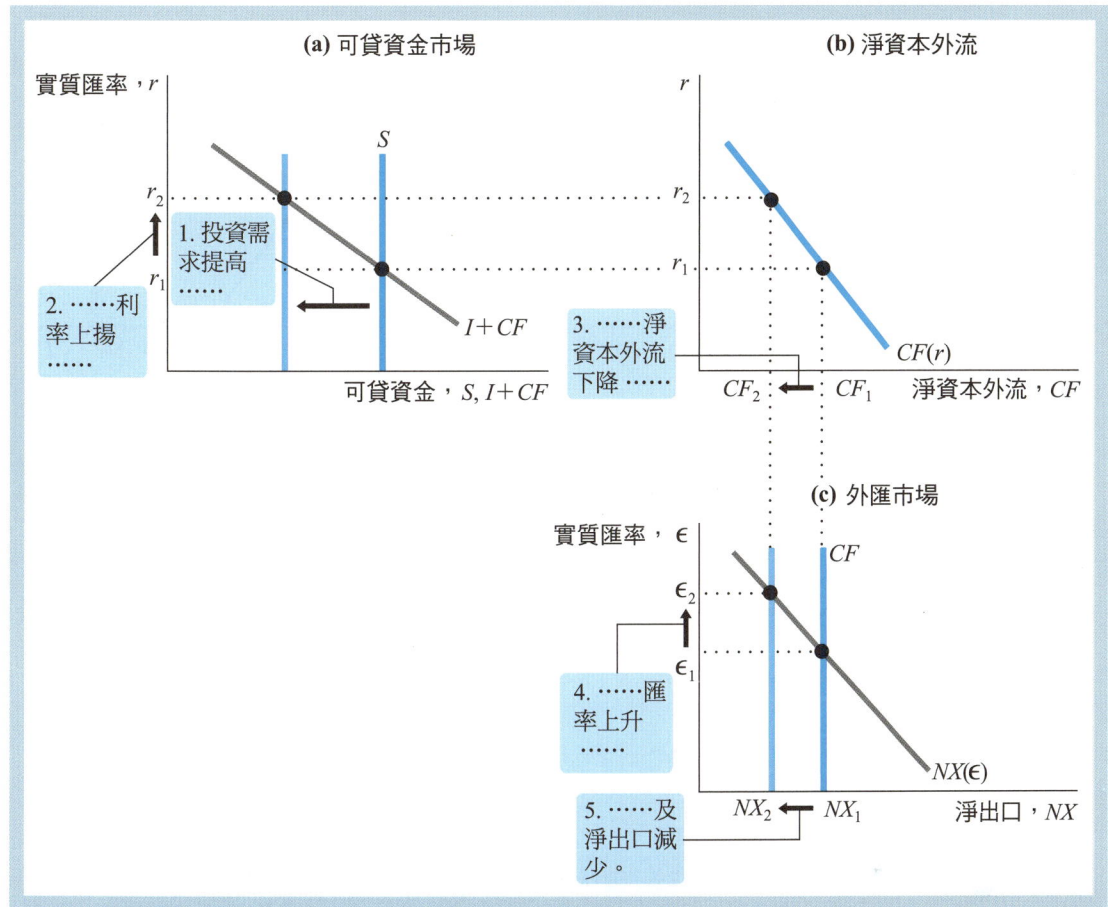

圖 6-20　大型開放經濟體系下，國民儲蓄的減少　圖 (a) 顯示國民儲蓄減少會降低可貸資金供給，均衡利率會上升。圖 (b) 指出較高的利率水準會降低淨資本外流。圖 (c) 說明淨資本外流減少意味著外匯市場中美元供給的減少，美元供給下跌造成實質匯率上升及淨出口下跌。

貿易政策　圖 6-22 說明貿易限制，如進口配額的政策效果。進口需求減少使得淨出口曲線向外移動，如圖 6-22(c) 所示。因為可貸資金市場沒有任何變動，利率水準固定不變，隱含淨資本外流也沒有改變。淨出口曲線的移動造成匯率升值。匯率的上升讓美國商品變得比國外商品更貴，故出口受到壓抑，而進口會增加。結果為：貿易限制不會影響貿易餘額。

淨資本外流的移動　CF 曲線移動的原因有很多，其中一個原因是外國的財政政策。例如，假設德國政府追求一項可以提高德國儲蓄的財政政策，這個政策會降低德國利率。德國利率下跌會遏止美國投資者借錢給德國人的意願，和鼓勵德國投資者借錢給美國人。在任何既定的美國利率水準，美國淨資本外流將減少。

另一個 CF 曲線移動的因素則是，外國政治局勢的不穩定。假設別的國家發生戰爭或革命，全球各地投資者都會設法從該國撤離資產，並尋求如美國一般政治穩定的「避風港」，結果是美國淨資本外流會減少。

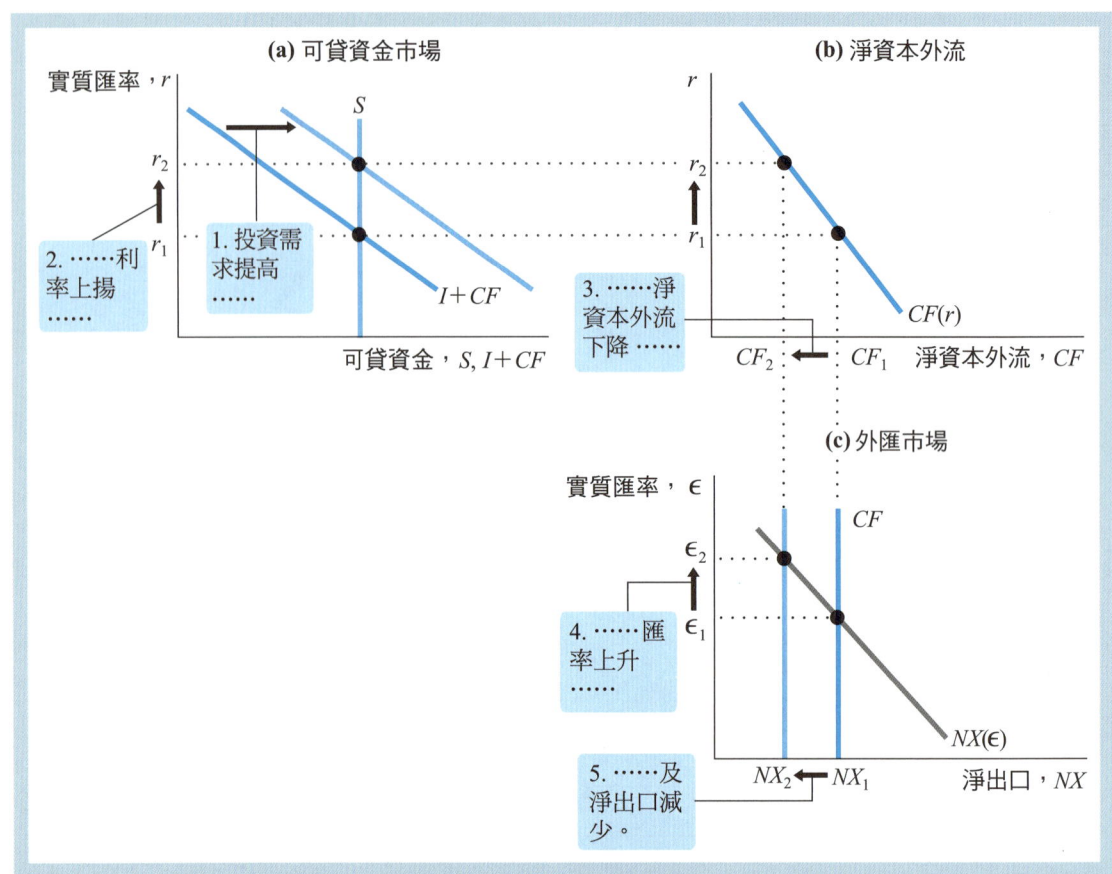

圖 6-21 大型開放經濟體系下，投資需求的增加

圖 (a) 顯示投資需求增加使利率上漲。圖 (b) 指出較高的利率造成淨資本外流減少。圖 (c) 說明淨資本外流下跌，導致實質匯率升值和淨出口下降。

圖 6-23 顯示 CF 曲線移動所造成的衝擊。可借貸資金需求減少使均衡利率下跌。較低的均衡利率會使淨資本外流增加。但是，因為這只會減緩一部份 CF 曲線左移的幅度，CF 仍然下跌。淨資本外流金額減少，造成外匯市場美元供給的減少，匯率升值和淨出口下降。

結論

大型開放經濟體系與小型開放經濟體系的不同處為何？可以確定的是，在大型開放經濟體系中，經濟政策會影響利率水準；而在小型開放經濟體系中，利率不會受國內政策的影響。但是，在其他方面，兩個模型都會得到相同的結論。在大型與小型開放經濟體系中，提高儲蓄或降低投資的政策都會導致貿易盈餘。同樣地，降低儲蓄與提高投資的政策都會造成貿易赤字。在兩個經濟體系裡，保護主義的貿易政策引起匯率升值，卻不會影響貿易餘額。因為結果是如此相似，我們可以利用較簡單的小型開放經濟模型來回答大多數的問題，即使是被檢視的經濟規模不小仍可適用。

第 6 章 開放經濟體系

(a) 可貸資金市場

實質匯率，r

$I+CF$

可貸資金，$S, I+CF$

(b) 淨資本外流

r

$CF(r)$

淨資本外流，CF

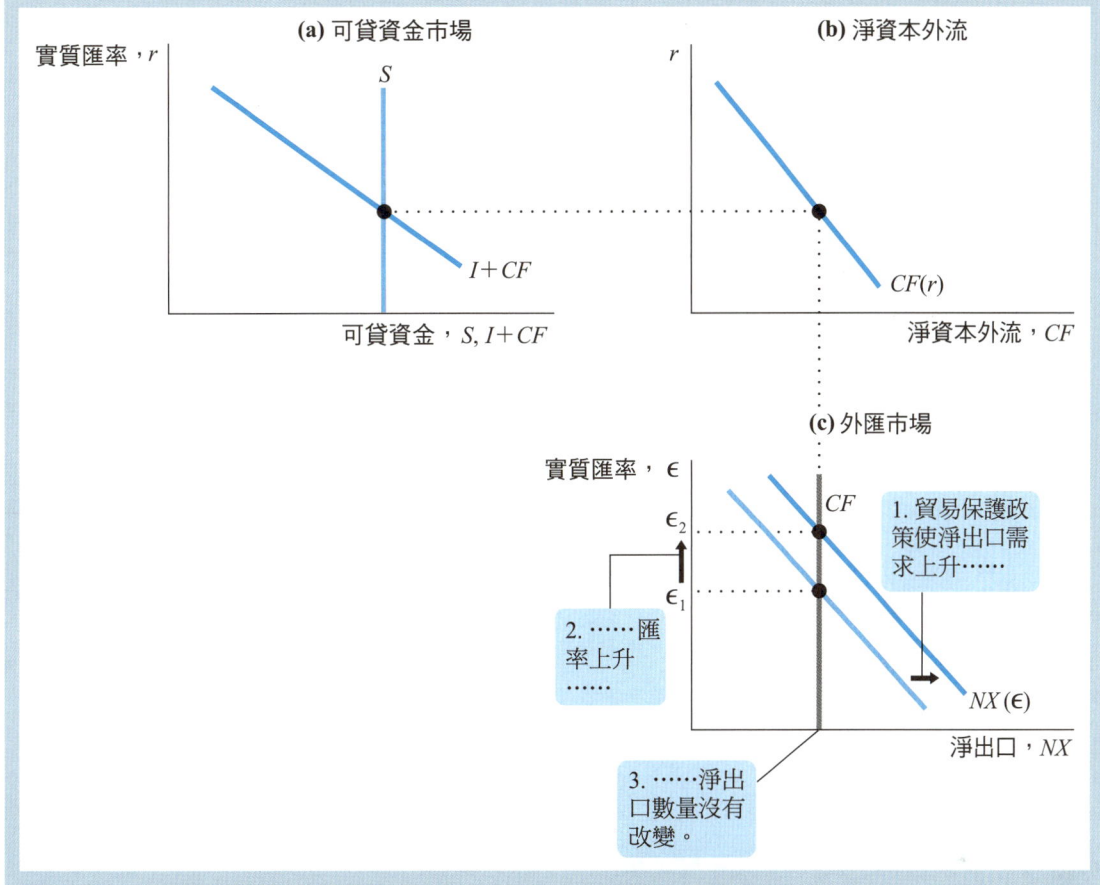

(c) 外匯市場

實質匯率，ϵ

CF

ϵ_2

ϵ_1

1. 貿易保護政策使淨出口需求上升……

2. ……匯率上升……

3. ……淨出口數量沒有改變。

$NX(\epsilon)$

淨出口，NX

圖 6-22 大型開放經濟體系下的進口限制 限制進口使淨出口需求增加，如圖 (c) 所示。實質匯率升值，而均衡貿易餘額數量不變。圖 (a) 的可貸資金市場或圖 (b) 的淨資本外流，都沒有改變。

更多的問題與應用

1. 假如國外發生戰爭，會以很多方式影響美國經濟。利用大型開放經濟體系模型檢視戰爭對下列各事件的影響，請問對美國的儲蓄、投資、貿易餘額、利率及匯率有何影響？(為了簡化分析，請分開討論各個事件的影響。)

   a. 美國政府會擔心捲入戰爭，而增加對軍事設備的購買。
   b. 其他國家提高對高性能武器的需求，這是美國出口的大宗。
   c. 戰爭使美國廠商對未來充滿疑慮，有些廠商因此延緩投資計畫。
   d. 戰爭使美國消費者對未來充滿不確定感，消費者因此增加儲蓄，以備將來不時之需。
   e. 美國人對國外旅遊變得恐懼焦慮，所以大部份的人會選擇在美國渡假。
   f. 為了分散風險，國外投資者會選擇美國這樣的避風港。

2. 在 1995 年 9 月 21 日，「眾議院議長紐特・金瑞契 (Newt Gingrich) 今天威脅，要讓美國在建國以來第一次不償還債務而倒帳，藉此迫使柯林頓總統接受共和黨所提的平衡預算方案」[《紐約時報》，1995 年 9 月 22 日，A1 版]。同一天，美國三十年期政府公債利率從 6.46% 上升為 6.55%，美元則從 102.7 日圓下跌到 99.0 日圓。請利用大型開放經濟體系模型來解釋這個事件。

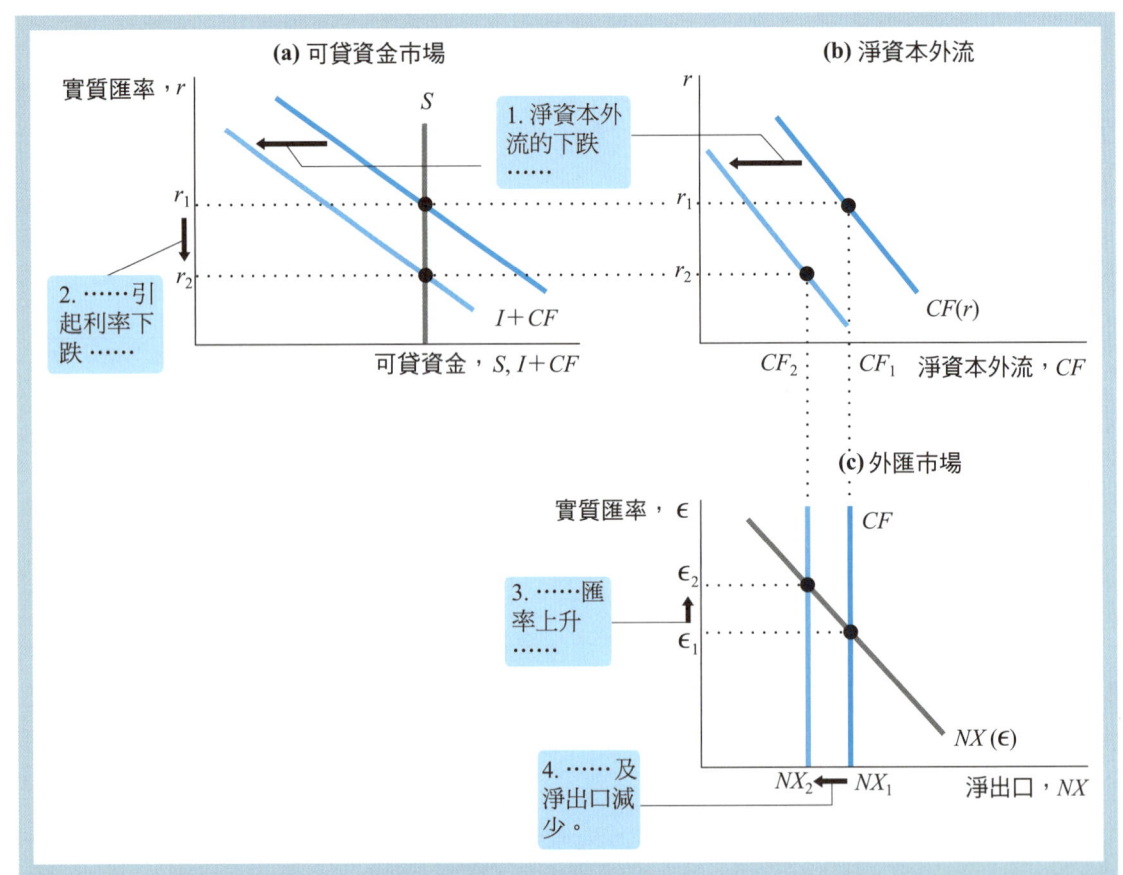

圖 6-23 **大型開放經濟體系下，淨資本外流的減少** 圖 (a) 顯示淨資本外流曲線 CF 的下跌，造成可貸款資金需求減少，因而降低均衡利率。圖 (b) 指出淨資本外流金額減少。圖 (c) 說明實質匯率升值和淨出口減少。

CHAPTER 7

失業與勞動市場

> 一個願意工作卻找不到工作的人,可能是世界上不公平命運下所呈現最悲慘的景象。
>
> ——湯瑪士·克萊爾

失業是影響人們最直接且最嚴重的總體經濟問題。對大多數人而言,失去工作導致生活水準下降和心理的焦慮。政治人物傾向於宣稱其建議的政策將有助於就業機會的創造,且失業常成為政治爭論的議題,也就不足為奇了。

經濟學家研究失業是想要確認失業發生的原因,並協助改善影響失業的公共政策。其中某些政策,如就業訓練方案,協助民眾找到就業機會;其他政策,如失業保險,是為了減輕失業者面臨的困境。還有一些政策會無意中引起失業,例如,法律強制規定一較高的最低工資,普遍被認為會提高勞動力中,最沒有工作技術與最沒有工作經驗者的失業率。

截至目前為止,我們對勞動市場的討論尚未提及失業。尤其第 3 章的國民所得模型是建立在假設經濟體系永遠處於充分就業的假設上。然而,實際上並非在勞動力中的每一個人都一直有工作:所有自由市場經濟在任何時候都有某些人會經歷某些失業。

圖 7-1 顯示從 1950 年到 2020 年初美國的失業率 —— 勞動力中失業的百分比 —— 的時間數列圖形。儘管失業率每年都會變動,但從來不會接近零。平均失業率是介於 5% 到 6% 之間,意味著每 18 個人中有 1 個人想要工作卻找不到。

在本章中,我們對失業的研究先從為什麼總是有失業存在,以及是什麼因素決定失業率的水準開始討論。直到本書第四篇,我們才會研究每年失業率變動的決定因素。這裡將檢視自然失業率 (natural rate of unemployment) —— 平均失業率,經濟體系會圍繞它上下起伏波動 —— 的決定因素。自然失業率是指假設所有阻礙勞工立刻找到工作的勞動市場不完全性存在下,經濟體系在長期會收斂趨向的失業率水準。

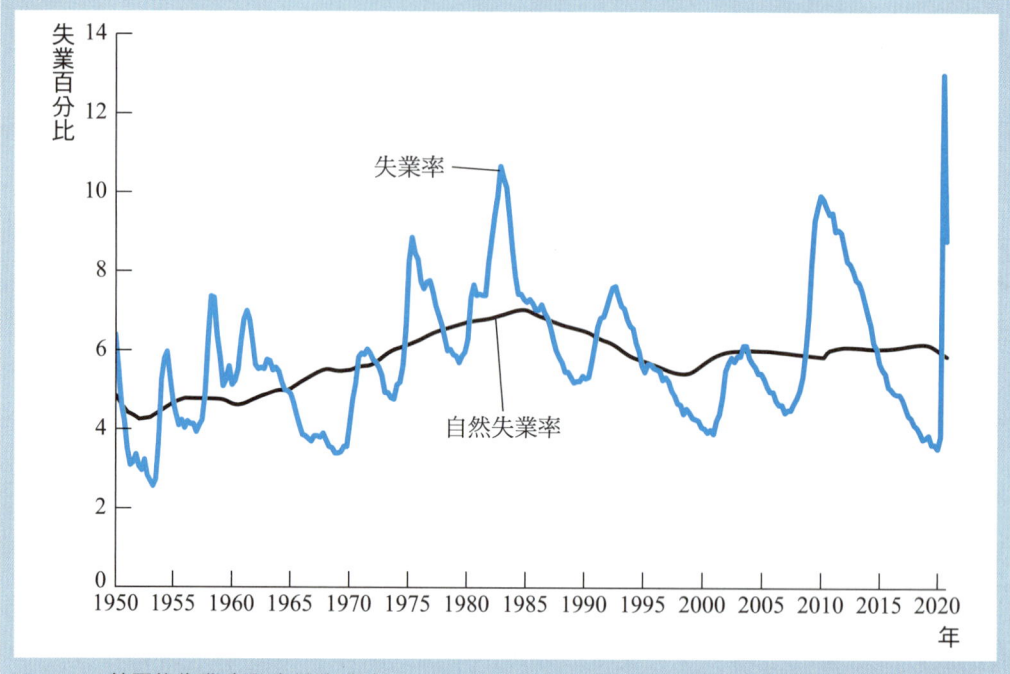

圖 7-1　美國的失業率與自然失業率　經濟體系總是會有失業存在。自然失業率是正常失業率，且失業率圍繞其上下波動 (任何特定年份的自然失業率是前 10 年與後 10 年失業率的平均值，未來的失業率設定為 5.5%)。

資料來源：勞工統計局。

7-1 失去工作、就職與自然失業率

每天總有些人會失去或辭去工作，有些失業者會找到工作。這種持續進出的現象決定勞動力中失業人口的比率。在本節中，將發展一個勞動力動態模型來說明自然失業率的決定因素。[1]

我們從某些符號的定義開始。令 L 代表勞動力，E 表示就業勞動人口，和 U 表示失業勞動人口。因為每一位勞工不是就業就是失業，勞動力是就業人口與失業人口的總和：

$$L = E + U$$

利用這個符號，失業率是 U/L。

想要建立自然失業率模型，我們假設勞動力 L 固定，而專注於勞動力中的個人，在就業狀態與失業狀態之間的移轉，這種移轉如圖 7-2 所示。令 s 代表離職率 (rate of job separation)，為每個月就業者失去工作的比率；令 f 代表就職率 (rate

---

[1] Robert E. Hall, "A Theory of the Natural Rate of Unemployment and the Duration of Employment," *Journal of Monetary Economics* 5 (April 1979): 153-169.

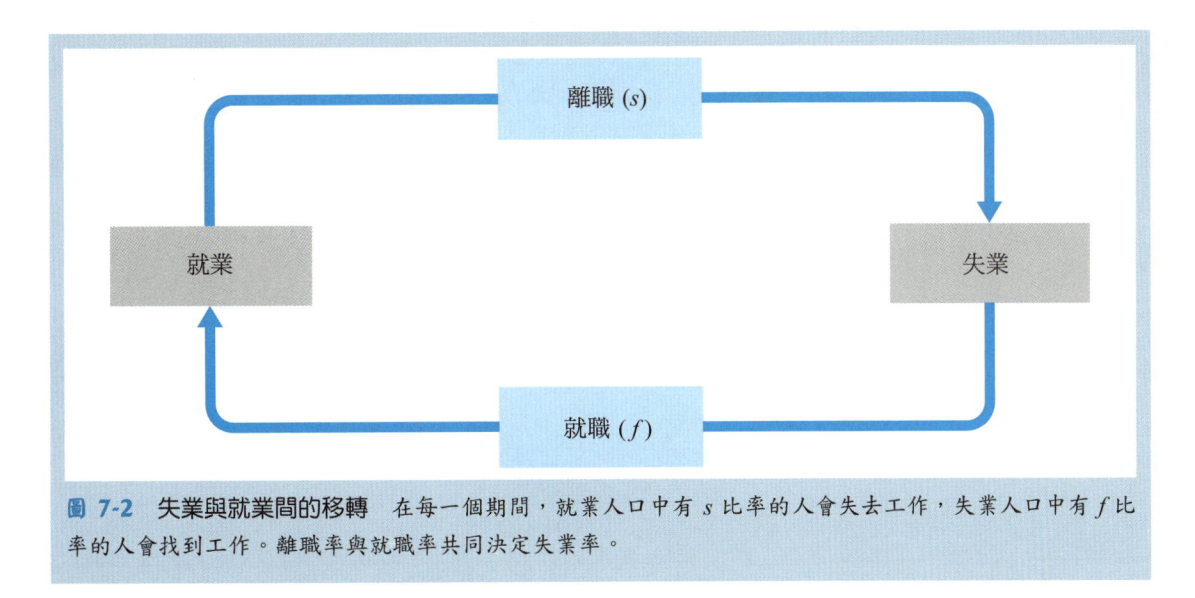

圖 7-2　失業與就業間的移轉　在每一個期間，就業人口中有 s 比率的人會失去工作，失業人口中有 f 比率的人會找到工作。離職率與就職率共同決定失業率。

of job finding)，是每個月失業者找到工作的比率。離職率 s 和就職率 f 共同決定失業率。

若失業率沒有上升也沒有下降 —— 亦即，若勞動市場是在穩定狀態 (steady state)，則找到工作的人數一定會等於失去工作的人數。找到工作的人數是 fU，而失去工作的人數是 sE，所以我們可將穩定狀態的條件寫成：

$$fU = sE$$

我們可以利用這個式子，找到穩定狀態下的失業率。從我們對勞動力的定義中，知道 $E = L - U$；亦即，就業人口等於勞動力減失業人口。如果我們以 $(L-U)$ 代入穩定狀態條件的 E 中，可得：

$$fU = s(L-U)$$

其次，將上式的等號兩邊都除以 L 可得：

$$f\frac{U}{L} = s\left(1 - \frac{U}{L}\right)$$

現在我們可以求解 U/L，可得到：

$$\frac{U}{L} = \frac{s}{s+f}$$

我們也可以寫成：

$$\frac{U}{L} = \frac{1}{1+f/s}$$

這個式子顯示，在穩定狀態下的失業率 U/L 是受離職率 s 與就職率 f 的影響。離職率愈高，失業率也愈高；就職率愈高，失業率則愈低。

這裡提供一個數字範例。假設每個月有 1% 的就業人口失去工作 ($s=0.01$)，這表示平均一個工作可持續 $1/0.01$，或 100 個月，約 8 年。再假設每個月失業人口中有 20% 找到工作 ($f=0.20$)，所以失業期間平均持續 5 個月，則穩定狀態下的失業率為：

$$\frac{U}{L} = \frac{0.01}{0.01+0.20} = 0.0476$$

這個例子的失業率約為 5%。

對公共政策而言，自然失業率模型有一個明顯且重要的涵義。任何想要降低自然失業率為目標的政策，必須降低離職率或提高就職率。同樣地，任何影響離職率或就職率的政策也會改變自然失業率。

雖然這個模型解釋失業率與離職率和就職率的關係相當有用，但卻無法回答一個核心問題：為什麼一開始就有失業？如果一個人總是可以很快地找到工作，就職率一定很高，且失業率會接近零。這個失業率模型假設失業者不會立刻找到工作，但卻無法解釋為什麼不能即刻找到工作。在以下兩節中，我們將檢視兩個失業的基本原因：工作搜尋和工資僵固性。

7-2 工作搜尋與摩擦性失業

發生失業的其中一個原因是，勞工與工作之間的撮合需要時間。第 3 章討論的總合勞動市場均衡模型假設所有勞工與所有工作都是同質，因此所有勞工都同樣地適合所有的工作。如果這個假設是真的，且勞動市場處於均衡，則失去工作不會造成失業：被解雇勞工馬上能以市場工資找到新工作。

然而，事實上，勞工有不同的偏好與能力，且工作有不同的性質。因為不同的工作需要不同的技能且支付不同的工資，失業勞工可能不會接受第一份找到的工作。此外，求職者與工作空缺之間的資訊流通並不完全，而且勞工地理位置的移動也不會立刻發生。基於這些原因，尋找一份適合的工作既費時又耗力，這會降低找到工作的比率。勞工在尋找工作期間所發生的失業，稱為**摩擦性失業** (frictional unemployment)。

摩擦性失業的形成原因

在變動的經濟社會中,某些摩擦性失業是無法避免的。因為許多原因,廠商與家計單位需要的商品種類會隨著時間經過而有所不同。當商品需求改變時,生產這些商品的勞動需求隨之改變。例如,個人電腦的發明,造成打字機的需求減少,因此,打字機製造廠商的勞動需求也隨之下跌。同樣地,因為不同的地區生產不同的商品,勞動需求可能在一國中的某個地區上升,而在另一個地區下跌。石油價格上升造成產油地區 (如德州) 對勞動需求的增加,但因油價上升使駕駛成本上升,這會造成汽車生產地區 (如密西根州) 減少勞動需求。經濟學家稱這種不同產業或地區間需求組合的改變為部門移轉 (sectoral shift)。因為部門移轉經常發生,且因勞工需要時間在部門間轉換,所以摩擦性失業總是會存在。

部門移轉不是離職與摩擦性失業的唯一原因。除了這個因素外,當廠商倒閉、工作表現太差,或其特殊技術不再被需要時,勞工也會失去工作。勞工也可能因為生涯規劃或搬到別的地區而主動離職。不管離開工作的原因為何,勞工必須花時間和努力才能找到新工作。只要廠商間的勞動需求與勞動供給不斷改變,摩擦性失業是無法避免的。

公共政策與摩擦性失業

許多公共政策藉降低摩擦性失業,來減少自然失業率。政府就業機構發佈工作空缺的資訊,希望能更有效率地撮合工作與勞工。政府補助的在職訓練計畫,希望能夠幫助勞工從夕陽產業順利轉業到新興產業。如果這些計畫能夠成功地提高就職率,就能夠降低自然失業率。

其他政府措施會無意中增加摩擦性失業的人數。其中一個例子為失業保險 (unemployment insurance)。在這個制度下,失業勞工可以在失去工作後的一段期間內,從政府那裡按比例領取原先工資的一部份。雖然這個制度在美國不同州與不同年之間的詳細規定條款不同,但對大多數有失業保險的美國勞工其替代率 (replacement rate) —— 原先工資由政府福利替代的百分比 —— 約為 50%。這個失業保險制度是由勞工薪資稅來融通,期間長達 26 週;在許多歐洲國家,失業保險給付比美國更加大方。

雖然失業保險減輕失業者的經濟困境,但是這個制度卻提高摩擦性失業人口,使自然失業率增加。領取失業保險金的失業者比較沒有尋找新工作的壓力,且較有可能拒絕不具吸引力的工作。這些行為上的改變會降低就職率。此外,因為勞工知道其部份所得是由失業保險提供,他們比較不可能找到具有穩定就業前景的工作,也較不可能與雇主協商工作安全的保證。這些行為的改變就會使得離職率提高。

儘管失業保險提高自然失業率,但我們不應推論這個政策是不好的。失業保險制度的優點是,降低勞工所得的不確定感。的確,有保險勞工面對失業而有保障是這個政策的主要目標。此外,誘使勞工拒絕不具吸引力的工作,可導致勞工與工作之間有更好的搭配,提高生產力。

經濟學家經常提出降低失業人數的改革方案,現在大部份的制度都屬於*部份經驗費率* (partially experience rated)。在這個制度下,當廠商解雇員工時,只須負擔一部份的勞工失業保險給付;其他部份則由失業保險制度的一般收入支付。一個改革方案是,要求廠商必須支付解雇員工的全額失業保險金,這種制度稱為*百分之百經驗費率* (100 percent experience rated),因為每一家廠商支付給失業保險制度的金額完全反映自己所屬勞工的失業經驗。如果這個方案實施,當廠商對勞工需求短暫性低落時,會有較高誘因維持現有勞工,減少現有的暫時性解雇勞工人數。

個案研究

失業保險與就職率

許多研究檢視失業保險對工作搜尋的影響。最具說服力的研究是採用失業個人的經驗數據,而非整體經濟的失業率。個別勞工的資料通常可以得到細緻的結果,這個結果是由少數其他原因來解釋。

一項研究是追蹤當失業勞工花光其失業保險給付時的經驗,研究結果發現,當失業者開始不能領取失業保險金時,比較有可能找到新工作,特別是當失業勞工領光給付金後,其找到新工作的機率會超過兩倍。一個可能的解釋是,沒有失業保險給付,會提高失業勞工的搜尋努力程度;另外一個可能的解釋則是:沒有給付的失業勞工比較願意接受先前因為工資低或工作環境差而拒絕的工作機會。[2]

另外,有關經濟誘因如何影響工作搜尋的證據,來自 1985 年伊利諾州所做的一項實驗。這項實驗是從新申請失業保險的失業勞工中隨機抽選,如果他們能夠在 11 週內找到工作,每個人可多得 $500。將這組失業勞工的後來經驗與沒有這種獎勵的控制組比較,提供 $500 獎勵的一組平均失業期間是 17 週,相較於控制組則是 18.3 週。因此,獎勵能夠降低 7% 的平均失業期間,建議提供獎勵者投入更多的努力在工作搜尋。這個實驗很清楚地指出,失業保險制度提供的誘因會影響就職率。[3]

---

[2] Lawrence F. Katz and Bruce D. Meyer, "Unemployment Insurance, Recall Expectations, and Unemployment Outcomes," *The Quarterly Journal of Economics* 105 (November 1990): 973-1002.

[3] Stephen A. Woodbury and Robert G. Spiegelman, "Bonuses to Workers and Employers to Reduce Unemployment: Randomized Trials in Illinois," *American Economic Review* 77 (September 1987): 513-530.

> **個案研究**

2020 年大停工期間的失業保險

　　當本書在 2020 年付印時，美國經濟受到新冠肺炎衝擊，處於嚴重衰退之中。為了防止病毒蔓延，許多公司暫時關門，造成數以百萬計勞工失業。在第 11 章中，我們將更廣泛地討論停工的意涵及政策的回應。但在此，失業保險的暫時變動是值得注意的一個政策因應。在 2020 年 3 月，美國國會通過放寬失業保險給付的立法。

　　這種變動的目標是協助人們渡過艱困時期，儘管這些福利降低失業者工作搜尋時間，但其效果可能不大且在疫情期間是及時雨。的確，決策者希望人們能夠留在家裡，不要外出應徵工作並散播病毒。

　　然而，此項新政策並不完美，一個似是而非的變動是將替代率從正常的 50% 上升至 80%、90%，甚至 100%。但因為各州使用不一樣且過時的電腦系統來管理失業保險，實際狀況並不樂觀。因此，國會選擇對每位失業勞工，每週發放 $600 現金的較簡單替代方案，這個金額是以平均替代率約 100% 的基礎計算出來的。

　　然而，社會大眾並非平均都是如此，每個人的情況有異。對高於平均收入的勞工來說，替代率低於 100%；而就低於平均收入的勞工而言，替代率高於 100%。估計指出，有三分之二的勞工收到的失業保險給付超過原先工作時的收入。有五分之一的勞工獲得的給付是原先收入的兩倍多。儘管平均替代率約 100%，替代率中位數是 134%，意味著有一半勞工在開始領取失業保險後，所得增加 34%。

　　因此，這項政策造成新的不公平。舉例來說，對依舊營運公司的警衛而言，儘管他們面臨更高的被感染風險，卻被視為依然在工作崗位上且領取正常薪資；對停業公司的警衛來說，他們留在家裡並領取原先收入 158% 的失業保險給付。一種偏離慣例的奇怪措施，在疫情期間被解僱，對許多人而言，是一種福音。

　　一開始通過這項法律時，放寬失業保險給付在 2020 年 7 月 31 日終止。但當截止日期將屆，國會議員開始辯論，期望截止日期延至 2021 年 1 月 31 日。在一封寫給擔任參議院財政委員會主席的參議員查爾斯·葛雷斯利 (Charles Grassley) 的信中，國會預算辦公室主任菲利普·斯瓦格爾 (Phillip Swagel) 寫到，$600 津貼的延長將會延緩就業復甦，理由是：「當人們比較失業時間的利得與原先收入時，這項措施會削弱人們工作的誘因。」[4] ∎

7-3 實質工資僵固性與結構性失業

　　失業的第二個理由是**工資僵固性** (wage rigidity) —— 工資無法調整到使勞動供給等於勞動需求。在第 3 章的勞動市場均衡模型中，實質工資可以自由調整，

---

[4] Peter Ganong, Pascal J. Noel, and Joseph S. Vavra, "U.S. Unemployment Insurance Replacement Rates During the Pandemic," NBER Working Paper No. 27,216, May 2020; Phillip Swagel 寫給 Charles Grassley 的信，2020 年 6 月 4 日發佈在 CBO 的網站上。

圖 7-3 實質工資僵固性導致工作配給 若實質工資停留在均衡水準之上，則勞動供給大於勞動需求，結果是造成失業。

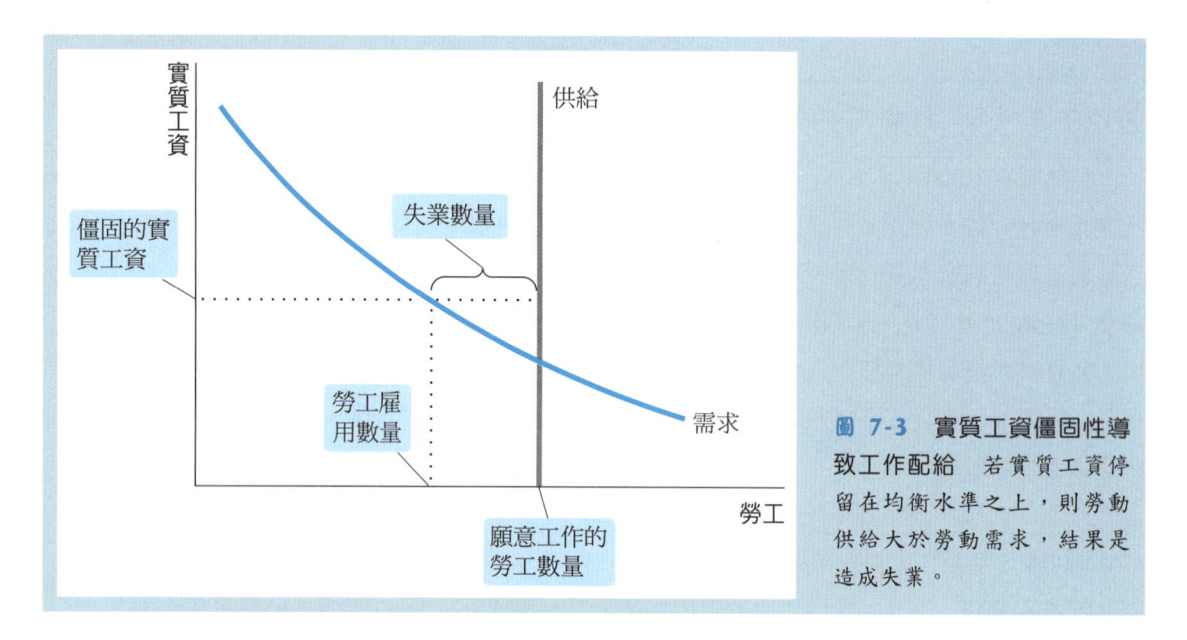

而使勞動供給與勞動需求達到均衡。但工資不一定是有彈性的，有時實質工資會僵固在市場結清水準之上。

如圖 7-3 顯示為什麼工資僵固性會導致失業。當實質工資高於使供需均衡的工資時，勞動供給數量大於勞動需求數量，廠商必須以某些方式在勞工之間分配稀少的工作。實質工資僵固性降低就職率，並提高失業水準。

因為工資僵固性和工作配給所產生的失業，有時稱為結構性失業 (structural unemployment)。勞工失業並不是因為積極尋找適合其技術的工作，而是因為想要工作的人數與現有工作的數量基本上無法相互配合。在現行工資水準下，勞動供給大於勞動需求，這些勞工只是在等待工作罷了。

想要瞭解工資僵固性和結構性失業，我們必須檢視為什麼勞動市場無法達到均衡。當實質工資超過均衡水準且勞動供給大於勞動需求時，我們預測廠商會降低所給付的工資。結構性失業的發生，是因為即使有超額勞動供給，廠商仍無法降低工資。我們現在探討工資僵固性的三個原因：最低工資法、工會的獨占力，以及效率工資。

最低工資法

當政府阻止工資回到均衡水準時，會引起工資僵固性。最低工資法是制定法律規定廠商支付員工工資的最低下限。自從在 1938 年通過公平勞動標準法案 (Fair Labor Standards Act) 以後，美國聯邦政府便制定最低工資。最低工資通常是製造業平均工資的 30% 到 50%。此外，許多州與城市制定的最低工資高於聯邦制定的水準：例如，在 2020 年，當聯邦最低工資為每小時 $7.25 時，加州的大型雇主支付的每小時最低工資是 $13，而西雅圖的最低工資則是每小時 $16。對大部份勞工而言，法定最低工資沒有約束力，因為他們的工資遠遠超過這個水準。但是對於有些勞工，特別是沒有技術和沒有工作經驗者而言，最低工資會使其工資超過均衡水準，廠商因此降低勞動需求的數量。

經濟學家認為最低工資對青少年失業的衝擊最大。青少年的均衡工資偏低的原因有二：第一，因為青少年是勞動力中最沒有技術且最沒有工作經驗的一群人，他們的邊際生產力通常偏低；第二，青少年收到的「報酬」有一部份是以在職訓練，而非直接給付的形式出現。學徒制就是一個以提供訓練替代工資的古典範例。因為這兩個理由，青少年勞動供給等於勞動需求的均衡工資會偏低。所以，最低工資對青少年的約束力，會比對勞動力中其他族群的約束力還要大。

許多經濟學家研究最低工資對青少年就業的衝擊。這些研究者將不同時間最低工資的變動與青少年工作人數的變動做一比較，實證研究通常發現，提高最低工資10%，會降低青少年就業1%到3%。[5]

最低工資一直是政治辯論的來源。贊成較高最低工資者認為，它是提高貧苦勞工所得的一個工具。當然，最低工資只是提供勉強過活的生活水準：在美國，只有一個小孩的單薪家庭從事最低工資的全職工作所得，低於官方認定一家兩口的貧窮標準。雖然贊成最低工資者承認這個政策會造成某些勞工失業，但是他們認為將其他人從貧困中救出的利益遠遠超過這個成本。

反對較高最低工資者則聲稱，這不是一個拯救貧苦勞工的最佳方法。他們認為不僅增加勞動成本會提高失業，且最低工資也未能解決深受失業所苦者的問題。許多賺取最低工資者為來自中產階級家庭的青少年，他們工作是為了有零用錢收入，而非需要負擔家計的家庭主要成員。

有人可能會希望實證研究能夠結束這種政治分歧。不幸的是，使用不同資料與不同方法的不同研究，通常得到相互矛盾的結果。在2014年到2016年，西雅圖大幅提升最低工資就是一個很貼切的例子。一項有關西雅圖餐飲業研究指出，工資大幅上升對就業的影響極微。[6] 另外一項研究則指出，當工資只上升3%時，低工資工作的工作時數下跌約9%，這意味著最低工資上升導致勞工所得減少。[7] 大多數最低工資研究的一個缺點是，他們聚焦於研究期間短暫的影響(如比較最低工資變動一年前與一年後的就業變動)。在評估政策時，較長期就業的影響可以說是比較攸關，但卻很難估計。

---

[5] Charles Brown, "Minimum Wage Laws: Are They Overrated?" *Journal of Economic Perspectives* 2 (Summer 1988): 133-146.

[6] Michael Reich, Sylvia Allegretto, and Anna Godoey, "Seattle's Minimum Wage Experience 2015-16," University of California at Berkeley, June 2017.

[7] Ekaterina Jardim, Mark C. Long, Robert Plotnick, Emma van Inwegen, Jacob Vigdor, and Hilary Wething, "Minimum Wage Increases, Wages, and Low-Wage Employment: Evidence from Seattle," NBER Working Paper No. 23,532, June 2017.

在評估最低工資時，記得其他方案是有用的，許多經濟學家與政策制定者相信，稅收抵減是一個增加貧苦勞工所得比較好的方法。所得稅抵減 (earned income tax credit) 是允許貧苦勞工家庭從繳稅中扣除一部份的金額。對所得極低的家庭而言，免稅額會超過應繳稅額，且這個家庭可從政府得到補助。和最低工資不同，所得稅抵減不會增加廠商的勞動成本，因此不會減少廠商的勞動需求數量。然而，它的缺點是政府稅收會減少。

工資與集體談判

工資僵固性的第二個原因是工會的市場力量。表 7-1 列出許多主要國家工會的重要性。在美國，只有 12% 的勞工工資是透過集體談判決定；在大多數的歐洲國家，工會扮演更重要的角色。

工會會員的工資並非由勞動供給與需求的均衡決定，而是由工會領導者與廠商管理階層集體談判所決定。通常，最後的協議會將工資提高到均衡水準以上，並允許廠商決定勞工雇用人數。結果是勞工雇用人數減少、就職率降低及結構性失業增加。

工會也會影響廠商支付給非工會勞工的工資，因為威脅組織工會可以讓工資

表 7-1　有集體談判的勞工百分比

土耳其	7%
美國	12
南韓	13
日本	17
智利	20
希臘	26
英國	26
加拿大	28
德國	56
瑞士	58
澳洲	60
荷蘭	79
義大利	80
西班牙	84
瑞典	90
比利時	96
奧地利	98

資料來源：經濟合作暨發展組織，*Going for Growth*, 2019。

超過均衡水準。大多數廠商不喜歡工會，工會不僅提高工資，且增加其他許多議題的勞工談判權力，如工作時數和工作條件。一個廠商可能選擇支付員工較高工資，讓他們高興，也不願見其組織工會。

由工會和威脅組織工會引起的失業是不同族群勞工 —— 局內人 (insiders) 與局外人 (outsiders) —— 之間衝突的一個例子。那些已經受雇的勞工 —— 局內人，會設法維持高工資；失業勞工 —— 局外人，會負擔部份高工資的成本，因為他們可以在較低的工資下被雇用。這兩個族群無可避免地會發生利益衝突。任何談判過程對工資與就業的影響，取決於各個族群的相對重要性。

局內人與局外人的衝突在不同的國家有不同的解決方式。在有些國家 (如美國)，工資談判是發生在廠商或工廠的層級；在其他國家 (如瑞典)，工資談判則發生在國家層級 —— 政府扮演極關鍵角色。儘管瑞典具有高度工會化的勞動力，但是其在歷史上並未經歷特別高的失業現象。一個可能的解釋是，工資談判的集中化及政府在談判過程中給局外人更多的影響力，可使工資更接近均衡水準。

效率工資

效率工資 (efficiency wage) 理論是除了最低工資法和組織工會以外，第三個工資僵固性的原因。效率工資理論主張高工資使勞工更有生產力。工資對員工效率的影響可以解釋，當員工面臨超額勞動供給時，廠商仍不會調降工資。儘管降低工資可以減少廠商的薪資成本，但是它也有可能 —— 如果這些理論是正確的 —— 降低員工生產力，並使廠商利潤減少。

經濟學家提出不同的理論來解釋工資如何影響員工生產力。其中一個效率工資理論大都適用在較貧窮的國家，主張工資會影響營養狀況。高薪員工可以吃得比較營養，而健康勞工的生產力也會比較高。廠商可能會決定支付比均衡水準更高的工資，來維持健康的勞動團隊。很明顯地，這項考量並不適用於富有國家的雇主，如美國和大部份的歐洲國家，因其均衡工資通常超過需要維持良好健康狀態的工資水準。

第二個效率工資理論和已開發國家較有關係，主張高工資可降低勞工異動。勞工主動辭職的原因很多 —— 接受別家廠商更好的職位、生涯規劃改變，或搬到其他地區。廠商支付給員工的薪資愈高，員工留在原公司的誘因也愈高。藉由支付高薪，廠商可降低離職的頻率，因此可降低雇用與訓練新員工的時間。

第三個效率工資理論主張，廠商勞動團隊的平均品質是受廠商支付給員工薪資高低的影響。若廠商降低工資，最好的員工可能到其他地方工作，留下來的員工則是別無選擇、素質較差的員工。經濟學家稱這種不利的篩選為逆向選擇 (adverse selection) —— 擁有較多資訊的一方 (在這個情況下，是知道自己有外面機會的勞工) 會自我選擇，且使資訊較少的另一方 (廠商) 蒙受損失的一個例子。藉由支付高於均衡水準的工資，廠商可以減少逆向選擇，改善勞工團隊的平均素質，因此提高生產力。

第四個效率工資理論主張，高工資可以增進員工的努力程度。這個理論假設廠商不可能完全監督員工的工作情況，且員工可自行決定自己的努力程度。勞工可以選擇努力工作或選擇蹺班和承擔被逮到開除的風險。經濟學家認知到這種可能性是道德風險 (moral hazard) —— 當人們的行為不被完全監督時，會有不恰當行為傾向的一個例子。廠商可藉由支付高工資，來降低道德風險的問題。工資愈高，員工被解雇的成本也愈高。透過支付較高工資，廠商可誘使大部份員工不蹺班，因而提高生產力。

這四個效率工資理論在細節上有所不同，但是它們都有一共同主題：因為一廠商若支付較高工資給員工，以使生產更有效率，會發覺將工資維持在供需相等的均衡工資之上，可使廠商利潤提高。這種高於均衡工資的造成就職率降低及更多的失業。[8]

個案研究

亨利・福特的每天工資 $5

在 1914 年，福特汽車公司開始每天支付 $5 給員工。當時的一般工資是每天介於 $2 與 $3 間，所以福特汽車公司的工資遠超過均衡水準。無怪乎，尋找工作者在福特汽車公司工廠的大門口大排長龍，希望能有機會賺取如此高的工資。

福特的動機是什麼？亨利・福特 (Henry Ford) 日後寫道：「我們希望支付這些工資，好讓企業在永續發展基礎上經營。我們是為未來奠定基礎。工資偏低的企業總是不夠安全……。一天工作八小時，每小時支付 $5 工資，是我們曾經做過降低成本的最佳動作之一。」

從傳統經濟學的觀點，福特的解釋似乎相當獨特，他主張高工資隱含低成本。但是或許福特發現效率工資理論，或許他是利用高工資來提高員工生產力。

證據顯示，支付如此高的工資的確使公司獲利。根據當時一份工程報告：「福特的高工資趕走所有的惰性及員工的不服從性……。工人完全被馴服，我們可以確定地說，從 1912 年的最後一天以後，每一天都可以看到福特工廠的勞動成本明顯下降。」曠職率下跌 75%，意味著員工努力程度遽增。一位研究早期福特汽車公司的歷史學家艾倫・內文斯 (Alan Nevins) 寫道：「福特和他的同事在許多場合都宣稱，高工資政策證明是一個

---

[8] 更多有關對效率工資的進一步討論，請見 Janet L. Yellen, "Efficiency Wage Models of Unemployment," *American Economic Review Papers and Proceedings* (May 1984): 200-205；以及 Lawrence F. Katz, "Efficiency Wages Theories: A Partial Evaluation," *NBER Macroeconomics Annual* (1986): 235-276。

好事業。他們的意思是高工資改善員工紀律，使其對公司更加忠誠，並提高其個人的工作效率。」[9]

7-4 勞動市場經驗：美國

到目前為止，我們發展出自然失業率背後的理論。首先，說明一經濟社會穩定狀態下的失業率係受離職率與就職率的影響，然後討論無法立即找到工作的兩個原因：工作搜尋的過程 (這會導致摩擦性失業)；以及工資僵固性 (這會導致結構性失業)。工資僵固性的發生，是因為存在最低工資法、組織工會和效率工資。

有這些理論作為背景，現在我們可以檢視失業的其他事實。首先，專注於美國勞動市場的情況。這些事實將協助評估我們的理論及評量，以降低失業為目標的公共政策。

失業期間

當一個人失業時，失業期間可能是短期或長期？這個問題的答案很重要，因為它指出失業的原因及什麼樣的政策因應是恰當的。一方面，如果大部份失業是短期的，我們可以認為那是摩擦性的，而且可能無法避免。失業勞工可能需要一些時間來搜尋最適合其技術與偏好的工作。另一方面，長期失業不能輕易地歸咎於需要花時間來撮合工作與勞工：我們不會預期這種撮合過程要耗時數月。長期失業更有可能是結構性失業，代表現有工作數量與想要工作人數之間無法配合。因此，失業期間的資料可以影響我們對失業原因的觀點。

問題的答案變得錯綜複雜，且乍看之下似乎是矛盾的。資料顯示，大多數的失業都是短暫的，但大部份的失業週數是長期失業所造成。想要瞭解這兩個事實如何同時成立，我們以下列極端但簡單的例子做說明。假設有 10 個人在某年失業一段期間。在這 10 個人當中，有 8 個人失業 1 個月，有 2 個人失業 12 個月，失業週數總共是 32 個月。在這個例子裡，大部份的失業都是短暫的：10 個人中有 8 個人，或 80% 的失業在 1 個月內結束。但大部份的失業月數是由長期失業造成：32 個月的失業期間中有 24 個月，或 75% 是由 2 個勞工失業期間長達 12 個月所造成。大多數的失業可以視為短期或長期，是取決於我們觀察失業人口或失業週數而定。

失業期間的證據對公共政策有一個重要的涵義。如果政策目標是要大幅降低自然失業率，政策應該聚集於長期失業人口，因為這些人構成大量的失業。但政

---

[9] Jeremy I. Bulow and Lawrence H. Summers, "A Theory of Dual Labor Markets with Application to Industrial Policy, Discrimination, and Keynesian Unemployment," *Journal of Labor Economics* 4 (July 1986): 376-414; Daniel M. G. Raff and Lawrence H. Summers, "Did Henry Ford Pay Efficiency Wages?" *Journal of Labor Economics* 5 (October 1987, Part 2): S57-S86.

策目標必須小心擬定，因為長期失業人口僅占失業人口的一小部份。大部份的失業者在短期間內可以找到工作。

> **個案研究**

美國長期失業的上升與失業保險的辯論

在 2008 年和 2009 年，當美國經濟陷入大衰退之際，勞動市場出現一個新的且令人震驚的現象：失業期間的巨幅上揚。圖 7-4 顯示從 1967 年到 2019 年，沒有工作勞工的失業期間中位數。不過，2008 年到 2009 年經濟大衰退期間的大幅上揚在過去曾經出現。

要如何解釋此現象？經濟學家分成兩派陣營。

有些經濟學家相信，長期失業是政府政策造成的，尤其是在 2009 年 2 月，當時的大衰退現象很嚴重。國會將失業保險的給付從 26 週延長到 99 週，且直到 2014 年 1 月才取消此項優惠。因為在不景氣時很難找到工作，延長失業保險給付是正常的，但延長期間拉到近兩年就不尋常。

2010 年 8 月 30 日，哈佛大學經濟學家勞勃·貝羅在《華爾街日報》(*Wall Street Journal*) 發表一篇名為「失業補貼的愚蠢」(The Folly of Subsidizing Unemployment) 的文章。根據貝羅的說法，「失業保險給付延長至 99 週的作法是長期失業上升最主要的原因」。他指出，許多西歐國家的高失業率 (尤其是高長期失業率) 通常歸因於這些國家慷慨的失業保險制度。貝羅的結論為：「魯莽地將失業保險給付延長至 99 週，在經濟上和政治上是愚蠢的。」

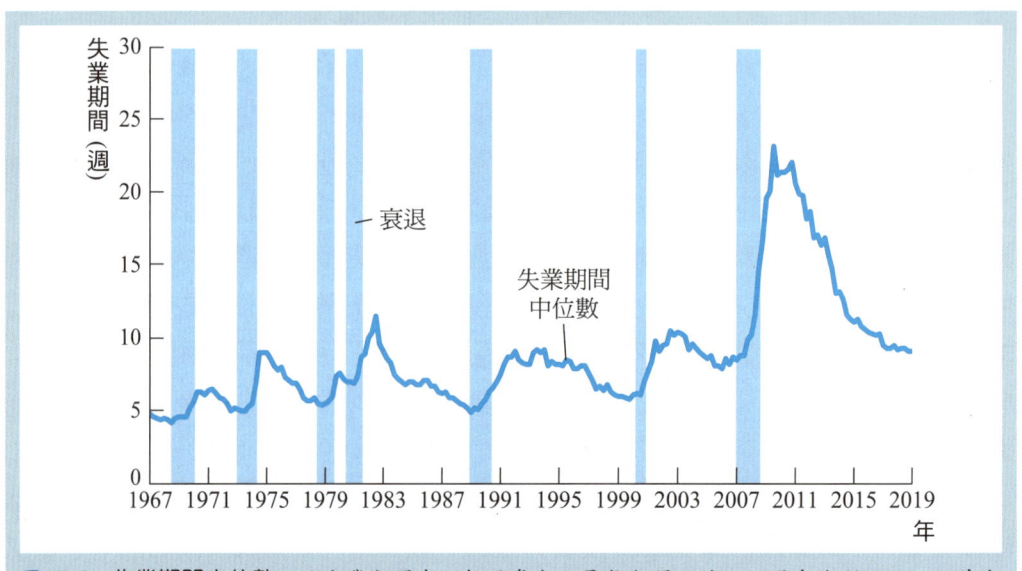

圖 7-4　失業期間中位數　這失業期間中位數通常在不景氣期間上升，如圖中陰影所示，但其在 2008 年到 2009 年經濟衰退期間的上升前所未見。
資料來源：勞工統計局。

不過，其他經濟學家卻質疑政府政策是罪魁禍首的說法。他們的觀點是，失業保險給付條件的放寬，在經濟大衰退與積弱不振的勞動市場是合理且富有同情心的回應。此為普林斯頓大學的保羅．克魯曼 (Paul Krugman) 在 2010 年 7 月 5 日的《紐約時報》，發表標題為「對無工作者的懲罰」(Punishing the Jobless) 的文章。同意失業保險降低尋找工作誘因，但認為這是一個與當前經濟狀況完全不相關的效果。他寫道：「現在經濟是不景氣的，每一個職缺有 5 位失業勞工應徵，縮減失業勞工的福利，讓他們更想要工作 —— 但他們根本找不到工作。」

貝羅和克魯曼都是赫赫有名的經濟學家，但他們對圖 7-4 顯示的看法卻南轅北轍。美國長期失業的大幅攀升依然是一個尚未解決的議題，且有關美國在經濟大衰退期間擴大失業保險的智慧依然有爭議。■

不同人口族群間失業率的變動

失業率在總人口中的不同族群之間變動得相當劇烈。表 7-2 列出在 2019 年美國不同人口族群的失業率，當時的整體失業率為 3.7%。

此表顯示青年勞工比年長勞工有較高的失業率。要解釋這個差異，請回想自然失業率模型。這個模型獨立出兩個高失業率的原因：低就職率和高離職率。當經濟學家研究個人在就業與失業之間移動的資料時，發現高失業的一群人通常會有高的離職率，且各個族群間的就職率差異並不大。例如，以就業的白人男性為例，青少年勞工失業率是中年勞工失業率的四倍；一旦失業，其就職率與年齡高低的關係不大。

這些發現幫助我們解釋年輕勞工的較高失業率。年輕勞工最近才加入勞動市場，且其對生涯規劃並不明確。對他們而言，在決定長期投入某一特定行業之前，先嘗試不同形態的工作，可能是最好的作法。因此，我們可以預期這個族群的勞工會有較高的離職率和較高的摩擦性失業率。

表 7-2 中另外一項明顯的事實是，黑人的失業率比白人高。這種現象很難令人完全理解。就業與失業之間移動的資料顯示，黑人的高失業率，特別是黑人青少年，是因為高離職率與低就職率所引起。低就職率的可能原因，包括比較無法接觸非正式的求職管道，以及雇主的歧視。

表 7-2　各人口族群的失業率，2019 年

年齡	白人男性	白人女性	黑人男性	黑人女性
16~19 歲	12.9%	10.1%	22.3%	19.6%
20~24 歲	6.5	4.9	13.8	9.3
25~54 歲	2.7	2.8	5.4	4.7

資料來源：勞工統計局。

進出勞動力的移轉

到目前為止，我們忽略一個勞動市場動態的重要層面：個人進入與退出勞動力的移動。我們的自然失業率模型假設，勞動力的規模是固定的。在這種情形下，失業唯一的原因是離開工作，而離開失業狀態的唯一原因是找到工作。

但事實上，勞動力的進出是很重要的。約有三分之一的失業是剛進入勞動力者所造成。這些人當中，有些是仍在尋找第一份工作的年輕勞工；其他則是以前曾經工作但暫時退出勞動力者。此外，不是所有的失業者都可以找到工作：幾乎有一半的失業總人口是以退出勞動市場為最後歸宿。

一個人進入或退出勞動市場，讓失業統計更難以解釋。一方面，有些人稱自己失業，可能並不是很積極地在找工作，或許這些人應該被視為非勞動力，他們的「失業」不一定代表有社會問題。在另一方面，有些人想要工作，但在經過多次不成功的搜尋後，放棄找工作。這些氣餒的工人 (discouraged workers) 是非勞動力的一部份，且並未計算在失業統計量中；即使他們沒有工作的狀態無法衡量，它可能是一個社會問題。

因為這些和許多其他議題，造成失業資料相當複雜且難以解讀，所以勞工統計局計算出許多勞動低度利用的衡量指標。表 7-3 列出它們的定義及 2020 年 1 月的數值。這些指標從 1.2% 到 6.9% 都有，凸顯那些用來將未就業勞動加以分類特性的重要性。

表 7-3　勞動低度利用的不同指標

變數	敘述	百分比
U-1	失業長達 15 週或 15 週以上的勞動人口，以勞動力百分比表示 (只包括非常長期的失業者)	1.2%
U-2	失去工作者和有臨時工作的勞動人口，以勞動力百分比表示 (不包括離開工作者)	1.6
U-3	總失業人口，以勞動力百分比表示 (官方失業率)	3.6
U-4	總失業人口加上氣餒的工人，以勞動力與氣餒的工人總和之百分比表示	3.8
U-5	總失業人口加上所有邊際附著勞工 (marginally attached workers)，以勞動力與所有邊際附著勞工總和的百分比表示	4.4
U-6	總失業人口加上所有邊際附著勞工，加上基於某些經濟原因的部份工時工作者，以勞動力與所有邊際附著勞工總和的百分比表示	6.9

註解：邊際附著勞工是指現在沒有工作也未尋找工作，但他們願意且可以工作，並在最近的一段時間尋找過工作的勞動人口。氣餒的工人是邊際附著勞工的一部分，前面已經定義。基於某些經濟原因的部份工時工作者是指那些願意且能夠全時工作，但只能以部份工時工作者。

資料來源：美國勞工部，2020 年 1 月數據。

7-5 勞動市場經驗：歐洲

儘管我們的討論大都集中在美國，但當經濟學家比較美國與歐洲的勞動市場經驗時，許多吸引人和令人疑惑的問題變得異常明顯。

歐洲失業的提高

圖 7-5 顯示四個歐洲最大的國家 —— 法國、德國、義大利和英國 —— 從 1960 年到 2018 年的失業率。如同你所見到的，這些國家的失業率上升十分迅速，就法國而言，改變特別顯著：在 1960 年代平均是 2%，在最近幾年則約為 10%。

歐洲失業上升的原因為何？沒有人知道確實原因，但有一個重要的理論。許多經濟學家認為，問題可以回溯到存在已久的政策與最近的衝擊：存在已久的政策是失業勞工的優渥福利，最近的衝擊是技術進步使非技術勞工相對技術勞工的需求下跌。

毫無疑問地，大多數歐洲國家對那些沒有工作的人有相當優渥的計畫，這些計畫有不同的名稱：社會保險、福利制度，或是「失業救濟金」(the dole)。許多國家允許失業勞工無限期支領失業保險，而不像美國，只有短暫的時間。許多研究指出，失業保險給付愈優渥的國家通常會有較高的失業率。在某種意義上，那些靠失業救濟金過活的人實際上是非勞動力：在現有就業機會固定下，不工作要比工作更吸引人。但是這些人在政府統計資料是視為失業，而不是非勞動力。

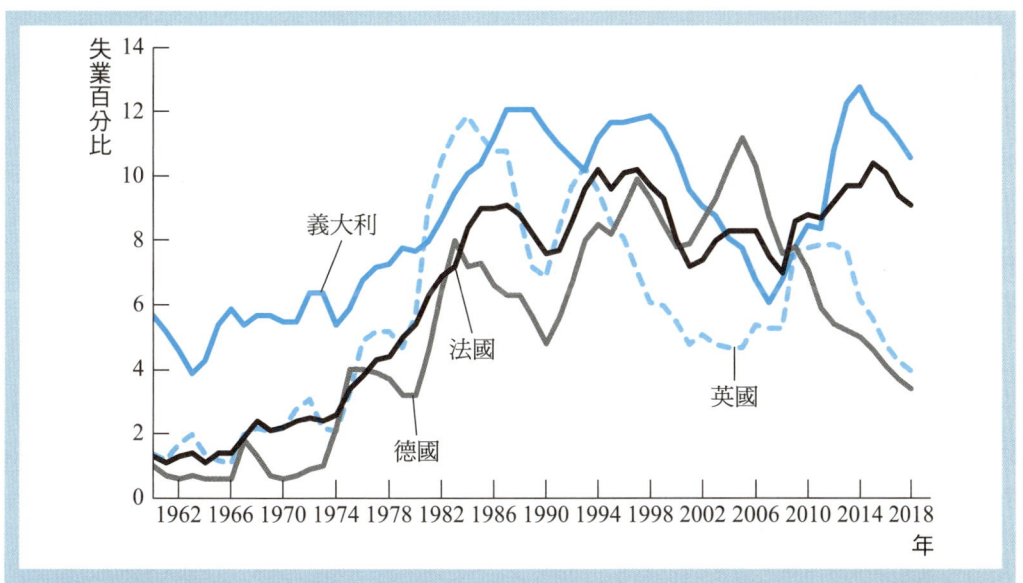

圖 7-5 歐洲的失業 此圖形顯示組成歐洲四個最大國家的失業率。圖形指出，隨著時間經過，歐洲的失業率大幅攀升，特別是在法國和德國。

資料來源：經濟合作暨發展組織。

非技術勞工的需求相對技術性勞工的需求下降，也是毫無疑問的現象。需求的改變可能是因為技術的變動：例如，電腦提高會使用者的勞工需求，而減少不會使用它們的勞工需求。在美國，這種需求的改變是反映在工資而非就業上：在過去四十年，非技術勞工的工資相對技術勞工的工資大幅下跌。然而，在歐洲，福利制度提供非技術勞工除了低工資工作的另外一種選擇。當非技術工人的工資下跌時，愈來愈多的勞工會將失業救濟金視為最佳選擇，結果是更多的失業。

歐洲高失業的診斷並未建議一簡單的解決之道。減少政府對失業保險給付的幅度，可以鼓勵勞工放棄失業救濟金而接受低工資的工作。但這也會使經濟不均等 —— 福利制度想要解決問題 —— 的現象更加惡化。[10]

歐洲地區內失業變異

歐洲並非單一勞動市場，而是一些國家之勞動市場的集合，這些市場不僅以國界區分，而且有文化和語言差異。因為勞動市場政策與機構的不同，歐洲地區內的失業變異提供失業成因的有用觀點。因此，許多實證研究聚焦於這些國際差異。

第一個值得注意的事實是，各國之間的失業率有顯著差異。例如，在 2020 年 1 月，當美國失業率是 3.6% 時，德國為 3.2%，而西班牙則是 13.8%。儘管在最近幾年，歐洲的平均失業率比美國高，但是許多歐洲國家失業率仍低於美國失業水準。

第二個值得注意的事實是，大部份的失業變異來自於長期失業。失業率可以分成兩個部份：勞動力中失業少於一年的百分比 (短期失業)，以及勞動力中失業超過一年的百分比 (長期失業)。在各個國家之間，長期失業率比短期失業率呈現更多的變異性。

國家失業率與不同的勞動市場政策相關。具有優渥失業保險，以替代率 —— 當一勞工喪失工作時，以前工資被替換的百分比 —— 來衡量的國家，其失業率較高。此外，若一國會有較高的失業率，尤其是較高長期失業，可領取失業救濟金的時間更長。

儘管政府對失業保險的支出會提高失業，但是對「積極性」勞動市場政策的支出似乎會降低失業。這些積極性勞動市場政策，包括在職訓練、協助工作搜尋與補貼就業。例如，一直以來，西班牙都是高失業率，此事實可由優渥的失業救濟與較少協助他們找到新工作來解釋。

---

10 想知道更多相關議題，請見 Paul R. Krugman, "Past and Prospective Causes of High Unemployment," in *Reducing Unemployment: Current Issues and Policy Options*, Federal Reserve Bank of Kansas City, August 1994。

工會的角色在各國也有所不同，如表 7-1 所見。這個事實也協助解釋勞動市場結果的差異，國家失業率與工資由工會集體談判制定的勞動力百分比成正比。然而，在雇主與工會高度溝通的國家，工會對失業的衝擊較小，或許是因為溝通可以減緩工資上漲的壓力。

一句警惕的話：相關並不隱含因果關係，因此這些結果應該小心詮釋，但它們提醒一國的失業率並非永遠不變，而是一國所做選擇的函數。[11]

歐洲休閒的上升

歐洲的高失業率部份原因是，歐洲勞工通常比美國勞工的工時較短。圖 7-6 顯示一典型就業勞工在美國、法國與德國的工作時數，在 1970 年代初期，這三個國家的勞工工作時數大致相同。但從那之後，美國的工作時數停留在一穩定水準，而在歐洲持續下滑。今天，一個典型美國勞工比兩個西歐國家典型勞工的工作時數更長。

工時差異反映兩個事實：第一，美國勞工每一年的平均工作時數比歐洲勞工來得長，歐洲人通常享受較短工時和較頻繁的休假；第二，潛在勞工在美國是就業的。也就是說，就業占總人口比率在美國高於歐洲，高失業是歐洲低就業總人口比的原因之一。另一個原因則是歐洲的提早退休，因此導致年老勞工的勞動參與率降低。

工作形態差異的基本原因為何？經濟學家提出許多假說。

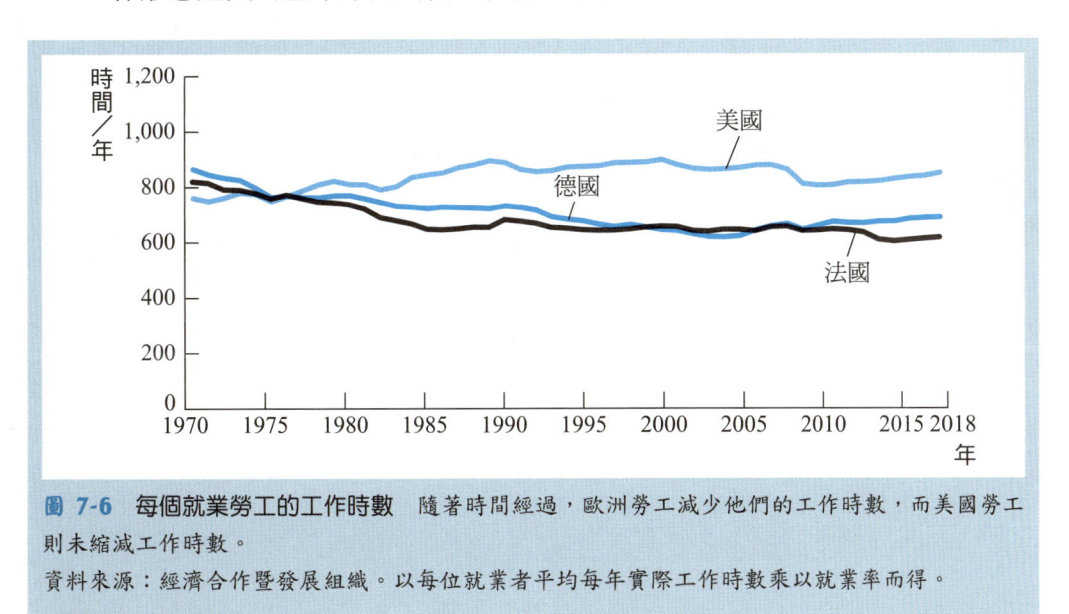

圖 7-6 每個就業勞工的工作時數 隨著時間經過，歐洲勞工減少他們的工作時數，而美國勞工則未縮減工作時數。
資料來源：經濟合作暨發展組織。以每位就業者平均每年實際工作時數乘以就業率而得。

---

11 Stephen Nickell, "Unemployment and Labor Market Rigidities: Europe Versus North America," *Journal of Economic Perspectives* 11 (Summer 1997): 55-74.

2004 年諾貝爾經濟學獎得主愛德華‧普雷斯科特 (Edward Prescott) 推論：「幾乎所有美國與德國和法國之間的大幅差異是因為稅制的不同。」這個假說與兩個事實相符：(1) 歐洲人比美國人面對較高的稅率；以及 (2) 在過去幾十年，歐洲稅率大幅提高，有些經濟學家將這些事實視為稅負對工作努力衝擊的有力證據。然而，其他人抱持懷疑態度，認為單由稅率來解釋工時差異需要非常大的勞動供給彈性。

一個相關的假說是，觀察到的工作努力差異可以歸諸於地下經濟。當稅率較高時，人們有較大的誘因「非法工作」以便逃稅。就許多明顯的理由而言，地下經濟的資料很難得到。但研究這個主題的經濟學家相信，歐洲的地下經濟規模比美國大。這個事實建議，實際工作時數的差異，包括在地下經濟的工作，可能比衡量工時的差異要小。

另一個假說則強調工會的角色。如同我們所見，集體談判在歐洲的勞動市場比在美國市場更加重要。工會通常在契約協商時要求工作週數縮短，且它們遊說政府制定不同的勞動市場管制，如國定假日。經濟學家阿爾貝托‧阿萊西那 (Alberto Alesina)、愛德華‧格雷瑟 (Edward Glaeser) 和布魯斯‧薩賽爾多特 (Bruce Sacerdote) 認為：「國定假日可解釋 80% 的美國與歐洲工作週數的差異，以及 30% 的兩個區域總勞動供給的差異。」他們提醒普雷斯科特可能高估稅負的角色，因為透過跨國觀察，稅率和工會比率是正相關，高稅率的影響與工會普遍化的影響非常難以區分。

最後一個假說則強調不同偏好的可能性。技術進步與經濟成長使所有先進國家更富有，世人必須決定是否以提高商品與服務的消費，或以增加休閒時間的方式來享受經濟榮景的果實。依據經濟學家奧利佛‧布蘭查 (Olivier Blanchard) 所言：「(兩個大陸間) 最主要的差異是，歐洲以生產力增加的一部份來增加休閒時間，而非提高所得，美國則恰好相反。」布蘭查相信，歐洲人只是比美國人更喜好休閒。(身為在美國工作的法國經濟學家，對此現象，他可能更有一番見解。) 若布蘭查是對的，則又提高為何不同地理區域會有不同偏好的問題困難度。

經濟學家持續辯論不同假說的優點。最後，對所有假說而言，可能都有些真實。[12]

---

[12] 想知道更多相關議題，請見 Edward C. Prescott, "Why Do Americans Work So Much More Than Europeans?" *Federal Reserve Bank of Minneapoli, Quarterly Review* 28, no. 1 (July 2004): 2-13；Alberto Alesina, Edward Glaeser, and Bruce Sacerdote, "Work and Leisure in the U.S. and Europe: Why So Different?" *NBER Macroeconomics Annual* (2005): 1-64；以及 Olivier Blanchard, "The Economic Future of Europe," *Journal of Economic Perspectives* 18 (Fall 2004): 3-26。

7-6 結論

失業代表資源的浪費。失業勞工有貢獻國民所得的潛力,但卻無法施展。當工作搜尋結束時,那些找到適合其技術工作的勞工會很高興。當廠商提供這種工作時,那些等待廠商支付高於均衡工資水準工作的勞工會很高興。

不幸的是,摩擦性失業與結構性失業都無法輕易降低。政府無法讓工作搜尋立即發生,也無法讓工資接近均衡水準。零失業並不是自由市場經濟體系的合理目標。

但降低失業的公共政策並不是完全沒有用處。職業訓練計畫、失業保險制度、最低工資及規範集體談判的法律,經常是政策辯論的主題。我們選擇的政策對經濟體系的自然失業率可能會有重要的影響。

快速測驗

1. 失業保險制度的主要目標是降低
   a. 就職率
   b. 離職率
   c. 摩擦性失業
   d. 勞工所得的不確定性

2. 儘管不是失業保險制度的目標,但此制度的一個效果是可降低
   a. 就職率
   b. 離職率
   c. 摩擦性失業
   d. 勞工所得的不確定性

3. 根據效率工資理論,支付高於均衡工資除了哪一項外,其他均會增加?
   a. 自然失業率   b. 勞工異動
   c. 勞工努力   d. 公司勞動力的素質

4. 工會與集體談判在下列哪一個國家扮演微不足道的角色?
   a. 義大利   b. 瑞典
   c. 美國   d. 澳洲

5. 若一經濟體系有許多氣餒的工人,
   a. 失業率將較高,而就業人口比例將較低
   b. 失業率將較高,但就業人口比率不太受影響
   c. 就業人口比率將較低,但失業率不太受影響
   d. 失業率與就業人口比率將大受影響

6. 一個解釋美國與西歐工時不同的原因為
   a. 歐洲的高稅負
   b. 美國的強勢工會
   c. 美國偏好休閒
   d. 歐洲各國語言的不同

摘要

1. 自然失業率是穩定狀態下的失業率,其受離職率與就職率的影響。

2. 因為勞工必須耗費時間尋找適合其技能與喜好的工作,有些摩擦性失業是無法避免的。不同的政府政策,如失業保險,能夠改變摩擦性失業的數量。

3. 當實質工資停留在使勞動供需相等的均衡工資水準之上時,結構性失業就會發生。最低工資法是工資僵固性的一個來源。工會與威脅組織工會是另一個來

源。最後，效率工資理論建議，基於不同理由，廠商可能發現，儘管有超額勞動供給，但是支付高工資會使廠商利潤增加。

4. 不論我們對大多數的失業是抱持短期或長期的看法，主要視我們如何觀察資料而定。大部份的失業是短暫的，但是大部份的失業週數是由一小部份的長期失業勞工所造成。

5. 失業率在不同的人口族群間，差異非常顯著，特別是年輕勞工的失業率高於年長勞工的失業率。這項差異是由不同的離職率，而非不同的就職率所引起。

6. 剛進入勞動力的勞動人口，包括新進入者與再進入者，約占失業人口的三分之一。勞工在進入與退出勞動力之間的移動，使失業統計變得難以解讀。

7. 美國與歐洲勞動市場呈現顯著差異。在最近幾年，歐洲比美國經歷更多的失業，且有工作的歐洲人比美國人的工作時數更少。此外，因為較高的失業、較短的工作週數、更多的假日和更早的退休，歐洲比美國勞工的工作時數更短。

● 關鍵詞

自然失業率　natural rate of unemployment
摩擦性失業　frictional unemployment
部門移轉　sectoral shift
失業保險　unemployment insurance
工資僵固性　wage rigidity

結構性失業　structural unemployment
局內人對局外人　insiders versus outsiders
效率工資　efficiency wages
氣餒的工人　discouraged workers

● 複習題

1. 請問決定自然失業率的因素為何？
2. 請描述摩擦性失業與結構性失業的差異。
3. 請寫出為什麼實質工資停留在使勞動供給與勞動需求相等的均衡水準之上的三個解釋理由。
4. 請問大多數失業是長期或短期？請解釋你的答案。
5. 請問歐洲人是否比美國人的工時更短？請列舉三個假設來解釋其差異。

● 問題與應用

1. 請以你在勞動力的經歷來回答下列問題：
   a. 當你或你的朋友想找一份兼職工作時，通常花費幾週找到？在你找到兼職工作後，這份工作可以持續幾週？
   b. 利用你的估計，請計算 (以週來表示) 你的就職率 f 和離職率 s。(提示：若 f 是就職率，則平均失業期間是 $1/f$。)
   c. 你代表的人口族群的自然失業率是多少？
2. 有一棟宿舍的住宿生蒐集下列資料。住在宿舍裡的人可以分成兩類：有異性朋友和沒有異性朋友。在有異性朋友的住宿生中，每個月有 10% 的人會經歷分手。在沒有異性朋友的住宿生中，每個月會有 5% 的人墜入情網。請問在穩定狀態下，住宿生中沒有異性朋友的比例是多少？

3. 在本章中，穩定狀態下的自然失業率是 $U/L=s/(s+f)$。假設失業率一開始不在這個水準，請證明失業率會隨時間經過，趨向並達到這個水準。(提示：請將失業人數的變動寫成是 s、f 和 U 的函數，然後證明若失業率高於自然失業率，失業會下跌；若失業率低於自然失業率，失業會上升。)

4. 假設國會通過一項讓廠商難以開除員工的法案（一個例子是法律規定開除員工需支付遣散費），若這項法案會降低離職率，且不會影響就職率，請問自然失業率會有何變化？你認為法案不會影響就職率是否合理？為什麼？

5. 假設一經濟具有下列的 Cobb-Douglas 生產函數：

$$Y=5K^{1/3}L^{2/3}$$

a. 請導出勞動需求為實質工資和資本存量的函數。(提示：請複習第 3 章。)
b. 這個經濟社會有 27,000 單位的資本和 1,000 個勞工。若因素價格可以自由調整而讓供給等於需求，請問實質工資是多少？在這個均衡下，就業量、產出及勞動報酬又是多少？
c. 現在假設國會關心勞工階級的福利，通過一項法律，需要廠商支付的實質工資高於 (b) 小題最低工資的 10% 給勞工。國會無法命令廠商在規定工資下雇用多少數量的勞工。在這種情形下，這項法律的影響為何？具體而言，對就業、產出及勞動報酬有何影響？
d. 國會是否能順利達成協助勞工階級的目標？請解釋。
e. 你認為這個分析是否提供思考最低工資法的好方法？為什麼？

6. 假設一國家經歷生產力下跌——亦即，生產函數的負面衝擊。

a. 請問勞動需求曲線有何變動？
b. 若勞動市場始終處於均衡狀態，請問生產力的改變如何影響勞動市場——亦即，就業、失業與實質工資有何變動？
c. 若工會阻止實質工資下跌，請問生產力改變會如何影響勞動市場？

7. 考慮兩部門的經濟體系：製造業與服務業，製造業與服務業的勞動需求以下式子表示：

$$L_m=200-6W_m$$
$$L_s=100-4W_s$$

其中 L 是勞動 (勞工人數)，W 是工資 (美元)，而下標代表部門。經濟體系有 100 個勞工願意且能夠在此兩部門工作。

a. 若勞工在此兩部門可自由移動，W_m 與 W_s 的關係為何？
b. 假設 (a) 小題的條件成立，且工資調整到使勞動供需相等。計算各個部門的工資與就業人數。
c. 假設製造業有工會，且使製造業工資等於 $25，請算出製造業的就業人數。
d. 在製造業成立工會之後，所有無法進入工會的勞工移至服務業，請計算服務業的工資和就業人數。
e. 現在假設勞工有保留工資 $15，也就是情願不會接受低於 $15 的工作，而等待 $25 的工會所提供的職缺，請計算各個部門的工資與就業人數。經濟體系的失業率是多少？

8. 你可能在個體經濟學課程中學過當勞工工資上升時，他們對於要將多少時間花在工作的決策會受到兩個矛盾方式的影響。所得效果是工資上升促使勞工減少工作時數，因為較高的所得意味著勞工有能力消費更多休閒。替代效果是促使勞工提高工作時數，因為更高的工資意味著額外工作 1 小時的報酬上升 (或相當於休閒的機會成本上升)。運用這些概念到布蘭查有關美國人與歐洲人對休閒偏好的假說，在大西洋兩岸中，哪一邊的所得效果超過替代效果？哪一邊的兩個效果近乎抵銷？你認為不同地理區域有不同休閒偏好的假說是否合理？為什麼？

9. 在任何一個城市的任何時間，都會有一些辦公室閒置。這種閒置的辦公空間是一種閒置資本。你如何解釋這種現象，特別是用哪一種失業勞工的觀點最能夠解釋閒置資本？這是否為一個社會問題？請解釋你的答案。

快速測驗答案

| 1. d | 2. a | 3. b | 4. c | 5. c | 6. a |

CHAPTER 8

資本累積為人口成長來源

> 成長的問題沒有新奇之處,只是陳年議題以全新的面貌呈現,它總是引人興趣且是令人全神貫注的經濟學:現在與未來。
>
> —— 詹姆士・杜賓

如果你有機會與祖父母談論他們年輕時的生活情形,很有可能學到一項經濟學的重要功課:在大多數國家的大多數家庭,物質生活水準隨時間經過而有大幅改善。這項進步是來自於實質所得上升,而允許人們能夠消費更多的商品與服務。

經濟學家利用國內生產毛額的資料衡量經濟成長,國內生產毛額是衡量經濟社會中每一個人的總所得。美國今日實質國內生產毛額是 1950 年水準的七倍多,平均每人實質國內生產毛額是 1950 年水準的三倍多。在任何一年,我們也可以觀察到不同國家之間的生活水準有顯著差異。表 8-1 列出 2019 年全球 14 個人口最密集國家與歐盟 (European Union, EU),其約占全球人口的三分之二的平均每人所得。美國以平均每人所得 $65,281 位居榜首,衣索比亞的平均每人所得只有 $2,312 —— 不到美國數值的 4%。

本書這個部份的目標是,想瞭解什麼因素會引起不同時間與不同國家的所得差異。在第 3 章中,我們指出生產因素 —— 資本與勞動,以及生產技術是經濟社會產出與總所得的來源。因此,不同時間與不同國家的所得差異一定來自資本、勞動及技術的差異。

我們在本章與下一章的主要工作是,發展一個稱為梭羅成長模型 (Solow growth model) 的經濟成長理論。第 3 章的分析使我們能夠描述經濟體系如何在某一時點生產和使用產出。這種分析是靜態的 —— 就像經濟體系的快照。要解釋為什麼國民所得會成長,以及為什麼某些經濟社會的成長會比其他經濟社會的成長更快,我們必須擴大分析,以致於它才能夠描述隨時間經過,經濟體系的變動。藉由發展這樣的模型,我們使分析動態化,因此,比較像電影,而不是一張照片。梭羅成長模型說明,隨時間經過,儲蓄、人口成長及技術進步,如何影響經濟體系的產出水準和產出成長。在本章中,我們分析儲蓄的角色,在下一章將介

表 8-1　國際間生活水準的差異

國家	平均每人所得 (2019 年)	國家	平均每人所得 (2019 年)
美國	$65,281	埃及	$12,251
歐盟	46,468	菲律賓	9,277
日本	43,236	印度	7,034
蘇聯	29,181	奈及利亞	5,348
墨西哥	20,411	孟加拉	4,951
中國	16,785	巴基斯坦	4,885
巴西	15,259	衣索比亞	2,312
印尼	12,302		

資料來源：世界銀行。數據經購買力平價 (PPP) 調整；亦即，所得數據已考慮各國生活成本的差異。

紹人口成長與技術進步。[1]

8-1　基本的梭羅模型

梭羅模型是用來說明經濟體系中，資本存量的成長、勞動力的成長和技術進步之間如何互動，及其如何影響一個國家商品與服務的總產出。我們以許多步驟來建立這個模型。現在為了簡化分析，我們假設勞動力與技術水準固定不變，我們的焦點是資本累積。

商品的供給與需求

在第 3 章靜態的封閉經濟體系模型中，商品的供給與需求扮演相當重要的角色。在梭羅模型中也是如此。藉由考慮商品的供給與需求，我們可以瞭解，在任何時點，決定生產多少數量產出的因素為何，且這些產出如何分配在不同的使用途徑。

商品供給與生產函數　梭羅模型的商品供給是以現在大家非常熟悉的生產函數為基礎，說明產出是受資本存量和勞動力的影響：

$$Y = F(K, L)$$

---

[1] 梭羅成長模型是以經濟學家勞勃‧梭羅 (Robert Solow) 命名，是在 1950 年代與 1960 年代發展出的模型。1987 年梭羅榮獲諾貝爾經濟學獎，得獎原因是對經濟成長理論的貢獻。這個模型是介紹於 Robert M. Solow, "A Contribution to the Theory of Economic Growth," *The Quarterly Journal of Economics* (February 1956): 65-94。

梭羅模型假設生產函數具有固定規模報酬。這個假設通常被認為是合乎實際的，而我們稍後會看到，這個假設有助於簡化分析。記得一生產函數有固定規模報酬特性，如果：

$$zY=F(zK, zL)$$

對任何正數 z 而言皆成立；亦即，如果我們將資本與勞動都乘上 z，產出數量也可乘以 z。

固定規模報酬的生產函數，允許我們以經濟體系產出相對勞動力數量的方式進行分析。要知道其是否成立，令上式的 $z=1/L$，可得：

$$Y/L=F(K/L, 1)$$

這個式子顯示，平均每位勞工的產出數量 Y/L 是平均每位勞工的資本數量 K/L 的函數。(當然數字 1 是常數，因此可予以忽略。) 固定規模報酬的假設隱含經濟體系的大小——以勞工人數來衡量，並不會影響平均每位勞工產出與平均每位勞工資本的關係。

因為經濟體系的大小並不重要，所以將所有數量都以每位勞工的方式表示顯然比較方便。我們以小寫字母 $y=Y/L$ 代表平均每位勞工產出，和 $k=K/L$ 表示平均每位勞工資本。然後可將生產函數寫成：

$$y=f(k)$$

其中定義 $f(k)=F(k, 1)$。圖 8-1 描繪這個生產函數。

生產函數的斜率說明，當增加額外一單位資本時，一位勞工所能額外生產的

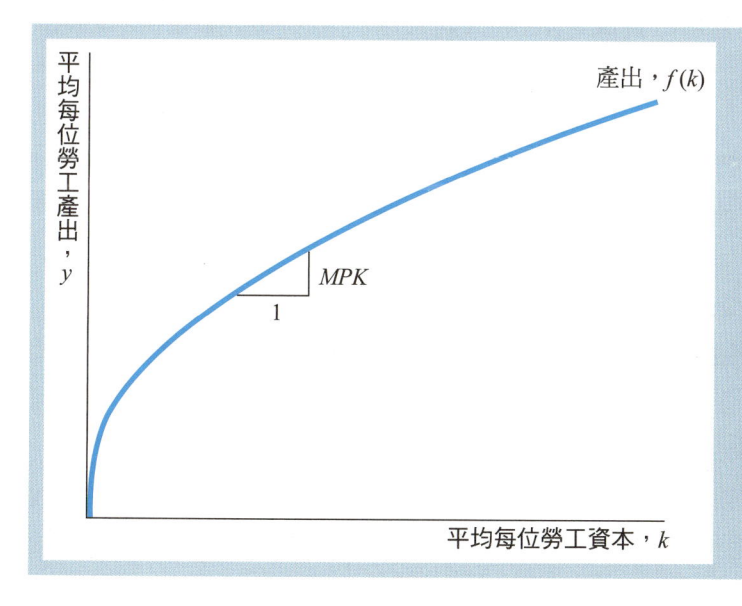

圖 8-1 生產函數 生產函數說明平均每位勞工資本數量如何決定平均每位勞工產出數量 $y=f(k)$。生產函數的斜率是資本的邊際產量：若 k 增加 1 單位，y 會增加 MPK 單位。隨著 k 的增加，生產函數變得愈來愈平坦，代表資本的邊際產量遞減現象。

商品數量。這個數量是資本的邊際產量 MPK。若以數學式表示，可以寫成：

$$MPK = f(k+1) - f(k)$$

請注意：在圖 8-1 中，隨資本數量增加，生產函數變得愈來愈平坦，表示這個生產函數呈現資本邊際產量遞減的現象。當 k 很低時，平均每位勞工只有一點資本可供使用，所以額外一單位資本是非常有用的，可以生產很多的額外產出；當 k 很高時，平均每位勞工擁有許多資本，所以額外一單位資本是較少用處的，只能微幅提高產出數量。

商品需求與消費函數　梭羅模型的商品需求來自消費與投資。換言之，平均每位勞工產出 y，可分為平均每位勞工消費 c 及平均每位勞工投資 i：

$$y = c + i$$

這個式子是經濟體系中，國民所得會計帳恆等式的平均每位勞工版本。請注意：它省略政府購買(就現在的目的，我們可以暫時忽略)，以及淨出口(因為我們假設的是封閉經濟體系)。

梭羅模型假設每一年人們會將所得的一部份 s 用來儲蓄，而消費 $(1-s)$ 部份的所得。我們可用下列簡單的消費函數來表示這個概念：

$$c = (1-s)y$$

其中 s 是儲蓄率，其值介於 0 與 1 之間。請記得：不同的政府政策能夠影響一個國家的儲蓄率，所以我們的目標之一是找到適當的儲蓄率。然而，目前我們將儲蓄率 s 視為已知。

要瞭解這個消費函數如何隱含投資函數，我們將 $(1-s)y$ 代入國民所得會計帳恆等式中的 c：

$$y = (1-s)y + i$$

重新集項可得：

$$i = sy$$

這個式子顯示投資等於儲蓄，正是我們在第 3 章看到的。因此，儲蓄率 s 也是產出貢獻在投資的比例。

現在我們已經介紹梭羅模型的兩個主要元素——生產函數與消費函數——它們在任何一個時點上描述經濟體系。就任何固定資本存量 k 而言，生產函數 $y = f(k)$ 決定經濟社會生產多少數量的產出，且儲蓄率 s 決定這個產出在消費與投資間的分配。

資本存量的成長與穩定狀態

在任何時刻，資本存量決定經濟產出，因此資本存量的改變可以導致經濟成長，尤其是有兩個因素影響資本存量：投資與折舊。投資是指新工廠與設備的支出，它會造成資本存量增加。折舊 (depreciation) 是指舊資本的磨損，它會造成資本存量減少。讓我們依序討論這兩個變數。

如同我們已經注意到的，平均每位勞工投資 i 等於 sy，藉由將生產函數代入 y，可以將平均每位勞工投資表示成平均每位勞工資本存量的函數：

$$i = sf(k)$$

這個式子將現有資本存量 k 和新資本累積 i 連結，圖 8-2 顯示這個關係。這個圖形描繪，在任何 k 值，產出數量是由生產函數 $f(k)$ 決定，且這個產出在消費與儲蓄間的分配是由儲蓄率 s 決定。

為了將折舊納入這個模型中，我們假設每年資本存量會以一固定比率 δ 磨損。這裡的 δ (小寫希臘字母 delta) 稱為折舊率 (depreciation rate)。例如，若資本平均可持續使用二十年，則折舊率是每年 5% ($\delta = 0.05$)。資本數量每年折舊 δk。圖 8-3 顯示折舊數量如何受資本存量的影響。

我們可將投資與折舊對資本存量的衝擊，表示成下列方程式：

$$\text{資本存量的變動} = \text{投資} - \text{折舊}$$
$$\Delta k = i - \delta k$$

其中 Δk 是今年與明年間資本存量的變動。因為投資 i 等於 $sf(k)$，我們可以將上式寫成：

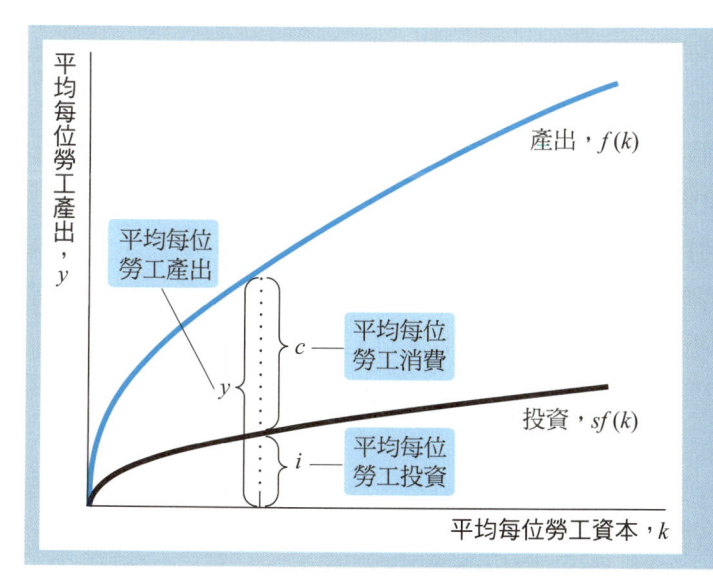

圖 8-2　產出、消費與投資　儲蓄率 s 決定產出在消費與投資間的分配。就任何資本水準 k 而言，產出是 $f(k)$，投資是 $sf(k)$，而消費是 $f(k) - sf(k)$。

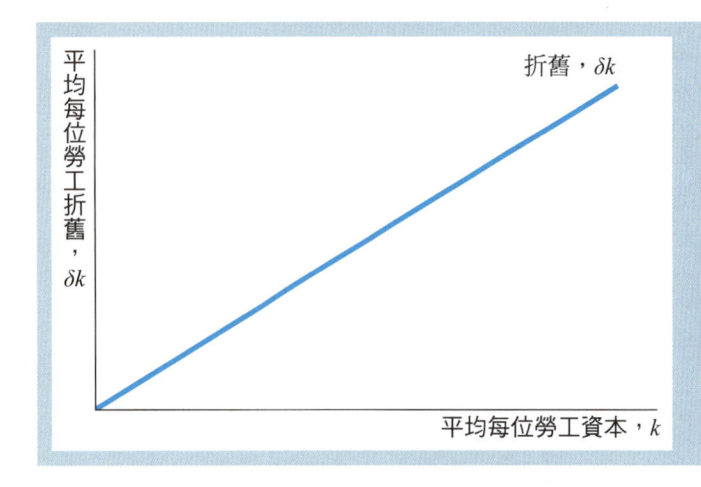

圖 8-3 折舊 資本存量每年以固定比率 δ 磨損，因此折舊與資本存量成一固定比例。

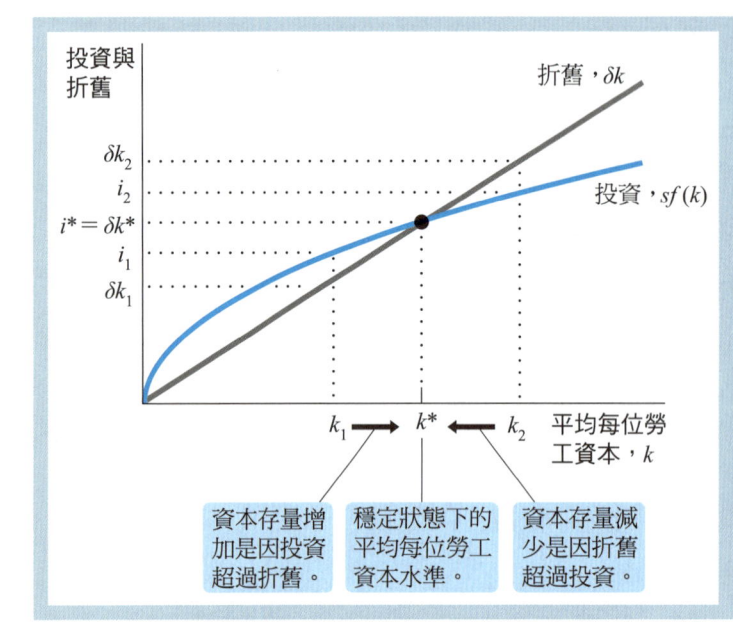

圖 8-4 投資、折舊與穩定狀態 穩定狀態下的資本水準 k* 是投資等於折舊的資本水準，這表示隨著時間經過，資本數量不會改變。在 k* 之下，投資超過折舊，所以資本存量成長；在 k* 之上，投資低於折舊，所以資本存量縮減。

資本存量增加是因投資超過折舊。

穩定狀態下的平均每位勞工資本水準。

資本存量減少是因折舊超過投資。

$$\Delta k = sf(k) - \delta k$$

圖 8-4 畫出此方程式在不同資本存量水準 k 下──投資與折舊的關係。當資本存量愈高時，投資數量和折舊數量都愈大。

如圖 8-4 所示，經濟體系存在一資本存量 k^*，使投資數量等於折舊數量。若經濟體系的資本存量正好等於這個水準，資本存量將不再變動，因為改變資本存量的兩股力量──投資與折舊──恰好平衡；亦即，在 k^* 點，$\Delta k = 0$，所以資本存量 k 與產出 $f(k)$ 隨著時間經過而趨於穩定（而非成長或縮減）。我們因此稱 k^* 為穩定狀態下的資本水準。

穩定狀態 (steady-state) 之所以重要的原因有二。如同我們剛才所見，一經濟體系處於穩定狀態將會停留在那裡。此外，同樣重要的是，一經濟體系若不是在穩定狀態，也會移至穩定狀態；亦即，無論經濟體系的資本水準從哪裡開始，最後都會達到穩定狀態下的資本水準。在這個意義上，穩定狀態代表經濟體系的長期均衡。

想瞭解為什麼經濟體系始終處於穩定狀態，假設經濟體系一開始的資本水準低於穩定狀態下的資本水準，如圖 8-4 的 k_1 所示。在這種情況下，投資水準超過折舊數量。隨時間過去，資本存量將會上升且持續上升——與產出 $f(k)$ 一起成長，直至其到達穩定狀態 k^* 為止。

同樣地，假設經濟體系一開始的資本水準高於穩定狀態下的資本水準，如圖 8-4 的 k_2 所示。在這種情況下，投資小於折舊：資本磨損的速度比替換的速度更快。資本存量將下跌，且再次趨向穩定狀態水準。一旦資本存量達到穩定狀態，投資會等於折舊，資本存量再也沒有上升或下跌的壓力。

趨向穩定狀態：一個數字範例

讓我們利用一個數字例子，來瞭解梭羅模型如何運作及經濟體系如何趨向穩定狀態。在這個例子中，假設生產函數為：

$$Y = K^{1/2} L^{1/2}$$

從第 3 章可知，此為 Cobb-Douglas 生產函數，其資本份額參數 α 等於二分之一。要得到平均每位勞工的生產函數 $f(k)$，將生產函數的等號兩邊都除以勞動力 L：

$$\frac{Y}{L} = \frac{K^{1/2} L^{1/2}}{L}$$

重新集項，可得：

$$\frac{Y}{L} = \left(\frac{K}{L}\right)^{1/2}$$

因為 $y = Y/L$ 和 $k = K/L$，上式變成：

$$y = k^{1/2}$$

此方程式也可寫成：

$$y = \sqrt{k}$$

這種形式的生產函數說明，平均每位勞工產出等於平均每位勞工資本數量的平方根。

為了完成這個範例，令產出的 30% 用來儲蓄 ($s=0.3$)，資本存量每年折舊 10% ($\delta=0.1$)，而經濟體系起初平均每位勞工資本為 4 單位 ($k=4$)。給定這些數據以後，現在可以檢視經濟體系隨時間經過的變化情形。

首先，觀察第一年的生產與產出的分配，當經濟體系擁有 4 單位資本時。

- 根據生產函數 $y=\sqrt{k}$，4 單位的平均每位勞工資本 (k) 可生產 2 單位的平均每位勞工產出 (y)。
- 因為 30% 的產出拿來儲蓄和 70% 的產出拿來消費，$i=0.6$ 和 $c=1.4$。
- 因為 10% 的資本存量是折舊 $\delta k=0.4$。
- 在 0.6 的投資與 0.4 的折舊條件下，資本存量的變動 $\Delta k=0.2$。

因此，第二年開始時的平均每位勞工資本是 4.2 單位。

就以下各年，我們可以做相同的計算。表 8-2 列出經濟體系在每一年的成長途徑。每一年，因為投資超過折舊，資本存量增加與產出成長。經過許多年以後，經濟體系趨向穩定狀態，此時有 9 單位的平均每位勞工資本。在這個穩定狀態中，0.9 單位的投資恰好抵銷 0.9 單位的折舊，因此資本存量和產出不再成長。

追蹤許多年的經濟成長途徑是找到穩定狀態下資本存量的一個方法，但還有另外一個不需要那麼多計算的方法。記得：

表 8-2 趨向穩定狀態：一個數字範例

假設：$y=\sqrt{k}$；$s=0.3$；$\delta=0.1$；起始值 $k=4.0$

年	k	y	c	i	δk	Δk
1	4.000	2.000	1.400	0.600	0.400	0.200
2	4.200	2.049	1.435	0.615	0.420	0.195
3	4.395	2.096	1.467	0.629	0.440	0.189
4	4.584	2.141	1.499	0.642	0.458	0.184
5	4.768	2.184	1.529	0.655	0.477	0.178
⋮						
10	5.602	2.367	1.657	0.710	0.560	0.150
⋮						
25	7.321	2.706	1.894	0.812	0.732	0.080
⋮						
100	8.962	2.994	2.096	0.898	0.896	0.002
⋮						
∞	9.000	3.000	2.100	0.900	0.900	0.000

$$\Delta k = sf(k) - \delta k$$

這個式子說明 k 隨著時間經過的變動情形。因為穩定狀態 (根據定義) 的 k 值必須滿足 $\Delta k=0$，我們知道：

$$0 = sf(k^*) - \delta k^*$$

或相當於：

$$\frac{k^*}{f(k^*)} = \frac{s}{\delta}$$

這個式子提供一個找到穩定狀態下，平均每位勞工資本 k^* 的方法。將範例中的數字和生產函數代入上式，我們可得：

$$\frac{k^*}{\sqrt{k^*}} = \frac{0.3}{0.1}$$

將方程式中等號兩邊都平方，並求解得：

$$k^* = 9$$

穩定狀態下的資本存量是每位勞工 9 個單位。這個結果符合表 8-2 中穩定狀態的計算結果。

個案研究

日本與德國的成長奇蹟

日本與德國是兩個經濟成長的成功典範。儘管兩國今日皆為經濟強國，在 1946 年，兩國的經濟表現都是步履蹣跚。第二次世界大戰摧毀它們大部份的資本存量。在兩個國家中，1946 年的平均每人產出是大戰前的一半。然而，在戰後的數十年間，這兩個國家經歷一段史上最快速的經濟成長率。在 1946 年到 1972 年之間，日本的平均每人產出每年以 8.0% 的速度成長，德國每年則是以 6.5% 成長；相較美國，每年成長率只有 2.1%。其他許多飽受戰亂摧殘的歐洲經濟體系，在戰後也享受快速的經濟成長：例如，法國平均每位勞工產出以 4.6% 成長；義大利以 5.5% 成長。但日本與德國是兩個受害最嚴重，且戰後成長最快速的國家。

從梭羅模型的觀點來看，日本與德國的戰後經驗是否令人震驚？讓我們考慮一穩定狀態下的經濟體系。現在假設發生戰爭摧毀一些資本存量。(亦即，假設資本存量從圖 8-4 的 k^* 下跌至 k_1。) 不令人意外地，產出水準立刻下跌。但若儲蓄率──產出貢獻在儲蓄與投資的比例並未改變，經濟接著將會經歷一段期間的高成長。產出成長是因為在較低資本存量時,投資增加的資本高於折舊損耗的資本。這種高成長會持續直至經濟體系達到先前的穩定狀態水準。因此雖然部份資本存量被摧毀,導致產出立即減少,但接下來的經濟是高於正常的成長。日本與德國的快速成長「奇蹟」,是報章雜誌經常出現的字眼,梭羅模型的預測結果與因戰爭而使資本存量大幅減少的國家,其經濟成長走勢頗為一致。

在成長奇蹟之後,(類似像美國成長率) 日本與德國皆以較平緩的速度成長。從 1972 年到 2000 年,相較美國的每年 2.1%,日本每年的平均每人產出以 2.4% 成長,而德國是 1.8%。這種現象也被梭羅模型預測到。當一經濟體系愈接近其穩定狀態時,無法再以如過渡時期般高於正常成長速度的方式,而回到穩定狀態水準。

為了避免別人從歷史事件中學到錯誤的教訓,戰爭的毀壞並不是一件好事。日本與德國在戰後的快速成長,只是追上它們本來就應該有的成長途徑。更有甚者,不像日本與德國,許多遭受戰爭摧殘的國家,依然充滿人民衝突和政治不穩定,而妨礙其後續的成長。■

儲蓄如何影響成長?

對日本與德國在第二次世界大戰後經濟成長的解釋,並不如上述「個案研究」的建議如此簡單。另一個攸關的事實是,日本與德國產出的儲蓄和投資比率都比美國來得高。想要更詳盡地瞭解國際間經濟表現的差異,我們必須考慮不同儲蓄率的影響。

讓我們來思考,當一個經濟體系的儲蓄率增加時,會發生什麼樣的變化。圖 8-5 說明此變化。假設經濟一開始處於穩定狀態,儲蓄率是 s_1,資本存量是 k_1^*。由於經濟體系處於穩定狀態,投資與折舊數量相互抵銷,當儲蓄率從 s_1 上升到 s_2 時,$sf(k)$ 曲線向上移動。在儲蓄率上升後,投資立刻增加,但資本存量與折舊仍未變動,因此投資會超過折舊。資本存量將逐漸上升,直至經濟體系達到新的穩定狀態 k_2^* 才會停止。此時資本存量與產出水準會比舊的穩定狀態的水準要高。

梭羅模型顯示,儲蓄率是穩定狀態下資本存量的一個關鍵決定因素。若儲蓄

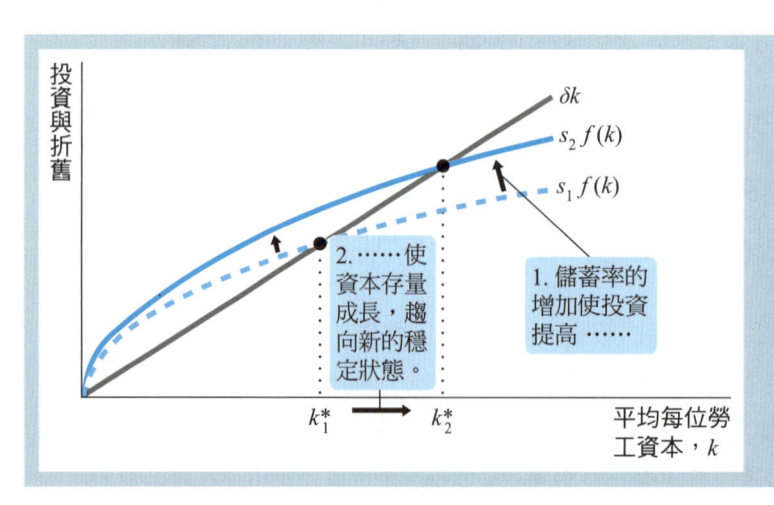

圖 8-5 儲蓄率的增加 增加儲蓄率隱含在固定資本存量下,投資數量會較高。因此,儲蓄函數往上移動。在最初的狀態 k_1^* 下,投資會超過折舊。資本存量會持續成長,直至經濟達到新的穩定狀態 k_2^* 為止,此時資本與產出都比以前多。

率比較高，經濟體系在穩定狀態會擁有較大的資本存量和較高的產出水準；若儲蓄率偏低，經濟體系在穩定狀態會擁有較小的資本存量和較低的產出水準。這個結論可以釐清許多財政政策的討論。如同我們在第 3 章所見，政府預算赤字會降低國民儲蓄和排擠私人投資。現在我們可以瞭解，儲蓄率降低的長期後果是較低的資本存量和較低的國民所得，這就是許多經濟學家批評鉅額持續性預算赤字的原因。

梭羅模型提出哪些有關儲蓄率與經濟成長間的關係？依據梭羅模型，較高的儲蓄導致較快速的成長，但這只是短暫的。在經濟體系達到新的穩定狀態之前，儲蓄率的增加會提高經濟成長。若經濟維持在一個高的儲蓄水準上，可以維持大的資本存量與高的產出水準，但無法永遠維持高的成長率。改變穩定狀態下平均每人所得成長率的政策，稱為成長效果 (growth effect)；我們將在下一章看到這種政策的範例。相反地，儲蓄率的增加稱為水準效果 (level effect)，因為只有平均每人所得水準──而非成長率──受穩定狀態下的儲蓄率影響。

現在我們瞭解儲蓄如何影響成長後，就能更完整地解釋日本與德國在第二次世界大戰後令人印象深刻的經濟表現。其不僅因為戰爭而使起初的資本存量很低，且因高儲蓄率使穩定狀態下的資本存量很高。這兩個事實協助我們解釋，這兩國在 1950 年代與 1960 年代經濟的快速成長。

8-2 黃金法則的資本水準

到目前為止，我們利用梭羅模型檢視經濟體系的儲蓄率與投資率，如何決定穩定狀態下的資本和所得水準。這個分析可能讓你認為高儲蓄率始終是一件好事，因為它總是導致較高的所得。但假設一國家的儲蓄率是 100%，將導致最大可能的資本存量與最大可能的所得水準。但是，若全部所得都儲蓄起來，沒有任何所得拿來消費，這有什麼好處呢？

本節利用梭羅模型探討，從經濟福利的觀點，何者為最適資本累積數量。在第 10 章中，將討論政府政策如何影響國家的儲蓄率，但在本節裡，我們先呈現這些政策決定背後的理論。

比較穩定狀態

為了簡化我們的分析，假設政策制定者能夠將經濟體系的儲蓄率設定在任何水準。藉由儲蓄率的設定，政策制定者決定經濟體系的穩定狀態。政策制定者應該選擇什麼樣的穩定狀態？

在選擇穩定狀態時，政策制定者的目標是追求組成社會的所有人經濟福利的極大化。個人並不關心經濟社會中的資本數量或產出數量，所關心的是，他們能夠消費商品與服務的數量。因此，一個仁慈的政策制定者會想要選擇擁有最高消費水準的穩定狀態。使消費水準最大穩定狀態下的 k 值，稱為黃金法則的資本水準 (Golden Rule level of capital)，並以 k^*_{gold} 來表示。[2]

我們如何能夠分辨經濟體系是否處於黃金法則水準？要回答這個問題，首先必須決定穩定狀態下的平均每位勞工消費水準，然後可以看到哪一個穩定狀態會提供最大的消費數量。

想要找到穩定狀態下的平均每位勞工消費水準，我們從國民所得會計帳恆等式開始：

$$y = c + i$$

重新整理上式成：

$$c = y - i$$

消費等於產出減去投資。因為想要找出穩定狀態下的消費水準，我們將穩定狀態下的產出與投資數值代入上式。穩定狀態下的平均每位勞工產出是 $f(k^*)$，其中 k^* 是穩定狀態下的平均每位勞工資本存量。此外，因資本存量在穩定狀態下不會變動，投資等於折舊 δk^*。以 $f(k^*)$ 替代 y 和以 δk^* 替代 i，可將穩定狀態下的平均每位勞工消費寫成：

$$c^* = f(k^*) - \delta k^*$$

根據這個式子，穩定狀態下的消費是穩定狀態下的產出扣除穩定狀態下的折舊金額。此式顯示增加穩定狀態下的資本對穩定狀態下的消費有兩種相反的影響：一方面，更多的資本意味著更多的產出；在另一方面，更多的資本也代表更多的產出必須用來替換磨損的資本。

圖 8-6 顯示，穩定狀態下的產出與穩定狀態下的折舊是穩定狀態下資本存量的函數，而穩定狀態下的消費是產出與折舊的距離。這個圖形顯示有一個資本存量水準 —— 黃金法則水準 k^*_{gold} —— 使消費達到極大。

在比較許多穩定狀態時，我們必須記住較高的資本水準會同時影響產出與折舊。若資本存量低於黃金法則水準，提高資本存量會使產出增加的幅度比折舊增加的幅度大，所以消費會上升。在這種情形下，生產函數比 δk^* 線更陡，所以兩條曲線的距離 —— 等於消費 —— 隨著 k^* 上升而加大；相反地，若資本存量高於黃金法則水準，增加資本存量會使消費減少，因為產出的增加幅度小於折舊的增

---

[2] Edmund Phelps, "The Golden Rule of Accumulation: A Fable for Growthmen," *American Economic Review* 51 (September 1961): 638-643. 在 2006 年，菲爾浦斯榮獲諾貝爾經濟學獎。

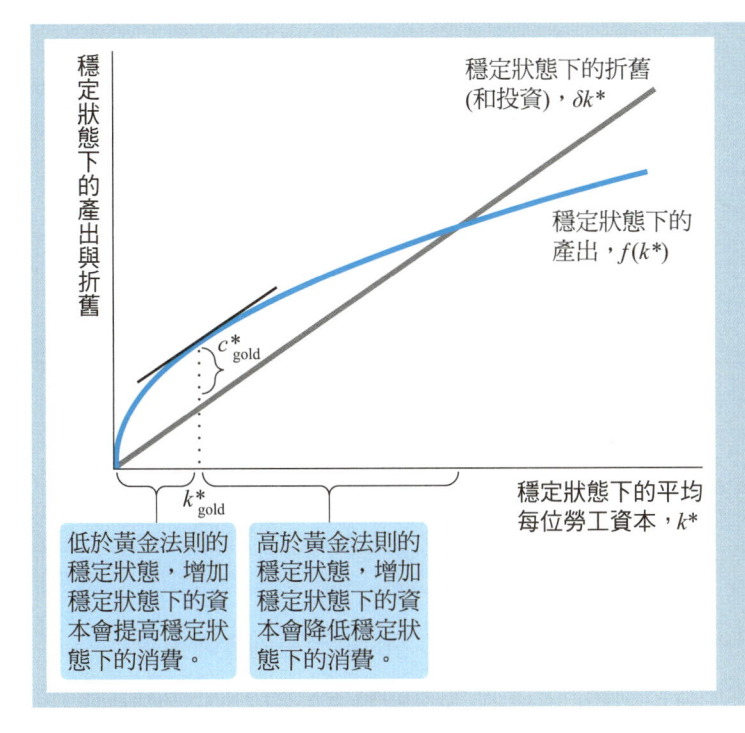

圖 8-6　穩定狀態下的消費　經濟體系的產出是用來消費或投資。在穩定狀態時，投資等於折舊。因此，穩定狀態下的消費是產出 $f(k^*)$ 與折舊 δk^* 的差距。穩定狀態下的消費，在黃金法則的穩定狀態下達到極大。黃金法則的資本存量以 k^*_{gold} 表示，黃金法則的消費水準則是以 c^*_{gold} 表示。

加幅度。在這種情形下，生產函數比 δk^* 線平坦，所以兩條曲線的距離——消費——隨著 k^* 上升而縮小。在黃金法則的資本水準下，生產函數和 δk^* 線有相同的斜率，且消費是處於極大的水準。

現在我們可以推導出描述黃金法則的資本水準之簡單條件。請記得：生產函數的斜率是資本的邊際產量 MPK。δk^* 線的斜率為 δ。因為這兩個斜率在 k^*_{gold} 點相等，黃金法則可以下列方程式描述：

$$MPK = \delta$$

在黃金法則的資本水準下，資本的邊際產量等於折舊率。

從不同的角度來看，假設經濟體系一開始是處於穩定狀態下的資本存量 k^*，政策制定者考慮提高資本存量到 k^*+1。這個額外增加 1 單位資本所增加的額外產出為 $f(k^*+1)-f(k^*)$，它是資本的邊際產量 MPK。從額外 1 單位資本所產生額外的折舊數量為折舊率 δ。因此，這個額外 1 單位資本對消費的淨效果是 $MPK-\delta$。若 $MPK-\delta>0$，則增加資本會提高消費，所以 k^* 一定是低於黃金法則水準；若 $MPK-\delta<0$，則增加資本會降低消費，所以 k^* 一定是高於黃金法則水準。因此，下列條件可描述黃金法則：

$$MPK - \delta = 0$$

在黃金法則的資本水準下，資本的邊際產量減去折舊 ($MPK-\delta$) 等於零。我們即

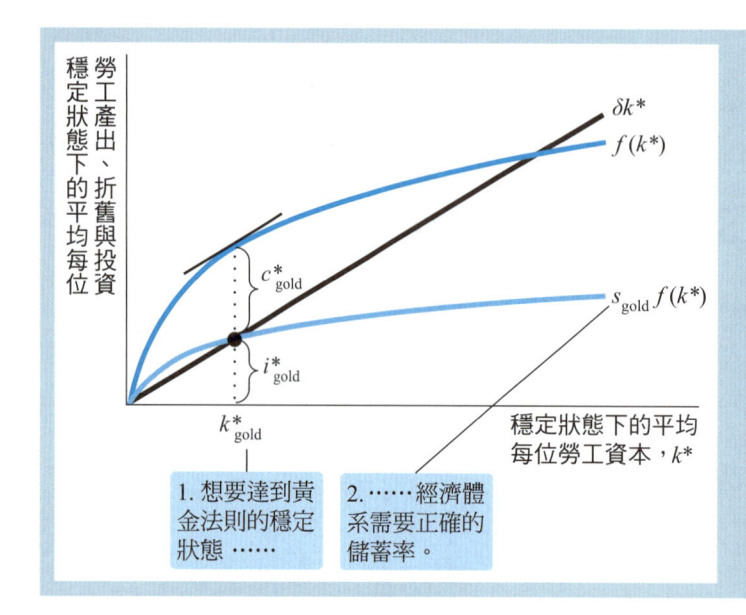

圖 8-7　儲蓄率與黃金法則　只有一個儲蓄率能夠生產黃金法則的資本水準 k^*_{gold}。任何儲蓄率的變動將會移動 $sf(k)$ 曲線，使經濟移向較低消費水準的穩定狀態。

將見到，政策制定者可以利用這個條件找出經濟體系的黃金法則資本存量。[3]

請記住：經濟體系並不會自動趨向穩定狀態下的黃金法則水準。如果我們想要任何特定的穩定狀態下資本存量，如黃金法則，就需要一特定的儲蓄率來支持這個水準。圖 8-7 顯示，若儲蓄率設定為生產黃金法則的資本水準，經濟體系達到的穩定狀態。若儲蓄率高於圖形中黃金法則下的儲蓄率，穩定狀態下的資本存量將會太高；若儲蓄率較低，穩定狀態下的資本存量將會太少。在這兩種情況下，穩定狀態下的消費水準將會低於穩定狀態下黃金法則的消費水準。

尋找黃金法則的穩定狀態：一個數字範例

讓我們考慮一政策制定者在下列經濟體系中，選擇穩定狀態的決策。生產函數和前面的例子相同：

$$y=\sqrt{k}$$

平均每位勞工產出是平均每位勞工資本的平方根。折舊 δ 仍占資本的 10%。這一次，政策制定者挑選儲蓄率 s，以及經濟體系的穩定狀態。

要瞭解政策制定者可能有的結果，讓我們回想在穩定狀態下，下列方程式必須成立：

$$\frac{k^*}{f(k^*)}=\frac{s}{\delta}$$

---

[3] **數學註解**：另外一個推導黃金法則條件的方法，需要用到一點微積分。請記得：$c^*=f(k^*)-\delta k^*$。要找到極大 c^* 的 k^* 值，上式對 k^* 微分，可得 $dc^*/dk^*=f'(k^*)-\delta$，並使這個推導式等於零。請注意：$f'(k^*)$ 是資本的邊際產量，所以我們獲得與正文中相同的黃金法則條件。

在這個例子裡，方程式變成：

$$\frac{k^*}{\sqrt{k^*}} = \frac{s}{0.1}$$

上式等號兩邊都平方，可以得到穩定狀態下資本存量。我們得到：

$$k^* = 100s^2$$

利用這個結果，我們能夠計算出任何儲蓄率下的穩定狀態資本存量。

表 8-3 列出這些計算來說明經濟體系在不同儲蓄率下的穩定狀態。我們看到較高的儲蓄率導致較高的資本存量，進而提高產出與折舊。穩定狀態下的消費是產出與折舊間的差距，一開始隨著儲蓄率提高而上升，然後再下跌。當儲蓄率是 0.5 時，消費水準達到最高。因此，0.5 的儲蓄率產生黃金法則的穩定狀態。

請記得：另外一種確認黃金法則穩定狀態的方法，是尋找讓淨資本邊際產量 ($MPK - \delta$) 等於零的資本存量。就此生產函數而言，邊際產量為：[4]

$$MPK = \frac{1}{2\sqrt{k}}$$

利用這個公式，表 8-3 的最後兩欄列出不同穩定狀態下的 MPK 和 $MPK - \delta$ 的數值。請注意：當儲蓄率是處於黃金法則下的數值 0.5 時，淨資本邊際產量恰好等

表 8-3　尋找黃金法則的穩定狀態：一個數字例子

假設：$y = \sqrt{k}$；$\delta = 0.1$

s	k^*	y^*	δk^*	c^*	MPK	$MPK - \delta$
0.0	0.0	0.0	0.0	0.0	∞	∞
0.1	1.0	1.0	0.1	0.9	0.500	0.400
0.2	4.0	2.0	0.4	1.6	0.250	0.150
0.3	9.0	3.0	0.9	2.1	0.167	0.067
0.4	16.0	4.0	1.6	2.4	0.125	0.025
0.5	**25.0**	**5.0**	**2.5**	**2.5**	**0.100**	**0.000**
0.6	36.0	6.0	3.6	2.4	0.083	−0.017
0.7	49.0	7.0	4.9	2.1	0.071	−0.029
0.8	64.0	8.0	6.4	1.6	0.062	−0.038
0.9	81.0	9.0	8.1	0.9	0.056	−0.044
1.0	100.0	10.0	10.0	0.0	0.050	−0.050

---

4 **數學註解**：想要得到這個公式，請注意：資本的邊際產量是生產函數對 k 的導數。

於零。因為邊際產量遞減,當經濟體系的儲蓄小於這個金額時,淨資本邊際產量會大於零;且當經濟體系儲蓄大於這個金額時,淨資本邊際產量會小於零。

這個數字範例證實兩種找到黃金法則的穩定狀態之方法 —— 觀察穩定狀態下的消費或觀察資本的邊際產量 —— 皆可得到相同答案。如果我們想要知道實際經濟情況目前是否正高於或低於黃金法則的資本存量,第二個方法通常較方便,因為資本的邊際產量估計值可直接獲得。相反地,使用第一種方法評估經濟情況,需要估計不同儲蓄率下的穩定狀態消費水準,這種資訊較難獲得。因此,當在第 10 章使用此方法分析美國經濟情況時,我們會藉由檢視資本邊際產量來評估美國的儲蓄率。然而,在從事政策分析時,必須進一步地發展和瞭解梭羅模型。

過渡到黃金法則的穩定狀態

現在我們讓政策制定者的問題更符合實際情況。到目前為止,我們假設政策制定者可以選擇經濟體系的穩定狀態,且立刻跳到穩定狀態。在這種情形下,政策制定者會選擇最高消費水準的穩定狀態 —— 黃金法則的穩定狀態。但現在假設經濟體系達到一個不是黃金法則的穩定狀態,當經濟體系在穩定狀態之間移動時,消費、投資及資本會發生什麼變動?這種過渡的衝擊是否會妨礙政策制定者達到黃金法則的企圖?

我們必須考慮兩種情況:經濟體系一開始的資本超過黃金法則的穩定狀態下之資本水準,或一開始是低於黃金法則的資本水準。結果會是這兩種情況帶給政策制定者非常不同的問題。(如同我們將在第 10 章看到的,第二個情況 —— 太少的資本 —— 描述大多數的實際經濟體系,包括美國在內。)

開始時擁有太多的資本　首先考慮的情況是,經濟體系一開始的穩定狀態下,資本水準超過黃金法則規定的資本水準。在這種情況下,政策制定者應該追求降低儲蓄率的政策目標,以便降低資本存量。假設這些政策成功且在某個時點 —— 稱為時點 t_0 —— 儲蓄率下跌到黃金法則穩定狀態下的水準。

圖 8-8 顯示,當儲蓄率下跌時,產出、消費及投資會發生何種變動。儲蓄率的減少,造成消費的立即增加和投資的減少。因為投資與折舊在初始時相等,現在的投資會小於折舊,因此經濟體系不再處於穩定狀態。逐漸地,資本存量下跌,導致產出、消費及投資的減少。這些變數會繼續下跌,一直到經濟體系達到新的穩定狀態為止。因為我們假設新的穩定狀態是黃金法則的穩定狀態,即使產出與投資比以前低,消費一定會比儲蓄率變動前的消費水準更高。

請注意:相較於舊的穩定狀態,消費不僅是在新的穩定狀態時較高,且在整個過渡路徑上也較高。當資本存量超過黃金法則水準時,降低儲蓄很明顯是一個良好的政策,因其在每一個時點皆會使消費增加。

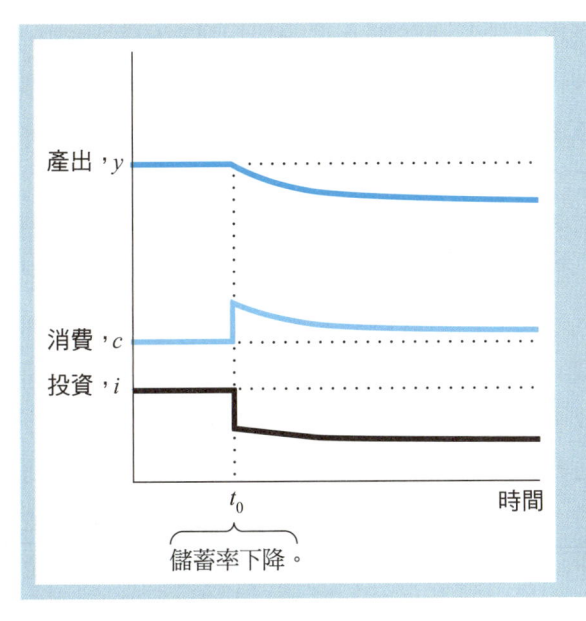

圖 8-8 當一開始的資本超過黃金法則的穩定狀態下之資本時，儲蓄的下降 此圖形顯示，當經濟體系一開始的資本超過黃金法則水準的資本，且儲蓄率下跌時，產出、消費及投資隨時間經過有何變化。儲蓄率的下跌 (在 t_0) 造成消費立即的上升和投資等量的減少。隨著時間經過，當資本存量下跌時，產出、消費及投資一起減少。因為經濟體系一開始擁有太多的資本，所以新的穩定狀態下消費水準會比原來穩定狀態下的消費水準來得高。

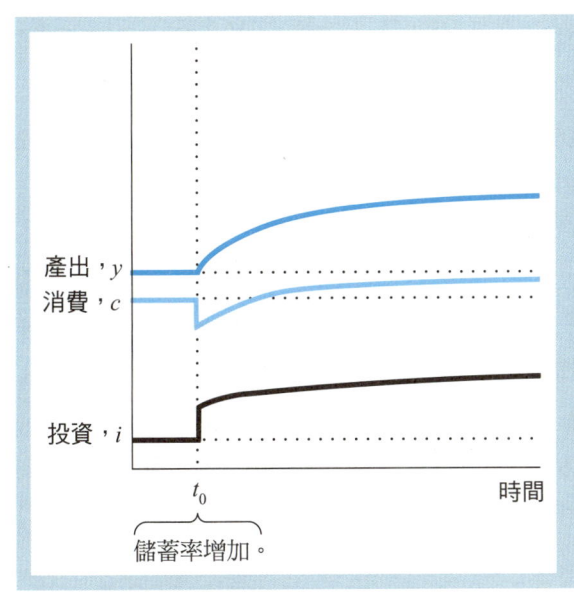

圖 8-9 當一開始資本低於黃金法則的穩定狀態下之資本時，儲蓄率的增加 此圖形顯示，當經濟一開始的資本存量低於黃金法則水準與儲蓄率增加時，產出、消費及投資隨時間經過的變動情形。提高儲蓄率 (在 t_0) 引起消費立即下跌，而投資等量上升。隨著時間經過，當資本存量成長時，產出、消費及投資一起增加。因為經濟體系一開始的資本低於黃金法則水準，新的穩定狀態下的消費水準要比一開始穩定狀態下的消費水準高。

開始時擁有太少的資本 當經濟體系一開始的資本存量低於黃金法則水準時，政策制定者必須提升儲蓄率以達到黃金法則。圖 8-9 顯示變動情形，在 t_0，儲蓄率的上升引起消費的立即下跌和投資的上升。隨著時間經過，較高的投資造成資本存量提高。隨著資本的累積，產出、消費及投資逐漸的增加，最終達到新的穩定狀態水準。因為起初的穩定狀態低於黃金法則，增加儲蓄最終會導致消費水準超過起初的消費水準。

增加儲蓄率可導致黃金法則的穩定狀態，是否可以提高經濟福利？最終它會因為穩定狀態下的消費水準較高。但是，達到新的穩定狀態需要一開始消費的下跌。請注意：此與經濟體系一開始資本高於黃金法則水準的情況是形成對比的。當經濟體系一開始資本高於黃金法則水準時，達到黃金法則過程中的任何時點上，產生的消費水準都比較高；當經濟體系開始的資本低於黃金法則水準時，達到黃金法則水準需要初始的消費減少，以增加未來的消費。

在決定是否嘗試達到穩定狀態下的黃金法則時，政策制定者必須考量現在的消費者與未來的消費者並非都是同一批人。到達黃金法則水準會達到最高的穩定狀態消費水準，因此可使未來的世代受惠。但是當經濟體系一開始低於黃金法則水準時，達到黃金法則水準需要提高投資，因而降低當前世代的消費水準。因此，當選擇是否增加資本累積時，政策制定者會面臨不同世代間福利的取捨。一政策制定者如果比較關心當前世代而非未來世代，可能決定不追求達到黃金法則穩定狀態的政策；反之，政策制定者如果同樣關心所有的世代，將選擇達到黃金法則穩定狀態。即使當前世代的消費減少，未來的世代將因移到黃金法則水準而受惠良多。

因此，最適資本累積主要取決於我們如何衡量當前與未來世代的利益。聖經裡的黃金法則告訴我們：「你願意人們怎樣對待你們，你也要怎樣對待人們。」如果你注意這項教導，我們會同樣重視所有世代的人。在這種情形下，達到黃金法則的資本水準是最適政策──這也是它被稱為「黃金法則」的原因。

8-3 結論

本章開始介紹梭羅成長模型。發展到目前為止的基本模型顯示，儲蓄率與人口成長如何，決定經濟體系穩定狀態下的資本存量，以及穩定狀態下的平均每人所得。如同我們所見，它闡明實際成長經驗的許多特徵──為什麼德國與日本在第二次世界大戰被摧毀殆盡後成長如此迅速、為什麼儲蓄與投資占產出高比率的國家比儲蓄與投資占產出低比率的國家更富裕。

然而，模型無法解釋的是，我們所觀察大部份國家生活水準的產出持續性成長現象。我們現有模型是：當經濟體系達到穩定狀態時，產出停止成長。想要解釋持續性成長，需要將人口成長技術進步引進模型之中。將在下一章闡述。

快速測驗

1. 下列哪一個生產函數為固定規模報酬？
   a. $Y = K + L$
   b. $Y = K^2 + L$
   c. $Y = K^2 L$
   d. $Y = K^{1/3} + L^{1/3}$

2. 沒有人口成長或技術進步的經濟體系，其生產函數為 $Y = 20K^{1/2}$，當前的資本存量是 100，而折舊率是 12%。想要平均每位勞工所得成長,儲蓄率必須超過 _____ %。
a. 6　　　　　　b. 8
c. 10　　　　　　d. 12

3. 在基本梭羅模型的穩定狀態下,投資等於
   a. 平均每位勞工產出
   b. 資本邊際產出
   c. 消費
   d. 折舊

4. 根據梭羅模型,若一經濟體系提高其儲蓄率,則在穩定狀態下,相較於舊的穩定狀態,資本邊際產出將 _____ 與成長率將 _____。
   a. 相同,較低　　b. 相同,較高
   c. 較低,相同　　d. 較高,相同

5. 在基本梭羅模型,在黃金法則穩定狀態下,資本邊際產出等於
   a. 儲蓄率
   b. 折舊率
   c. 平均每位勞工產出
   d. 平均每位勞工消費

6. 若一經濟體系較黃金法則穩定狀態時,有更多的資本降低儲蓄率將 _____ 穩定狀態所得,與 _____ 穩定狀態消費。
   a. 增加,增加　　b. 增加,減少
   c. 減少,增加　　d. 減少,減少

摘要

1. 梭羅成長模型顯示,在長期,經濟社會的儲蓄率決定資本存量的大小和生產水準。儲蓄率愈高,資本存量與產出水準也愈高。

2. 在梭羅模型中,儲蓄率的增加會引起一段時間的快速成長,但是成長會隨著新穩定狀態的達到而減緩。因此,雖然高儲蓄率可以得到高的穩定狀態產出水準,但是儲蓄本身不能創造持續性的經濟成長。

3. 極大穩定狀態下消費數量的資本水準,稱為黃金法則水準。若一經濟體系的資本超過黃金法則穩定狀態的水準,則減少儲蓄將會使消費在所有時點上都增加;反之,若經濟體系的資本低於黃金法則的穩定狀態之水準,則達到黃金法則水準需要增加投資和減少當前世代的消費。

關鍵詞

梭羅成長模型　Solow growth model
穩定狀態　steady state
黃金法則的資本水準　Golden Rule level of capital

複習題

1. 在梭羅模型中,儲蓄率如何影響穩定狀態下的所得水準?又如何影響穩定狀態下的成長率?
2. 為什麼經濟政策制定者可能選擇黃金法則的資本水準?
3. 政策制定者是否有可能選擇一個比黃金法則穩定狀態下更多資本的穩定狀態?又是否有可能選擇比黃金法則穩定狀態下更少資本的穩定狀態?請解釋你的答案。

問題與應用

1. A 國與 B 國有相同的生產函數：

$$Y = F(K, L) = K^{1/3}L^{2/3}$$

   a. 請問這個生產函數是否具有固定規模報酬特性？請解釋。
   b. 請問平均每位勞工生產函數 $y = f(k)$ 為何？
   c. 假設兩個國家沒有經歷人口成長和技術進步，且資本每年折舊 20%。假設 A 國每年產出的 10% 用作儲蓄，B 國每年產出的 30% 作為儲蓄。利用 (b) 小題的答案及穩定狀態條件，投資等於折舊，請找出兩個國家在穩定狀態下平均每位勞工資本水準，然後找出穩定狀態下平均每位勞工所得與平均每位勞工消費。
   d. 假設兩國一開始的平均每位勞工資本存量都是 1 單位。請問平均每位勞工所得水準及平均每位勞工消費水準是多少？
   e. 回顧資本存量的變動是投資減去折舊，請利用電腦試算表列出兩個國家平均每位勞工資本存量如何隨著時間變化的情形，並計算各年的平均每位勞工所得與平均每位勞工消費。B 國的消費高於 A 國的消費之前，總共有多少年？

2. 在討論德國與日本的戰後成長經驗，課文敘述當部份資本存量在戰爭中被摧毀時的變化；相反地，假設戰爭並未直接影響資本存量，但是戰爭帶來更多的死傷卻使勞動力減少。假設儲蓄率固定不變，且在戰爭發生前經濟體系是處於穩定狀態。
   a. 請問對總產出和平均每人產出的立即衝擊為何？
   b. 請問在戰後的經濟，平均每位勞工產出有何變化？在戰後的平均每位勞工產出成長率是高於或低於戰前正常水準？

3. 考慮一經濟體系由下列生產函數 $Y = F(K, L) = K^{0.4}L^{0.6}$ 所描述。
   a. 請問平均每位勞工生產函數為何？
   b. 假設沒有人口成長或技術進步，請找出穩定狀態下平均每位勞工的資本存量、平均每位勞工產出，以及平均每位勞工消費是儲蓄率與折舊率的函數。
   c. 假設折舊率每年是 15%。請製作一表格顯示，當儲蓄率是 0%、10%、20%、30% 等時，穩定狀態下的平均每位勞工資本、平均每位勞工產出及平均每位勞工消費。(你可以使用試算表更容易找到。) 請問平均每位勞工產出極大化下的儲蓄率是多少？平均每位勞工消費極大化下的儲蓄率是多少？
   d. 利用第 3 章的資訊來找出資本的邊際產量。從 (c) 小題，將資本邊際產量扣除折舊後的數值加入表中。請問你的表格顯示淨資本邊際產量與穩定狀態消費間的關係為何？

4. 「投入較大部份的國民產出在投資上，可協助恢復生產力的快速成長和生活水準的提升。」你是否同意這句話？請用梭羅模型解釋。

5. 思考失業如何影響梭羅成長模型。假設產出是根據生產函數 $Y = K^{\alpha}[(1-u)L]^{1-\alpha}$ 來生產，其中 K 是資本，L 是勞動力，u 為自然失業率。國民儲蓄率是 s，資本以比率 δ 折舊。
   a. 請將平均每位勞工產出 ($y = Y/L$) 表示成平均每位勞工資本 ($k = K/L$) 和自然失業率 (u) 的函數。

b. 寫出描述此經濟體系的穩定狀態方程式。就像是本章的標準梭羅模型一般，以圖形說明此穩定狀態。

c. 假設政府政策的某些變動降低自然失業率。利用 (b) 小題的答案，請描述這個變動如何立即且隨著時間經過影響產出。請問穩定狀態下的產出是大於或小於立即衝擊下的產出？請解釋。

快速測驗答案

1. a　　2. a　　3. d　　4. c　　5. b　　6. c

CHAPTER 9

人口成長與技術進步

成長來自於更好的食譜,而不只是更多的烹調。

—— 保羅・羅莫

本章繼續我們對長期經濟成長因素的分析,以基本的梭羅模型作為出發點,我們開始兩項全新的任務。第一個任務是,我們讓梭羅模型更一般化與更符合真實世界。在第 3 章中,我們看到資本、勞動和技術是一個國家商品與服務生產的重要決定因素。在第 8 章中,我們發展基本梭羅模型來說明資本的變動(透過儲蓄與投資的變動),如何影響經濟體系的產出。現在我們已經可以將另外兩種成長的來源:人口成長與技術進步加入模型中。梭羅模型並未解釋人口成長率與技術進步,而是視它們為外生既定顯示在經濟成長過程中,它們如何與其他變數互動。

第二個任務是,考慮梭羅模型遺漏的部份。如同先前的討論,模型可以藉簡化來幫助我們瞭解真實世界。在完成一個模型的分析後,思考我們是否將事情太過簡化是很重要的。在本章的最後一節中,我們檢視一個稱為*內生成長理論*的新理論,它能夠解釋梭羅模型中視為外生的技術進步這項因素。一位內生成長理論赫赫有名的支持者是 2018 年諾貝爾獎得主保羅・羅莫 (Paul Romer),我們以他的名言作為本章引言。

9-1 梭羅模型中的人口成長

梭羅模型顯示,資本累積本身無法解釋持續的經濟成長:較高儲蓄率導致短暫的高成長,但經濟最終會到達一個資本與產出都固定的穩定狀態。想要解釋我們在世界上大部份地區所觀察到持續性經濟成長的現象,就必須擴張梭羅模型,加入另外兩個經濟成長的來源:人口成長與技術進步。在本節中,我們先將人口成長加入模型。

與第 8 章中人口固定不變的假設不同,我們現在假設人口與勞動力以一固定比率 n 成長。例如,美國人口每年約成長 1%,所以 $n=0.01$。若第一年有 1 億

5,000 萬人工作，則隔年將有 1 億 5,150 萬人 (＝1.01×1.5 億) 工作、後年會有 1 億 5,301 萬 5,000 人 (＝1.01×1.515 億) 工作，以此類推。

人口成長的穩定狀態

人口成長如何影響穩定狀態？要回答這個問題，我們必須探討人口成長，加上投資與折舊，如何影響平均每位勞工的資本累積。如同先前的討論，投資提高資本存量，而折舊降低資本存量。但現在有第三股力量會改變平均每位勞工資本數量：勞工人數的成長造成平均每位勞工資本的下跌。

我們繼續用小寫字母來表示平均每位勞工的數量。因此，$k=K/L$ 是平均每位勞工資本，$y=Y/L$ 為平均每位勞工產出。然而，請記住：勞工人數會隨著時間經過而成長。

平均每位勞工資本存量的變動量是：

$$\Delta k = i - (\delta + n)k$$

這個式子顯示，投資、折舊及人口成長如何影響平均每位勞工資本存量。投資會使 k 增加，折舊與人口成長則會使 k 減少。我們曾在第 8 章見過這個特殊情況的方程式，當時是假設人口固定不變 ($n=0$)。

我們可以將 $(\delta+n)k$ 一項視為平衡投資水準 (break-even investment) ── 維持平均每位勞工資本存量固定不變所需的投資數量。在此，平衡投資包括替代現有資本折舊的數量，等於 δk，也包括提供資本給新勞工因此所需的投資數量。這個目的所需的投資數量是 nk，因為對每一位現有勞工而言，我們會有 n 名新勞工，且因 k 為每位勞工的資本數量。這個式子指出，人口成長使平均每位勞工資本累積減少的幅度與折舊減少平均每位勞工資本累積的幅度是一樣的。折舊是透過資本存量的磨損，造成 k 的減少，而人口成長則是透過將資本存量分配到更多的勞動人口，造成 k 的減少。[1]

現在，加上人口成長後的分析與以前的分析步驟大致相同。首先，我們以 $sf(k)$ 替代 i。上式可以寫成：

$$\Delta k = sf(k) - (\delta + n)k$$

我們利用圖 9-1 來瞭解，是什麼因素決定穩定狀態下平均每位勞工的資本水準，其為圖 8-4 的分析納入人口成長影響後的延伸。若平均每位勞工資本 k 固定不變，經濟體系是處於穩定狀態。如同之前，我們將穩定狀態下的 k 值設為 k^*。若

---

[1] **數學註解**：要正式導出 k 變動的方程式需要一些微積分。請注意：每單位時間內 k 的變動為 $dk/dt = d(K/L)/dt$。在運用微積分的標準法則後，我們可將上式寫成 $dk/dt = (1/L)(dK/dt) - (K/L^2)(dL/dt)$。現在利用下列的事實代入這個式子：$dK/dt = I - \delta K$ 與 $(dL/dt)/L = n$。經過一些計算後，可以得到正文中的方程式。

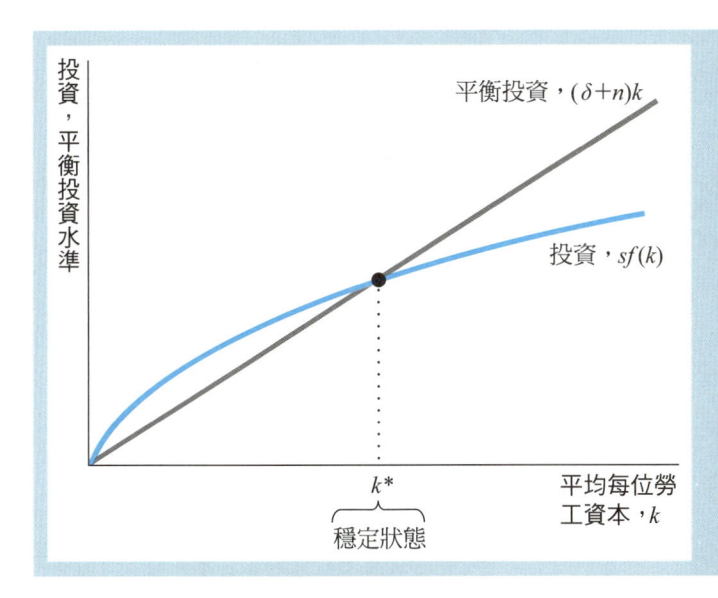

圖 9-1 梭羅模型的人口成長 折舊與人口成長是平均每位勞工資本存量縮減的兩個原因。如果 n 是人口成長率和 δ 是折舊率，則 $(\delta+n)k$ 是平衡投資水準——維持平均每位勞工資本存量 k 固定不變所需的投資數量。欲使經濟體系處於穩定狀態，投資 $sf(k)$ 必須與折舊和人口成長的影響 $(\delta+n)k$，相互抵銷，這是由兩條曲線的交點來表示。

k 小於 k^*，投資超過平衡投資水準，所以 k 會上升；若 k 大於 k^*，投資小於平衡投資水準，所以 k 會下跌。

在穩定狀態下，投資對平均每位勞工資本存量的正效果，恰好被折舊與人口成長的負效果抵銷；亦即，在 k^* 時，$\Delta k=0$ 和 $i^*=\delta k^*+nk^*$。一旦經濟處於穩定狀態，投資有兩個目的：其中一部份 (δk^*) 替代資本折舊，以及其他部份 (nk^*) 提供新勞工有穩定狀態下的資本數量可以使用。

人口成長的影響

人口成長以三種方式改變基本的梭羅模型。第一，它讓我們更進一步地解釋持續性經濟成長。在人口成長的穩定狀態下，平均每位勞工資本與平均每位勞工產出都是固定不變。然而，因為勞工人數是以 n 比率成長，總資本和總產出也必須以 n 比率成長。因此，雖然人口成長無法解釋生活水準持續性成長的現象 (因為平均每位勞工資本在穩定狀態下是固定的)，但它可以協助解釋總產出的持續性成長。

第二，人口成長提供我們另外一個有些國家富裕的理由，而另一些國家卻貧窮的解釋。讓我們考慮人口成長增加的影響。圖 9-2 顯示，人口成長率從 n_1 增加至 n_2，會使穩定狀態下平均每位勞工資本水準從 k_1^* 下跌至 k_2^*。因為 k^* 比以前低，且因 $y^*=f(k^*)$，平均每位勞工產出水準 y^* 也會比以前低。因此，梭羅模型預測，擁有較高人口成長的國家將會有較低的平均每位勞工國內生產毛額水準。請注意：就像是儲蓄率的變動，人口成長率的變動對平均每位勞工所得有水準效果，但不會影響到穩定狀態下平均每位勞工所得成長率。

最後，人口成長會影響決定黃金法則 (消費極大化) 的資本水準準則。要瞭解這個準則會如何改變，請注意平均每位勞工消費為：

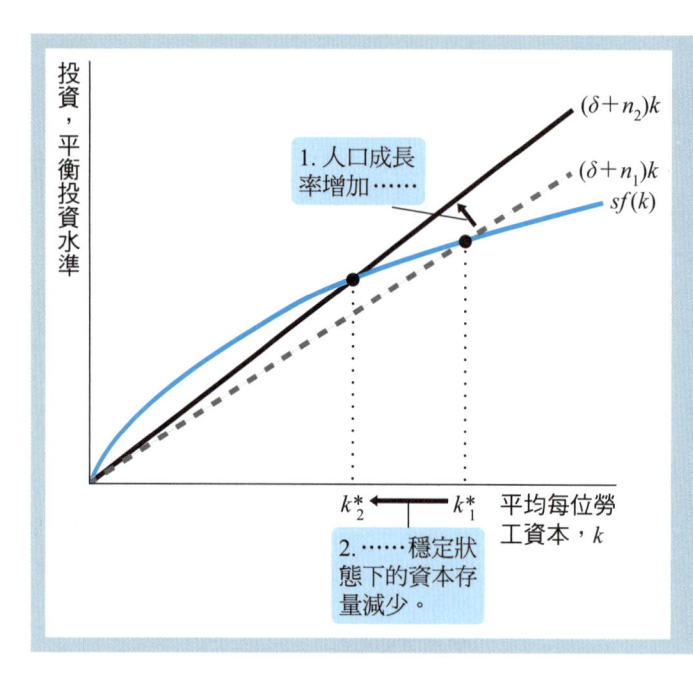

圖 9-2 人口成長的衝擊

人口成長率從 n_1 增加至 n_2，會使代表人口成長與折舊的直線往上移動。新的穩定狀態 k_2^* 有一個比原先穩定狀態 k_1^* 更低的平均每位勞工資本水準。因此，梭羅模型預測：擁有較高人口成長率的經濟社會，將會有較低的平均每位勞工資本水準，而且所得也會較低。

$$c = y - i$$

因為穩定狀態的產出是 $f(k^*)$，穩定狀態的投資是 $(\delta+n)k^*$，我們可將穩定狀態的消費表示成：

$$c^* = f(k^*) - (\delta+n)k^*$$

利用與本章前面相同的討論步驟，我們可得追求極大化消費的 k^* 值是在：

$$MPK = \delta + n$$

或相當於：

$$MPK - \delta = n$$

在黃金法則的穩定狀態時，資本的邊際產量扣除折舊後的淨額會等於人口成長率。

個案研究

投資全球各地的人口成長

我們一開始以一個重要的問題來研究經濟成長：為什麼有些國家如此富裕，而有些國家陷入貧窮的泥沼中？我們分析建議部份答案。根據梭羅模型，一國投入大部份的所得在儲蓄與投資上，將會有較高的穩定狀態資本存量與較高的所得水準；一國投入一小部份所得在儲蓄與投資上，將會有較低穩定狀態資本存量與所得。此外，一個擁有高人口成長率的國家將會有較低的穩定狀態下平均每位勞工資本存量，且因此有較低的平均每位勞工所得水準。換言之，高人口成長會使國家陷於貧窮，因為當勞工人數快速成長時，很難維持較高的平均每位勞工資本。

想要更精確地瞭解這些重點,記得在穩定狀態下,$\Delta k=0$,且因此穩定狀態可以下式描述:

$$sf(k)=(\delta+n)k$$

現在假設生產函數是 Cobb-Douglas:

$$y=f(k)=k^\alpha$$

倒轉生產函數可得:

$$k=y^{1/\alpha}$$

在代入 $f(k)$ 與 k 後,穩定狀態可以寫成:

$$sy=(\delta+n)y^{1/\alpha}$$

求解 y,我們得到:

$$y=\left(\frac{s}{\delta+n}\right)^{\alpha/(1-\alpha)}$$

這個式子說明穩定狀態所得 y 與投資率和儲蓄率 s 正相關,而與人口成長率 n 負相關。我們可將變數 $s/(\delta+n)$ 視為有效投資率 (effective investment rate),它考慮的不僅是儲蓄與投資占所得百分比,也考慮投資用來抵銷折舊與人口成長的數量。

現在讓我們來檢視一些資料,以瞭解理論結果是否能協助解釋全世界國家生活水準的差異。圖 9-3 是大約 160 個國家的散佈圖。(此圖包含世界上大部份的經濟體系,並未包括主要所得來源為原油的國家,如科威特與沙烏地阿拉伯,因為它們的成長經驗是由特殊環境所貢獻。) 縱軸是 2017 年的平均每人所得,而橫軸是有效投資率 $s/(\delta+n)$,其中 s 為投資占國內生產毛額的份額,而 n 為前二十年人口成長率。假設所有國家的折舊率 δ 固定且設為 5%,圖形顯示有效投資率 $s/(\delta+n)$ 與平均每人所得水準顯著正相關。因此,資料與梭羅模型預測投資和人口成長為一國生活水準關鍵因素的預測一致。

圖形顯示的正相關是一個重要的事實,但在解答的同時,也引發許多問題。例如,我們可能自然會問:為何國與國之間的儲蓄率與投資率會如此不同?有許多可能的答案,如稅收政策、退休形態、金融市場發展與文化差異。此外,政治穩定也扮演一定角色:不令人意外的是,一國經常發生戰爭、革命與叛亂,其儲蓄率與投資率通常較低。在運作不良的政治制度下,以官員貪腐程度的估計來衡量,該國的投資與儲蓄通常也會較低。

此外,也有可能因果關係倒置,或許就某方面而言,所得水準高孕育高儲蓄率與投資率。同樣地,高所得會使人口成長減緩,或許是因為節育技術在富裕國家比較容易取得。

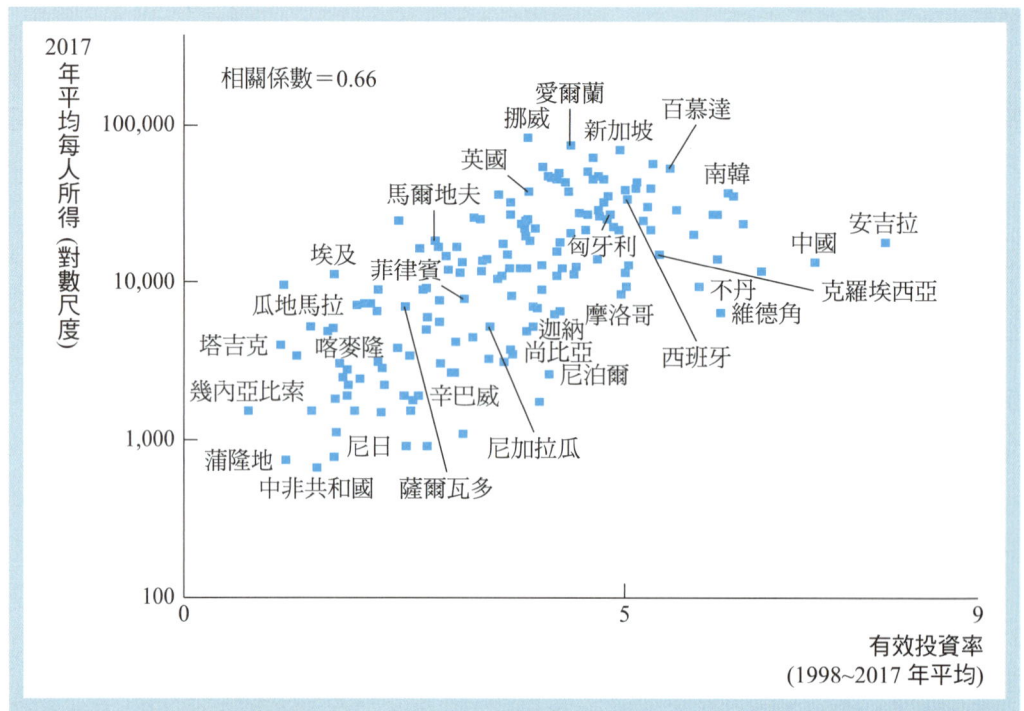

圖 9-3　梭羅模型的國際證據　此分佈圖顯示大約 160 個國家，以每一個樣本點表示的經驗。縱軸代表一國平均每人所得，而橫軸代表其有效投資率 $s/(\delta+n)$。如梭羅模型預測，這兩個變數是正相關。

資料來源：Robert C. Feenstra, Robert Inklaar, and Marcel P. Timmer, Penn World Table Version 9.0, The Center for International Data at the University of California, Davis and Groningen Growth and Development Centre at the University of Groningen, December 2018.

國際資料可以幫助我們評估一個成長理論，如梭羅模型，因為它們可以告訴我們，理論預期是否可由國際間的資料加以證實，但通常不是只有一個理論能夠解釋相同的事實。

人口成長的不同觀點

　　梭羅成長模型凸顯人口成長與資本累積間的互動。在這個模型中，由於勞工人數快速成長迫使資本存量迅速被稀釋，高人口成長降低平均每位勞工產出，因此在穩定狀態下，每位勞工所擁有的資本存量較少。模型省略人口成長的其他潛在影響。在此，我們將考慮兩個觀點──一個是強調人口成長與天然資源間的互動；另一個則強調人口成長與技術間的互動。

馬爾薩斯模型　早期經濟學家湯瑪士·羅伯·馬爾薩斯 (Thomas Robert Malthus, 1766~1834) 在著作《人口論》(*An Essay on the Principle of Population as It Affects the Future Improvement of Society*) 中，提出可能是歷史上最令人恐懼的預測。馬爾薩斯主張，人口成長將持續地濫用社會自給自足的能力，他預測人類將永遠活在貧窮當中。

一開始，馬爾薩斯寫道：「食物是人類生存所必需」，以及「兩性之間的激情是必須的，且會維持在現在的狀態」。他推論：「人們的力量無止盡地大於地球生產人類所需的能力。」人口成長的唯一記號是「不幸與邪惡」。政府或慈善機構企圖對抗貧窮的作法是沒有生產力的，他表示因為它們只是讓貧窮者生育更多小孩，為社會的生產能力設下更大的限制。

馬爾薩斯模型可以描述他當時所處的世界，但是人類將永遠活在貧窮當中的預測已被證明是大錯特錯。在過去兩個世紀，人口約成長七倍，但平均生活水準卻更高。因為經濟成長，現在比馬爾薩斯的年代更不常出現慢性營養不良和飢餓。飢荒經常發生，但通常是來自於所得分配不均或政治不穩定，而非食物生產不足所造成。

馬爾薩斯無法看到人類創造性的成長更能抵銷人口成長的影響。殺蟲劑、肥料、機械化的農耕設備、新的穀物品種及其他技術進步，這些馬爾薩斯從未想過的事物，讓每位農夫能夠餵養更多人口。即使有更多張嘴需要餵飽，因為農夫的生產力更有生產力，現在只需要更少的農民。今天，只有約 1% 的美國人在農場工作，然而他們生產足夠的糧食來餵養全國人民，而過多的部份還可以出口。

此外，儘管「兩性之間的激情」在現在與在馬爾薩斯年代一樣強烈，但是馬爾薩斯所假設人口成長與激情之間的關聯已被現代的節育控制打破。許多先進國家，如在西歐的國家，現在正經歷生育率低於替代率。在下一個世紀，人口萎縮可能會比人口快速成長更容易出現。現在沒有理由相信人口擴張會超過食物生產量，將人類推向永遠的貧窮。[2]

克萊曼模型　當馬爾薩斯看到人口成長是提升生活水準的威脅時，邁可·克萊曼 (Michael Kremer) 主張人口成長是經濟繁榮進步的關鍵驅動因素。若人口增加，克萊曼指出，會有更多的科學家、發明家及工程師做出對發明和技術進步的貢獻。

作為這個假說的證據，克萊曼開始注意到人類的長遠歷史，全球成長率與全球人口共同增加。例如，當全球人口是 10 億時 (發生在 1800 年)，比人口只有 1,000 萬時 (西元前 500 年左右)，全球成長更為迅速。這個事實與更多人口促使更高技術進步的假說一致。

克萊曼的第二個且令人更信服證據，來自世界不同區域的比較。大約在西元前 10,000 年的冰河紀末期，極地冰帽融化，洪水淹沒陸橋，將世界分為不同區域，人們有好幾千年無法相互溝通。當有更多的人發明新事物，使技術進步更快

---

[2] 馬爾薩斯模型的現代分析，請見 Oded Galor and David N. Weil, "Population, Technology, and Growth: From Malthusian Stagnation to the Demographic Transition and Beyond," *American Economic Review* 90 (September 2000): 806-828；以及 Gary D. Hansen and Edward C. Prescott, "Malthus to Solow," *American Economic Review* 92 (September 2002): 1205-1217。

時，愈多的區域應該經歷愈快速的成長 —— 而事實也是如此。在 1500 年時，當哥倫布 (Cristoforo Colombo) 重建技術接觸時，區域面積的大小與區域技術進步程度成正比。世界上最成功的區域包括舊世界大部份的歐亞非文明。下一個技術發展的區域是美洲的阿茲特克與馬雅文明，接著是狩獵採集者的澳洲，然後是塔斯馬尼亞的原始居民，他們甚至沒有生火工具，以及石頭和骨頭的器具。與世隔絕區域是芬林德斯島 (Flinders Island)，是一個介於澳洲大陸與塔斯馬尼亞島之間的小島。芬林德斯島沒有技術進步，且事實上似乎退化了。大約在西元前 3,000 年，芬林德斯島的人類社會即已完全滅絕。

克萊曼從這項證據得到的結論為：大量人口是技術進步的先決條件。[3]

9-2 梭羅模型中的技術進步

到目前為止，我們對梭羅模型的討論是假設資本與勞動的投入數量，以及商品與服務的產出數量的固定關係，兩者之間的關係固定不變。但是，模型可以修正加入外生技術進步。技術進步隨時間經過，可以擴充社會生產能力。

勞動的效率

想要納入技術進步，我們必須回到說明總資本 K 與總勞動 L，以及總產出 Y 之間關係的生產函數。到目前為止，生產函數為：

$$Y = F(K, L)$$

現在我們將生產函數寫成：

$$Y = F(K, L \times E)$$

其中 E 是新的 (且有些抽象) 變數，稱為勞動效率 (efficiency of labor)。勞動效率是反映社會對生產方法的知識：當現行技術進步時，勞動效率會上升，每一小時的工作對商品與服務的生產貢獻更大。例如，在 20 世紀初，當裝配線生產方式改變製造流程時，勞動效率因此上升；而在 20 世紀末，當電腦化被引入製造流程時，勞動效率再度提升。勞動效率也可能因為勞動力的健康、教育或技術改善而上升。

$L \times E$ 衡量有效的勞工人數。它考慮勞工人數 L 及每位勞工的效率 E。換言之，L 衡量勞動力中的勞工人數，而 $L \times E$ 衡量勞工人數與技術勞動的典型勞工效

---

[3] Michael Kremer, "Population Growth and Technological Change: One Million B.C. to 1990," *The Quarterly Journal of Economics* 108 (August 1993): 681-716. 在 2019 年，克萊曼獲得諾貝爾經濟學獎。

率。這個新的生產函數說明，總產出 Y 係受資本數量 K 及有效勞工人數 $L\times E$ 的影響。

這種模型化技術進步觀點的本質是增加勞動效率 E，類似於增加勞動力 L。例如，假設生產方式的進步使得勞動效率在 1985 年到 2020 年間增加一倍。這意味著 2020 年的一位勞工 (L)，實際上，與 1985 年的兩位勞工具相同生產力。也就是說，即使從 1985 年到 2020 年，勞工人數不變，有效勞動的人數 $L\times E$ 加倍，且經濟體系從商品與服務生產的增加當中獲益。

有關技術進步最簡單的假設是，其造成勞動效率 E 以固定比例 g 成長。例如，若 $g=0.02$，則每一單位的勞動每年的效率會成長 2%，這種形態的技術進步稱為勞動增強 (labor augmenting)，g 稱為勞動增強的技術進步成長率 (rate of labor-augmenting technological progress)。因為勞動是以 n 比率成長，以及每一單位勞動效率 E 是以 g 比率成長，有效勞動人數 $L\times E$ 會以 $n+g$ 的比率成長。

技術進步的穩定狀態

由於這裡的技術進步是以勞動增強來建立模型，與人口成長非常類似。雖然技術進步並不會造成真實工作人數的增加，但實際上每位勞工隨著時間經過，擁有更多單位的勞動。因此，技術進步引起有效勞動人數的增加，我們在先前用來研究人口成長梭羅模型的分析工具，可以很容易地用在研究勞動增強技術進步的梭羅模型。

首先，讓我們修正所使用的符號。在加入技術進步之前，我們以平均每位勞工數量來分析經濟；現在我們以平均每位有效勞工數量來分析經濟。令 $k=K/(L\times E)$ 表示平均每位有效勞工資本，以及 $y=Y/(L\times E)$ 表示平均每位有效勞工產出。有了這些定義，就可以再次將生產函數寫成 $y=f(k)$。

我們對經濟體系分析的進行方式，與上一章檢視人口成長時的方式相同。說明 k 隨著時間經過而變動的方程式，現在改成：

$$\Delta k = sf(k) - (\delta + n + g)k$$

如同先前，資本存量的變動 Δk 等於投資 $sf(k)$ 減平衡投資水準 $(\delta+n+g)k$。然而，現在因為 $k=K/(L\times E)$，平衡投資水準包括三項變數：要維持 k 固定不變，我們需要 δk 來替換折舊的資本、需要 nk 提供資本給新勞工使用，以及需要 gk 來提供資本，給那些因為技術進步所產生的新有效勞動使用。[4]

如圖 9-4 所示，納入技術進步並沒有明顯改變我們對穩定狀態的分析。存在

---

[4] **數學註解**：這個技術進步模型是稍早分析的嚴格一般化模型。特別是若勞工效率固定在 $E=1$，則 $g=0$，而這些 k 和 y 的定義就會回到先前的定義。在這種情況下，所考慮的更一般化模型簡化第 9-1 節的梭羅模型版本。

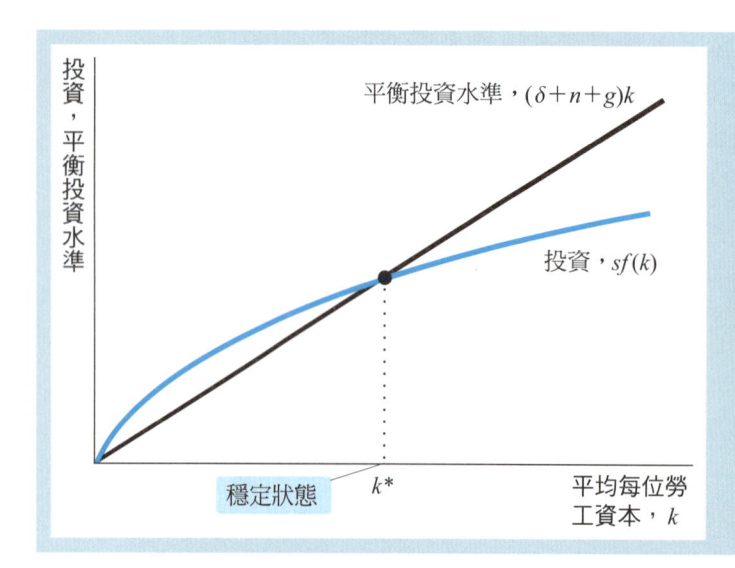

圖 9-4 技術進步與梭羅成長模型

勞動增強的技術進步以 g 比率成長，它對梭羅模型的影響與人口成長率 n 的影響方式相同。現在 k 定義成平均每位有效勞工資本數量，因為技術進步造成有效勞動人數的增加，會使 k 減少。在穩定狀態下，投資 $sf(k)$ 恰好與因折舊、人口成長及技術進步，引起 k 的減少而相互抵銷。

一個水準 k，以 k^* 表示，會使平均每位有效勞工資本和平均每位有效勞工產出固定不變。如前所述，這個穩定狀態代表經濟體系的長期均衡。

技術進步的影響

表 9-1 列出四個關鍵變數，在考慮技術進步的穩定狀態下如何表現的情形。如同我們剛才所見，平均每位有效勞工資本 k 在穩定狀態下是固定的。由於平均每位勞工有效產出，$y=f(k)$，也是固定。

從這個資訊中，我們可推論其他變數，那些並未表示成平均有效勞工的變數的狀況。例如，考慮平均每位真實勞工產出 $Y/L=y\times E$。因為在穩定狀態下 y 是固定，而 E 以 g 比率成長，在穩定狀態下，平均每位勞工產出也一定以 g 比率成長。同樣地，經濟體系的總產出是 $Y=y\times(E\times L)$。因為 y 在穩定狀態下固定，E 以 g 比率成長和 L 以 n 比率成長，在穩定狀態下，總產出以 $n+g$ 比率成長。

有了技術進步的加入，我們的模型終於可以解釋所觀察到的生活水準持續上升的現象；亦即，我們已經顯示技術進步導致平均每位勞工產出的持續成長；反之，高儲蓄率只有在穩定狀態達到時，才會導致高成長率。一旦經濟體系處於穩定狀態，平均每位勞工產出成長率只受技術進步成長率的影響。根據梭羅模型，只有技術進步能夠解釋生活水準持續上升的現象。

表 9-1 包括技術進步於梭羅模型中穩定狀態的成長率

變數	符號	穩定狀態成長率
平均每位有效勞工資本	$k=K/(E\times L)$	0
平均每位有效勞工產出	$y=Y/(E\times L)=f(k)$	0
平均每位勞工產出	$Y/L=y\times E$	g
總產出	$Y=y\times(E\times L)$	$n+g$

引進技術進步也修正黃金法則的判斷準則。黃金法則的資本水準現在定義為追求平均有效勞工消費最大情形下的穩定狀態。依據我們過去使用的相同論點，在穩定狀態下平均每位有效勞工的消費水準可以寫成：

$$c^*=f(k^*)-(\delta+n+g)k^*$$

狀態下的消費達到極大，若：

$$MPK=\delta+n+g$$

或

$$MPK-\delta=n+g$$

亦即，在黃金法則的資本水準下，淨資本邊際產量 $MPK-\delta$，等於總產出成長率 $n+g$。因為實際的經濟社會同時經歷人口成長與技術進步，所以我們必須利用這個準則來評估其擁有的資本是多於或少於黃金法則穩定狀態下的資本水準。

9-3 超越梭羅模型：內生成長理論

一位化學家、一位物理學家和一位經濟學家一起困在無人的荒島上，他們正思考如何打開食品罐頭。

「讓我們把罐頭放在火上加熱，直到它爆炸吧！」化學家說。

「不，不。」物理學家說：「讓我們從一棵大樹的頂端將罐頭砸向岩石上。」

「我有一個主意。」經濟學家說：「首先，我們假設開罐器……。」

這個老掉牙笑話的目的是，告訴我們經濟學家如何利用假設來簡化 —— 且有時過度簡化 —— 其所面對的問題。當討論經濟成長理論時，的確是特別正確。成長理論的其中一個目標是，解釋我們觀察世界上大部份國家所發生的生活水準持續上升的現象。梭羅成長模型顯示，這種持續性成長是來自於技術進步。但技術進步從何而來？在梭羅模型中，就是假設技術進步已經存在！

為了完全瞭解經濟成長的過程，我們必須超越梭羅模型，並發展能夠解釋技術進步的模型。這種模型通常被稱為內生成長理論 (endogenous growth theory) 的範例，因為它們拒絕梭羅模型有關外生技術變動的假設。儘管內生成長理論的領域廣泛且有時很複雜，但是我們接下來將快速瀏覽這種現代理論。[5]

---

[5] 本節提供內生成長理論大量引人入勝文獻的簡短介紹，該文獻早期重要的貢獻包括 Paul M. Romer, "Increasing Returns and Long-Run Growth," *Journal of Political Economy* 94 (October 1986): 1002-1037；以及 Robert E. Lucas, Jr., "On the Mechanics of Economic Development," *Journal of Monetary Economics* 22 (1988): 3-42。讀者想知道更多相關議題，請見大學教科書 David N. Weil, *Economic Growth*, 3rd ed. (New York: Pearson, 2013)。

基本模型

要闡述內生成長理論背後的觀念，讓我們從一特別簡單的生產函數開始：

$$Y = AK$$

其中 Y 是產出，K 是資本存量，A 為常數，衡量每一單位資本所生產的產出數量。請注意：這個生產函數並未呈現資本邊際報酬遞減的特性。無論資本使用量的多寡，額外一單位資本生產額外 A 單位的產出。缺乏資本邊際報酬遞減正是內生成長模型與梭羅模型的關鍵差異所在。

現在讓我們來看這個生產函數如何與經濟成長相關。如前所述，我們假設所得中的 s 比例用來儲蓄與投資。因此就像以先前使用的方程式來描述資本累積：

$$\Delta K = sY - \delta K$$

這個式子說明資本存量的變動 (ΔK) 等於投資 (sY) 減去折舊 (δK)。結合此方程式與生產函數 $Y = AK$，再經過一些簡單運算，我們得到：

$$\Delta Y/Y = \Delta K/K = sA - \delta$$

這個式子顯示，決定產出成長率 $\Delta Y/Y$ 的因素。請注意：只要 $sA > \delta$，經濟社會的所得就會永遠成長，即使沒有外生技術進步的假設。

因此，一個生產函數簡單的改變能大幅改變對經濟成長的預測。在梭羅模型中，儲蓄導致短暫的成長，但資本邊際報酬遞減最終迫使經濟體系達到穩定狀態，此時的成長只受外生技術進步的影響；相反地，在內生成長模型中，儲蓄與投資能導致持續性成長。

但放棄資本邊際報酬遞減的假設是否合理？答案端視我們如何解釋生產函數 $Y = AK$ 中的變數 K 而定。如果我們接受傳統對 K 的看法，只包括經濟體系中工廠與設備的存量，則假設資本邊際報酬遞減是再自然不過的事。給每位勞工 10 部電腦，並不能使其生產力為只用 1 部電腦勞工的十倍。

然而，擁護內生成長理論的人認為，如果 K 做廣義的解釋，固定 (而非遞減) 資本報酬的假設會更恰當；或許內生成長理論最好的情況是將知識視為資本的一種。很明顯地，知識是經濟體系生產 —— 商品與服務的生產及新知識生產 —— 的一項重要投入。然而，相較於其他形式的資本，假設知識呈現邊際報酬遞減是比較不自然的。(的確，在過去幾個世紀以來，科學與技術創新的腳步加快，導致經濟學家認為知識有邊際報酬遞增的特性。) 如果我們接受知識是一種資本的看法，則擁有固定資本報酬假設的內生成長理論，變成是更能合理描述長期經濟成長的模型。

兩部門模型

雖然 $Y=AK$ 模型是內生成長最簡單的範例，但是理論可延伸的範圍很廣，其中有一派研究嘗試發展超過一個生產部門的模型，以便對主宰技術進步的因素有更深入的描述。想要瞭解能從這種模型中學到什麼，讓我們以一個例子做說明。

假設經濟體系有兩個部門，稱為製造廠商和研究型大學。廠商生產商品與服務，可以用做消費及物質資本的投資。大學生產一種叫做「知識」的生產因素，可以免費被這兩個部門使用。這個經濟體系由廠商的生產函數、大學的生產函數及資本累積方程式所描述：

$$Y=F[K, (1-u)LE] \quad \text{(製造廠商的生產函數)}$$
$$\Delta E = g(u)E \quad \text{(研究型大學的生產函數)}$$
$$\Delta K = sY - \delta K \quad \text{(資本累積)}$$

其中 u 是勞動力中在大學工作的比例 (而 $1-u$ 是勞動力在製造業的比例)，E 是知識存量 (決定勞動的效率)，g 為一個函數說明知識成長如何受勞動力中大學工作者比例的影響。其餘都是標準的符號。正如以往的經驗，製造廠商的生產函數假設是固定規模報酬：如果我們將物質資本 (K) 和製造業有效勞動人數 [$(1-u)LE$] 加倍，商品與服務 (Y) 的產出也會加倍。

這個模型是 $Y=AK$ 模型的堂兄弟。最重要的是，只要廣義的資本包括知識在內，這個經濟體系就會呈現固定 (而非遞減) 資本報酬。特別是如果我們將物質資本 K 與知識 E 都加倍，則此經濟體系中兩個部門的產出都會加倍。結果如同 $Y=AK$ 模型，這個模型能夠在生產函數沒有外生移動的假設下，便創造持續性經濟成長。這裡的持續性成長是內生引起的，因為大學的知識創造永不停頓。

然而，這個模型同時也是梭羅成長模型的堂兄弟。若勞動力中，在大學工作的比例 u 固定不變，則勞動效率 E 會以固定比率 $g(u)$ 成長。此勞動效率以固定比率 g 成長的結果，正是擁有技術進步的梭羅模型中所做的假設。此外，模型的剩下部份——製造廠商生產函數和資本累積——也與梭羅模型剩下的部份類似。結果，就任何固定的 u 值而言，內生成長模型就像梭羅模型。

這個模型有兩個關鍵的決策變數。如同在梭羅模型中，產出用做儲蓄與投資的比例 s，決定穩定狀態下物質資本的存量。此外，大學工作者占勞動力的比例 u，決定知識存量的成長。雖然只有 u 影響穩定狀態下所得的成長率，但是 s 和 u 都會影響所得水準。因此，這個內生成長模型顯示社會在決定技術變動率的方向的決策上已跨出一小步。

研究與發展的個體經濟學

剛剛說明的兩部門內生成長模型，帶領我們進一步地瞭解技術進步，但是它只能告訴我們知識創造的入門故事。如果有人花一點時間思考研究與發展的過程，有三項事實會變得很明顯：第一，大體而言，儘管知識是公共財 (亦即，一商品具非敵對性且每個人可自由取得)，但許多研究是公司內部基於利潤動機所做的；第二，研究是有利可圖的，因為創新能帶給廠商短暫的獨占，這種獨占力可能是因為專利制度，或因為第一個在市場上推出新產品的利益；第三，當一家廠商創新時，另一家廠商可以根據這項創新，再發明另外一項創新產品。這些 (本質上是個體經濟的) 事實很難與截至目前為止所討論的成長模型 (本質上是總體經濟的) 關聯在一起。

有些內生成長模型嘗試涵蓋這些有關研究發展的事實。要如此做，就需要將廠商面臨從事研究的決策模型化，也需要將因創新擁有某種程度的獨占力廠商之間的互動模型化。有關這些模型更詳細的討論已超出本書的範圍。但內生成長模型的好處之一是，其提供一個技術創新過程更完整的描述，應該已經很清楚了。

這些模型想要探討的一個問題是，從社會整體觀點看，追求利潤最大的私人廠商通常會從事太多或太少的研究。換言之，研究的社會報酬 (這是社會關心的) 大於或小於私人報酬 (這是個別廠商的動機)？從理論角度觀察，兩個方向都有影響。一方面，當一家廠商發明一項新科技，會嘉惠其他廠商，使其能夠在現有知識基礎上建構未來的研究。如同艾薩克·牛頓 (Isaac Newton) 的名言：「如果我能看得比別人遠，是因為我站在巨人的肩膀上。」另一方面，當一家廠商投資於研究時，可能對其他廠商有害，因為他是第一個發明新科技的廠商，而搶了別人的先機。這種研究成果的複製，稱為「踩在別人的腳趾上」(stepping on toes) 效果。廠商是否從事太多或太少研究，是受「踩在巨人的肩膀上」正的外部性或「踩在別人的腳趾上」負的外部性，哪一個比較顯著的影響。

儘管理論本身無法決定研究成果的最適化，但這個議題的實證研究卻不是如此。許多研究建議，「站在巨人的肩膀上」之外部性是重要的，且研究的社會報酬很大——通常每年超過 40%。這是一個令人印象深刻的報酬率，特別是與物質資本報酬做比較時，根據第 10 章的估計，物質資本每年報酬大約是 6%。根據有些經濟學家的判斷，這個發現提供政府大量對研究進行補助正當的理由。[6]

創造性毀滅的過程

經濟學家約瑟夫·熊彼得 (Joseph Schumpeter) 在 1942 年《資本主義、社會主義與民主》(*Capitalism, Socialism, and Democracy*) 著作中指出，經濟進步來自創

---

[6] 有關研究效果的實證文獻回顧，請見 Zvi Griliches, "The Search for R&D Spillovers," *Scandinavian Journal of Economics* 94 (1991): 29-47。

造性毀滅 (creative destruction) 的過程。依據熊彼得的說法，進步背後的驅動因素是企業家對新產品有一些創意、一個生產舊產品的新方法，或其他的發明。當企業進入市場時，某種程度上對它的創新有些獨占力；確實，正是獨占利潤的前景給予企業家前進的動力。新廠商的進入對消費者是有益的，因其可選擇的範圍擴大，但對現存廠商較不利，因為必須與新廠商競爭。若新產品比舊產品好，有些現有廠商可能被迫退出市場。隨著時間推移，這個過程會不斷自我更新。新廠商或現有廠商享有高利潤，直到產品被下一代創新產品的廠商取代為止。

歷史證實熊彼得在技術進步過程中贏家和輸家的論點。例如，19 世紀初，英國一個重要的創新是紡織機器的發明和普及，讓非技術勞工可以操作，允許廠商以低成本方式生產紡織品。這種技術進步對消費者有益，他們可以用更便宜的價格買衣服。但在英國，技術純熟的紡織工人看見自己的工作被新技術威脅，因應之道便是暴力衝突。暴動的勞工稱為盧德份子 (Luddite)，他們打碎羊毛和棉花工廠的紡織機，並到工廠老闆的家中縱火 (比較沒有創造性的毀滅)。今天，「盧德份子」是指任何反對技術進步的人。

一個創造性毀滅的例子是零售業的進化。雖然零售業是一個相對靜態的活動，但事實上在過去幾十年來，它是具有相當大技術進步率的部門。透過更好的存貨控制、行銷與人事管理技巧，零售業巨人沃爾瑪 (Walmart) 找到比傳統零售業者更低成本的方法，將商品銷售給消費者。這些改變使消費者獲益，消費者可以低價購買商品，而新零售業的股東也可享有股利。但是，沃爾瑪對小型家庭式雜貨店造成負面衝擊，它們發現在如沃爾瑪這類商店附近難以生存。近期，如線上電商亞馬遜 (Amazon) 的出現，大幅躍進的零售業生產力讓它可以提供比實體店家更便捷與更優惠的價格，而實體店家也因此被迫關門。

面臨作為創造性毀滅犧牲品的潛在威脅，既有的生產者通常尋求政治過程來阻止新型、有效率生產者的進入。原始的盧德份子希望英國政府能藉由限制新紡織技術的普及，來挽救他們的工作；國會卻反而派遣軍隊鎮壓盧德份子。同樣地，在最近幾年，地方零售商有時嘗試利用當地的土地管制規則來阻止沃爾瑪進入市場。然而，這種限制進入的成本減緩技術進步的速度。在歐洲，進入管制比美國更嚴格，經濟社會尚未見到如沃爾瑪般的零售業巨人出現；因此，零售業的生產力成長一直都很低。[7]

從歷史角度觀察，熊彼得對資本主義經濟如何運作的眼光有值得稱許之處。此外，也激勵最近一些經濟成長理論的研究。內生成長理論是由經濟學家菲利普・阿吉翁 (Philippe Aghion) 和彼得・豪伊特 (Peter Howitt) 率先提出，立基於熊

---

[7] Robert J. Gordon, "Why Was Europe Left at the Station When America's Productivity Locomotive Departed?" NBER Working Paper No. 10661, 2004.

彼得的觀察，他們將技術進步視為企業創新與創造性毀滅的過程。[8]

9-4 結論

我們對經濟成長理論的研究已經結束。在下一章中，我們將從理論過渡到實務。當檢視不同國家的成長經驗時，我們將討論經濟學家揭露的一些實證研究。而且我們也將討論經濟成長研究得到的深刻見解，如何提供想要追求經濟繁榮決策者解方。

快速測驗

1. 在梭羅模型中，在穩定狀態下，人口成長率上升會提高下列何者？
   a. 平均每位勞工產出
   b. 平均每位勞工資本
   c. 平均每位勞工消費
   d. 資本邊際產量

2. 馬爾薩斯認為
   a. 更多的人口會有更多的發明，理由是會有更多的科學家與發明家
   b. 更多的人口限制經濟體系生產足夠食物的能力
   c. 更高的人口成長壓低穩定狀態下，平均每位勞工資本數量
   d. 更高的人口成長讓經濟體系享有規模經濟

3. 假設一經濟體系由梭羅模型來描述，人口成長率是 1%，技術進步成長率是 3%，折舊率是 5%，而儲蓄率是 10%，在穩定狀態下，平均每位勞工產出是 _____ %。

   a. 1　　　　　　　b. 2
   c. 3　　　　　　　d. 4

4. 在具有人口成長與技術進步的梭羅模型中，在黃金法則的穩定狀態下，資本邊際產出 MPK 等於
   a. n　　　　　　b. g
   c. $n+g$　　　　　d. $n+g+\delta$

5. _____ 成長理論目標是要解釋技術進步，這些模型質疑梭羅模型資本報酬 _____ 的假設。
   a. 內生，遞減　　　b. 內生，固定
   c. 外生，遞減　　　d. 外生，固定

6. 熊彼得創造性毀滅模型的目的是想要解釋
   a. 在遭受戰爭蹂躪後，為何經濟快速成長
   b. 推出新產品的企業如何取代現有既存的生產者
   c. 舊資本如何退役，並被新資本取代
   d. 為什麼表面上的技術進步會降低平均所得

摘要

1. 梭羅模型說明經濟體系的人口成長率是生活水準的另一個長期決定因素。根據梭羅模型，人口成長率愈高，穩定狀態下的平均每位勞工資本水準與平均每位

---

[8] Philippe Aghion and Peter Howitt, "A Model of Growth Through Creative Destruction," *Econometrica* 60 (1992): 323-351.

勞工產出水準愈低。
2. 其他理論凸顯人口成長的其他影響：馬爾薩斯認為人口成長將抑制用來生產食物的天然資源；克萊曼則認為大量的人口可促進技術進步。
3. 在梭羅成長模型的穩定狀態下，平均每位勞工所得成長率單獨由外生的技術進步成長率決定。
4. 在具有人口成長和技術進步的梭羅模型中，黃金法則（消費極大化）的穩定狀態是由淨資本邊際產量（$MPK-\delta$）與總所得的穩定狀態成長率（$n+g$）的等式所刻畫。
5. 現代的內生成長理論企圖解釋技術進步成長率，技術進步成長率在梭羅模型視為外生。這些模型嘗試解釋透過研究與發展決定知識創造的決策。

關鍵詞

勞動效率　efficiency of labor
勞動增強的技術進步成長率　rate of labor-augmenting technological progress
內生成長理論　endogenous growth theory
創造性毀滅　creative destruction

複習題

1. 在梭羅模型中，人口成長率如何影響穩定狀態下的所得水準？又如何影響穩定狀態下的成長率？
2. 在梭羅模型中，決定穩定狀態下平均每位勞工所得成長率的因素為何？
3. 請問內生成長理論如何在沒有外生技術進步假設下，解釋經濟的持續性成長？此與梭羅模型有何差異？

問題與應用

1. 請畫出良好標記圖形來說明人口成長梭羅模型的穩定狀態（但沒有技術進步）。請利用此圖形找出在下列各個外生變動中，穩定狀態平均每位勞工資本與平均每位勞工所得的變動。
   a. 消費者偏好的變動使儲蓄率增加。
   b. 天氣形態的改變使折舊率提高。
   c. 較好的生育控制方法降低人口成長率。
   d. 在固定數量的資本與勞動下，一次永久性的技術進步使產出增加。
2. 許多人口統計學家預測美國在未來世紀會有零人口成長，相較於過去每年約有 1% 的平均人口成長。請利用梭羅模型預測人口成長減緩對總產出成長和平均每人產出成長的影響。請考慮在穩定狀態下及在穩定狀態間過渡的影響。
3. 在梭羅模型中，人口成長導致穩定狀態下總產出的成長，但不會導致平均每位勞工產出的成長。若生產函數呈現規模報酬遞增或遞減，你認為上列敘述仍否正確？請解釋。(有關規模報酬遞增和遞減的定義，請見第 3 章「問題與應用」第 3 題。)
4. 一個由梭羅模型描述的經濟體系具有下列的生產函數：

$$Y = K^{1/2}(LE)^{1/2}$$

a. 對這個經濟體系而言，$f(k)$ 為何？
b. 請利用你在 (a) 小題的答案，求出穩定狀態下 y 為 s、n、g 和 δ 的函數。
c. 兩個鄰近經濟體系都具上述的生產函數，但它們的參數值不同。亞特蘭提斯的儲蓄率是 28%，且每年人口成長率是 1%；一世外桃源的儲蓄率為 10%，且每年人口成長率是 4%。在兩國中，$g=0.02$ 和 $\delta=0.04$。請求出每個國家穩定狀態下的 y 值。

5. 一經濟體系的 Cobb-Douglas 生產函數為：

$$Y = K^\alpha (LE)^{1-\alpha}$$

經濟體系的資本份額是 1/3，儲蓄率 24%、折舊率 3%、人口成長率 2% 及勞動增強的技術變動 1%，其處於穩定狀態。
a. 總產出、平均每位勞工產出及平均每位有效勞工產出成長率是多少？
b. 請求出平均每位有效勞工資本、平均每位有效勞工產出與資本邊際產量。
c. 相較黃金法則穩定狀態經濟體系的資本是多或少？你如何得知？想要達到黃金法則的穩定狀態，儲蓄率應該增加或減少？
d. 假設 (c) 小題儲蓄率發生變動。在過渡到黃金法則穩定狀態時，平均每位勞工產出會高於或低於 (a) 小題的答案？在經濟達到新的穩定狀態後，平均每位勞工產出會高於或低於 (a) 小題的答案？請解釋你的答案。

6. 在美國，資本所得占國內生產毛額的比例約為 30%；產出成長率每年約為 3%；折舊率每年約為 4%；資本—產出比率約為 2.5。假設生產函數是 Cobb-Douglas，所以資本所得占產出比例是固定的，且美國處於穩定狀態。
a. 請問在起初的穩定狀態下，儲蓄率應該是多少？[提示：利用穩定狀態的關係式，$sy=(\delta+n+g)k$。]
b. 請問在起初的穩定狀態下，資本的邊際產量為何？
c. 假設公共政策提高儲蓄率，所以經濟體系達到黃金法則的資本水準。請問黃金法則穩定狀態下的資本邊際產量為何？請比較黃金法則穩定狀態下的資本邊際產量及起初穩定狀態下的資本邊際產量，並請解釋。
d. 請問在黃金法則穩定狀態下的資本—產出比率是多少？(提示：就 Cobb-Douglas 生產函數而言，資本—產出比率與資本的邊際產量有關。)
e. 請問在黃金法則的穩定狀態下，儲蓄率應該是多少？

7. 請證明下列各個有關具有人口成長與技術進步穩定狀態的陳述：
a. 資本—產出比率固定不變。
b. 資本與勞動占經濟社會的所得份額不變。[提示：記得 $MPK = f(k+1) - f(k)$ 的定義。]
c. 總資本所得與總勞動所得皆以人口成長率加上技術進步率 $n+g$ 的比率成長。
d. 資本的實質租賃價格不變，且實質工資以技術進步率 g 成長。(提示：資本的實質租賃價格等於總資本所得除以資本存量，而實質工資等於總勞動所得除以勞動力。)

8. 兩個國家：富有地與貧窮地，可由梭羅模型描述。它們有相同的 Cobb-Douglas 生產函數 $F(K, L) = AK^\alpha L^{1-\alpha}$，但有不同的資本與勞動數量。富有地將所得中的 32% 作為儲蓄，而貧窮地只儲蓄 10% 的所得。富有地每年人口成長 1%，而貧窮地的每年人口成長率是 3%。(本題所選的數字非常接近富裕國家與貧窮國家的實際情況。) 兩國技術進步成長率每年是 2%，每年的折舊率是 5%。
- a. 每位勞工生產函數 $f(k)$ 為何？
- b. 請求出穩定狀態下，富有地平均每位勞工所得相對貧窮地平均每位勞工所得的比率？(提示：參數 α 將在你的答案中扮演重要角色。)
- c. 若 Cobb-Douglas 參數 α 是傳統值，約 1/3，富有地的平均每位勞工所得應該比貧窮地高出多少？
- d. 實際上，富有地的平均每位勞工所得是貧窮地的十六倍，你是否可藉由改變參數 α 值來解釋這個事實？應該為何？你是否可想到任何方法來驗證這個參數值？你如何用其他原因解釋富有地與貧窮地間所得的大幅差異？

9. 本題要求你更詳細地分析課本所提到的兩部門內生成長模型。
- a. 請重新寫出以平均每位有效勞工產出和平均每位有效勞工資本表示的製造商品生產函數。
- b. 在這個經濟體系中，平衡投資水準為何？(維持平均每位有效勞工資本固定不變所需的投資數量。)
- c. 請寫下 k 變動的方程式，它顯示 Δk 為儲蓄減去平衡投資水準。請利用這個公式，畫出圖形說明如何決定穩定狀態下的 k 值。(提示：這個圖形非常類似我們用來分析梭羅模型的圖形。)
- d. 請問在這個經濟體系中，穩定狀態下平均每位勞工產出成長率 Y/L 是多少？儲蓄率 s 和大學工作者占勞動力比率 u，如何影響這個穩定狀態下的成長率？
- e. 利用你的圖形，顯示增加 u 的衝擊。(提示：這個變動會影響兩條曲線。)請描述立即衝擊與穩定狀態下的影響。
- f. 根據你的分析，u 的增加對經濟是否為一件好事？請解釋。

快速測驗答案

1. d　　2. b　　3. c　　4. d　　5. a　　6. b

成長經驗與政策

> 印度政府能否採取一些措施，讓印度經濟能像印尼或埃及般成長？如果可以，究竟是什麼樣的措施？若不可行，「印度本質」究竟是什麼，使其深陷泥沼不可自拔？類似這種牽涉在人類福祉問題當中的後果都是十分驚人：一旦我們開始思考這些問題，就很難去思考其他的問題。
>
> ——勞勃·盧卡斯二世

本章引言是在 1988 年所寫。自此之後，印度成長異常迅速，讓數以百萬計的印度人民脫離赤貧。同一時期，一些其他的貧窮國家，包括撒哈拉以南非洲的許多國家，仍未經歷些許經濟成長，而其人民繼續生活在困苦環境中。解釋如此令人沮喪的結果是成長理論的工作。有些國家成功，而有些國家無法促進長期經濟成長的原因仍不明顯，但正如盧卡斯所指出的，人類福祉的後果確實令人震驚。

本章以三項全新的任務，來總結我們對長期成長的分析。

我們的第一個任務是，從理論移向實證。特別是我們考慮梭羅模型接近事實的程度。在過去數十年來，大量的文獻檢視梭羅模型及其他經濟成長模型的預測。我們即將見到梭羅模型可以闡明許多國際間各國的成長經驗，但其距離事實真相依然很遠。

我們的第二個任務是，學習一種稱為成長會計 (growth accounting) 的實證方法。成長會計的目的是將觀察到的產出成長，分解為資本成長、勞動成長與技術進步，它提供一個衡量技術進步軌跡的方法。

我們的第三個任務是，檢視一個國家的公共政策如何影響這個國家人民的生活水準和經濟成長。我們會探討不同的問題：我們的社會應該多儲蓄或少儲蓄？政策如何影響儲蓄率？政策是否應該特別鼓勵某些類型的投資？何種制度可確保經濟體系的資源做最佳使用？文化變動能否刺激成長？政策如何增進技術進步成長率？梭羅模型為上述各項政策議題提供理論基礎。

10-1 從成長理論到成長經驗

在前兩章中,我們發展梭羅成長模型,來解釋隨著時間經過各國生活水準的差異。現在讓我們探討當理論必須面對事實時,會有什麼樣的變化。

平衡成長

根據梭羅模型,技術進步引起許多變數的數值在穩定狀態下一起上升。這個特性稱為平衡成長 (balanced growth),可以非常適當地描述美國經濟的長期資料。

首先,我們考慮平均每位勞工產出 Y/L 及平均每位勞工資本存量 K/L。根據梭羅模型,在穩定狀態下,這兩個變數都以技術進步率 g 成長。美國過去半個世紀的資料顯示,平均每位勞工產出和平均每位勞工資本存量,實際上約以相同比率成長──每年約 2%。換言之,隨著時間經過,資本─產出比率大致維持固定。

技術進步也會影響生產因素價格。前一章章末「問題與應用」第 7 題請你證明,在穩定狀態下,實質工資與技術進步以相同比率成長。然而,資本的實質租賃價格隨著時間經過而固定不變。再者,美國資料也符合這些預測。過去五十年,實質工資每年約上升 2%,與平均每位勞工實質國內生產毛額成長率約略相等,但是資本的實質租賃價格 (以實質資本所得除以資本存量來衡量) 大約維持相同水準。

梭羅模型有關生產因素價格的預測──以及預測的正確性──與馬克思的資本經濟發展理論相比,是特別值得注意的。馬克思預測資本報酬會隨著時間經過而下跌,這會導致經濟與政治危機。經濟史並未支持馬克思的預測,這也部份解釋為什麼我們要學習梭羅成長理論,而非馬克思理論的原因。

收斂

如果你環遊世界,將會看到各地生活水準的巨大差異。美國平均每人所得約為巴基斯坦的十三倍。德國平均每人所得約為奈及利亞的十倍。這些所得差異幾乎反映在每一個生活品質的指標上──從電視、行動電話和網際網路、乾淨用水的取得、嬰兒死亡率,以及平均壽命。

許多研究致力於探討經濟體系是否隨著時間經過而彼此收斂的問題;亦即,貧窮國家一開始的成長速度是否比富裕國家一開始的成長速度快?如果這是真的,則貧窮的經濟體系將會追上富裕的經濟體系,這種追趕的特性稱為收斂 (convergence)。若並未收斂,則一開始就是貧窮的國家很有可能還是貧窮。

梭羅模型預測收斂應該會發生。根據模型,一個經濟體系是否收斂取決於一開始形成差異的原因。一方面,若兩個經濟體系恰有相同的穩定狀態,其為由它們的儲蓄率、人口成長率及勞動效率決定,但一開始的資本存量卻不相同,則我們預期它們會彼此收斂;資本存量較少的經濟體系自然成長較為迅速。(在第 8 章中，我們曾經運用這個邏輯來解釋第二次世界大戰後德國與日本的快速成長。）另一方面，若兩個經濟體系有不同的穩定狀態，或許因為它們有不同的儲蓄率或人口成長率，則我們預期收斂不會發生；反之，各個經濟體系會達到各自的穩定狀態。

過去的經驗與這個分析結果一致。在文化與政策相似的經濟樣本中，研究發現這些經濟體系每年約以 2% 的速度彼此相互收斂；亦即，富裕與貧窮經濟體系的差距每年約以 2% 的比率縮小。美國各州的經濟即為一例，基於歷史的因素，如 1860 年代的南北戰爭，19 世紀末各州的所得水準差異甚大，但是這些差異隨著時間的經過逐漸消失。這種收斂可用國家有不同起始點，但達到共同穩定狀態的梭羅模型來解釋。

在國際間的資料，更複雜的畫面出現了。當研究者只檢視平均每人所得資料時，並未發現收斂的證據：平均而言，一開始比較貧窮的國家不會比一開始比較富有的國家成長得更快。這個發現建議，不同的國家有不同的穩定狀態。如果統計方法能夠控制某些穩定狀態的決定因素，如儲蓄率、人口成長率和人力資本的累積 (教育)，則資料會再一次顯示每年約以 2% 的比率收斂。換言之，全球各地的經濟體系呈現條件式收斂 (conditional convergence)：它們似乎各自收斂到自己的穩定狀態，而這些是由各自的投資率、人口成長率與人力資本累積共同決定。[1]

因素累積對生產效率

從會計的角度來看，國際間平均每人所得的差異可能是因為生產因素的差異，如物質與人力資本數量；或經濟體系利用生產因素的效率差異所造成。亦即，一位貧窮國家的勞工可能因為缺乏工具或技術，或是因為工具與技術的使用並未達到最佳境界，而比較貧窮。以梭羅模型來描述這個議題，問題會著眼於貧窮國家與富裕國家的大幅差距，是否可由資本累積的差異 (包括人力資本) 或生產函數的差異來解釋。

許多研究企圖估計這兩種所得差異來源的相對重要性。各個研究的正確答案不盡相同，但因素累積與生產效率似乎都很重要。此外，有一共同的發現為它們是正相關：擁有高物質資本與人力資本的國家通常會更有效率地使用這些生產因素。[2]

---

[1] Robert Barro and Xavier Sala-i-Martin, "Convergence Across States and Regions," *Brookings Papers on Economic Activity* 1 (1991): 107-182; N. Gregory Mankiw, David Romer, and David N. Weil, "A Contribution to the Empirics of Economic Growth," *The Quarterly Journal of Economics* 107 (May 1992): 407-437.

[2] Robert E. Hall and Charles I. Jones, "Why Do Some Countries Produce So Much More Output per Worker Than Others?" *The Quarterly Journal of Economics* 114 (February 1999): 83-116; Peter J. Klenow and Andres Rodriguez-Clare, "The Neoclassical Revival in Growth Economics: Has It Gone Too Far?" *NBER Macroeconomics Annual* 12 (1997): 73-103.

有許多方式可解釋這種正相關，其中一個假設是一個有效率的經濟體系會鼓勵資本形成。例如，一個運作良好的經濟社會，個人可能會有更多的資源和誘因留在學校，並累積人力資本。另一個假設是資本累積會引發更高的效率。若物質與人力資本有正的外部性，本章先前提到的一種可能性，則高儲蓄與投資的國家似乎會有較好的生產函數 (除非研究能夠正確說明這些外部性，但實際上卻很難做到)。因此，更高的生產效率會造成更多的資本累積，反之亦然。

最後一個假設則是，有一個共同的第三個變數來驅動因素累積和生產效率。或許最普遍的共同變數是國家機構的品質，包括政府決策過程在內。如同一位經濟學家所言，當政府闖禍時，往往是在許多重要時刻。錯誤的政策，如那些導致高通貨膨脹、龐大預算赤字、普遍性市場干預及腐敗猖獗的政策，通常會接踵而來。對這樣的經濟體系，累積較少的資本和無法有效率的使用資本，應該一點也不令人驚訝。

個案研究

良好管理為生產力來源

世界各國所得差異的部份原因是，有些國家比其他國家有更高的生產效率。同樣的現象在一國之內也可觀察到：有些廠商比其他廠商有更高的生產效率。為何如此？

一個可能的因素是管理的實踐。一家運作良好的公司使用最先進的技術，監督員工績效，設定具挑戰性但合理的績效目標，提供員工努力工作的誘因。良好的管理意味著廠商從使用的生產因素中得到最大的產量。

一篇由尼可拉斯·布倫 (Nicholas Bloom) 與約翰·瓦瑞南 (John Van Reenen) 發表頗有影響力的文章指出，良好管理及一些並非所有廠商都具備因素的重要性。布倫與瓦瑞南開始在德國、法國、英國和美國 4 個國家，調查 732 家中等規模製造商。他們詢問有關一家公司如何管理的不同問題，並依據其如何符合最佳實務來評分。例如，一家公司依據員工績效為升遷標準比一家公司依據員工任職時間為升遷標準的分數來得高。

或許並不令人驚訝的是，布倫與瓦瑞南的報告指出，管理品質有顯著差異。在每一個國家，有些公司運作良好，有些則管理不當。更值得注意的是，布倫與瓦瑞南發現管理品質的分配在 4 個國家差異甚大。美國公司的平均分數最高，其次是德國、法國，最後則為英國。大部份的跨國差異來自管理特別不當公司普遍存在：最低管理分數的公司普通存在於在英國和法國，比美國與德國多。

研究的另一個發現是，這些管理分數與公司績效指標相關，假設其他條件不變 (如公司資本存量和勞動人數)，管理良好公司的銷售收入較高、利潤較高、股價較高及較低的破產比率。

若良好的管理導致好的結果，為什麼所有公司不採取最佳實踐？布倫與瓦瑞南提出管理不善持續存在的兩個解釋。

第一是缺乏競爭。一家管理不善的公司通常能避免外界強力的競爭時。其管理者能夠藉由做出些許改變蒙混過關；相反地，在高度競爭環境下的公司，管理不善通常會招致虧損，而最終公司改變管理方式或關門大吉，因此在競爭市場，只有良好管理的公司得以生存。一個競爭的決定因素是開放貿易：當一家公司必須與全球相同類型公司競爭時，很難能夠維持不好的管理制度。

第二個管理不善持續的解釋是長子繼承──有些家族企業存在指定家中長子擔任公司執行長的傳統，這種方式意味著執行長位置不會由最合格的人選接掌。更有甚者，如果長子知道自己會藉由出生排序，而非與外面專業經理人或至少是家族內成員競爭而得到職位，他可能較沒有誘因努力地成為好的經理人。確實，布倫與瓦瑞南的文章指出，家中長子繼承執行長的公司管理分數較低。他們也發現，長子繼承的現象在英國和法國比美國與德國更為普通，或許是諾曼 (Norman) 傳統的深遠影響所致。

布倫與瓦瑞南研究的底線是，管理實踐的差異能夠協助解釋為何有些國家比其他國家有較高的生產力，因而有較高的收入。這些管理的差異，進而可能是來自競爭程度不同與歷史傳統。[3]

10-2 經濟成長來源的說明

在過去半個世紀以來，美國的實質國內生產毛額每年平均以 3% 的幅度成長。什麼因素可以解釋這種成長？在第 3 章中，我們說明經濟體系產出和生產因素──資本與勞動──及生產技術間的關係。這裡我們發展一種稱為成長會計的方法，將產出的成長分成三種不同的來源：資本的增加、勞動的增加及技術的進步。這種分解提供我們一個技術進步成長率的衡量方式。

生產因素的增加

首先，我們檢視生產因素的增加如何促成產出的增加。為了達成這個目的，我們假設沒有技術變動，因此連結產出 Y 與資本 K 及勞動 L 的生產函數，隨著時間經過固定不變：

$$Y = F(K, L)$$

---

[3] Nicholas Bloom and John Van Reenen, "Measuring and Explaining Management Practices Across Firms and Countries," *The Quarterly Journal of Economics* 122 (November 2007): 1351-1408. 在更近期的研究中，布倫與瓦瑞南及其他共同作者調查其他國家。他們指出，平均而言，美國、日本與德國公司擁有最佳管理，而開發中國家，如巴西、中國和印度的管理比較不好。請見 Nicholas Bloom, Christos Genakos, Raffaella Sadun, and John Van Reenen, "Management Practices Across Firms and Countries," NBER Working Paper No. 17850, February 2012.

在這種情形下，產出數量只會因為資本數量或勞動數量發生變動而改變。

資本的增加　首先，考慮資本的變動。若資本數量提高 ΔK 單位，產出數量增加多少單位？要回答這個問題，我們需要回到資本邊際產量 MPK 的定義：

$$MPK = F(K+1, L) - F(K, L)$$

資本的邊際產量說明，當資本增加一單位時，產出會增加多少單位。因此，當資本增加 ΔK 單位時，產出大約增加 $MPK \times \Delta K$ 單位。[4]

例如，假設資本的邊際產量是 1/5；亦即，額外一單位資本的增加會使產出數量增加五分之一單位。如果增加 10 單位的資本，我們可以計算產出額外增加的數量如下：

$$\begin{aligned}\Delta Y &= \quad MPK \quad \times \quad \Delta K \\ &= 1/5 \,\frac{產出單位}{資本單位} \times 10 \,資本單位 \\ &= 2 \,產出單位\end{aligned}$$

藉由增加 10 單位資本，我們多獲得 2 單位的產出。因此，可利用資本邊際產量將資本的變動轉換成產出的變動。

勞動的增加　其次，讓我們考慮勞動的改變。若勞動數量增加 ΔL 單位，產出會增加多少單位？這個問題的回答與對資本問題的回答方法相同。勞動的邊際產量 MPL 說明，當勞動增加一單位時，產出會增加多少單位 —— 亦即：

$$MPL = F(K, L+1) - F(K, L)$$

所以，當勞動數量增加 ΔL 單位時，產出大約增加 $MPL \times \Delta L$ 單位。

例如，假設勞動的邊際產量是 2；意味著額外一單位的勞動可使產出數量增加 2 單位。如果增加 10 單位的勞動，我們可以計算額外的產出數量如下：

$$\begin{aligned}\Delta Y &= \quad MPL \quad \times \quad \Delta L \\ &= 2 \,\frac{產出單位}{勞動單位} \times 10 \,勞動單位 \\ &= 20 \,產出單位\end{aligned}$$

藉由增加 10 單位勞動，我們多獲得 20 單位的產出。因此，可利用勞動邊際產量

---

[4] 請注意：大約這個詞。這個答案只是一個近似值，因為資本邊際產量會變動：它隨資本增加而下跌。正確的答案必須考慮每一個單位的資本都有不同的邊際產量。然而，若 K 的變動不是太大，固定邊際產量的近似值是相當正確的。

將勞動的改變轉換成產出的變動。

資本和勞動的增加　最後，讓我們考慮較實際的情況，即兩個生產因素都變動。假設資本數量增加 ΔK 單位和勞動數量增加 ΔL 單位。此時的產出增加有兩個來源：資本和勞動增加。我們可以利用兩個投入的邊際產量，將這種增加分成兩個來源：

$$\Delta Y = (MPK \times \Delta K) + (MPL \times \Delta L)$$

第一個括號是資本增加造成產出數量的增加，第二個括號是勞動增加造成產出數量的增加。這個式子說明，如何將成長的來源歸到各個生產因素上。

現在我們想要將上式轉換成一個容易解讀，且可將現有資料代入的方程式。首先，經過一些代數的運算，上式可寫成：[5]

$$\frac{\Delta Y}{Y} = \left(\frac{MPK \times K}{Y}\right)\frac{\Delta K}{K} + \left(\frac{MPL \times L}{Y}\right)\frac{\Delta L}{L}$$

這種形式的方程式將產出成長率 $\Delta Y/Y$、資本成長率 $\Delta K/K$ 及勞動成長率 $\Delta L/L$ 連結在一起。

其次，我們必須找到衡量上式括弧內各項的方法。在第 3 章中，我們指出資本的邊際產量等於資本的實質租賃價格。因此，$MPK \times K$ 是資本的總報酬，且 $(MPK \times K)/Y$ 是產出的資本份額。同樣地，勞動的邊際產量等於實質工資。因此，$MPL \times L$ 是勞動收到的總報酬，$(MPL \times L)/Y$ 是產出的勞動份額。在生產函數具有固定規模報酬的假設下，尤拉定理說明這兩個份額的總和等於 1（我們已在第 3 章討論）。在這種情形下，可以寫成：

$$\frac{\Delta Y}{Y} = \alpha\frac{\Delta K}{K} + (1-\alpha)\frac{\Delta L}{L}$$

其中 α 是資本份額，$(1-\alpha)$ 是勞動份額。

上式給我們一個簡單的公式，顯示投入的變動如何導致產出的變動。它指出我們必須以生產因素份額作為權數，乘以各生產因素的成長率。美國的資本份額約為 30%──亦即 $\alpha=0.30$。因此，資本數量增加 10%（$\Delta K/K=0.10$）導致產出數量增加 3%（$\Delta Y/Y=0.03$）。同樣地，勞動數量增加 10%（$\Delta L/L=0.10$）導致產出數量增加 7%（$\Delta Y/Y=0.07$）。

---

[5] **數學註解**：要瞭解這個式子會與上式相等。請注意：我們可將這個式子的等號兩邊都乘以 Y，且可從三個分母出現 Y 的地方上下抵銷。在等號右邊的第一項，分子、分母都有 K，可互相抵銷。同樣地，等號右邊第二項的 L 也可以上下抵銷。這些代數的運算可以讓這個式子等於上式。

技術進步

到目前為止，在我們對成長來源的分析中，一直假設生產函數不會隨著時間經過而改變。事實上，技術進步當然會提升生產函數。就任何固定的投入數量，我們今天會比過去得到更多的產出。現在我們延伸模型的分析，將技術進步包括在內。

我們包括技術變動的影響在內，可將生產函數寫成：

$$Y = AF(K, L)$$

其中 A 表示當前技術水準的一種衡量標準，稱為總要素生產力 (total factor productivity)。現在產出的成長不僅是因為資本與勞動的增加，且是因為總要素生產力的提高。若總要素生產力增加 1% 且投入數量固定不變，則產出也會增加 1%。

因為包括技術變動這個因素，我們說明經濟成長的方程式增加一項：

$$\underset{\text{產出的成長}}{\frac{\Delta Y}{Y}} = \underset{\text{資本的貢獻}}{\alpha \frac{\Delta K}{K}} + \underset{\text{勞動的貢獻}}{(1-\alpha) \frac{\Delta L}{L}} + \underset{\text{總要素生產力的成長}}{\frac{\Delta A}{A}}$$

這是成長說明的主要方程式。其指出並允許我們可以衡量成長的三個來源：資本數量的變動、勞動數量的變動及總要素生產力的變動。

因為總要素生產力無法直接觀察，所以要用間接方法來衡量。我們有產出、資本和勞動成長的資料，也有資本份額的資料。從這些資料和成長說明方程式中，可以計算出總要素生產力的成長，以確定等式的成立：

$$\frac{\Delta A}{A} = \frac{\Delta Y}{Y} - \alpha \frac{\Delta K}{K} - (1-\alpha) \frac{\Delta L}{L}$$

$\Delta A/A$ 是無法由投入變動解釋產出變動的部份。因此，總要素生產力的成長可以當成殘差值：其為扣除可以直接衡量的成長決定因素後，剩下的產出成長數量。確實，$\Delta A/A$ 有時稱為梭羅殘差 (Solow residual)，以梭羅命名，因為他是第一位說明如何計算它的人。[6]

總要素生產力可以因為許多原因改變。最主要的變動是來自生產方法方面的知識提升，且梭羅殘差通常被用來作為技術進步的衡量變數。但其他因素，如教

---

[6] Robert M. Solow, "Technical Change and the Aggregate Production Function," *Review of Economics and Statistics* 39 (1957): 312-320. 我們很自然地會問到，勞動效率 E 的成長如何與總要素生產力的成長相關。我們可證明 $\Delta A/A = (1-\alpha)\Delta E/E$，其中 α 是資本份額。因此，以勞動效率成長衡量的技術變動，與以梭羅殘差衡量的技術變動呈固定比例。

表 10-1　說明美國的經濟成長

年	產出成長 $\Delta Y/Y$	=	資本 $\alpha\Delta K/K$	+	勞動 $(1-\alpha)\Delta L/L$	+	總要素生產力 $\Delta A/A$
			(平均每年增加百分比)				
1948~2019	3.4		1.3		1.0		1.1
1948~1973	4.2		1.3		1.0		1.9
1973~2019	3.0		1.3		1.1		0.7

資料來源：美國勞工部。表格數據來自於非農業的企業部門。因為四捨五入，加總未必相等。

育和政府管制，也會影響總要素生產力。例如，若公共支出的增加使教育品質提高，則同樣數量的勞工可以生產更多的產出，這隱含總要素生產力會上升。另一個例子是，若政府法律規定廠商需要購買資本設備來減少污染或增加勞工安全，則資本存量會上升且產出沒有任何改變，這隱含總要素生產力會下跌。總要素生產力抓住任何會改變投入與產出間關係的東西。

美國成長的來源

在學習過如何衡量經濟成長來源後，現在我們來觀察實際資料。表 10-1 利用 1948 年到 2019 年間的美國資料，來衡量三種成長來源的貢獻。

此一表格顯示，在這一段期間內實質國內生產毛額平均每年以 3.4% 的速度成長。在此 3.4% 中，1.3% 是因為資本存量的增加、1.1% 是勞動投入的增加，以及 1.1% 是總要素生產力的增加。這些資料指出，資本、勞動及生產力對美國經濟成長的貢獻幾乎相同。

表 10-1 也指出，在 1973 年左右，總要素生產力的成長大幅地減緩。在 1973 年以前，總要素生產力每年以 1.9% 成長；在 1973 年以後，每年僅以 0.7% 成長。經過許多年的累積，即使是成長率微小的變動對經濟福利也會有很大的影響。美國在 2019 年的實質所得，比起以前生產力水準成長約高 70%。

個案研究

生產力成長的減緩

為什麼在 1973 年左右會發生這種生產力成長減緩的現象？有許多假設被用來解釋這種負面現象，以下是其中三項。

衡量問題：一種可能是生產力下降並未真正發生，係因資料瑕疵，且在數據中顯現。你還記得在第 2 章中，一個衡量通貨膨脹的挑戰是糾正商品與服務品質的變動，同樣的問題也發生在產出與生產力的衡量上。例如，若技術進步導致更多的電腦出現，則產出與生產力是很容易衡量的。但若技術進步導致更快的電腦出現，則產出與生產力會提高，但這種增加是比較複雜且難以衡量的。政府統計人員嘗試修正品質的變動，但不論他們如何努力，產生的統計資料仍然不夠完善。

無法衡量的品質改善，意味著我們的生活水準比官方數據上升得更快。這個問題應該會讓我們懷疑資料的可靠性，但其本身無法解釋生產力的下降。要解釋成長的下降，我們必須說明衡量問題變得更糟。有一些跡象顯示，可能真是如此：隨著時間經過，在有形和容易衡量產出商品生產的產業工作者愈來愈少，如農業與製造業；在無形和不易衡量產出的服務業工作者愈來愈多，如教育與健康照護。但依舊沒有經濟學家相信衡量問題是故事的全部。

工人品質的下跌：有些經濟學家認為，生產力的下降是由勞動力的改變所引起。在 1970 年代初期，大量嬰兒潮世代的人開始離開學校投入就業市場；同時，社會標準改變，鼓勵婦女離開全職的家務工作，進入勞動力市場。這兩個發展降低工人平均工作經驗，因而降低平均生產力。

其他經濟學家則指出，以人力資本衡量的工人品質發生變動。雖然這段時間，勞動力的教育程度持續上升，但在最近數十年，上升的幅度不如過去快速。此外，一些標準測驗的成績下跌，也提醒教育品質正在下降。這兩個因素正好可以解釋生產力的減緩現象。

創意的枯竭：有些經濟學家提出，在 1970 年代初期，全球各地有關如何生產的新概念開始枯竭，而將經濟推向技術成長緩慢的年代。通常這些經濟學家認為，這種異常的現象不是自 1970 年代以來的生產力下降，而是在前二十年生產力的加速所造成。在 1940 年代末期，經濟體系有一大堆在 1930 年代經濟大蕭條和 1940 年代前半第二次世界大戰時無法完全實現的想法。在這些想法被用光後，這種主張開始出現，生產力成長的減緩是有可能發生的。的確，儘管 1973 年之後的成長率與 1950 年代和 1960 年代的成長率相比是令人失望的，但卻不會低於 1870 年到 1950 年間的平均成長率。

不幸的是，生產力成長的減緩依舊成謎，在 1990 年代中期，生產力的加速通常歸功於電腦與資訊科技的蓬勃發展，但其加速為時甚短。在 2019 年前十年間，總要素生產力每年僅以 0.7% 成長。這種在 1973 年左右生產力減緩的神祕現象，依然是現代經濟的一項特色。[7]

短期的梭羅殘差

當梭羅提出和其同名的殘差時，目的是想要說明決定技術進步與長期經濟成長的因素。但是經濟學家普雷斯科特將梭羅殘差視為短期間技術進步的衡量指

---

[7] 對於成長率趨勢與其衡量的不同觀點，請見 1988 年秋天、2000 年秋天及 2017 年春天的論文集 *Journal of Economic Perspectives*；對於最近支持「想法枯竭」假說的研究，請見 Nicholas Bloom, Charles I. Jones, John Van Reenen, and Michael Webb, "Are Ideas Getting Harder to Find?" *American Economic Review* 110, no. 4 (April 2020): 1104-1144.

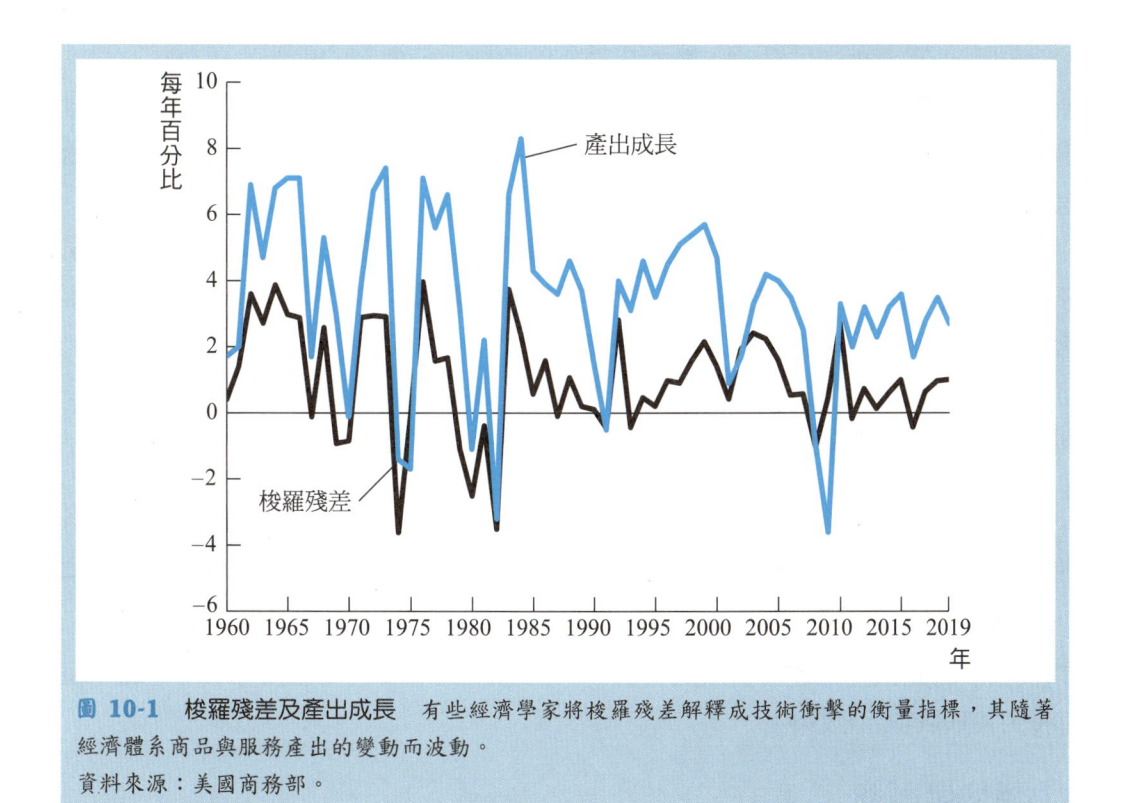

圖 10-1　梭羅殘差及產出成長　有些經濟學家將梭羅殘差解釋成技術衝擊的衡量指標，其隨著經濟體系商品與服務產出的變動而波動。

資料來源：美國商務部。

標，他得到的結論是：技術的波動是短期經濟活動的主要來源。

圖 10-1 利用美國 1960 年到 2019 年間的資料，顯示梭羅殘差及產出成長。請注意：梭羅殘差的波動相當劇烈。如果普雷斯科特的解釋是正確的，我們可以從這些短期波動，如 1982 年的技術惡化與 1984 年的技術改善得到結論。也請注意：梭羅殘差與產出的走勢緊密相關：在產出下跌的年份，梭羅殘差通常是負的。在普雷斯科特的觀點，這個事實隱含不景氣是技術的負面衝擊所引起。技術衝擊是短期經濟波動背後驅動因素的假設，以及貨幣政策並未扮演任何解釋的互補假設是實質景氣循環理論 (real-business-cycle theory) 的基礎。

然而，普雷斯科特對這些資料的註釋是有爭議的。許多經濟學家認為，梭羅殘差無法正確代表短期技術的變動。梭羅殘差循環行為的標準解釋為，它是為兩個衡量問題所造成。

第一，在不景氣時，廠商會繼續雇用他們不需要的勞工，以便在景氣復甦時有這些勞工可供使用——這個現象稱為**勞動窖藏** (labor hoarding)。因為在不景氣時，這些窖藏勞工不會像平常一樣努力工作，勞動投入在不景氣時是被高估的。且因為在不景氣時，只因為窖藏勞工閒置在那裡，等待不景氣結束，即使技術並未改變，由梭羅殘差所衡量的生產力依舊下跌。因此，梭羅殘差會比現有的生產技術更具循環性。

第二，當需求面低落時，廠商可能生產一些不易衡量的東西。在不景氣時，勞工可以清掃工廠、整理存貨、接受訓練，以及從事某些一般產出無法衡量的有用工作。若是如此，則產出在不景氣時被低估，這也可能使得衡量的循環梭羅殘差代表除了技術以外的其他原因。

因此，經濟學家以不同的方式來解釋梭羅殘差的循環性行為。有些經濟學家表明，不景氣時的生產力低落是負面技術衝擊的證據；其他經濟學家則認為，衡量生產力在不景氣時低落的原因是勞工不像往常一般努力工作，以及他們的大部份產出無法衡量兩個因素所造成。不幸的是，並沒有證據顯示勞動窖藏與循環性產出測量誤差的重要性。因此，針對圖 10-1 的不同解釋依然持續。[8]

10-3 提升成長的政策

截至目前為止，我們利用梭羅模型揭露經濟成長各種不同來源之間的關係，以及我們討論某些描述真實成長經驗的一些實證文章後，現在就可以用這個理論協助引導思考經濟政策。

評估儲蓄率

根據梭羅成長模型，一個國家決定儲蓄與投資多少金額是該國人民生活水準的一個關鍵決定因素。所以讓我們從一個自然的問題開始政策的討論：美國經濟社會的儲蓄率是太高、太低或剛好？

如同我們已經知道的，儲蓄率決定穩定狀態下的資本水準和產出水準。一特定的儲蓄率產生黃金法則的穩定狀態，它是追求平均每位勞工消費最大，因此使經濟福利達到最高。黃金法則提供一個可以和美國經濟社會比較的標準。

要決定美國經濟是否高於或低於黃金法則的穩定狀態，我們需要比較資本邊際產量減折舊 $MPK-\delta$ 和總產出成長率 $n+g$。如同前一章所述，黃金法則穩定狀態的條件是 $MPK-\delta=n+g$。如果經濟體系的資本低於黃金法則穩定狀態下的資本，則邊際產量遞減說明 $MPK-\delta>n+g$。在這個情形下，增加儲蓄率會增加資本累積和經濟成長，且最終導致的穩定狀態會有較高的消費水準 (儘管在過渡到新的穩定狀態時，消費將會降低。) 另一方面，若經濟體系一開始的資本過多，則 $MPK-\delta<n+g$。在這種情況下，資本累積過度：降低儲蓄率將導致立即與長期

---

[8] 想知道更多相關議題，請見 Edward C. Prescott, "Theory Ahead of Business Cycle Measurement," 與 Lawrence H. Summers, "Some Skeptical Observations on Real Business Cycle Theory," 以上皆出於 *Federal Reserve Bank of Minneapolis Quarterly Review* 10 (Fall 1986)；N. Gregory Mankiw, "Real Business Cycles: A New Keynesian Perspective," *Journal of Economic Perspectives* 3 (Summer 1989): 79-90；以及 Charles I. Plosser, "Understanding Real Business Cycles," *Journal of Economic Perspectives* 3 (Summer 1989): 51-77。

更多的消費。

如果要和一個實際經濟體系比較，如同美國，我們需要產出成長率 $n+g$ 及淨資本邊際產量 $MPK-\delta$ 的估計值。美國的實質國內生產毛額每年平均以 3% 成長，所以 $n+g=0.03$。我們可以從下列三項事實來評估淨資本邊際產量：

1. 資本存量約為一年國內生產毛額產值的三倍。
2. 資本折舊約為國內生產毛額的 15%。
3. 資本所得約為國內生產毛額的 33%。

利用我們模型的符號 (及第 3 章的結果，資本擁有者就每一單位資本賺取 MPK 的收入)，我們可將這些事實寫成：

1. $k=3y$。
2. $\delta k=0.15y$。
3. $MPK \times k=0.33y$。

我們將第 2 式除以第 1 式可解出折舊率 δ：

$$\delta k/k=(0.15y)/(3y)$$
$$\delta=0.05$$

且我們將第 3 式除以第 1 式，可解出資本的邊際產量 MPK：

$$(MPK \times k)/k=(0.33y)/(3y)$$
$$MPK=0.11$$

因此，每年約有 5% 的資本折舊，且每年資本邊際產量約為 11%。淨資本邊際產量 $MPK-\delta$，每年約為 6%。

現在我們看到資本的報酬 ($MPK-\delta=6\%$/年) 遠超過經濟體系的平均成長率 ($n+g=3\%$/年)。這個事實，加上前面的分析，指出美國的資本存量遠低於黃金法則水準。換言之，若美國將所得中較大的一部份用做儲蓄與投資，其經濟成長會更為快速，且最終達到擁有較高消費水準的穩定狀態。

這個結論並非只對美國經濟適用。當同樣的計算用在別的經濟體系時，結果是雷同的。從理論角度觀察，超過黃金法則水準以上的過多儲蓄和資本累積是吸引人的，但真實經濟所面對者似乎不成問題。事實上，經濟學家通常關心的是儲蓄不足。正是這種計算提供此種考量的智慧基礎。[9]

---

[9] 想知道這個主題更多資料和一些國際證據，請見 Andrew B. Abel, N. Gregory Mankiw, Lawrence H. Summers, and Richard J. Zeckhauser, "Assessing Dynamic Efficiency: Theory and Evidence," *Review of Economic Studies* 56 (1989): 1-19。

改變儲蓄率

前面的計算指出，為了使美國經濟趨向黃金法則，政策制度者應該提高國民儲蓄。但他們是如何進行？我們在第 3 章中看到，單純就會計觀點來看，較高的國民儲蓄意味著較高的公共儲蓄、較高的私人儲蓄，或兩者的結合。大部份有關提升成長的政策辯論，專注在這些政策選擇哪一個是最有效的。

政策影響儲蓄最直接的方式是透過公共儲蓄──政府的稅收與支出間的差額。當政府支出超過政府收入時，政府會有預算赤字，這代表負的公共儲蓄。如同第 3 章中所述，預算赤字會提高利率和排擠投資，由此產生資本存量的下降，造成未來世代必須負擔一部份的政府公債。反之，若政府支出小於政府收入，則政府會有預算盈餘，其可贖回部份公債並刺激投資。

政府也可以透過影響私人儲蓄來影響國民儲蓄──家計單位與廠商的儲蓄。特別是人們決定儲蓄多少是受其所面臨誘因的影響，且這些誘因會因為不同公共政策而改變。許多經濟學家認為資本的高稅率──包括公司營利事業所得稅、聯邦政府所得稅、地價稅及許多州政府所得與土地稅──都會降低儲蓄者賺取的報酬，並且會抑制私人儲蓄。另一方面，免稅退休基金帳戶，如 IRA 的設計是用來給予存在該帳戶所得的租稅優惠，以鼓勵私人儲蓄。有些經濟學家建議，透過以消費稅制取代現有所得稅制來提高儲蓄誘因。

經濟學家間意見的不一致，源於其對私人儲蓄針對誘因的反應幅度有不同的見解。例如，假設政府計畫提高民眾能夠存入免稅退休基金帳戶的金額，民眾是否會針對儲蓄誘因的增強而增加儲蓄？或民眾只是將其他形式的儲蓄轉入這些帳戶，降低稅收，因此造成公共儲蓄減少，而對民間儲蓄沒有任何刺激作用？政策的可行性會受到這些問題答案的影響。不幸的是，儘管這個議題有非常多的研究，但沒有一致的共識。

分配經濟體系的投資

梭羅模型有一個簡化的假設，只有一種形態的資本。在真實世界裡，不只一種資本。民間企業投資傳統形態的資本，如推土機和鋼鐵廠；以及新形態的資本，如電腦和機器人。政府投資在不同形式的公共資本上，稱為*基礎建設* (infrastructure)，如道路、橋樑與下水道系統。

此外，還有一種*人力資本* (human capital)──勞工透過教育，從早期兒童計畫 (如 Head Start) 到勞動力的成人在職訓練獲得的知識與技巧。儘管梭羅模型的資本變數只包括物質資本，但在許多方面人力資本與物質資本非常類似。就像物質資本，人力資本增加我們生產商品與服務的能力。提升人力資本水準需要在教師、圖書館及學生時間等方面的投資。最近在經濟成長的研究強調，在解釋國際間生活水準的差異上，人力資本與物質資本是同等的重要。模型化這個事實的一個方法是讓我們稱為「資本」的變數有更寬廣的定義，包括人力和物質資本。[10]

嘗試要刺激經濟成長的政策制定者，必須面臨經濟體系最需要何種資本的議題。換言之，哪一種資本能夠獲得最高的邊際產量？從較廣泛的角度觀察，政策制定者能夠依賴市場將儲蓄分配到不同用途的投資上。那些具有最高邊際資本產量的產業，自然最願意以市場利率來融通新投資。許多經濟學家主張，政府應該針對不同形態的資本創造一個「勢均力敵的競賽場」──例如，確保稅法對各種形態的投資都平等。政府就可以依賴市場，有效率地分配資本。

其他經濟學家則建議，政府應該推廣特定形式的資本。例如，假設一些經濟活動產生副產品──技術進步。如果在建構資本過程中發明全新改良的生產流程[這個現象稱為邊做邊學 (learning by doing)]，而且如果這些概念成為社會整體知識的一部份，技術進步都有可能發生。這種副產品稱為技術外部性 (technological externality) [或是知識外溢 (knowledge spillover)]。在出現這種外部性時，資本的社會報酬大於私人報酬，而增加資本累積對社會形成的利益會超過梭羅模型建議的利益。[11] 此外，某些形態的資本累積可能會比其他類型得到更大的外部性。例如，假設裝置機器人比興建一鋼鐵廠能夠得到更大的外部利益，則政府應該利用稅法來鼓勵機器人的投資。有時這種產業政策 (industrial policy) 的成功，取決於政府能夠衡量不同活動外部性的能力，所以能夠鼓勵各種活動正確的誘因。

大多數的經濟學家對產業政策抱持懷疑的態度，原因有二：第一，衡量各個部門的外部性是相當困難的，且似乎是不可能的任務。如果政策是根據錯誤的衡量，則其效果可能接近隨機，比沒有政策更糟；第二，政策過程是不完美的，一旦政府決定以補貼或減免稅收來鼓勵一些特定產業，這些獎勵的決定是依據政治影響力或依據外部性程度大小。

一種政府必須牽涉其中的資本是公共資本。地方、州和聯邦政府總是在決定是否舉債融資興建新的道路、橋樑及大眾運輸系統。例如，在 2016 年，川普就任總統後的第一個經濟提案是增加 $1 兆基礎建設支出 (在 2020 年中實施)。經濟學家對這個政策的正、反兩面意見都有，但所有人都同意公共資本的邊際產量是難以衡量的。對擁有資本的廠商而言，私人資本的獲利率較容易衡量，而公共資本

---

10 在第 9 章中，當我們解釋 K 只是物質資本時，人力資本包含在勞動效率變數 E 中。在此建議的另外一個觀點是，將人力資本包含在 K 內，因此 E 代表技術而非人力資本。若 K 是較廣義的定義，我們稱為勞動所得中的大部份其實是人力資本報酬。因此，真正的資本份額比傳統 Cobb-Douglas 生產函數的三分之一更大。想知道更多相關議題的資訊，請見 N. Gregory Mankiw, David Romer, and David N. Weil, "A Contribution to the Empirics of Economic Growth," *The Quarterly Journal of Economics* 107 (May 1992): 407-437。

11 Paul Romer, "Crazy Explanations for the Productivity Slowdown," *NBER Macroeconomics Annual* 2 (1987): 163-202.

的利益比較擴散。更有甚者，當私人投資者以自己的資金從事私人資本投資時，公共資本的資源分配包括政治過程和稅收融通。「蚊子橋樑」經常可見，只因為國會議員才有政治能力讓預算通過。

個案研究

實際上的產業政策

長期以來，政策制定者與經濟學家爭論由於某些產業和廠商在經濟體系中可能有其策略重要性，政府是否應該制定政策促進其成長。在美國，辯論可回溯至兩個世紀以前，美國第一任的財政部長亞歷山大·漢米爾頓 (Alexander Hamilton) 偏好對某些進口制定關稅來鼓勵國內製造業的發展。1789 年關稅法是新聯邦政府通過的第二個法案，關稅幫助製造業，但傷害農人，因為他們現在支付更高的費用來購買外國製商品，由於北方是製造業重鎮，而南方多為農人，關稅是區域緊張和最終導致南北戰爭的因素之一。

提倡政府在促進技術進步可扮演重要角色的人，能夠指出一些最近的成功例子。例如，現代網際網路的先驅是美國高等研究計畫署網路 (ARPANET)，為美國國防部作為軍隊部署間資訊傳遞的一種方法。沒有人懷疑網際網路與生產力大幅上升相關，而政府在創造過程中有其顯著地位。根據產業政策擁護者的說法，這個例子說明政府能夠協助啟動剛萌芽的科技。

然而，當政府企圖取代私人企業決策時，可能犯下錯誤。日本經濟產業省 (Ministry of International Trade and Industry, MITI) 有時被視為產業政策的成功實踐者，但它曾經嘗試阻止本田 (Honda) 將其企業從摩托車擴大到汽車。經濟產業省認為，國家已有足夠的汽車製造商。幸運的是，政府打輸這場戰役，本田成為全球最大且獲利最高的汽車公司之一。

最近，政府政策的目標是促進「綠色科技」，尤其是美國聯邦政府補貼排放低碳的能源生產方式，以降低人類對全球氣候變遷的衝擊。評斷此政策的長期成功與否仍然太早，但在短期遭遇一些窘迫狀況。在 2011 年，美國太陽能廠 Solyndra 在聯邦政府兩年前給予 $5 億 3,500 萬的鉅額擔保貸款後，宣佈破產。

產業政策的辯論在未來仍將持續。這種政府對市場干預的最終判斷，需要同時評估自由市場的效率與政府機構確認值得支持科技的能力。■

個案研究

印度與中國的錯置

在一個完美運作的市場經濟體系、資本與勞動會自然地流向其最佳用途。因此，在不同的廠商之間，資本的邊際產量會相同，勞動的邊際產出也會相等。

然而，真實經濟體系並不完美。有些運作不良的資本市場或設計不良的政府管制，阻礙具生產力廠商擴大。這些廠商有高的資本與勞動邊際生產力，但卻無法利用這種優勢。

有時重度干預經濟的國家讓生產力低的企業存活，理由或許是提供便宜資金來源給它們。因為企業主的政治影響力，這些企業有較低的資本與勞動邊際生產力，無法縮緊並釋放資源給較具生產力企業使用。因此，經濟體系的勞動與資本錯置，降低整體生產力水準。

在一項重要的研究中，謝長泰與彼得‧克蘭諾夫 (Peter J. Klenow) 研究相較於美國，印度及中國的資本和勞動措置。他們使用三個國家製造業工廠的詳細數據，衡量每個工廠資本與勞動的邊際生產力。謝長泰與克蘭諾夫發現，三個國家工廠的邊際生產力有顯著差異。更重要的是，他們發現印度與中國生產力的波動幅度比美國生產力的波動幅度更大；亦即，最佳工廠與最差工廠的生產力差異，在印度與中國會大於美國。這些發現指出，印度與中國存在更大的資源錯置。

這個錯置的重要性為何？謝長泰與克蘭諾夫藉由估計如果印度與中國享有美國生產力的波動，其整體生產力的提高來回答這個問題。例如，市場運作更趨完美或政策設計更加合理，而讓更多的資源從低生產力廠商流向高生產力廠商，生產力波動幅度將會減少。謝長泰與克蘭諾夫發現，這種改變將可提高中國整體生產力 30% 到 50%，和印度生產力 40% 到 60%。底線是藉由降低防止資本與勞動流向最佳用途的障礙，開發中國家可以顯著提升生產力與生活水準。[12]

建立正確制度

如同我們先前的討論，研究國際間生活水準差異的經濟學家將部份差異歸因於物質與人力資本投入，以及這些投入的生產力。其中一個國家具有不同生產效率水準的原因是，它們擁有不同分配稀少性資源的制度。建立正確的制度對資源做最佳分配用途是很重要的。

或許現代最明顯制度重要性的例子，莫過於北韓與南韓的比較。很多個世紀以來，這兩個國家有共同政府、傳統、文化和經濟，但在第二次世界大戰之後，美國與蘇聯的協議將韓國一分為二。在北緯 38 度線以上，北韓依據蘇俄的共產集權主義建立制度；而在北緯 38 度線以下，南韓依照美國民主資本體制建立制度。今天，兩國經濟發展的差異再明顯不過，北韓的人均 GDP 不到南韓人均 GDP 的十分之一，此差異在夜晚的衛星照片更加明顯，南韓光線充足──

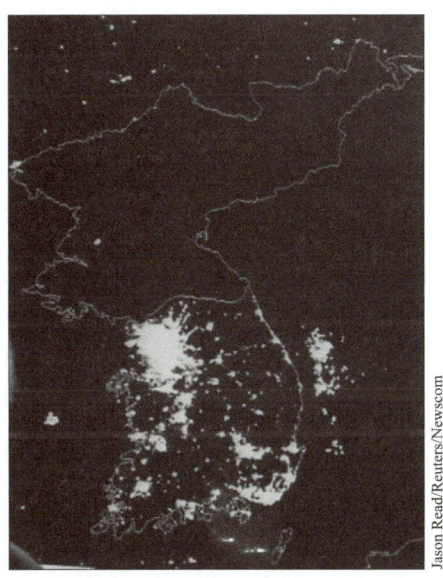

從太空中看到的北韓與南韓。
資料來源：路透社 (Reuters)。

---

[12] Chang-Tai Hsieh and Peter J. Klenow, "Misallocation and Manufacturing TFP in China and India," *The Quarterly Journal of Economics* 124 (November 2009): 1403-1448.

廣泛地使用電力，是經濟進步的指標，而北韓則籠罩在一片漆黑當中。

在眾多民主國家當中，存在重要且細微的制度差異。一國的司法傳統是這種制度的例子之一。有些國家，如美國、澳洲、印度和新加坡，以前是英國的殖民地，因此擁有英國形式的不成文法律制度。其他國家 (如義大利、西班牙和大部份的拉丁美洲國家) 的法律傳統，來自法國拿破崙 (Napoleon) 時期的法條。研究發現，對股東和債權人的法律保護，在英國形式的司法制度比在法國形式的司法制度更加健全。因此，英國形式國家的資本市場比較健全。擁有比較健全資本市場的國家進而享受較快速的成長，因為小型公司和新公司較易取得融通投資的資金，導致國家資本更有效率地分配。[13]

另外一個跨國間制度重要差異是，政府本身的品質與政府官員的誠實。理論上，政府應該對市場體系伸出「協助的雙手」，保護財產權、契約執行、促進競爭、起訴詐欺等。然而，政府會偏離這種理想並比較像「抓權的雙手」，利用政府賦予的權力，犧牲廣大民眾權益來滿足有權力人士的口袋。實證研究指出，一國的貪腐程度確實是經濟成長的重要決定因素。[14]

18 世紀偉大的經濟學家亞當‧斯密 (Adam Smith) 非常瞭解制度在經濟成長扮演的角色。他曾經寫道：「將一個國家從最差的野蠻落後提升到最高的開放程度幾乎不需要其他先決條件，只要有和平、寬鬆的稅負及可容忍的司法體系；其餘都是自然而然發生。」[15] 悲哀的是，許多國家並未享有這簡單的三個利益。

> 個案研究

現代制度的殖民時期來源

國際資料顯示，緯度與經濟繁榮有顯著相關：接近赤道的國家通常比遠離赤道的國家，其平均每人所得水準較低。這個事實對北半球與南半球國家都正確。

如何解釋這些相關性？有些經濟學家指出，接近赤道的熱帶氣候對生產力有負面衝擊。在這些熱帶的中心，農耕比較困難，疾病比較常見。這些情況使得商品與服務的生產更加困難。

儘管地理區域的直接衝擊是熱帶國家比較貧窮的原因之一，但並不是全部的故事。最近由達隆‧阿齊默魯 (Daron Acemoglu)、賽門‧強生 (Simon Johnson) 和詹姆斯‧羅賓斯

---

[13] Rafael La Porta, Florencio Lopez-de-Silanes, Andrei Shleifer, and Robert Vishny, "Law and Finance," *Journal of Political Economy* 106 (1998): 1113-1155; Ross Levine and Robert G. King, "Finance and Growth: Schumpeter Might Be Right," *The Quarterly Journal of Economics* 108 (1993): 717-737.

[14] Paulo Mauro, "Corruption and Growth," *The Quarterly Journal of Economics* 110 (1995): 681-712.

[15] Dugald Stewart, *Account of the Life and Writings of Adam Smith, LL.D.*, collected in *Biographical Memoirs* (Edinburgh: Royal Society of Edinburgh, 1811).

(James Robinson) 所做的研究指出 —— 間接機制 —— 地理對制度的衝擊。以下是他們的解釋，以許多步驟來呈現：

1. 在 17 世紀、18 世紀和 19 世紀，熱帶氣候使歐洲殖民者暴露在日益增加的疾病風險中，尤其是從瘧疾和黃熱病。因此，當歐洲人征服世界上許多地區，使其成為殖民地，他們避開移民到熱帶地區，包括大部份的非洲和中美洲。歐洲殖民者喜愛氣候較溫和及健康條件較好的區域，如美國、加拿大和紐西蘭。
2. 在有大量歐洲人移民的區域，殖民者建立類似歐洲廣泛分散權力的包容性體制 (inclusive institutions)，來保護財產權和尊重法律規則；相反地，在熱帶氣候，殖民權力通常設立榨取式體制 (extractive institutions)，包括獨裁的政府，所以它們可利用該當地的人口與天然資源。這些機構使殖民者更加富有，但對促進當地經濟成長毫無幫助。
3. 殖民法則的年代早已經不復存在，但早期歐洲殖民者所建立的制度與前殖民地的現代制度息息相關。在熱帶國家，殖民者設立榨取式機構，即使在今天也比較沒有財產權保護的觀念；當殖民者離開後，這些榨取式機構依然存在，只是由新的統治者接管。
4. 制度的品質是經濟表現的關鍵因素之一。在財產權被良好保護法律規則被遵守的地區，人們較有投資誘因，而使經濟成長；在財產權與法律規則未被良好保護的地區，如熱帶國家的情況，投資和成長通常都會落後。

這個研究指出，我們所觀察到大部份生活水準的國際變異是來自於長期歷史的結果。[16]

支持有利成長的文化

一國的文化是指其人民的價值、態度與信念。許多社會科學家指出，文化對經濟成長有重要影響。例如，社會學家馬克斯·韋伯 (Max Weber) 在 1905 年古典著作《新教倫理與資本主義精神》(*The Protestant Ethic and the Spirit of Capitalism*) 中主張，在 16 世紀開始，北歐經濟快速成長可以歸因於喀爾文主義的興起，喀爾文主義為強調辛勤工作與節儉的新教支派。

文化有許多面向且難以量化。然而，有一些明確的方式說明文化差異能夠解釋為何有些國家富裕而有些國家貧窮，這裡有四個例子：

- 社會看待女性的差異。在某些國家中，現行的文化規範不讓女性接受教育且不讓其工作，因而壓低生活水準。
- 社會看待兒童態度的差異 —— 生育多少個小孩與花費多少金錢在教育他們。

---

[16] Daron Acemoglu, Simon Johnson, and James A. Robinson, "The Colonial Origins of Comparative Development: An Empirical Investigation," *American Economic Review* 91, no. 5 (December 2001): 1369-1401. 更多的評論請見 David Y. Albouy, "The Colonial Origins of Comparative Development: Comment," *American Economic Review* 102, no. 6 (October 2012): 3059-3076。

較高人口成長會減少所得,而更多人力資本則會提高所得。
- 社會開放,接受新觀念,特別是國外新觀念的程度。當新科技出現時,愈開放的國家能夠接受科技進步的腳步愈快,而較不開放的國家會發現它們離全球科技疆域愈來愈遠。
- 社會中,人們彼此信任程度的不同。由於法律體系在執行協議時,不僅成本甚高且是不完全機制,在信任度高時,比較容易協調經濟活動。確實,如調查所示,信任程度與一國每人所得呈現正相關。信任與有些經濟學家稱呼的社會資本有關,人們之間合作關係的網絡,包括如教會與保齡球聯賽等不同群體。

一國的文化源自於不同的歷史、人類學與社會影響力,且不易被執政者控制。但文化會隨著時間經過而演化,且政策能夠扮演支持的角色。在上一個世紀,美國看待婦女態度的改變就是一個佐證。在今日,婦女比過去能夠受到更多的教育且更有機會加入勞動力,而這些改變導致美國家庭享有更高的生活水準。公共政策並非這些發展的主要成因,但法律擴大婦女受教育機會與保護婦女參與工作的權利,使得文化演進相輔相成。

鼓勵技術進步

梭羅模型指出,平均每位勞工所得的持續性成長必須來自技術進步。然而,梭羅模型並未解釋技術進步,而視技術進步為外生,前一章討論的內生成長理論提供一些有關技術進步的深刻見解。儘管如此,我們並不十分瞭解技術進步的決定因素。

儘管認知十分有限,但許多公共政策仍被設計用來促進技術進步。大多數政策鼓勵民間部門投入資源在技術創新上。例如,專利制度給予新產品發明者一段時間的獨占;稅法給予從事研究發展的廠商某些租稅優惠;政府部門,如國家科學基金會 (National Science Foundation) 直接補貼大學從事基礎研究。此外,一如前面的討論,產業政策的支持者認為,政府應該採取更主動的角色來提升可加速技術進步的關鍵產業。

在最近幾年,鼓勵技術進步都是從國際層面來看。許多從事先進技術研究的公司都位於美國和其他已開發國家。開發中國家 (如中國) 藉由不嚴格執行智慧財產權,而有誘因「免費搭便車」先進國家的研究成果;亦即,中國的公司經常利用外國公司發明的創意,而沒有給予相對報酬。美國強烈反對這種作法,當川普總統在 2018 年針對中國製造商品課徵關稅,其中一個宣示的目標是誘使中國加強取締。若智慧財產權在全世界各地能夠被好好保護,廠商將會有更多的誘因從事研究,而這將促進全球技術進步。

第 10 章 成長經驗與政策

個案研究

自由貿易是否有益於經濟成長？

至少自亞當·斯密以來，經濟學家倡導自由貿易可作為促進國家繁榮的政策。以下是斯密在其 1776 年經典巨著《國富論》(*The Wealth of Nations*) 的論述：

> 它是家庭精明掌管者的格言，當它的製作成本高於購買成本時，千萬不要嘗試在家生產。裁縫師不會想要自己製鞋，但是會從製鞋者手中買鞋。製鞋者不會想要自己做衣服，而是雇用裁縫師……。
>
> 在私人家庭小心管理每件事務的能力，也可以用在小心經營國家上。若一國能夠提供比自己生產更便宜的商品，最好是以我們有比較利益產業所生產的商品來購買它。

今天，經濟學家依賴大衛·李嘉圖 (David Ricardo) 的比較利益理論和現代國際貿易理論更精確地看待此事。根據這些理論，一國藉由專業化生產其有比較利益的那些商品開放貿易，可以更有生產效率且達到更高的生活水準。

懷疑者可能指出這只是理論。有證據嗎？國家允許自由貿易是否真的比較繁榮？有大量的文獻來說明這個問題。

其中一個觀點是，藉由觀察國際資料來檢視開放貿易是否真能享受榮景，事實真是如此。經濟學家安德魯·華納 (Andrew Warner) 和傑佛瑞·薩克斯 (Jeffrey Sachs) 研究 1970 年到 1989 年間的資料。他們指出，在已開發國家中，開放經濟體系每年以 2.3% 成長，而封閉經濟體系每年以 0.7% 成長；在開發中國家，開放經濟體系每年以 4.5% 成長，而封閉經濟體系每年還是以 0.7% 成長。這些發現符合斯密的開放貿易有益繁榮的觀點，但它們並非最後的結論。相關性並不隱含因果關係，或許禁止貿易與政府不同的緊縮政策相關，而正是這些政策妨礙經濟成長。

第二種觀點是，檢視當封閉經濟體系移除貿易限制時會發生何事。再一次，斯密的假設可以成立。在歷史上，當一國對世界其他各國開放時，典型的結果是經濟成長持續增加。這發生在 1850 年代的日本、1960 年代的南韓和 1990 年代的越南。但再一次地，相關性並不代表因果關係。貿易自由化通常伴隨其他改革，而且我們很難分辨貿易與其他改革的影響。

第三個觀點是，由經濟學家傑佛瑞·弗蘭克爾 (Jeffrey Frankel) 和大衛·羅默 (David Romer) 所提倡，檢視地理區域的衝擊來衡量貿易對成長的影響。有些國家比其他國家有較少的貿易，只因為它們沒有地理上的優勢。例如，紐西蘭相對於比利時是沒有優勢的，因為紐西蘭遠離其他擁有眾多人口的國家。同樣地，內陸國家比有海港的國家更不具優勢。因為這些地理特性與貿易有關，但可以認定這和經濟繁榮的其他決定因素無關，它們可用來確認貿易對所得的因果衝擊。(你可能在計量經濟學中學過解決這種目的的統計技巧，稱為工具變數。) 在分析資料後，弗蘭克爾和羅默得到的結論為：「貿易對 GDP 的比率上升 1 個百分點，至少可增加平均每人所得 0.5%。貿易似乎可藉由刺激人力與物質資本累積，以及從既定資本水準提高產出，使所得增加。」

這類研究的壓倒性證據說明斯密是對的。開放國際貿易有益經濟成長，這也是為什麼經濟學家通常對阻礙貿易的政策，如 2018 年川普總統實施的關稅 (第 6 章「個案研究」主題討論)，抱持懷疑的態度。[17]

10-4 結論

長期經濟成長是國民經濟福利最重要的決定因素。總體經濟學研究的其他變數 —— 如失業、通貨膨脹、貿易赤字等 —— 都略顯遜色。

幸運的是，經濟學家對主宰經濟成長的力量知之甚深。梭羅成長模型與最近的內生成長模型說明，儲蓄、人口成長及技術進步之間的互動如何決定一個國家的生活水準和經濟成長。儘管這些理論並未提供任何經濟快速成長的靈丹妙藥，但是的確提供許多省思。其也提供公共政策辯論的理論架構，以瞭解如何更好地促進長期成長。

快速測驗

1. 在穩定狀態有技術進步的梭羅模型，下列哪一個變數非固定不變？
   a. 平均每位有效勞工資本
   b. 資本—產出比率
   c. 實質資本租賃價格
   d. 實質工資

2. 馬可島的經濟可由下列何種資料來描述？
   ■ 勞動所得份額為 1/3。
   ■ 每年產出成長 8%。
   ■ 每年資本存量成長 9%。
   ■ 每年勞動力成長 3%。

   在這些資料已知下，我們知道每年總要素生產力成長 ＿＿＿ %。

   a. 1   b. 2
   c. 3   d. 4

3. 總要素生產力通常在經濟不景氣時 ＿＿＿，可能是因為勞動窖藏或 ＿＿＿ 技術衝擊。
   a. 下跌，有利   b. 下跌，不利
   c. 上升，有利   d. 上升，不利

4. 若資本存量是年度 GDP 的 2 倍，折舊是 GDP 的 8%，以及資本所得是 GDP 的 20%，請問淨資本邊際產出是多少？
   a. 2   b. 4
   c. 5   d. 6

5. 美國經濟比在穩定狀態黃金法則下，資本 ＿＿＿，意味著它可能想要 ＿＿＿ 儲蓄率。

---

[17] Jeffrey D. Sachs and Andrew Warner, "Economic Reform and the Process of Global Integration," *Brookings Papers on Economic Activity* (1995): 1-95; Jeffrey A. Frankel and David Romer, "Does Trade Cause Growth?" *American Economic Review* 89, no. 3 (June 1999): 379-399.

a. 更多，提高　　b. 更多，降低
c. 更少，提高　　d. 更少，降低
6. 北韓與南韓經濟發展的鮮明對比闡明一國 ＿＿＿＿ 重要性。
a. 制度　　b. 儲蓄率
c. 歷史傳統　　d. 語言

摘要

1. 許多實證研究檢視，梭羅模型能夠協助解釋長期經濟成長到什麼程度。這個模型能夠解釋我們在資料上所見的大部份事實，如平衡成長和條件式收斂。最近的研究也發現，國際間生活水準的差異係因資本累積及資本的使用效率，兩者結合所造成。

2. 成長會計將經濟成長依其來源分解，並得到總要素生產力的衡量指標，在美國的資料中，成長會計顯示總要素生產力在1973年左右開始顯著減緩。

3. 在美國經濟中，淨邊際資本產出遠高於成長率，代表美國經濟比在穩定狀態黃金法則下，有較低的儲蓄率與較少資本。美國與其他國家的政策制定者通常宣稱，其國家應該投入較大比例的產出在儲蓄和投資上。提高公共儲蓄及提供私人儲蓄的減稅誘因，是兩項鼓勵資本累積的方法。

4. 政策制定者也能藉由建立合適的法律與金融機構支持有利於成長的文化，以及提供鼓勵研究發展的正確誘因，以有效率分配資源來促進經濟成長。

關鍵詞

成長會計　growth accounting

複習題

1. 在梭羅模型的穩定狀態下，平均每人產出是以什麼樣的比率成長？平均每人資本是以什麼樣的比率成長？請問這如何與美國經驗比較？
2. 請問你需要什麼樣的資料，來決定經濟體系的資本是大於或小於黃金法則穩定狀態下的資本？
3. 請問政策制定者如何影響一個國家的儲蓄率？
4. 請問總要素生產力衡量什麼？
5. 請舉出一個國家間制度差異能夠解釋人均所得差異的例子。

問題與應用

1. 一般人接受教育程度的多寡在各個國家間有明顯的差異。假設你想要比較一擁有高教育勞動力的國家與一擁有低教育勞動力的國家；教育只影響勞動效率水準；同時假設兩國的其他條件相同：它們有相同的儲蓄率、相同的折舊率、相同的人口成長率，以及相同的技術進步成長率。兩個國家都以梭羅模型描述且皆處於穩定狀態。請問你對下列的變數做何種預測？
a. 總所得成長率。
b. 平均每位勞工所得水準。

c. 資本的實質租賃價格。
d. 實質工資。

2. 在所羅維亞經濟中，資本擁有者獲得國民所得的三分之二，勞動者則獲得三分之一的國民所得。

    a. 所羅維亞的男性留在家中做家事，女性則到工廠上班。假設一些男性開始到外面工作，使勞動力上升5%，請問經濟體系的產出發生什麼樣的變動？勞動生產力 —— 定義為平均每位勞工產出 —— 是增加、減少或維持不變？總要素生產力是增加、減少或維持不變？

    b. 在第一年，資本存量是6，勞動投入是3及產出是12。在第二年，資本存量是7，勞動投入是4及產出是14。請問這兩年的總要素生產力的變動為何？

3. 勞動生產力定義為 Y/L，產出的數量除以勞動投入的數量。從成長說明方程式開始，請證明勞動生產力的成長受總要素生產力成長和資本—勞動比率成長的影響，特別是請證明：

$$\frac{\Delta(Y/L)}{Y/L} = \frac{\Delta A}{A} + \alpha \frac{\Delta(K/L)}{K/L}$$

提示：你可能發現下面的數學小技巧相當好用。若 $z=wx$，則 z 的成長率約為 w 的成長率加上 x 的成長率，亦即：

$$\Delta z/z \approx \Delta w/w + \Delta x/x$$

4. 假設一經濟體系是由梭羅模型來描述，其正處於穩定狀態下，此時人口成長率 n 是每年 1.8%，技術進步成長率 g 為每年 1.8%。總產出與總資本成長為每年 3.6%。我們再假設產出的資本份額是三分之一。如果你利用成長說明方程式將產出成長分成三個來源 —— 資本、勞動和總要素生產力 —— 請問每一個來源的貢獻是多少？請將你的結果與表 10-1 的數據做比較。

5. 挑選兩個你有興趣的國家 —— 一個貧窮和一個富有，各個國家的人均所得是多少？找出國家特性能夠解釋差異的資料：投資率、人口成長率、教育程度及其他。(提示：世界銀行的網站 https://www.worldbank.org 是一個可以找到資料的地方。) 你如何找到最能夠解釋差異的因素。根據你的判斷，梭羅模型作為解釋你選擇兩個國家差異的分析工具是否有用？

快速測驗答案

1. d   2. a   3. b   4. d   5. c   6. a

CHAPTER 11

經濟波動導論

> 現今世界看待景氣循環,就像古埃及人看待尼羅河氾濫一樣。這種現象每隔一段時間就會重現,對每一個人都很重要,且無法看出造成這種現象的自然成因。
>
> —— 約翰・貝茲・克拉克,1898 年

對經濟學家和政策制定者而言,經濟波動代表一個會重複發生的問題。平均而言,美國實質 GDP 每年約成長 3%,但這種長期平均掩蔽經濟體系的商品與服務產出並非平穩成長的事實。成長在某些年會高於平均;而在另一些年會低於平均,甚至成長率轉為負值,反映出經濟活動的衰退。這些經濟體系產出的波動與就業的波動緊密相關。當經濟體系經歷一段時期的產出減少和失業上升,我們稱經濟體系處於不景氣 (recession) 階段。

經濟大衰退發生在 2007 年末緊接在許多金融機構發生危機之後的 2009 年末是嚴重的經濟衰退。從 2007 年第四季到 2009 年第三季,實質 GDP 下挫約 4%。失業率從 2007 年 11 月的 4.7% 上升至 2009 年 10 月的 10.0%。在 2009 年 6 月,景氣開始復甦,但景氣依然不振,失業在接下來幾年仍處於高檔。直至 2016 年,失業率依然在 5% 之上。

當本書在 2020 年付印時,經濟體系因為新冠肺炎正經歷另一場嚴重的經濟下滑。失業率從 2020 年 2 月的 3.5%,到兩個月後的 14.7%,創史上最高漲幅。經濟在 2020 年下半年開始復甦,而失業率在 8 月時跌至 8.4%,但未來復甦腳步依然不明。

經濟學家稱這種產出與就業的短期波動現象為景氣循環 (business cycle)。雖然這個名詞直指這些波動是規律且可以預測的,但事實並非如此。不景氣實際上既不規律且經常發生,有時會接連發生,有時相隔甚遠。例如,在 1982 年,在前一次不景氣的兩年後,經濟體系經歷另外一次不景氣。在 1982 年底,失業率達到 10.8%—— 當時為 1930 年代經濟大蕭條以來的最高峰。但在 1982 年不景氣之後,再經過八年,經濟才又經歷另外一次的衰退。

這些歷史事件提出許多相關問題:引起短期波動的因素為何?我們應該用何

種模型解釋？政策制定者能否避免不景氣？果真如此，他們應該採取何種政策手段？

在本書第二篇和第三篇中，曾發展理論來解釋經濟的長期行為。在第四篇中，我們將看到經濟學家如何解釋這些經濟波動現象。本章先討論三個任務：第一，檢視描述短期經濟波動的資料；第二，討論經濟體系在長期與短期的主要差別；第三，介紹總需求與總供給模型。大多數經濟學家用此模型來解釋短期經濟波動。詳細發展這個模型是以下幾章的主要工作。

就像埃及人現在以亞斯文水壩來控制尼羅河河谷的洪水，現代社會嘗試以各種適當的經濟政策來控制景氣循環。在接下來的幾章所要發展的模型，會說明貨幣政策與財政政策如何影響景氣循環。我們將看到這些政策能夠穩定經濟，或若執行不當，則會使經濟不穩定。

11-1 景氣循環的事實

在討論景氣循環理論之前，讓我們觀察一些描述經濟活動短期波動的一些事實。

GDP 及其組成

經濟體系的國內生產毛額 (GDP) 衡量在經濟社會中的總所得和總支出。由於 GDP 是整體經濟狀況最寬廣的衡量指標，自然而然成為分析景氣循環的首要變數。圖 11-1 顯示從 1970 年到 2020 年實質 GDP 的成長。水平線是指在這段期間內，每年平均約 3% 的成長率。你可以看到經濟成長並非始終穩定且偶爾會變成負值。

圖形中陰影區域代表不景氣的期間，不景氣何時開始與結束的官方決定機構是國家經濟研究局 (National Bureau of Economic Research, NBER)，為一非營利的經濟研究團體。NBER 的景氣循環日期認定委員會 (Business Cycle Dating Committee，本書作者曾是委員之一) 選擇不景氣何時開始稱為景氣高峰 (peak)，與何時結束稱為景氣低谷 (trough)。

景氣不振而可判定為經濟衰退的因素為何？答案有些複雜。根據經驗法則，不景氣是指實質 GDP 連續兩季的下跌。然

「衰退已經結束了，再見！艾迪。」

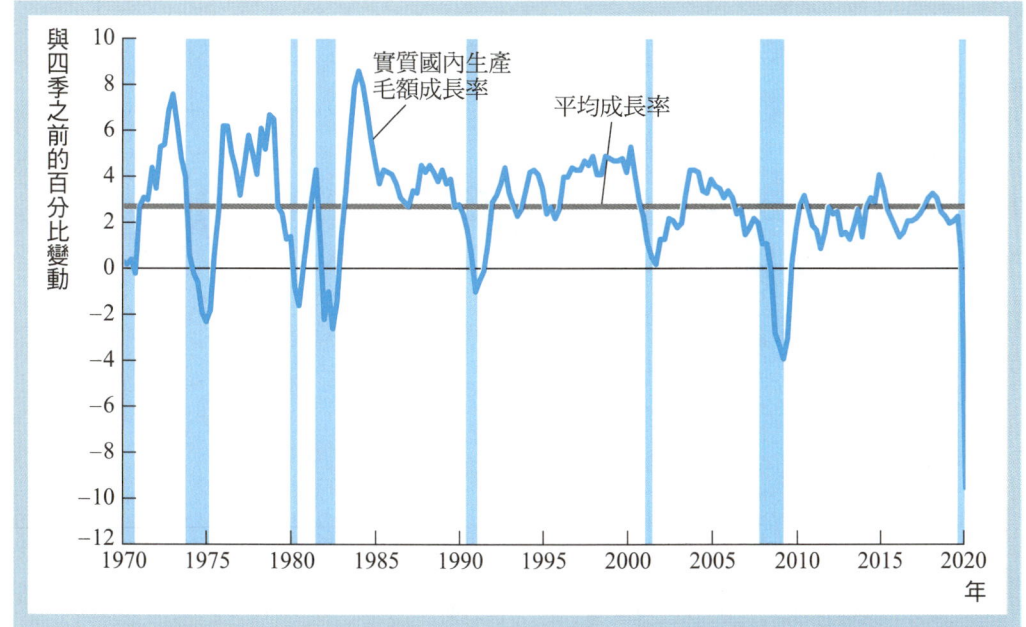

圖 11-1　美國實質國內生產毛額的成長　實質國內生產毛額每年平均約以 3% 的速度成長，但實質 GDP 在這個平均線的上下波動劇烈。陰影區域為經濟不景氣的期間。

資料來源：美國商務部、國家經濟研究局。

而，這個法則並非一定成立。例如，2001 年的經濟衰退有兩季的負成長，但這兩季並未連續。事實上，NBER 的景氣循環日期認定委員會並未遵循任何固定法則，而是觀察不同的經濟時間數據，並利用它們來判斷選擇不景氣開始與結束的日期。[1]

圖 11-2 顯示兩個 GDP 主要組成項目：圖 11-2(a) 的消費與圖 11-2(b) 的投資之成長。在不景氣期間，兩個變數都下跌。然而，請注意：縱軸的衡量尺度。在景氣循環中，投資比消費的波動更為劇烈。當經濟步入不景氣時，家庭因應所得下降會減少消費，而企業設備、建築、新屋與存貨的支出下跌更是劇烈。

失業與歐肯法則

景氣循環不僅從國民所得帳的資料中顯而易見，從描述勞動市場狀況的資料中也清晰可見。圖 11-3 顯示自 1970 年到 2020 年的失業率，陰影區域也代表不景氣的時期。你可以看到在每一次的經濟衰退，失業都會上升。其他勞動市場衡量指標，也告訴我們相同的故事。例如，公司刊登的職缺，以報紙求才廣告衡量，在不景氣時會減少。簡單來說，當經濟步入衰退時，很難找到工作。

我們預期失業與實質國內生產毛額應該存在什麼樣的關係？由於就業勞工可

---

[1] 請注意：圖 11-1 畫出實質 GDP 成長是與四季之前，而非與上季的變動。在 2001 年的不景氣，這個衡量變數下跌，但從未轉為負值。

(a) 消費的成長

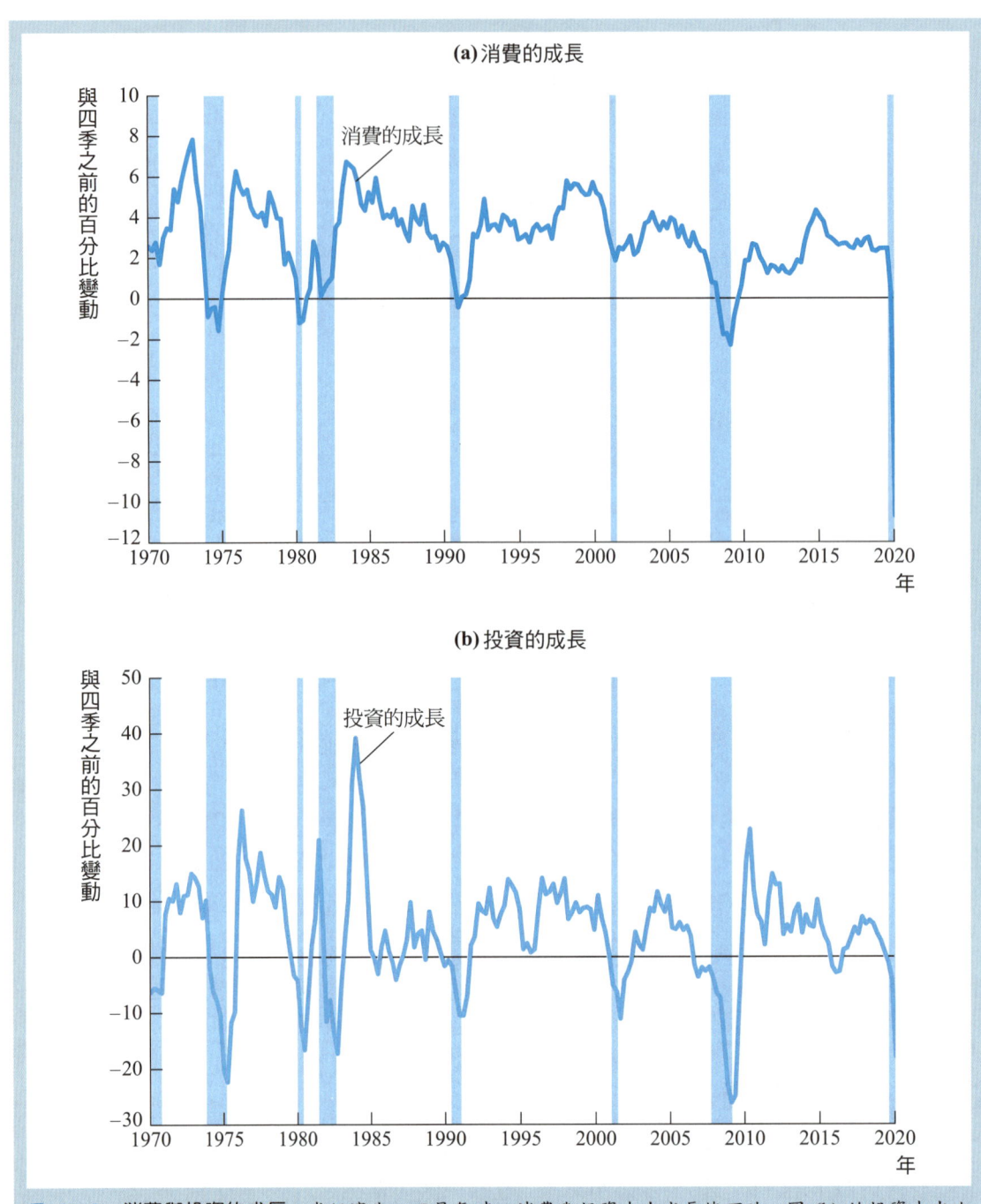

(b) 投資的成長

圖 11-2　消費與投資的成長　當經濟步入不景氣時，消費與投資支出成長皆下跌，圖 (b) 的投資支出比圖 (a) 的消費支出變動更為劇烈。陰影區域代表不景氣的期間。

資料來源：美國商務部、國家經濟研究局。

以幫助商品與服務的生產，而失業勞工無法幫忙，失業率的提高應該伴隨實質國內生產毛額的減少。失業率與國內生產毛額之間的負向關係稱為 歐肯法則 (Okun's

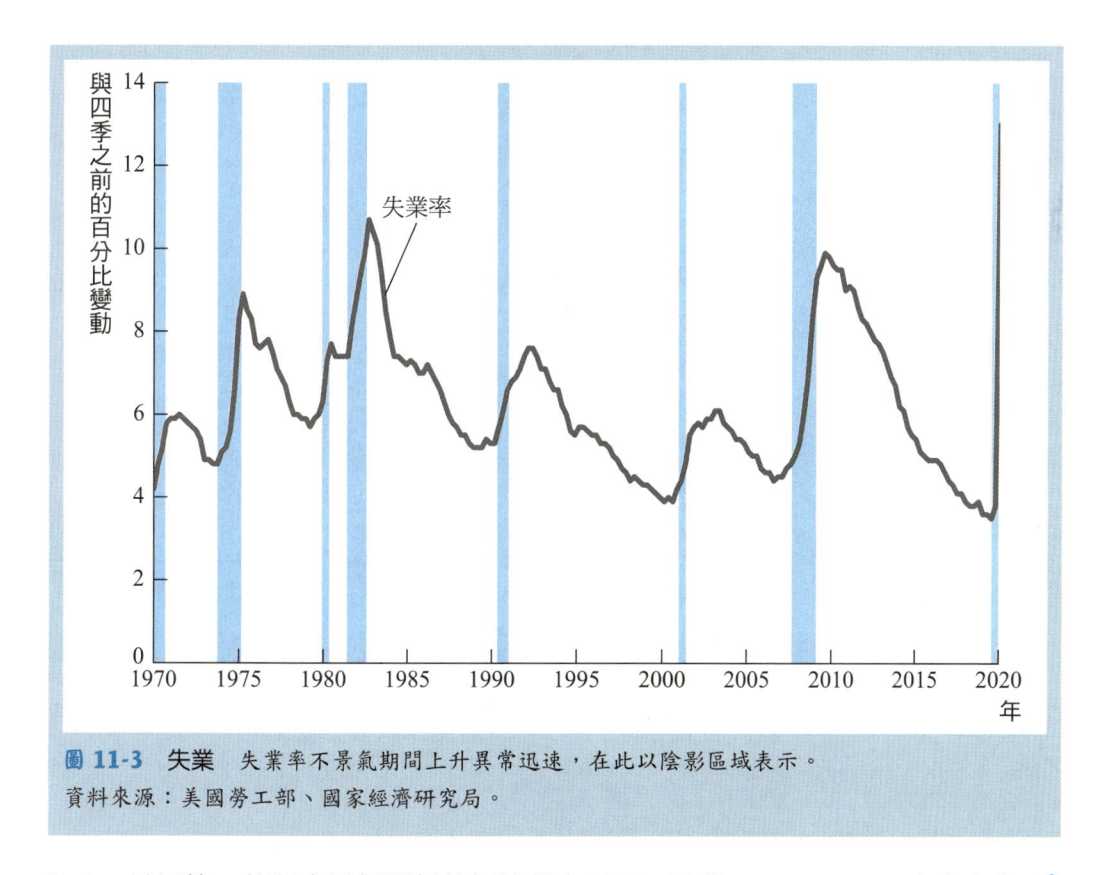

圖 11-3　失業　失業率不景氣期間上升異常迅速，在此以陰影區域表示。
資料來源：美國勞工部、國家經濟研究局。

law)，是以第一位研究這個關係的經濟學家亞瑟‧歐肯 (Arthur Okun) 來命名的。[2]

圖 11-4 利用美國的年度資料來說明歐肯法則。這個圖形是一散佈圖，每個點代表一年的資料。橫軸是以前一年為基準的失業率變動，縱軸代表實質國內生產毛額變動百分比。這個圖形明顯描繪出年與年之間失業率的變動，和年與年之間實質國內生產毛額的變動緊密相關。

我們可以更精確地認識歐肯法則關係的大小。貫穿樣本點散佈的直線隱含：

$$\text{實質 GDP 變動百分比} \approx 3\% - 2 \times \text{失業率的變動}$$

假如失業率維持固定不變，實質國內生產毛額會以約 3% 成長；這是商品與服務生產的正常成長率，由勞動力成長、資本累積和技術進步所形成。此外，失業率每上升 1 個百分點，實質國內生產毛額成長一般會下跌 2%。因此，若失業率由 5% 上升至 7%，則實質國內生產毛額將成長：

$$\text{實質 GDP 變動百分比} \approx 3\% - 2 \times (7\% - 5\%)$$
$$\approx -1\%$$

---

[2] Arthur M. Okun, "Potential GNP: Its Measurement and Significance," in *Proceedings of the Business and Economics Statstics Section, American Statistical Association* (Washington, DC: American Statistical Association, 1962), 98-103；再版於 Arthur M. Okun, *Economics for Policymaking* (Cambridge, MA: MIT Press, 1983), 145-158。

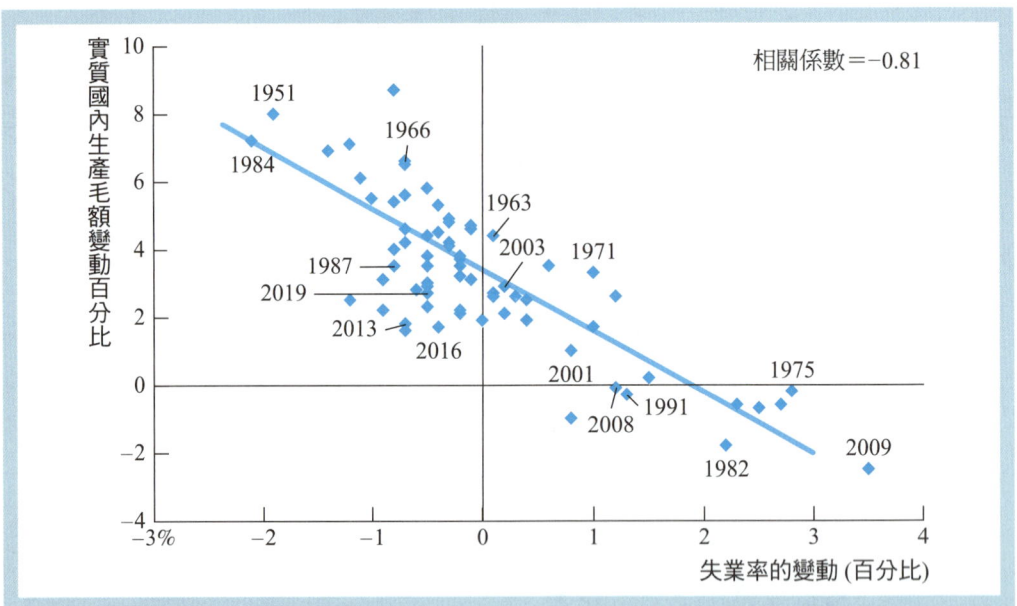

圖 11-4 **歐肯法則** 此圖形是橫軸為失業率的變動，縱軸為實質國內生產毛額變動百分比散佈圖，資料是美國經濟的統計數據，每一點代表一年。這兩個變數之間的負向關係，顯示失業的增加，會伴隨著低於正常成長的實質 GDP。

資料來源：美國商務部、美國勞工部。

在這個例子中，歐肯法則顯示國內生產毛額會下跌 1%，代表經濟處於不景氣階段。

歐肯法則提醒我們，管理短期景氣循環的因素和形成長期經濟成長的因素截然不同，如同我們在第 8 章、第 9 章與第 10 章所見，GDP 的長期成長主要取決於技術進步。長期成長趨勢使得世代間生活水準的上升與失業率的任何長期趨勢並無關聯；相反地，GDP 的短期波動與經濟勞動力的利用息息相關。在不景氣期間，商品與服務生產的下跌總是伴隨著失業率的上升。

領先經濟指標

許多經濟學家，特別是那些在政府和企業工作的經濟學家，從事預測短期經濟波動的工作。在企業工作的經濟學家有興趣協助公司面對變動的經濟環境而制定計畫。在政府工作的經濟學家有興趣預測的原因有二：首先，經濟環境透過影響政府稅收等方式直接影響政府；其次，預測是政策規劃的投入。政府可透過貨幣與財政政策來影響經濟活動，但這些政策工具存在延遲現象，因此政策制定者在決定採取何種政策前，必須有先見之明。

經濟學家達成預測的方法是觀察**領先指標** (leading indicators)，其為通常比整體經濟活動波動指標前更早波動的變數。預測之所以不同的部份原因是，經濟學家對何種經濟指標最值得信賴有不同的意見。

第 11 章 經濟波動導論

美國私人研究團體經濟諮商會 (Conference Board) 每個月發表領先經濟指標。這項指標包括十項通常用來預測未來六到九個月經濟活動的變動情形，以下列出指標來源：

- 製造業生產員工的每週工作時數。由於企業通常在新聘或解雇員工前，會先行調整現有員工的工作時數，平均每週時數是就業變動的領先指標。每週工作時數較長代表因為廠商面對產品強勁需求，進而要求員工工作更長的時數；因此，它代表廠商可能在未來增加雇用和生產。較短的每週工作時數則代表需求不振，廠商有可能裁員和減少生產。

- 平均首次申請週失業保險金人數。首次申請失業保險金人數是勞動市場狀況最迅速可得的指標，這個時間數列在計算領先指標時是顛倒的，所以人數增加代表領先指標下降。新申請失業保險金人數上升，代表廠商解雇員工並減少生產；這將會顯示在就業和生產的資料上。

- 消費財與原物料製造商的新接訂單。這是一個非常直接衡量廠商面對需求的指標。由於訂單增加會使存貨減少，通常可預測生產和就業會大幅上升。

- 非國防資本財製造商的新接訂單。與上一項時間數列極類似，但是指投資財而非消費財。當廠商的訂單增加時，會加速生產並增加勞工雇用。飛機訂單排除在外，理由是它們通常在很早前就下訂單，無法反映近期經濟活動。

- 美國供應管理協會新訂單指數。這個指數由美國供應管理協會 (Institute for Supply Management, ISM) 建立，是新訂單的第三個指標。它是從公司新增加訂單計算而得，因此說明更廣泛的變動基準。當許多公司訂單增加時，高生產和就業將接踵而至。

- 新私人建物執照許可。新建物是投資的一部份──GDP 中變動特別劇烈的項目。新建物許可的增加意味著建築商更多的計畫性建築，代表整體經濟活動熱絡。

- 股價指數。股票市場反映對未來經濟狀況的預期，因為當投資者預期企業賺錢時，會競相提高股價，股價上揚代表投資者預期經濟成長迅速，而股價下跌則代表投資者預期經濟將降溫。

- 領先信貸指數 (Leading Credit Index)。這是由六個金融指數，如投資者情緒 (依據股市投資者的調查) 和借貸狀況 (依據銀行貸款行員調查) 組合而成。當信用狀況反轉時，消費者與廠商發覺很難取得融資資金。因此，信用狀況的惡化，預測支出、生產和就業的下跌。這個指數是最近才加入領先指標中。2008 年到 2009 年金融危機和接續而來的嚴重衰退，凸顯經濟活動信用狀況的重要性。

- 利率差距：十年期政府中期債券與三個月國庫券的收益率差距。這個差距有時稱為收益率曲線的斜率，反映市場對未來利率的預期，進而反映經濟情況。差距擴大意味著預期利率上升，這經常出現在經濟活動增溫時。
- 平均消費者對企業與經濟狀況預期指數。這是預期的直接衡量指標，預期衡量指標有二 (一為密西根大學調查研究中心，另一為經濟諮詢會)。消費者對未來經濟情況樂觀預期增加，代表消費者對商品與服務需求增加，進而鼓勵廠商擴充生產和就業，以滿足需求。

當短期經濟波動大都無法預測時，領先指標並非預測未來的精確指標，但其為企業和政府規劃的一項投入來源。

11-2 總體經濟學的時間長度

現在我們已學習到描述短期經濟波動的事實，可以轉向本書這個部份的基本任務：建立一個解釋這些波動的理論。這個工作當然不簡單，它不僅要用本章的其他部份，甚至要用接下來的四章來建立完整的短期波動模型。

然而，在開始建構短期經濟波動模型以前，先讓我們退一步，並且考慮一個基本問題：為什麼經濟學家針對不同的時間長度需要不同的模型？為什麼我們不能將課程停在這裡，並滿足於從第 3 章到第 10 章的古典模型？就像本書一直不斷提醒讀者的，答案如同我們經常注意到的，古典總體經濟理論適用於長期，但不適用於短期。但是為什麼會這樣？

短期與長期有何差異？

大多數的總體經濟學家認為，短期與長期的主要差別是價格行為的不同。在長期，價格是有彈性的且能夠隨供給或需求的改變而變動；在短期，許多價格是「僵固的」停留一些在事先決定的水準。因為價格在短期和長期的行為不同，經濟政策在不同的期間會有不同的效果。

要瞭解短期與長期的差異，讓我們考慮貨幣政策變動的影響。假設聯邦準備突然降低貨幣供給 5%。根據古典模型，幾乎所有經濟學家皆同意其可以描述長期經濟現象，貨幣供給會影響名目變數 —— 以貨幣表示的變數 —— 但不會影響實質變數。你可能還記得在第 5 章中，理論上將實質與名目變數分開稱為古典二分法，而貨幣供給在決定實質變數的不相關性稱為貨幣中立性。大多數的經濟學家相信，這些古典觀念描述經濟體系在長期如何運作：貨幣供給減少 5% 會使所有的價格 (包括名目工資) 下跌 5%，而所有的實質變數固定不變。因此，在長期，貨幣供給的改變不會引起產出或就業的波動。

然而，在短期，許多價格不會隨貨幣供給改變而有任何變動。降低貨幣供給並不會立刻引起所有廠商降低工資給付、所有商店改變商品的標價、所有郵購公司發行新的目錄，以及所有餐廳印製新的菜單。許多價格反而不會立即更動；亦即許多價格是僵固的。這種短期的價格僵固性，隱含貨幣供給變動的短期衝擊與長期衝擊並不相同。

經濟波動模型必須將這種短期價格僵固性考量在內。我們將看到，面對貨幣供給的變動 (以及其他經濟情況的外在變動)，價格無法迅速和完全地調整，意味著在短期，實質變數如產出與就業必須做出某些調整。換言之，在價格僵固的期間，古典二分法不再成立：名目變數可以影響實質變數，而經濟體系會偏離古典模型預測的均衡。

個案研究

假如你想要知道為何廠商有價格僵固性，詢問他們

價格有多僵固，以及為什麼它們如此僵固？在一項非常有趣的研究中，經濟學家亞倫・布蘭德 (Alan Blinder) 透過詢問廠商的價格調整決策來直接處理這個問題。

首先，布蘭德會詢問廠商的管理階層多久變動一次價格。答案匯總在表 11-1，有兩個結論。第一，價格僵固性頗為普遍，經濟體系中的一般廠商會一或兩年調整一次產品售價。第二，廠商之間價格調整的次數有很大的差異。大約有 10% 的廠商經常一星期更換價格一次，而約有 10% 的廠商一年才更換一次價格。

其次，布蘭德會詢問廠商的管理階層為什麼沒有頻繁地更動價格，特別是他解釋許多價格僵固性的經濟理論給這些管理者聽，然後要求他們指出各個理論如何能夠描述廠商的行為。表 11-2 匯總這些理論，並依照願意接受理論作為正確描述廠商訂價決策的管理者

表 11-1　價格調整次數

次數	廠商的百分比
這個表格是依據下列問題的答案：在一年當中，你的最重要產品價格變動的次數？

次數	廠商的百分比
少於 1 次	10.2%
1 次	39.3
1.01 次到 2 次	15.6
2.01 次到 4 次	12.9
4.01 次到 12 次	7.5
12.01 次到 52 次	4.3
52.01 次到 365 次	8.6
超過 365 次	1.6

資料來源：Alan S. Blinder, "On Sticky Prices: Academic Theories Meet the Real World," in N. G. Mankiw, ed., *Monetary Policy* (Chicago: University of Chicago Press, 1994), 117-154，表 4.1。

表 11-2　價格僵固性理論

理論及簡單敘述	願意接受理論管理者的百分比
協調失敗： 廠商暫停更改價格，等其他廠商先行調整	60.6%
落後式的成本基礎訂價： 等到成本增加後，才提高產品售價	55.5
交貨落後、服務等： 廠商偏好變動其他產品屬性，如交貨落後、服務或產品品質	54.8
隱藏契約： 廠商默默地同意穩定價格，或許對顧客而言是缺乏「公平性」	50.5
名目契約： 由顯性契約而固定產品價格	35.7
價格調整成本： 廠商遭受價格變動的成本	30.0
正向循環彈性： 需求曲線在轉移時變動缺乏彈性	29.7
小數點訂價： 某些價格 (如 $9.99) 有特殊的心理意義	24.0
存貨： 廠商不更改價格，而是變動存貨數量	20.9
固定邊際成本： 邊際成本是水平線且加成固定	19.7
分層拖延： 官僚拖延使決策變得緩慢	13.6
以價格評斷品質： 廠商擔心顧客誤以為降價是品質的下降	10.0

資料來源：Alan S. Blinder, "On Sticky Prices: Academic Theories Meet the Real World," in N. G. Mankiw, ed., *Monetary Policy* (Chicago: University of Chicago Press, 1994), 117-154，表 4.3 和表 4.4。

百分比作為排序。值得注意的是，每個理論都有一些管理者背書，但也有很多管理者不贊同這些理論。或許不同的理論應用到不同的廠商，這與產業特性有關，價格僵固性可能是一個超過個體經濟解釋的總體經濟現象。

在這十多個理論當中，協調失敗排名第一。根據布蘭德的說法，這是一個重要的發現，原因是它指出協調失敗在解釋價格僵固性及短期經濟波動上扮演關鍵角色。布蘭德的結論為：「模型最明顯的政策意涵是工資與價格制定 —— 以某種方式達成 —— 更多的協調可以改善福利。但如果它被證明是相當困難或不可能，那麼挽救經濟不景氣的積極性貨幣政策就有空間存在。」[3]

總供給與總需求模型

引進價格僵固性如何改變我們對經濟運作的觀點？可以藉由考慮經濟學家喜歡的兩個名詞來回答這個問題：供給與需求。

在古典總體經濟理論中，經濟體系的產出數量受經濟體系商品與服務供給能力的影響，而供給又受資本與勞動的供給及現有生產技術的影響。這是第 3 章的基本古典模型，以及第 8 章和第 9 章梭羅成長模型的精華。完全有彈性的價格是古典理論非常重要的一個假設。這個理論假設，有時是隱含地，價格調整到確保產出的需求數量等於供給數量為止。

當價格是僵固時，經濟體系的運作截然不同。在這個情形下，如同我們將會見到，產出也會受經濟體系對商品與服務需求的影響。需求轉而受許多因素的影響：消費者對未來經濟前景的信心、廠商對新投資獲利的認知、貨幣政策及財政政策。因為貨幣與財政政策可以影響需求，以及需求進而在價格僵固的期間會影響經濟社會的產出，價格僵固性提供一個這些政策為何能在短期穩定經濟的理論基礎。

本章接下來開始發展一個使得這些想法更精準的模型。我們曾在第 1 章使用供給與需求模型來討論披薩市場，以提供經濟學中一些最基本的觀察。這個模型說明，任何商品的供給與需求如何共同決定商品的價格和銷售數量，以及供給與需求的移動如何影響價格和數量。現在要介紹這個模型的「經濟規模」版本：**總供給與總需求模型** (the model of aggregate supply and aggregate demand)。這個總體經濟模型讓我們學習如何決定短期總物價水準和總產出數量，也提供一個長期經濟行為與短期經濟行為對比的方式。

雖然總供給與總需求模型非常類似單一商品的供給與需求模型，但相似並不代表相同。單一商品的供給與需求，只是考慮龐大經濟體系中的一個商品。相反地，如同在接下來幾章會見到的，總供給與總需求模型是一個精細的模型，涵蓋許多市場之間的互動。在本章剩下的部份，我們將透過檢視最簡單形式的模型來

---

[3] 想知道更多相關研究，請見 Alan S. Blinder, "On Sticky Prices: Academic Theories Meet the Real World," in N. G. Mankiw, ed., *Monetary Policy* (Chicago: University of Chicago Press, 1994), 117-154。有關價格調整頻率的最新證據，請見 Emi Nakamura and Jón Steinsson "Five Facts About Prices: A Reevaluation of Menu Cost Models," *The Quarterly Journal of Economics* 123 (November 2008): 1415-1464。中村惠美 (Emi Nakamura) 與瓊‧斯坦森 (Jón Steinsson) 檢查消費者與生產者物價指數背後的個體經濟資料。他們指出，包括短暫性銷售，有 19% 到 20% 的物價每個月變動。然而，若將銷售排除在外，物價調整頻率下跌至每個月 9% 到 12%。第二個發現與布蘭德有關一般廠商通常一年調價一次的結論一致。

一窺它們之間的互動。在此，我們的目標並非想要徹底解釋模型基本元素，並說明它如何協助解釋短期經濟波動。

11-3 總需求

總需求 (aggregate demand, *AD*) 是指商品需求數量與總物價水準之間的關係。換言之，總需求曲線說明任何既定的物價水準下，人們願意購買所有商品與服務的數量。我們將在第 12 章到第 14 章詳細檢視總需求理論。這裡我們利用貨幣數量學說，提供一個雖不完整卻簡單的總需求曲線推導。

數量方程式為總需求

回顧第 5 章，數量學說告訴我們：

$$MV = PY$$

其中 M 是貨幣供給，V 為貨幣的流通速度，P 是物價水準及 Y 為產出數量。若貨幣流通速度固定不變，則此方程式說明貨幣供給決定產出的名目價值，其為物價水準與產出數量的乘積。

在解釋這個式子時，你可能還記得數量方程式可以改寫成實質貨幣餘額的供給與需求：

$$M/P = (M/P)^d = kY$$

其中 $k = 1/V$ 是一個參數，決定人們對每一塊錢的所得，願意持有多少數量的貨幣。這種形式的數量方程式說明，實質貨幣餘額供給 M/P 等於實質貨幣餘額 $(M/P)^d$ 及貨幣需求與產出 Y 呈固定比例。貨幣流通速度 V 為貨幣需求參數 k 的倒數。流通速度固定的假設，相當於每單位產出實質貨幣餘額固定的假設。

若我們假設流通速度固定、V 固定且中央銀行也固定貨幣供給 M，數量方程式得到物價水準 P 和產出 Y 之間的負向關係。圖 11-5 畫出，在 M 與 V 固定不變下，符合數量方程式的 P 與 Y 的組合。這條負斜率的曲線稱為總需求曲線。

為什麼總需求曲線斜率為負？

從嚴謹的數學角度看，數量方程式非常簡單地解釋負斜率的總需求曲線。貨幣供給 M 與貨幣流通速度 V，決定產出的名目價值 PY。一旦 PY 固定，若 P 上升，Y 一定會下降。

這個數學關係式的背後隱含什麼樣的經濟意義？想要解釋負斜率的總需求曲線，留待之後的章節說明。然而，目前我們可考慮以下的邏輯：因為假設貨幣流

第 11 章 經濟波動導論　269

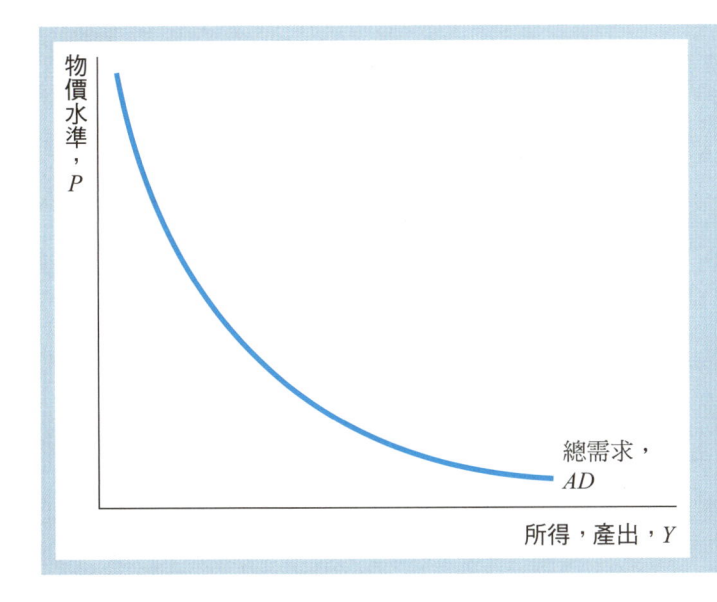

圖 11-5　總需求曲線　總需求曲線 AD 顯示物價水準 P 和商品與服務需求數量 Y 之間的關係，是在固定的貨幣供給 M 下畫出來的曲線。總需求曲線是負斜率：物價水準 P 愈高，實質餘額水準 M/P 愈低，因此會降低對商品與服務需求的數量 Y。

通速度固定，貨幣供給決定經濟社會中所有交易的貨幣價值。(這個結論從第 5 章得來，應該很熟悉。) 若物價水準上升，每一筆交易需要更多的貨幣，所以交易的次數及商品與服務的購買數量一定會下跌。

我們也可以藉由思考實質貨幣餘額的供給與需求，來解釋負斜率的總需求曲線。若產出增加，民眾會進行更多的交易且需要更多的實質餘額 M/P。就固定的貨幣供給 M 而言，較高的實質餘額隱含較低的物價水準。反之，若物價水準下跌，實質貨幣餘額會上升；實質貨幣餘額上升，可允許較大的交易數量，這意味著產出的需求數量會提高。

總需求曲線的移動

總需求曲線是在貨幣供給固定下畫出的曲線。換言之，它告訴我們在固定的 M 下，P 與 Y 的所有可能組合。若 Fed 改變貨幣供給，則 P 與 Y 的可能組合會變動，表示總需求曲線也會移動。

例如，讓我們考慮如果 Fed 減少貨幣供給，會發生什麼情況。數量方程式 $MV=PY$ 告訴我們，貨幣供給減少會導致產出的名目價值 PY 等比例下跌。對任何固定的物價水準而言，產出數量會下跌，且就任何固定的產出數量，物價水準會下跌。如圖 11-6(a) 所示，連結 P 與 Y 的總需求曲線向內移動。

若 Fed 增加貨幣供給，會發生相反的情況。數量方程式告訴我們，M 的增加導致 PY 的增加。就任何固定的物價水準，產出數量會上升，且就任何固定的產出數量，物價水準會上漲。如圖 11-6(b) 所示，總需求曲線向外移動。

儘管貨幣數量學說提供一個簡單解釋總需求曲線的基礎，但我們要預先告知實際情況是相當複雜的，貨幣供給的變動並不是總需求變動的唯一來源。即使貨

(a) 總需求曲線往內移動

物價水準，P

貨幣供給減少使總需求曲線向左移動。

AD_1
AD_2

所得，產出，Y

(b) 總需求曲線往外移動

物價水準，P

貨幣供給增加使總需求曲線向右移動。

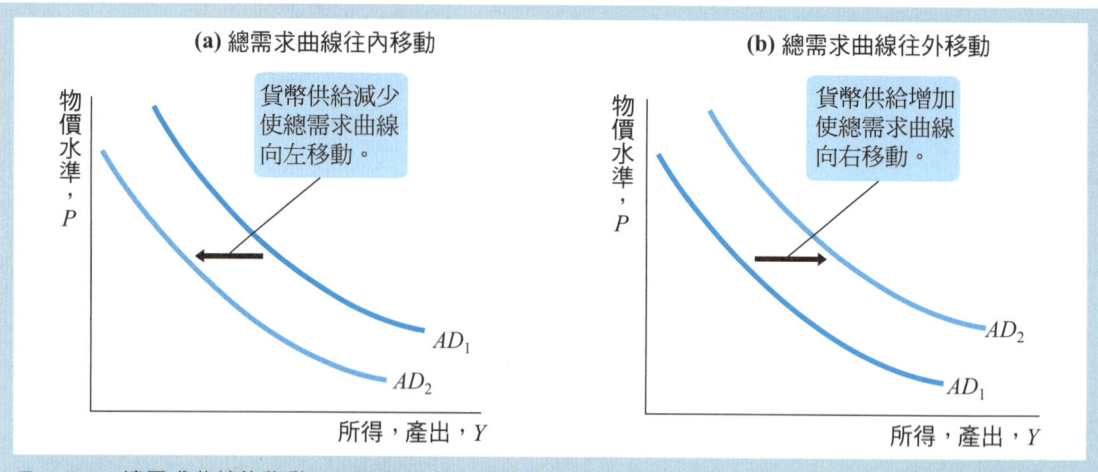

AD_2
AD_1

所得，產出，Y

圖 11-6　總需求曲線的移動　改變貨幣供給會移動總需求曲線。在圖 (a)，貨幣供給 M 的減少會使產出的名目價值 PY 下降。就任何固定物價水準 P，產出 Y 會下跌。因此，貨幣供給減少造成總需求曲線從 AD_1 往內移動到 AD_2。在圖 (b)，貨幣供給 M 的增加，使產出的名目價值 PY 上升。就任何固定的物價水準 P，產出 Y 會上升。因此，貨幣供給增加造成總需求曲線從 AD_1 向外移動至 AD_2。

幣供給維持固定不變，若某些事件引起貨幣流通速度改變，總需求曲線還是會移動。在之後的兩章會發展更一般化的總需求模型，稱為 IS-LM 模型，這將允許我們考慮許多造成總需求曲線移動的可能原因。

11-4　總供給

　　總需求曲線本身無法說明現有經濟體系的物價水準或產出數量的高低；只能顯示兩個變數間的關係。為了完成模型，我們需要另外一個 P 與 Y 的關係，能與總需求曲線相交：總供給曲線。總需求曲線與總供給曲線的交點，共同確定經濟體系的物價水準和產出數量。

　　總供給 (aggregate supply, AS) 是指物價水準和商品與服務供給數量之間的關係。因為供給商品與服務的廠商在長期面對彈性的價格，但在短期是面對僵固的價格，總供給關係會受時間長短的影響。我們必須討論兩種不同的總供給曲線：長期總供給 (long-run aggregate supply, LRAS) 曲線與短期總供給 (short-run aggregate supply, SRAS) 曲線，也需要討論經濟如何從短期過渡到長期。

長期：垂直的總供給曲線

　　因為古典模型描述經濟體系的長期行為，我們可從古典模型導出長期總供給曲線。回顧在第 3 章中，產出的生產數量受固定的資本與勞動數量及現有技術的影響。為了顯示這種關係，我們寫成：

$$Y = F(\overline{K}, \overline{L})$$
$$= \overline{Y}$$

根據古典模型，產出並不受物價水準的影響。要顯示不管物價水準是多少，產出水準都是一樣的數量，我們畫出一條垂直的總供給曲線，如圖 11-7 所示。在長期總需求曲線與這條垂直的總供給曲線相交，決定物價水準。

若總供給曲線是垂直的，則總需求曲線的變動會影響物價，但不會影響產出。例如，若貨幣供給下跌，總需求曲線向下移動，如圖 11-8 所示。經濟體系會從總供給與總需求舊的交點 A 點，移向新的交點 B 點。總需求曲線的移動只會影響物價。

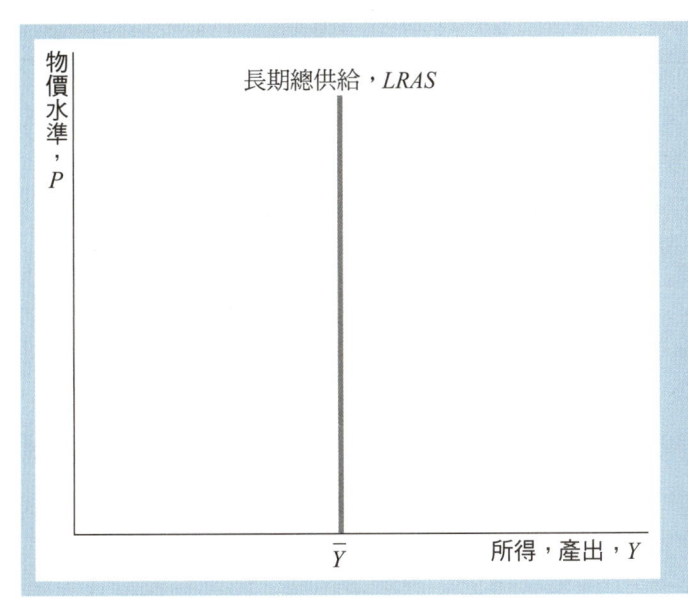

圖 11-7　長期總供給曲線　在長期，產出水準是由資本與勞動數量及現有技術所決定；它不受物價水準的影響。長期總供給 (LRAS) 曲線為垂直的。

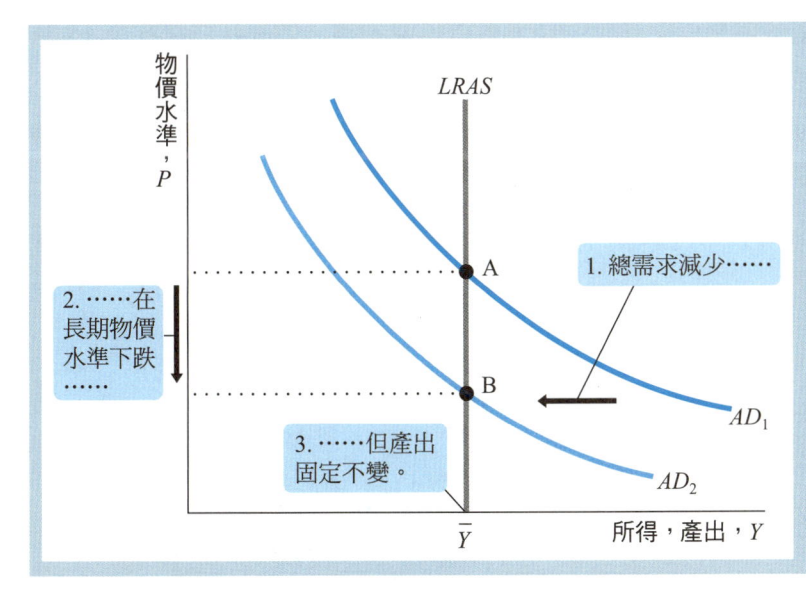

圖 11-8　長期總需求的移動　貨幣供給減少，造成總需求曲線從 AD_1 往下移動到 AD_2。經濟體系的均衡由 A 點移到 B 點。因為總供給曲線在長期是垂直的，總需求的減少只會影響物價水準，但不會影響產出水準。

垂直的總供給曲線符合古典二分法，因其隱含貨幣供給不會影響產出水準。此長期的產出水準 $\bar{Y}$，稱為充份就業產出水準 (full-employment level of output) 或自然產出水準 (natural level of output)。它是經濟體系的資源被充份利用，或更實際一些，失業處於自然失業率時的產出水準。

短期：水平的總供給曲線

古典模型與垂直的總供給曲線只適用於長期。在短期，有些價格是僵固的，因此不會隨需求的改變而調整。因為這種價格的僵固性，短期總供給曲線並不是垂直的。

在本章中，我們列舉一個極端的例子來簡化分析，假設所有廠商都已經發行價格目錄，且發行新目錄相當耗費成本，因此所有的價格都停留在事先決定的水準。在這些價格下，廠商願意銷售的數量與消費者願意購買的數量一樣，且他們雇用數量剛好足夠的勞工來生產消費者需要的數量。因為價格水準固定，我們以圖 11-9 的水平總供給曲線來表示這種情況。

經濟體系的短期均衡，是在總需求曲線與這條水平短期總供給曲線的交點。在這個情形下，總需求的變動的確會影響產出水準。例如，若 Fed 突然降低貨幣供給，總需求曲線向內移動，如圖 11-10 所示。經濟體系會從總需求與總供給舊交點 A 點，移到新交點 B 點。從 A 點移到 B 點，代表在固定價格水準下產出的減少。

結果，由於價格無法迅速調整，總需求的減少會使產出在短期下跌。在總需求突然下跌後，廠商卻停留在太高的價格上。因為需求偏低與價格偏高，廠商產品的銷售數量下跌，所以他們會減少生產並解雇員工。經濟開始進入衰退。

再一次地，我們預先告知實際情況比這裡的描述更複雜。雖然許多價格在短期是僵固的，但是有些價格面對變動的環境可以迅速調整。如同我們將在第 15 章所見，在有部份價格僵固和部份價格有彈性的經濟體系中，短期總供給曲線是正斜率而非水平。圖 11-10 顯示所有價格均為僵固的極端情形。由於這種情況較為簡單，是思考短期總供給曲線的一個良好開端。

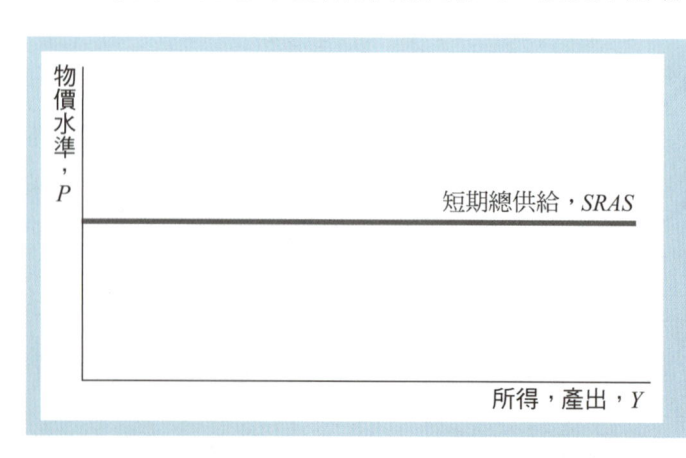

圖 11-9 短期總供給曲線 在這個極端的例子中，所有的價格在短期都是固定。因此，短期總供給 (SRAS) 曲線是水平的。

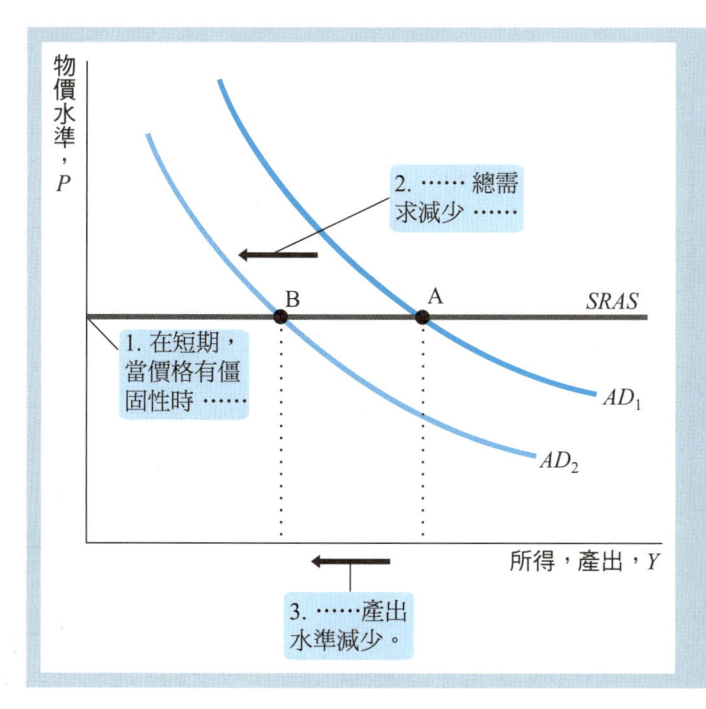

圖 11-10 短期總需求的移動 貨幣供給減少，使總需求曲線從 AD_1 向下移動到 AD_2。經濟體系的均衡從 A 點移到 B 點。因為總供給曲線在短期是水平的，總需求的降低會造成產出水準下跌。

從短期到長期

我們可將到目前為止的分析總結為：在長期，價格完全具有彈性，總供給曲線是垂直的，且總需求的變動只會影響物價水準，但不會影響產出；在短期，價格是僵固的，總供給曲線是水平的，而總需求的變動的確會影響經濟體系中商品與服務的產出。

經濟體系如何從短期過渡到長期？讓我們追蹤隨著時間經過，總需求減少的影響。假設經濟體系一開始是處於長期均衡狀態，如圖 11-11 所示。在這個圖形中，有三條曲線：總需求曲線、長期總供給曲線及短期總供給曲線。長期均衡是在總需求曲線與長期總供給曲線的交點。價格會調整，以達到這個均衡。因此，當經濟體系處於長期均衡時，短期總供給曲線也會通過這個交點。

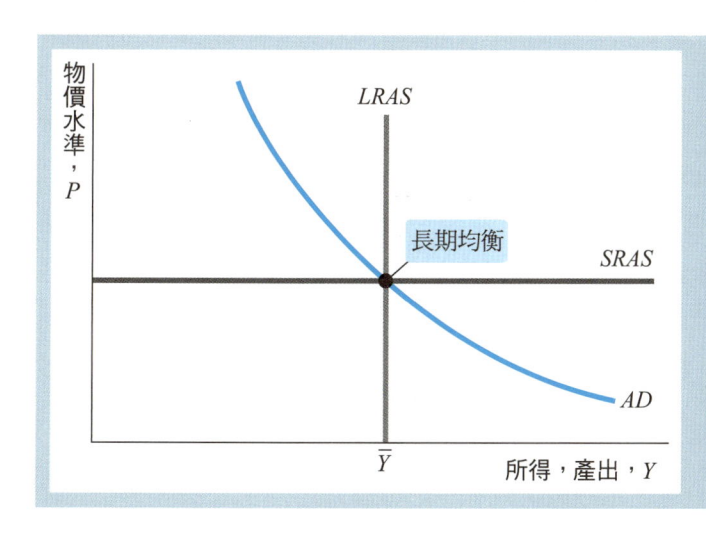

圖 11-11 長期均衡 在長期，經濟會處於長期總供給曲線與總需求曲線的交點。因為價格會調整到這個水準，短期總供給曲線也會在此點相交。

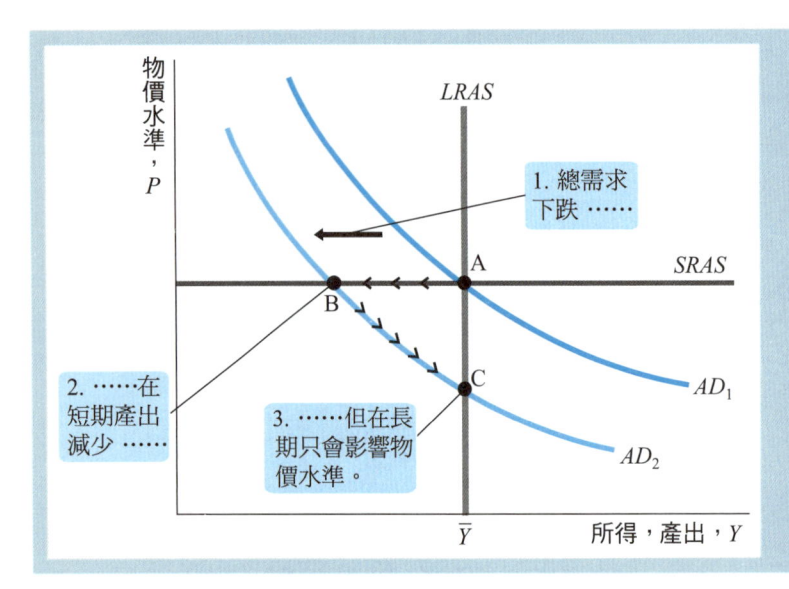

圖 11-12 總需求的減少

經濟體系一開始處於長期均衡 A 點。總需求的減少，或許是貨幣供給減少所造成，使經濟從 A 點移到 B 點，產出低於自然產出水準。當物價下跌時，經濟逐漸從衰退中復甦，這是由 B 點移到 C 點來表示。

圖中標示：
1. 總需求下跌……
2. ……在短期產出減少……
3. ……但在長期只會影響物價水準。

現在假設 Fed 降低貨幣供給造成總需求曲線向下移動，如圖 11-12 所示。在短期，價格是僵固的，所以經濟體系會從 A 點移到 B 點。產出與就業低於自然水準，這意味著經濟處於不景氣的階段。隨著時間經過，工資與價格反映需求偏低的事實而往下調降。物價水準的逐漸下跌，讓經濟體系沿著總需求曲線向下移動到 C 點，這是新的長期均衡點。在這個新的長期均衡 (C 點)，產出與就業回到原來的自然水準，但物價會低於舊的長期均衡物價 (A 點)。因此，總需求曲線的移動在短期會影響產出，但是隨著時間經過，當廠商開始調整價格時，這種對產出的影響會逐漸消失。

個案研究

法國歷史的貨幣功課

想要找到一個現代的例子來說明圖 11-12 是很困難的。現代的中央銀行太聰明，以致於不能夠沒有正當的理由來大幅降低貨幣供給，它們知道不景氣將至，而且經常都盡可能地防止不景氣發生。幸運的是，當最近的經驗無法提供正確的實驗環境時，歷史可以彌補這個缺憾。

一個生動的貨幣緊縮效果的例子，發生在 18 世紀的法國。芝加哥聯邦準備銀行的經濟學家弗朗索瓦・維爾德 (François Velde)，於 2009 年在法國經濟史研究此一事件。

故事一開始是當時法國貨幣不尋常的狀態。相較於現代經濟，包括不同種類的金幣和銀幣在內的法國貨幣存量並未表明特定的貨幣價值；相反地，每一枚硬幣的貨幣價值是由政府法令來決定，而且政府能夠輕易地變動貨幣價值，因此也能變動貨幣供給。有時，隔了一個晚上就會有變動發生。當你還在睡覺時，幾乎是口袋裡的 $1 紙鈔變成只值 $0.08 的貨幣。

確實，這就是 1724 年 9 月 22 日發生的事。每一位生活在法國的人民早上起床，發現貨幣的價值比前一天晚上少了 20%。那一年有七個月的時間，貨幣的名目價值下跌 45%，這些變動的目的是想要將經濟體系的物價調降至政府認為合理的水準。

這個政策的後果為何？維爾德寫出下列的結果：

> 儘管物價和工資的確下跌，但是並未下跌 45%；此外，它們花費好幾個月，雖然不是好幾年，才降到那個幅度。事實上，實質工資還上升，至少在一開始的時候。利率上升。市場唯一立即且完全調整的只有外匯市場，即使市場如大家所想像地接近完全競爭，如穀物市場，一開始也無法反應……。
>
> 同時，經濟體系的工業部門 (至少是紡織業) 陷入嚴重的不景氣，大約 30% 不景氣比抑制通貨膨脹的政策施行更早發生，但人們普遍認為當時嚴重的不景氣肇始於貨幣政策，特別是持有貨幣的人預期價格會進一步下跌，而停止提供信用交易所產生的「信用危機」(經常被觀察家歸咎的「貨幣的匱乏」)。同樣地，很多人相信 (根據過去的經驗) 通貨膨脹的政策會終止不景氣，而巧合的是剛好相反，當名目貨幣供給在 1726 年 5 月增加 20% 時，經濟體系回到原來的狀態。

法國歷史所描述的事件非常適合解釋從現代經濟理論學到的功課。[4]

11-5 穩定政策

所有經濟體系的波動來自總供給或總需求的改變。經濟學家稱這些曲線的外生變動為對經濟體系的衝擊 (shock)。造成總需求曲線移動的衝擊，稱為需求面衝擊 (demand shock)；而造成總供給曲線移動的衝擊，稱為供給面衝擊 (supply shock)。這些衝擊使產出和就業偏離其自然水準，造成經濟福利的下降。總供給與總需求模型的其中一個目標是，說明這些衝擊如何造成經濟波動。

模型的另外一個目標是，評估總體經濟政策如何因應這些衝擊。經濟學家使用穩定政策 (stabilization policy) 一詞，說明那些以降低短期經濟波動嚴重性為目標的政策措施。因為產出與就業是在其長期的自然率附近上下波動。穩定政策藉由讓就業與產出盡可能接近其自然水準，來減緩景氣循環波動的幅度。

在往後幾章中，我們會詳細檢視穩定政策如何運作，以及在執行時會發生什麼樣的實際問題。在此，我們開始對穩定政策的分析，利用簡化的總供給與總需求模型。特別是，我們檢視貨幣政策如何因應衝擊。貨幣政策是穩定政策中一個相當重要的部份，因為我們已經看到，貨幣供給對總需求造成相當強大的衝擊。

---

[4] François R. Velde, "Chronicles of a Deflation Unforetold," *Journal of Political Economy* 117 (August 2009): 591-634.

對總需求的衝擊

讓我們考慮一個需求面衝擊的例子：信用卡的出現與流行。因為通常在購買商品時，信用卡比現金更方便，民眾降低願意在手中持有的貨幣數量。這種貨幣需求的減少，相當於貨幣流通速度的增加。當每一個人持有較少數量的貨幣時，貨幣需求參數 k 下跌。這意味著每一塊錢的貨幣轉手得更快，所以流通速度 V (等於 $1/k$) 上升。

如果貨幣供給固定不變，流通速度的增加引起名目支出上升，且總需求曲線向外移動，如圖 11-13 所示。在短期，需求的增加會提高經濟體系的產出。在原來的價格下，面對更多的商品銷售，廠商現在能夠售出更多的商品。為了因應更多的銷售，廠商藉由雇用更多的勞工來增加生產，要求現有員工加班，並提高對工廠和設備的使用率。也就是說，總需求增加造成經濟繁榮。

隨著時間經過，較高的總需求會帶動工資與物價的上漲。當物價水準上升時，產出的需求數量下跌，而經濟體系逐漸趨向自然產出水準。但是，在過渡到較高物價水準的這段期間，經濟體系的產出會高於自然產出水準。

Fed 要用什麼措施，才能減緩這種過度繁榮的景氣，使產出更接近自然率？Fed 可以降低貨幣供給來抵銷流通速度的增加。抵銷流通速度的變動可以穩定總需求。因此，如果 Fed 能夠巧妙地調整貨幣供給，就能減少或甚至消除需求面衝擊對產出與就業的影響。Fed 是否具備這種必要技巧是一個難度較高的問題，我們將在第 17 章討論。

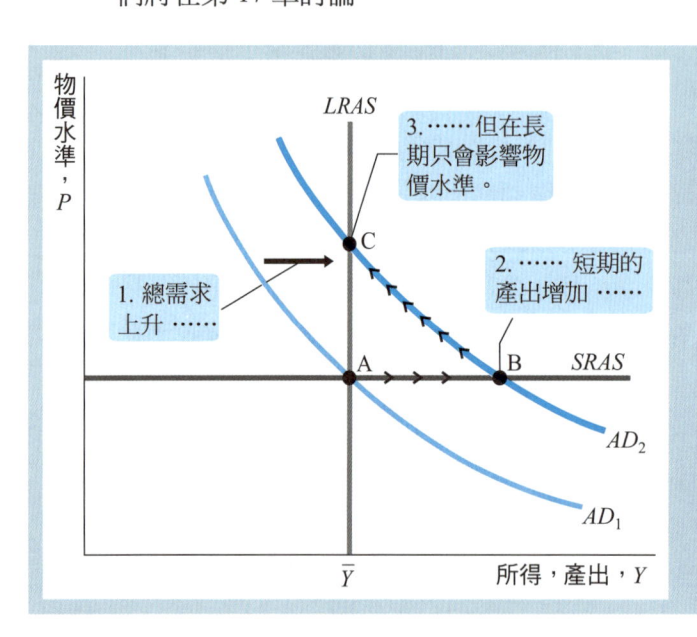

圖 11-13 總需求的增加 經濟體系一開始是處於長期均衡，A 點。由於貨幣流通速度上升，總需求會增加，使經濟從 A 點移到 B 點，此時的產出會高於自然產出水準。當物價上升時，產出逐漸回到原來的自然水準，而經濟會從 B 點移到 C 點。

對總供給的衝擊

對總供給的衝擊及對總需求的衝擊，都會引起經濟波動。供給面衝擊是指當商品與服務生產成本改變導致產品售價改變時，所造成對經濟體系的衝擊。因為供給面衝擊會直接影響物價水準，有時稱為價格衝擊 (price shocks)。這裡有一些例子：

- 乾旱造成農作物歉收。食物供給的減少會引起食物價格的上漲。
- 一項新的環保法律要求廠商降低污染排放。廠商將這種附加成本轉嫁到消費者身上，造成產品價格提高。
- 工會力量提高。這促使工資上漲且工會成員生產的商品價格增加。
- 國際石油卡特爾 (cartel) 組織。藉由降低彼此間的競爭，主要產油國可以提高全球原油價格。

這些事件稱為負面的供給面衝擊，會推升成本與價格；還有一種是正面的供給面衝擊，如國際石油卡特爾組織的瓦解，會降低成本與價格。

圖 11-14 顯示負面的供給面衝擊如何影響經濟體系。短期總供給曲線向上移動。(供給面衝擊也會降低自然產出水準，並因此造成長期總供給曲線向左移動，但在此我們忽略這種影響。) 若總需求固定不變，經濟體系會從 A 點移到 B 點：物價水準上漲，和產出數量低於自然水準。像這樣的經驗稱為停滯性通貨膨脹 (stagflation)，因其結合停滯 (產出下跌) 和通貨膨脹 (物價上漲) 兩種現象。

面對這種負面的供給面衝擊，控制總需求的決策者，如 Fed，在兩種選擇間做抉擇是相當困難的。第一個選擇隱含在圖 11-14 中，是使總需求固定。在這種

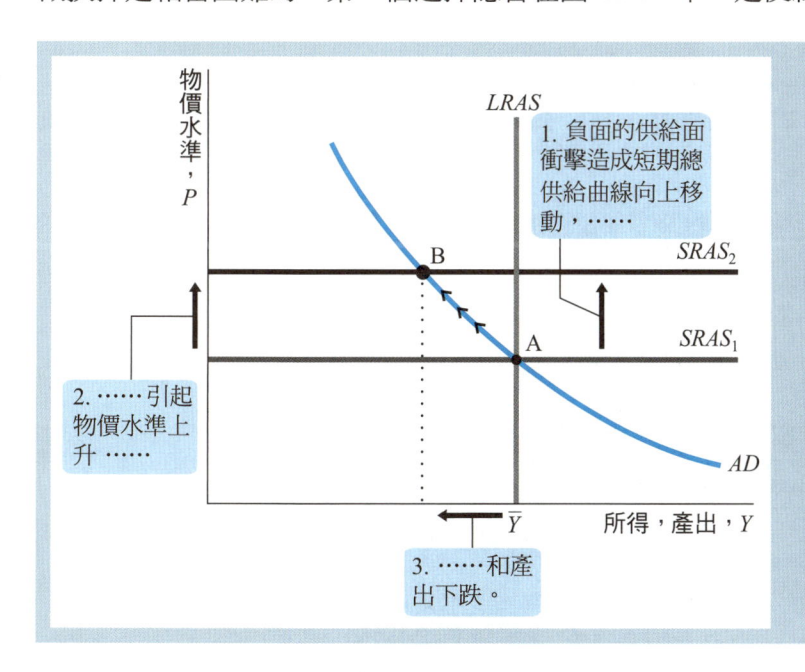

圖 11-14　負面的供給面衝擊

負面的供給面衝擊會提高成本和造成物價上漲。若總需求固定不變，經濟體系會從 A 點移到 B 點，導致停滯性通貨膨脹 —— 物價上漲與產出下跌的組合。最終，當物價下跌時，經濟體系會回到自然水準，A 點。

1. 負面的供給面衝擊造成短期總供給曲線向上移動，……
2. ……引起物價水準上升……
3. ……和產出下跌。

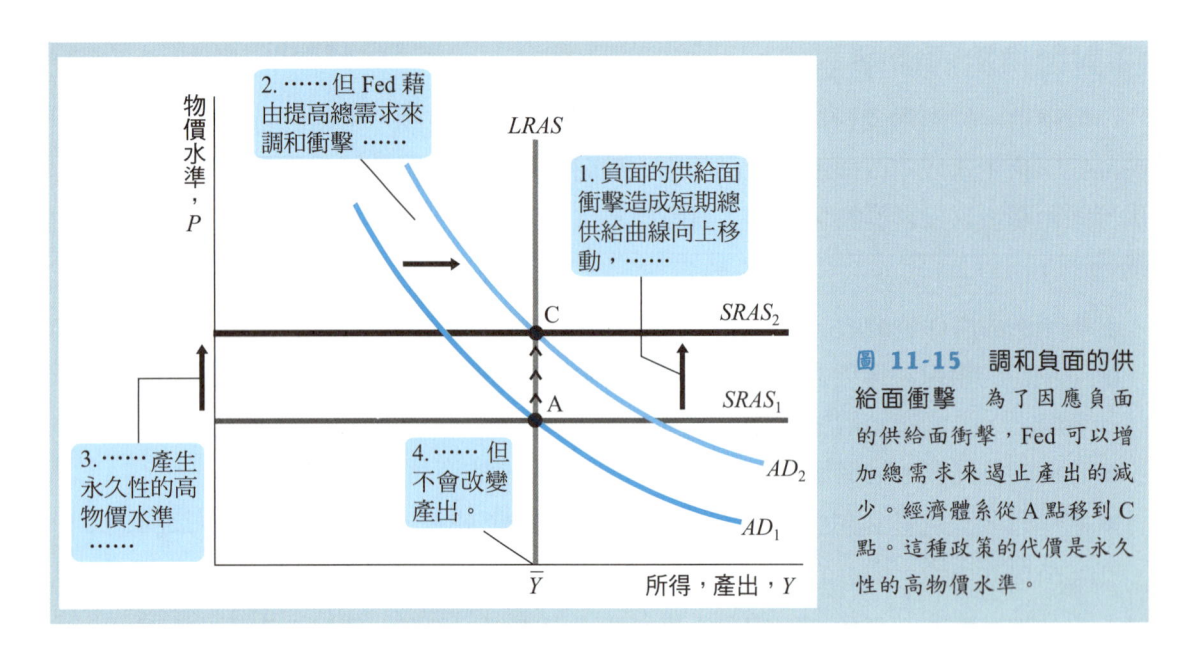

圖 11-15 調和負面的供給面衝擊

為了因應負面的供給面衝擊，Fed 可以增加總需求來遏止產出的減少。經濟體系從 A 點移到 C 點。這種政策的代價是永久性的高物價水準。

圖中說明：
1. 負面的供給面衝擊造成短期總供給曲線向上移動……
2. ……但 Fed 藉由提高總需求來調和衝擊……
3. ……產生永久性的高物價水準……
4. ……但不會改變產出。

情形下，就業與產出會低於它們的自然水準。最後，物價會下跌回到原來的物價水準 (A 點)，此時就業會恢復充份就業狀態，但這種調整過程的代價是痛苦的經濟衰退。

第二個選擇為擴張總需求，如圖 11-15 所示，帶領經濟迅速地回到自然產出水準。假如總需求的增加能夠配合總供給面衝擊，經濟體系會立刻從 A 點到 C 點。在這種情形下，Fed 是調和 (accommodate) 供給面衝擊。當然，這個選擇的缺點是物價水準永久性上升。沒有任何一個方法能夠同時調整總需求來維持充份就業，並保持物價水準穩定。

個案研究

OPEC 如何協助引起 1970 年代的停滯性通貨膨脹和 1980 年代的繁榮

近代歷史上最具爆炸性的供給面衝擊是由石油輸出國家組織 (Organization of Petroleum Exporting Countries, OPEC) 引發。OPEC 是一卡特爾，協助供應者生產水準與價格的組織，在 1970 年代初期，OPEC 聯合減少石油供給，造成全球石油價格幾乎上漲一倍。油價攀升使多數國家出現停滯性通貨膨脹的現象。以下的統計數據說明美國受到的衝擊：

年	油價的變動	通貨膨脹率 (CPI)	失業率
1973	11.0%	6.2%	4.9%
1974	68.0	11.0	5.6
1975	16.0	9.1	8.5
1976	3.3	5.8	7.7
1977	8.1	6.5	7.1

在 1974 年，68% 的油價上升是負面的供給面衝擊的主要部份。我們可以預期，這會導致較高的通貨膨脹與較高的失業。

幾年過後，當全球經濟幾乎走出第一次石油危機不景氣的陰霾時，同樣的事情再度發生。OPEC 提高油價，造成更嚴重的停滯性通貨膨脹。這裡有些美國的統計數據：

年	油價的變動	通貨膨脹率 (CPI)	失業率
1978	9.4%	7.7%	6.1%
1979	25.4	11.3	5.8
1980	47.8	13.5	7.0
1981	44.4	10.3	7.5
1982	−8.7	6.1	9.5

1979 年、1980 年及 1981 年油價的上漲，再次造成高達兩位數的通貨膨脹和更高的失業。

在 1980 年代中期，阿拉伯國家間的政治動亂削弱 OPEC 控制石油供給的能力。石油價格下滑，逆轉 1970 年代和 1980 年代初期的停滯性通貨膨脹。此處說明發生的情況：

年	油價的變動	通貨膨脹率 (CPI)	失業率
1983	−7.1%	3.2%	9.5%
1984	−1.7	4.3	7.4
1985	−7.5	3.6	7.1
1986	−44.5	1.9	6.9
1987	18.3	3.6	6.1

在 1986 年，油價跌幅幾乎一半。這種正面的供給面衝擊導致美國經歷近代最低通貨膨脹率中的一次，並使失業減少。

最近這段期間，OPEC 不再是經濟波動的罪魁禍首。節省能源的努力及增進能源效率的科技變動，使得美國經濟不易受石油危機的衝擊。況且，今天的經濟體系較多依賴服務業和較少依賴製造業，而服務業比製造業商品更少依賴能源。從 1980 年到 2019 年，每一單位實質 GDP 所消費的石油數量下跌 58%。因此，油價波動對總體經濟的衝擊較過去來得小。[5]

11-6 新冠肺炎的 2020 年經濟衰退

當本書在 2020 年付印之際，美國經濟 (與全球其他經濟體系) 正經歷三方面異常的經濟衰退。

---

[5] 有些經濟學家甚至認為，在 1970 年代以前，油價變動在經濟波動上扮演主要角色。請見 James D. Hamilton, "Oil and the Macroeconomy Since World War II," *Journal of Political Economy* 91 (April 1983): 228-248。

第一個 2020 年衰退的異常特徵是其成因。造成新冠肺炎的新型冠狀病毒橫掃全球。第一個病例在 2019 年 12 月 31 日出現於中國武漢地區，而美國首個病例則是 2020 年 1 月 21 日出現在華盛頓州。這種病毒證實具高度傳染性且極其危險。到了 9 月 1 日，病毒造成全美 18 萬人與全球有 85 萬人死亡。為了減緩病毒擴散，在疫情初期，公衛專家建議人與人之間不要密切接觸。大多數州長與市長下令關閉很大一部份經濟社會中的活動，如電影院、運動競賽、音樂會、餐廳(外帶除外)，以及非必要性的零售商店，航空運輸下跌 95%。

第二個 2020 年衰退的異常特徵是，超乎尋常的傳染速度與深度。從 2020 年 2 月到 2020 年 4 月，就業從成年人口的 61.1% 跌至 51.3%──創下史上兩個月的最大跌幅。2020 年 4 月的失業率是 14.7%，是經濟大蕭條，當時在 1933 年失業率達 25% 以來的最高水準。

第三個 2020 年衰退的異常特徵，是新冠肺炎在某種層面上是國際化的，最好將衰退視為一場意外：某些未預期事件導致總供給或總需求變動，降低生產與就業，當此發生時，執政者想要盡快地讓經濟回到正常的生產與就業水準。相反地，2020 年是刻意設計的衰退。為了要抑制新冠肺炎疫情，執政者強制改變生產與就業行為。當然，疫情本身並非故意或期望發生。但在這種情況下，經濟活動的力量與短暫減少可認為是能夠達到的最佳結果。

◀ 歇業模型

我們可利用總供給與總需求模型來檢視 2020 年的經濟衰退。然而，在這個不尋常事件的已知情況下，與一般不景氣時的曲線移動方式有些許不同。圖 11-16 描繪 2020 年不景氣事件的模型。

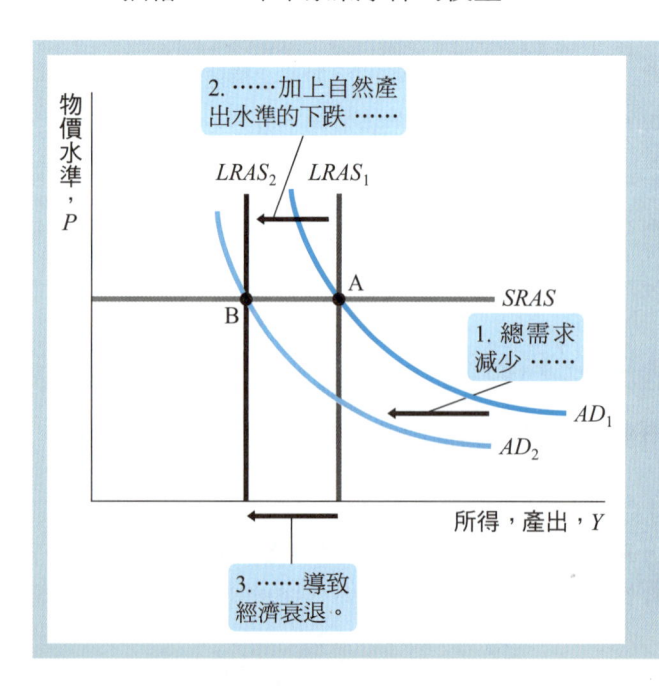

圖 11-16　新冠肺炎的 2020 年經濟衰退
當疫情蔓延，而許多商店被迫暫時歇業時，因為人們留在家裡而非去商店消費，總需求下跌。由於這些企業無法生產商品與服務，經濟體系的潛在產出，如 LRAS 曲線所示，隨之下跌。經濟體系由 A 點移至 B 點。

首先,讓我們考慮總需求的影響。從 2020 年 3 月開始,政府下令關閉許多人們購物的地方,如餐廳與零售商店,而為了要降低感染風險,人們也避免光顧仍在營業的商店。這種行為的改變降低貨幣流通速度:由於不再購買商品與服務,金錢留在人們口袋與銀行帳戶的時間比以前長。(從 2019 年第四季到 2020 年第二季,M2 流通速度下跌 23%。)因此,在每一物價水準下,商品與服務的需求減少,而總需求曲線向左移動。

接著,讓我們檢視總供給的影響。我們需要考慮短期總供給曲線與長期總供給曲線。但我們從一項警告開始:在這種歇業期間的異常情況下,「短期」與「長期」在這種情況下的區分不甚恰當。為了一致性,我們一直稱曲線 SRAS 和 LRAS,但最好是不要專注於時間長短,而是著重在這些曲線代表的經濟現象。

SRAS 曲線代表廠商在不同價格下,願意銷售的產品數量。疫情對牌價沒有立即影響,因此 SRAS 曲線不會移動。

LRAS 曲線代表自然產出水準,為失業率等於自然失業率時的商品與服務產出水準。照理來說,自然失業率是穩定的,而自然產出因為人口成長與技術進步,會隨著時間經過而緩慢成長。2020 年的不景氣是一個例外。當健康危機導致許多企業暫時歇業而開始裁員時,造成自然失業率突然大量增加;亦即,企業強制關門所造成的失業是新形式的結構性失業。經濟體系商品與服務的潛在產出,以 LRAS 曲線代表,至少暫時會減少。在圖 11-16 中,潛在產出下跌以 LRAS 曲線向左移動來表示。

如圖 11-16 所示,2020 年的美國經濟從 A 點移至 B 點。在某種意義上來說,經濟體系經歷產出下跌,但它不像典型的經濟衰退,由於在歇業情況下,自然產出水準也下跌,產能並沒有過剩。[6]

政策因應

一旦嚴重的經濟衰退變得明顯,決策者迅速地採取減緩經濟困境的措施。在 2020 年 3 月 27 日,美國總統簽署新冠病毒援助、救濟和經濟安全法案 [Coronavirus Aid, Relief, and Economic Security (CARES) Act]。加上其他同時期通過的法案,授權約 $2 兆,約 GDP 的 10% 增加支出與減稅,這是史上因應衰退的最大財政刺激方案。CARES 法案又稱為刺激法案,但目標並不是要刺激經濟與終結衰退。政策制定者知道在疫情蔓延情況下,不景氣是無可避免的。他們的目標是減輕人們在面對困境時的苦難,以及在疫情結束後,防止衰退對經濟體系造成永久的傷害。

---

[6] 請注意:在此圖形中,AD 曲線與 LRAS 曲線移動幅度相同。若在疫情期間企業倒閉使消費者支出減少與企業生產符合消費者需求的衝擊相同,此假設是合理的。但移動幅度不同也可能發生。在這種情況下,經濟體系的均衡是在 AD 曲線與 SRAS 曲線的交點。

政策因應的很大一部份，可以稱為社會保險或救災。除了高所得家庭外，所有的家計單位中每位成人可獲得 $1,200 的退稅，而每個小孩可獲得 $500 的退稅。失業保險的請領資格放寬，而救濟金暫時每週提高至 $600。有貸款的小型企業可被免除，如果它們在接下來兩個月未解僱員工可轉成贈款。

為了防止不景氣的永久傷害，CARES 法案有不同的條款來促進企業持續營運。這是小型企業可免除貸款的部份動機。不僅員工能繼續領到薪水，而且能夠持續與雇主保持聯繫，因此當疫情結束後，小型企業能夠迅速地回到正軌。CARES 法案也讓聯邦準備有資金借給大型企業、州與市政當局。因此，它擴充 Fed 作為最後貸款者的角色，CARES 法案也提高財政部長的貸款與擔保貸款給大型企業、州及市政當局的權力。

經濟學家一般會稱許這些政策措施，但批評者指出立法的潛在缺失。對許多人而言，寬容的失業保險造成請領金額高於先前工作薪資，讓他們失去回去工作的意願。此外，提撥給小型企業的資金不足，導致它們爭先恐後地爭取有限資金。而有些實際上不缺資金的企業，從可免除貸款獲得不合理的意外之財。[有些獲得可免除貸款的公司遭到媒體曝光，因此造成它們退回可免除貸款。舉例來說，餐飲連鎖昔客堡 (Shake Shack) 與不只是沙拉 (Sweetgreen)，都退回 $1,000 萬。] 批評者也擔心賦予財政部長的判斷會導致官僚資本主義，信貸擴張是依據政治影響力而非經濟基本面。最後，批評法案應該提供更多的援助給州及地方政府。這些政府通常有需要平衡預算的規定，且憂心因為不景氣導致稅收減少，除非聯邦政府伸出援手，否則將被迫刪減必要的公共服務。

CARES 法案大幅加劇聯邦政府預算赤字，甚至在法案通過前就已經顯著加大赤字。在 2020 年 9 月，國會預算辦公室估計 2020 年的赤字約 $3.3 兆，約占 GDP 的 16%，使得預算赤字為自第二次世界大戰以來的高峰。政府負債占 GDP 比率預估將達到史上最高，如同我們將在第 18 章討論的，大多數經濟學家相信，在危機期間，如戰爭或不景氣，政府貸款是天經地義，但高額負債仍會留下令人頭痛的潛在負債給後代子孫。

復甦與擁抱未來

在美國，新冠肺炎死亡人數在 4 月底達到高峰，然後開始緩慢下跌。到了 6 月，州及地方政府開始放寬對某些經濟活動的限制。重新開放的步調是有爭議的。關心歇業的經濟成本，川普總統採取比很多公衛專家建議更快地重啟經濟。

限制放寬對經濟衝擊有立即影響。正如同 2020 年前兩個月不景氣所顯示，支出、生產與就業異常地快速下滑，接下來幾個月呈現快速回升。失業率從 2 月份的 3.5% 上升至 4 月份的 14.7%，然後在 8 月份跌至 8.4%。在那時候，經濟活動回升到 4 月份低點的一半水準，但相較年初的低點，依然處於衰退狀態。

當本書付印之際，未來復甦的速度依然是一個問號。樂觀的經濟學家可能指出，大多數在 2020 年衰退期間的失業屬於臨時解雇。一旦危機解除，人們可以迅速地回到工作崗位。悲觀經濟學家則可能會注意到，倘若疫情延續且許多企業不再經營，臨時解雇可能轉成永久失業。在你讀到這裡時，可能已經知道，哪一種觀點有先見之明。

最後，答案可能需要更多地從微生物學而非從總體經濟學，除非疫情受到控制，或是更好的病毒篩檢或疫苗出現，否則人們無法預期回到正常的經濟活動。

11-7 結論

本章介紹研究經濟波動的架構：總供給與總需求模型。這個模型是建立在短期價格是僵固的，以及長期價格是完全有彈性的假設上。它顯示經濟體系的衝擊，如何引起產出暫時偏離古典模型隱含的自然產出水準。

模型也凸顯出貨幣政策的角色。一方面，不當的貨幣政策可能是經濟體系衝擊的一個來源；另一方面，一個執行良好的貨幣政策可以因應衝擊並穩定經濟。

在接下來的章節裡，將要更深入瞭解這個模型，並更詳細分析穩定政策。第 12 章到第 14 章將跨越數量方程式來改良總需求理論。這種經過淬鍊的改良指出，總需求取決於貨幣政策及財政政策。第 15 章將更詳細地檢視總供給。本書的其餘章節會利用這個模型作為平台，投入更進階的總體經濟理論與政策的課題。

快速測驗

1. 在一典型不景氣，消費 _____ 投資同向移動，但比例會 _____。
   a. 上升，更多
   b. 上升，更少
   c. 下跌，更多
   d. 下跌，更少

2. 下列何者的變動是領先指標指數下跌，建議衰退有可能發生的原因？
   a. 股價上升
   b. 建築執照上升
   c. 初次申請失業保險人數下跌
   d. 殖利率曲線斜率下跌

3. 若信用卡公司的電腦當機造成商店只收現金，貨幣需求將 _____。若貨幣供給固定不變，總需求曲線將自 _____ 移動。
   a. 增加，右
   b. 增加，左
   c. 減少，右
   d. 減少，左

4. 總需求擴張將會造成 _____ 短期增加。然而，在長期，只會提高 _____。
   a. 實質 GDP，物價水準
   b. 實質 GDP，貨幣流通速度
   c. 失業率，物價水準
   d. 失業率，貨幣流通速度

5. 停滯性通貨膨脹──低產出與高物價，是由下列何者造成？
   a. 總需求擴張
   b. 總需求縮減
   c. 總供給正面的衝擊
   d. 總供給負面的衝擊

6. 若 Fed 面對總供給負面的衝擊而增加貨幣

供給，它將
a. 總需求回到原來水準
b. 使得不景氣的幅度加深
c. 使經濟更接近自然產出與就業水準
d. 讓物價回到衝擊發生前的水準

摘要

1. 經濟社會經歷經濟活動短期最廣義的衡量指標實質 GDP 的波動，這些波動與許多總體經濟變數的移動有關，特別是當 GDP 成長下跌，消費成長下滑（通常跌幅較小）、投資成長減少（通常跌幅較大）及失業上升。儘管經濟學家觀察不同的領先指標來預測這些波動，但這些波動大部份是難以預測的。

2. 長期經濟體系與短期經濟體系如何運作，最主要的差別為價格在長期是完全有彈性，而在短期是僵固的。總供給與總需求模型提供一個分析經濟波動及觀察政策衝擊和不同事件在不同期間如何變動的架構。

3. 總需求曲線斜率為負。它告訴我們物價水準愈低，商品與服務的總需求數量愈大。

4. 在長期，總供給曲線是垂直的，因為產出是由資本、勞動數量及現有技術，但非物價水準所決定。因此，總需求的移動會影響物價水準，但不會影響產出或就業。

5. 在短期，總供給曲線是水平的，因為工資與價格是僵固在事先決定的水準。所以，總需求的移動會影響產出和就業。

6. 對總需求與總供給的衝擊都會引起經濟波動。因為 Fed 有能力移動總需求，可以嘗試抵銷這些衝擊，將產出與就業維持在其自然水準。

關鍵詞

歐肯法則　Okun's law
領先指標　leading indicators
總需求　aggregate demand (*AD*)
總供給　aggregate supply (*AS*)
衝擊　shock
需求面衝擊　demand shock
供給面衝擊　supply shock
穩定政策　stabilization policy

複習題

1. 當實質 GDP 在不景氣期間下跌時，通常消費、投資與失業率會如何變動？
2. 請舉出一個價格在短期僵固，在長期是完全有彈性的例子。
3. 為什麼總需求曲線的斜率是負的？
4. 請解釋增加貨幣供給在短期與長期的衝擊。
5. 為什麼 Fed 處理需求面衝擊比供給面衝擊容易？

問題與應用

1. 假設經濟體系處於長期均衡，然後政府法令改變，允許銀行開始支付利息給支票存款帳戶。記得：貨幣存量是通貨與包括支票存款在內的活期存款的加總，所以這項限制的放寬，會吸引更多人願意持有貨幣。
   a. 請問這項改變如何影響貨幣需求？
   b. 請問貨幣流通速度有何改變？
   c. 若 Fed 維持貨幣供給固定不變，產出與物價在短期和長期有何變動？
   d. 若 Fed 的目標是穩定物價，應否固定貨幣供給來因應這項限制的放寬？為什麼？
   e. 若 Fed 的目標是穩定產出，你將如何改變 (d) 小題的答案？

2. 假設 Fed 降低貨幣供給 5%，貨幣流通速度假設固定不變。
   a. 請問對總需求曲線有何影響？
   b. 請問產出水準與物價水準在短期和長期有何變動？請算出數字答案。
   c. 依據 (b) 小題的答案，根據歐肯法則，失業在短期和長期會發生什麼變化？請算出數字答案。
   d. 請問實質利率在短期和長期移動方向？(提示：利用第 3 章的實質利率模型觀察，當產出改變時會有何影響。)

3. 讓我們檢視 Fed 的目標如何影響其對衝擊所採取的因應措施。假設在情境 A 中，Fed 只關心維持物價水準穩定；而在情境 B 中，Fed 只關心維持產出與就業維持在自然水準。請解釋在這兩個情況下，Fed 會如何因應。
   a. 貨幣流通速度外生的下跌。
   b. 石油價格外生的上漲。

4. 決定經濟衰退何時開始或何時結束的官方機構，是非營利的經濟研究團體：國家經濟研究局 (NBER)。請至 NBER 的網站 (http://www.nber.org)，並找出最近一次景氣循環的轉折點。請問它是何時發生？這個轉折是由擴張到緊縮或相反方向？請列出在你有生之年所有的經濟衰退 (緊縮)，並寫出開始與結束的日期。

快速測驗答案

1. c　　2. d　　3. b　　4. a　　5. d　　6. c

CHAPTER 12

總需求 I：建立 *IS-LM* 模型

> 我應該說古典理論的假設只能運用到一個特例而非一般情況……。此外，古典理論所假設特例的性質，與我們真實生活的經濟社會相差甚遠，如果我們企圖將古典理論運用到真實經驗中，結果是它的教導不但誤導人心且會造成災難。
>
> ——約翰・梅納德・凱因斯，《一般理論》

歷史上所有的經濟波動中，其中特別嚴重、痛苦且刻骨銘心的一次，絕對是 1930 年代的經濟大蕭條。在這段期間，美國與其他許多國家經歷大規模失業及所得大幅降低。在最慘的一年 —— 1933 年，美國有四分之一的勞動力是失業的，且實質國內生產毛額比 1929 年的水準低了 30%。

這個毀滅性的事件引發許多經濟學家質疑古典經濟理論 —— 我們在第 3 章到第 7 章檢視理論 —— 的有效性。古典理論似乎無法解釋經濟大蕭條。根據古典理論，國民所得受生產因素供給及現有技術的影響，這兩個因素從 1929 年到 1933 年間並沒有顯著地改變。在經濟大蕭條出現後，許多經濟學家相信我們需要一個新的模型，來解釋如此突然且大幅度的經濟衰退，並提出一些可以減輕許多人面臨經濟困境的政府政策。

英國經濟學家凱因斯在 1936 年出版《就業、利息與貨幣的一般理論》(*The General Theory of Employment, Interest, and Money*，簡稱《一般理論》)，徹底改革經濟學，他提出一套在古典理論以外分析經濟體系的方法。他對經濟如何運作的遠見迅速成為眾人爭議的焦點。但是，隨著經濟學家對《一般理論》的爭論不休，一套對經濟波動的嶄新看法逐漸發展成形。

凱因斯主張，總需求偏低是造成低所得與高失業等經濟衰退現象的主因。他批評古典理論假設總供給 —— 資本、勞動與技術 —— 單獨決定國民所得。今日的經濟學家以第 11 章介紹的總需求與總供給模型來融合這兩種看法。在長期，價格完全有彈性，且由總供給決定所得；但在短期，價格是僵固的，所以總需求的變動會影響所得。

在本章和下一章中，我們藉由更深入地觀察總需求，以繼續經濟波動的研究。我們的目標是確認使總需求以曲線移動和引起國民所得波動的變數，也將更全面地檢視政策制定者可以用來影響總需求的工具。在第 11 章中，從貨幣數量學說導出總需求曲線，並且說明貨幣政策可以移動總需求曲線。在本章中會看到，政府可以利用貨幣政策和財政政策影響總需求。

本章發展的總需求模型，稱為 *IS-LM 模型* (*IS-LM* model)，是解釋凱因斯理論最主要的模型。模型的目標是說明，在任何固定物價水準下決定國民所得的因素為何。觀察 *IS-LM* 模型的方式有二：我們可將 *IS-LM* 模型視為在短期當物價水準固定時，說明決定所得變動的因素有哪些；或是我們可將這個模型視為說明引起總需求曲線移動的因素有哪些。這兩種模型的觀點是一樣的：如圖 12-1 所示，在短期當物價水準固定時，總需求曲線的移動會導致國民所得的變動。

一點也不令人意外，*IS-LM* 模型的兩個部份是 *IS 曲線* (*IS* curve) 和 *LM 曲線* (*LM* curve)。*IS* 為「投資」(investment) 和「儲蓄」(saving)，*IS* 曲線代表發生在商品與服務市場的情況 (我們先前曾在第 3 章討論)。*LM* 表示「流動性」(liquidity) 和「貨幣」(money)，*LM* 曲線表示貨幣供給與需求的情況 (我們先前曾在第 5 章討論)。因為利率同時影響投資與貨幣需求，是連結 *IS-LM* 模型兩大部份的變數。*IS-LM* 模型將顯示，這些市場間的互動如何決定總需求曲線的位置與斜率，以及短期的國民所得水準。[1]

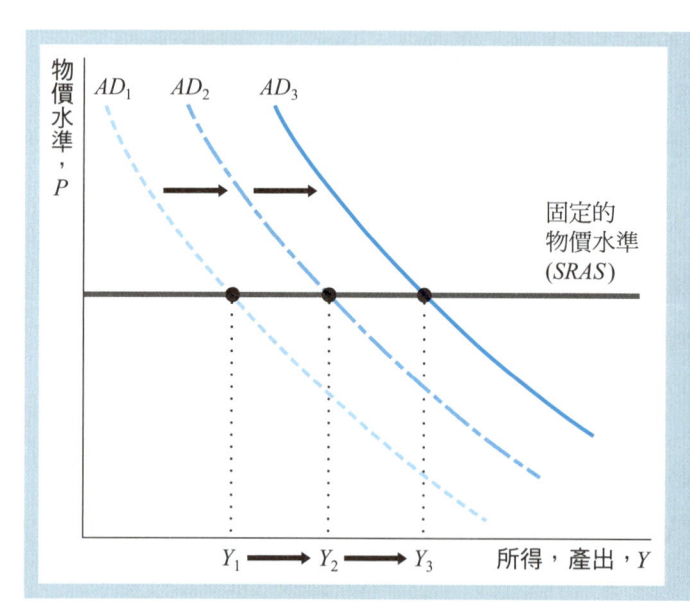

圖 12-1　總需求曲線的移動　就一既定的物價水準，因為總需求曲線的移動，引起國民所得波動。*IS-LM* 模型視物價水準為既定，並顯示引起所得變動的因素為何。因此，此模型可以顯示是什麼因素造成總需求移動。

---

[1] *IS-LM* 模型是由諾貝爾經濟學獎得主約翰·希克 (John R. Hicks) 在他的一篇經典之作中所介紹：
"Mr. Keynes and the Classics: A Suggested Interpretation," *Econometrica* 5 (1937): 147-159。

12-1　商品市場與 IS 曲線

IS 曲線畫出商品與服務市場中利率和所得之間的關係。要發展這個關係，我們從一個稱為凱因斯十字架 (Keynesian cross，又稱為凱因斯交叉) 的基本模型開始著手。這個模型是凱因斯國民所得理論最簡單的解釋，且其為更複雜與更切合實際的 IS-LM 模型之基石。

凱因斯十字架

在《一般理論》中，凱因斯提出在短期，經濟體系的總所得主要是由家計單位、廠商及政府想要支出的金額所決定。人們計畫支出愈多，廠商能賣出的商品與服務就會愈多。廠商賣得愈多，願意生產的商品數量會愈多，且願意雇用的勞工數量也愈多。凱因斯認為，衰退與蕭條期間的問題是因為存在不恰當的支出。凱因斯十字架是企圖將這個觀點模型化。

計畫支出　首先，我們藉由區分實際支出與計畫支出來推導凱因斯十字架。實際支出 (actual expenditure) 是家計單位、廠商及政府對商品與服務的支出金額，如先前在第 2 章中見到的，它等於經濟體系的國內生產毛額。計畫支出 (planned expenditure) 是家計單位、廠商及政府想要支出在商品與服務的金額。

為什麼實際支出與計畫支出不同？答案是廠商可能會遭遇到非計畫性的存貨投資，因為銷售不符合他們的預期。當廠商產品的實際銷售數量小於計畫銷售數量時，他們的存貨會自動上升；反之，當廠商產品的實際銷售數量超過計畫銷售數量時，其存貨則會下降。因為這些存貨的非計畫性變動是視為廠商的投資支出，實際支出可能高於或低於計畫支出。

現在讓我們考慮計畫支出的決定因素。假設經濟是封閉經濟體系，所以淨出口等於零。我們將計畫支出 PE 寫成消費 C、計畫投資 I 和政府購買 G 的加總：

$$PE = C + I + G$$

針對這個方程式，我們加上消費函數：

$$C = C(Y - T)$$

上式說明消費是受可支配所得 $(Y-T)$ 的影響。可支配所得是總所得 Y 減去稅收 T。為了簡化分析，目前我們視計畫投資為外生固定：

$$I = \bar{I}$$

最後，如同在第 3 章中，我們假設財政政策 (政府購買水準和稅收) 為固定的：

$$G = \overline{G}$$
$$T = \overline{T}$$

結合這五個方程式，我們得到：

$$PE = C(Y - \overline{T}) + \overline{I} + \overline{G}$$

此方程式顯示計畫支出為所得 Y、計畫投資水準 $\overline{I}$ 及財政政策變數 $\overline{G}$ 和 $\overline{T}$ 的函數。

圖 12-2 畫出計畫支出是所得水準的函數。這條直線的斜率為正，因為較高的所得會導致較高的消費及較高的計畫支出。這條線的斜率為邊際消費傾向 MPC：說明當所得增加 $1 時，計畫支出會增加多少錢。這個計畫支出函數是凱因斯十字架的第一個部份。

經濟體系的均衡 凱因斯十字架的第二個部份是，當實際支出等於計畫支出時，經濟就達到均衡狀態的假設。這個假設是基於一個觀念，當人們的計畫都實現時，沒有任何理由去改變他們的行為。請記得：Y (或 GDP) 作為國內生產毛額不僅等於總所得，也等於商品與服務的實際總支出，我們可將這個均衡條件寫成：

$$\text{實際支出} = \text{計畫支出}$$
$$Y = PE$$

圖 12-3 的 45 度線畫出這個條件成立的所有點。加上計畫支出函數，此圖形變成凱因斯十字架。這個經濟體系的均衡在 A 點，為計畫支出函數與 45 度線的交點。

經濟體系如何到達這個均衡？在這個模型中，存貨在調整過程中扮演相當重要的角色。當經濟體系不在均衡點時，廠商會經歷非計畫性的存貨變動，且誘使他們改變生產水準，然後生產的改變影響總所得與總支出，使經濟趨向均衡。

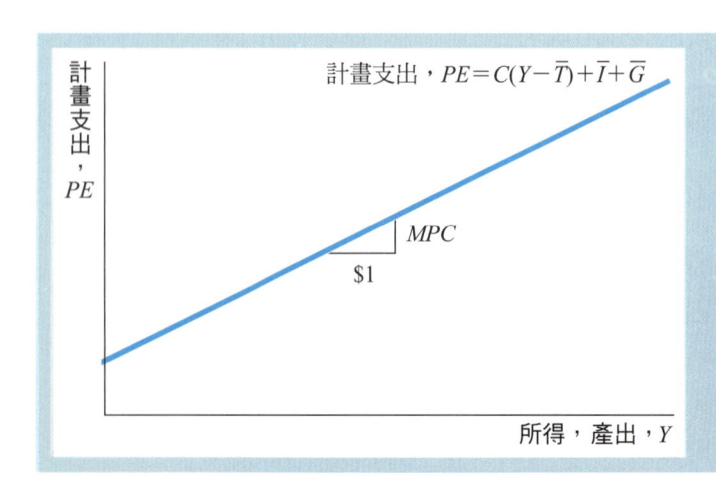

圖 12-2 計畫支出是所得的函數 計畫支出 PE 受所得的影響，因為所得愈高，消費也愈高。消費是計畫支出的一部份。計畫支出函數的斜率是邊際消費傾向 MPC。

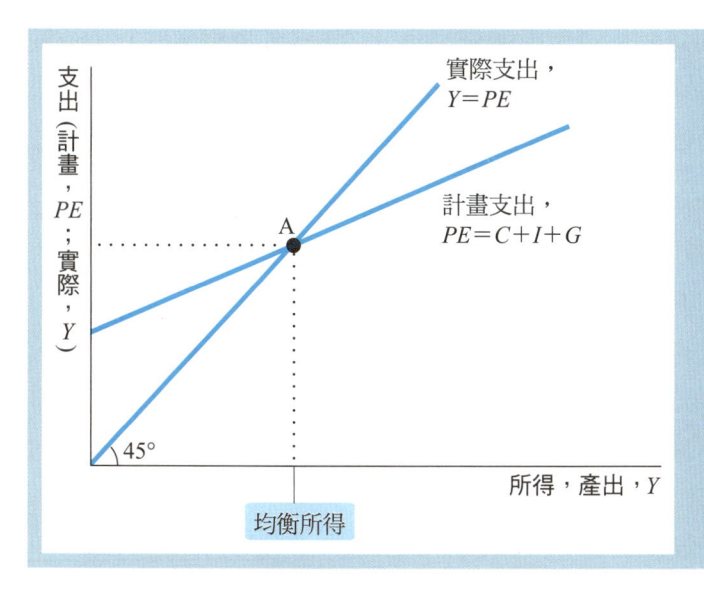

圖 12-3　凱因斯十字架　凱因斯十字架的均衡是在 A 點，此時所得 (實際支出) 等於計畫支出。

例如，假設經濟體系的國內生產毛額高於均衡水準，如圖 12-4 的 Y_1 所示。在這種情形下，計畫支出 PE_1 小於生產 Y_1，所以廠商的商品銷售數量小於生產數量。廠商將未售出的商品加到存貨中。這種非計畫性的存貨上升導致廠商解雇員工和減少生產；這些動作會降低國內生產毛額。這種非自願性存貨累積與所得下跌的過程會持續，直到所得 Y 下跌到均衡水準為止。

同樣地，假設國內生產毛額低於均衡水準，如圖 12-4 的 Y_2 所示。在這種情形下，計畫支出 PE_2 大於生產 Y_2。廠商藉由提出存貨來滿足顧客。但是當廠商看到存貨數量減少時，會雇用更多的勞工和增加生產。國內生產毛額上升，而經濟體系達到均衡。

總而言之，凱因斯十字架顯示，在計畫投資 I 與財政政策 G 和 T 固定下，所

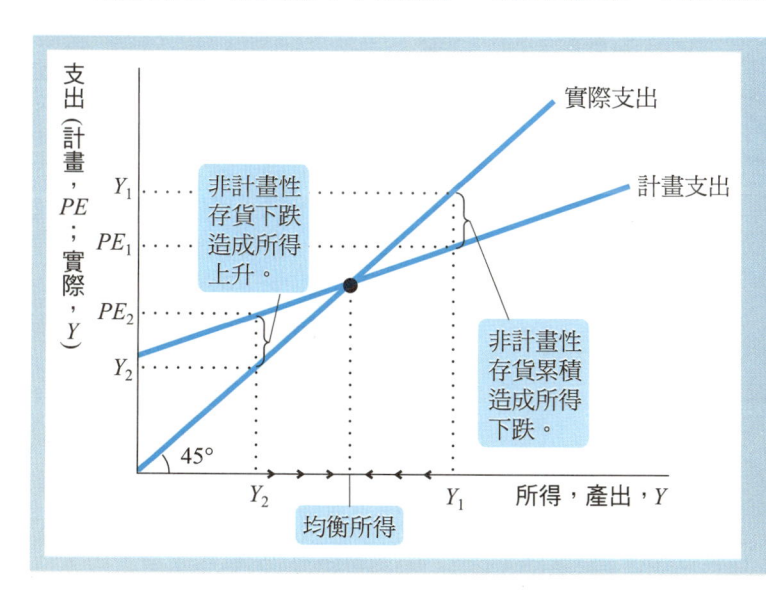

圖 12-4　調整到凱因斯十字架的均衡　若廠商在 Y_1 生產，則計畫支出 PE_1 會小於生產，且廠商會累積存貨。這個存貨累積導致廠商減少生產。同樣地，若廠商在 Y_2 生產，則計畫支出 PE_2 將超過生產，廠商會耗盡存貨。存貨的下跌導致廠商增加生產。在這兩種情況下，廠商的決定會使經濟趨向均衡。

得 Y 是如何被決定。我們可以利用這個模型來說明,當這些外生變數的其中一個發生變動時,所得如何變動。

財政政策與乘數:政府購買　讓我們考慮政府購買的變動如何影響經濟。因為政府購買是支出的一部份,在任何既定所得水準下,較高的政府購買產生較高的計畫支出。若政府購買上升 ΔG,則計畫支出曲線會向上移動 ΔG,如圖 12-5 所示。經濟體系的均衡從 A 點移到 B 點。

這個圖形顯示政府購買的增加,導致所得增加得更多;亦即,ΔY 大於 ΔG。$\Delta Y/\Delta G$ 比率稱為政府購買乘數 (government-purchases multiplier);它告訴我們政府購買增加 \$1 時,所得增加的幅度。凱因斯十字架的一個涵義是,政府購買乘數大於 1。

為什麼財政政策對所得會有乘數效果?原因是,根據消費函數 $C = C(Y - T)$,所得愈高,消費也愈多。當政府購買增加提高所得時,也會提高消費,消費增加會再度提高所得,這又會使消費進一步增加,以此類推。因此,在這個模型中,政府購買的增加造成所得更大幅度的增加。

乘數到底有多大?要回答這個問題,我們追溯所得變動的每一個步驟。當支出增加 ΔG 時,這個過程開始,隱含所得也增加 ΔG。所得的增加會使消費上升 $MPC \times \Delta G$,其中 MPC 是邊際消費傾向。這個消費的增加再度使支出和所得提高。第二次所得增加 $MPC \times \Delta G$ 再次提高消費,這一次是 $MPC \times (MPC \times \Delta G)$,接著又更進一步提高支出與所得,以此類推。這種從消費到所得到消費的回饋過程會無限制地持續。因此,對所得的總效果是:

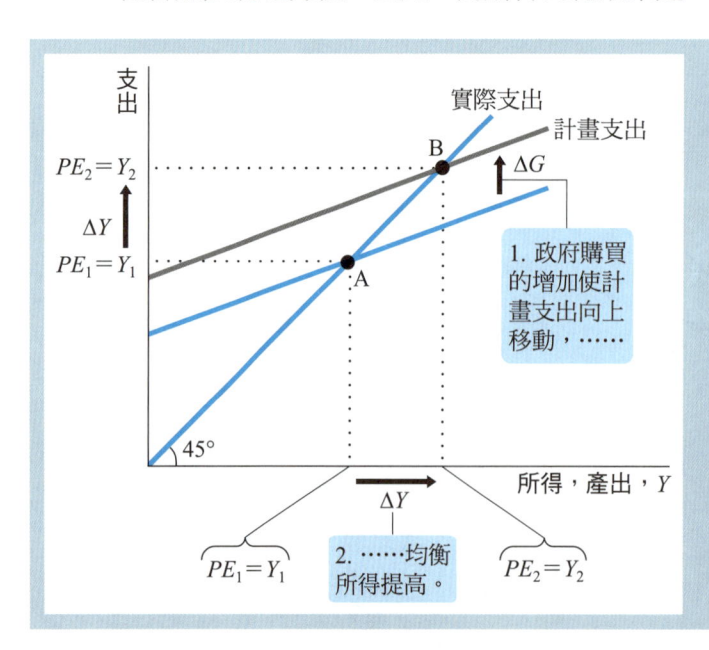

圖 12-5　凱因斯十字架下政府購買的增加　政府購買增加 ΔG,在任何既定所得水準下,計畫支出也會提高 ΔG。均衡從 A 點移到 B 點,而所得從 Y_1 上升到 Y_2。請注意:所得的增加 ΔY 超過政府購買的增加 ΔG。因此,財政政策對所得有乘數效果。

$$\text{政府購買最初的變動} = \Delta G$$
$$\text{消費的第一次變動} = MPC \times \Delta G$$
$$\text{消費的第二次變動} = MPC^2 \times \Delta G$$
$$\text{消費的第三次變動} = MPC^3 \times \Delta G$$
$$\vdots \qquad \vdots$$
$$\Delta Y = (1 + MPC + MPC^2 + MPC^3 + \cdots)\Delta G$$

政府購買乘數是：

$$\Delta Y/\Delta G = 1 + MPC + MPC^2 + MPC^3 + \cdots$$

這種乘數的表示方式是無窮等比級數的一個例子。代數運算的結果可讓我們將乘數寫成：[2]

$$\Delta Y/\Delta G = 1/(1 - MPC)$$

例如，若邊際消費傾向是 0.6，則乘數是：

$$\Delta Y/\Delta G = 1 + 0.6 + 0.6^2 + 0.6^3 + \cdots$$
$$= 1/(1 - 0.6)$$
$$= 2.5$$

在這種情形下，政府購買增加 $1.00，會使均衡所得提高 $2.50。[3]

---

[2] **數學註解**：我們證明這個代數運算結果如下。因為 $|x| < 1$，令

$$z = 1 + x + x^2 + \cdots$$

這個式子等號兩邊都乘以 x：

$$xz = x + x^2 + x^3 + \cdots$$

第一式減第二式可得：

$$z - xz = 1$$

將上式重新整理集項，我們得到：

$$z(1 - x) = 1$$

這隱含：

$$z = 1/(1 - x)$$

證明完成。

[3] **數學註解**：導出政府購買乘數最簡單的方式是用一點微積分。從以下方程式開始：

$$Y = C(Y - T) + I + G$$

假設 T 和 I 固定，對上式全微分可得：

$$dY = C'dY + dG$$

然後，重新集項，我們得到：

$$dY/dG = 1/(1 - C')$$

這個式子與課文中的式子完全一樣。

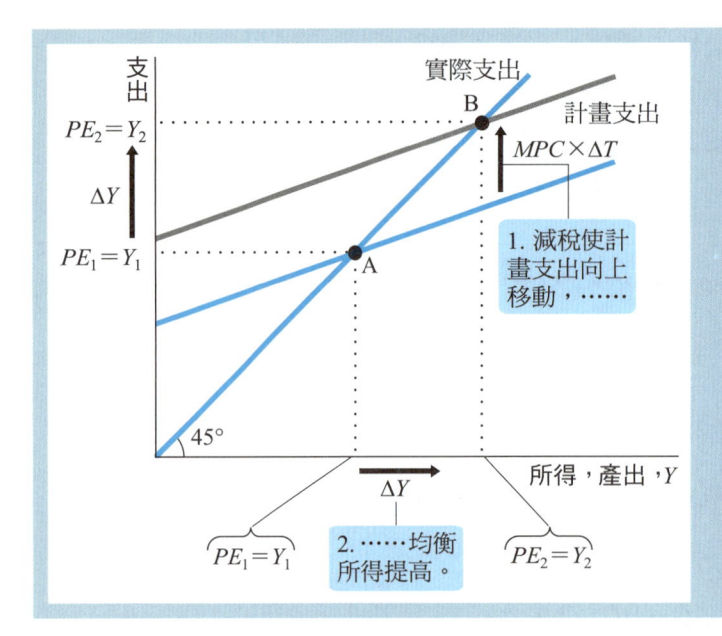

圖 12-6 凱因斯十字架下稅收的減少

稅收減少 ΔT，在任何既定所得水準下，使計畫支出提高 $MPC \times \Delta T$，經濟體系的均衡從 A 點移到 B 點，所得從 Y_1 上升到 Y_2。再一次，財政政策對所得有乘數效果。

財政政策與乘數：稅收　現在讓我們考慮稅收的改變如何影響均衡所得。稅收減少 ΔT，立刻導致可支配所得 $Y-T$ 增加 ΔT，因此消費會增加 $MPC \times \Delta T$。在任何既定所得水準 Y 下，計畫支出現在會提高。如圖 12-6 所示，計畫支出曲線向上移動，移動幅度為 $MPC \times \Delta T$。經濟體系的均衡從 A 點移到 B 點。

正如同政府購買對所得有乘數效果，減稅對所得也會產生乘數效果。一如前述，支出的最初變動，現在是 $MPC \times \Delta T$，乘以 $1/(1-MPC)$。稅收改變對所得的總效果是：

$$\Delta Y/\Delta T = -MPC/(1-MPC)$$

上式是**稅收乘數** (tax multiplier)，是指稅收變動 $1 引起所得的變動量。(負號代表所得與稅收量反向移動。) 例如，若邊際消費傾向是 0.6，則稅收乘數是：

$$\Delta Y/\Delta T = -0.6/(1-0.6) = -1.5$$

在這個例子中，減稅 $1.00，會使均衡所得提高 $1.50。[4]

---

[4] 數學註解：就像之前，利用一點微積分可輕鬆導出乘數。我們從下列方程式開始：
$$Y = C(Y-T) + I + G$$
假設 I 和 G 固定，對上式全微分可得：
$$dY = C'(dY - dT)$$
然後重新集項，我們得到：
$$dY/dT = -C'/(1-C')$$
這與課文中的式子完全一樣。

> **個案研究**

以減稅來刺激經濟：從甘迺迪到川普

當 1961 年約翰·甘迺迪 (John F. Kennedy) 就任美國總統時，邀請當時一批最聰明的年輕經濟學家加入位於華盛頓的經濟顧問委員會 (Council of Economic Advisers)。這些經濟學家深受凱因斯經濟學的薰陶，將凱因斯學派的觀念帶到經濟政策討論的最高層級。

委員會最早的建議之一是，藉由減稅來擴增國民所得。這項建議最終導致 1964 年個人與公司所得稅大幅調降。減稅的目的是刺激消費與投資支出，因此促成所得與就業水準的提高。當一名記者詢問甘迺迪為什麼主張減稅時，甘迺迪回答：「為了刺激經濟，難道你不記得經濟學 101 的基礎課程？」

如同甘迺迪的經濟顧問預測，減稅法案通過後，經濟繁榮隨之而來。在 1964 年的實質國內生產毛額成長率是 5.8%，在 1965 年的成長率為 6.5%。失業率從 1963 年的 5.6% 下降到 1964 年的 5.2%，然後再降到 1965 年的 4.5%。

經濟學家繼續對 1960 年代初期經濟快速成長的來源提出不同的意見。一派稱為供給面 (supply-siders) 的經濟學家認為，經濟繁榮是因為所得稅降低的誘因效果所造成。根據供給面學派的觀點，當勞工可以保留較高比例的工作所得時，勞動供給大幅提高，且商品與服務的總供給也會增加。然而，凱因斯學派強調減稅對總需求的影響。更有可能的是，兩種觀點都有部份真實性：減稅透過提高勞工工作誘因來刺激總供給，並透過提高家計單位可支配所得來擴張總需求。

自甘迺迪總統執政以來，政策制度者通常用減稅方式好讓垂死的經濟重現活力。減稅是 1981 年雷根總統與 2001 年小布希總統主政時主要的經濟政見。(充份揭露：本書作者從 2003 年到 2005 年是小布希總統的經濟顧問之一。) 提倡減稅者通常利用供給面與凱因斯的浮誇之詞來作為他們的說詞。

最近主要的減稅是 2017 年底，川普總統第一年主政的時候。支持者留意到美國法定公司稅高於歐洲，且認為高稅率會阻礙企業成立、資本投資與經濟成長。2017 年減稅與就業法案 (The 2017 Tax Cuts and Jobs Act) 將公司稅率從 35% 降至 21%，在某種較輕程度上，個人所得稅也降低。反對法案者認為，經濟走勢強勁而無須財政刺激方案。經濟在八年間並未經歷衰退，且失業率在 2017 年 12 月是 4.1%，低於大多數自然失業率的估計。反對者也主張，富有的股東是降低公司稅的受益者；支持者以更強勁的經濟成長創造更廣泛的利益做出回應。(公司營利所得稅的影響在經濟學家之間熱烈討論，因此，很難斷定哪一種情況較佳。) 國會是以非常接近的票數通過此法案，大多數共和黨議員贊同；而每一位民主黨議員都反對。在法案通過後，相較於前兩年平均成長率 2.0%，2018 年與 2019 年實質國內生產毛額平均成長 2.6%。在 2019 年底，失業率下跌至 3.5%，為半世紀以來的最低。

PART IV　景氣循環理論：短期經濟體系

為什麼減稅經常造成經濟繁榮？雖然供給面的影響很重要，但總需求在短期扮演關鍵角色。以下是小布希總統在 2003 年簽署租稅法案時提及：「當人們更有錢時，他們可用來購買商品與服務。而在我們的社會，當他們需要額外的商品或服務時，有人會生產該商品或服務。而當有人生產該商品或服務時，意味著有人可以找到工作。」這個解釋可能來自經濟學 101 的考試。

唯恐人們認為減稅是萬靈丹，應該要小心的是，減稅通常是增加預算赤字，留下更多的政府負債給後代子孫，我們將在第 18 章討論這個議題。

個案研究

增加政府購買來刺激經濟：歐巴馬的刺激方案

當歐巴馬總統在 2009 年 1 月入主白宮時，美國經濟正遭逢嚴重不景氣的衝擊。(此不景氣的形成原因將於下一章的「個案研究」及第 19 章更詳細地討論。) 即使在他就職之前，總統及其顧問建議一項金額龐大的刺激方案以提振總需求。如同所建議的，這項方案將使聯邦政府支出約 $8,000 億，或約年度 GDP 的 5%。刺激方案包括某些減稅措施和更多的移轉性支出，但其中絕大部份是政府對商品與服務購買的增加。

專業經濟學家辯論歐巴馬計畫的功過。贊成此計畫者認為，增加支出要優於減稅，原因是根據標準的凱因斯理論，政府購買乘數大於稅收乘數。兩者之間的差異顯而易見：當政府支出一塊錢時，一塊錢就全被花掉了；而當政府讓家計單位減稅一塊錢，其中的一部份會存起來。依照歐巴馬執政團隊內經濟學家的分析，政府購買乘數是 1.57，而稅收乘數只有 0.99。因此，他們主

「陛下，我的航行不僅可以找到一條通往東方香料國度的新路線，還可以創造 3,000 個新工作。」

張，提高政府對道路、學校及其他基礎建設的支出是提振總需求與創造就業的較佳途徑。這裡的邏輯是典型的凱因斯學派：隨著經濟陷入不景氣泥沼中，政府扮演最終需求者的角色。

經濟學家以不同的理由辯論歐巴馬的刺激方案。在 2009 年 3 月，經濟學家克魯曼在《紐約時報》寫道：「計畫太小且太謹慎。」他認為，經濟衰退的深度擔保一項更大的刺激方案。

仍然有些經濟學家認為,儘管傳統的凱因斯模型預測,以支出為主的財政刺激不如以稅收為主的財政刺激來得有效,但一項研究檢視從 1970 年以來,數十個主要國的國家中,哪一種財政刺激在促進經濟活動的成長上更加成功。結果發現,比較成功的財政刺激幾乎都來自企業與個人所得稅調降,而最差的財政刺激幾乎都是增加政府支出所致。[5]

最後,國會同意歐巴馬總統提出的刺激方案,並做了小幅修正,總統在 2009 年 2 月 17 日簽署 $7,870 億的法案。這項方案成功嗎?經濟從不景氣中脫離,但復甦腳步比歐巴馬經濟團隊最初的預期緩慢。不管此緩慢復甦反映刺激政策的不完全,或比經濟學家原先預期更糟的經濟,仍是一個持續爭辯的問題。■

個案研究

使用區域性資料估計乘數

如同前兩個「個案研究」說明,政策制定者通常變動稅收與政府支出來影響經濟,這些政策的短期效果可以用凱因斯理論,如凱因斯十字架和 *IS-LM* 模型來瞭解。但這些政策實務上的運作是否就像理論一般有用?

不幸的是,這個問題很難回答。當政策制定者變動財政政策時,經常有好的理由如此做。因為其他許多事物同時發生,很難將其他事物與財政政策的影響分開。例如,由於金融危機爆發後,經濟體系步入衰退,歐巴馬總統在 2009 年提出刺激經濟方案。我們可以觀察刺激方案通過後對經濟的影響,但從金融危機徘徊不去的影響中解開刺激方案的影響是一項可怕的任務。

漸漸地,經濟學家企圖利用州或地方政府提供的區域性資料來估計財政政策乘數。使用區域性資料有兩項優點:第一,觀察值增加,舉例來說,美國只是一個國家,但有 50 州;第二且更重要的是,可以找到與區域經濟不相干事件的地區政府支出變異性。藉由檢視這種政府支出的隨機變異,研究者能夠更輕鬆地確認總體經濟效果不會被其他變數干擾而背離正題。

其中有一項研究,中村惠美與瓊・斯坦森檢視國防支出對各州經濟的衝擊。一開始各州的國防產業規模大小不一。例如,軍隊承包商在加州比在伊利諾州普遍,當聯邦政府增加美國 GDP 的 1% 到國防支出時,加州國防支出平均上升約加州 GDP 的 3%,而伊利諾州的國防支出僅增加約伊利諾州 GDP 的 0.5%。藉由檢視在美國著手建置軍隊時的加州經濟與伊利諾州經濟,我們可以估計政府支出效果。利用 50 州的資料,中村惠美與斯坦森計算政府購買乘數為 1.5;也就是當政府在一個州增加國防支出 $1 時,可以增加該州的

---

[5] Alberto Alesina and Silvia Ardagna, "Large Changes in Fiscal Policy: Taxes Versus Spending," *Tax Policy and the Economy* 24 (2010): 35-68. 另一項研究是報告稅收乘數超過支出乘數來自 Robert J. Barro and Charles J. Redlick, "Macroeconomic Effects from Government Purchases and Taxes," *The Quarterly Journal of Economics* 126 (2011): 51-102。

GDP $1.50。[6]

不過，如何使用區域經濟的估計值對國家經濟做出推論仍不清楚。一個問題是，這些研究者研究的區域政府支出並不是由區域稅收融通。加州國防支出，大部份由聯邦政府向其他 49 州收稅來支應。相反地，當一個國家增加政府支出時，必須在現在或未來提高稅賦來融通支出。課徵或預期較高的稅賦會抑制景氣，導致乘數變小。第二個問題則是，由於中央銀行著重整體而非區域經濟，這些區域性政府支出的變動不會影響貨幣政策。相反地，一個國家變動政府支出會造成貨幣政策變動。為了穩定經濟，中央銀行可能會抵銷部份的財政政策效果，而使得乘數變小。

儘管這兩個問題指出，國家乘數可能小於區域乘數，但是第三個問題指出相反的方向：在一小型區域經濟體系，如一州，民眾向鄰州進口商品與服務，而其進口與整體經濟的比例甚低。當進口扮演較重大的角色時，國內商品 (在國內製造) 的邊際消費傾向較小。如凱因斯十字架所描述，較少的國內商品邊際消費傾向導致較小的第二輪與第三輪效果，因此而有較小的乘數。因為這個理由，國家乘數可能高於區域乘數。

區域經濟研究的底線是政府購買需求對經濟活動產生重大影響，但以國家水準衡量的乘數大小依然有爭議。

利率、投資與 IS 曲線

凱因斯十字架只是通往 IS-LM 模型道路的一塊墊腳石。它相當有用，因為說明家計單位、廠商及政府的支出計畫如何決定經濟社會的所得，但凱因斯十字架做了計畫投資水準 I 固定的簡化假設。如同我們在第 3 章中討論的，一個重要的總體經濟關係是計畫投資受利率 r 的影響。

為了將利率與投資的關係加入我們的模型，將計畫投資水準寫成：

$$I = I(r)$$

這個投資函數是畫在圖 12-7(a)。因為利率是融通投資方案的貸款成本，提高利率會降低計畫投資。因此，投資函數是負斜率。

要決定當利率改變時所得如何變動，我們可以將投資函數和凱因斯十字架圖形做結合。因為投資與利率是反向關係，利率從 r_1 上升到 r_2 造成投資數量從 $I(r_1)$ 下跌到 $I(r_2)$。計畫投資的減少轉而使計畫支出函數向下移動，如圖 12-7(b) 所

---

[6] Emi Nakamura and Jón Steinsson, "Fiscal Stimulus in a Monetary Union: Evidence from US Regions" *American Economic Review* 104 (March 2014): 753-792. 類似的結果，也出現在 Antonio Acconcia, Giancarlo Corsetti, and Saverio Simonelli, "Mafia and Public Spending: Evidence on the Fiscal Multiplier from a Quasi-experiment," *American Economic Review* 104 (July 2014): 2185-2209。相關文獻的整理，請見 Gabriel Chodorow-Reich, "Geographic Cross-Sectional Fiscal Spending Multipliers: What Have We Learned?" *American Economic Journal: Economic Policy* 11 (May 2019): 1-34。

第 12 章　總需求 I：建立 IS-LM 模型　　299

(b) 凱因斯十字架

支出

3. ……造成計畫支出向下移動……

實際支出

計畫支出

ΔI

45°

$Y_2 \leftarrow Y_1$　　所得，產出，Y

4. ……所得下跌。

(a) 投資函數

利率，r

1. 利率提高……

r_2

r_1

2. ……計畫投資減少，……

ΔI

$I(r)$

$I(r_2)$　$I(r_1)$　　投資，I

(c) IS 曲線

利率，r

r_2

r_1

5. IS 曲線總結這些商品市場均衡的變動。

IS

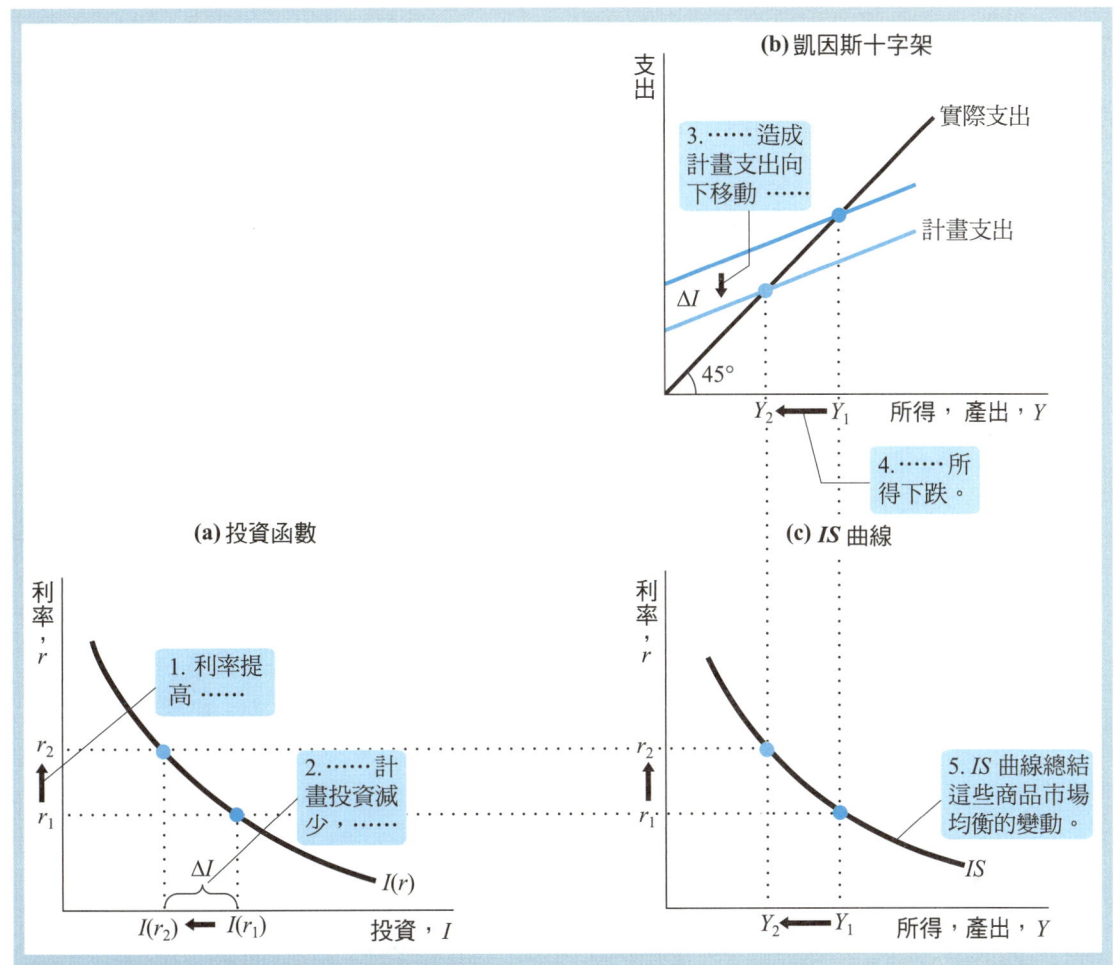

$Y_2 \leftarrow Y_1$　　所得，產出，Y

圖 12-7　導出 IS 曲線　圖 (a) 顯示投資函數：利率從 r_1 上升到 r_2，導致計畫投資從 $I(r_1)$ 下跌到 $I(r_2)$。圖 (b) 顯示凱因斯十字架：計畫投資從 $I(r_1)$ 減少到 $I(r_2)$，使計畫支出函數向下移動，因此造成所得從 Y_1 下跌到 Y_2。圖 (c) 顯示 IS 曲線總結利率與所得之間的關係：利率愈高，所得水準愈低。

示。計畫投資函數的移動引起所得水準從 Y_1 下跌到 Y_2。因此，利率上漲導致所得下跌。

　　IS 曲線如圖 12-7(c) 所示，總結利率與所得水準之間的關係。本質上，IS 曲線結合投資函數表示的 r 與 I 之間的互動及凱因斯十字架表示的 I 與 Y 之間的互動。每一個在 IS 曲線上的點代表商品市場均衡，而曲線顯示均衡所得水準如何受利率的影響。因為利率的上升導致計畫投資的減少，進而造成所得的下跌，IS 曲線斜率為負。

財政政策如何移動 IS 曲線？

　　IS 曲線告訴我們，在任何既定的利率水準下，所得水準會帶領商品市場趨向均衡。從凱因斯十字架可知，均衡所得水準也受政府支出 G 和稅收 T 的影響。IS

曲線是在既定財政政策下畫出的曲線；亦即，當我們建構 IS 曲線時，假設 G 和 T 固定。當財政政策改變時，IS 曲線會移動。

圖 12-8 利用凱因斯十字架來說明政府購買增加 ΔG 如何移動 IS 曲線。這個圖形繪於固定利率水準 $\bar{r}$ 下，因此計畫投資水準亦為固定。在圖 12-8(a) 中，凱因斯十字架顯示這個財政政策的變動導致計畫支出增加，且均衡所得也從 Y_1 增加到 Y_2。所以，圖 12-8(b) 政府購買增加促使 IS 曲線向外移動。

我們可以利用凱因斯十字架來瞭解其他財政政策的變動如何移動 IS 曲線。因為減稅可以擴張支出和所得，也會造成 IS 曲線向外移動。減少政府購買或增加稅收會降低所得，IS 曲線向內移動。

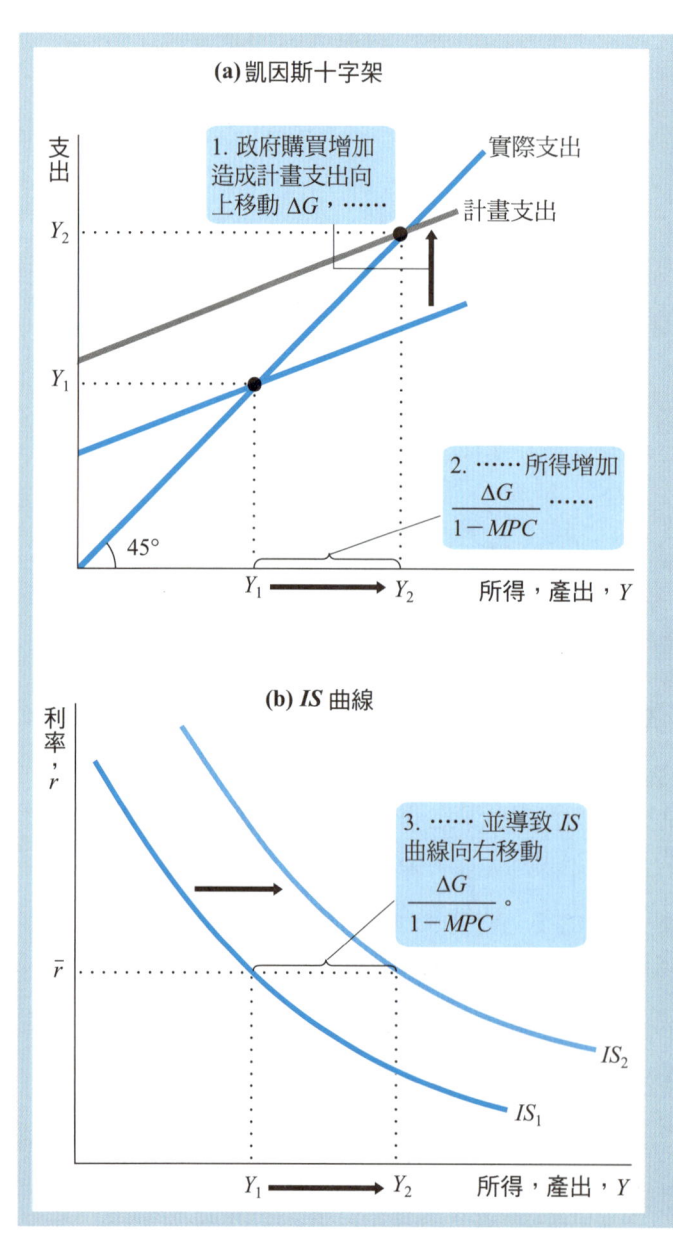

圖 12-8 政府購買增加使 IS 曲線向外移動 圖 (a) 顯示政府購買增加使計畫支出提高。在利率水準不變下，計畫支出向上移動 ΔG 導致所得增加 $\Delta G/(1-MPC)$。因此，在圖 (b) 中，IS 曲線向右移動的幅度，會等於 $\Delta G/(1-MPC)$。

總之，IS 曲線顯示商品與服務市場均衡的利率與所得水準的組合。IS 曲線是在既定財政政策下畫出的曲線。增加商品與服務需求的財政政策變動，促使 IS 曲線向右移動；減少商品與服務需求的財政政策變動，會導致 IS 曲線向左移動。

12-2 貨幣市場與 LM 曲線

LM 曲線繪出貨幣餘額市場中利率與所得之間的關係。要瞭解這種關係，我們先來探討一個叫做流動性偏好理論 (theory of liquidity preference) 的利率理論。

流動性偏好理論

在經典之作《一般理論》中，凱因斯提出對於利率在短期中是如何被決定的看法。這項解釋就稱為流動性偏好理論，因為它主張利率調整至使經濟體系中最具流動性的資產 —— 貨幣 —— 的供給與需求達到均衡。正如同凱因斯十字架是 IS 曲線的基石，流動性偏好理論是 LM 曲線的基石。

要發展這個理論，我們首先從實質貨幣餘額的供給開始。若 M 表示貨幣供給和 P 代表物價水準，則 M/P 是實質貨幣餘額的供給。流動性偏好理論假設實質貨幣餘額供給是固定的；亦即，

$$(M/P)^s = \overline{M}/\overline{P}$$

貨幣供給 M 是一個外生的政策變數，由中央銀行，如 Fed，決定供給量的多寡。在這個模型，物價水準 P 也是外生變數。(我們視價格水準為既定，因為 IS-LM 模型解釋在物價水準固定下的短期經濟現象。) 這些假設隱含實質貨幣餘額供給是固定的，特別是不受利率的影響。因此，當我們在圖 12-9 中畫出實質貨幣餘額供給與利率的關係時，得到垂直的供給曲線。

其次，讓我們考慮實質貨幣餘額的需求。流動性偏好理論主張利率是人們決定持有多少貨幣的決定因素之一。理由是利率是持有貨幣的機會成本：你的資產中一部份以貨幣形式持有，貨幣並無法賺取利息，且不以可賺取利息的銀行存款或債券形式持有，因此放棄的利息收入。當利率上升時，人們的財富以貨幣形式持有的數量會減少。我們可以將實質貨幣餘額需求寫成：

$$(M/P)^d = L(r)$$

其中函數 $L(r)$ 說明貨幣需求數量受利率的影響。因此，圖 12-9 的需求曲線率為

圖 12-9 流動性偏好理論

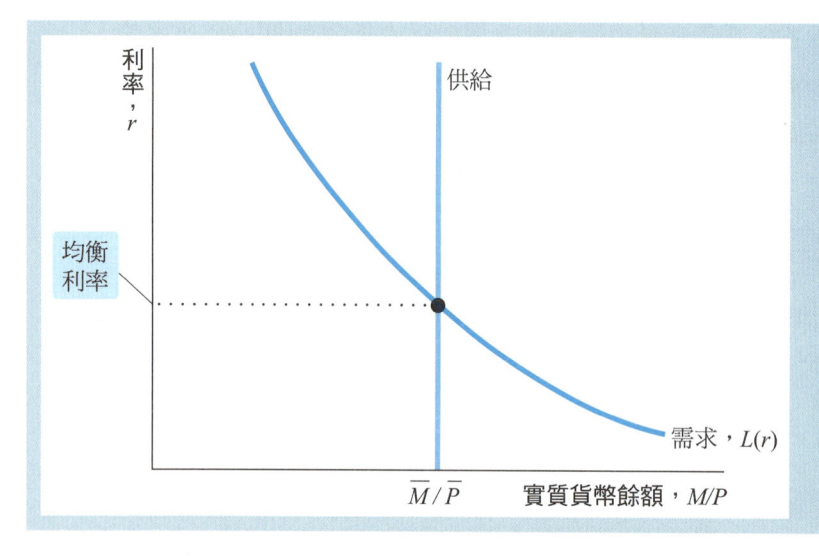

實質貨幣餘額的供給和需求決定利率。實質貨幣餘額的供給曲線是垂直的，因為實質貨幣餘額的供給數量不受利率的影響。需求曲線是負斜率的，因為一個較高的利率會增加持有貨幣的成本，因此降低需求數量。在均衡利率下，實質貨幣餘額的需求數量等於供給數量。

負，因為較高的利率會降低實質貨幣餘額需求的數量。[7]

根據流動性偏好理論，實質貨幣餘額的供給和需求會決定經濟體系的現行利率水準；亦即，利率會調整到讓貨幣市場達到均衡。如圖所示，在均衡利率下，實質貨幣餘額的需求數量會等於供給數量。

利率如何調整到使貨幣供給與貨幣需求相等的均衡水準？因為當貨幣市場不再均衡時，人們會嘗試調整他們的資產組合，這個調整就會發生，且在調整過程中，利率也發生變動。例如，若利率高於均衡水準，實質貨幣餘額的供給數量超過需求數量。擁有超額貨幣供給的個人，會設法將其手中無法孳息的貨幣轉換成支付利息的銀行存款或債券。那些偏好支付較低利率的銀行與債券發行者，面對這種超額貨幣供給，會選擇降低其所提供的利率。相反地，若利率水準低於均衡水準，貨幣需求數量會超過貨幣供給數量。在這種情形下，民眾會想要出售手中債券或到銀行提款來獲得現金。為了吸引日益稀少的資金，銀行和債券發行者透過提高所提供的利率來回應。最終，利率達到均衡水準，人們對其貨幣與非貨幣資產的組合會感到滿足。

現在我們已經知道如何決定利率水準，可以利用流動性偏好理論說明利率如何因應貨幣供給的改變。例如，假設 Fed 減少貨幣供給。因為在這個模型中 P 是固定的，貨幣供給的下跌使 M/P 減少。實質貨幣餘額供給線會向左移動，如圖 12-10 所示。均衡利率從 r_1 上升到 r_2，且較高的利率導致人們手中願意持有的實

---

[7] 請注意：r 在這裡是用來代表利率，如同我們在 IS 曲線的討論一樣。更準確地說，名目利率決定貨幣需求，而實質利率決定投資。為了簡化分析，我們忽略預期通貨膨脹，它是名目利率與實質利率的差距。就短期分析而言，假設預期通貨膨脹為固定是較實際的假設，在此情況下，實質與名目利率同方向移動。預期通貨膨脹在 IS-LM 模型中扮演的角色將會在第 13 章討論。

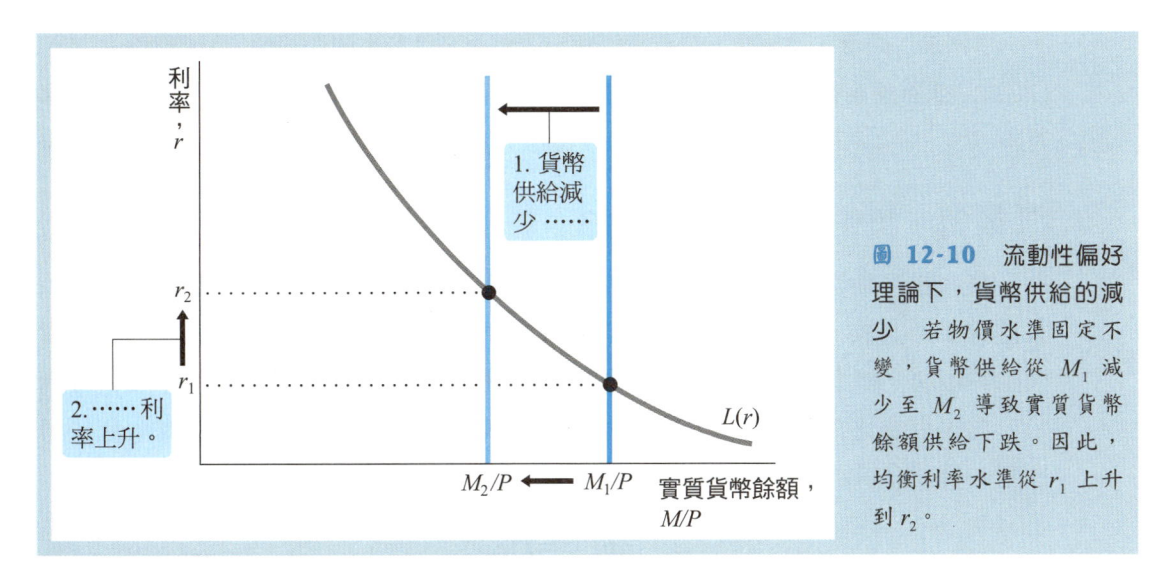

圖 12-10 流動性偏好理論下，貨幣供給的減少　若物價水準固定不變，貨幣供給從 M_1 減少至 M_2 導致實質貨幣餘額供給下跌。因此，均衡利率水準從 r_1 上升到 r_2。

質貨幣餘額數量減少。若 Fed 突然增加貨幣供給，相反的情形便會發生。因此，根據流動性偏好的理論，貨幣供給的減少會提高利率，而貨幣供給的增加則會降低利率。

個案研究

貨幣緊縮會提高或降低利率？

緊縮性貨幣政策會如何影響名目利率？根據我們曾經發展的理論，答案取決於時間長度。在第 5 章中，費雪效果的分析指出，在長期，當價格完全有彈性時，貨幣成長的減少會降低通貨膨脹，進而導致較低的名目利率。然而，流動性偏好理論預測，在短期，當物價僵固時，通貨膨脹貨幣政策將導致實質貨幣餘額下降和利率水準上揚。

兩個結論都符合過去的經驗。一個很好的例子發生在 1980 年代初期，當時美國經濟見到在最近的歷史中通貨膨脹最大且最快的下降。

以下是背景資料：在 1970 年代末期，美國經濟社會中的通貨膨脹達到兩位數，且被視為重要的國內問題。在 1979 年，消費者物價每年以 11.3% 的速率上升。該年 10 月，保羅・沃克爾 (Paul Volcker) 剛成為 Fed 主席兩個月，決定是改變方向的時候了。他宣佈貨幣政策的目標是降低通貨膨脹率。這個宣告開啟貨幣緊縮的時期，到了 1983 年，通貨膨脹下跌至僅剩 3.2%。

在 1979 年 10 月剛宣佈緊縮貨幣政策之後，實質貨幣餘額下跌和利率上升──正如同流動性偏好理論所預測的。三個月國庫券的名目利率從 1979 年 10 月宣佈前的 10.3% 上升到 1980 年的 11.4%，然後再上升到 1981 年的 14.0%。然而，這些高利率的現象只是暫時的。當沃克爾改變貨幣政策降低通貨膨脹和通貨膨脹預期時，名目利率逐漸下滑，在 1986 年到達 6.0%。

這個事件顯示一個功課：想要瞭解貨幣政策與名目利率的關聯性，我們必須同時記住流動性偏好理論和費雪效果。緊縮性貨幣政策導致短期名目利率上升，但長期名目利率下跌。

所得、貨幣需求與 LM 曲線

在發展流動性偏好理論成為利率決定的解釋後，我們現在可以利用這個理論來推導 LM 曲線。首先，考慮下列問題：經濟體系所得 Y 的變動如何影響實質貨幣餘額市場？答案(我們在第 5 章應該很熟悉) 是所得影響貨幣需求。當所得較高時，支出也會比較高，而人們為進行更多的交易，需要使用更多的貨幣。我們可以藉由貨幣需求函數將這些觀念表示成：

$$(M/P)^d = L(r, Y)$$

實質貨幣餘額需求數量與利率是負向關係，而與所得是正向關係。

利用流動性偏好理論，我們可以思考所得水準變動時，均衡利率水準會有何變動。例如，讓我們考慮圖 12-11，當所得從 Y_1 增加到 Y_2 時會發生什麼變動。如圖 12-11(a) 描述，所得增加造成貨幣需求曲線向右移動。由於實質貨幣餘額供給不變，利率必須從 r_1 上升到 r_2，以使貨幣市場達到均衡。因此，根據流動性偏好理論，所得上升導致利率上漲。

圖 12-11(b) 的 LM 曲線總結所得水準與利率之間的這種關係。每個位於 LM 曲線上的點代表貨幣市場均衡，而曲線顯示均衡利率如何受所得的影響。所得水準愈高，實質貨幣餘額的需求愈多，且均衡利率也會愈高。基於這個理由，LM 曲線斜率為正。

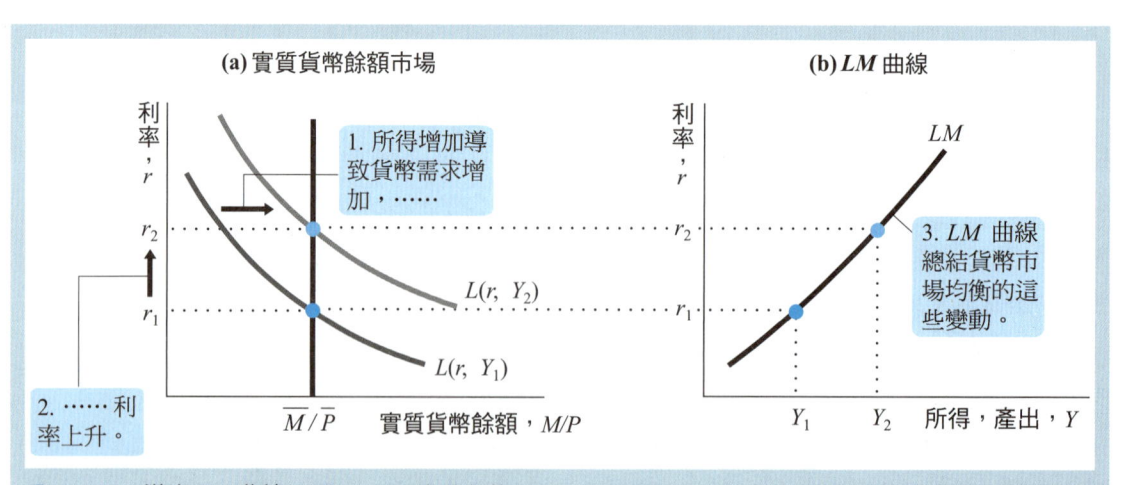

圖 12-11 導出 LM 曲線 圖 (a) 顯示實質貨幣餘額市場：所得從 Y_1 上升到 Y_2 提高貨幣需求，因而使利率從 r_1 上升到 r_2。圖 (b) 說明 LM 曲線總結利率與所得之間的關係：所得水準愈高，利率也愈高。

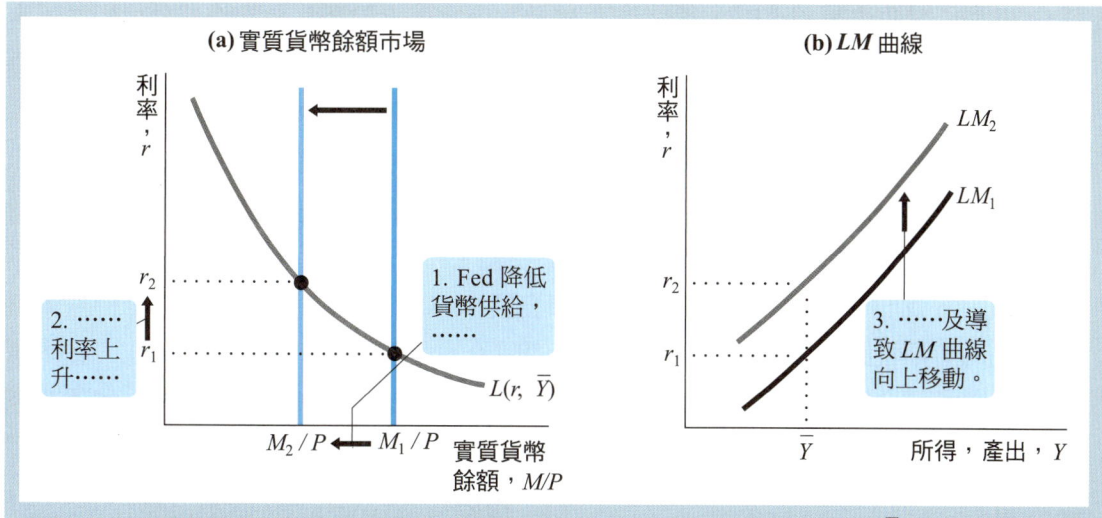

圖 12-12　貨幣供給減少導致 LM 曲線向上移動　圖 (a) 顯示，在任何固定所得水準 $\bar{Y}$ 下，貨幣供給的減少，導致使貨幣市場達到均衡的利率水準上升。因此，圖 (b) 的 LM 曲線會向上移動。

貨幣政策如何移動 LM 曲線？

　　LM 曲線顯示，在任何所得水準下，利率可以使貨幣市場達到均衡。但是，我們在前面看到，均衡利率也受實質貨幣餘額供給 M/P 的影響。這意味著 LM 曲線是在既定的實質貨幣餘額供給下畫出的曲線；也就是說，當我們建構 LM 曲線時，維持 M 與 P 固定不變。若實質貨幣餘額改變——例如，若 Fed 改變貨幣供給—— LM 曲線會移動。

　　我們可以利用流動性偏好理論來瞭解貨幣政策如何移動 LM 曲線。假設 Fed 將貨幣供給從 M_1 降低到 M_2，造成實質貨幣餘額從 M_1/P 降低到 M_2/P。圖 12-12 顯示發生變動的情形。假設所得固定，實質貨幣餘額需求曲線也不會變動，我們看到實質貨幣餘額供給的減少導致貨幣市場達到均衡的利率水準上升。因此，貨幣供給的減少促使 LM 曲線向上移動。

　　總之，LM 曲線說明實質貨幣餘額市場均衡的利率與所得水準的組合。LM 曲線是在既定的實質貨幣餘額供給下所畫出的曲線。實質貨幣餘額供給的減少，導致 LM 曲線向上移動；實質貨幣餘額供給的增加，導致 LM 曲線向下移動。

12-3　結論：短期均衡

　　現在我們有 IS-LM 模型的所有部份。這個模型的兩個方程式為：

$$Y = C(Y-T) + I(r) + G \quad\quad \text{IS}$$
$$M/P = L(r, Y) \quad\quad \text{LM}$$

模型視財政政策 G 和 T、貨幣政策 M 及物價水準 P 為外生。在這些外生變數既定的情況下，IS 曲線提供滿足代表商品市場方程式的 r 與 Y 的組合，且 LM 曲線提供滿足表示貨幣市場方程式的 r 與 Y 的組合。這兩條曲線如圖 12-13 所示。

經濟體系的均衡位於 IS 和 LM 曲線的交點。這個交點得到的利率 r 與所得水準 Y 同時滿足商品市場與貨幣市場的均衡。換言之，在這個交點，實際支出等於計畫支出，且實質貨幣餘額的需求等於供給。

當我們為本章做結論時，先回想發展 IS-LM 模型的最終目標是分析經濟活動的短期波動情形。圖 12-14 顯示我們理論的各個部份如何整合在一起。在本章中，我們發展凱因斯十字架和流動性偏好理論作為 IS-LM 模型的基石。我們在下

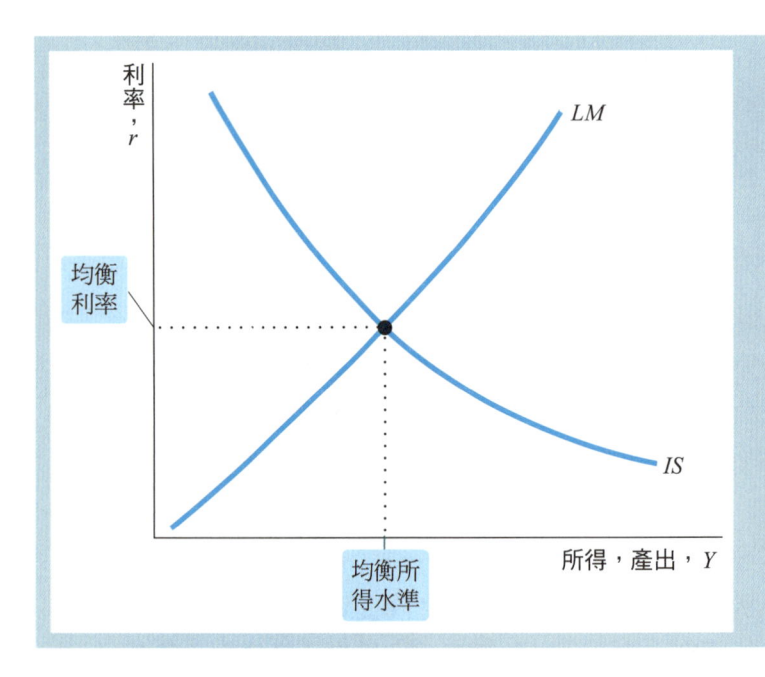

圖 12-13　**IS-LM 模型的均衡**
IS 和 LM 曲線的交點代表在固定的政府支出，稅收、貨幣供給及物價水準下，商品與服務市場及實質貨幣餘額市場同時達到均衡。

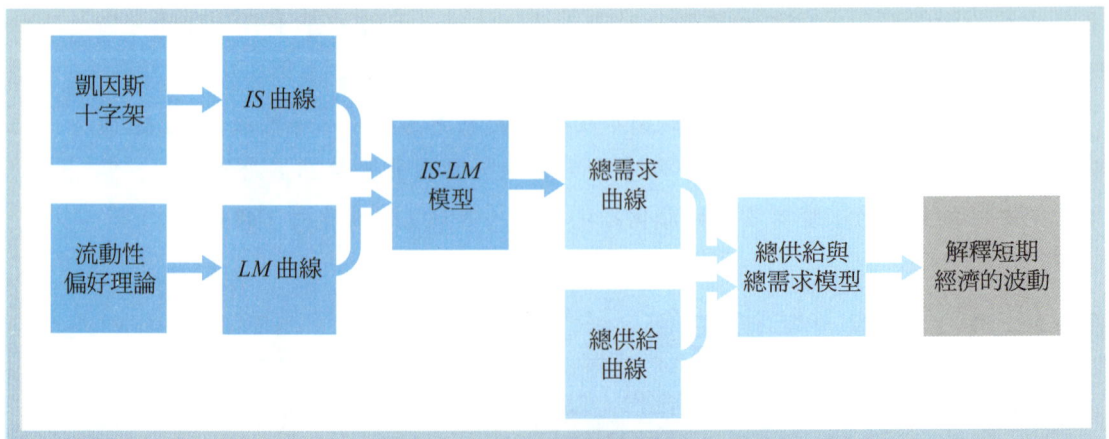

圖 12-14　**短期波動的理論**　這個流程圖顯示短期波動理論的各個不同部份如何整合在一起。凱因斯十字架解釋 IS 曲線，而流動性偏好理論解釋 LM 曲線。IS 和 LM 曲線共同得到 IS-LM 模型，它解釋總需求曲線。總需求曲線是總供給與總需求模型的一部份，經濟學家利用這個模型來解釋經濟活動的短期波動現象。

一章中將完整看到，IS-LM 模型可以協助解釋總需求曲線的位置與斜率。總需求曲線轉而是總供給與總需求模型的一部份，經濟學家利用這個模型來解釋政策變動的短期影響，以及國民所得的其他事件。

快速測驗

1. 根據凱因斯十字架模型，若邊際消費傾向為 2/3，政府購買增加 $1,200 億，均衡所得會增加 _____ 億。
   a. $1,600 b. $1,800
   c. $2,400 d. $3,600

2. 根據凱因斯十字架模型，若邊際消費傾向為 2/3，減稅 $1,200 億，均衡所得會增加 _____ 億。
   a. $1,600 b. $1,800
   c. $2,400 d. $3,600

3. 因為斜率 _____ 降低 _____，導致所得 IS 曲線斜率為負。
   a. 調高，計畫投資
   b. 調高，貨幣需求
   c. 降低，計畫投資
   d. 降低，貨幣需求

4. 根據流動性偏好理論，中央銀行可以增加貨幣 _____ 與 _____ 利率。
   a. 供給，提高   b. 供給，降低
   c. 需求，提高   d. 需求，降低

5. 因為所得增加貨幣 _____ 且進而 _____ 利率，LM 曲線斜率為正。
   a. 較高，供給   b. 較高，需求
   c. 較低，供給   d. 較低，需求

6. 在 IS 與 LM 曲線的交點，
   a. 經濟體系處於充份就業水準
   b. 經濟體系有正確的通貨膨脹與失業平衡
   c. 商品市場與貨幣市場都處於均衡狀態
   d. 商品市場失衡抵銷貨幣市場失衡

摘要

1. 凱因斯十字架是所得決定的基本模型。它視財政政策和計畫投資為外生，然後說明存在一國民所得水準，其使實際支出等於計畫支出；說明財政政策變動對所得造成的乘數效果。

2. 一旦我們允許計畫投資受利率的影響，凱因斯十字架可得出利率與國民所得間的關係。利率上升造成計畫投資減少，因而使國民所得下跌。負斜率的 IS 曲線總結這種利率與所得之間的負向關係。

3. 流動性偏好理論是利率決定的基本模型。它視貨幣供給和物價水準為外生，並假設利率調整到使實質貨幣餘額的供給與需求達到均衡。理論隱含貨幣供給增加，利率會下跌。

4. 一旦我們允許實質貨幣餘額需求受國民所得的影響，流動性偏好理論可以得到所得與利率間的關係。所得水準上升會提高實質貨幣餘額需求，進而造成利率上升。正斜率的 LM 曲線總結這種所得與利率之間的正向關係。

5. IS-LM 模型結合凱因斯十字架與流動性偏好理論的元素。IS 曲線顯示滿足商品市場均衡的所有點，LM 曲線顯示滿足貨幣市場均衡的所有點。IS 和 LM 曲線的交點顯示，同時滿足這兩個市場均衡的利率與所得水準。

關鍵詞

IS-LM 模型　　IS-LM model
IS 曲線　　IS curve
LM 曲線　　LM curve
凱因斯十字架　　Keynesian cross
政府購買乘數　　government-purchases multiplier
稅收乘數　　tax multiplier
流動性偏好理論　　theory of liquidity preference

複習題

1. 請利用凱因斯十字架解釋，為什麼財政政策對國民所得有乘數效果？
2. 請利用流動性偏好理論解釋，貨幣供給的增加為什麼會造成利率的下跌。在這個解釋中，對物價水準做了什麼樣的假設？
3. 為什麼 IS 曲線具負斜率？
4. 為什麼 LM 曲線具正斜率？

問題與應用

1. 請利用凱因斯十字架預測下列事件對均衡 GDP 的影響。在各個小題中，請指出變動方向，並寫出影響變動的式子。

    a. 政府購買增加。
    b. 稅收增加。
    c. 政府購買與稅收等量增加。

2. 在凱因斯十字架下，假設消費函數如下：

$$C = 120 + 0.8(Y - T)$$

計畫投資是 200；政府購買和稅收都是 400。

    a. 請繪出計畫支出為所得的函數。
    b. 請問均衡所得是多少？
    c. 若政府購買增加到 420，請問新的均衡所得是多少？政府購買乘數又是多少？
    d. 假設稅收維持在 400 的水準，要達到 2,400 的所得，請問政府購買水準應該是多少？
    e. 假設政府購買維持在 400 的水準，要達到 2,400 的所得，請問稅收水準應該是多少？

3. 雖然本章發展的凱因斯十字架假設稅收是固定的，但在許多國家徵收的某些稅收會隨著國民所得自動增加。(在美國，包括所得稅與薪資稅。) 讓我們將稅收寫成：

$$T = \bar{T} + tY$$

表示稅制。其中 $\bar{T}$ 和 t 是稅法的參數，參數 $\bar{T}$ 是定額稅 (或若為負，則為定額移轉)；參數 t 是邊際稅率：若所得增加 \$1，稅收會增加 $t \times \$1$。

    a. 請問這種稅制如何改變消費面對國內生產毛額的變動？
    b. 請問在凱因斯十字架中，這種稅制如何改變政府購買乘數？
    c. 請問在 IS-LM 模型中，這種稅制如何改變 IS 曲線的斜率？

4. 讓我們來考慮在凱因斯十字架下，節儉性增加的影響。假設消費函數是：

$$C = \overline{C} + c(Y-T)$$

其中 $\overline{C}$ 是參數稱為自發性消費 (autonomous consumption) 和邊際消費傾向為 c。

a. 當社會變得更節儉時，以 $\overline{C}$ 的下降來表示，請問均衡所得有何變動？
b. 請問均衡儲蓄水準有何變化？
c. 為什麼將這個結果稱為節儉矛盾性 (paradox of thrift)？
d. 請問這個矛盾性是否會發生在第 3 章的古典模型中？為什麼？

5. 假設貨幣需求函數是：

$$(M/P)^d = 800 - 50r$$

其中 r 是利率，以百分比表示。貨幣供給 M 是 2,000，和物價水準 P 固定為 5。

a. 請畫出實質貨幣餘額的供給和需求曲線。
b. 請問均衡利率是多少？
c. 假設物價水準固定。若貨幣供給從 2,000 減少到 1,500，請問均衡利率有何變動？
d. 若中央銀行希望提高利率到 4%，貨幣供給應該設定為多少？

6. 一經濟體系可由下列式子描述：

$$Y = C + I + G$$
$$C = 50 + 0.75(Y-T)$$
$$I = 150 - 10r$$
$$(M/P)^d = Y - 50r$$
$$G = 250$$
$$T = 200$$
$$M = 3,000$$
$$P = 4$$

a. 確認各個變數，並簡短解釋每一個變數意義。
b. 從上面式子中找出適當方程式來推導 IS 曲線，並繪出 IS 曲線。
c. 從上面式子中找出適當方程式來推導 LM 曲線，並在 (b) 小題所繪製的同一個圖上繪出 LM 曲線。
d. 請問均衡所得與均衡利率水準是多少？

快速測驗答案

| 1. d | 2. c | 3. a | 4. b | 5. b | 6. c |

CHAPTER

13

總需求 II：運用 *IS-LM* 模型

> 科學是一隻寄生蟲：生病人口愈多，生理學和病理學愈進步；並從病理學中發現新的治療方法。1932 年是經濟大蕭條的低谷，從低谷的腐壞土壤中誕生一門遲來的學科，我們今日稱為總體經濟學。
>
> —— 保羅‧薩繆爾森

在 第 12 章中，我們組合 *IS-LM* 模型的各個部份作為瞭解經濟波動的步驟。我們看到 *IS* 曲線代表商品市場的均衡，*LM* 曲線表示實質貨幣餘額市場均衡，以及 *IS* 與 *LM* 曲線共同決定在短期當物價水準固定時的利率與所得水準。現在我們將注意力轉向運用 *IS-LM* 模型，來分析三個議題。

第一，檢視國民所得波動的潛在原因。我們利用 *IS-LM* 模型來觀察在物價水準既定下，外生變數 (政府購買、稅收和貨幣供給) 的變動如何影響內生變數 (利率與所得)；也檢討商品市場 (*IS* 曲線) 和貨幣市場 (*LM* 曲線) 的各種衝擊，如何影響短期的利率與所得。

第二，討論 *IS-LM* 模型如何融入第 11 章介紹的總供給與總需求模型中。特別是我們檢視 *IS-LM* 模型如何提供總需求曲線斜率與位置的理論基礎。這裡將放寬物價水準固定的假設，且我們會說明 *IS-LM* 模型隱含物價水準與國民所得之間的負向關係。模型也可以告訴我們，會造成總需求曲線移動的事件為何及其移動的方向。

第三，我們檢視 1930 年代的經濟大蕭條。如本章引言指出，這個事件促成短期總體經濟理論的誕生，因為它讓凱因斯及其追隨者思考總需求才是瞭解國民所得波動的關鍵。受惠於這種事後的領悟，我們才能夠利用 *IS-LM* 模型來探討這種令人永生難忘的經濟衰退之各種解釋。

IS-LM 模型在經濟思想的歷史中扮演重要的角色，且提供強大的鏡頭，透過它能夠觀察經濟歷史。但它也有很顯著的現代實用性。我們將會在本章見到模型也可用來說明最近經濟波動的模型：兩個「個案研究」利用 *IS-LM* 模型來檢視始於 2001 年與 2008 年的經濟衰退。更有甚者，如同將在第 16 章見到，*IS-LM* 模型提供我們瞭解更新且更複雜景氣循環的良好基礎。

13-1 以 IS-LM 模型解釋經濟波動

IS 曲線和 LM 曲線的交點決定國民所得。當其中一條曲線移動時，經濟體系的短期均衡改變且引起國民所得波動。在本節中，我們檢視政策的改變及對經濟體系的衝擊，如何能引起這些曲線的移動。

財政政策如何移動 IS 曲線和改變短期均衡？

讓我們首先檢視財政政策 (政府購買與稅收) 的變動，如何改變經濟體系的短期均衡。回顧財政政策的變動會影響計畫支出，因此造成 IS 曲線的移動。IS-LM 模型顯示這些 IS 曲線的移動如何影響所得和利率水準。

政府購買的變動 讓我們考慮政府購買增加 ΔG 的影響。從凱因斯十字架的政府購買乘數告訴我們，在任何既定的利率水準下，財政政策的變動導致所得上升 $\Delta G/(1-MPC)$。因此，如圖 13-1 所示，IS 曲線向右移動，移動的幅度等於 $\Delta G/(1-MPC)$。經濟體系的均衡從 A 點移到 B 點。政府購買的增加造成所得與利率同時增加。

要完全瞭解圖 13-1 發生的事情，最好是回想前一章 IS-LM 模型的基石──凱因斯十字架和流動性偏好理論。當政府增加商品與服務的購買時，經濟體系的計畫支出會增加。這種計畫支出的增加刺激商品與服務的生產，進而引起總所得的上升。從凱因斯十字架的結論來看，這些效果應該十分熟悉。

現在考慮由流動性偏好理論描述的貨幣市場。因為經濟體系的貨幣需求受所

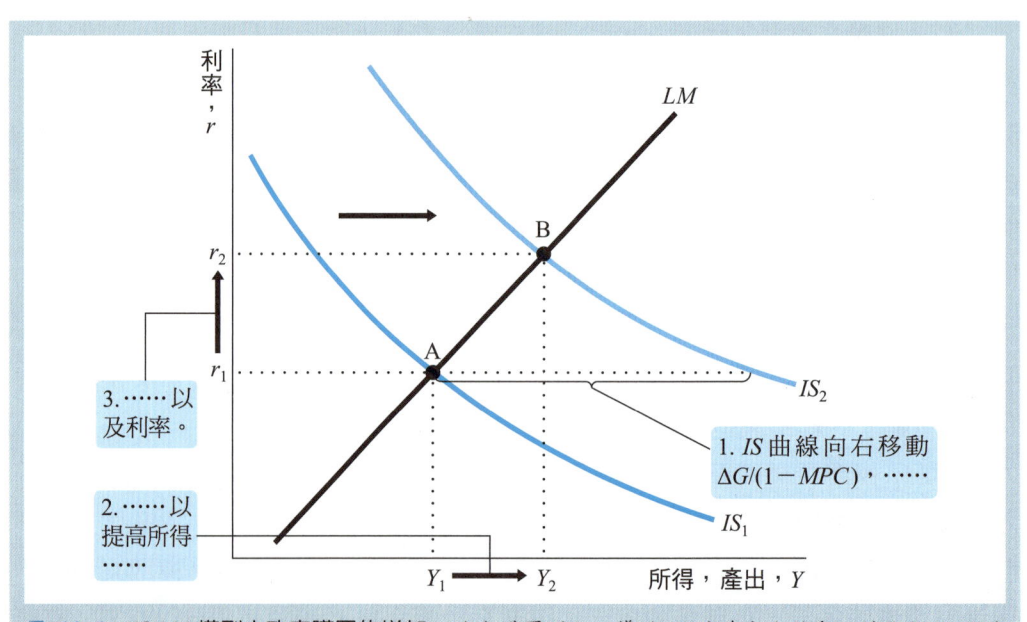

圖 13-1 IS-LM 模型中政府購買的增加 政府購買增加，導致 IS 曲線向右移動。均衡從 A 點移到 B 點。所得從 Y_1 上升到 Y_2，以及利率從 r_1 上升到 r_2。

得的影響，總所得愈高，在每一個利率下，貨幣需求數量愈大。然而，貨幣供給沒有變動，所以貨幣需求增加引起均衡利率 r 上升。

貨幣市場較高利率的效果會進一步回饋到商品市場。當利率上升時，廠商會縮減計畫投資。投資的下降會部份抵銷政府購買增加的擴張效果。因此，財政擴張引起所得增加的幅度，在 IS-LM 模型中會比在凱因斯十字架 (假設投資是固定的) 下來得小。你可以從圖 13-1 中看到這個結論。IS 曲線水平移動的幅度等於凱因斯十字架中均衡所得上升的幅度。這個幅度大於圖形中 IS-LM 模型均衡所得增加 (從 A 點變動至 B 點) 的幅度。兩者之間的差距反映出利率提高排擠部份投資。

稅收變動　在 IS-LM 模型中，除了稅收是透過消費來影響支出外，稅收改變經濟的效果與政府購買大致相同。例如，假設稅收減少 ΔT。減稅鼓勵消費者多支出，因此會提高計畫支出。凱因斯十字架的稅收乘數告訴我們，在任何既定利率水準下，這種政策的改變會使所得水準增加 $\Delta T \times MPC/(1-MPC)$。因此，如圖 13-2 所示，IS 曲線向右移動，移動幅度等於 $\Delta T \times MPC/(1-MPC)$。經濟體系的均衡從 A 點移到 B 點。減稅同時提高所得與利率水準。再一次，因為利率上升會遏止投資，所得增加的幅度在 IS-LM 模型中會比在凱因斯十字架下來得小。

貨幣政策如何移動 LM 曲線和改變短期均衡？

現在來檢視貨幣政策的影響。回顧貨幣供給的變動，在任何既定所得水準下，會改變利率而使貨幣市場達到均衡，因此造成 LM 曲線的移動。IS-LM 模型顯示 LM 曲線的移動如何影響所得和利率水準。

讓我們考慮貨幣供給的增加。因為物價水準 P 在短期是固定的，M 的增加導致實質貨幣餘額 M/P 的增加。流動性偏好理論指出，在任何固定的所得水準

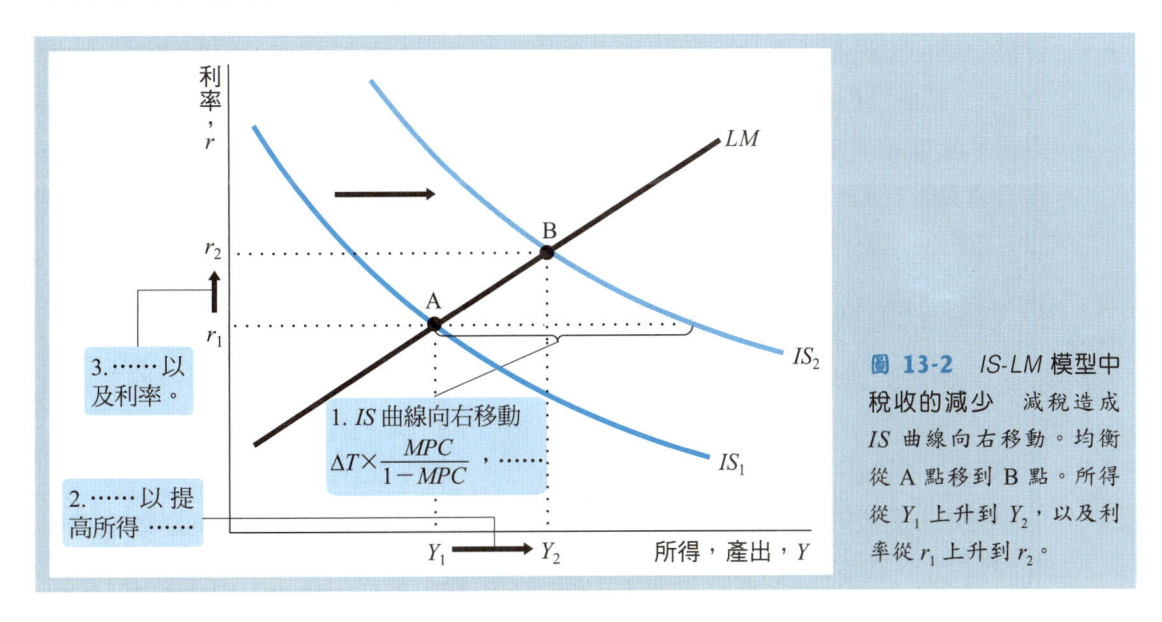

圖 13-2　IS-LM 模型中稅收的減少　減稅造成 IS 曲線向右移動。均衡從 A 點移到 B 點。所得從 Y_1 上升到 Y_2，以及利率從 r_1 上升到 r_2。

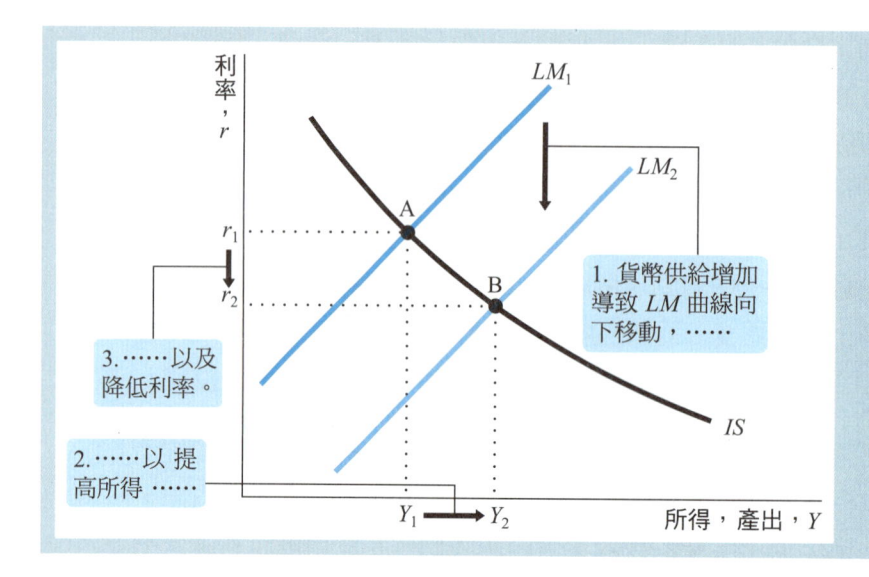

圖 13-3 中標示：
- 縱軸：利率，r
- 橫軸：所得，產出，Y
- A 點（r_1, Y_1）、B 點（r_2, Y_2）
- 曲線：LM_1、LM_2、IS
- 1. 貨幣供給增加導致 LM 曲線向下移動，……
- 2. ……以提高所得……
- 3. ……以及降低利率。

圖 13-3　IS-LM 模型中貨幣供給的增加　貨幣供給增加，導致 LM 曲線向下移動。均衡從 A 點移到 B 點。所得從 Y_1 上升到 Y_2，利率從 r_1 下降到 r_2。

P 下，實質貨幣餘額增加導致利率下跌。因此，LM 曲線向下移動，如圖 13-3 所示。均衡從 A 點移到 B 點。貨幣供給的增加會降低利率和提高所得水準。

再一次，要解釋經濟體系從 A 點移到 B 點的調整過程，我們必須借助 IS-LM 模型的基石：凱因斯十字架和流動性偏好理論。這一次我們先從貨幣政策實施的場所 —— 貨幣市場著手。當 Fed 提高貨幣供給時，在現行利率下，人們手中的貨幣會較其願意持有的數量來得高。因此，他們開始將額外的貨幣開始購買債券或存入銀行。利率 r 下跌至人們願意持有 Fed 額外創造的貨幣數量為止，帶領貨幣市場到達新的均衡。利率下跌轉而影響商品市場。利率下跌會刺激計畫投資，進而導致計畫支出、生產和所得 Y 增加。

因此，IS-LM 模型顯示貨幣政策透過改變利率來影響所得。這個結論讓我們對第 11 章貨幣政策的分析瞭解得更清楚。該章說明在短期當價格是僵固時，擴張貨幣供給可以提高所得。但我們並未討論貨幣擴張如何造成商品與服務支出的增加 —— 這個過程稱為貨幣傳遞機能 (monetary transmission mechanism)。IS-LM 模型顯示此機能重要的部份：貨幣供給的增加會降低利率，進而刺激投資，因而造成商品與服務的需求增加。下一章將顯示在開放經濟體系裡，匯率在貨幣傳遞機能中也扮演重要角色。然而，在大型經濟體系，如美國，利率扮演主要的角色。

貨幣政策與財政政策的互動

在分析貨幣政策或財政政策的任何改變時，必須記住一點，就是那些掌握政策工具的政策制定者非常清楚其他政策決策者的行動。因此，一項政策的改變可能影響另一項政策，這種交互依賴可能會改變一項政策變動的影響。

例如，假設國會想要增稅。這個政策對經濟體系會造成什麼樣的影響？根據 IS-LM 模型，答案端視 Fed 面對增稅如何反應而定。

圖 13-4 顯示許多可能結果中的三種。在圖 13-4(a) 中，Fed 維持貨幣供給固定不變。稅收增加使 IS 曲線向左移動。所得下跌 (因為較高的稅收降低消費者支出)，以及利率下跌 (因為較低的所得降低貨幣需求)。所得的下降指出增稅會引起經濟不景氣。

在圖 13-4(b) 中，Fed 希望維持利率固定不變。在這種情形下，當增稅導致 IS 曲線向左移動時，Fed 必須減少貨幣供給，以使利率維持在原先水準。這種貨幣供給的減少，造成 LM 曲線向上移動。利率沒有下跌，但所得減少的幅度大於 Fed 固定貨幣供給下的幅度。在圖 13-4(a) 中，較低的利率會刺激投資和部份抵銷增稅的緊縮性效果；在圖 13-4(b) 中，Fed 為了維持高利率，而使經濟不景氣的程度更加惡化。

在圖 13-4(c) 中，Fed 企圖阻止增稅造成所得的下跌。因此，它必須擴增貨幣供給，使 LM 曲線向下移動到足以抵銷 IS 曲線移動所造成的負面影響。在這種情形下，增稅不會引起經濟衰退，但會造成利率大幅下滑。儘管所得不變，增稅與貨幣擴張的組合的確改變經濟體系的資源分配，稅收提高會抑制消費，而利率下降會刺激投資。因為這兩種效果相互抵銷，如 Fed 預期，所得不受影響。

在本例中，我們可以看到財政政策的影響由 Fed 採取的政策決定 ── 亦即，受到是否維持貨幣供給、利率或所得固定的影響。一般而言，當分析一項政策變動時，我們必須針對這項政策對其他政策的影響做出假設。最適當的假設受當時的經濟情況，以及隱藏在經濟政策決策背後諸多政治考量的影響。

IS-LM 模型的衝擊

因為 IS-LM 模型說明國民所得在短期如何被決定，我們可以利用模型來檢視不同的經濟干擾如何影響所得。到目前為止，我們已經瞭解財政政策變動如何移動 IS 曲線，以及貨幣政策變動如何影響 LM 曲線。同樣地，我們可以將其他干擾分成兩類：對 IS 曲線的衝擊，和對 LM 曲線的衝擊。

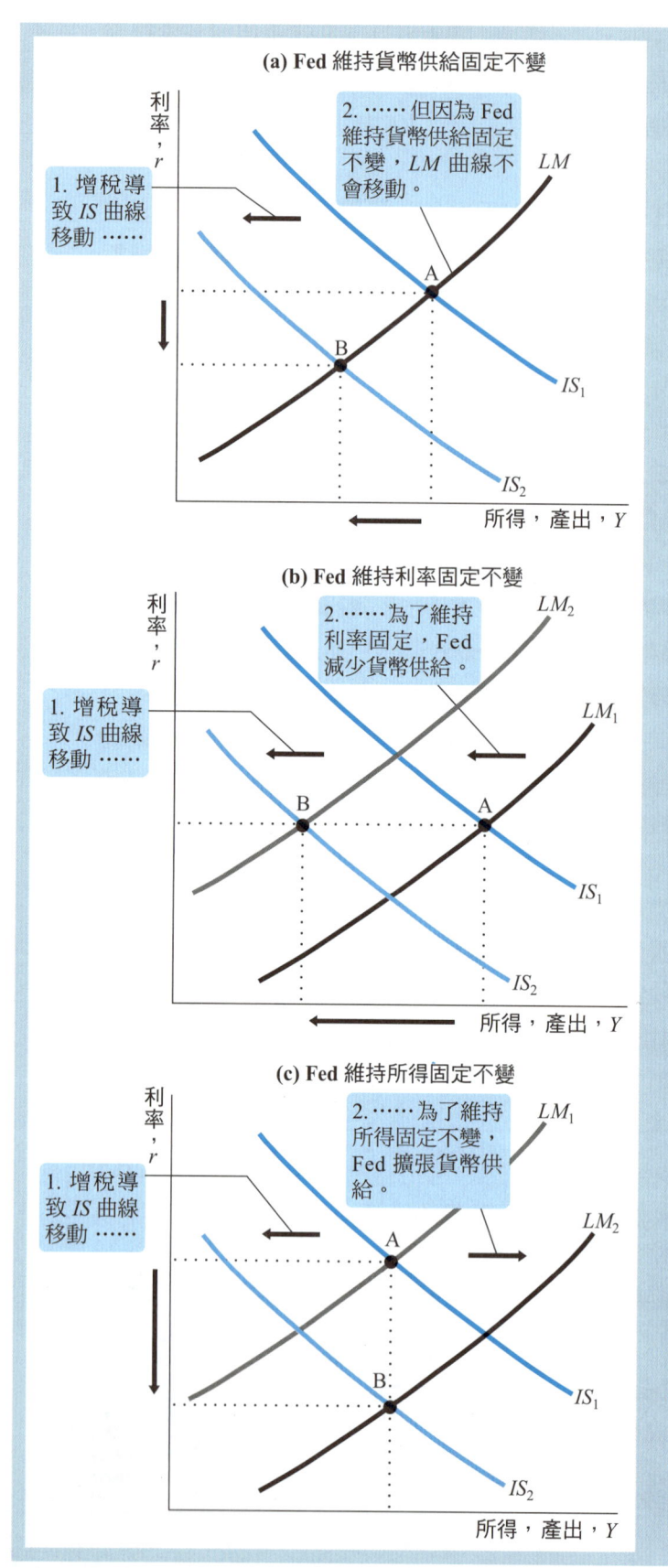

圖 13-4 經濟體系對增稅的反應
經濟體系對增稅如何反應，取決於中央銀行採取的措施。在圖 (a)，Fed 維持貨幣供給固定不變。在圖 (b)，Fed 經由減少貨幣供給來維持利率固定不變。在圖 (c)，Fed 經由增加貨幣供給來維持所得水準固定不變。在每一種情況下，經濟體系從 A 點移向 B 點。

對 IS 曲線的衝擊是商品與服務需求的外生變動。有些經濟學家，包括凱因斯，強調這種需求的變動可能來自於動物本能 (animal spirits) —— 外生和或許是樂觀與悲觀心情的自我實現。例如，假設廠商對未來經濟感到悲觀，且這個悲觀導致廠商興建更少的新工廠。投資需求的減少造成投資函數緊縮性的移動：在每一個利率水準下，廠商願意投資的金額下降。投資的下降會降低計畫支出，並造成 IS 曲線向左移動，所得與就業都減少。這種均衡所得的減少部份，反映出廠商當初的悲觀預期。

對 IS 曲線的衝擊也可能來自消費商品需求的改變。例如，假設一個受歡迎的總統候選人贏得大選，會增加經濟體系中的消費者信心，這會誘使消費者減少儲蓄而增加消費。我們可以用消費函數向上移動表示這種改變，消費函數的移動會提高計畫支出，並造成 IS 曲線向右移動，這會使均衡所得增加。

對 LM 曲線的衝擊則來自貨幣需求的外生變動。例如，假設信用卡申請的新管制措施，導致人們選擇持有更多的貨幣。根據流動性偏好理論，當貨幣需求上升時，使貨幣市場達到均衡的利率水準就會提高 (在任何既定的所得水準與貨幣供給下)。因此，貨幣需求增加導致 LM 曲線向上移動，這會造成利率上升與所得下降。

總之，許多不同種類的事件透過 IS 曲線或 LM 曲線的移動，都會引起經濟波動。然而，請記住：這樣的波動並非無法避免。政策制定者可以嘗試利用貨幣與財政政策的工具來抵銷外生衝擊造成的影響。若政策制定者明快且有技巧地 (不可否認地，這是很大的假設)，對 IS 或 LM 曲線的衝擊不必然會造成所得或就業的波動。

個案研究

2001 年美國的經濟衰退

在 2001 年，美國經歷經濟活動明顯減緩。失業率從 2000 年 9 月的 3.9% 上升到 2001 年 8 月的 4.9%，然後到 2003 年 6 月的 6.3%。從許多方面來看，這次的下降是由總需求不足造成的典型經濟衰退現象。

三個引人注目的衝擊可以幫助解釋這個事件。第一個是股票市場的下跌。在 1990 年代，當投資者對新資訊科技的未來感到樂觀之際，股票市場經歷主升段行情。有些經濟學家認為當時的樂觀看法稍後發展到狂熱階段。當樂觀逐漸消退時，從 2000 年 8 月到 2001 年 8 月，平均股價下跌約 25%。股市的下滑造成家庭財富縮水，因此降低消費者支出。此外，對新科技獲利降低的認知導致投資支出減少。以 IS-LM 模型的術語而言，就是 IS 曲線向左移動。

第二個衝擊是 2001 年 9 月 11 日，恐怖份子攻擊紐約市和華盛頓的 911 事件。在攻擊發生後的一週內，股市狂跌 12%，是自 1930 年代經濟大蕭條以來單週最大的跌幅。此外，恐怖攻擊事件造成未來不確定性提高，陰影仍然籠罩著整個社會。不確定性會降低支出，因為家計單位和廠商會延遲支出計畫，直到不確定性消失為止。因此，恐怖份子的攻擊導致 IS 曲線再度向左移動。

第三個衝擊則是在一些全國最知名的公司，如安隆 (Enron) 和世界通訊 (WorldCom)，發生一連串的會計醜聞。這些醜聞肇因於公司欺騙投資大眾，將自己的獲利灌水，導致宣告破產，犯下詐欺罪行的主管被起訴，最後產生更嚴格地管制公司會計準則的新法律，這些事件使得股價再度重挫，並造成企業投資減少 —— IS 曲線第三度向左移動。

財政與貨幣政策制定者迅速針對這些事件採取因應措施。國會在 2001 年通過第一個主要的減稅法案，包括直接稅的減額和 2003 年的重大減稅法案。減稅的目的之一是刺激消費者支出。(請見第 12 章「個案研究」以減稅來刺激經濟：從甘迺迪到川普。) 此外，在 2001 年恐怖攻擊後，國會藉由撥款重建紐約和對航空業紓困來增加政府支出。這些財政措施都造成 IS 曲線向右移動。

同時，Fed 追求擴張性貨幣政策，使 LM 曲線向右移動。貨幣成長加速，且利率下跌。三個月國庫券利率從 2000 年 11 月的 6.2% 下跌到恐怖攻擊前，2001 年 8 月的 3.4%。恐怖攻擊事件和醜聞發生之後，Fed 增加貨幣刺激，國庫券利率在 2003 年 7 月下跌到 0.9% —— 數十年最低的水準。

擴張性貨幣與財政政策有其預期效果。經濟成長在 2003 年下半年再度起飛，且在 2004 年全年始終維持強勁走勢，到了 2005 年 7 月失業率回到 5.0%。在接下來幾年，失業率維持或低於該水準。然而，當經濟開始遭逢另一個不景氣時，失業率在 2008 年開始上升，2008 年經濟衰退的成因將於本章稍後的「個案研究」加以檢視。■

Fed 的政策工具為何 —— 貨幣供給或利率？

我們對貨幣政策的分析一直基於一個假設，Fed 藉控制貨幣供給來影響經濟。相反地，當媒體報導 Fed 政策變動時，只是簡單地提到 Fed 提高或降低利率。何者是正確的？即使這兩種描述貨幣政策的觀點看起來可能不同，但兩者都對，知道為什麼對我們是很重要的。

在最近幾年，Fed 使用聯邦基金利率 (federal funds rate) —— 銀行隔夜貸款的利率 —— 作為短期的政策工具。當聯邦公開市場委員會 (FOMC) 每六週集會一次來制定貨幣政策時，會對下一次會議前的利率目標進行投票。在會議結束後，位於紐約的 Fed 債券交易員被告知要進行公開市場操作，以達到該目標。這些公開市場操作改變貨幣供給和移動 LM 曲線，所以均衡利率 (由 IS 和 LM 曲線的交點決定) 會等於聯邦公開市場委員會選定的目標利率。

這種操作程序的結果是，Fed 的政策通常以利率變動的方式討論。然而，請記住：這些利率變動背後是貨幣供給的必要變動。報紙可能報導「Fed 降息。」我們可以將這句話解釋成：「聯邦公開市場委員會要求聯邦債券交易員在公開市場買進債券以增加貨幣供給，移動 LM 曲線，並降低均衡利率至較低的目標利率。」

為什麼 Fed 選擇用利率，而非貨幣供給，作為短期政策工具？一個可能的答案是，對 LM 曲線的衝擊比對 IS 曲線的衝擊更普遍。當 Fed 釘住利率時，藉由改變貨幣供給自動抵銷 LM 的衝擊，但這個政策會更加重 IS 的衝擊。如果 LM 的衝擊是比較普遍的類型，則釘住利率的政策會比釘住貨幣供給的政策，導致更穩定的經濟體系。(本章章末「問題與應用」第 8 題會要求你更完整地分析這個議題。)

在第 16 章中，我們將短期波動理論延伸，包括貨幣政策明訂目標利率，以及面對經濟情況改變而改變目標利率。在此所呈現的 IS-LM 模型是更複雜及更實際分析的有用基礎。IS-LM 模型的功課之一是，當中央銀行制定貨幣供給時，決定均衡利率。因此，在某些方面，制定貨幣供給與制定利率其實是一體兩面。

13-2　IS-LM 是總需求的理論

我們已經利用 IS-LM 模型來解釋短期當物價水準固定時的國民所得。為了瞭解 IS-LM 模型如何融入第 11 章介紹的總供給與總需求模型中，我們現在檢視當物價水準變動時，IS-LM 模型會發生什麼變化。透過檢視物價水準變動的影響，終於可以在開始研究 IS-LM 模型後履行我們的承諾：一個解釋總需求位置和斜率的理論。

從 IS-LM 模型到總需求曲線

回顧第 11 章，總需求曲線是描述物價水準與國民所得之間的關係。在第 11 章中，這個關係是從貨幣數量學說導出的。這個分析顯示：在貨幣供給固定下，物價水準愈高隱含所得水準愈低。增加貨幣供給，促使總需求曲線向右移動，而減少貨幣供給，導致總需求曲線向左移動。

要更完整瞭解總需求的決定因素，我們現在利用 IS-LM 模型，而非數量學說，來推導總需求曲線。首先，利用 IS-LM 模型來說明國民所得為什麼會隨物價水準上升而下跌；亦即，為什麼總需求曲線斜率為負。其次，我們檢視引起總需求曲線移動的因素為何。

要解釋為什麼總需求曲線斜率為負，我們來看物價水準變動，IS-LM 模型發生什麼變動。圖 13-5 說明這個部份。就任何既定的貨幣供給 M，物價水準 P 的上

(a) IS-LM 曲線

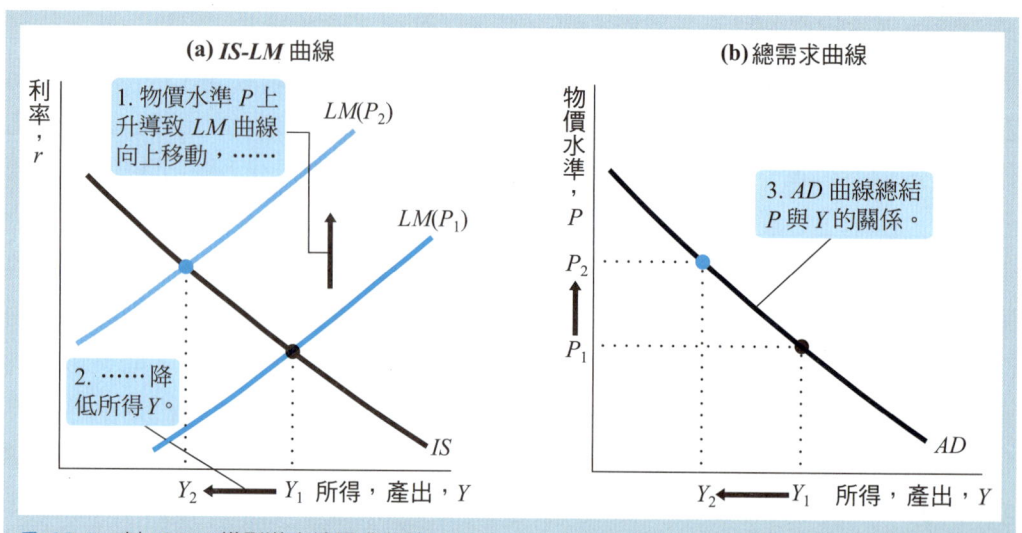

圖 (a) 中：
- 1. 物價水準 P 上升導致 LM 曲線向上移動，……
- 2. ……降低所得 Y。
- 曲線標示：$LM(P_2)$、$LM(P_1)$、IS
- 軸：利率 r；所得、產出 Y（$Y_2 \leftarrow Y_1$）

(b) 總需求曲線

- 3. AD 曲線總結 P 與 Y 的關係。
- 軸：物價水準 P（P_2, P_1）；所得、產出 Y（$Y_2 \leftarrow Y_1$）

圖 13-5 以 IS-LM 模型導出總需求曲線　圖 (a) 顯示 IS-LM 模型：物價水準從 P_1 上升到 P_2 會使實質貨幣餘額下跌，因此導致 LM 曲線向上移動。LM 曲線的移動使所得從 Y_1 下跌到 Y_2。圖 (b) 顯示總需求曲線總結物價水準與所得之間的關係：物價水準愈高，所得水準愈低。

升，會降低實質貨幣餘額供給 M/P。實質貨幣餘額供給減少，導致 LM 曲線向上移動，這會提高均衡利率和降低均衡所得，如圖 13-5(a) 所示。圖中物價水準從 P_1 上升到 P_2，而所得從 Y_1 下跌到 Y_2。圖 13-5(b) 的總需求曲線畫出所得與物價水準之間的這種負向關係。換言之，總需求曲線顯示，當我們變動物價水準而所得也跟著變動時，從 IS-LM 模型產生均衡點的集合。

什麼因素會引起總需求曲線移動？因為總需求曲線只是 IS-LM 模型結果的匯總，任何移動 IS 曲線或 LM 曲線 (在既定物價水準下) 的事件都會造成總需求曲線移動。例如，在 IS-LM 模型中，就任何既定的物價水準，貨幣供給的增加會使所得增加；因此它會使總需求曲線向右移動，如圖 13-6(a) 所示。同樣地，在 IS-LM 模型中，就任何既定的物價水準，政府購買增加或稅收減少都會使所得增加；這也會使總需求曲線向右移動，如圖 13-6(b) 所示。反之，在 IS-LM 模型中，貨幣供給減少，政府購買減少或稅收增加都會使所得減少，造成總需求曲線向左移動。在 IS-LM 模型中，除了改變物價水準外，任何改變所得的變數會引起總需求曲線的移動。總需求曲線移動的因素不僅包括貨幣與財政政策，還包括對商品市場 (IS 曲線) 的衝擊與對貨幣市場 (LM 曲線) 的衝擊。

我們可將這些結果匯整如下：在 IS-LM 模型中，物價水準改變引起所得的變動，表示沿同一條總需求曲線上的移動。在 IS-LM 模型中，物價水準固定下，所得的變動代表整條總需求曲線的移動。

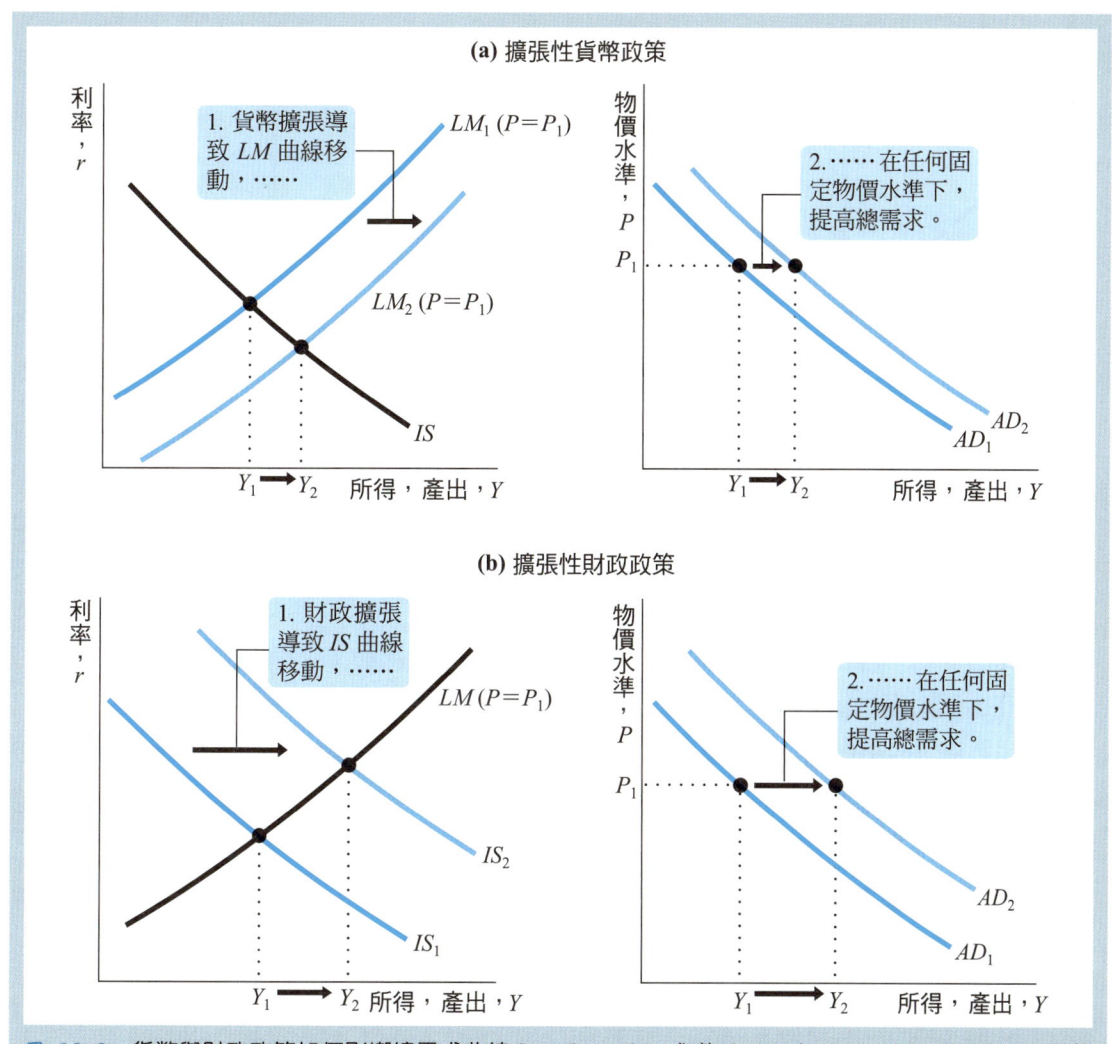

圖 13-6 貨幣與財政政策如何影響總需求曲線？ 圖 (a) 顯示貨幣擴張。在任何既定物價水準下，貨幣供給的增加會提高實質貨幣餘額，使 LM 曲線向右移動，且所得水準上升。因此，貨幣供給的增加導致總需求曲線向右移動。圖 (b) 顯示財政擴張，如政府購買增加或稅收減少。財政擴張使 IS 曲線向右移動，以及在既定物價水準下提高所得。因此，財政擴張導致總需求曲線向右移動。

短期與長期的 IS-LM 模型

　　IS-LM 模型是設計用來解釋當物價水準固定時，短期的經濟現象。但是，現在我們看到物價水準改變如何影響 IS-LM 模型的均衡，也可以利用模型來描述，當物價水準調整到經濟體系的產出等於自然產出時，長期的經濟現象。藉由 IS-LM 模型來描述長期，我們可以很清楚地說明凱因斯的所得決定模型與第 3 章描述古典模型之間的差異。

　　圖 13-7(a) 顯示瞭解短期與長期均衡需要的三條曲線：IS 曲線、LM 曲線，以及代表自然產出水準 $\bar{Y}$ 的垂直線。一如往常，LM 曲線是在固定物價水準 P_1 下畫

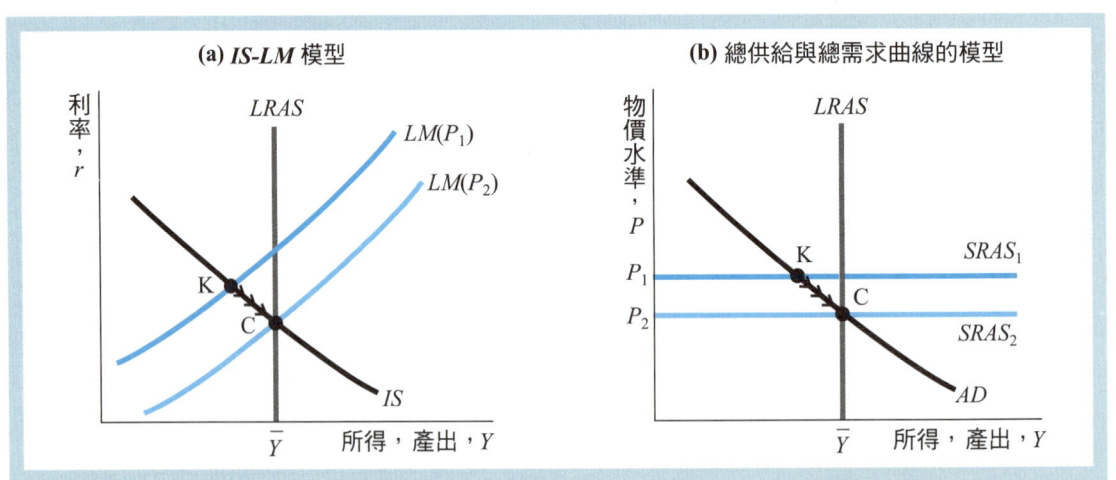

(a) *IS-LM* 模型　　　　　　　　(b) 總供給與總需求曲線的模型

圖 13-7　短期與長期均衡　我們可以利用圖 (a) 的 *IS-LM* 圖形或圖 (b) 的總供給與總需求圖形，來比較短期與長期均衡。在短期，物價水準固定在 P_1。因此，經濟體系的短期均衡在 K 點。在長期，物價水準調整到讓經濟在自然水準下生產。因此，長期均衡在 C 點。

出的曲線。經濟體系的短期均衡在 K 點，為 *IS* 曲線與 *LM* 曲線的交點。請注意：在這個短期均衡中，經濟體系的所得小於自然產出水準。

圖 13-7(b) 顯示在總需求與總供給圖形中相同的情況。在物價水準 P_1 下，產出需求數量低於自然水準。換言之，在現行物價水準下，商品與服務的需求不足以讓經濟體系在潛在水準生產。

在這兩個圖形中，我們可以檢視經濟體系目前所在的短期均衡，以及經濟體系必然趨向的長期均衡。K 點描述短期均衡，因為它假設物價水準固定在 P_1。最終，商品與服務需求不足引起價格下跌，而經濟體系會回到自然水準。當物價水準達到 P_2 時，經濟體系達到長期均衡 C 點。總供給與總需求的圖形顯示在 C 點，商品與服務的需求等於自然產出水準。在 *IS-LM* 模型中，長期均衡是透過 *LM* 曲線移動達到的：物價水準下跌使實質貨幣餘額增加，所以導致 *LM* 曲線向右移動。

現在我們可以看到，凱因斯與古典觀點在解釋國民所得上最主要的差別。凱因斯的假設 (以 K 點表示) 為物價是固定的，受貨幣政策、財政政策及其他總需求的決定因素，產出可以偏離自然水準。古典的假設 (以 C 點表示) 為物價水準是完全有彈性。物價水準可調整到讓國民所得始終等於自然產出水準。

想要以不同方式來表達同樣的觀點，我們可以用三個方程式來敘述經濟體系。前兩個分別是 *IS* 和 *LM* 方程式：

$$Y = C(Y-T) + I(r) + G \quad\quad IS$$
$$M/P = L(r, Y) \quad\quad LM$$

IS 方程式描繪商品市場均衡，而 *LM* 方程式描繪貨幣市場均衡。這兩個方程式包

含三個內生變數：Y、P 和 r。想要完成整個模型，我們需要第三個方程式。凱因斯的觀點是以固定價格的假設來完成模型，所以凱因斯的第三個方程式是：

$$P=P_1$$

這個假設隱含剩下的兩個變數 r 和 Y 必須調整到滿足剩下的兩個 IS 與 LM 方程式。古典的觀點是以產出達到自然水準的假設來完成模型，所以古典的第三個方程式是：

$$Y=\overline{Y}$$

這個假設隱含剩下的兩個變數 r 和 P，必須調整到滿足剩下的兩個 IS 與 LM 方程式。因此，古典學派固定產出而允許物價水準可調整到滿足商品與貨幣市場均衡條件，而凱因斯學派固定物價水準，讓所得移動至滿足均衡條件。

哪一個假設最適當？答案與期間長短有關。古典的假設適合描繪長期經濟現象。因此，我們在第 3 章的國民所得與第 5 章的物價之長期分析，都是假設產出等於自然水準。凱因斯的假設適合描述長期的經濟現象。所以，我們對短期經濟波動的分析是假設物價水準固定。

13-3 經濟大蕭條

現在我們已經發展出總需求模型，讓我們利用它來探討最初讓凱因斯感興趣的問題：引起經濟大蕭條的因素為何？即使事件發生超過半個世紀的今天，經濟學家仍對造成這次主要經濟重挫的原因爭辯不休。經濟大蕭條提供一個廣泛的個案研究，顯示經濟學家如何利用 IS-LM 模型來分析經濟波動現象。[1]

在轉向經濟學家提出的解釋之前，我們先觀察表 13-1 列出關於大蕭條的一些統計數據。這些統計數據是爭論大蕭條發生的主要戰場。你認為當時發生什麼事？IS 移動？LM 移動？或其他？

支出假說：對 IS 曲線的衝擊

表 13-1 顯示 1930 年代初期所得下降與利率下降同時發生。這個事實導致有些經濟學家提出下跌的原因，可能是 IS 曲線緊縮性移動所造成。這個觀點有時稱為**支出假說** (spending hypothesis)，因為它認為大蕭條的元凶是商品與服務支出的

---

[1] 想要熟悉辯論的滋味，請見 Milton Friedman and Anna J. Schwartz, *A Monetary History of the United States, 1867-1960* (Princeton, NJ: Princeton University Press, 1963); Peter Temin, *Did Monetary Forces Cause the Great Depression?* (New York: W. W. Norton, 1976); Karl Brunner, ed., *The Great Depression Revisited* (Boston: Martinus Nijhoff, 1981) 的論文；以及 1993 年春天，*Journal of Economic Perspectives* 發行的經濟大蕭條論文集。

表 13-1　經濟大蕭條期間發生什麼事？

年	失業率 (1)	實質國民生產毛額 (2)	消費 (2)	投資 (2)	政府購買 (2)
1929	3.2	203.6	139.6	40.4	22.0
1930	8.9	183.5	130.4	27.4	24.3
1931	16.3	169.5	126.1	16.8	25.4
1932	24.1	144.2	114.8	4.7	24.2
1933	25.2	141.5	112.8	5.3	23.3
1934	22.0	154.3	118.1	9.4	26.6
1935	20.3	169.5	125.5	18.0	27.0
1936	17.0	193.2	138.4	24.0	31.8
1937	14.3	203.2	143.1	29.9	30.8
1938	19.1	192.9	140.2	17.0	33.9
1939	17.2	209.4	148.2	24.7	35.2
1940	14.6	227.2	155.7	33.0	36.4

年	名目利率 (3)	貨幣供給 (4)	物價水準 (5)	通貨膨脹 (6)	實質貨幣餘額 (7)
1929	5.9	26.6	50.6	—	52.6
1930	3.6	25.8	49.3	−2.6	52.3
1931	2.6	24.1	44.8	−10.1	54.5
1932	2.7	21.1	40.2	−9.3	52.5
1933	1.7	19.9	39.3	−2.2	50.7
1934	1.0	21.9	42.2	7.4	51.8
1935	0.8	25.9	42.6	0.9	60.8
1936	0.8	29.6	42.7	0.2	62.9
1937	0.9	30.9	44.5	4.2	69.5
1938	0.8	30.5	43.9	−1.3	69.5
1939	0.6	34.2	43.2	−1.6	79.1
1940	0.6	39.7	43.9	1.6	90.3

資料來源：*Historical Statistics of the United States, Colonial Times to 1970, Parts I and II* (Washington, DC: U.S. Department of Commerce, Bureau of Census, 1975).

註解：(1) 失業率是序列 D9；(2) 實質國民生產毛額、消費、投資及政府購買是序列 F3、F48、F52 和 F66，其皆以 1958 年為基期，單位：$10 億；(3) 利率是四個月至六個月商業本票的基本利率，序列 X445；(4) 貨幣供給是序列 X414，通貨加活期存款，單位：$10 億；(5) 物價水準是 GNP 平減物價指數 (1958 年＝100)，序列 E1；(6) 通貨膨脹率是物價水準序列的變動百分比；(7) 實質貨幣餘額，是貨幣供給除以物價水準再乘以 100，以 1958 年為基期，單位：$10 億。

外生性下跌。

經濟學家提出支出下跌的幾個解釋。有些人認為，消費函數的下移造成 IS 曲線緊縮性移動。1929 年股票市場的崩盤，可能要為 IS 曲線的移動負一部份的責任：因為財富縮水及對美國經濟未來前景的不確定性增加，股市崩盤可能促使消費者所得多用於儲蓄，而少用在消費上。

其他對支出下跌的解釋指向住宅建築的大幅滑落。有些經濟學家相信，1920 年代住宅投資的景氣是過熱的現象，一旦這種「過度興建」現象變得明顯，對住宅投資的需求會巨幅下滑。另外一個住宅投資下跌的可能解釋，則是 1930 年代移民人口的減少：當人口成長得愈緩慢，或許對新房子的需求會較少。

一旦大蕭條開始蔓延，許多事件的發生導致支出再度下跌。一是在 1930 年代初期，許多銀行倒閉，部份是因為不當的銀行管制，另一部份則是 Fed 不願意在銀行倒閉開始出現時，積極扮演最終貸款者的角色。如同我們將在第 19 章更完整地討論，銀行在提供剩餘資金給最能夠利用資金的家計單位與廠商的投資上，扮演極為重要的角色。1930 年代初期，許多銀行倒閉可能導致有些企業無法取得資本投資所需的資金，因此可能造成投資支出再一次的緊縮性移動。[2]

此外，1930 年代的財政政策引起 *IS* 曲線的緊縮性移動。當時的政治人物比較關心平衡預算，較不關心利用財政政策讓生產與就業維持在自然水準。1932 年的收入法案 (Revenue Act of 1932) 提高不同稅收，特別是針對中低收入的消費者。[3] 那一年民主黨的黨綱表示對預算赤字的關心，並提倡「立即大幅減低政府支出」。在史上最高失業率的期間，政策制定者多方面尋找增加稅收與減低政府支出的方法。

因此，有許多種方式解釋 *IS* 曲線的緊縮性移動。請記住：這許多種方式可能都正確。沒有單一可以解釋支出下降的原因，有可能是所有這些導致支出的大量減少同時發生的原因。

貨幣假說：對 *LM* 曲線的衝擊

表 13-1 顯示從 1929 年到 1933 年貨幣供給下跌 25%，在這段期間失業率從 3.2% 上升到 25.2%。這個事實提供稱為貨幣假說 (money hypothesis) 的動機與支持，它主張 Fed 允許貨幣供給大幅減少是大蕭條的元凶，[4] 這種解釋最著名的支持者為傅利德曼和史瓦茲，他們在 1963 年的論文集《美國貨幣歷史：1867 年到 1960 年》(*A Monetary History of the United States, 1867-1960*) 中為這種說法提出證據。傅利德曼和史瓦茲認為，大多數經濟衰退是由貨幣供給緊縮所造成，而經濟大蕭條是一引人著目的範例。

---

[2] Ben Bernanke, "Non-Monetary Effects of the Financial Crisis in the Propagation of the Great Depression," *American Economic Review* 73 (June 1983): 257-276.

[3] E. Cary Brown, "Fiscal Policy in the Thirties: A Reappraisal," *American Economic Review* 46 (December 1956): 857-879.

[4] 我們在第 4 章已探討貨幣供給大幅下滑的原因，詳細檢視貨幣供給的創造過程。特別是請見「個案研究」：1930 年代的貨幣供給與銀行倒閉。

利用 IS-LM 模型，我們可以將貨幣假說詮釋成經濟大蕭條是因為 LM 曲線的緊縮性移動所引起。然而，從這個角度詮釋，貨幣假說會有兩個問題。

第一個問題是實質貨幣餘額的行為。只有在實質貨幣餘額下跌時，貨幣政策才會導致 LM 曲線的緊縮性移動。但是，從 1929 年到 1931 年，實質貨幣餘額微幅上升，因為貨幣供給的減少伴隨物價水準更大幅度的下跌。儘管貨幣緊縮可能是 1931 年到 1933 年失業率上升的主因，但是當實質貨幣餘額下跌時，它卻無法輕易地解釋最初在 1929 年到 1931 年的衰退現象，那段時期的實質貨幣餘額是上升的。

貨幣假說的第二個問題是利率的行為。若 LM 曲線的緊縮性移動挑起大蕭條，我們應該觀察到更高的利率水準才對。但是從 1929 年到 1933 年，名目利率是持續地下降。

這兩個理由似乎足以推翻大蕭條是由 LM 曲線緊縮性移動所產生的觀點。但是否貨幣存量下跌無關緊要？其次，我們轉向另外一個機制，貨幣政策透過這個機制可以說明大蕭條的嚴重性：1930 年代的通貨緊縮。

貨幣假說重現：物價下跌的影響

從 1929 年到 1933 年物價水準下跌 22%。許多經濟學家認為，通貨緊縮是造成經濟大蕭條如此嚴重的主因。他們強調通貨緊縮將 1931 年原本是一般的經濟衰退，轉變成空前未有的高失業與低所得時期。如果這種說法正確，此一論點為貨幣假說注入新生命。因為貨幣供給下跌引起物價水準下跌，可能是導致大蕭條嚴重性的原因。為了評估這個論點，我們必須討論物價水準改變如何影響 IS-LM 模型中的所得。

通貨緊縮的穩定效果　到目前為止，在我們發展的 IS-LM 模型中，物價下跌會提高所得。在任何固定的貨幣供給 M 下，物價水準下跌隱含實質貨幣餘額 M/P 上升。實質貨幣餘額增加導致 LM 曲線的擴張性移動，而這會造成所得上升。

另外一個價格下跌擴增所得的管道，稱為皮古效果 (Pigou effect)。1930 年代著名的古典學派經濟學家亞瑟・皮古 (Arthur Pigou) 指出，實質貨幣餘額是家計單位財富的一部份。當物價下跌而實質餘額上升時，消費者應該覺得比較富有且支出會增加。這種消費者支出的增加導致 IS 曲線擴張性移動，且會造成所得上升。

這兩個理由導致在 1930 年代，有些經濟學家相信物價下跌有助於穩定經濟；亦即，他們認為物價水準下跌會推動經濟回到充份就業狀態。但是，其他經濟學家對這種經濟體系自我調整的能力不具信心，指出物價下跌的其他影響，我們現在要回到這個主題。

通貨緊縮的不穩定效果　經濟學家提出兩個理論來解釋物價下跌如何降低，而不是提高所得：第一個理論稱為**債務—通貨緊縮理論** (debt-deflation theory)，描述非預期物價水準下跌的影響；第二個理論解釋預期通貨緊縮的影響。

債務—通貨緊縮理論首先從第 5 章的一個觀察開始：非預期物價水準的變動會使債務人與債權人之間的財富重分配。若一債務人欠債權人 \$1,000，則此負債的實質價值是 \$1,000/P，其中 P 是物價水準。物價水準下跌，這筆負債的實質價值；債務人必須償還債權人較大的實質金額。因此，非預期通貨緊縮使債權人更富有且債務人變得更貧窮。

然後，債務—通貨緊縮理論主張這種財富重分配影響商品與服務的支出。為了因應財富從債務人重分配到債權人，債務人的支出會減少，而債權人的支出會增加。如果這兩群人有相同的支出傾向，就沒有任何對總體經濟的衝擊。但似乎債務人比債權人有更高的支出傾向；事實的確如此，或許這就是債務人一開始負債的原因。在這種情形下，債務人支出減少的幅度會大於債權人支出增加的幅度。淨效果是總支出減少，導致 IS 曲線緊縮性移動及國民所得的減少。

要瞭解預期物價的變動如何能影響所得，我們需要加入一個新的變數到 IS-LM 模型中。到目前為止，我們的討論並未區分名目利率與實質利率。但是從前面幾章得知，投資受實質利率影響，而貨幣需求受名目利率影響。若 i 是名目利率和 $E\pi$ 是預期通貨膨脹，則事前實質利率為 $i - E\pi$。我們現在可以將 IS-LM 模型寫成：

$$Y = C(Y-T) + I(i-E\pi) + G \quad \text{IS}$$
$$M/P = L(i, Y) \quad \text{LM}$$

預期通貨膨脹現在是 IS 曲線的一個變數。因此，預期通貨膨脹的改變會造成 IS 曲線的移動。

讓我們利用這個延伸的 IS-LM 模型，來檢視預期通貨膨脹的改變如何影響所得水準。我們一開始假設每一個人預期物價水準固定不變。在這個情形下，沒有預期通貨膨脹 ($E\pi = 0$)，而這些方程式可以得到我們熟悉的 IS-LM 模型。圖 13-8 以 IS_1 表示 IS 曲線和 LM 曲線來描繪這種最初的情況。這兩條曲線的交點決定名目與實質利率，一開始它們是一樣的。

現在假設每一個人突然預期物價水準在未來將下跌，所以 $E\pi$ 變成負值。在任何既定名目利率下，實質利率會比較高。實質利率的上升會使計畫投資支出減少，造成 IS 曲線從 IS_1 左移到 IS_2。(下移的幅度恰好與預期通貨膨脹相同。) 因此，預期通貨緊縮導致國民所得從 Y_1 下跌到 Y_2。名目利率從 i_1 下跌到 i_2，而實質利率從 r_1 上升到 r_2。

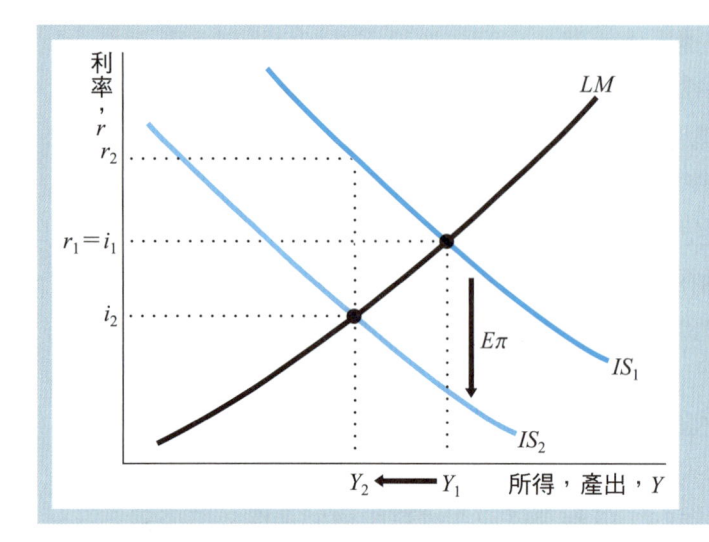

圖 13-8　IS-LM 模型的預期通貨緊縮
在任何既定名目利率下，預期通貨緊縮（$E\pi$ 是負值）可提高實質利率，這會降低投資支出。投資的減少導致 IS 曲線向下移動。所得從 Y_1 下跌到 Y_2。名目利率從 i_1 下跌到 i_2，實質利率從 r_1 上升到 r_2。

這裡是圖形背後的故事：當廠商開始預期通貨緊縮時，變得更不願意貸款購買投資商品，因為他們相信稍後必須以更高的代價來償還這些貸款。投資下跌會減少計畫支出，進而使所得減少。所得下跌引起貨幣需求減少，因而降低使貨幣市場達到均衡的名目利率。名目利率下跌的幅度小於預期通貨緊縮下跌的幅度，所以實質利率上升。

請注意：這兩個不穩定通貨緊縮的故事裡有一個共通點。在這兩個故事中，物價下跌經由 IS 曲線的緊縮性移動造成所得下跌。因為從 1929 年到 1933 年觀察到的通貨緊縮規模，除非貨幣供給巨幅下降，否則是不可能發生的。這兩個解釋將蕭條——特別是嚴重性——的部份責任歸咎於 Fed。換言之，若物價下跌是具有不穩定效果，則貨幣供給緊縮可以導致所得減少，即使是在實質貨幣餘額減少或名目利率上升不存在的情況仍會發生。

蕭條有可能再發生嗎？

經濟學家研究大蕭條，主要為它是重要的歷史事件，並且協助政策制定者以免重蹈覆轍。要很有信心地說出這個事件是否會重演，我們必須瞭解其發生的原因。因為經濟大蕭條的形成原因至今未有共識，我們不可能確定地去除像這種幅度大蕭條發生的可能性。

但是，大多數經濟學家相信導致經濟大蕭條的錯誤可能不會重複再犯。當經濟盤旋向下時，Fed 似乎不可能允許貨幣供給下跌 25%。許多經濟學家相信 1930 年代初期的通貨緊縮，是大蕭條的如此嚴重的根本原因。且其似乎只有在貨幣供給下跌情況下，才可能會有如此長久的通貨緊縮現象。

大蕭條的財政政策錯誤似乎不可能重複。1930 年代的財政政策不僅無濟於事，而且實際上還雪上加霜使總需求的下降幅度更深。今天沒有經濟學家在面對大量失業時，仍支持嚴守平衡預算原則。

此外，尚有許多機構可以協助防止 1930 年代的悲劇重演。聯邦存款保險制度使得普遍性的銀行倒閉機率下降。當所得下跌時，所得稅可導致稅收減少，這可以穩定經濟。最後，今日的經濟學家比 1930 年代知道得更多：我們對經濟體系如何運作的知識雖然有限，但是應該能夠協助政策制定者制定更好的政策來對抗如此普遍的失業。

個案研究

2008 年到 2009 年的金融危機與經濟大衰退

在 2008 年，美國經濟經歷一場金融危機，經濟衰退接踵而來。這段時期的許多發展讓我們聯想到 1930 年代的往事，而且許多觀察家都害怕經濟體系可能再度經歷大蕭條。

2008 年的危機源於早些年房地產市場的蓬勃發展。房地產景氣有好幾個源頭。在某種程度上，是低利率助長房市走揚。如同我們在本章先前的「個案研究」所見，在 2001 年經濟衰退之後，Fed 將利率調降至歷史新低。低利率協助經濟復甦，但是藉由房貸成本壓低，買房子變得比較容易，也導致房屋價格的上漲。

此外，房貸市場的發展使得次級房貸的貸款者 (subprime borrowers) —— 那些依據他們的所得及信用歷史的貸款者，屬於高違約風險的貸款者 —— 很輕易地得到房貸來買房子。其中的一個發展是證券化 (securitization)。金融機構 (房貸創造者) 承做貸款，並將其組合成一些不同的「抵押擔保證券」的過程，然後這些抵押擔保債券賣給其他金融機構 (如銀行、退休基金或保險公司)，只要房屋持有者繼續償還貸款，這些證券就可支付利息。但如果房屋持有者違約，證券價值就盪然無存。不幸的是，抵押擔保證券持有人有些並不理解其持有證券的風險。有些經濟學家將這些高風險貸款歸咎於管理不周。其他經濟學家則相信問題不在管制不足而是政策錯誤：有些政府政策的目標讓低所得家庭擁有房子，進而誘使銀行做出這種高風險的借款。

整體而言，這些因素提高房屋需求與推升房價走揚。從 1995 年到 2006 年，美國的房價上漲超過一倍。當愈來愈多人買房子時，希望且預期房價持續上揚時，有些觀察家將房價上揚視為一種投機性泡沫。

然而，高房價無法一直持續。從 2006 年到 2009 年，全國各地的房價下跌約 30%。這種房價的波動並不必然成為市場經濟的一個問題。畢竟，價格移動是市場供需力量趨向均衡的過程。但在這種情況下，價格下跌導致一連串嚴重的後果。

第一個後果是，房貸違約與房屋查封拍賣的事件層出不窮。在房市景氣之際，許多屋主都用很低的頭期款及大部份的房貸來購屋。當房價下跌時，這些屋主都溺水 (underwater)：他們積欠的房貸高於房屋價值。因此，很多屋主停止支付房貸的利息與本金。提供房貸的銀行面對違約，就將房子查封拍賣。銀行的目的是拿回可以拿到部份款項。然而，房屋銷售數目增加加重房價盤旋向下。

第二個後果是，擁有不同抵押擔保證券銀行發生鉅額虧損。本質上，藉由投入大量貸款來購買高風險房貸，這些公司是在賭房價將持續上揚。當這個賭博不如預期時，它們發現自己已經或瀕臨破產邊緣，即使是經營健全的銀行也不再相信別家銀行並停止同業拆款，因為很難分辨下一家會倒閉的銀行是誰。由於金融機構的鉅額損失與恐懼及不信任的氣氛瀰漫，金融機構貸款給信用良好顧客的能力受損。第 19 章將更詳細地討論這一點與金融危機。

第三個後果是，股市波動加劇。許多公司都依賴金融體系來得到所需的資源進行企業擴張，或協助其管理短期現金流。由於金融體系較無法執行正常功能，許多公司的獲利將畫上問號。因為不知道情況有多糟，股市出現自 1930 年代之後未曾出現的異常波動。

房價下跌、贖回權取消增加、金融不穩定及更劇烈的波動，進而導致第四個後果：消費者信心下跌。在所有的不確定當中，家計單位開始延遲支出計畫，特別是耐久財支出直線下滑。

因為所有的這些事件，經濟體系遭逢 IS 曲線大幅的左移。生產所得和就業下跌，失業率從 2007 年 10 月的 4.7% 上升至 2009 年 10 月的 10.0%。

當危機蔓延之際，政策制定者採取強而有力的措施。首先，Fed 將聯邦基金利率從 2007 年 9 月的 5.25% 降至 2008 年 12 月接近零的水準。其次，在 2008 年 10 月，一個不尋常的動作是國會同意財政部撥款 7,000 億美元來拯救金融體系。在很大程度上，這些資金被作為權益資金注入到銀行內。也就是說，財政部將資金注入銀行體系，銀行可用這些錢承做貸款；為了交換這些資金，美國政府短暫地變成這些銀行的股東。第三，如同在第 12 章中討論的，當歐巴馬在 2009 年 1 月成為美國總統時，最早的提案之一即為大幅增加政府支出來提振總需求。最後，Fed 採取不同的非傳統貨幣政策，如購買長期債券、降低長期利率，因而鼓勵貸款和私人支出。

最後，在避免另一次的大蕭條上，政策制定者有一些功勞。相較於 1933 年失業率高達 25%，失業率僅上升至 10%，其他資料也說明相同故事。圖 13-9 比較 1930 年代經濟大蕭條與 2008 年到 2009 年經濟大衰退期間的工業生產走勢。(工業生產衡量一國製造業、礦業和公用事業的產出。因為資料來源的一致性，其為短期經濟波動歷史比較的一個更值得信賴的時間數列資料。) 圖形顯示，在經濟大蕭條時，工業生產下跌約三年，下滑超過 50%，且花費七年才回到先前的高峰水準。相反地，在經濟大衰退時，工業生產下跌僅一年半，下滑 17%，且花六年才回到原來水準。

然而，這種比較只帶來些微幸福感，即便 2008 年到 2009 年經濟大衰退比經濟大蕭條期間來得短且較不嚴重，對許多家庭而言，依然是一個毀滅性事件。

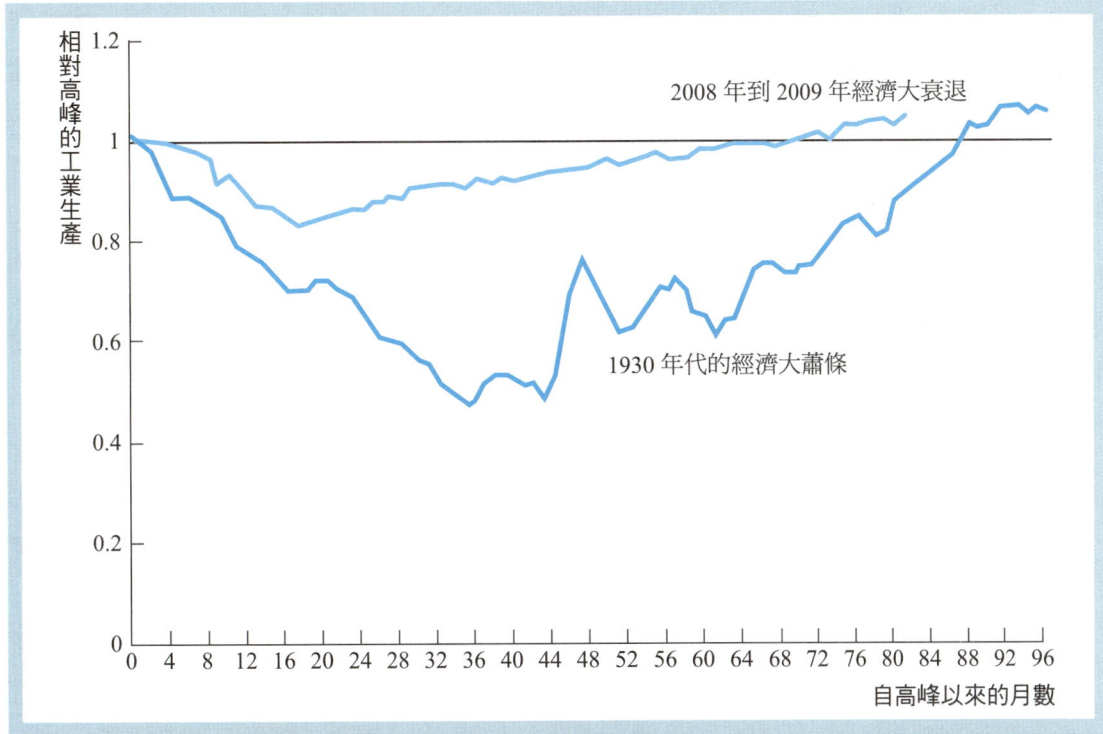

圖 13-9　經濟大衰退與經濟大蕭條　此圖形比較 2008 年到 2009 年經濟大衰退與 1930 年代經濟大蕭條的工業生產。就各個經濟不景氣，圖形呈現相對前一個高峰的工業生產。(2007 年 12 月和 1929 年 8 月)，資料顯示最近一次的不景氣幅度較經濟大蕭條時的幅度小且較短。

資料來源：聯邦準備理事會。

流動性陷阱與非傳統貨幣政策

在 1930 年代的美國，利率降到非常低的水準。如表 13-1 所示，美國利率在 1930 年代後半都低於 1%。同樣的情況也發生在 2008 年到 2009 年的經濟大衰退。在 2008 年 12 月，Fed 將其目標聯邦資金利率降至 0% 到 0.25% 的範圍，且直到 2015 年 12 月，利率仍維持在該水準。

有些經濟學家描述這種情形為流動性陷阱 (liquidity trap)。根據 IS-LM 模型，擴張性貨幣政策的效果是透過降低利率來刺激投資支出而達成。但是，若利率已經跌到接近零的水準，或許貨幣政策不再有效。名目利率無法跌到零以下：為了避免以負的名目利率借錢給他人，人們寧願持有現金。在這種環境下，擴張性貨幣政策提高貨幣供給，使民眾有更多的現金，但因為利率無法再下跌，多餘的現金不再有任何影響。總需求、生產及就業可能會「深陷」極低的水準。流動性陷阱有時稱為零利率下限的問題。

其他經濟學家對流動性陷阱抱持懷疑的態度，注意到中央銀行持續有其他工具來擴張經濟。即使利率目標已達到零的水準。中央銀行的目標利率通常是極短期利率。例如，聯邦基金利率是隔夜利率，一旦此利率觸及零利率下限，中央銀行可以嘗試用兩種方式來降低較長期的利率。第一，中央銀行可藉由承諾讓目標利率維持一段長時間較低的水準來達成。宣佈未來貨幣行動的政策有時稱為前瞻指引 (forward guidance)。第二，中央銀行也可藉由執行比平常更多種類金融工具的擴張性公開市場操作，來降低較長期的利率。例如，它可購買長期政府公債、抵押擔保證券，甚至是公司債，來降低這些金融商品的利率，這種政策有時稱為量化寬鬆 (quantitative easing)。有些新聞評論家稱前瞻指引與量化寬鬆為非傳統貨幣政策，理由是中央銀行使用過去未曾使用的更廣泛工具來影響經濟活動。在經濟大衰退期間，及之後 Fed 追求前瞻指引與量化寬鬆政策。

有些經濟學家提出，流動性陷阱的可能性證明目標通貨膨脹率要大於零是合理的。在零通貨膨脹下，實質利率如同名目利率，永遠不會下跌到零以下。但若通貨膨脹名目利率是 4%，則中央銀行可以輕易透過使名目利率逼近零，而讓實質利率成為 −4%。換句話說，較高的通貨膨脹目標意味著在正常時期較高的名目利率 (記得費雪效果)，此舉可讓中央銀行在面臨不景氣衝擊時，有更多的空間來降低利率。因此，在需要時，更高的通貨膨脹目標可以賦予貨幣政策制定者更多的空間來刺激經濟，並減低經濟體系觸及利率零下限與掉入流動性陷阱的風險。[5]

FYI 負利率的奇幻旅程

經濟學家通常認為零為利率的下限。畢竟，當你持有現金在手上時，為什麼要用負利率借錢給別人？現金的利率為零：今天的一塊錢仍是明天的一塊錢，零報酬率比負報酬率來得好。

然而，全球有一些中央銀行開始藉由將利率降至零以下來刺激經濟。舉例來說，2019 年在瑞士，三個月的利率是 −0.74%。這意味著若有人借 1,000 瑞士法郎給別人，三個月後他只能拿回 998 瑞士法郎。

這種現象怎麼可能發生？理由為儲存現金是有成本的。如果你是一般人，將 1,000 法郎放在床底下很容易，但假設你是公司主管，有 10 億法郎來保障公司，因為有偷竊或紙幣破損的風險，要儲存那麼多現金並不容易。[在電視影集《毒梟》(Narcos) 的場景中，毒梟巴布羅・艾斯科巴 (Pablo Escobar) 挖掘他隱藏的現金，但只發現現金分解得一文不值。] 因此，你可能會很開心只要付少許費用就能確保現金平安歸還，負利率代表那個費用。

然而，利率跌到零以下的幅度有限。如果它變得負得太多，購買保險櫃是一個比較便宜儲存現金的方法。因此，利率下限不必然是零，但利率不能負得太多。

---

5 想要瞭解更多流動性陷阱，請見 Paul R. Krugman, "It's Baaack: Japan's Slump and the Return of the Liquidity Trap," *Brookings Panel on Economic Activity* no. 2 (1998): 137-205; Gauti B. Eggertsson and Michael Woodford, "The Zero Bound on Interest Rates and Optimal Monetary Policy," *Brookings Papers on Economic Activity* no. 1 (2003): 139-233。想要瞭解更多因為流動性陷阱導致的高通貨膨脹，請見 Laurence M. Ball, "The Case for Four Percent Inflation," *Central Bank Review* 13 (May 2013): 17-31。

13-4　結論

本章與前一章的結論更加深我們對總需求的認識。現在我們已經具備分析短期和長期貨幣政策與財政政策的工具。在長期，價格完全有彈性，可以利用本書第二篇和第三篇的古典分析。在短期，價格是僵固的，我們利用 IS-LM 模型來檢視政策的改變如何影響經濟體系。

本章與前一章的模型提供分析短期經濟體系的基本架構，但這並不是完整的故事。在第 14 章中，我們檢視國際間的互動如何影響總需求理論；在第 15 章中，我們檢視在短期總供給曲線背後的理論。後面章節進一步地改良理論，並隨著理論運用在制定總體經濟政策時檢視不同的議題。本章與前一章所呈現的簡單 IS-LM 模型，提供進一步分析的起點。

快速測驗

1. 在 IS-LM 模型中，下列何者會導致所得下跌與利率上升？
   a. 稅收增加　　b. 稅收減少
   c. 貨幣供給增加　d. 貨幣供給減少

2. 在 IS-LM 模型中，下列何者會造成利率與所得都下跌？
   a. 稅收增加　　b. 稅收減少
   c. 貨幣供給增加　d. 貨幣供給減少

3. 若 Fed 因應政府購買增加而讓利率固定，貨幣供給將 _____，若貨幣供給固定不變，對所得的影響將 _____。
   a. 增加，更大　b. 增加，更小
   c. 減少，更大　d. 減少，更小

4. 假設恐怖攻擊風險升高降低消費者信心，誘使人們儲蓄增加為了要穩定總需求，Fed 應該

   a. 增加貨幣供給來提高利率
   b. 增加貨幣供給來降低利率
   c. 減少貨幣供給來提高利率
   d. 減少貨幣供給來降低利率

5. 若產出高於自然產出水準，隨著時間經過，物價將 _____，_____ 曲線移動，且經濟體系會趨向均衡。
   a. 上升，IS　　b. 上升，LM
   c. 下跌，IS　　d. 下跌，LM

6. 經濟大蕭條的嚴重性部份可由預期 _____ 的增加來解釋。
   a. 通貨膨脹，使得名目利率高於實質利率
   b. 通貨膨脹，使得實質利率高於名目利率
   c. 通貨緊縮，使得名目利率高於實質利率
   d. 通貨緊縮，使得實質利率高於名目利率

摘要

1. IS-LM 模型是商品與服務總需求的一般理論。模型中的外生變數有財政政策、貨幣政策及物價水準；模型解釋兩個內生變數：利率和國民所得水準。

2. IS 曲線代表商品與服務市場均衡中，利率和所得水準之間的負向關係。LM 曲線代表實質貨幣餘額市場中，利率和所得水準之間的正向關係。IS-LM 模型的均衡 —— IS 曲線和 LM 曲線的交點 —— 表示商品與服務市場及實質貨幣餘額市

場的同時均衡。

3. 總需求曲線總結 IS-LM 模型中在任何既定物價水準下，均衡所得的結果。總需求曲線斜率為負，因為物價水準下降使實質貨幣餘額增加，降低利率，刺激投資支出，因此提高均衡所得。

4. 擴張性財政政策——政府購買的增加或稅收的降低——促使 IS 曲線向右移動。這種 IS 曲線的移動會導致所得與利率的增加。所得的增加代表總需求曲線往右移動。同樣地，緊縮性財政政策促使 IS 曲線向左移動，降低利率和所得，並導致總需求曲線向左移動。

5. 擴張性貨幣政策促使 LM 曲線向右移動。這種 LM 曲線的移動會降低利率和提高所得。所得的增加代表總需求曲線向右移動。同樣地，緊縮性貨幣政策促使 LM 曲線向左移動，提高利率、降低所得，並導致總需求曲線向左移動。

● 關鍵詞

貨幣傳遞機能　monetary transmission mechanism
皮古效果　Pigou effect
債務—通貨緊縮理論　debt-deflation theory
流動性陷阱　liquidity trap

● 複習題

1. 請解釋為什麼總需求曲線斜率是負的。
2. 請問增稅對利率、所得、消費與投資所造成的影響為何？
3. 請問貨幣供給減少對利率、所得、消費與投資造成什麼樣的影響？
4. 請描述物價下跌對均衡所得的可能影響。

● 問題與應用

1. 根據 IS-LM 模型，下列情形對利率、所得、消費和投資造成什麼影響？
   a. 中央銀行增加貨幣供給。
   b. 政府增加政府購買。
   c. 政府增加稅收。
   d. 政府等量的增加政府購買和稅收。
2. 利用 IS-LM 模型預測下列衝擊對所得、利率、消費和投資的影響，在每一個情況下，請解釋 Fed 應該採取什麼措施來維持所得固定不變。請在每個答案中，使用圖形說明。
   a. 在一種新的高速電腦晶片發明後，許多廠商決定進行電腦系統升級。
   b. 一連串的信用卡詐欺事件增加人們使用現金交易的頻率。
   c. 一本《退休變得更富有》(*Retire Rich*) 的暢銷書說服大家增加儲蓄占所得的比例。
   d. 指定新的鴿派 Fed 主席提高預期通貨膨脹。
3. 讓我們思考希克索尼亞的經濟。
   a. 消費函數以下式表示：

$$C = 300 + 0.6(Y - T)$$

投資函數是：

$$I = 700 - 80r$$

政府購買和稅收都是 500。就此經濟體系，請畫出 r 介於 0 與 8% 之間的 IS 曲線。

b. 希克索尼亞的貨幣需求函數是：

$$(M/P)^d = Y - 200r$$

貨幣供給 M 是 3,000 和物價水準 P 為 3。就這個經濟體系，請畫出 r 介於 0 與 8% 之間的 LM 曲線。

c. 請求出均衡利率 r 和均衡所得水準 Y。

d. 假設政府購買從 500 提高到 700。請問 IS 曲線移動幅度是多少？新的均衡利率與所得又是多少？

e. 假設貨幣供給從 3,000 提高到 4,500。請問 LM 曲線移動的幅度是多少？新的均衡利率與所得又是多少？

f. 如果貨幣和財政政策維持在原來水準，假設物價水準從 3 上升到 5，請問會發生什麼變化？新的均衡利率與所得又是多少？

g. 如果貨幣與財政政策在原來水準，請導出與繪製總需求曲線。若貨幣或財政政策改變，如 (d) 小題和 (e) 小題，請問總需求曲線有何改變？

4. 一經濟體系可由下列式子描述：

$$C = 500 + 0.75(Y - T)$$
$$I = 1,000 + 50r$$
$$M/P = Y - 200r$$
$$G = 1,000$$
$$T = 1,000$$
$$M = 6,000$$
$$P = 2$$

a. 請推導並繪出 IS 曲線與 LM 曲線。計算均衡利率和所得水準。在你的圖形中，標示均衡 A 點。

b. 假設新總統減稅 20%，若貨幣供給固定不變，新的均衡利率和所得是多少？稅收乘數又是多少？

c. 現在假設中央銀行調整貨幣供給使利率固定不變。請問新的均衡所得是多少？新的貨幣供給必須是多少？稅收乘數又是多少？

d. 現在假設中央銀行調整貨幣供給使所得固定不變。請問新的均衡利率是多少？貨幣供給應該是多少？稅收乘數又是多少？

e. 在 (a) 小題所畫的圖形中，畫出 (b) 小題、(c) 小題和 (d) 小題的均衡點，並以 B 點、C 點和 D 點標示。

5. 請解釋為什麼下列敘述是正確的，並解釋為何如此。請討論在下列每一個特殊情況下，貨幣與財政政策的影響。

    a. 若投資不受利率的影響，LM 曲線是水平的。
    b. 若投資不受利率的影響，IS 曲線是垂直的。
    c. 若貨幣需求不受利率的影響，IS 曲線是水平的。
    d. 若貨幣需求不受利率的影響，LM 曲線是垂直的。
    e. 若貨幣需求不受所得影響，LM 曲線是水平的。
    f. 若貨幣需求對利率極度敏感，LM 曲線是水平的。

6. 貨幣政策與財政政策通常同時改變。
    a. 假設政府想要提高投資，但維持產出固定。在 IS-LM 模型中，什麼樣的貨幣與財政政策組合可以達成這個目標？
    b. 在 1980 年代初期，美國政府減稅而發生預算赤字，當時 Fed 採行緊縮性貨幣政策。這樣的政策組合會有什麼效果？

7. 利用 IS-LM 圖形來描述下列各項改變，對國民所得、利率、物價水準、消費、投資及實質貨幣餘額的短期與長期影響。
    a. 增加貨幣供給。
    b. 增加政府購買。
    c. 增加稅收。

8. Fed 正在考慮兩種不同的貨幣政策：
    ‧維持貨幣供給固定而使利率調整。
    ‧調整貨幣供給且維持利率固定。
    在 IS-LM 模型中，在下列情況下，哪一種政策較能穩定產出？
    a. 所有對經濟體系的衝擊都是商品與服務需求的外生變動所引起的。
    b. 所有對經濟體系的衝擊都是貨幣需求的外生衝擊所引起的。

9. 假設實質貨幣餘額需求受可支配所得的影響；亦即，貨幣需求函數為：

$$M/P = L(r, Y-T)$$

利用 IS-LM 模型，討論這個貨幣需求的變動是否會改變下列情況：
    a. 政府購買變動的分析。
    b. 稅收變動的分析。

10. 這個問題要求你以代數分析 IS-LM 模型。假設消費函數是可支配所得的線性函數：

$$C(Y-T) = a + b(Y-T)$$

其中 $a>0$ 和 $0<b<1$，參數 b 是邊際消費傾向，而參數 a 為一常數，有時稱為自發性消費。同時也假設投資是利率的線性函數：

$$I(r) = c - dr$$

其中 $c>0$ 和 $d>0$。參數 d 衡量投資對利率的敏感度，而參數 c 為一常數，有時稱為自發性投資。
    a. 請求出 Y 是 r、外生變數 G、T 和模型參數 a、b、c 及 d 的函數。
    b. IS 曲線的斜率如何受投資對利率敏感度參數 d 的影響？參考 (a) 小題的答案，並以直覺解釋。

c. 減稅 $100 或政府支出增加 $100。何者對 IS 曲線的橫軸移動較大？參考 (a) 小題的答案，並以直覺解釋。

現在假設實質貨幣餘額需求是所得與利率的線性函數：

$$L(r, Y) = eY - fr$$

其中 $e>0$ 和 $f>0$，參數 e 衡量貨幣需求對所得的敏感度，而參數 f 衡量貨幣需求對利率的敏感度。

d. 請求解 r 是 Y、M、P 及參數 e 和 f 的函數。
e. 利用 (d) 小題的答案，決定 LM 曲線對較大或較小的 f 值的斜率較陡峭，並以直覺解釋。
f. 增加 $100 導致 LM 曲線的移動幅度如何受下列事件的影響：
   i. 貨幣需求對所得的敏感度，參數 e？
   ii. 貨幣需求對利率的敏感度，參數 f？
g. 利用 (a) 小題和 (d) 小題的答案推導總需求曲線的式子。你的式子應該顯示 Y 是 P，外生政策變數 M、G 和 T；以及模型參數的函數。式子不應包含 r。
h. 利用 (g) 小題的答案證明總需求曲線斜率為負。
i. 利用 (g) 小題的答案證明 G 和 M 的增加，以及 T 的下降造成總需求曲線向右移動，若貨幣需求對利率的敏感度參數 f 等於 0，上述結果有何變化？以直覺解釋。

快速測驗答案

1. d　　2. a　　3. a　　4. b　　5. b　　6. d

CHAPTER 14

重新造訪開放經濟體系：孟德爾—弗萊明模型與匯率制度

> 世界至今仍是封閉經濟體系，但區域與國家愈來愈開放……。國際經濟環境朝著金融整合方向改變，並對經濟政策有重要意涵。
>
> ——勞勃·孟德爾，1963 年

當政策制定者執行貨幣政策與財政政策時，他們的視野通常需要超越國界；因為國際間商品與服務的流動及國際間資本的流動，可以非常深入的方式影響經濟體系，即使國內經濟的繁榮是他們的唯一目標，他們還是有必要將其他國家列入考量。

在本章，我們將總需求分析延伸至包含國際貿易與金融在內。這裡發展的模型稱為**孟德爾—弗萊明模型** (Mundell-Fleming model)，這個模型被描述成「研究開放經濟貨幣與財政政策的最首要政策範例」。在 1999 年，勞勃·孟德爾 (Robert Mundell) 因為對開放總體經濟學的貢獻，包括這個模型，而榮獲諾貝爾經濟學獎。[1]

孟德爾—弗萊明模型是 *IS-LM* 模型。兩個模型都強調商品市場與勞動市場的互動。兩個模型都假設物價水準固定，然後說明引起總所得的短期波動 (或相當於總需求曲線的移動) 的因素。主要的差別係 *IS-LM* 模型是假設封閉經濟體系，而孟德爾—弗萊明模型則假設開放經濟體系。孟德爾—弗萊明模型將第 12 章與第 13 章的短期國民所得模型延伸，包含第 6 章的國際貿易與國際金融在內。

孟德爾—弗萊明模型做了一個重要且極端的假設：它假設研究對象是資本完全移動的小型開放經濟體系；亦即，經濟體系可以毫無限制地在全球金融市場借

---

[1] 這段敘述引自 Maurice Obstfeld and Kenneth Rogoff, *Foundations of International Macroeconomics* (Cambridge, MA: MIT Press, 1996)，這本在開放總體經濟學領域中主要的研究所教科書。孟德爾—弗萊明模型在 1960 年代初期發展出來。孟德爾的貢獻收錄在 Robert A. Mundell, *International Economics* (New York: Macmillan, 1968)。馬庫斯·弗萊明 (J. Marcus Fleming) 的貢獻，請見 J. Marcus Fleming, "Domestic Financial Policies Under Fixed and Under Floating Exchange Rates," *IMF Staff Papers* 9 (November 1962): 369-380。弗萊明於 1976 年辭世，因而無法與孟德爾共享諾貝爾獎的榮耀。

貸其所需的數量，因此經濟體系中的利率是由全球利率決定，模型視此為外生。以下是孟德爾在其 1963 年的原始文章中解釋為何要做此假設：

> 為了要以最簡單可行的方式呈現我的結論，以及將政策的意涵轉變成最敏銳的信念，當一政府無法維持與國外現行一般水準的利率差距時，我假設資本移動程度情形極端。這個假設會誇大現實情況，但它具有國際金融關係似乎正朝向一模式的優點。同時，此假設與現在的金融中心——蘇黎士、阿姆斯特丹、布魯塞爾的操作現況相去不遠，政府機構已經承認主宰貨幣市場狀況的能力，且可隔絕外來的影響正在削減中。它與一些國家如加拿大，其金融市場深受龐大紐約市場的主宰，具是有某種程度的高度關聯性。

如同我們即將見到，孟德爾對小型開放經濟體系具資本完全移動的假設在發展容易處理且具啟發性的模型上是相當有用的。[2]

在孟德爾—弗萊明模型中學到的一個功課是，一個開放經濟體系的行為受其採用匯率制度的影響。更確切地，模型一開始是用來瞭解不同匯率制度如何運作，以及匯率制度的抉擇如何影響貨幣與財政政策的有效性。我們一開始先假設經濟體系採行浮動匯率制度；亦即，我們假設中央銀行允許匯率可隨經濟變動的情況而自由調整。然後檢視經濟體系在固定匯率制度下如何運作。在開放模型後，我們解決了一個重要的政策問題：國家應該採用哪一種匯率制度？

這些開放總體經濟的議題在最近這些年常見於報章雜誌。2009 年初，隨著不同的歐盟國家，特別是希臘，遭逢嚴重的金融困境，導致許多觀察家納悶大部份歐陸國家採用共同貨幣是否為明智作法——最極端的固定匯率形式。當每個國家有自己的貨幣時，貨幣政策與匯率能夠更輕易地隨著各國情況和需求調整。同時，許多美國政策制定者，包括小布希、歐巴馬與川普總統，都對中國未能讓人民幣兌換美元浮動而提出抗議，他們認為中國刻意讓人民幣低估，好讓中國製商品在全球市場有競爭力。如同我們即將見到，孟德爾—弗萊明模型提供一個瞭解這些政策辯論的架構。

14-1 孟德爾—弗萊明模型

在本節中，我們會建立孟德爾—弗萊明模型；且在往後幾節裡，我們會利用模型來分析不同政策組成。孟德爾—弗萊明模型是建立在前面幾章已使用的組成

---

[2] 這個假設——和孟德爾—弗萊明模型——並不能正確地適用在大型開放經濟體系，如美國。在本章的結論 (附錄有更完整討論)，我們會考慮更複雜的情況，即國際資本流動是不完全的，或是一個國家大到足以影響全球金融市場。

之上，但這些組成將以一種新的方式組合來探討一些新的議題。

主要假設：資本完全移動的小型開放經濟體系

讓我們從小型開放經濟體系具有資本完全移動的假設開始。如同在第 6 章所見，這個假設意味著這個經濟體系的利率由全球利率 r^* 所決定。數學上，我們可將這個假設寫成：

$$r = r^*$$

這個全球利率假設是外生固定的，因為相對於全球經濟而言，經濟體系規模很小，以致於讓它可以在全球金融市場借貸任何金額，而不會影響全球利率水準。

雖然資本完全移動的觀念是以一個簡單的方程式表示，但重要的是不要輕視此方程式所代表的複雜過程。假設某些事件發生影響國內利率 (如國內儲蓄的減少)，在小型開放經濟體系中，國內利率可能在短期間內上升；利率上升會誘使外國人開始借錢給這個國家 (如買這個國家的債券)，資本流入將會使國內利率回到 r^*。同樣地，若任何事件導致國內利率下跌，資本將會從這個國家流出，而到國外賺取較高的報酬，這個資本外流將會使利率回到 r^*。因此，方程式 $r=r^*$ 代表國際資本流動迅速到使國內利率等於全球利率。

商品市場與 IS* 曲線

孟德爾—弗萊明模型描述商品與服務市場的方式和 IS-LM 模型大致相同，但是加入淨出口這個新變數。特別是商品市場是以下列方程式表示：

$$Y = C(Y-T) + I(r) + G + NX(e)$$

此方程式說明總所得 Y 是消費 C、投資 I、政府購買 G 及淨出口 NX 的加總。消費與可支配所得 $Y-T$ 呈正向關係，投資與利率呈負向關係，淨出口與匯率 e 呈負向關係。如同前述，我們定義匯率 e 是一單位本國貨幣能夠兌換外國貨幣的數量；例如，e 可能是 1 美元兌換 100 日圓。

你可能還記得，在第 6 章中我們認為淨出口與實質匯率 (商品在國內和國外的相對價格) 有關，而不是與名目匯率 (本國和外國貨幣的相對價格) 有關。若 e 是名目匯率，則實質匯率 ϵ 等於 eP/P^*，其中 P 是國內物價水準，P^* 是外國物價水準。然而，孟德爾—弗萊明模型假設物價水準在國內與國外都是固定，所以實質匯率與名目匯率呈固定比例。亦即，當本國貨幣升值而名目匯率上升時 (如從 1 美元兌換 100 日圓到 1 美元兌換 120 日圓)，實質匯率也會上升；因此，外國商品相對本國商品變得比較便宜，導致出口下跌和進口增加。

上述的商品市場均衡條件中，有兩個金融變數會影響商品與服務支出 (利率和匯率)，但利用資本完全移動假設 $(r=r^*)$，我們可以簡化情況：

$$Y=C(Y-T)+I(r^*)+G+NX(e)$$

讓我們稱此為 IS* 方程式。星號提醒我們方程式中的利率固定在全球利率 r^* 上。我們可以在所得為橫軸及匯率為縱軸的圖形上，描繪出商品市場均衡的方程式。這條曲線顯示在圖 14-1(c)。

IS* 曲線斜率為負，因為匯率上升會降低淨出口，進而使所得下跌。要說明這個推理如何進行，圖 14-1 的其他圖形結合淨出口曲線及凱因斯十字架可以導出 IS* 曲線。在圖 14-1(a) 中，匯率從 e_1 增加到 e_2，導致淨出口從 $NX(e_1)$ 減少至 $NX(e_2)$。在圖 14-1(b) 中，淨出口的減少促使計畫支出曲線向下移動，因此造成所得 Y_1 下降到 Y_2。IS* 曲線總結匯率 e 和所得 Y 之間的關係。

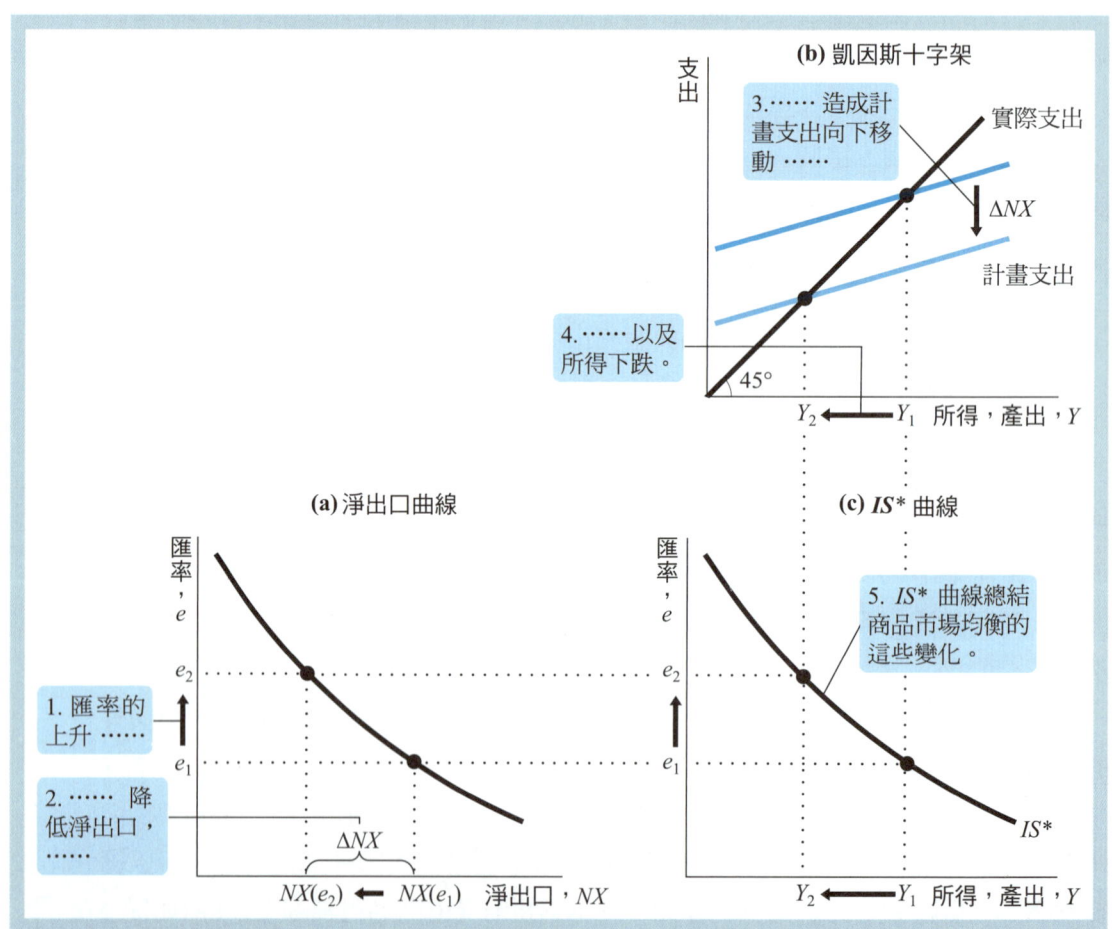

圖 14-1　IS* 曲線　IS* 曲線是從淨出口曲線和凱因斯十字架推導而得。圖 (a) 顯示淨出口曲線：匯率從 e_1 上升到 e_2，導致淨出口從 $NX(e_1)$ 下跌到 $NX(e_2)$。圖 (b) 顯示凱因斯十字架：淨出口從 $NX(e_1)$ 減少到 $NX(e_2)$，使計畫支出向下移動，造成所得從 Y_1 減少到 Y_2。圖 (c) 顯示 IS* 曲線總結匯率與所得之間的關係：匯率愈高，所得水準愈低。

貨幣市場與 LM^* 曲線

孟德爾—弗萊明模型表示，貨幣市場均衡的方程式與 IS-LM 模型的方程式大致相同：

$$M/P = L(r, Y)$$

這個式子說明實質貨幣餘額供給 M/P 等於實質貨幣餘額需求 $L(r, Y)$。實質餘額需求與利率呈負向關係，且與所得 Y 呈正向關係。貨幣供給 M 是外生變數，由中央銀行控制，因為孟德爾—弗萊明模型是設計來分析短期經濟波動，物價水準 P 也假設為外生固定。

再一次，我們加入國內利率等於全球利率的假設，所以 $r = r^*$：

$$M/P = L(r^*, Y)$$

稱此為 LM^* 方程式。我們以垂直的 LM^* 曲線來表示這個方程式，如圖 14-2(b) 所

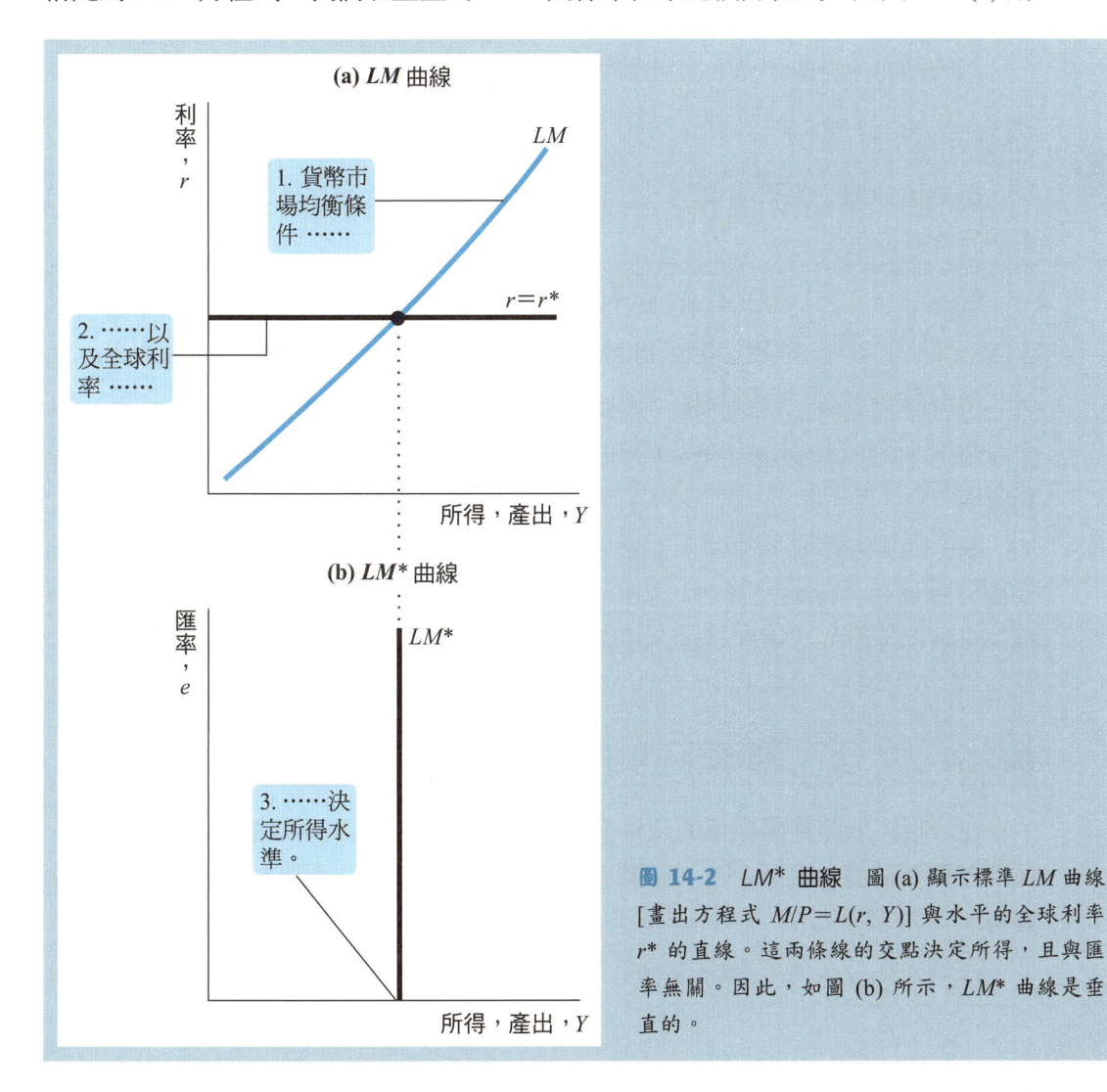

(a) LM 曲線

利率, r

1. 貨幣市場均衡條件……

2. ……以及全球利率……

LM

$r = r^*$

所得,產出, Y

(b) LM^* 曲線

匯率, e

LM^*

3. ……決定所得水準。

所得,產出, Y

圖 14-2 LM^* 曲線　圖 (a) 顯示標準 LM 曲線 [畫出方程式 $M/P = L(r, Y)$] 與水平的全球利率 r^* 的直線。這兩條線的交點決定所得，且與匯率無關。因此，如圖 (b) 所示，LM^* 曲線是垂直的。

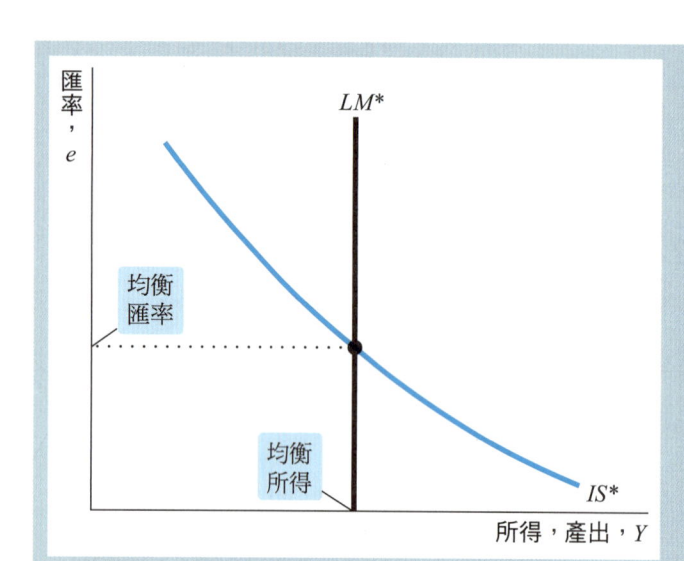

> **圖 14-3　孟德爾—弗萊明模型**　這個孟德爾—弗萊明模型畫出商品市場均衡條件 IS* 和貨幣市場均衡條件 LM*。兩條曲線都是在利率等於全球利率的假設下畫出的。這兩條曲線的交點顯示的所得水準與匯率，可以使商品市場和貨幣市場同時達到均衡。

示。因為匯率並未進入 LM* 方程式中，所以 LM* 曲線是垂直的。在全球利率固定下，不論匯率水準的高低，LM* 方程式決定所得。圖 14-2 顯示 LM* 曲線是如何從全球利率及描繪利率與所得關係的 LM 曲線所產生。

結合所有部份

根據孟德爾—弗萊明模型，一個資本完全移動的小型開放經濟體系可以下列兩個方程式描述：

$$Y = C(Y-T) + I(r^*) + G + NX(e) \qquad IS^*$$
$$M/P = L(r^*, Y) \qquad LM^*$$

第一個式子描寫商品市場均衡，而第二個式子描寫貨幣市場均衡。外生變數是財政政策 G 和 T、貨幣政策 M、物價水準 P，以及全球利率 r^*。內生變數是所得 Y 和匯率 e。

圖 14-3 描繪這兩種關係。經濟體系的均衡是在 IS* 曲線和 LM* 曲線的交點。這個交點顯示匯率與所得可以使商品市場和貨幣市場同時達到均衡。透過此圖形，我們可以利用孟德爾—弗萊明模型來說明所得 Y 與匯率 e 如何因應政策變動。

14-2　浮動匯率下的小型開放經濟體系

在分析開放經濟體系下的政策前，我們必須先指明這個國家是選擇採用哪一種國際貨幣制度。也就是說，我們必須考慮人們如何將一國貨幣轉換成另一國家貨幣。

我們先從今天大多數國家所採行的制度開始：浮動匯率 (floating exchange

第 14 章　重新造訪開放經濟體系：孟德爾—弗萊明模型與匯率制度

rates)。在浮動匯率下，匯率是可以依據經濟情況的變化而自由波動。在這種情況下，匯率 e 調整到使商品與貨幣市場同時達到均衡。當某些事物改變均衡時，匯率可以移向新的均衡值。

現在讓我們來考慮三種能夠改變均衡的政策：財政政策、貨幣政策及貿易政策。我們的目標是利用孟德爾—弗萊明模型來顯示政策的衝擊，以及瞭解經濟體系從一均衡移向另一均衡的經濟力量運作情形。

財政政策

假設政府藉由增加政府購買或減少稅收來刺激國內支出。因為這種擴張性財政政策促使計畫支出增加，會造成 IS^* 曲線向右移動，如圖 14-4 所示。結果是：匯率升值，且所得維持不變。

請注意：財政政策在小型開放經濟體系和封閉經濟體系有截然不同的效果。在封閉經濟體系的 IS-LM 模型中，財政擴張可提高所得，而在浮動匯率下的小型開放經濟體系，財政擴張不會使所得有任何改變。從細節來看，差異發生是因為 LM^* 曲線是垂直的，而我們用來學習封閉經濟體系的 LM 曲線是正斜率。但這個解釋並不令人十分滿意。不同結果背後的經濟原因為何？要回答這個問題，我們必須仔細思考國際資本將會如何移動，以及這些資本移動對國內經濟的影響。

利率與匯率在這個故事中為關鍵變數，當所得在封閉經濟體系中上升時，利率會上升，因為所得愈高，貨幣需求也愈高。在小型開放經濟體系下，這是不可能的，因為一旦利率開始超過全球利率 r^*，資本會從國外流入。隨著資本流入，利率會回到 r^*，它會有另外一個效果：由於國外投資者需要購買本國貨幣來國內投資，資本流入會造成外匯市場中對本國貨幣需求的增加。使本國貨幣價值上

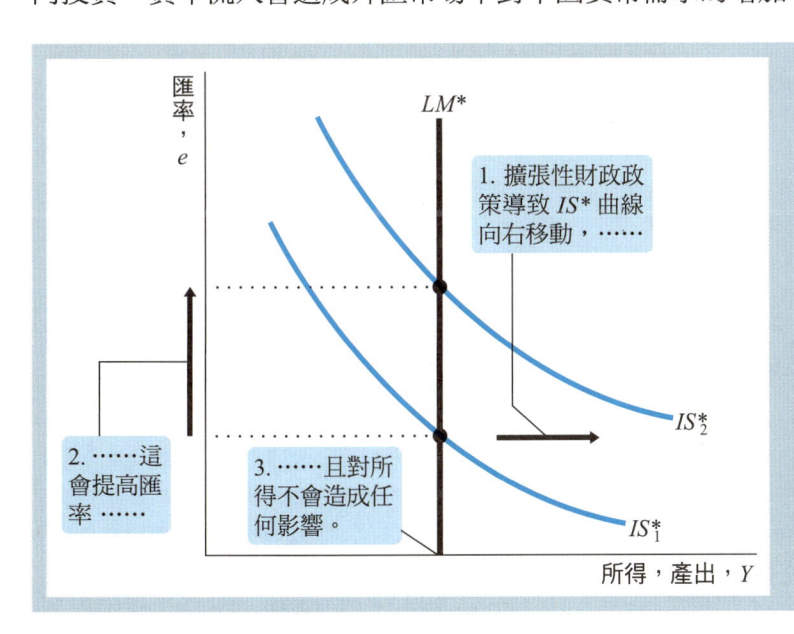

圖 14-4　浮動匯率下的財政擴張　政府購買的增加或稅收的減少，都會導致 IS^* 曲線往右移動。這會提高匯率，但對所得沒有影響。

升，造成國內商品相對國外商品變得比較昂貴，這會使淨出口減少。淨出口的下跌會抵銷擴張性財政政策對所得的影響。

為什麼淨出口下跌的幅度大到足以使財政政策無力影響所得？要回答這個問題，讓我們考慮描述貨幣市場的方程式：

$$M/P = L(r, Y)$$

在封閉與開放兩種經濟體系下，實質貨幣餘額供給數量 M/P 是由中央銀行固定 (制定 M 的數量) 且假設物價僵固 (固定 P)。貨幣需求 (由 r 和 Y 決定) 必須等於這個固定供給。在封閉經濟體系中，財政擴張引起均衡利率上漲，利率上漲 (會降低貨幣需求數量) 必定伴隨均衡所得的上升 (會增加貨幣需求數量)；這兩個效果共同維持貨幣市場均衡。相反地，在小型開放經濟體系下，r 固定在 r^*，所以只有一個所得水準能夠滿足這個方程式，且當財政政策變動時，這個所得水準不會改變。因此，當政府增加支出或降低稅收時，匯率的升值與淨出口的下跌，必須大到足以抵銷政策對所得的擴張性效果。

貨幣政策

假設中央銀行現在增加貨幣供給。因為假設物價水準固定，貨幣供給的增加隱含實質餘額的增加。實質餘額的增加導致 LM^* 曲線向右移動，如圖 14-5 所示。因此，貨幣供給的增加會提高所得和降低匯率。

雖然貨幣政策在開放經濟體系與封閉經濟體系都會影響所得，但貨幣傳遞機制卻不相同。回顧在封閉經濟體系中，因為貨幣供給的增加會降低利率和刺激投資，增加貨幣供給導致支出增加。在小型開放經濟體系中，因為利率固定在全球利率水準，貨幣傳遞管道並不存在。因此，貨幣政策如何影響支出？要回答這個問題，我們需再次思考國際資本流動及其對國內經濟的衝擊。

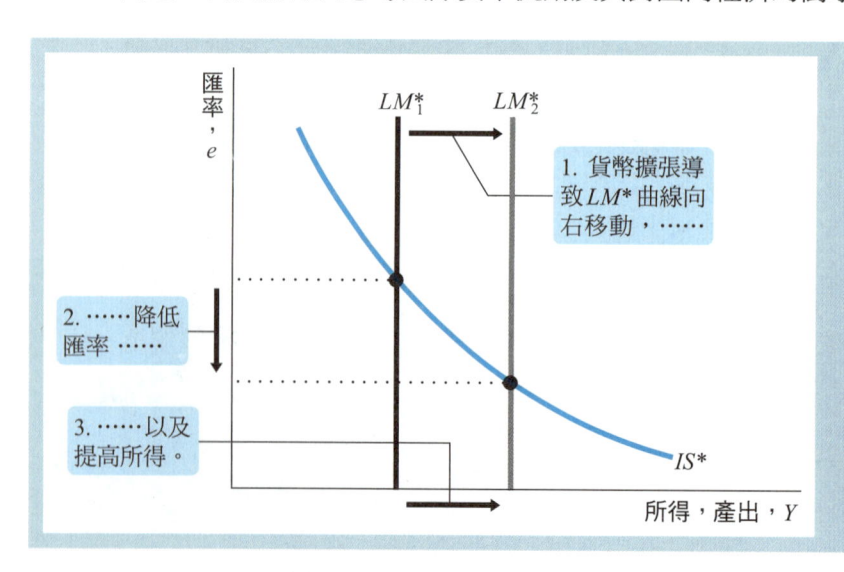

圖 14-5 浮動匯率下的貨幣擴張 貨幣供給的增加導致 LM^* 曲線往右移動，降低匯率並提高所得。

利率與匯率依然是關鍵變數。一旦貨幣供給的增加對國內利率造成下跌的壓力，隨著投資者到國外尋找更高的報酬，資本會流出經濟體系。這種資本外流阻止國內利率低於全球利率 r^*。此外，它也有另外一個影響：因為投資國外需要將本國貨幣轉換成外國貨幣，資本外流造成外匯市場中本國貨幣供給的增加，因此，本國貨幣價值下跌。匯率的下跌導致國內商品相對國外商品變得比較便宜，刺激淨出口上升。因此，在小型開放經濟體系下，貨幣政策藉由改變匯率而非利率的方式來影響所得。

貿易政策

假設政府藉由實施進口配額或關稅來減低進口商品的需求，所得和匯率將有何變動？經濟體系如何達到新的均衡？

因為淨出口等於出口減去進口，進口減少意味著淨出口的增加；亦即，淨出口曲線向右移動，如圖 14-6 所示。這種淨出口的移動促使計畫支出提高，因此造成 IS^* 曲線向右移動。因為 LM^* 曲線是垂直的，貿易限制會提高匯率，但不會影響所得。

這種過渡背後的經濟原因與擴張性財政政策的情況類似。因為淨出口是 GDP 的組成項目之一，在其他條件不變下，淨出口曲線的向右移動造成所得 Y 向上調整的壓力；Y 的增加進而提高貨幣需求，且造成利率 r 向下調整的壓力。面對這種情況，外國資本迅速地流入國內經濟，使得利率回到全球利率水準 r^*，並造成本國貨幣升值。升值使得國內商品相對國外商品變得更為昂貴，淨出口 NX 減少且使所得 Y 回到最初的水準。

通常貿易限制的政策目標是想要改變貿易餘額 NX。但是，如同我們在第 6 章首次見到，這種政策不一定會有這種效果。同樣的結論也出現在浮動匯率的孟德

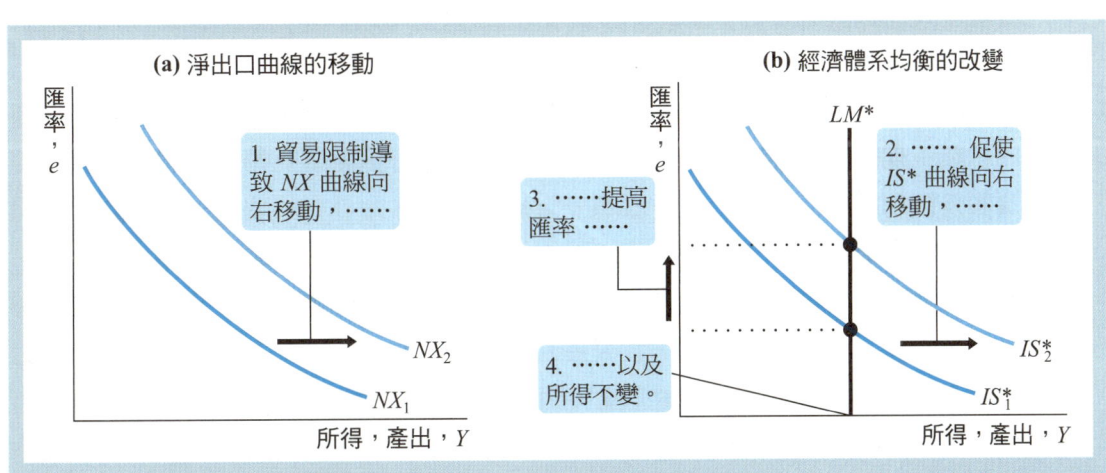

圖 14-6 浮動匯率下的貿易限制 關稅或進口配額導致圖 (a) 的淨出口曲線向右移動。結果是圖 (b) 的 IS^* 曲線向右移動，提高匯率，但對所得不造成任何影響。

爾-弗萊明模型中。記得：

$$NX(e) = Y - C(Y-T) - I(r^*) - G$$

因為貿易限制不會影響所得、消費、投資或政府購買，也不會影響貿易餘額。雖然淨出口曲線的移動導致 NX 的增加，但匯率的上升卻導致 NX 等量的減少。因此，整體效果僅是貿易量減少。國內經濟進口數量比貿易限制前來得少，而出口也降低。

14-3 固定匯率下的小型開放經濟體系

現在我們可以轉向第二種匯率制度：固定匯率 (fixed exchange rates)。在固定匯率下，中央銀行宣佈匯率值，然後買賣本國貨幣，以維持匯率在其宣佈的水準。固定匯率在歷史上一直都被採用。從 1944 年到 1971 年，包括美國在內的世界上大多數主要國家，都是在布列頓森林制度 (Bretton Woods system) —— 一種國際貨幣制度，在這個制度下，大多數政府都同意在固定匯率下運作。從 1995 年到 2005 年，中國固定人民幣兌換美元的比率 —— 如同我們即將見到的，這個政策是兩國緊張關係的一個來源。

在本節中，我們要探討這樣的制度如何運作，以及檢視各種政策對採用固定匯率經濟體系的影響。稍後在本章中，將檢視固定匯率的贊成與反對意見。

固定匯率制度如何運作？

在固定匯率制度下，中央銀行隨時準備以預定的價格來買賣外國貨幣。例如，假設 Fed 宣佈將匯率固定在 1 美元兌換 100 日圓，則隨時準備以 1 美元交換 100 日圓，或是以 100 日圓交換 1 美元。要實現這個政策，Fed 需要美元準備金 (它可以自己印製)，以及日圓準備金 (它必須先行購買)。

固定匯率制度致力於一個國家的貨幣政策到單一目標：維持匯率在事前宣佈的水準。換言之，固定匯率制度的本質是中央銀行承諾讓貨幣供給自由調整到確實使外匯市場中的均衡匯率等於事先宣佈的匯率。此外，只要中央銀行隨時準備以固定匯率來買賣外匯，貨幣供給就會自動調整到必要的水準。

為了瞭解固定匯率如何決定貨幣供給，考慮一個例子。假設 Fed 宣佈將匯率固定在 1 美元兌換 100 日圓，但是在目前均衡下的貨幣供給水準，匯率是 1 美元兌換 150 日圓。這個情況顯示於圖 14-7(a) 中。請注意：現在有獲利機會出現：套利者可以在市場用 2 美元買進 300 日圓，然後再拿 300 日圓向 Fed 兌換 3 美元，就可賺取 1 美元的利潤。當 Fed 從套利者處買進日圓時，付出的美元便增加貨幣供給。貨幣供給的上升促使 LM^* 曲線向右移動，均衡匯率因此下跌。按照這種方

(a) 均衡匯率大於固定匯率

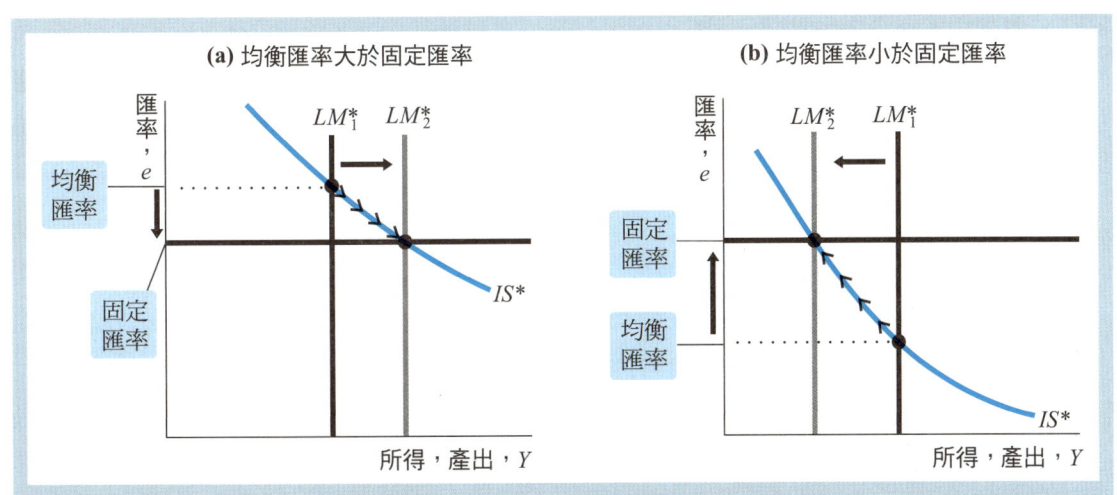

(b) 均衡匯率小於固定匯率

圖 14-7 固定匯率如何控制貨幣供給？ 在圖 (a)，最初的均衡匯率超過固定匯率。套利者在外匯市場買進外匯，再賣給 Fed，以賺取其中差價。這個過程會增加貨幣供給，使 LM* 曲線向右移動，且降低均衡匯率。在圖 (b)，最初的均衡匯率低於固定匯率。套利者在外匯市場買入美元，然後再用美元向 Fed 換取外匯。這個過程會減少貨幣供給，使 LM* 曲線向左移動，匯率上升。

式，貨幣供給會持續增加，直到均衡匯率下降到宣佈的水準為止。

相反地，假設 Fed 宣佈匯率固定在 1 美元兌換 100 日圓，目前的均衡市場匯率是 1 美元兌換 50 日圓。圖 14-7(b) 顯示這種情況。在這種情形下，套利者可以用 1 美元向 Fed 買進 100 日圓，然後拿這 100 日圓到市場上賣出，以換取 2 美元，這樣做可賺進 1 美元的利潤。當 Fed 賣出日圓時，收到 1 美元會從流通中的貨幣移除而減少貨幣供給。貨幣供給的下跌促使 LM* 曲線向左移動，均衡匯率因而上升。貨幣供給會持續下跌，直到均衡匯率上升到宣佈的水準為止。

值得注意的是，這種匯率制度固定的是*名目匯率*。實質匯率是否固定，則視我們考慮的期間長短而定。若價格是完全有彈性的，如同在長期，則即使名目匯率固定，實質匯率仍然可以改變。因此，如同在第 6 章中所述，在長期，一個固定名目匯率的政策並不會影響包括實質匯率在內的任何實質變數。固定的名目匯率只會影響貨幣供給和物價水準。但在孟德爾─弗萊明模型所描述的短期內，價格是固定的，所以固定的名目匯率也隱含固定的實質匯率。

個案研究

國際金本位制度

在 19 世紀末和 20 世紀初，世界上大多數國家都實施金本位制度。每個國家維持一定數量的黃金準備，並同意以一單位本國貨幣交換特定數量的黃金。透過金本位制度，世界各國維持一個固定匯率體制。

要知道國際金本位制度如何固定匯率，假設美國財政部隨時準備好以 1 盎司黃金買進

或賣出 $100，英格蘭銀行 (Bank of England) 隨時準備好以 1 盎司黃金買進或賣出 100 英鎊。這兩個政策聯合起來，固定美元與英鎊間的交換比率：1 美元交換 1 英鎊。否則，單一價格法則不會成立，有人可以在一個國家買進黃金，而在另外一個國家賣出，賺取其中的差價利潤。

例如，假設匯率是 1 美元兌換 2 英鎊。在這種情形下，套利者可以用 100 美元買進 200 英鎊，用這筆英鎊向英格蘭銀行買進 2 盎司黃金，然後再將黃金帶到美國，賣給美國財政部而獲得 200 美元 —— 賺取 100 美元的利潤。此外，將黃金從英國帶到美國會增加美國的貨幣供給和減少英國的貨幣供給。

所以，在金本位時期，套利者在國際間運送黃金是調整貨幣供給與穩定匯率的自動機制。這個制度並未完全固定匯率，因為在大西洋兩岸運送黃金的代價非常昂貴。但是國際金本位制度的確維持匯率在合理運輸成本的範圍內，因此避免匯率大幅且持續性的移動。[3]

財政政策

現在讓我們來檢視經濟政策如何影響實施固定匯率制度的小型開放經濟體系。假設政府透過增加政府購買或減稅來刺激國內支出。這個政策導致 IS^* 曲線向右移動，如圖 14-8 所示，對匯率造成上升的壓力。但是，因為中央銀行隨時準備以固定匯率來交換本國和外國貨幣，套利者面對上升的匯率可以迅速地將外國貨幣賣給中央銀行，導致貨幣供給自動擴張。貨幣供給的增加，促使 LM^* 曲線向右移動。因此，在固定匯率制度下，財政擴張會提高所得。

貨幣政策

假設在固定匯率制度下，中央銀行想要增加貨幣供給 —— 例如，向大眾買進債券。會發生什麼變化？這個政策最初的影響是導致 LM^* 曲線向右移動，降低匯率，如圖 14-9 所示。但是，因為中央銀行承諾以固定匯率買賣外國和本國貨幣，套利者面對匯率的下跌會迅速地將本國貨幣賣給中央銀行，造成貨幣供給和 LM^* 曲線回到其最初的位置。因此，貨幣政策在固定匯率制度下是無效的。因為同意固定匯率，中央銀行放棄控制貨幣供給的權力。

然而，一個實施固定匯率制度的國家，可以採行一種貨幣政策：它可以決定固定匯率水準的高低。貨幣價值的下跌稱為貶值 (devaluation)，貨幣價值的上升稱為升值 (revaluation)。在孟德爾－弗萊明模型中，貶值導致 LM^* 曲線向右移

---

[3] 想知道更多有關金本位制度如何運作，請見 Barry Eichengreen, ed., *The Gold Standard in Theory and History* (New York: Methuen, 1985) 的論文集。

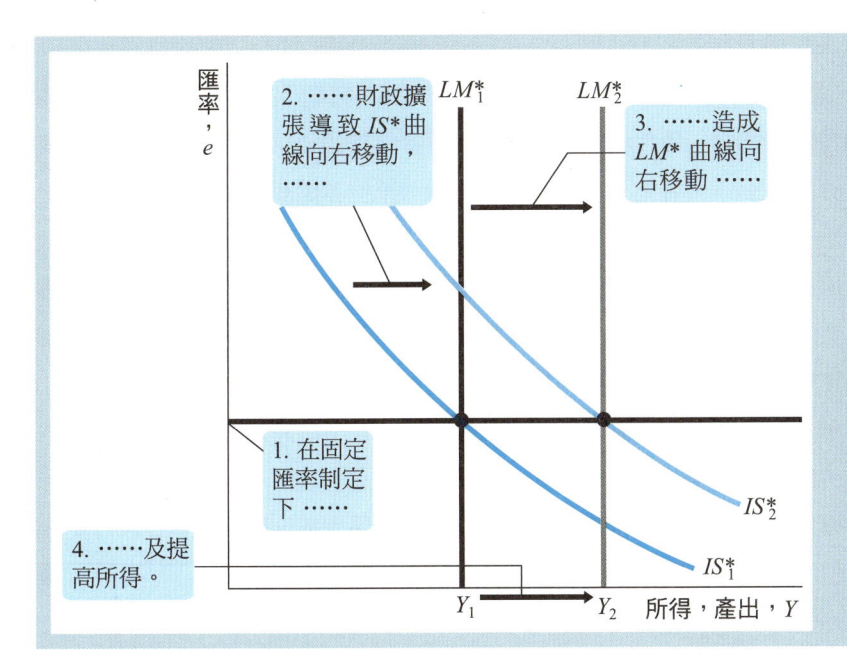

圖 14-8　固定匯率下的財政擴張　財政擴張導致 IS^* 曲線向右移動。為了維持固定匯率，Fed 必須增加貨幣供給，故造成 LM^* 曲線向右移動。因此，相較於浮動匯率的情況，在固定匯率下，財政擴張會提高所得。

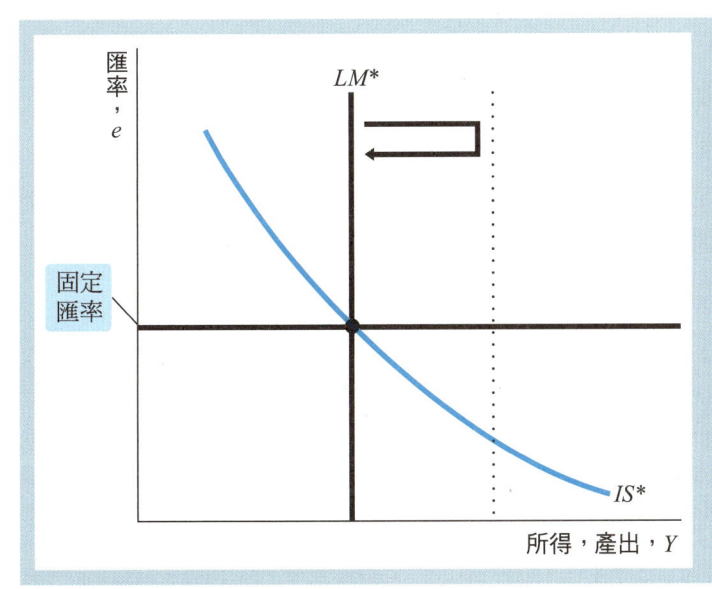

圖 14-9　固定匯率下的貨幣擴張　若 Fed 想要增加貨幣供給──例如，向大眾買進債券──它會對匯率造成向下的壓力。為了維持固定匯率，貨幣供給和 LM^* 曲線必須回到其最初的位置。因此，在固定匯率下，一般的貨幣政策是無效的。

動，就像浮動匯率下貨幣供給增加的效果一樣，因此貶值會擴張淨出口，並提高總所得；反之，升值導致 LM^* 曲線向左移動，降低淨出口與所得。

個案研究

貶值與從經濟大蕭條中復甦

　　1930 年代的經濟大蕭條是全球性的問題。雖然美國發生的事件是使經濟突然陷入衰退的主因，所有世界上的主要國家都經歷生產與就業大幅下跌的現象，但並不是所有政府面對這種大災難都採取相同方法。

各國政府間一個主要的差異是，在國際金本位制度下，它們承諾守住固定匯率的態度。有些國家，如法國、德國、義大利和荷蘭，堅守黃金與本國貨幣原來的兌換比例。其他國家，如丹麥、芬蘭、挪威、瑞典和英國，紛紛降低一單位本國貨幣兌換黃金數量的比例約 50%。藉由降低本國貨幣對黃金的比例，這些國家的貨幣相對其他國家貨幣貶值。

這兩類國家後續的經驗符合孟德爾—弗萊明模型的預測。那些追求貶值政策的國家迅速從蕭條中復甦，貨幣價值的降低會提高貨幣供給，刺激出口和擴張生產；相反地，那些堅守原來匯率的國家遭受經濟活動不振的時間延長。

美國如何呢？赫伯特‧胡佛 (Herbert Hoover) 總統以令人爭議的方式讓美國維持金本位制度；法蘭克林‧羅斯福 (Franklin Roosevelt) 總統就職三個月後，在 1933 年 6 月宣佈脫離金本位制度。這個日期與通貨緊縮結果和復甦開始的日期大約一致。許多經濟歷史學家相信，脫離金本位制度是羅斯福總統終止經濟大蕭條最有效的政策行動。[4]

貿易政策

假設政府藉由實施進口配額或關稅來減少進口。這個政策造成淨出口曲線向右移動，因此導致 IS* 曲線向右移動，如圖 14-10 所示。IS* 曲線的移動會提高匯率。為了維持匯率在固定水準，貨幣供給必須增加，促使 LM* 曲線向右移動。

在固定匯率制度下，貿易限制的結果與浮動匯率制度下的結果截然不同。在這兩種制度下，貿易限制造成淨出口曲線向右移動，但只有在固定匯率制度下，

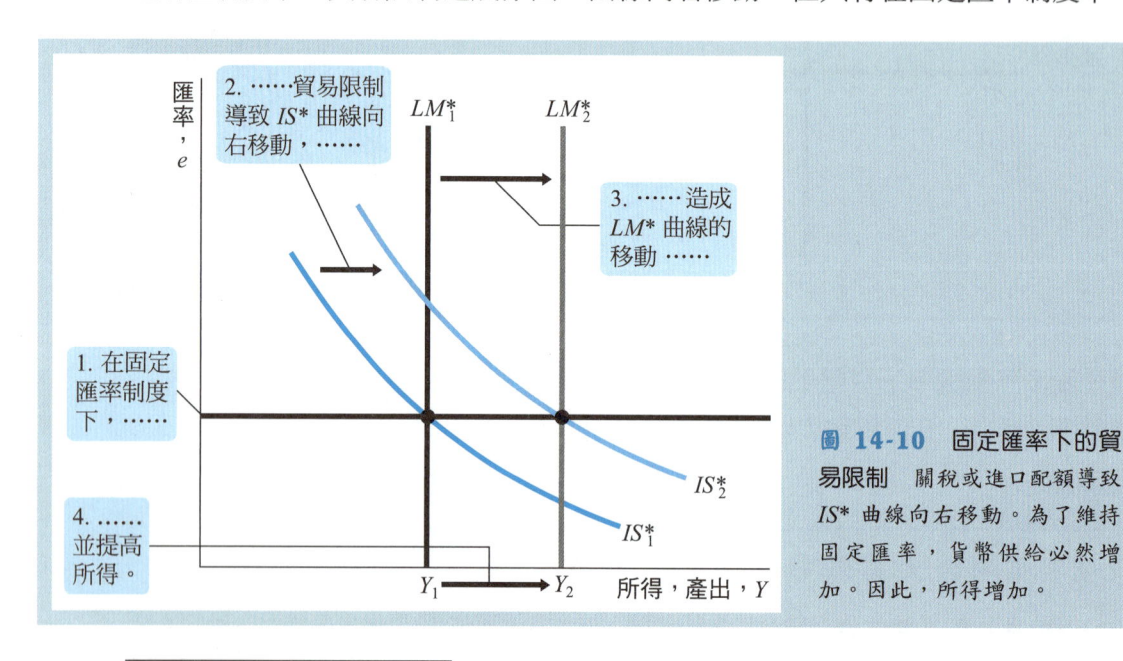

圖 14-10 固定匯率下的貿易限制 關稅或進口配額導致 IS* 曲線向右移動。為了維持固定匯率，貨幣供給必然增加。因此，所得增加。

---

[4] Barry Eichengreen and Jeffrey Sachs, "Exchange Rates and Economic Recovery in the 1930s," *Journal of Economic History* 45 (December 1985): 925-946.

表 14-1　孟德爾─弗萊明模型：政策效果的總結

	匯率制度					
	浮動			固定		
	影響：					
政策	Y	e	NX	Y	e	NX
財政擴張	0	↑	↓	↑	0	0
貨幣擴張	↑	↓	↑	0	0	0
進口限制	0	↑	0	↑	0	↑

註解：這個表格顯示不同經濟政策對所得 Y、匯率 e 及貿易餘額 NX 的影響方向。「↑」表變數是上升的；「↓」代表其為下降的；「0」代表沒有影響。記得匯率是定義成一單位本國貨幣兌換外國貨幣的數量 (例如，1 美元兌換 100 日圓)。

淨出口 NX 才會增加。理由是固定匯率下的貿易限制會引起貨幣擴張而非匯率升值。貨幣擴張進一步提高所得。記得會計恆等式：

$$NX = S - I$$

當所得上升時，儲蓄也會上升，隱含淨出口也會上升。

孟德爾─弗萊明模型的政策：總結

孟德爾─弗萊明模型指出，在小型開放經濟體系下，幾乎任何經濟政策的影響端視匯率是固定或浮動而定。表 14-1 匯總財政、貨幣和貿易政策對所得、匯率及貿易餘額短期影響的分析。最令人驚訝的是，所有的結果在浮動和固定匯率下都不相同。

特別是孟德爾─弗萊明模型說明：貨幣政策和財政政策影響國民所得的能力須視匯率制度而定。在浮動匯率下，只有貨幣政策能夠影響所得。一般財政政策的擴張性效果會被貨幣升值和淨出口減少所抵銷。在固定匯率下，只有財政政策能夠影響所得。一般的貨幣政策因為貨幣供給的控制必須用來維持匯率在事前宣佈的水準而喪失有效性。

14-4　利率差距

到目前為止，我們的分析假設小型開放經濟體系下，利率等於全球利率：$r = r^*$。然而，在某種程度上，全球各地的利率不盡相同。現在延伸我們的分析，來考慮國際間利率差距的原因和影響。

國家風險與匯率預期

在先前假設小型開放經濟體系的利率決定於全球利率時，我們是運用單一價格法則。我們理解到若國內利率高於全球利率，外國人民會借錢給該國，促使國內利率下跌。若國內利率低於全球利率，國內居民會將錢借給外國人以賺取較高的報酬，導致國內利率上升。最後，國內利率會等於全球利率。

為什麼這種邏輯無法永遠適用？原因有二。

第一個原因是國家風險。當投資者購買美國政府公債或借錢給美國企業時，肯定知道利息和本金都可以回收；相反地，在一些低度開發國家，擔心發生不良的財政管理或政變會導致血本無歸。這些國家的貸款者通常必須支付較高的利率，來補償放款者的風險。

另外一個各國利率不同的原因是匯率的預期變動。例如，假設人們預期墨西哥披索相對美國美元會貶值，則以披索議定的貸款將來償還的價值會比以美元議定貸款的價值低。為了要補償墨西哥貨幣價值的預期下跌，墨西哥的利率必須高於美國的利率。

因此，由於國家風險與預期未來匯率變動，小型開放經濟體系的利率與全球各地其他國家的利率不同。現在讓我們觀察這個事實如何影響我們的分析。

孟德爾—弗萊明模型中的利率差距

要將利率差距納入孟德爾—弗萊明模型中，我們假設小型開放經濟的利率是決定於全球利率加上風險溢酬 (risk premium) θ：

$$r = r^* + \theta$$

風險溢酬反映貸款國家的政治風險認知和實質匯率預期變動。就此處的目的而言，我們將風險溢酬視為外生，來檢視風險溢酬變動如何影響經濟。

模型大致和以前的模型相同，兩個方程式分別是：

$$Y = C(Y-T) + I(r^* + \theta) + G + NX(e) \quad IS^*$$
$$M/P = L(r^* + \theta, Y) \quad LM^*$$

在任何固定的財政政策、貨幣政策、物價水準及風險溢酬下，這兩個方程式共同決定使商品市場與貨幣市場同時達到均衡的匯率和所得水準。假設風險溢酬不變，貨幣、財政及貿易政策的工具運作方式正如我們先前所見。

現在假設政治動亂，導致國家風險溢酬 θ 上升。因為 $r = r^* + \theta$，最直接的影響是國內利率 r 提高。利率上升會有兩種影響：第一，因為利率上升會使投資減少，IS^* 曲線向左移動；第二，因為利率上升，會使貨幣需求減少，LM^* 曲線向

第 14 章　重新造訪開放經濟體系：孟德爾—弗萊明模型與匯率制度

圖 14-11　風險溢酬增加

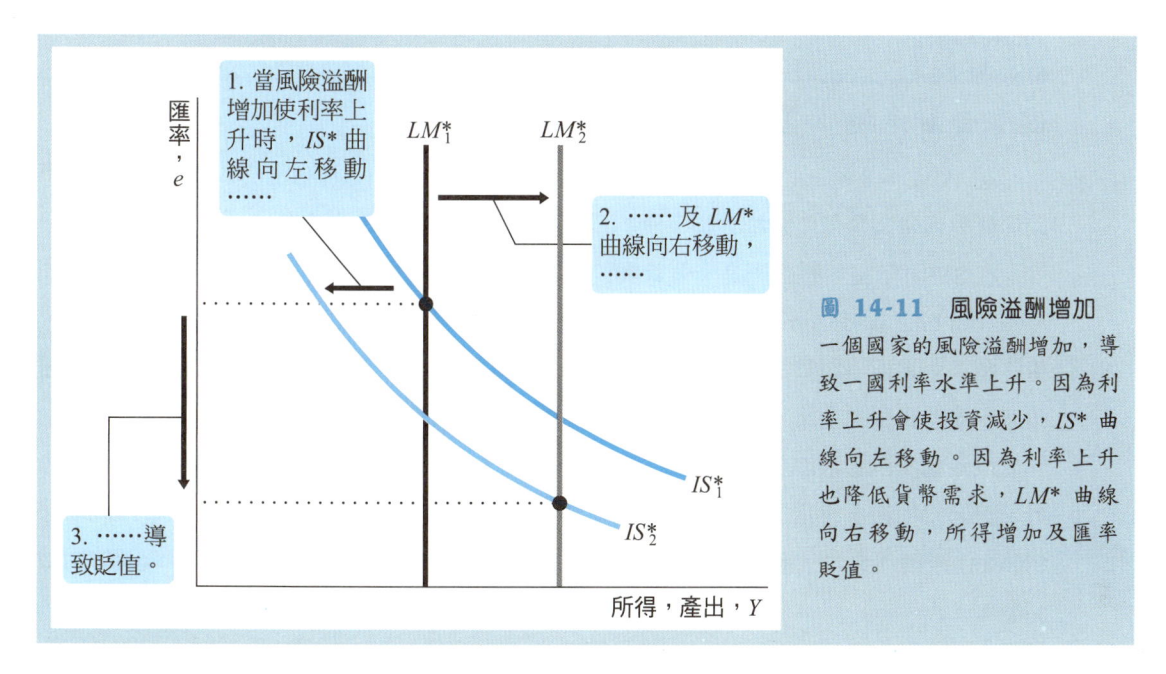

一個國家的風險溢酬增加，導致一國利率水準上升。因為利率上升會使投資減少，IS^* 曲線向左移動。因為利率上升也降低貨幣需求，LM^* 曲線向右移動，所得增加及匯率貶值。

右移動，隱含在任何固定的貨幣供給下，所得的上升。[回顧 Y 必須滿足方程式 $M/P = L(r^* + \theta, Y)$。] 如圖 14-11 所示，這兩種移動引起所得上升和貨幣貶值。

這個分析有一個重要的意涵：匯率預期有部份會自我實現。例如，假設人們開始相信墨西哥披索在未來將貶值。因為這個信念，投資者對墨西哥資產將會要求較高的風險溢酬（θ 在墨西哥將會上升）。墨西哥利率將會上升，且如前所見，墨西哥貨幣價值會下降。因此，預期一國貨幣在未來貶值，將會導致該國貨幣在今天就會貶值。

這個分析，一個令人驚訝——或許不正確的——預測是：以 θ 衡量的國家風險提高，會引起經濟社會的所得增加。因為 LM^* 曲線向右移動，圖 14-11 說明這個預測。雖然利率上升促使投資減少，但貨幣的貶值卻導致淨出口更大幅度的增加，因此，理論上，所得上升。

然而，實際上，所得增加並未發生的原因有三：第一，中央銀行可能想避免本國貨幣的大幅貶值，因此因應國家風險溢酬 θ 的上升，會降低貨幣供給 M；第二，本國貨幣的大幅貶值，可能會突然造成進口商品價格上漲，提高物價水準 P；第三，當某些事件提高國家風險溢酬，因為貨幣通常是最安全的資產（在任何既定的所得和利率下），本國居民面對這種事件可能會增加貨幣需求。這三個變動都會造成 LM^* 曲線向左移動，緩和匯率的下降，但同時導致所得減少。

因此，國家風險的提高是不好的。在短期，會導致貨幣貶值，並透過剛才描述的三個管道，使總所得下跌。此外，因為利率上升造成投資下跌，在長期，國家風險提高造成資本累積降低和經濟成長下跌。

> **個案研究**

國際金融危機：墨西哥 1994 年到 1995 年

在 1994 年 8 月，1 墨西哥披索價值 0.30 美元。一年後，只值 0.16 美元。什麼原因可以解釋墨西哥貨幣價值這種大幅下滑的現象？國家風險是故事的主角。

在 1994 年初，墨西哥是一個新興的國家。因為剛剛通過的北美自由貿易協定 (North American Free Trade Agreement, NAFTA)，降低和美國、加拿大與墨西哥之間的貿易障礙，使許多人對墨西哥經濟的未來發展充滿信心。全球各地的投資者無不急於將錢借給墨西哥政府和墨西哥民間企業。

政治情勢的發展立即改變這種認知。奇亞帕 (Chiapas) 地區日益升高的暴動，使墨西哥局勢顯得相當不穩定，支持度領先的總統候選人盧思‧多南多‧柯洛西歐 (Luis Donaldo Colosio) 被暗殺身亡。政治前景充滿不確定性，許多投資者開始提高對墨西哥資產的風險溢酬。

一開始，風險溢酬攀升並未影響披索價值，因為墨西哥政府採行固定匯率制度。如前所述，在固定匯率下，中央銀行同意按事先決定的交換比率，以本國貨幣 (披索) 兌換外國貨幣 (美元)。因此，當國家風險溢酬提高造成披索價值下跌的壓力時，墨西哥中央銀行必須接受披索並釋出美元。當披索尚未貶值時，這種外匯市場干預措施會緊縮墨西哥的貨幣供給 (導致 LM^* 曲線向左移動)。

但是，墨西哥的外匯存底太少，不足以維持固定匯率。當墨西哥政府在 1994 年底用光美元時，宣佈披索貶值。然而，這項決定卻遭到反彈，因為墨西哥政府一再宣稱貨幣不會貶值。投資者變得不再信任墨西哥政策制定者，且恐懼披索再度貶值。

全球各地投資者 (包括墨西哥當地投資者) 都避免購買墨西哥資產。國家風險再度升高，加深調高利率及披索貶值的壓力。墨西哥的股票市場重挫。當墨西哥政府需要以新的政府債券展延即將到期的債務時，投資者不願意購買新的政府債券，違約似乎是政府唯一的選擇。在短短幾個月內，墨西哥從有著美好未來的新興經濟體系變成瀕臨破產邊緣的高風險經濟體系。

而後美國開始介入。美國政府有三個動機：協助南邊的鄰居、阻止因為政府違約和經濟崩潰所造成的大量非法移民，以及防止墨西哥引發的悲觀氣氛蔓延到其他開發中國家。美國政府加上國際貨幣基金 (International Monetary Fund, IMF) 發展一項對墨西哥政府的國際性紓困行動，允許墨西哥政府可以重新融通即將到期的債務。這些貸款保證協助恢復投資者對墨西哥經濟的信心，因此在某種程度上可以降低國家風險溢酬。

雖然美國的貸款保證可以阻止情況不再惡化，卻無法阻止 1994 年到 1995 年墨西哥風暴在墨西哥人民心中烙下的痛苦回憶。墨西哥披索損失大部份的價值，還經歷一次嚴重的經濟衰退。幸運的是，在 1990 年代末期，所得再度成長，最糟的情況似乎已經過去。

第 14 章　重新造訪開放經濟體系：孟德爾─弗萊明模型與匯率制度

另一個從這個經驗得到的教訓是清楚的：國家風險認知的改變，通常是政治動盪不安所引起，是小型開放經濟體系下利率和匯率的重要決定因素。

個案研究

國際金融危機：亞洲 1997 年到 1998 年

在 1997 年，當墨西哥經濟從金融危機中重新復甦時，類似的故事開始在亞洲許多國家，包括泰國、南韓，以及特別是在印尼發生。許多徵兆是相似的：高利率、資產價值下跌及貨幣貶值。例如，在印尼，短期名目利率上漲超過 50%，股票市場損失約 90% 的價值 (以美元衡量)，且印尼盾對美元的價值下跌超過 80%。危機導致這些國家經歷日益高漲的通貨膨脹 (因為貶值使進口變得更加昂貴)，以及下滑的國內生產毛額 (因為高利率和信心不足使支出減少)。印尼的實質國內生產毛額在 1998 年下跌約 13%。

引發這次大災難的原因是什麼？首先，問題出在亞洲的銀行體系。許多年來，亞洲這些國家的政府介入金融資源的分配程度比美國和其他已開發國家還要嚴重。有些評論者贊同政府與私人企業的這種「合夥」關係，甚至建議美國政府應該仿效。然而，隨著時間經過，很清楚地證明許多亞洲銀行將錢貸放給那些最具有政治影響力，而不是那些最具投資獲利的專案。一旦日益上升的違約率開始讓這個稱為「親密資本主義夥伴」曝光後，國際投資者對這些國家的前景也開始喪失信心。亞洲資產的風險溢酬提高，造成利率暴漲和貨幣價值崩跌。

如同我們將在第 19 章更完整地討論，金融危機通常是惡性循環，並加深問題的嚴重性。這是發生在亞洲的一則故事：

1. 銀行體系的問題腐蝕國際間對這些國家的信心。
2. 信心喪失使風險溢酬和利率同時上升。
3. 利率上升加上信心喪失，導致股價和其他資產價格下跌。
4. 資產價格下跌造成銀行貸款的抵押品價值減少。
5. 抵押品價值減少使銀行貸款違約率增加。
6. 更多的違約加深銀行體系惡化的程度。現在回到第一個步驟。

有些經濟學家利用這個惡性循環的論點，建議亞洲金融風暴是一個自我實現的預言：壞事會發生，只是因為人們預期壞事會發生。然而，大多數經濟學家卻認為，銀行體系的政治腐敗才是真正的問題。信心減弱的惡性循環更加重銀行體系腐敗的問題。

金融機構資產負債的貨幣錯置 (currency mismatch)，讓情況更加惡化。這些開發中國家的銀行通常以外幣 (如美元) 向國外貸款，而以本國貨幣 (如印尼盾) 貸款給本國人民。因此，它們的資產以本國貨幣表示，但負債卻以外國貨幣表示。當本國貨幣在外匯市場貶值時，銀行的資產價值相對負債下跌，使得銀行體系的問題更惡化。

當亞洲金融風暴蔓延之際，IMF 和美國試圖以幾年前對墨西哥的作法，重新恢復投資者的信心。特別是 IMF 貸款給亞洲國家協助其渡過難關；為了交換這些貸款，要求這些國家的政府承諾改革銀行體系和斬斷親密資本主義夥伴的關係。IMF 的期望是短期貸款和長期改革能夠重拾投資人的信心，降低風險溢酬，且使惡性循環變成良性循環。這個政策似乎奏效：這些亞洲國家迅速地從危機中復甦。■

14-5 匯率應該浮動或穩定？

在瞭解經濟體系在固定與浮動匯率制度下如何運作後，讓我們思考到底哪一個匯率制度比較好。

不同匯率制度的贊成和反對意見

浮動匯率的主要論點是，其使用貨幣政策可以更有彈性地運用在變動的環境。在固定匯率下，貨幣政策的唯一目標是承諾維持匯率在宣告的水準。但匯率只是貨幣政策能影響眾多總體經濟變數中的一個。浮動匯率制度使貨幣政策制定者能夠自由追求其他目標，如穩定就業或物價。

贊成固定匯率者認為，匯率的不確定性讓國際貿易難以進行。在 1970 年代初，全球放棄布列頓森林制度的固定匯率後，實質匯率與名目匯率的變動比任何人預測得更加劇烈和波動。有些經濟學家認為，這種波動性是因為國際投資者不理性和不穩定的投機行為所造成。企業主管通常宣稱這種波動性是有害的，因為它提高國際企業間交易的不確定性。然而，儘管在浮動匯率下匯率如此波動，但全球貿易量仍持續上升。

贊成固定匯率者有時還認為，承諾使用固定匯率是約束一個國家貨幣主管機關與避免貨幣供給過度成長的一個方法。但是，還是有許多其他的政策法則讓中央銀行可以遵循。例如，在第 17 章中，將討論如釘住名目國內生產毛額或通貨膨脹率的政策法則。因為貨幣供給可自動調整，固定匯率具有比其他政策法則更容易執行的優勢，但這項政策可能導致所得與就業較劇烈的波動。

實際上，浮動匯率與固定匯率的選擇並不像剛開始看到那樣的硬梆梆。在固定匯率制度下，若維持固定匯率與其他目標衝突太過嚴重時，中央銀行可以改變貨幣的價值。在浮動匯率制度下，當制定貨幣政策時，中央銀行通常會使

「就這樣說定。除非美元堅挺向上，否則我們就讓蚌殼浮動。」

第 14 章　重新造訪開放經濟體系：孟德爾—弗萊明模型與匯率制度

用正式或非正式的匯率目標。我們很少觀察到匯率是完全固定或完全浮動。相反地，在兩種制度下，穩定匯率經常是中央銀行許多政策目標中的一個。

個案研究

歐元辯論

　　如果你曾經從紐約開車到 3,000 哩以外的舊金山，可能記得並不需要將一種貨幣換成另外一種貨幣。在全美 50 州內，當地居民都樂意接受你用美元購買物品。這種貨幣聯盟 (monetary union) 是固定匯率最極端的形式。紐約美元與舊金山美元之間的匯率是如此不能改變的固定，以致於你可能甚至不知道它們之間有差別。(這有什麼差別？每一塊錢從 12 家聯邦準備銀行中的 1 家發行。儘管原始發行銀行可以從鈔票記號上辨別，但是你不會關心持有美元的形態，因為其他人，包括聯邦準備，都準備用 1 美元交換你手中的 1 美元。)

　　然而，如果在 1990 年代，你同樣在歐洲旅行 3,000 哩，就會有截然不同的經驗。你還沒有旅行多遠，就需要將手中的法國法郎換成德國馬克、荷蘭盾、西班牙比塞塔或義大利里拉。歐洲龐大數目的通貨讓旅行變得不方便且費用更高，每當經過邊界，你就得到銀行排隊兌換當地貨幣，且必須支付兌換貨幣的手續費。

　　然而，今天在歐洲的情況與美國相似，許多歐洲國家開始放棄自己的貨幣並組成貨幣聯盟，使用稱為歐元 (Euro) 的單一貨幣。因此，德國與法國之間的匯率就像紐約州和加州之間的匯率一樣固定。

　　共同貨幣的引進有其代價。最重要的是，歐洲國家再也無法執行各自的貨幣政策。取而代之的是，歐洲中央銀行 (European Central Bank, ECB) 與所有的會員國將在全歐洲制定單一貨幣政策。個別國家的中央銀行將扮演與聯邦準備銀行同樣的角色：監督當地的經濟狀況，但沒有控制貨幣供給或利率的權力。批評共同貨幣者認為，喪失國家貨幣政策主導權的代價非常龐大。當歐洲只有一個國家發生經濟衰退，而其他國家仍維持繁榮景象時，該國家並沒有貨幣政策的工具來對抗不景氣。這種論調是有些歐洲國家，如英國與瑞典，選擇保有本身貨幣而不採行歐元的一個原因。

　　放棄一國貨幣政策所產生的問題，在十年前變得很明顯。從 2008 年到 2013 年，許多南歐經濟體系經歷嚴重的經濟衰退。失業率在義大利從 6.7% 上升到 12.2%、葡萄牙從 8.5% 上升到 16.5%、西班牙從 11.3% 上升到 26.1%，以及希臘從 7.7% 上升到 27.3%。相反地，在這段期間，歐元區最大國 —— 德國失業率從 7.5% 下跌至 5.3%。批評歐元者聲稱，若這些南歐國家擁有自己的貨幣，而不是與德國在同一個歐元區內，就能更積極地追求擴張性貨幣政策。更積極的擴張性貨幣政策可使其貨幣貶值，而讓出口更有競爭力；淨出口的上升可使總需求增加，並減緩不景氣。

　　為什麼貨幣聯盟在美國運作得很好，在歐洲卻是一個壞主意？這些經濟學家認為，美國與歐洲有兩個重要的差別。第一，勞工在美國各州之間比在歐洲各國之間來得容易移動,部份是因為美國有共同的語言。因此,當區域性不景氣發生時,美國勞工較可能從高失業的州搬遷到低失業的各州。第二,美國有一個強而有力的中央政府,可以使用財政政策 —— 如聯邦所得稅與移轉,來重新分配各區域間的資源,但歐洲並沒有類似機構來協助掌管一切面臨困境的國家。歐洲並沒有這兩項優點,限制其只能使用單一貨幣政策時會承受更大的成本。

贊成共同貨幣者相信,喪失國家貨幣政策主導權的壞處可以被其他的好處所掩蓋。歐洲地區使用單一貨幣,旅行者和企業不用再擔心匯率,這應該可以促進更多的國際貿易。此外,共同貨幣有政治上的優點,使歐洲各國覺得更加緊密結合。20 世紀曾發生兩次世界大戰,都是因為歐洲國家的不睦所引起的。在某種程度上,共同貨幣能使歐洲各國更加和諧,歐元倡導者認為將使全世界受惠。

投機性攻擊、聯繫匯率制度及美元化

想像你是一個小國的中央銀行官員。你和同事決定將你的貨幣 —— 讓我們稱為披索 —— 與美元之間的匯率固定。從現在開始,1 披索將可兌換 1 美元。

如同先前的討論,你必須隨時準備以 1 披索買進或賣出 1 美元。貨幣供給將自動調整到均衡匯率等於你的目標匯率。然而,這個計畫有一個潛在的問題:你可能用光所有的美元。如果民眾賣給中央銀行大量的披索,中央銀行所持有的美元準備可能下降到零的水準。在這種情形下,中央銀行別無選擇只能棄守固定匯率,而放任披索貶值。

這個事實提高投機性攻擊 (speculative attack) —— 投資者認知的改變使固定匯率再也無法堅守 —— 的可能性。假設沒有任何理由,謠言傳出中央銀行將棄守釘住匯率的政策。人們面對這種情況的反應是衝向中央銀行,在披索貶值之前,將手中的披索換成美元。這樣的動作導致中央銀行外匯準備流失,而迫使中央銀行棄守匯率釘住政策。在這種情形下,謠言是自我實現的。

為了避免這種可能性,有些經濟學家認為固定匯率應該由阿根廷在 1990 年代使用的聯繫匯率制度 (currency board) 一起搭配。聯繫匯率制度是中央銀行握有足夠的外匯來支持每一個單位本國貨幣的措施。在我們的例子裡,中央銀行對每 1 披索應該都握有 1 美元 (或 1 美元投資在美國政府公債) 對應,隨時準備給人兌換。不管有多少披索準備向中央銀行要求兌換成美元,中央銀行永遠不會用光美元準備。

一旦中央銀行實施聯繫匯率制度,自然可以考慮下一個步驟:可以放棄披索而讓人民使用美元作為貨幣。這種計畫稱為美元化 (dollarization)。它會發生在高通貨膨脹的經濟體系,外國貨幣比本國貨幣更能提供可靠的價值儲存的功能;但也可以是因為公共政策的關係,巴拿馬即為一例。如果一個國家真的希望其貨幣堅定

第 14 章　重新造訪開放經濟體系：孟德爾—弗萊明模型與匯率制度　　361

地釘住美元，最可靠的方法是讓美元成為官方貨幣。美元化的唯一損失是政府放棄印製貨幣的鑄幣稅收入，貨幣供給成長所創造的這筆收入是歸美國政府所有。[5]

不可能的三位一體

　　匯率制度的分析導致一個簡單的結論：你不能擁有所有的制度。更精確地說，一國不可能擁有資本自由移動、固定匯率和獨立的貨幣政策。這個事實通常稱為不可能的三位一體 (impossible trinity) (有時也稱為國際金融的三難困境)，如圖 14-12 所示。一國必須選擇三角形的一邊，放棄對角的制度性特徵。

　　第一個選擇是允許資本自由移動和實施獨立性貨幣政策，如最近幾年的美國所追求的方式。在這種情況下，不可能擁有固定匯率；相反地，匯率必須浮動到使外匯市場達到均衡。

　　第二個選擇是允許資本自由移動和固定匯率，如最近幾年香港所追求的方式。在這種情況下，一國失去執行獨立性貨幣政策的能力。貨幣供給必須調整至使匯率等於其事先決定的水準。在某種意義上，一國固定與另外一國的貨幣交換比率，它是接受另外一國的貨幣政策。

　　第三個選擇是藉由限制國際資本流進與流出這個國家，固定匯率與實施獨立的貨幣政策，中國就是追求這種政策，如同接下來「個案研究」討論的。在這種情況下，利率並非由全球利率固定而是決定於國內因素，就像是完全封閉的經濟體系，因此有可能同時固定匯率和執行獨立性貨幣政策。

　　歷史顯示，國家可以選擇三角形的不同邊。每一個國家必須回答一重要的問題：是否想要生活在匯率變動環境下 (選擇 1)？放棄使用貨幣政策作為國內穩定

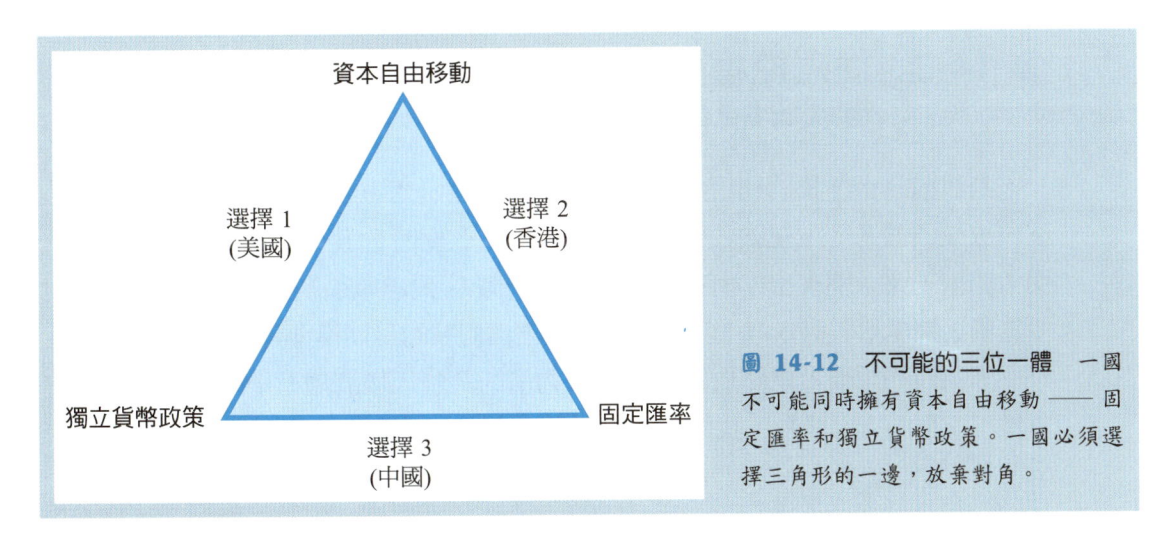

圖 14-12　不可能的三位一體　一國不可能同時擁有資本自由移動 —— 固定匯率和獨立貨幣政策。一國必須選擇三角形的一邊，放棄對角。

（三角形圖：頂點為「資本自由移動」，左下為「獨立貨幣政策」，右下為「固定匯率」；左邊「選擇 1 (美國)」，右邊「選擇 2 (香港)」，底邊「選擇 3 (中國)」）

---

[5] 美元化也會導致國家尊嚴的喪失，因為在貨幣上的是美國人像。若想要解決這個問題，美國政府可以將美鈔上喬治‧華盛頓 (George Washington)、亞伯拉罕‧林肯 (Abraham Lincoln) 等人像的位置空出來，使用美元的國家可以將人像換成該國的英雄或國父。

之用 (選擇 2)？或是否限制人民參與國際金融市場 (選擇 3)？每一個國家必須選擇其中一個選擇。

> **個案研究**

中國人民幣的爭議

從 1995 年到 2005 年，中國的貨幣 —— 人民幣，是以 1 美元兌 8.28 人民幣釘住美元。換句話說，中國人民銀行隨時準備以該價格買賣人民幣。這是固定匯率政策與限制國際資本流動政策的結合。中國人民不能夠將其儲蓄換成美元或歐元而投資海外。

到了 2000 年代初期，許多觀察家認為人民幣被嚴重低估。他們建議，若人民幣可以自由浮動，人民幣相對美元將會升值。贊成這個假設的證據是維持固定匯率，中國會累積大量的美元外匯存底；亦即，中國人民銀行必須在外匯市場供給人民幣和美元，以維持人民幣在穩定水準。若在外匯市場的干預停止，人民幣將相對美元升值。

在美國釘住的人民幣變成一持續的政治議題。美國與中國進口的生產者抱怨人民幣低估，使得中國商品比較便宜，讓美國生產者處於不利的地位。(美國消費者從便宜的進口獲益，但在國際貿易的政治上，通常生產者比消費者更大聲。) 面對這些關心，美國許多決策者請求中國政府讓其人民幣自由浮動。

中國不再完全固定匯率。在 2005 年 7 月，中國宣佈新的政策：依然會干預外匯市場，以免匯率的大幅和突然波動，但將允許緩慢變動。此外，它不僅針對美元，且針對更廣的一籃貨幣來評估人民幣的匯率。在下一個十年，人民幣相對美元升值約 25%。中國評論家，包括川普總統在內，繼續抱怨國家對外匯市場的干預。但時至今日，中國匯率政策不像過去一般，已經不再是迫切的國際經濟議題。■

14-6 從短期模型到長期模型：價格變動的孟德爾—弗萊明模型

到目前為止，我們利用孟德爾—弗萊明模型研究短期當物價水準固定時的小型開放經濟體系。現在讓我們考慮當物價水準改變時會發生什麼變化。如此將說明孟德爾—弗萊明模型如何在小型開放經濟體系下提供總需求曲線的理論，並說明這個短期模型與第 6 章中我們檢視開放經濟體系的長期模型如何相關。

因為我們想要考慮開放經濟體系中物價的調整，經濟體系中的名目匯率與實質匯率不再同方向移動。我們必須區分名目匯率 e 與實質匯率 ϵ。你應該記得在第 6 章中，實質匯率 ϵ 等於 eP/P^*。我們可將孟德爾—弗萊明模型寫成：

$$Y = C(Y-T) + I(r^*) + G + NX(\epsilon) \qquad IS^*$$
$$M/P = L(r^*, Y) \qquad LM^*$$

第 14 章　重新造訪開放經濟體系：孟德爾—弗萊明模型與匯率制度

這些式子現在應該頗為熟悉才對。第一個方程式描述 IS* 曲線，第二個方程式描述 LM* 曲線。請注意：淨出口受實質匯率的影響。

圖 14-13 顯示當國內物價水準下跌時，會發生什麼變化。因為物價水準會使實質貨幣餘額水準上升，LM* 曲線向右移動，如圖 14-13(a) 所示。實質匯率下跌，且均衡所得水準上升。總需求曲線總結物價水準和所得水準之間的這種負向關係，如圖 14-13(b) 所示。

因此，如同封閉經濟體系下，IS-LM 模型可以解釋總需求曲線，在小型開放經濟體系下，孟德爾—弗萊明模型可以解釋總需求曲線。在兩個模型中，總需求曲線顯示隨物價水準變動，產生所有均衡的集合。且在兩種情況裡，當物價水準固定時，任何因素引起均衡所得的改變均會導致總需求曲線移動。在物價水準不

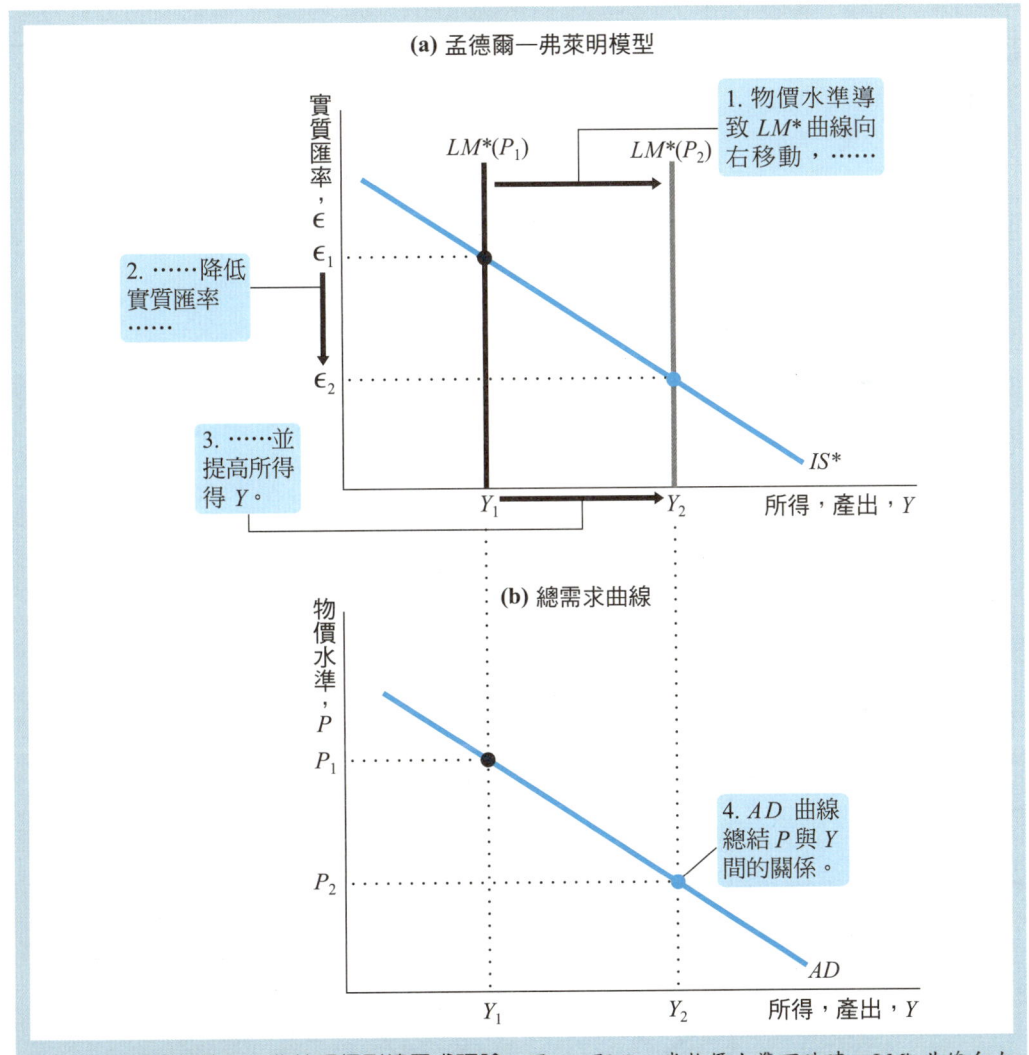

(a) 孟德爾—弗萊明模型

1. 物價水準導致 LM* 曲線向右移動，……
2. ……降低實質匯率……
3. ……並提高所得 Y。

(b) 總需求曲線

4. AD 曲線總結 P 與 Y 間的關係。

圖 14-13　從孟德爾—弗萊明得到總需求理論　圖 (a) 顯示，當物價水準下跌時，LM* 曲線向右移動，均衡所得水準上升。圖 (b) 顯示，總需求曲線總結這個 P 與 Y 之間的負向關係。

變下,提高所得的政策促使總需求曲線向右移動;在物價水準不變下,降低所得的政策與事件使總需求曲線向左移動。

我們可以利用這個圖形說明本章的短期模型與第 6 章長期模型之間的關係。圖 14-14 顯示短期與長期均衡。在兩個圖形中,因為假設物價水準固定,所以 K 點描繪短期均衡。在這個均衡時,商品與服務的需求低於經濟體系的自然產出水準。隨著時間經過,偏低的需求導致物價水準下跌。物價水準下跌會提高實質貨幣餘額,造成 LM^* 曲線向右移動。實質匯率下跌,所以淨出口上升。最後,經濟體系到達長期均衡的 C 點。短期與長期之間的調整速度,則視物價水準如何調整使經濟體系回到自然水準的速度而定。

K 點與 C 點的所得水準都很重要。本章最主要關心的一直是政策如何影響短期均衡的 K 點。在第 6 章中,我們曾經檢視長期均衡的 C 點。當政策制定者考慮政策的任何改變時,必須同時考慮決策的短期與長期影響。

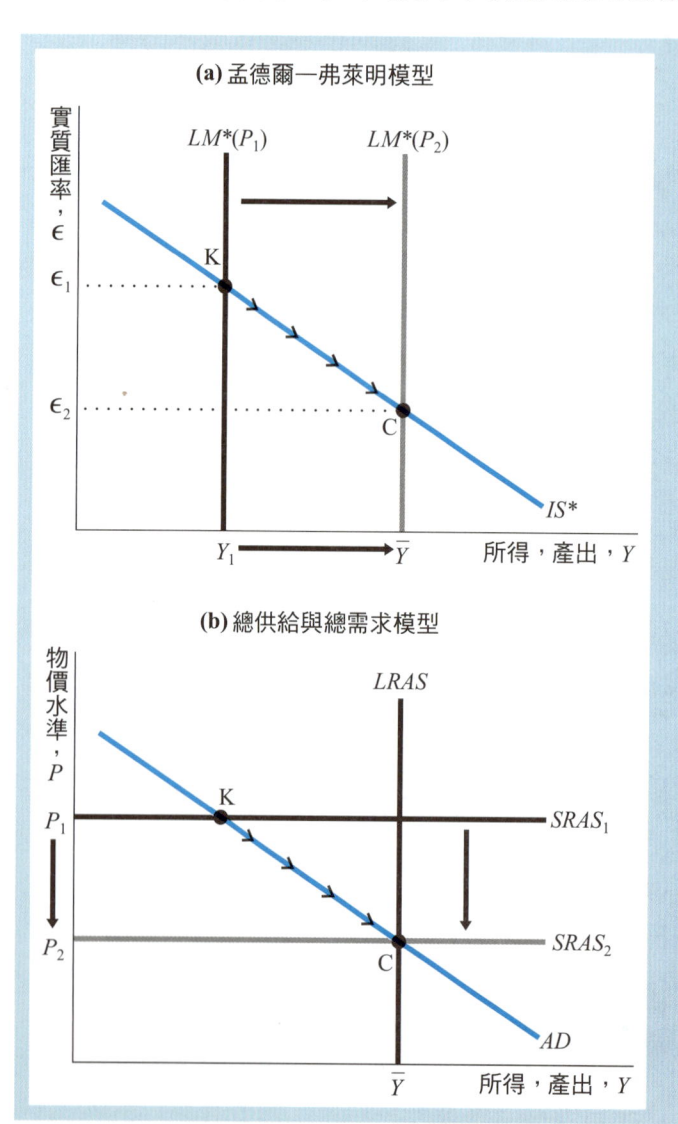

圖 14-14 小型開放經濟體系的長期與短期均衡 兩個圖形中的 K 點顯示,在物價水準固定在 P_1 的凱因斯假設下的均衡。兩個圖形中的 C 點顯示,在物價水準調整到使所得等於自然水準 $\bar{Y}$ 的古典假設下的均衡。

14-7　一個總結小叮嚀

在本章中，我們檢視在短期當物價水準僵固時，小型開放經濟體系如何運作。我們看到貨幣政策與財政政策如何影響所得和匯率，以及經濟體系的行為如何受匯率是固定或浮動的影響。在結束時，複習第 6 章的功課是值得的。包括美國在內的許多國家，既非封閉經濟體系，也不是小型開放經濟體系：是介於兩者之間。

一個像美國這樣的大型經濟體系，是結合封閉經濟的行為與小型開放經濟體系的行為。在分析大型開放經濟體系的政策時，需要同時考慮第 13 章封閉經濟體系的邏輯，以及本章開放經濟的邏輯。本章附錄呈現大型開放經濟體系模型。該模型的結論 (如同我們可以猜到的)，是已經檢視的兩種極端情況的綜合。

要瞭解我們如何從中學習封閉與開放經濟體系的邏輯，並運用這些觀點到美國這個國家，先考慮貨幣緊縮如何影響短期的經濟體系。在封閉經濟體系下，貨幣緊縮會提高利率，降低投資，因此降低總所得。在浮動匯率下的小型開放經濟體系，貨幣緊縮會提高匯率，降低淨出口，因此降低總所得。然而，利率不受影響，因為它是由全球金融市場所決定。

美國經濟擁有這兩種情況的元素，因為美國大到足以影響全球利率，且因資本在各國之間並非完全自由移動，貨幣緊縮的確會提高利率和降低投資。同時，貨幣緊縮也會使美元升值，因而降低淨出口。因此，儘管孟德爾—弗萊明模型無法精確地描述像美國這樣的經濟，但可以正確預測國際變數的變動情形，如匯率，且其可以顯示國際間的互動如何改變貨幣與財政政策的效果。

快速測驗

1. 在孟德爾—弗萊明的浮動匯率模型中，下列何者會使所得增加？
   a. 貨幣供給增加　　b. 貨幣供給減少
   c. 稅收增加　　　　d. 稅收減少

2. 在孟德爾—弗萊明的固定匯率模型中，下列何者可增加所得？
   a. 貨幣供給增加　　b. 貨幣供給減少
   c. 稅收增加　　　　d. 稅收減少

3. 在孟德爾—弗萊明的浮動匯率模型中，若一國限制進口，貨幣價值會 ＿＿＿＿＿，其淨出口將 ＿＿＿＿＿。
   a. 上升，下跌　　　b. 上升，不變
   c. 下跌，上升　　　d. 下跌，不變

4. 一實施固定匯率的國家能夠藉由貨幣 ＿＿＿＿＿ 來 ＿＿＿＿＿ 淨出口以擴張總需求。
   a. 升值，增加　　　b. 升值，減少
   c. 貶值，增加　　　d. 貶值，減少

5. 若一國採取浮動匯率，而某些事件導致人們認為未來貨幣價值下跌，則今日的國內利率會 ＿＿＿＿＿，且其貨幣會 ＿＿＿＿＿。
   a. 上升，升值　　　b. 上升，貶值
   c. 下跌，升值　　　d. 下跌，貶值

6. 若一國想要追求獨立的貨幣政策，它不能同時擁有 ＿＿＿＿＿ 資本流動與 ＿＿＿＿＿ 匯率。
   a. 限制，浮動　　　b. 限制，固定
   c. 自由，浮動　　　d. 自由，固定

摘要

1. 孟德爾—弗萊明模型與小型開放經濟體系下的 *IS-LM* 模型類似。它假設物價水準固定，然後說明是什麼因素引起所得和匯率的波動。

2. 孟德爾—弗萊明模型顯示在浮動匯率下，財政政策不會影響國民所得。財政擴張引起貨幣升值，淨出口減少，抵銷總所得的擴張效果。在固定匯率下，財政政策的確會影響所得。

3. 孟德爾—弗萊明模型顯示，在固定匯率下，貨幣政策不會影響國民所得。因為貨幣供給必須調整到確實使匯率停留在宣告的水準上，任何擴張貨幣供給的嘗試都將徒勞無功。在浮動匯率下，貨幣政策的確會影響所得。

4. 若投資者萬分小心地持有一個國家的資產，該國的利率會超過全球利率，超過的部份就是風險溢酬。根據孟德爾—弗萊明模型，風險溢酬的增加會引起利率上漲，而造成該國的貨幣貶值。

5. 浮動匯率與固定匯率各有優點。浮動匯率使貨幣政策制定者可以自由地追求穩定匯率外的其他政策目標。固定匯率可以降低國際間企業交易的一些不確定性。若國際投資者認為中央銀行沒有足夠的外匯準備來維持固定匯率，則固定匯率制度會遭受投機性攻擊。在選擇匯率制度時，政策制定者通常受限於一國無法同時擁有資本自由移動、固定匯率和獨立貨幣政策的事實。

關鍵詞

孟德爾—弗萊明模型　Mundell-Fleming model
浮動匯率　floating exchange rates
固定匯率　fixed exchange rates
貶值　devaluation
升值　revaluation
不可能的三位一體　impossible trinity

複習題

1. 請解釋在浮動匯率的孟德爾—弗萊明模型中，當稅收提高時，所得、匯率和貿易餘額有何變動？若匯率是固定而非浮動，又會發生什麼改變？
2. 請解釋在浮動匯率的孟德爾—弗萊明模型中，當貨幣供給減少時，所得、匯率和貿易餘額有何變動？若匯率是固定而非浮動，又會發生什麼改變？
3. 請解釋在浮動匯率的孟德爾—弗萊明模型中，當進口車配額取消時，所得、匯率和貿易餘額有何變動？如果匯率是固定而非浮動，又會發生什麼改變？
4. 請問浮動匯率與固定匯率的優、缺點是什麼？
5. 請描述不可能的三位一體。

問題與應用

1. 請利用孟德爾—弗萊明模型預測，在浮動與固定匯率下，面對下列衝擊時，所得、匯率及貿易餘額會發生什麼改變？請在答案中畫出圖形。
   a. 消費者對未來的信心降低，導致消費者減少支出和增加儲蓄。

b. 豐田汽車推出新型車款，使消費者偏好外國車而不喜歡本國車。

c. 自動櫃員機的問世造成貨幣需求的減少。

2. 一小型開放經濟體系以下列式子描述：

$$C = 50 + 0.75(Y-T)$$
$$I = 200 - 20r$$
$$NX = 200 - 50\epsilon$$
$$M/P = Y - 40r$$
$$G = 200$$
$$T = 200$$
$$M = 3{,}000$$
$$P = 3$$
$$r^* = 5$$

a. 請推導並畫出 IS^* 與 LM^* 曲線。

b. 請計算均衡匯率、所得及淨出口。

c. 假設浮動匯率體系。若政府增加其支出 50，請計算匯率、所得、淨出口與貨幣供給。利用圖形來解釋你的結論。

d. 現在假設固定匯率體系。若政府增加其支出 50，請計算匯率、所得、淨出口與貨幣供給。利用圖形來解釋你的結論。

3. 一浮動匯率的小型開放經濟體系正處於不景氣當中，且其貿易處於平衡狀態。若政策制定者想要達到充份就業，同時維持貿易平衡，他們應該選擇何種貨幣與財政政策組合？利用圖形來確認各個政策的影響。

4. 孟德爾—弗萊明模型視全球利率 r^* 為外生變數。讓我們考慮當這個變數發生變動時，會有什麼影響。

a. 請問什麼因素會造成全球利率上漲？(提示：全球為一封閉經濟體系。)

b. 在浮動匯率的孟德爾—弗萊明模型中，當全球利率上升時，所得、匯率及貿易餘額會發生什麼變動？

c. 在固定匯率的孟德爾—弗萊明模型中，當全球利率上升時，所得、匯率及貿易餘額會發生什麼變動？

5. 企業主管和政策制定者通常都很關心美國產業的「競爭力」(美國產業在國際市場銷售產品的獲利能力)。

a. 當價格僵固時，名目匯率的變動在短期內如何影響競爭力？

b. 假設你想讓國內產業更具競爭力，但又不想改變國民所得，根據孟德爾—弗萊明模型，你可以追求什麼樣的貨幣與財政政策組合？請在圖形上指出各個政策的影響。

6. 假設所得增加隱含進口增加，因而降低淨出口；亦即，淨出口函數是：

$$NX = NX(e, Y)$$

請檢視在小型開放經濟體系下，財政擴張對所得和貿易餘額的影響，在：

a. 浮動匯率。

b. 固定匯率。

請問你的結果如何與表 14-1 的結論做比較？

7. 假設貨幣需求受可支配所得的影響，以致於貨幣需求方程式變成：

$$M/P = L(r, Y-T)$$

請分析在浮動匯率和固定匯率制度下，小型開放經濟體系中減稅對所得與匯率的影響。

8. 假設貨幣需求函數中的物價水準包含進口商品價格，進口商品價格則受匯率的影響；亦即，貨幣市場可以描述成：

$$M/P = L(r, Y)$$

其中

$$P = \lambda P_d + (1-\lambda) P_f/e$$

其中 P_d 為國內商品價格，P_f 為以國外貨幣表示的外國商品價格，及 e 為匯率。因此，P_f/e 為以本國貨幣表示的外國商品價格。參數 λ 是國內商品占物價指數 P 的比例。假設國內商品的價格 P_d 和以外幣衡量的國外商品價格 P_f 在短期是僵固的。

a. 假設我們畫出在 P_d 和 P_f（並非平常的 P）固定下的 LM^* 曲線。請問在這個模型中 LM^* 曲線是否仍為垂直線？請解釋。

b. 在這個模型中，浮動匯率下的擴張性財政政策的效果為何？請與標準的孟德爾—弗萊明模型的結果做比較。

c. 假設政治動盪造成國家風險溢酬增加，因此利率提高。在這個模型中，請問匯率、物價水準和所得會有什麼變化？請與標準的孟德爾—弗萊明模型的結論做比較。

9. 請利用孟德爾—弗萊明模型回答下列有關加州 (小型開放經濟體系) 的問題。

a. 加州及其主要貿易夥伴 (阿拉巴馬州、阿拉斯加州、亞利桑那州……) 的匯率制度為何？

b. 若加州遭受不景氣的打擊，請問州政府應否嘗試使用貨幣或財政政策來刺激就業？請解釋。(請注意：針對這個問題，假設加州州政府可以印製美鈔。)

c. 若加州禁止酒類從華盛頓州進口，請問對所得、匯率和貿易餘額有何影響？請考慮短期和長期的影響。

d. 你能否想到任何加州經濟與加拿大經濟不同的重要方式，且讓孟德爾—弗萊明模型應用在加州而非在加拿大時比較無效？

快速測驗答案

1. a　　2. d　　3. b　　4. c　　5. b　　6. d

附錄

大型開放經濟體系的短期模型

當分析像美國這樣的經濟體系中所採取的政策時，我們需要結合封閉經濟 IS-LM 模型的邏輯及小型開放經濟體系孟德爾—弗萊明模型的邏輯。附錄呈現的是中間情況的大型開放經濟體系。

如同我們在第 6 章附錄的討論，大型開放經濟體系與小型開放經濟體系之不同處，在於大型開放經濟體系中，利率不會由全球金融市場所固定住。在大型開放經濟體系中，我們必須考慮利率和國外資本流動之間的關係。淨資本流出是國內投資者借給國外的金額減去外國投資者借給本國人的金額。當國內利率下跌時，國內投資者發現借錢給外國人比較有吸引力，而外國投資者發現向本地借錢比較不具吸引力。因此，淨資本外流與利率之間是呈現負向關係。在這裡，我們將這種關係加入國民所得的短期模型中。

模型的三個方程式分別是：

$$Y = C(Y-T) + I(r) + G + NX(e)$$
$$M/P = L(r, Y)$$
$$NX(\epsilon) = CF(r)$$

前面兩個式子與本章的孟德爾—弗萊明模型使用的方程式相同。第三式來自第 6 章附錄，說明貿易餘額 NX 等於淨資本外流 CF，且淨資本外流受國內利率影響。

要瞭解這個模型的涵義，將第三式代入第一式，所以模型變成：

$$Y = C(Y-T) + I(r) + G + CF(r) \qquad IS$$
$$M/P = L(r, Y) \qquad LM$$

此二方程式與封閉經濟體系下 IS-LM 模型的方程式非常相似。唯一的差別是，支出現在受利率影響的原因有二。如前所述，利率上升會使投資減少。但是，現在利率上升也會造成淨資本外流減少，因此降低淨出口。

我們可以利用圖 14-15 的三個圖形來分析這個模型。圖 14-15(a) 顯示 IS-LM 模型的圖形。就像第 12 章和第 13 章的封閉經濟體系，利率 r 在縱軸，而所得 Y 在橫軸。IS 與 LM 曲線共同決定均衡利率和均衡所得水準。

IS 方程式中，新的淨資本外流 $CF(r)$，使 IS 曲線比封閉經濟體系下的 IS 曲線更為平坦。國際資本流動對利率的敏感度愈高，IS 曲線愈平坦。你可能還記得在第 6 章附錄中，小型開放經濟體系代表淨資本外流在全球利率水準下是完全有彈

369

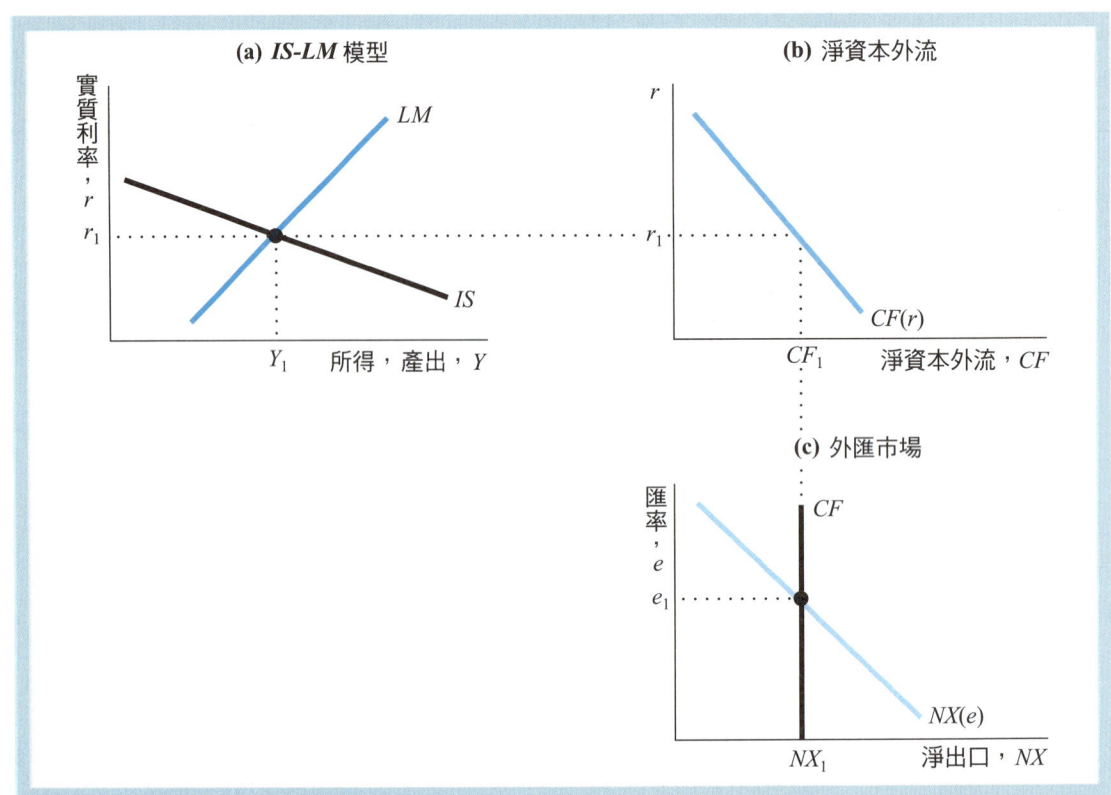

圖 14-15　大型開放經濟體系的短期模型　圖 (a) 顯示 IS 與 LM 曲線決定利率 r_1 和所得 Y_1。圖 (b) 說明 r_1 決定淨資本外流 CF_1。圖 (c) 顯示 CF_1 與淨出口曲線決定匯率 e_1。

性的極端情況。在這個極端情況下，IS 曲線是水平的。因此在此圖形中，小型開放經濟體系將以水平的 IS 曲線來表示。

圖 14-15(b) 與圖 14-15(c) 顯示，IS-LM 模型的均衡如何決定淨資本外流、貿易餘額及匯率。在圖 14-15(b)，我們看到利率決定淨資本外流。因為利率上升造成國內投資者不願意借錢給外國人，並鼓勵外國投資者借錢給本國人，因此這條曲線的斜率為負。在圖 14-15(c)，我們看到匯率會調整到確實使商品與服務的淨出口等於淨資本外流。

現在讓我們利用這個模型來檢視不同政策的影響。假設經濟體系是採行浮動匯率制度，因為這對大多數如美國一樣的大型開放經濟體系而言，這個假設是正確的。

財政政策

圖 14-16 檢視財政擴張的衝擊。政府購買的增加或減稅，導致 IS 曲線往右移動。如圖 14-16(a) 所示，這種 IS 曲線的移動促使所得上升和利率上漲。這兩個效果和在封閉經濟體系下的結果相同。

(a) IS-LM 模型

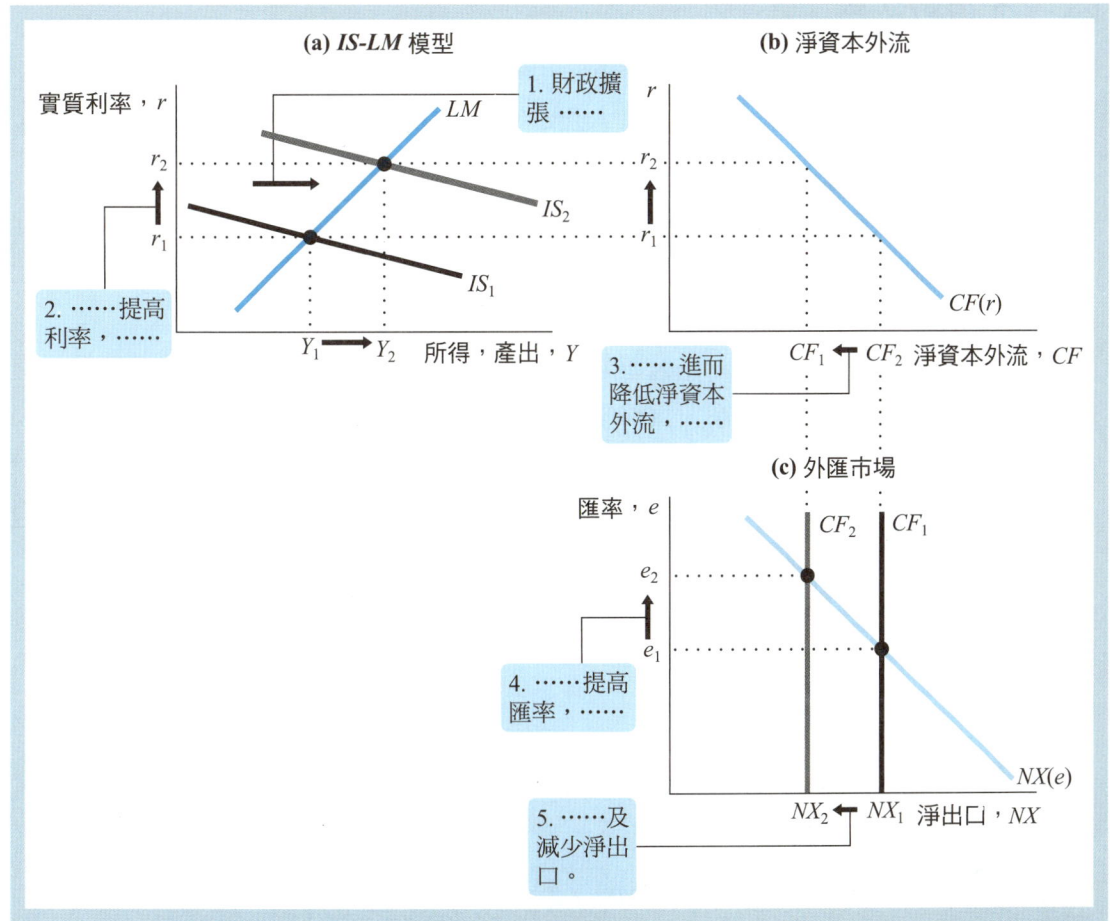

圖中標註：
- 1. 財政擴張……
- 2. ……提高利率，……
- LM、IS₁、IS₂ 曲線，實質利率 r，所得、產出 Y，$r_1 \to r_2$，$Y_1 \to Y_2$

(b) 淨資本外流

- 3. ……進而降低淨資本外流，……
- $CF(r)$ 曲線，$CF_1 \leftarrow CF_2$，淨資本外流 CF

(c) 外匯市場

- 4. ……提高匯率，……
- 5. ……及減少淨出口。
- $NX(e)$ 曲線，CF_2、CF_1，$e_1 \to e_2$，$NX_2 \leftarrow NX_1$

圖 14-16 大型開放經濟體系的財政擴張 圖 (a) 顯示財政擴張導致 IS 曲線向右移動。所得從 Y_1 上升到 Y_2，以及利率從 r_1 上升到 r_2。圖 (b) 指出利率上升引起淨資本外流從 CF_1 下跌到 CF_2。圖 (c) 說明淨資本外流的下跌會使美元淨供給減少，造成匯率從 e_1 上升到 e_2。

但是在大型開放經濟體系下，利率上升使淨資本外流減少，如圖 14-16(b) 所示。淨資本外流的下跌會降低外匯市場中美元的供給。匯率升值，如圖 14-16(c) 所示。因為國內商品相對國外商品變得比較昂貴，淨出口會減少。

圖 14-16 顯示在大型開放經濟體系下，財政擴張的確造成所得上升，這與浮動匯率下的小型開放經濟體系的結論並不相同。然而，對所得的影響是小於封閉經濟體系下的所得影響幅度。在封閉經濟體系下，財政政策擴張性的影響部份被投資的排擠效果抵銷：當利率上升時，投資減少，導致財政政策乘數下跌。在大型開放經濟體系下，還有另外一個抵銷因素：當利率上升時，淨資本外流下跌，匯率上升，導致淨出口減少。這會進一步地降低財政政策乘數。(在圖形中，這個額外的途徑是由先前提到較平坦的 IS 曲線說明：針對任何 IS 曲線的向右移動，較平坦的曲線隱含較少的所得增加。) 這些效果加起來，不會像小型開放經濟體系的結果大到讓財政政策無效，但是的確會減低財政政策的衝擊。

貨幣政策

圖 14-17 檢視貨幣擴張的效果。貨幣供給的增加導致 LM 曲線向右移動，如圖 14-17(a) 所示。所得水準上升而利率下跌。同樣地，這些效果就像在封閉經濟體系下的結論。

但是，如圖 14-17(b) 所示，利率下跌造成淨資本外流的增加。CF 的增加促使外匯市場的美元供給增加。匯率貶值，如圖 14-17(c) 所示。當國內商品變得比國外商品便宜時，淨出口會上升。

現在我們可以看到，在大型開放經濟體系下，貨幣傳遞機制透過兩個管道運作。如同在封閉經濟體系，貨幣擴張會降低利率和刺激投資。如同在小型開放經濟體系，貨幣擴張導致外匯市場的貨幣貶值而刺激淨出口。這兩個影響會產生較高的所得。確實，由於 IS 曲線比封閉經濟體系更為平坦，任何 LM 曲線的移動將造成所得較大的移動。

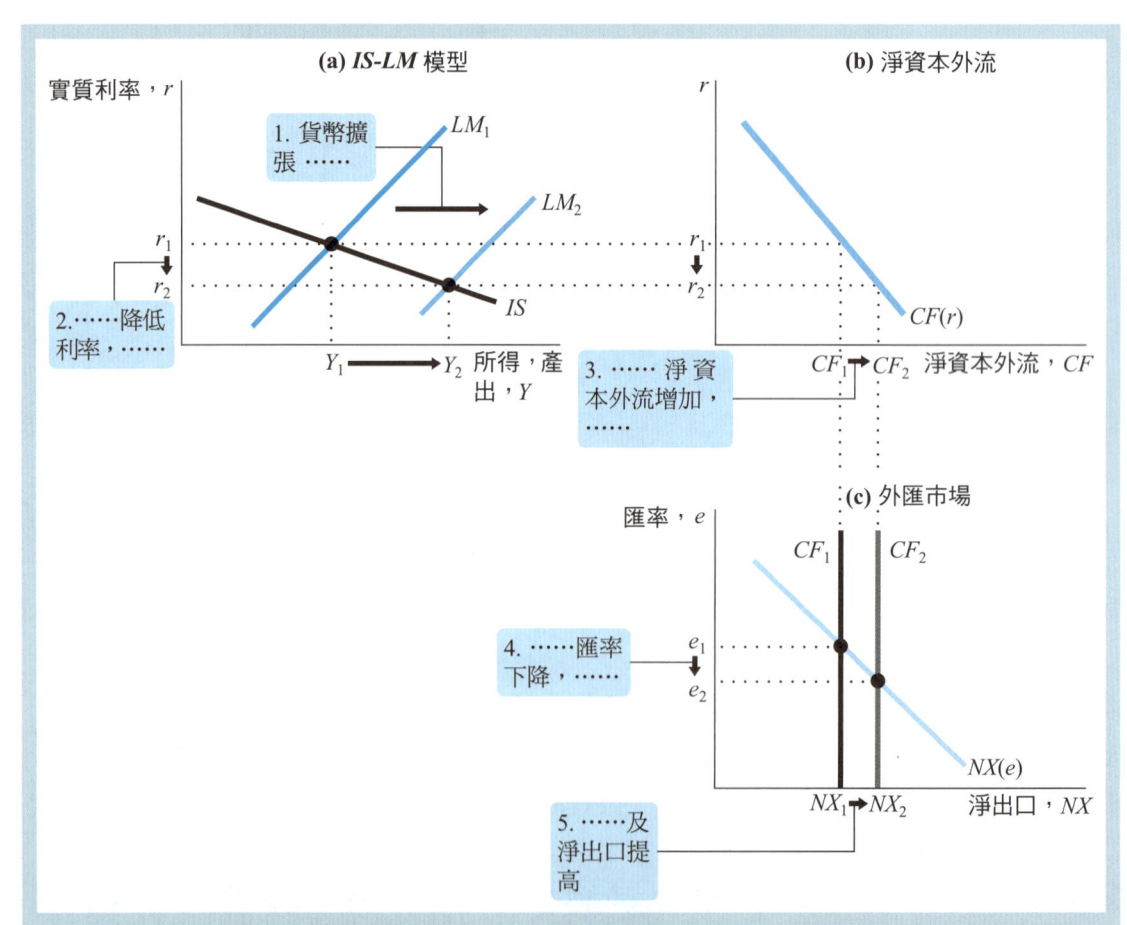

圖 14-17　大型開放經濟體系的貨幣擴張　圖 (a) 顯示貨幣擴張導致 LM 曲線向右移動。所得從 Y_1 上升到 Y_2，利率從 r_1 下降到 r_2。圖 (b) 指出利率的下跌造成淨資本外流從 CF_1 增加到 CF_2。圖 (c) 說明淨資本外流的增加使美元的淨供給增加，進而引起匯率從 e_1 下跌到 e_2。

第 14 章　重新造訪開放經濟體系：孟德爾—弗萊明模型與匯率制度

經驗法則

這個大型開放經濟體系模型可以描述今日的美國經濟。但它比第 12 章和第 13 章研究的封閉經濟體系模型，以及本章發展的小型開放經濟體系模型，顯得更複雜與繁瑣。幸運的是，有一個相當有用的經驗法則，可以協助你決定經濟政策如何影響大型開放經濟體系，且無須記憶模型的所有細節：大型開放經濟體系是封閉經濟體系與小型開放經濟體系的平均數。要找出任何政策如何影響任何變數，請尋找此兩極端情況的答案，並取平均數就可得到答案。

例如，貨幣緊縮如何在短期影響利率和投資？在封閉經濟體系下，利率上升和投資下跌。在小型開放經濟體系下，投資和利率都不會改變。大型開放經濟體系下的影響是兩種情況的平均：貨幣緊縮會提高利率和降低投資──但在程度上比較輕。淨資本外流的減少會緩和封閉經濟體系下利率上升和投資減少的影響，但是不像小型開放經濟體系，國際間資本流動不會強烈到完全否定這些效果。

經驗法則使這些簡單的模型變得更有價值。雖然其無法完美描述我們生活的世界，但的確提供經濟政策影響相當有用的指導方向。

更多的問題與應用

1. 想像你經營大型開放經濟體系採取浮動匯率的中央銀行。你的目標是穩定所得，並以貨幣供給的調整來達成。在你的政策下，當面對下列衝擊時，貨幣供給、利率、匯率及貿易餘額會發生什麼衝擊？
   a. 政府增加稅收來減少預算赤字。
   b. 政府限制外國汽車進口。
2. 在過去幾十年間，全球經濟體系的金融整合更加密切，也就是全球各地的投資者變得比較願意到其他國家投資。讓我們考慮這種發展如何影響貨幣政策對經濟體系的能力。
   a. 若投資者變得比較願意在國外與國內資產間進行替換，請問對 CF 函數的斜率有何影響？
   b. 若 CF 函數以這種方式改變，請問 IS 曲線的斜率有何變動？
   c. 請問 IS 曲線的改變如何影響 Fed 控制利率的能力？
   d. 請問 IS 曲線這樣的改變如何影響 Fed 控制國民所得的能力？
3. 假設大型開放經濟體系的政策制定者，想要在不改變所得或匯率情況下，提高投資水準。
   a. 請問是否有任何本國貨幣與財政政策的組合能夠達成這個目標？
   b. 請問是否有任何本國貨幣、財政及貿易政策的組合能夠達成這個目標？
   c. 請問是否有任何外國貨幣與財政政策組合能夠達成這個目標？
4. 本附錄考慮浮動匯率制度下的大型開放經濟體系。現在假設一大型開放經濟體系實施固定匯率制度，即中央銀行宣佈匯率目標，並承諾調整貨幣供給至均衡匯率與目標匯率相等為止。
   a. 請描述在面對如增加政府支出的財政擴張政策下，所得、利率及貿易餘額會發生什麼變化。並與小型開放經濟體系下固定匯率的結論做比較。
   b. 若中央銀行向大眾買進債券而擴張貨幣供給，請描述所得、利率及貿易餘額會發生什麼變化？並與小型開放經濟體系下固定匯率的結論做比較。

CHAPTER 15

總供給和通貨膨脹與失業的短期抵換

> 可能單一最重要的總體經濟關係就是菲力浦曲線。
> —— 喬治・阿卡洛夫

> 通貨膨脹與失業之間總是存在短暫的抵換關係；沒有恆久的抵換關係存在。短暫的抵換關係並非來自通貨膨脹本身，而是來自非預期通貨膨脹，即為一般所指的，來自上升的通貨膨脹率。
> —— 彌爾頓・傅利德曼

大多數的經濟學家利用總需求和總供給模型，來分析總所得與物價水準的短期波動情形。在前面三章中，我們詳細檢視總需求。*IS-LM* 模型 (加上開放經濟體系的延伸，孟德爾—弗萊明模型) 說明貨幣與財政政策的變動，以及對貨幣與商品市場的衝擊如何引起總需求曲線的移動。在本章中，我們將考慮決定總供給曲線位置與斜率的理論。

在第 11 章介紹總供給曲線時，我們強調總供給在長期與短期的行為不同。在長期，價格完全有彈性，且總供給曲線是垂直的。當總供給曲線是垂直時，總需求曲線的移動會改變物價水準，但是經濟體系的產出仍維持在自然水準；相反地，在短期，價格是僵固的，總供給曲線不是垂直的。在這種情形下，總需求曲線的移動的確造成產出的波動。在第 11 章中，以簡化的價格僵固性觀點，將總供給曲線畫成一條水平線，表示所有價格都固定的極端情況。我們現在的任務是重新認識短期總供給曲線，以便更能夠反映真實世界中有些價格是僵固的，而有些不是的事實。

在檢視短期總供給曲線的基本理論後，我們建立一個關鍵涵義。我們將說明這條曲線隱含兩個衡量經濟表現變數：通貨膨脹與失業之間的抵換關係。這個抵換關係稱為菲力浦曲線，告訴我們政策制定者要降低通貨膨脹率，必須暫時地提高失業；且要降低失業，他們就必須接受更高的通貨膨脹。如同本章開始傅利德曼的引言所建議，通貨膨脹與失業之間的抵換只是短暫的，本章的一個目的是解釋，為什麼政策制定者在短期面對這種抵換關係，而在長期不會面對。

15-1　總供給的基本理論

當物理課研究球在傾斜的平面上移動時，一開始通常會假設摩擦力不存在。這個簡化是一個好的起點，但沒有一位好的工程師會接受用沒有摩擦假設來描述真實世界的運作。同樣地，本書一開始是古典總體經濟理論，產出等於自然水準。但如果假設這個模型永遠正確，就是一個錯誤。我們現在的工作是更深入地研究總體經濟學的「摩擦力」。

我們以檢視兩個總供給模型，來達成這個目標。在兩個模型中，一些市場的不完全——亦即，某種形式的摩擦力，引起經濟體系的產出偏離其自然水準。因此，總需求曲線的移動造成產出水準波動。這些產出的波動代表景氣循環的繁榮與衰退。

儘管兩個模型帶我們進入不同的理論途徑，但是每一個途徑最終會到達相同目的地。最終的目的地是短期總供給曲線方程式：

$$Y = \bar{Y} + \alpha(P - EP), \ \alpha > 0$$

其中 Y 是經濟體系產出 (與國民所得)，$\bar{Y}$ 是自然產出水準，P 是物價水準，以及 EP 是預期物價水準。此一方程式說明當物價水準偏離預期物價水準時，產出會偏離自然產出水準。參數 α 說明產出對非預期物價水準變動的反應程度；$1/\alpha$ 為總供給曲線的斜率。

兩個模型都會告訴我們，在總供給方程式背後的不同故事。換言之，每一個模型都會凸顯一個為何物價水準未預期的移動與產出波動相關的特別原因。

價格僵固性模型

正斜率短期總供給曲線最廣為被接受的解釋稱為價格僵固性模型 (sticky-price model)。這個模型強調，廠商不會立即調整售價，來反映需求的變動。有時價格是由廠商和顧客之間的長期契約決定。即使沒有正式契約，廠商可能維持價格穩定，避免頻繁的價格變動，困擾經常往來的顧客。有些價格是僵固的，因為市場結構就是如此：若廠商印製並發行目錄或價目表，改變價格必須付出相當昂貴的代價。而有時價格僵固性是反映工資僵固性：廠商依據生產成本來制定產品售價，而工資決定於社會規範及公平的想法，這些都隨著時間經過而緩慢成形。

要瞭解僵固的價格如何能協助解釋正斜率的總供給曲線，有許多不同的方式來正式化價格僵固性的觀念。以下檢視一個特別簡單的模型。首先，考慮個別廠商的訂價決策，然後加總所有廠商的決策來解釋整體經濟的行為。想要發展這個模型，我們必須拋離自第 3 章以來一直使用的完全競爭假設。完全競爭廠商是價格接受者而非價格制定者。如果我們想要考慮廠商如何制定價格，可以很自然地假設這些廠商對他們索取的價格至少有一些獨占控制的能力。

讓我們考慮一典型廠商面對的訂價決策。廠商的理想價格 p 是受兩個總體經濟變數的影響：

- 整體物價水準 P。物價水準上漲隱含廠商成本增加。因此，整體物價水準愈高，廠商對產品的訂價也會愈高。
- 國民所得水準 Y。所得上升會增加對廠商產品的需求。因為邊際成本隨著生產水準的增加而增加，需求愈高，廠商理想的訂價也會愈高。

我們可將廠商的理想價格寫成：

$$p = P + a(Y - \bar{Y}), \ \alpha > 0$$

這個程式說明理想價格 p 是受整體物價水準 P 及國民所得相對自然水準 $Y - \bar{Y}$ 的影響。參數 a 衡量廠商理想價格對國民所得的反應程度。[1]

現在假設有兩種形態的廠商：一些是價格完全有彈性的廠商，他們是依據其對經濟情況的預期，事先宣佈售價；一些則是具有價格僵固性的廠商，他們是根據下式來制定價格：

$$p = EP + a(EY - E\bar{Y})$$

其中 E 表示變數的期望值。為了簡化分析，假設廠商預期產出在自然水準，所以最後一項 $a(EY - E\bar{Y})$，等於零。因此，這些廠商設定價格為：

$$p = EP$$

亦即，具有價格僵固性的廠商是根據他們預期其他廠商的訂價來制定自己的價格。

我們可以利用這兩種類型廠商的訂價決策來推導總供給方程式。為了達到這個目的，我們發現經濟體系的整體物價水準，是這兩群廠商產品售價的加權平均。若 s 是價格僵固廠商的比例，且 $1-s$ 是完全彈性價格的比例，則整體物價水準是：

$$P = sEP + (1-s)[P + a(Y - \bar{Y})]$$

第一項是價格僵固廠商的訂價乘以其占整體廠商的比例；第二項是完全彈性價格

---

[1] **數學註解**：廠商最關心的是產品的相對價格，其為產品名目價格除以整體物價水準。若我們將 p 和 P 解釋成廠商的對數價格與物價水準的對數價格，則此式說明理想的相對價格受產出偏離自然水準的影響。

廠商的訂價乘以其比例。現在將此方程式的等號兩邊都減去 $(1-s)P$ 可得：

$$sP = sEP + (1-s)[a(Y-\overline{Y})]$$

等號兩邊都除以 s，並求解整體物價水準：

$$P = EP + [(1-s)a/s](Y-\overline{Y})$$

上式的兩項解釋如下：

- 當廠商預期高物價水準時，他們會預期高成本。那些事先固定售價的廠商會設定較高的價格。這些高價導致其他廠商跟進，也制定較高的價格。因此，預期物價水準 EP 上升促使實際物價水準 P 上升。
- 當產出提高，商品需求會增加。那些具有完全彈性訂價的廠商會設定較高的價格，這會導致較高的物價水準。產出對物價水準的效果受完全彈性訂價廠商所占比例的影響。愈多的廠商採僵固性價格，價格水準因應經濟活動水準的程度愈低。

因此，整體物價水準取決於預期物價水準及產出水準。

我們將總物價方程式重新集項，可得一較熟悉的形式：

$$Y = \overline{Y} + \alpha(P - EP)$$

其中 $\alpha = s/[(1-s)a]$。如同其他模型，價格僵固性模型告訴我們，產出和自然水準的差距與物價水準和預期物價水準的差距呈正向關係。[2]

另外一個理論：不完全資訊模型

另外一個正斜率短期總供給曲線的解釋稱為**不完全資訊模型** (imperfect-information model)。不像價格僵固性模型，這個模型假設市場是結清的 —— 亦即，工資與價格可自由調整到使供給等於需求。在此模型中，短期與長期總供給曲線不同，是因為對價格產生短暫的錯覺。

不完全資訊模型假設經濟體系中，每一個供給者只生產一種商品和消費許多種商品。因為商品種類繁多，供給者無法總是觀察到所有的價格。他們密切地觀察其產品的價格，但較不注意其消費所有商品的價格。因為不完全資訊，他們有時會分不清究竟是物價水準的變動或相對價格的變動。這種混淆會影響其要供給

---

[2] 有關價格僵固性模型更進一步的發展，請見 Julio Rotemberg, "Monopolistic Price Adjustment and Aggregate Output," *Review of Economic Studies* 49 (1982): 517-531；以及 Guillermo Calvo, "Staggered Prices in a Utility-Maximizing Framework," *Journal of Monetary Economics* 12 (1983): 383-398。

多少數量的決策,且會導致短期產出與物價水準之間的正向關係。

讓我們考慮單一供給者——如蘆筍農夫面臨的決策。因為農夫從出售蘆筍中賺取所得,並利用這筆所得購買商品與服務,其所選擇生產的蘆筍數量是受蘆筍價格相對經濟社會中其他商品與服務價格的影響。若蘆筍相對價格較高,因報酬很高,農夫會辛勤工作並生產更多的蘆筍;若蘆筍價格偏低,其會享有更多的休閒和生產較少的蘆筍。

不幸的是,當農夫制定生產決策時,她並不清楚蘆筍的相對價格。身為蘆筍生產者,她會緊密地觀察蘆筍市場的動靜,且總是知道蘆筍的名目價格,但她不知道經濟體系中所有其他商品的價格。因此,她必須利用蘆筍的名目價格及其預期整體的物價水準,來估計蘆筍的相對價格。

讓我們來考慮假設經濟體系所有的價格,包括蘆筍價格在內都上漲,農夫如何因應。一個可能是她預期到價格的改變。當她觀察蘆筍價格上升時,其對相對價格的估計沒有變動。她就不會更辛勤耕作。

另外一種可能是,農夫並未預期物價水準上升 (或上升的幅度不大)。當其觀察蘆筍價格上漲時,她不確定其他價格是否上漲 (在這種情況下,蘆筍相對價格不變)。合理的推論是兩種情況都發生。換言之,農夫從蘆筍名目價格的上漲推論小麥的相對價格有些微的上升。她就會辛勤耕耘,以生產更多蘆筍。

我們的蘆筍農夫並非特例。她的決策與生產花椰菜、青花菜、蒔蘿、茄子……與櫛瓜的鄰居相同。當物價水準非預期上漲時,經濟體系中所有供給者都觀察到其生產的商品價格上漲。他們都合理但錯誤地推論其生產商品的相對價格提高。他們會努力工作並增加生產。

總而言之,不完全資訊模型告訴我們,當實際價格超過預期價格時,供給者會提高其產出。模型隱含現在頗為熟悉的總供給曲線:

$$Y = \overline{Y} + \alpha(P - EP)$$

當真實物價水準偏離預期物價水準時,產出會偏離自然水準。

上述不完全資訊的故事是,先由諾貝爾經濟學獎得主盧卡斯在 1970 年代的版本。最近有關不完全資訊模型總供給曲線的研究採取稍微不同的觀點。不像盧卡斯強調針對相對價格與絕對價格水準間的混淆,新研究強調個人將經濟資訊融入其決策的能力有限。在這種情形下,導致短期總供給曲線正斜率的摩擦並非資訊取得的限制,但相反地,是人們吸收及取得廣泛資訊的能力有限。這種資訊處理的限制,導致價格制定者面對總體經濟新聞的反應緩慢。因此,所得到的短期總供給曲線的式子與前面兩個模型見到的式子類似，即使它們的個體經濟基礎並不相同。[3]

個案研究

國際間總供給曲線的差異

所有的國家都曾經歷經濟波動，但這些波動在每一個地方不一定完全相同。國際間的差異是令人好奇的謎團，且其通常提供測試不同經濟理論的方式。在總供給的研究上檢視國際差異，一直有很豐富的研究成果。

當經濟學家盧卡斯提出不完全資訊模型時，他得到總需求與總供給間令人驚訝的互動：根據他的模型，總供給曲線的斜率受總需求變動的影響。在總需求變動劇烈的國家，整體物價水準起伏波動也很劇烈。因為這些國家大部份的物價波動並不代表相對價格的移動，供給者應該知道而不會對非預期物價水準變動做出太多回應。因此，總供給曲線應該相對陡峭 (亦即，α 應該很小)。相反地，在總需求相對穩定的國家，供給者應該知道大部份的價格變動是相對價格改變。因此，在這些國家中，供給者應該更積極回應非預期價格的變動，使總供給曲線相對平坦 (亦即，α 應該很大)。

盧卡斯藉由檢視產出與物價的國際資料來檢驗這個預測。他發現總需求變動會對產出有較大的影響，是在那些總需求和物價較穩定的國家。盧卡斯的結論是，這些證據支持不完全資訊模型。[4]

價格僵固性模型也對短期總供給曲線的斜率做出預測。特別是其預測平均通貨膨脹率應該會影響短期總供給曲線的斜率。當平均通貨膨脹率偏高時，廠商維持長期間價格固定的代價很高。因此，廠商應該經常調整價格。頻繁的價格調整進而使整體物價水準面對總需求的衝擊，因應速度加快。因此，偏高的通貨膨脹率會使短期總供給曲線變得較陡。

國際資料支持價格僵固性模型的這項預測。在平均通貨膨脹較低的國家，短期總供給曲線是相對平坦：總需求的波動對產出的影響很大，但是對物價影響緩慢。高通貨膨脹

---

[3] 想要閱讀盧卡斯對其模型的敘述，請見 Robert E. Lucas, Jr., "Understanding Business Cycles," *Carnegie-Rochester Conference Series on Public Policy* 5 (1977), 7-29。盧卡斯的研究是建立在另一位諾貝爾經濟學獎得主傅利曼的研究上，請見 Milton Friedman, "The Role of Monetary Policy," *American Economic Review* 58 (March 1968): 1-17。有關最近強調資訊處理限制角色的研究，請見 Michael Woodford, "Imperfect Common Knowledge and the Effects of Monetary Policy," in P. Aghion, R. Frydman, J. Stiglitz, and M. Woodford, eds., *Knowledge, Information, and Expectations in Modern Macroeconomics* (Princeton, NJ: Princeton University Press, 2003); N. Gregory Mankiw and Ricardo Reis, "Sticky Information Versus Sticky Prices: A Proposal to Replace the New Keynesian Phillips Curve," *The Quarterly Journal of Economics* 117 (November 2002): 1295-1328；以及 Olivier Coibion and Yuriy Gorodnichenko, "What Can Survey Forecasts Tell Us about Information Rigidities?" *Journal of Political Economy* 120, no. 1 (February 2012): 116-159.

[4] Robert E. Lucas, Jr., "Some International Evidence on Output-Inflation Tradeoffs," *American Economic Review* 63 (June 1973): 326-334.

國家有比較陡峭的短期總供給曲線。換言之，高通貨膨脹似乎會腐蝕造成價格僵固的摩擦力。[5]

請注意：價格僵固性模型也可以解釋盧卡斯的發現，總需求變動劇烈的國家擁有陡峭的總供給曲線。如果物價水準是高度變動，沒有廠商會事先訂價 (s 將會很小)。因此，總供給曲線將會很陡峭 (α 將會很小)。

涵義

我們已經看過兩個總供給模型，每一個模型都依靠市場不完全性來解釋短期正斜率總供給曲線。第一個模型假設有些價格是僵固的；第二個模型假設名目工資是僵固的。這些模型並不必然互不相容。但這些市場不完全性可能解釋短期總供給曲線的行為。

儘管這兩個總供給模型的假設與重要性不同，但它們對總產出的涵義是相同的。兩個模型都可以下列方程式總結：

$$Y = \bar{Y} + \alpha(P - EP)$$

這個式子說明當物價水準偏離時，預期物價水準偏離，產出會偏離自然水準。若物價水準高於預期物價水準，產出會超過自然水準；若物價水準低於預期物價水準，產出會低於自然水準。圖 15-1 畫出此方程式。請注意：短期總供給曲線是在固定的預期物價 EP 下畫出的曲線，而 EP 的改變會導致短期總供給曲線移動。

現在已對總供給有更清楚的認識，讓我們將總供給與總需求放在同一個圖形上。圖 15-2 利用我們的總供給方程式，來說明面對未預期的貨幣擴張造成總需求

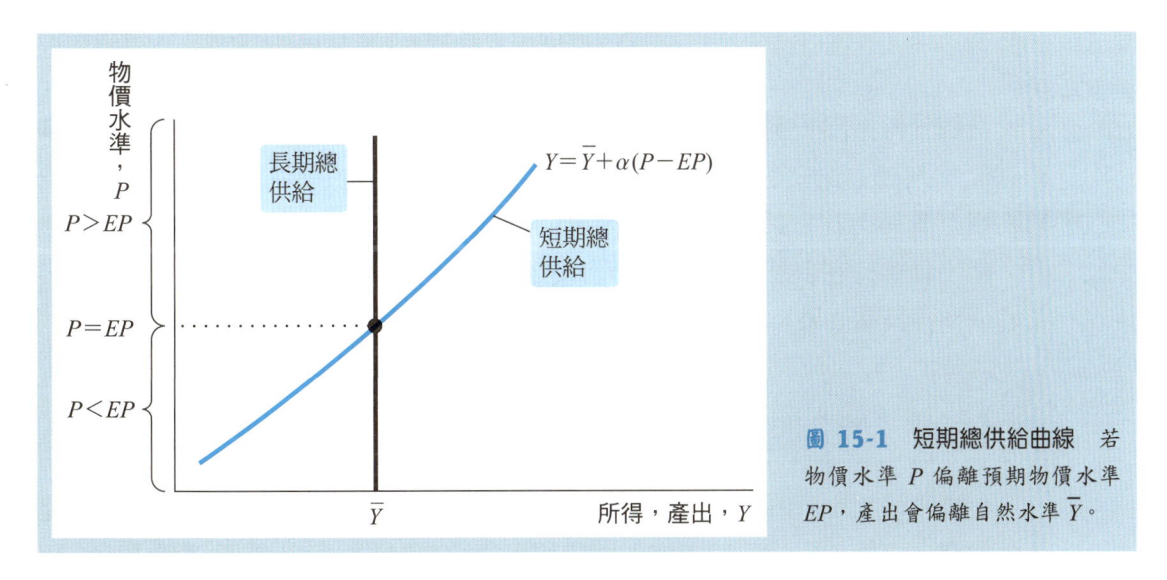

圖 15-1　短期總供給曲線　若物價水準 P 偏離預期物價水準 EP，產出會偏離自然水準 $\bar{Y}$。

---

[5] Laurence Ball, N. Gregory Mankiw, and David Romer, "The New Keynesian Economics and the Output-Inflation Tradeoff," *Brookings Papers on Economic Activity* no. 1 (1988): 1-65.

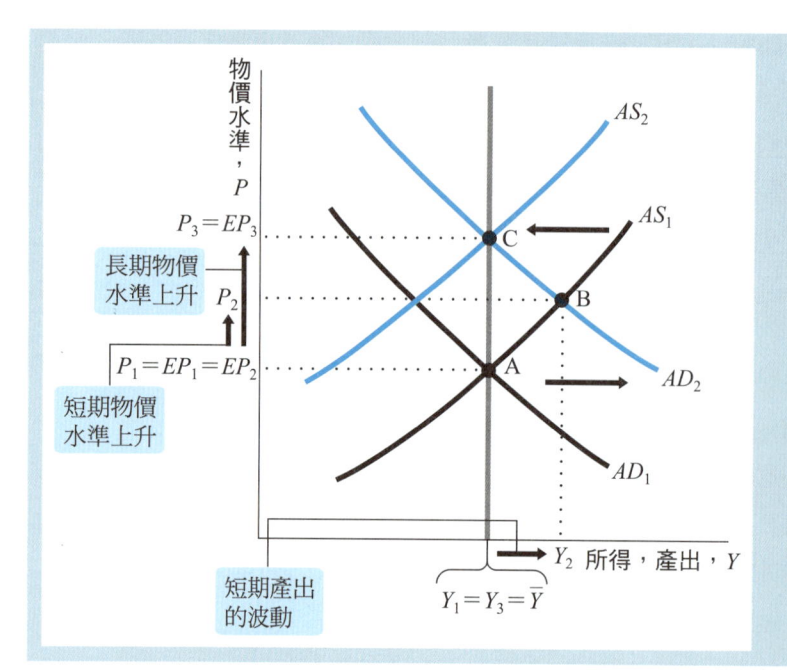

圖 15-2 總需求移動如何造成短期波動？

在此經濟從長期均衡的 A 點開始。當總需求非預期的增加時，物價水準從 P_1 上升到 P_2。因為物價水準 P_2 高於預期物價水準 EP_2，產出會暫時高於自然水準，經濟體系沿著短期總供給曲線從 A 點移到 B 點。在長期，預期物價水準上升到 EP_3，導致短期總供給曲線向上移動。經濟體系會回到新的長期均衡的 C 點，此時產出會回到自然水準。

非預期的增加，經濟體系會如何因應。在短期，均衡從 A 點移到 B 點。總需求的增加，促使物價水準從 P_1 上升到 P_2。因為人們並未預期到這個物價水準的上漲，預期物價水準停留在 EP_2，而產出從 Y_1 上升到 Y_2，Y_2 超過自然水準 $\bar{Y}$。因此，總需求的非預期擴張造成經濟繁榮。

但是繁榮不會持續到永遠。在長期，預期物價水準上升而趕上實際物價水準，引起短期總供給曲線往上移動。隨著預期物價水準從 EP_2 上升到 EP_3，經濟體系的均衡會從 B 點移到 C 點。實際物價水準會從 P_2 上升到 P_3，而產出從 Y_2 下跌到 Y_3。換言之，經濟會回到長期的產出的自然水準，但此時卻有較高的物價水準。

這個分析指出一個符合三個總供給模型的重要原則：長期貨幣中立性和短期的貨幣非中立性是完全相容的。短期非中立性是由 A 點移動到 B 點來表示，產出隨物價上升而上升。長期貨幣中立性則由 A 點移動到 C 點來表示，隨著物價上升，產出仍維持在自然水準。我們藉由強調預期物價水準的調整過程，來調和貨幣的短期與長期效果。

15-2 通貨膨脹、失業及菲力浦曲線

經濟政策制定者的兩個目標是低通貨膨脹和低失業，但通常這兩個目標可能互相衝突。例如，假設政策制定者想要利用貨幣或財政政策來擴張總需求。這個政策導致經濟體系沿著短期總供給曲線移動到較高的產出和較高的物價水準。(圖 15-2 顯示 A 點移到 B 點可以說明這種變動。) 較高的產出意味著較低的失業，因

為當廠商生產提高時就需要更多的勞工。在前一年物價水準固定下，較高的物價水準意味著較高的通貨膨脹。因此，當政策制定者使經濟沿著短期總供給曲線向上移動時，他們會降低失業率，並提高通貨膨脹率；相反地，當其緊縮總需求並使經濟沿著短期總供給曲線往下移動時，失業會上升且通貨膨脹會下跌。

這種通貨膨脹與失業之間的抵換關係，可由菲力浦曲線呈現，是本節的主題。如剛才所見(稍後將更詳細地推導)，菲力浦曲線可掌握短期總供給曲線的本質：當政策制定者使經濟體系沿短期總供給曲線移動時，失業與通貨膨脹呈反方向移動。因為通貨膨脹和失業是衡量經濟表現的重要變數，菲力浦曲線是表達總供給的一個很有用方式。

從總供給曲線導出菲力浦曲線

現代形式的菲力浦曲線 (Phillips curve) 說明通貨膨脹率受三種力量的影響：

- 預期通貨膨脹。
- 失業偏離自然失業的部份，稱為循環性失業 (cyclical unemployment)。
- 供給面衝擊。

這三種力量可以下列方程式表示：

$$\pi = E\pi - \beta(u-u^n) + v$$

通貨膨脹＝預期通貨膨脹－(β×循環性失業)＋供給面衝擊

其中 β 是一個參數，衡量通貨膨脹對循環性失業的反應程度。請注意：循環性失業這個變數前面有一個負號：在其他條件不變下，較高的失業率與較低的通貨膨脹有關。

這個菲力浦曲線方程式是由何處導出？儘管它看起來不是那麼熟悉，但是可從總供給方程式推導而得。為了瞭解如何推導，我們將總供給方程式寫成：

$$P = EP + (1/\alpha)(Y-\overline{Y})$$

利用一個加項、一個減項及一個替代，我們可處理此一方程式，以得到通貨膨脹與失業間的菲力浦曲線關係。

這裡有三個步驟。第一，將方程式等號右邊加上供給面衝擊 v，v 代表外生事件，如國際原油價格的改變，會改變物價水準，並造成短期總供給曲線移動：

$$P = EP + (1/\alpha)(Y-\overline{Y}) + v$$

其次，從物價水準到通貨膨脹，上式等號兩邊都減去去年的物價水準 P_{-1} 後可得：

$$(P-P_{-1}) = (EP-P_{-1}) + (1/\alpha)(Y-\overline{Y}) + v$$

等號左邊的項目 $P-P_{-1}$ 是今年物價水準與去年物價水準的差距，即通貨膨脹 π。[6] 等號右邊的項目 $EP-P_{-1}$ 是預期物價水準和去年物價水準的差距，即預期通貨膨脹 $E\pi$。因此，我們可以用 π 替代 $P-P_{-1}$，以及 $E\pi$ 替代 $EP-P_{-1}$：

$$\pi = E\pi + (1/\alpha)(Y-\overline{Y}) + v$$

第三，從產出到失業，回顧第 11 章的歐肯法則提供這兩個變數間的關係。歐肯法則的一個版本說明產出和自然水準之間的差距與失業和自然率之間的差距呈負向關係；亦即，當產出高於自然水準時，失業會低於自然失業率。可以寫成：

$$(1/\alpha)(Y-\overline{Y}) = -\beta(u-u^n)$$

利用這個歐肯法則的關係，以 $-\beta(u-u^n)$ 替代上式的 $(1/\alpha)(Y-\overline{Y})$ 可得：

$$\pi = E\pi - \beta(u-u^n) + v$$

因此，我們可以從總供給方程式導出菲力浦曲線方程式。

所有的代數運算都在說明一件事：菲力浦曲線方程式和短期總供給方程式代表相同的總體經濟觀念。特別是兩個方程式都指出實質與名目變數間的關係，這個關係導致古典二分法 (實質與名目變數理論上分開) 在短期無法成立。根據短期總供給方程式，產出與物價水準非預期的變動有關。根據菲力浦曲線方程式，失

FYI　現代菲力浦曲線的歷史

菲力浦曲線是以紐西蘭經濟學家菲力浦 (A. W. Phillips) 命名。在 1958 年，菲力浦從英國的資料中觀察到，失業率和以工資計算的通貨膨脹率之間存在一負向關係。[7] 今日經濟學家使用的菲力浦曲線與當時菲力浦檢視的關係有三項不同。

第一，現代菲力浦曲線以物價膨脹代替工資膨脹。這個差異並不重要，因為物價膨脹與工資膨脹的相關程度很高。在工資迅速上漲的期間，物價通常也是迅速攀升。

第二，現代菲力浦曲線包括預期通貨膨脹。新增這一項是傅利德曼和菲爾斯研究的成果。在 1960 年代發展早期的不完全資訊模型時，這兩位經濟學家強調預期對總供給的重要性。

第三，現代菲力浦曲線包括供給面衝擊。這一項新增歸功於 OPEC。在 1970 年代，OPEC 造成全球油價巨幅上揚，使經濟學家更注意衝擊對總供給的重要性。

---

[6] 數學註解：這個敘述並不精確，因為通貨膨脹實際上是物價水準變動百分比。要讓這個敘述更為精確，將 P 解釋成物價水準的對數。根據對數的特性，P 的變動大約等於通貨膨脹率。因為 $dP = d(\log 物價水準) = d(物價水準)/物價水準$。

[7] A. W. Phillips, "The Relation Between Unemployment and the Rate of Change of Money Wages in the United Kingdom, 1861-1957," *Economica* 25 (November 1958): 283-299.

業與通貨膨脹率非預期的變動有關。當我們學習產出和物價水準時，總供給曲線比較方便；而當我們學習失業與通貨膨脹時，菲力浦曲線比較方便。但是，我們應該記住菲力浦曲線和總供給曲線是一體兩面。

適應性預期與通貨膨脹慣性

要讓菲力浦曲線成為政策制定者分析面臨選擇時的有用工具，我們必須說明決定預期通貨膨脹的因素為何。一個簡單且合理的假設是，民眾根據最近觀察到的通貨膨脹來形成其對通貨膨脹的預期。這個假設稱為**適應性預期** (adaptive expectations)。例如，假設民眾預期今年物價的漲幅與去年的上漲幅度相同，則預期通貨膨脹 $E\pi$ 等於去年的通貨膨脹 π_{-1}：

$$E\pi = \pi_{-1}$$

在這個情形下，我們可將菲力浦曲線寫成：

$$\pi = \pi_{-1} - \beta(u - u^n) + v$$

上式說明通貨膨脹 π 受過去的通貨膨脹 π_{-1}、循環性失業 $u - u^n$ 及供給面衝擊 v 的影響。參數 β 衡量通貨膨脹對循環性失業的反應。當菲力浦曲線以這種形式寫出時，自然失業率有時稱為無加速型通貨膨脹失業率 (nonaccelerating inflation rate of unemployment) 或 NAIRU。

這種形式菲力浦曲線的第一項 π_{-1}，隱含通貨膨脹是有慣性的；亦即，如同天空中移動的物體，除非有外力停止它，否則通貨膨脹會持續下去。特別是若失業是在 NAIRU，且若沒有供給面衝擊，物價水準持續上升，既不會加速也不會減速。這種慣性的發生是因為過去的通貨膨脹影響未來預期通貨膨脹，並進而影響工資和人們設定的價格。在 1970 年代的高通貨膨脹期間，梭羅提供這種通貨膨脹的慣性，簡明扼要的概念，當時他寫道：「為什麼我們的錢愈來愈沒有價值？或許只是因為我們預期有通貨膨脹，才會發生通貨膨脹；且因為我們有通貨膨脹，才會預期通貨膨脹。」

在總供給與總需求模型中，通貨膨脹的慣性是以總供給與總需求曲線持續向上移動來解釋。首先，考慮總供給。若價格一直很快速地上升，人們會預期它們繼續快速地上升。因為短期總供給曲線的位置受預期物價水準的影響，短期總供給曲線會隨著時間經過而向上移動。它會繼續向上移動直到某些事件，如不景氣或供給面衝擊，改變通貨膨脹，並改變通貨膨脹的預期才會停止。

總需求曲線也必須往上移動來實現通貨膨脹的預期。最常出現的是，總需求的持續上升是由貨幣供給持續性的成長所造成。若 Fed 突然停止貨幣成長，總需求會穩定下來，且總供給的向上移動將引起經濟不景氣。不景氣時的高失業會降低通貨膨脹和預期通貨膨脹，使通貨膨脹的慣性歸於平靜。

通貨膨脹上升和下跌的兩個因素

菲力浦曲線方程式的第二項和第三項指出兩個能夠改變通貨膨脹率的力量。

第二項 $\beta(u-u^n)$ 說明循環性失業——失業偏離自然率的部份——對通貨膨脹造成上升或下跌的壓力。低失業會牽引通貨膨脹率往上升，稱為需求拉動的通貨膨脹 (demand-pull inflation)，因為這種形態的通貨膨脹是總需求增加所引起。相反地，高失業會拉扯通貨膨脹率向下降，參數 β 衡量通貨膨脹對循環性失業的反應程度，取決於經濟體系的不同特性，如價格僵固的普遍程度，以及廠商邊際成本隨著生產增加的調整速度。

第三項 v 說明通貨膨脹因為供給面衝擊也會上升或下跌。負面的供給面衝擊隱含 v 值為正，並造成通貨膨脹上升。這稱為成本推動的通貨膨脹 (cost-push inflation)，因為負面的供給面衝擊一般都是推動生產成本上升的事件。正面的供給面衝擊，降低生產成本，使 v 變成負數，因此導致通貨膨脹下跌。

歷史充滿需求拉動與供給推動的通貨膨脹範例，如接下來的「個案研究」所示。

個案研究

美國的通貨膨脹和失業

因為通貨膨脹和失業是衡量經濟表現非常重要的變數，我們通常透過菲力浦曲線的鏡頭來觀察總體經濟的發展。圖 15-3 顯示美國從 1960 年到 2019 年通貨膨脹與失業的歷史資料。這些資料描繪出一些通貨膨脹上升與下跌的原因。

1960 年代顯示政策制定者如何在短期降低失業，而造成需求拉動通貨膨脹。1964 年的減稅，加上擴張性貨幣政策，導致總需求增加，並使失業率降至 5% 以下。這種總需求的擴張在 1960 年代末期繼續，大部份是因為美國對越戰支出的副產品所造成。失業降得更低，通貨膨脹上升到高於政策制定者的預期目標。

1970 年代是經濟局勢動盪不安的時期。一開始，政策制定者想要降低自 1960 年代延續而來的通貨膨脹。尼克森總統實施工資與價格暫時性凍結措施，而 Fed 透過緊縮性貨幣政策引發經濟衰退，但通貨膨脹率只有輕微的下降。當管制措施解除後，工資與價格的效果也隨之結束，而衰退的幅度太小，以致無法抵銷先前經濟繁榮造成的通貨膨脹影響。到了 1972 年，失業率和十年前的水準一樣，但通貨膨脹卻增加 3 個百分點。

從 1973 年開始，政策制定者必須對付大規模供給面衝擊與供給推動通貨膨脹。OPEC 首先在 1970 年代中期提高油價，推升通貨膨脹超過 9%。這種負面的供給面衝擊，加上暫時性的緊縮貨幣政策，導致 1975 年的經濟衰退。衰退期間的高失業使通貨膨脹稍微降

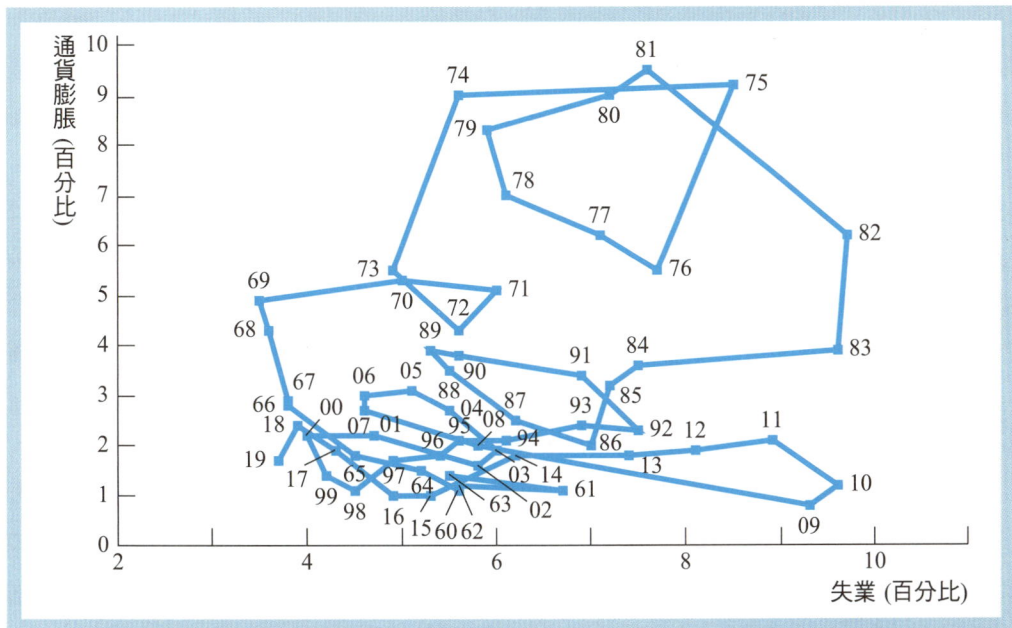

圖 15-3　美國的通貨膨脹和失業，1960 年到 2019 年　此圖形利用失業率和通貨膨脹 (以 GDP 平減物價指數變動百分比) 的年資料，來描繪美國歷史超過半世紀來的總體經濟發展。
資料來源：美國商務部、美國勞工部。

低，但 OPEC 進一步調漲油價，使 1970 年代末期的通貨膨脹再往上升。

1980 年代是以高通貨膨脹和高通貨膨脹預期開始。在 Fed 主席保羅·沃克爾的領導下，Fed 頑強地追求以降低通貨膨脹為目標的貨幣政策。在 1982 年和 1983 年，失業率達到四十年以來的最高水準。高失業輔以 1986 年的油價下跌，使通貨膨脹率從約 9% 左右下跌到約 2% 左右。到了 1987 年，失業率約為 6%，接近大多數人估計的自然水準。然而，失業率在整個 1980 年代持續下跌，在 1989 年達到 5.3% 的低點，而開啟新一回合需求拉動的通貨膨脹。

與前面的三十年相比，1990 年代和 2000 年代初期相對平靜。1990 年代是由許多對總需求的緊縮性衝擊所引發的經濟不景氣揭開序幕：緊縮性貨幣政策、儲蓄貸款金融危機，以及波斯灣戰爭造成消費者信心的下跌。失業率在 1992 年上升到 7.5%。通貨膨脹只有輕微下跌。不像 1982 年的經濟衰退，1990 年經濟衰退期間的失業率從來沒有超過自然率很多，所以對通貨膨脹的影響並不大。同樣地，2001 年的經濟衰退 (曾在第 13 章討論) 提高失業率，但以歷史標準來看，衰退幅度算是溫和，而其對通貨膨脹的衝擊也很輕微。

更嚴重的衰退在 2008 年開始。如同在第 13 章中討論的，經濟衰退的原因是金融危機造成總需求大幅減少。失業率在 2009 年大幅上升，而通貨膨脹率滑落至低水準，很像傳統菲力浦曲線所預測的。由於失業率始終高漲，有些經濟學家擔心經濟將走入通貨緊縮 (負的通貨膨脹率)。但這並未發生。相反地，隨著經濟復甦，失業在 2018 年與 2019 年降至低水準，而許多經濟學家憂心通貨膨脹可能加速，如同 1960 年代末期的情形。但這種情況並未發生。這段時期穩定的通貨膨脹有一點神祕。一個可能的解釋是，近來 Fed 管理通貨膨脹的歷史，讓中央銀行的通貨膨脹目標有可信度，防止預期通貨膨脹如上個世紀般迅速地改變；亦即，堅定地讓通貨膨脹預期接近 Fed 目標的 2%。

因此，美國總體經濟歷史呈現我們在菲力浦曲線方程式中通貨膨脹變動的許多力量。1960 年代和 1980 年代顯示兩個需求拉動通貨膨脹的情況：在 1960 年代低失業拉扯通貨膨脹往上升，而在 1980 年代高失業拉著通貨膨脹往下跌。1970 年代的油價巨幅上揚，則顯示成本推動通貨膨脹的影響。而在 2008 年到 2009 年經濟大衰退之後，通貨膨脹可以非常穩定，部份是因為數十年來貨幣政策所形成的預期所致。[8] ■

通貨膨脹與失業間的短期抵換

讓我們考慮菲力浦曲線帶給政策制定者，可使用貨幣或財政政策來影響總需求的選擇。在任何時刻，政策制定者都無法立即控制，預期通貨膨脹和供給面的衝擊。但藉由改變總需求，政策制定者可以改變產出、失業及通貨膨脹。政策制定者可以擴張總需求來降低失業和提高通貨膨脹，或決策者可以抑制總需求來提高失業和降低通貨膨脹。

圖 15-4 畫出菲力浦曲線方程式，並顯示通貨膨脹和失業之間的抵換關係。當失業處於自然率 ($u=u^n$) 時，通貨膨脹受預期通貨膨脹和供給面衝擊 ($\pi=E\pi+v$) 的影響。參數 β 決定通貨膨脹與失業之間抵換的斜率。在短期，就一固定的預期通貨膨脹水準下，政策制定者可以操縱總需求，且在這條曲線上選擇一個通貨膨脹與失業的組合，這條曲線稱為**短期菲力浦曲線** (short-run Phillips curve)。

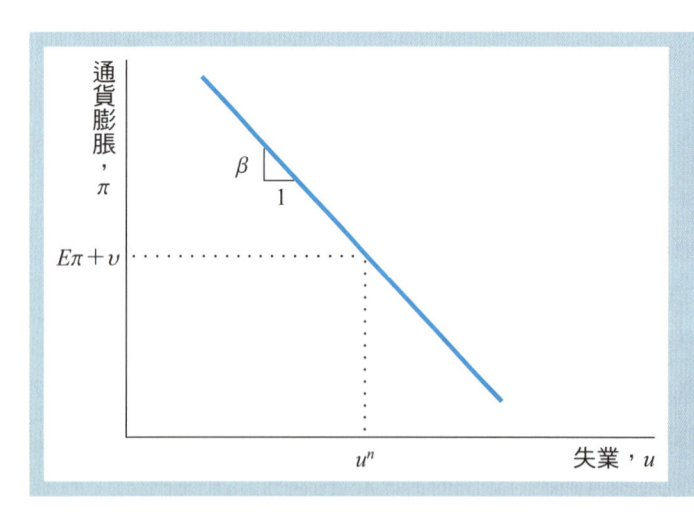

圖 15-4　通貨膨脹與失業之間的短期抵換　在短期，通貨膨脹和失業是負相關。任何時候，掌控總需求的政策制定者可以在短期菲力浦曲線上選擇一個通貨膨脹與失業的組合。

---

[8] 有關 2008 年到 2009 年經濟大衰退通貨膨脹的研究，請見 Laurence Ball and Sandeep Mazumder, "Inflation Dynamics and the Great Recession," *Brookings Papers on Economic Activity* no. 2 (2011): 337-381。

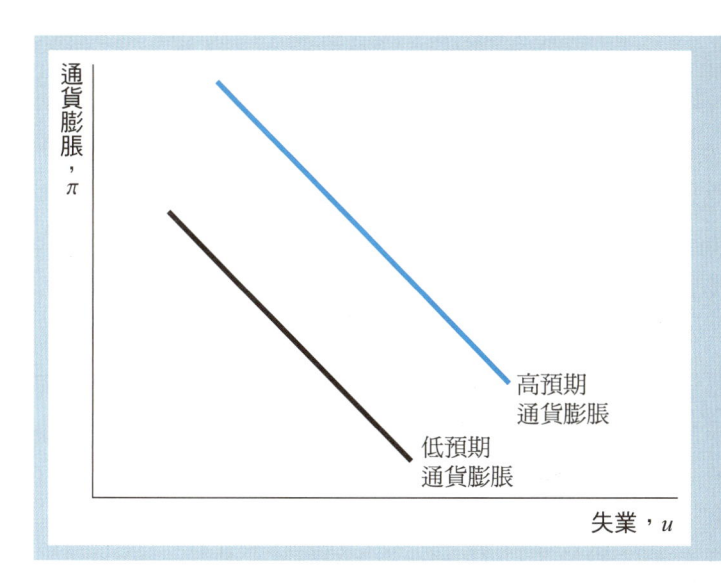

圖 15-5　短期抵換的移動　通貨膨脹與失業之間的短期抵換關係受預期通貨膨脹的影響。當預期通貨膨脹愈高時，這條曲線的位置也會愈高。

請注意：短期菲力浦曲線的位置受到預期通貨膨脹率的影響。若預期通貨膨脹上升，曲線會向上移動，且政策制定者的抵換組合變得較不利：就任何失業水準而言，通貨膨脹率都較高。圖 15-5 說明抵換關係如何受預期通貨膨脹的影響。

因為民眾會隨著時間經過調整對通貨膨脹的預期，通貨膨脹與失業之間的抵換關係只在短期成立。政策制定者無法永遠使通貨膨脹高於預期通貨膨脹（及失業低於自然率）。最終，不管政策制定者選擇什麼樣的通貨膨脹率，預期都會適應。在長期，古典二分法會成立，失業會回到自然率，且通貨膨脹與失業之間不存在任何抵換關係。

FYI　自然失業率的估計有多精確？

如果向一位天文學家請教某一個特定星球與太陽相距多遠，他會給你一個數據，但不精確。我們測量天文距離的能力仍然十分有限。一位天文學家可能使用較好的儀器做比較好的測量，得到的結論是那顆星球實際上是先前距離的一倍或一半。

估計自然失業率或 NAIRU，也同樣不精確。第一個問題是供給面衝擊。對原油供給、農夫收成或技術進步的衝擊，都可以造成通貨膨脹在短期上升或下降。因此，當觀察到通貨膨脹上升時，我們無法確定這是失業率低於自然率的證據，或是經濟體系正遭逢負面的供給面衝擊的證據。

第二個問題是隨著時間經過，自然失業率並非固定不變。人口結構改變（如嬰兒潮世代年齡逐漸老化）、政策變動（如最低工資法）及制度改變（如工會角色的重要性降低），都會影響經濟體系正常的失業水準。自然率的估計如同射擊一個不定向飛靶。

經濟學家運用統計方法來處理這些問題。統計方法可以獲得自然率的最佳猜測值，並允許他們估算這些估計值的變動範圍。在一項研究中，道格拉斯·史泰格 (Douglas Staiger)、詹姆士·史達克 (James Stock) 和馬克·華特生 (Mark Watson) 估計 1990 年的自然失業率是 6.2%，95% 的信賴區間是介於 5.1% 到 7.7% 之間。95% 的信賴區間介於區間之間，統計學家相信真實值會落在該區間的機率有 95%。在一項聯邦準備經濟學家的最近研究中，2013 年估計的自然失業率是 5.8%，95% 的信賴區間是介於 4.5% 到 7% 之間。這個大的信賴區間顯示自然率的估計值一點也不精確。

這個結論有很深遠的涵義。政策制定者可能企圖讓失業儘量接近自然率，但如此做的能力是有限的，因為我們根本無法確定自然率是多少。[9]

反通貨膨脹與犧牲比率

想像一經濟體系中的失業率處於自然率且通貨膨脹率為 6%。如果中央銀行追求一個將失業率從 6% 降到 2% 的政策，失業和產出會有什麼變化？

菲力浦曲線顯示在缺乏有利的供給面衝擊下，降低通貨膨脹需要一段期間的高失業和產出減少。但是失業需要超過自然率的幅度及時間是多少？在決定是否降低通貨膨脹之前，政策制定者必須知道過渡到較低通貨膨脹的期間，產出會損失多少。然後這個成本可以用來和較低通貨膨脹的利益作比較。

很多研究利用現有的資料來量化檢驗菲力浦曲線。這些研究的結果可以用一個稱為**犧牲比率** (sacrifice ratio) 的數字來匯整。犧牲比率是指為了要降低通貨膨脹 1 個百分點，必須放棄一年實質國內生產毛額的百分比。儘管犧牲比率的估計值有顯著的差異，但一般的估計大約是 5：亦即，通貨膨脹每下跌 1 個百分點，一年的國內生產毛額必須犧牲 5 個百分點。[10]

我們也可用失業率來表示犧牲比率。歐肯法則告訴我們失業率變動 1 個百分點相當於國內生產毛額變動 2 個百分點。因此，降低通貨膨脹 1 個百分點，需要循環性失業上升 2.5 個百分點。

我們可以利用犧牲比率來估計，為了降低通貨膨脹從 6% 到 2%，失業必須上升多少及多久的時間。若降低通貨膨脹 1 個百分點需要犧牲 5% 的一年國內生產毛額，則降低通貨膨脹 4 個百分點，需要犧牲一年國內生產毛額的 20%。這個通貨膨脹的降低相當於需要犧牲循環性失業的 10 個百分點。

這種反通貨膨脹能夠以許多種不同形式出現，每一項都產生相同的總犧牲一

---

9 Douglas O. Staiger, James H. Stock, and Mark W. Watson, "How Precise Are Estimates of the Natural Rate of Unemployment?" in Christina D. Romer and David H. Romer, eds., *Reducing Inflation: Motivation and Strategy* (Chicago: University of Chicago Press, 1997), 195-246; Dave Reifschneider, William Wascher, and David Wilcox, "Aggregate Supply in the United States: Recent Developments and Implications for the Conduct of Monetary Policy," Federal Reserve Working Paper, 2013.

10 兩個犧牲比率的典型研究為 Arthur M. Okun, "Efficient Disinflationary Policies," *American Economic Review* 68 (May 1978): 348-352；以及 Robert J. Gordon and Stephen R. King, "The Output Cost of Disinflation in Traditional and Vector Autoregressive Models," *Brookings Papers on Economic Activity* no. 1 (1982): 205-242。

年國內生產毛額的 20%。例如,迅速的反通貨膨脹可在兩年內每年降低產出 10% ── 這種方式有時稱為通貨膨脹的冷火雞 (cold-turkey) 療法。一種比較溫和的反通貨膨脹方式是在四年內,每年降低產出 5%。一種更溫和緩慢的反通貨膨脹方式是在十年內,每年減少產出 2%。

理性預期和無痛反通貨膨脹的可能性

因為預期通貨膨脹會影響通貨膨脹與失業之間的短期抵換關係,瞭解人們如何形成預期是相當重要的。截至目前為止,我們假設預期通貨膨脹受最近觀察到通貨膨脹的影響。這個適應性預期的假設十分合理,但它可能太過簡單而無法適用到所有的情況。

另外一種觀點則是假設人們具有**理性預期** (rational expectations);亦即,我們假設人們會盡可能利用現有的資訊,包括目前政府政策的資訊,來預測未來。因為貨幣與財政政策影響通貨膨脹,預期通貨膨脹應該也受到現行的貨幣與財政政策的影響。根據理性預期理論,貨幣或財政政策的變動會改變預期心理,且都必須將這個預期所造成的影響納入考慮。如果人們的確以理性形成預期,則通貨膨脹就比較不具有慣性現象。

這裡是一位傑出的理性預期擁護者,2011 年諾貝爾經濟學獎得主湯瑪士·沙金特 (Thomas Sargent) 描述理性預期對菲力浦曲線的涵義:

> 另一種「理性預期」的觀點,否認現在的通貨膨脹過程中,有任何固有動力存在。這種觀點認為,廠商與勞工現在開始預期未來有較高的通貨膨脹率,會根據這些預期進行談判。然而,其主張人們預期未來通貨膨脹率上升,正是因為政府當前與未來的貨幣和財政政策證實那些預期……。因此通貨膨脹的動力似乎來自本身;實際上是政府持續執行龐大預算赤字及偏高貨幣成長率的長期政策,將動力傳到通貨膨脹的身上。這種觀點的一個涵義是,通貨膨脹降低的速度比「動力」觀點支持者認為還要快上許多,而這些「動力」觀點支持者對阻止通貨膨脹所耗費的時間,以及必須放棄多少產出的成本估計值都是錯誤的……。(阻止通貨膨脹) 需要政策體制的轉變:政府持續進行的政策或策略,必須是突然的轉變,讓大家普遍相信政府會將現在與未來的赤字約束在一個範圍內……。這個動作的代價必須犧牲多少產出及要花費多少時間才能有實際效果,一部份端視政府承諾有多明顯和多堅定而定。[11]

因此,理性預期的擁護者認為,短期菲力浦曲線並不能正確代表政策制定者可供

---

[11] Thomas J. Sargent, "The Ends of Four Big Inflations," in Robert E. Hall, ed., *Inflation: Causes and Effects* (Chicago: University of Chicago Press, 1982), 41-98.

選擇的各種政策。他們相信,如果政策制定者將承諾降低通貨膨脹,且這項舉動也深受民眾信賴,理性的人們將瞭解這項承諾,並迅速降低通貨膨脹的預期,則通貨膨脹可以在不需要提高失業或減少產出的情況下降低。根據理性預期理論,傳統對犧牲比率的估計無法幫助評估各種政策的衝擊。在一個值得信賴的政策下,降低通貨膨脹的成本遠低於犧牲比率估計值的建議。

在最極端的情形下,政策制定者能夠降低通貨膨脹率,不會引起任何經濟衰退。一個沒有痛苦的反通貨膨脹需要兩個條件:第一,降低通貨膨脹的計畫必須在設定工資與價格的勞工和廠商形成預期之前宣佈;第二,勞工和廠商都必須相信這個宣佈;否則,他們不會降低通貨膨脹的預期。如果這兩個條件都符合,宣佈這項消息會迅速使通貨膨脹與失業之間的短期抵換向下移動,導致通貨膨脹下跌且不會提高失業。

儘管理性預期觀點仍頗受議論,但是大多數經濟學家都同意通貨膨脹的預期會影響通貨膨脹與失業之間的短期抵換。因此,降低通貨膨脹政策的可信度是政策代價高低的決定因素。由於很難預測民眾是否會信任宣佈的新政策,因為預期所扮演的關鍵角色使不同政策結果的預測更加困難。

個案研究

實務上的犧牲比率

適應性預期版本的菲力浦曲線隱含降低通貨膨脹,需要一段時間的高失業率和產出減少;相反地,理性預期觀點建議降低通貨膨脹的代價很低。在實際的反通貨膨脹期間又是如何?

讓我們來考慮 1980 年代初期美國的反通貨膨脹。1980 年代一開始,美國出現有史以來最高的通貨膨脹率,但因為 Fed 在主席沃克爾領導下追求緊縮性貨幣政策,通貨膨脹率在 1980 年代的前幾年便明顯下滑。這個事件提供一個自然實驗用以估計,在反通貨膨脹過程中究竟會損失多少產出。

通貨膨脹降低多少?以 GDP 平減物價指數衡量,通貨膨脹在 1981 年達到高峰 9.3%。這個事件很自然地在 1985 年停止,因為油價在 1986 年大跌──與 Fed 無關的一個大規模、有利的供給面衝擊。在 1985 年,通貨膨脹是 3.2%,所以我們可估計在四年內 Fed 造成通貨膨脹下跌 6.1 個百分點。

在這段期間內產出損失多少?表 15-1 列出從 1982 年到 1985 年的失業率。假設自然失業率是 6%,我們可以計算各年的循環性失業率。在這段期間,循環性失業總共是 10 個百分點。歐肯法則告訴我們,1 個百分點的失業率可轉換成 2 個百分點的國內生產毛額放棄。所以,在反通貨膨脹期間內,每年國內生產毛額總共損失 20 個百分點。

現在我們可以計算這個事件的犧牲比率。我們知道國內生產毛額損失 20 個百分點而

▶ 表 15-1　沃克爾反通貨膨脹期間的失業率

年	失業率，u	自然率，u^n	循環性失業率，$u-u^n$
1982	9.7%	6.0%	3.7%
1983	9.6	6.0	3.6
1984	7.5	6.0	1.5
1985	7.2	6.0	1.2
		總計	10.0%

通貨膨脹會下跌 6.1 個百分點。因此，通貨膨脹每降 1 個百分點，國內生產毛額會損失 3.3 個百分點 (＝20.0/6.1)。沃克爾反通貨膨脹的犧牲比率估計值是 3.3。

這個犧牲比率估計值，比沃克爾被任命為 Fed 主席前的估計值來得低。換言之，沃克爾降低通貨膨脹的成本比許多經濟學家的預測來得低。其中一個解釋是，沃克爾強硬的立場是值得信賴的，足以直接影響通貨膨脹的預期。但預期的改變並沒有大到使反通貨膨脹沒有任何痛苦。在 1982 年 11 月，失業達到 10.8%，為自經濟大蕭條以來的最高水準。

儘管沃克爾的反通貨膨脹只是一個歷史事件，但是這種分析可以運用到其他反通貨膨脹事件上。最近一項研究記錄 19 個國家 65 個反通貨膨脹的結果。幾乎在所有的事件中，通貨膨脹的減少都必須短暫付出產出減少的代價，但是產出減少的幅度在每個事件中都不相同。快速的反通貨膨脹通常比緩慢的反通貨膨脹擁有較低的犧牲比率。亦即，與適應性預期版本的菲力浦曲線的建議恰好相反，冷火雞療法似乎比漸進方法的成本更低。此外，工資制定較有彈性機制，如較短勞工契約的國家，擁有較低的犧牲比率。這些發現指出降低通貨膨脹總是要付出一些代價，但政策與制度可以影響代價的高低。[12] ■

遲滯現象與自然率的挑戰

我們對反通貨膨脹成本的討論——以及在前面四章對經濟波動的整體討論——都是依據自然率假說 (natural-rate hypothesis) 這個假設建立的。這個假說可以下述來匯總：

總需求的波動只在短期改變產出和就業。在長期，經濟體系會回到古典模型描寫的產出、就業及失業水準。

自然率假說允許總體經濟學家將經濟體系的短期和長期發展分開來研究。這是古典二分法的一種表達方式。

然而，有些經濟學家挑戰自然率假設，認為總需求甚至在長期也會改變產出和就業。他們指出透過一些機制，不景氣藉由改變自然失業率會在經濟體系留下

---

[12] Laurence Ball, "What Determines the Sacrifice Ratio?" in N. Gregory Mankiw, ed., *Monetary Policy* (Chicago: University of Chicago Press, 1994), 155-193.

永遠的疤痕。**遲滯現象** (hysteresis) 正是用來描述歷史對自然率長遠影響的名詞。

經濟衰退可以有永久性影響，如果它改變失業人口。例如，當勞工失業時，可能喪失有價值的工作技術，即使不景氣結束後，他們找工作的能力降低。此外，長時間的失業可能改變一個人對工作的態度並降低求職的意願。在這兩種情況下，經濟衰退長久地抑制工作搜尋的過程，並提高摩擦性失業的人數。

經濟衰退可以永久影響經濟體系的另外一種方式，是透過改變工資決定的過程。那些變成失業的人可能喪失其對工資議定過程的影響力。失業勞工可能失去工會會員的資格。更有可能的是，一些原本在工資議定過程中是局內人，現在都變成局外人。若人數減少後的局內人，這一群人比較關心提高實質工資，而不在意提高就業，則不景氣可能永久使實質工資再度拉高到均衡水準以上，且提高摩擦性失業人數。

遲滯現象仍是一個頗受爭議的理論。有些經濟學家相信這個理論協助解釋歐洲持續性的高失業現象，因為歐洲失業率的上升出現在 1980 年代初期，正符合反通貨膨脹的時間，但是在通貨膨脹穩定之後，高失業現象仍然持續。此外，那些經歷通貨膨脹大幅下跌的國家，如愛爾蘭、義大利和西班牙，失業率上升的幅度更大。但對於遲滯現象是否顯著，或為什麼在某些國家比較明顯而在其他國家比較不明顯，仍然沒有共識。(第 7 章對歐洲高失業現象有其他的解釋，當時並未探討反通貨膨脹。) 然而，如果這是真的，這個理論十分重要，因為遲滯現象大幅提高不景氣的成本。從另外一個角度來看，遲滯現象提高犧牲比率，因為即使在反通貨膨脹期間結束後，產出還是下降。[13]

15-3 結論

我們以討論總供給的三個模型作為本章的開始，每一個模型各自都可解釋為什麼在短期，當物價水準超過人們預期的水準時，產出高於自然水準的不同原因。兩個模型都解釋正斜率的短期總供給曲線，且都得到通貨膨脹與失業之間的短期抵換關係。一種方便的表達和分析抵換的方法是使用菲力浦曲線方程式，根據此方程式，通貨膨脹是受預期通貨膨脹、循環性失業及供給面衝擊的影響。

請記住：並不是所有的經濟學家都同意這裡討論的每一個觀念。例如，有關理性預期在實務上的重要性及遲滯現象的相關性，仍存在廣泛的歧見。如果你發

---

[13] Olivier J. Blanchard and Lawrence H. Summers, "Beyond the Natural Rate Hypothesis," *American Economic Review* 78 (May 1988): 182-187; Laurence Ball, "Disinflation and the NAIRU," in Christina D. Romer and David H. Romer, eds., *Reducing Inflation: Motivation and Strategy* (Chicago: University of Chicago Press, 1997): 167-185; Laurence Ball, "Long-Term Damage from the Great Recession in OECD Countries," NBER Working Paper No. 20, 185, 2014.

現很難將這些部份湊在一起,你並不孤單。總供給的研究依舊是最原始的 —— 因此是最有趣的 —— 總體經濟學研究領域之一。

快速測驗

1. 總供給的價格僵固性模型解釋
   a. 當物價低於預期物價,產出下跌
   b. 預期通貨膨脹面對政策變動緩慢調整
   c. 不景氣對失業者留下永遠的傷痛
   d. 自然失業率取決於通貨膨脹

2. 預期物價水準上升使 _____ 總供給曲線向 _____ 移動。
   a. 長期,左   b. 長期,右
   c. 短期,左   d. 短期,右

3. 由於總需求下跌,_____ 下跌,但隨著時間經過,當預期物價 _____ 時。它會回到先前水準。
   a. 物價水準,上升
   b. 物價水準,下跌
   c. 產出水準,上升
   d. 產出水準,下跌

4. 總 _____ 向右移動,導致經濟體系沿著短期菲力浦曲線移動至 _____ 通貨膨脹的點。
   a. 供給,較高   b. 供給,較低
   c. 需求,較高   d. 需求,較低

5. 總 _____ 向右移動使短期菲力浦曲線移動,導致在每一個失業水準下,經濟體系經歷 _____ 通貨膨脹。
   a. 供給,較高   b. 供給,較低
   c. 需求,較高   d. 需求,較低

6. 若人們預期通貨膨脹,_____,中央銀行可以用較低代價降低通貨膨脹。
   a. 迅速地因應新政策體制
   b. 面對政策變動緩慢調整
   c. 視政策宣告無可信度
   d. 適應性預期過去已實現通貨膨脹

摘要

1. 兩個總供給理論 —— 價格僵固性模型和不完全資訊模型 —— 認為不同的市場不完全性造成產出與就業偏離自然水準。根據這兩個理論,當物價水準超過預期物價水準時,產出會高於自然水準。當物價水準低於預期物價水準時,產出會低於自然水準。

2. 經濟學家通常以菲力浦曲線表示總供給。菲力浦曲線說明通貨膨脹是受預期通貨膨脹、失業與自然率的差距,以及供給面衝擊的影響。根據菲力浦曲線,掌握總需求的政策制定者面臨通貨膨脹與失業之間的短期抵換關係。

3. 若預期通貨膨脹受最近觀察到通貨膨脹的影響,則通貨膨脹呈現慣性,這表示降低通貨膨脹需要一有利的供給面衝擊或一段期間的高失業和產出的減少。然而,如果人們有理性預期,則一個值得信賴的新政策宣佈能夠直接影響預期,因此可降低通貨膨脹且不會引起經濟衰退。

4. 大多數經濟學家接受自然率假說,根據這個假說,總需求的波動對產出和失業只有短期影響。但有些經濟學家建議在經濟衰退時,可以透過提高自然失業率,對經濟體系留下永久的疤痕。

關鍵詞

價格僵固性模型　sticky-price model
不完全資訊模型　imperfect-information model
菲力浦曲線　Phillips curve
適應性預期　adaptive expectations
需求拉動的通貨膨脹　demand-pull inflation
成本推動的通貨膨脹　cost-push inflation
犧牲比率　sacrifice ratio
理性預期　rational expectations
自然率假說　natural-rate hypothesis
遲滯現象　hysteresis

複習題

1. 請解釋總供給的兩個理論。各個理論是依據哪一種市場不完全性？這些理論的共通點為何？
2. 請問菲力浦曲線與總供給之間的關係為何？
3. 為什麼通貨膨脹可能有慣性？
4. 請解釋需求拉動的通貨膨脹與成本推動的通貨膨脹之間的差異。
5. 請問在什麼情況下，可以降低通貨膨脹而不引起經濟衰退？
6. 請解釋兩種經濟衰退可能提高自然失業率的方法。

問題與應用

1. 利用價格僵固性模型中，請描述下列特例中的總供給曲線。這些例子與第 11 章討論的短期總供給曲線差異為何？
   a. 所有廠商具有僵固性的價格 ($s=1$)。
   b. 理想價格不受國民所得的影響 ($a=0$)。
2. 假設一經濟體系的菲力浦曲線為：

$$\pi = \pi_{-1} - 0.5(u-5)$$

   a. 請問自然失業率是多少？
   b. 請畫出通貨膨脹與失業之間的短期和長期的關係。
   c. 請問若要降低通貨膨脹 4 個百分點，需要提高多少個百分點的循環性失業？請利用歐肯法則來計算犧牲比率。
   d. 通貨膨脹率現在是 6%，中央銀行希望能降到 2%。請提出兩個達成這個目標的方法。
3. 一經濟體系的菲力浦曲線方程式如下所示：

$$\pi = E\pi - 0.5(u-6)$$

   人們藉由過去兩年通貨膨脹的加權平均來形成通貨膨脹預期：

$$E\pi = 0.7\pi_{-1} + 0.3\pi_{-2}$$

   此經濟體系的歐肯法則為：

$$(Y-Y_{-1})/Y_{-1} = 3.0 - 2.0(u-u_{-1})$$

   一開始經濟體系處於自然失業率，通貨膨脹率為 5%。
   a. 請問此經濟體系的自然失業率是多少？

b. 請畫出此經濟體系通貨膨脹與失業間的短期抵換。將經濟體系的起始點標示為 A 點。記得給 A 點數值。

c. 總需求下跌造成經濟衰退，導致失業率高於自然失業率 4 個百分點。在 (b) 小題的圖形中，畫出該年經濟狀況標示為 B 點。同樣地，請算出數值。

d. 失業連續兩年都在較高水準 [(c) 小題描述的是最初的年份與接下來一年]，兩年後，失業回到自然水準。製作一個表格，列出從衰退前兩年開始，未來十年的失業率、通貨膨脹、預期通貨膨脹與產出成長的數值。(最好用電腦試算表計算。)

e. 在 (b) 小題的圖形中，畫出十年後經濟社會面臨的短期抵換關係。將十年後經濟社會面臨的狀況標示為 C 點，再次利用數值找到 C 點。

f. 比較衰退與新長期 (第十年) 均衡的均衡。通貨膨脹變動多少？在過渡期間，產出損失幾個百分點？此經濟體系的犧牲比率是多少？

4. 根據理性預期理論，若每個人都相信政策制定者會確實降低通貨膨脹，降低通貨膨脹的成本——犧牲比率——會比大眾懷疑決策者意圖下的成本來得低。請問為什麼這可能是真的？可信度要如何達成？

5. 假設經濟體系一開始處於長期均衡。然後 Fed 增加貨幣供給。
   a. 假設任何被引發的通貨膨脹均為非預期。請解釋貨幣擴張引起 GDP、失業率和通貨膨脹的任何改變。請利用三個圖形：*IS-LM* 模型、*AD-AS* 模型及菲力浦曲線，來解釋你的結論。
   b. 相反地，假設任何被引發的通貨膨脹都是可預期的。請解釋引起 GDP、失業率和通貨膨脹的任何改變。同樣地，利用三個圖形：*IS-LM* 模型、*AD-AS* 模型及菲力浦曲線，來解釋你的結論。

6. 假設人們具有理性預期，且經濟體系是以工資僵固性或價格僵固性模型來描述：請解釋為什麼下列命題是真的。
   a. 只有非預期貨幣供給的變動會影響實質國內生產毛額。當工資與價格制定時，完全預期的貨幣供給變動不會有任何實質效果。
   b. 若 Fed 選擇貨幣政策與人們議定工資和價格同時間發生，所以每個人對經濟狀態都有相同的資訊，則貨幣政策便無法系統性用來穩定產出。因此，一個維持貨幣供給固定的政策與回應經濟狀態，且調整貨幣供給的政策有相同的實質效果。[這稱為政策不相關命題 (policy irrelevance proposition)。]
   c. 若 Fed 在人們議定工資和價格後才制定貨幣供給，所以 Fed 可蒐集有關經濟狀態的資訊，則可以有系統地使用貨幣政策來穩定產出。

7. 假設經濟體系的菲力浦曲線是：

$$\pi = \pi_{-1} - 0.5(u - u^n)$$

且自然失業率是過去兩年失業率的平均數：

$$u^n = 0.5(u_{-1} + u_{-2})$$

   a. 請問為什麼自然失業率受最近失業率的影響 (如上式的假設)？
   b. 假設 Fed 採取一個永久降低通貨膨脹率 1 個百分點的政策。請問隨著時間經過，這個政策會對失業率有何影響？

c. 請問經濟體系中的犧牲比率是多少？請解釋。
d. 請問這些方程式隱含的通貨膨脹與失業之間的短期和長期抵換關係為何？

8. 有些經濟學家相信稅收對勞動供給有重要的影響。他們認為增稅導致人們的工作時間降低，而減稅導致人們的工作時間延長。請考慮這個效果如何影響稅收變動的總體經濟分析。
   a. 如果這個看法是正確的，減稅如何影響自然產出水準？
   b. 請問減稅如何影響總需求曲線、長期總供給曲線及短期總供給曲線？
   c. 請問減稅對產出與物價水準的短期影響是什麼？你的答案與沒有勞動供給效果的情況有何差異？
   d. 請問減稅對產出與物價水準的長期影響是什麼？你的答案與沒有勞動供給效果的情況有何差異？

9. 請上美國勞工統計局的網站 (http://www.bls.gov)。針對過去五年，找出以消費者物價指數衡量的通貨膨脹率 [有時稱為整體通貨膨脹率 (headline inflation)]，以及剔除食物與能源後的消費者物價指數計算的通貨膨脹率 [有時稱為核心通貨膨脹率 (core inflation)]。請比較這兩種通貨膨脹指標的差異。為什麼它們會有差異？這種差異為什麼能告訴你有關總供給曲線的移動及菲力浦曲線的移動，兩者有什麼樣的資訊？

快速測驗答案

1. a   2. c   3. d   4. c   5. b   6. a

附錄

所有模型的源頭

在前面幾章中,我們看到許多描述經濟體系如何運作的模型。當學習這些模型時,實在很難看出它們之間的關聯性。現在我們已經結束總供給與總需求模型的發展,這是一個很好的時點來回顧所學到的模型。本附錄描繪出一個涵蓋我們已經瞭解的許多理論的大型模型,包括第二篇的古典理論及第四篇的景氣循環理論。所使用的符號與方程式在前面幾章應該已經相當熟悉。目標是將大部份的前面分析放在一個共同架構內,以釐清不同模型間的關係。

完整模型共有七個方程式:

$Y = C(Y-T) + I(r) + G + NX(\epsilon)$　　IS:商品市場均衡
$M/P = L(i, Y)$　　LM:貨幣市場均衡
$NX(\epsilon) = CF(r-r^*)$　　外匯市場均衡
$i = r + E\pi$　　實質與名目利率間的關係
$\epsilon = eP/P^*$　　實質與名目匯率間的關係
$Y = \overline{Y} + \alpha(P - EP)$　　總供給
$\overline{Y} = F(\overline{K}, \overline{L})$　　自然產出水準

這七個方程式決定七個內生變數的均衡值:產出 Y、自然產出水準 $\overline{Y}$、實質利率 r、名目利率 i、實質匯率 ϵ、名目匯率 e 及物價水準 P。

模型中有許多外生變數影響這些內生變數,包括貨幣供給 M、政府購買 G、稅收 T、資本存量 K、勞動力 L、全球物價水準 P^* 及全球實質利率 r^*。此外,還有兩個預期變數:未來通貨膨脹的預期 $E\pi$ 和過去對現在物價水準的預期 EP。如同上面的假設,本模型視此兩預期變數為外生,我們也可加入額外的方程式使這兩個變數成為內生。

雖然可以分析這七個方程式所組成模型的數學技巧,但已超出本書的範圍。然而,這個大型模型仍十分有用,因為我們可以藉由它來瞭解曾經學過的那些較小模型之間是如何關聯的。特別是許多我們曾經研究的模型,都是這個大型模型的特例。讓我們來考慮六個特例。(本節節末的習題請你檢視其中幾個特例。)

特例1:古典封閉經濟體系　　假設 $EP=P$、$L(i, Y)=(1/V)Y$ 及 $CF(r-r^*)=0$。若以文字敘述,這些方程式表示物價水準的預期調整到所有的預期都是正確的,貨幣需求與所得呈固定比例,以及國際資本流動不存在。在這種情況下,產出永遠等於自然水準,實質利率調整到使商品市場達到均衡,物價水準與貨幣供給呈固定

比例，名目利率調整到與預期通貨膨脹是一對一的關係。這個特例是對應第 3 章和第 5 章分析的經濟體系。

特例 2：古典小型開放經濟體系　假設 $EP=P$、$L(i, Y)=(1/V)Y$ 及 $CF(r-r^*)$ 是完全有彈性。現在我們檢視的特例是，當國際間資本流動對國內與全球利率之間的任何差距都相當敏感時的情況。這意味著 $r=r^*$ 及貿易餘額 NX 等於在全球利率水準下儲蓄與投資的差距。這個特例是對應第 6 章分析的經濟體系。

特例 3：總供給與總需求的基本模型　假設 α 無窮大，且 $L(i, Y)=(1/V)Y$。在這種情況下，短期總供給曲線是水平的，而總需求曲線只由數量方程式決定。這個特例是對應第 11 章分析的經濟體系。

特例 4：IS-LM 模型　假設 α 無窮大，且 $CF(r-r^*)=0$。現在，短期總供給曲線是水平的，且沒有國際資本流動。在任何既定的預期通貨膨脹率 $E\pi$ 下，所得水準與利率必須調整到使商品市場和貨幣市場同時達到均衡。此一特例是對應第 12 章和第 13 章分析的經濟體系。

特例 5：浮動匯率下的孟德爾—弗萊明模型　假設 α 無窮大且 $CF(r-r^*)$ 是完全有彈性。在這種情形下，短期總供給曲線是水平的，且國際間資本流動龐大到確使 $r=r^*$。匯率完全自由浮動地達到均衡水準。這個特例是對應第 14 章分析的第一個經濟體系。

特例 6：固定匯率下的孟德爾—弗萊明模型　假設 α 是無窮大，$CF(r-r^*)$ 是完全有彈性，且名目匯率 e 是固定的。在這種情形下，短期總供給曲線是水平的，鉅額的國際資本流動確實使得 $r=r^*$，但匯率由中央銀行決定。匯率現在是外生的政策變數，但貨幣供給 M 為內生變數，必須調整到確使匯率等於固定水準。這個特例是對應第 14 章分析的第二個經濟體系。

現在你應該見識到這個大模型的價值。即使這個模型大到無法讓你直覺地瞭解一經濟體系如何運作，但它顯示我們學過不同模型之間是緊密相關的。各個模型說明此處所呈現更大和更符合實際模型的不同面向。在每一章中，我們做了某些簡化的假設，以使這個大模型變小且更容易瞭解。

圖 15-6 顯示一綱要式的圖形來說明不同模型間的關聯。特別是它顯示從上述所有模型的源頭開始，你如何能夠得到前面幾章所檢視的某些模型。以下是一些步驟：

1. 古典或凱因斯？你要決定想要古典特例案例 (發生在 $EP=P$ 或 $\alpha=0$，所以產出等於自然水準時)，或凱因斯特殊案例 (發生在 α 等於無窮大，所以物價水

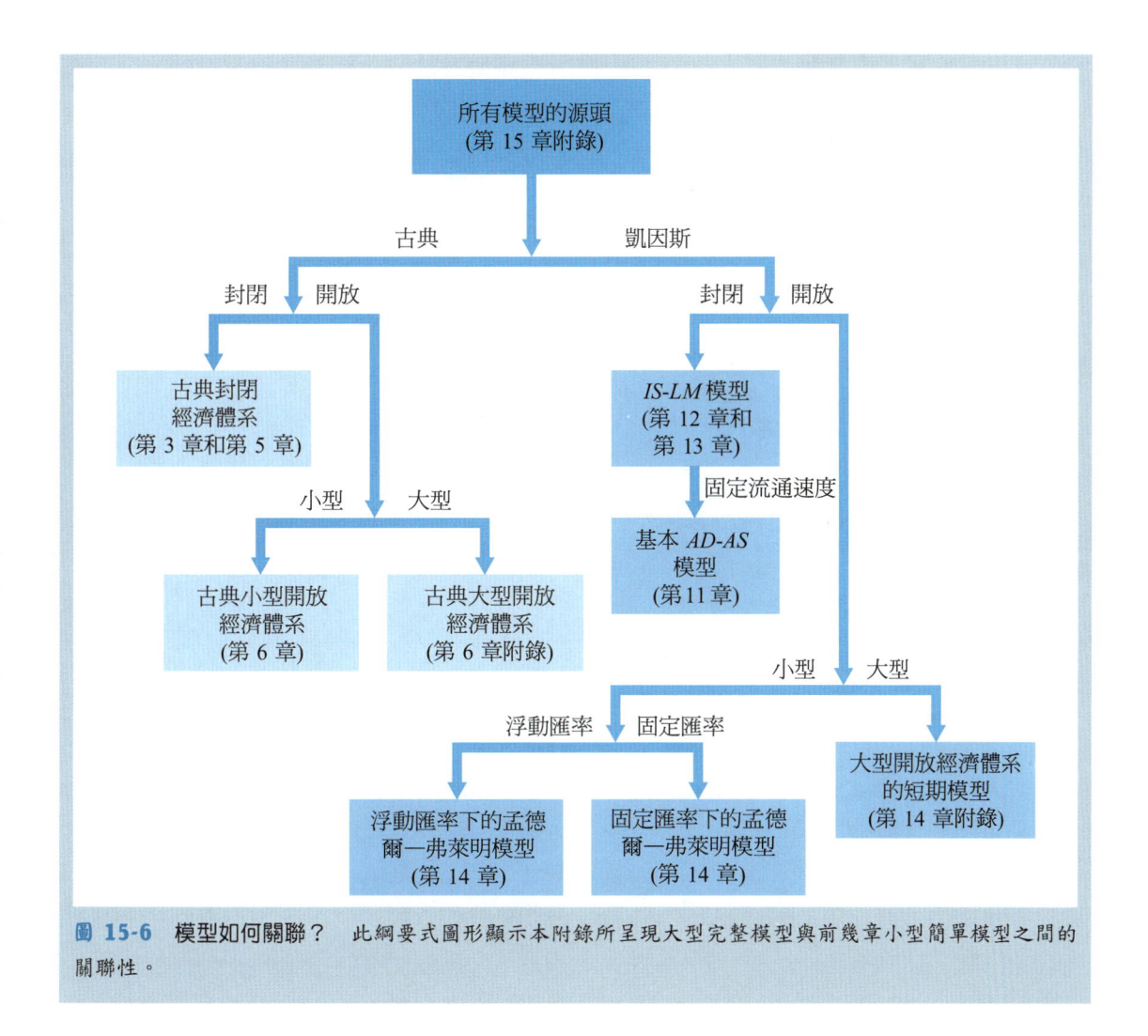

圖 15-6 模型如何關聯？ 此綱要式圖形顯示本附錄所呈現大型完整模型與前幾章小型簡單模型之間的關聯性。

準完全固定)。

2. 封閉或開放？你決定想要封閉經濟體系 (發生在資本流動始終為零)，或開放經濟體系 (允許 CF 異於零)。

3. 小型或大型？如果你想要開放經濟體系，決定是想要小型 (CF 在全球利率 r^* 時為彈性無窮大)，或大型 (國內利率並未被全球利率釘死)。

4. 浮動或固定？若你檢視的是小型開放經濟體系，決定匯率是浮動 (在這種情形下，中央銀行制定貨幣供給)，或固定 (在這種情形下，中央銀行允許貨幣供給可以調整)。

5. 流動速度固定？若你考慮的是凱因斯價格固定的封閉經濟體系，決定是否想要聚焦於流通速度外生固定的特例。

藉由決定這一系列的模型，你從更完整及更複雜的模型移向較簡單、更容易讓人瞭解和使用的更狹小特殊案例。

在思考真實世界時,你應該記得所有模型及其簡化假設是很重要的。一個模型都提供經濟體系的某些面向。

更多的問題與應用

1. 讓我們考慮這個大型模型更多的特例。從大模型出發,請問你需要什麼額外的假設,可得到下列各個模型?
   a. 第 6 章附錄的古典大型開放經濟體系。
   b. 第 12 章前半部的凱因斯十字架。
   c. 第 14 章附錄大型開放經濟體系下的 $IS\text{-}LM$ 模型。

CHAPTER

16

經濟波動的動態模型

> 科學上,獲知新的事實固然重要,但更重要的是,找出探索這些事實的新想法。
>
> —— 威廉・布萊格

本章引言出自威廉・布萊格 (William Bragg) (約一個世紀前的物理學家),其說法不僅適用於自然科學,也同樣適用於經濟學和其他社會科學。經濟學家研究的許多事實來自每天媒體的報導 —— 國民生產毛額、通貨膨脹、失業、貿易餘額及其他。有關這些熟悉的事實,經濟學家建立模型來提供新的思考方法。一個好的模型不僅能說明事實,還能夠提供新的洞悉力。

在前面幾章中,我們發展模型來檢視解釋經濟體系的短期與長期。在某種意義上,可能我們學習的總體經濟理論是完全的。但相信這句話是錯的。就像所有其他的科學家一樣,經濟學家從不停止,總是有更多的問題要回答,更多的事物要精細改進。在本章與接下來的四章,我們將檢視擴充及瞭解影響經濟因素,和政策制定者面對的一些總體經濟理論與政策課題。

本章即將呈現的模型,稱為總需求與總供給的動態模型 (dynamic model of aggregate demand and aggregate supply)。這個模型提供另外一種觀察景氣循環,以及貨幣與財政政策影響的途徑。如同章名所建議,新模型強調經濟波動的動態本質。字典定義動態是與「能量或移動中的物體有關;其特性為連續的變動或行動。」這個定義很容易應用在經濟活動上。經濟體系持續地受到不同的衝擊所影響。這些衝擊對經濟體系短期均衡有立即影響,同時也影響到產出、通貨膨脹及其他許多變數未來的走勢。動態 AD-AS 模型將注意力聚焦在隨著時間經過,產出與通貨膨脹面對經濟環境的外生變動將如何反應。

除了大部份的重點強調動態之外,這個模型與前面其他模型另外一個不同之處在於:它將貨幣政策面對經濟狀況的反應列在模型中。在前面幾章中,我們遵循傳統簡化分析,假設中央銀行決定貨幣供給,而貨幣供給成為均衡利率的決定因素之一。然而,在真實世界中,許多中央銀行制定利率目標並允許在必要時,貨幣供給調整以達成利率目標。更有甚者,由中央銀行制定的利率目標受包括通貨膨脹與產出的經濟狀況影響。動態 AD-AS 模型將貨幣政策的實際特色包含在模型中。

許多動態 AD-AS 模型基石與前面幾章雷同，即便有時它們會採用不同的呈現方式。更重要的是，這些組成項目是以全新面貌組合，你可將此模型視為混合許多熟識食材，進而創造令人驚豔原創美饌的食譜。在這種情況下，我們將以全新方式混合過去熟悉的經濟關係，來產生對短期經濟波動本質更深入的觀察。

與前幾章的模型相較，動態 AD-AS 模型與經濟學家在研究領域所學習的模型類似。更有甚者，許多制定總體經濟政策的經濟學家，包括世界各國中央銀行的研究人員，在分析經濟事件對產出與通貨膨脹影響時，經常使用這個模型的不同延伸。

16-1 模型的元素

在檢視動態 AD-AS 模型的各組成項目之前，我們需要介紹一些新的標記：本章從頭到尾，變數的下標 t 代表時間。例如，Y 繼續用來代表總產出與國民所得。但現在的 Y_t，代表 t 期的國民所得。同樣地，Y_{t-1} 代表 $t-1$ 期的國民所得，而 Y_{t+1} 代表 $t+1$ 期的國民所得。這個新的標記，讓我們能夠記錄變數隨著時間經過的變動。

現在讓我們來檢視構成動態 AD-AS 模型的五個方程式。

產出：商品與服務的需求

商品與服務需求方程式如下所示：

$$Y_t = \overline{Y}_t - \alpha(r_t - \rho) + \varepsilon_t$$

其中 Y_t 是商品與服務的總產出，$\overline{Y}_t$ 是經濟體系的自然產出水準，r_t 是實質利率，ε_t 是隨機需求面衝擊，而 α 和 ρ 為大於零的參數 (稍後解釋)。這個方程式在精神上和第 3 章的商品與服務需求方程式，以及第 12 章的 IS 方程式雷同。由於這個式子對動態 AD-AS 模型是如此的關鍵，小心地逐一檢視各項變數是很重要的。

方程式等號右邊的第一項 $\overline{Y}_t$，隱含商品與服務需求 Y_t 隨著經濟體系自然產出水準的增加而增加。在大多數的情況下，我們可將 $\overline{Y}_t$ 視為固定來簡化分析 (亦即，每一期 t 都相同)。然而，在本章後面，我們將檢視這個模型如何包括長期成長，長期成長以 $\overline{Y}_t$ 隨著時間經過而外生增加來代表。假設其他條件不變，隨著長期成長提高經濟體系供給商品與服務能力 (以自然產出水準 $\overline{Y}_t$ 衡量)，也會使經濟社會變得更加富有，商品與服務需求增加。

方程式等號右邊的第二項說明，實質利率 r_t 和商品與服務需求 Y_t 的負向關係。當實質利率上升時,貸款的代價變得更昂貴,而儲蓄的報酬將會增加,因此廠商的投資計畫縮減,消費者的儲蓄增加,而支出下降。這些效果都會降低對商品與服務的需求。參數 α 告訴我們,需求對實質利率變動的敏感程度。α 值愈大,面對既定的實質利率變動,商品與服務的需求愈多。請注意:利率在此方程式中為 $r_t-\rho$,是與參數 ρ 間的偏離程度,我們一會兒就會解釋。

需求方程式的最後一項,ε_t,代表需求的外生移動。將 ε_t 視為一隨機變數 (random variable)——變數值是偶然決定的。平均而言,它等於零,但隨著時間經過而波動。舉例來說,若投資者在某種程度上由「動物本能」所驅使 (如凱因斯的名言)——不理性的悲觀與樂觀情緒波動——這些情感的變化由 ε_t 來代表。當投資者變得樂觀時,會增加對商品與服務的需求,我們以正的 ε_t 值來代表;當投資者變得悲觀時,會縮減支出,而 ε_t 為負值。

現在,考慮參數 ρ。在缺乏任何衝擊時,商品與服務需求等於自然產出水準的實質利率,我們稱 ρ 為自然利率 (natural rate of interest)。也就是,若 $\varepsilon_t=0$ 與 $r_t=\rho$,則 $Y_t=\overline{Y}_t$。稍後在本章中,我們會看到在長期,實質利率 r_t 會趨向自然利率 ρ。本章從頭到尾,我們假設自然利率為常數,雖然在章末的「問題與應用」第 7 題會檢視它變動的影響。

最後,有關貨幣和財政政策如何影響商品與服務需求的一句話。貨幣政策制定者藉由改變實質利率 r_t 來影響需求,因此他們的行動是透過方程式的第二項來運行。相反地,當財政政策制定者考慮稅收或政府支出時,是在任何利率既定下改變需求,增加政府支出或刺激消費者需求的減稅措施意味著 ε_t 為正值;縮減政府支出或增稅則意味著 ε_t 為負值。如同我們即將見到的,這個模型的一個目的是檢視貨幣與財政政策變動的動態效果。

實質利率:費雪方程式

模型中的實質利率曾在稍早的章節中定義。實質利率 r_t 是名目利率 i_t 減去預期通貨膨脹率 $E_t\pi_{t+1}$,亦即:

$$r_t=i_t-E_t\pi_{t+1}$$

這個費雪方程式與第 5 章見到的類似。在此,$E_t\pi_{t+1}$ 代表在 t 期預期 $t+1$ 期的通貨膨脹。變數 r_t 為事前實質利率:人們根據其對通貨膨脹預期所預期的實質利率。

標記上的字及時間符號應該可以釐清這些變數的意義。變數 r_t 及 i_t 是 t 期的利率,因此代表 t 期到 $t+1$ 期的報酬率。變數 π_t 代表當期通貨膨脹率,其為 $t-1$ 期到 t 期的物價水準變動百分比。同樣地,π_{t+1} 是發生在 t 期到 $t+1$ 期的物價水準變動百分比。在 t 期,人們對 π_{t+1} 形成預期 (寫成 $E_t\pi_{t+1}$),但必須等到 $t+1$ 期,

人們才會知道 π_{t+1} 的真實值及他們的預期是否正確。

請注意：變數的下標說明變數被決定的時點。t 期到 $t+1$ 期的名目與事前實質利率是在 t 期已知，所以它們寫成 i_t 和 r_t。相反地，t 到 $t+1$ 期的通貨膨脹率直至 $t+1$ 期才是已知，因此寫成 π_{t+1}。

下標法則也可以應用在變數前的預期符號 E，但此時你要特別小心。如同前面章節所述，變數前的符號 E 代表該變數在實現前的預期。預期符號的下標說明預期形成的時點。因此，$E_t\pi_{t+1}$ 是根據 t 期可以得到的資訊 (E 的下標)，來對 $t+1$ 期通貨膨脹形成預期 (π 的下標)。當 π_{t+1} 在 $t+1$ 期才是已知時，未來通貨膨脹的預期 $E_t\pi_{t+1}$ 在 t 期為已形成。因此，直到 $t+1$ 期，事後實質利率，$i_t-\pi_{t+1}$ 才是已知，事前實質利率 $r_t=i_t-E_t\pi_{t+1}$ 在 t 期則為已知。

通貨膨脹：菲力浦曲線

經濟體系中的通貨膨脹決定於擴充至包括預期通貨膨脹與外生供給面衝擊等的傳統菲力浦曲線。通貨膨脹方程式為：

$$\pi_t = E_{t-1}\pi_t + \varphi(Y_t - \overline{Y}_t) + \upsilon_t$$

這個式子與第 15 章所提到的菲力浦曲線及短期總供給方程式類似。根據這個式子，通貨膨脹 π_t 取決於先前的預期通貨膨脹 $E_{t-1}\pi_t$，產出偏離自然水準的幅度 $(Y_t - \overline{Y}_t)$，以及外生供給面衝擊 υ_t。

通貨膨脹受預期通貨膨脹影響的原因為：有些廠商事先已制定好產品售價。當這些廠商預期高通貨膨脹時，猜測成本將迅速上升，且競爭對手將大幅提高產品售價。因此，預期高通貨膨脹將誘使這些廠商宣佈自己的產品售價大幅提高。這些價格的上升導致整體經濟實際通貨膨脹的增加。相反地，當廠商預期低通貨膨脹，預期成本及競爭對手的售價只會微幅上調，在這種情況下，他們僅會小幅調高售價，導致較低的實際通貨膨脹。

參數 φ，其值為正，說明當產出在自然水準附近時，通貨膨脹的反應程度。其他條件不變，當經濟擴張且產出超過自然水準時 $(Y_t > \overline{Y}_t)$，廠商經歷遞增邊際成本，因此會調高產品售價，產品價格上升會造成通貨膨脹 π_t 上升；當經濟衰退且產出低於自然產出時 $(Y_t < \overline{Y}_t)$，邊際成本下跌，廠商會降低售價，價格下跌會使通貨膨脹 π_t 下跌。參數 φ 同時反映邊際成本對經濟狀態的反應程度，以及廠商面對成本改變的調整速度。

在這個模型中，景氣循環的階段是由產出偏離其自然水準幅度 $(Y_t - \overline{Y}_t)$ 來衡量。第 15 章的菲力浦曲線有時強調失業率偏離自然率的幅度。然而，這種區分並不重要。回想歐肯法則：產出與失業的短期波動是強烈的負相關。當產出高於自然水準時，失業率低於自然率，反之亦然。當我們繼續發展這個模型時，請記住：失業與產出一起移動但呈反向變動。

供給面衝擊 v_t 為一隨機變數，其平均數為零，但在任何時期可能為正值或負值。這除了預期通貨膨脹 (第一項 $E_{t-1}\pi_t$) 與短期經濟波動 [第二項 $\varphi(Y_t-\overline{Y}_t)$] 之外，$v_t$ 捕捉影響通貨膨脹的所有影響因素。舉例來說，若比較積極的石油卡特爾推升國際油價，因而提高通貨膨脹率，此一事件由正的 v_t 值代表。若石油卡特爾成員間的合作破局，國際油價重挫，導致通貨膨脹率下跌，v_t 值為負。簡單來說，v_t 反映直接影響通貨膨脹的所有外生衝擊。

預期通貨膨脹：適應性預期

如同我們所見，預期通貨膨脹在通貨膨脹的菲力浦曲線，以及連結名目利率與實質利率的費雪方程式都扮演關鍵角色。為了要讓動態 AD-AS 模型更簡單，我們假設人們會根據最近觀察到的通貨膨脹來形成他們對通貨膨脹的預期；也就是說，人們預期物價就像過去一樣相同比率地上漲。這種行為稱為適應性預期，可寫成：

$$E_t\pi_{t+1}=\pi_t$$

當我們在 t 期預測 $t+1$ 期的通貨膨脹時，人們只是簡單觀察 t 期的通貨膨脹並往後推估一期。

每一期都做相同假設。因此，當我們在 $t-1$ 期預期 t 期通貨膨脹時，人們預期 $t-1$ 期通貨膨脹率會持續，意思是 $E_{t-1}\pi_t=\pi_{t-1}$。

這個有關通貨膨脹預期的假設不可否認地粗糙。許多人在形成他們的預期時是更加地細膩。如同在第 15 章中討論的，有些經濟學家主張一種稱為理性預期的方法，人們在預期將來時會利用所有可得的資訊預測未來。然而，將理性預期加入模型中，已超出本書的範圍。(此外，理性預期的實證有效性是有爭議的。) 適應性預期的假設大幅簡化理論的說明，而不會失去太多模型的見解。

名目利率：貨幣政策法則

模型最後一個部份是貨幣政策方程式。我們假設中央銀行根據通貨膨脹與產出，而利用以下法則來制定名目利率 i_t 的目標：

$$i_t=\pi_t+\rho+\theta_\pi(\pi_t-\pi_t^*)+\theta_Y(Y_t-\overline{Y}_t)$$

在這個式子裡，π_t^* 是中央銀行通貨膨脹率的目標。(就大多數的目的而言，目標通貨膨脹假設為固定，但我們會在變數放置一個時間下標，以便稍後可檢視中央銀行改變目標時的變化。) 兩個重要的參數 θ_π 和 θ_Y 都假設其值為正，指出中央銀行面對經濟情況變動時，利率目標的反應程度。θ_π 愈大，中央銀行面對通貨膨脹偏離其目標值的反應程度也愈大；θ_Y 值愈大，中央銀行面對產出偏離自然水準的反應程度也愈大。回想 ρ，在此方程式中為常數，是自然利率 (缺乏任何衝擊，商品與服務需求等於自然產出水準時的實質利率)。這個式子描述中央銀行如何利用貨幣政策，來面對任何可能出現的情況。尤其是它告訴通貨膨脹與產出如何決定中央銀行選定的目標名目利率。

想要解釋這個式子，最好的方式不是僅聚焦於名目利率 i_t，還要將注意力放在實質利率 r_t。請記得：實質利率而非名目利率才是影響商品與服務需求的利率變數。因此，儘管中央銀行制定的是目標名目利率 i_t，但中央銀行是透過實質利率 r_t 來影響整體經濟的運作。根據定義，實質利率為 $r_t = i_t - E_t \pi_{t+1}$，但預期方程式 $E_t \pi_{t+1} = \pi_t$，所以我們也可將實質利率寫成 $r_t = i_t - \pi_t$。依據貨幣政策方程式，若通貨膨脹符合其目標 ($\pi_t = \pi_t^*$) 且產出也在自然水準 ($Y_t = \overline{Y}_t$)，方程式的最後兩項為零，所以實質利率等於自然利率 ρ。當通貨膨脹超過其目標值 ($\pi_t > \pi_t^*$) 或產出超過其自然水準 ($Y_t > \overline{Y}_t$) 時，實質利率上升。而當通貨膨脹低於其目標值 ($\pi_t < \pi_t^*$) 或產出低於其自然水準 ($Y_t < \overline{Y}_t$) 時，實質利率下跌。

此時，可能有人會問：「貨幣供給怎麼了？」在前面幾章中，如第 12 章和第 13 章，貨幣供給通常被視為中央銀行的政策工具，利率調整至使貨幣供給與貨幣需求達到均衡。在此，我們將邏輯轉變，假設中央銀行制定名目利率的目標，然後調整貨幣供給來確保 (使貨幣供給等於貨幣需求的) 均衡利率達到目標的利率水準。

使用利率而非貨幣供給作為動態 *AD-AS* 模型政策工具的主要優點是，它比較切合實際。在今天，大多數的中央銀行，包括 Fed，都制定名目利率的短期目標。請記住：達成目標需要調整貨幣供給。就這個模型而言，不需要列出貨幣市場的均衡條件，但我們應記住均衡條件已隱含在內。當中央銀行決定改變利率時，同時也承諾將相對應地調整貨幣供給。

> **個案研究**

泰勒法則

如果你一方面想要避免產出與通貨膨脹的大幅波動；另一方面想要制定利率來達成低且穩定的通貨膨脹，你會怎麼做？這正是 Fed 總裁每天必須考慮的問題。現在 Fed 制定的短期政策工具是**聯邦基金利率**——銀行同業拆款的短期利率。每當聯邦公開市場委員會開會時，會選擇聯邦基金利率的目標。Fed 的債券交易員會被要求執行公開市場操作以達成此一目標。

Fed 比較困難的工作是選擇聯邦基金利率的目標。有兩個一般準則是明確的：第一為當通貨膨脹加溫時，聯邦基金利率應該上升。利率上升意味著較少的貨幣供給，而最終將降低投資，產出下跌、失業增加及通貨膨脹減少；第二是當實質經濟活動減緩時 —— 反映在較低實質 GDP 成長或失業上升 —— 聯邦基金利率應該下跌。利率下跌意味著貨幣供給增加，而最終將提高投資，產出增加和降低失業。這兩個準則藉由動態 *AD-AS* 模型中的貨幣政策方程式來表示。

但是，Fed 需要超越這些一般準則，並決定面對通貨膨脹與實質經濟活動變動的精確反應程度。經濟學家約翰‧泰勒 (John Taylor) 建議聯邦基金利率法則，如下所示：[1]

名目聯邦基金利率＝通貨膨脹＋2.0＋0.5 (通貨膨脹－2.0)＋0.5 (GDP 缺口)

GDP 缺口 (GDP gap) 是實質 GDP 偏離自然水準估計值的百分比。(為了動態 *AD-AS* 模型的一致性，在此，若 GDP 高於自然水準，GDP 缺口為正；若 GDP 低於自然水準，則 GDP 缺口為負。)

根據**泰勒法則** (Taylor rule)，實質聯邦基金利率 —— 名目聯邦基金利率通貨膨脹 —— 面對通貨膨脹與 GDP 缺口應有所反應，如我們動態模型的貨幣政策方程式所示。泰勒對這些參數有特別的建議。他估計，自然利率 ρ 與 Fed 通貨膨脹目標 π_t^* 都是 2%。泰勒也指出，通貨膨脹或 GDP 缺口上升 1 個百分點，應會造成實質聯邦基金利率上升 0.5 個百分點，這隱含 θ_π 與 θ_Y 都等於 0.5。同樣地，通貨膨脹或 GDP 缺口下跌 1 個百分點，應會造成實質聯邦基金利率下跌 0.5 個百分點。

除了簡單與合理外，貨幣政策的泰勒法則在某些時候也類似真實的 Fed 行為。圖 16-1 顯示真實的名目聯邦基金利率，以及由泰勒法則建議的目標利率。請注意：兩個序列的走勢頗為一致。泰勒的貨幣法則不僅是學者專家的處方，就某種程度而言，它可能是 Fed 總裁潛意識遵循的法則。

請注意：若通貨膨脹與失業都夠低，泰勒法則會讓名目利率為負值。實際上，這種情況在 2008 年到 2009 年經濟大衰退後出現。然而，這種政策不是可行的。如同我們在第 13 章中討論的，由於人們只持有貨幣 (賺取名目報酬為 0)，而不會以負的利率借款，中央銀行不能制定負的名目利率。在這些情況下，泰勒法則無法嚴格依循。中央銀行遵循泰勒法則能做的是設定利率為零，如 Fed 在這段期間所做的。

泰勒法則在 2011 年左右開始建議提高聯邦基金利率。然而，Fed 仍維持利率大約在零的水準。這種差異一直是政策辯論的來源。有些經濟學家認為，為了彌補在這段期間法則建議利率超過負的水準，Fed 的政策是恰當的。也就是說，他們相信為了協助經濟從經濟大衰退復甦，需用一段低於法則的利率水準來補償前些時期高於法則的利率。

其他經濟學家藉由建議自然利率下跌來解釋這種差異，所以泰勒法則的常數項應該減少。實際聯邦基金利率在經濟大衰退後好多年仍然遠低於泰勒法則建議的水準，且通貨膨

---

[1] John B. Taylor, "Discretion Versus Policy Rules in Practice," *Carnegie-Rochester Conference Series on Public Policy* 39 (1993): 195-214.

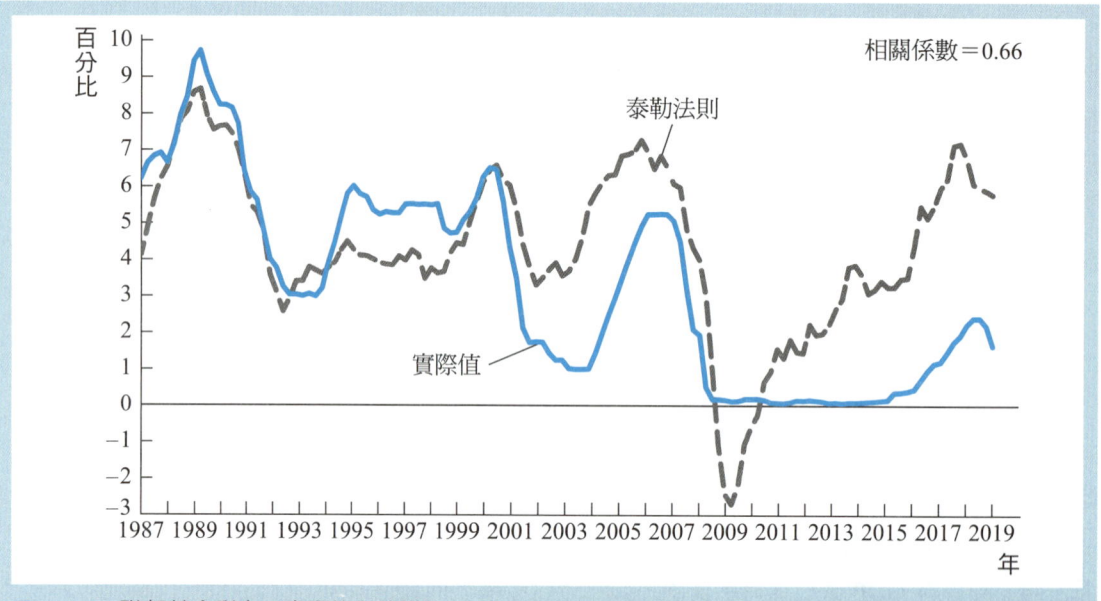

圖 16-1　聯邦基金利率：實際值與建議值　此圖形顯示由聯邦準備制定的聯邦基金利率，以及泰勒貨幣政策法則建議的目標利率。請注意：兩個序列的走勢通常是緊密相關。

資料來源：聯邦準備理事會、美國商務部、美國勞工部與作者自行計算。為了實行泰勒法則，通貨膨脹率由 GDP 平減物價指數與去年同期的變動百分比來衡量，而 GDP 缺口由失業率偏離其自然失業率乘以 −2 來衡量 (如圖 7-1 所示)。

脹依舊和緩的事實與自然利率下跌的假設一致。自然利率下跌的解釋，包括：(1) 國外儲蓄過剩降低全球利率；以及 (2) 技術變動使新企業能以較少的資本投資成立。■

16-2　模型求解

現在我們已經檢視動態 AD-AS 模型的每一個部份。作為一快速的總結，表 16-1 列出模型的所有變數與參數，這些變數根據是否為內生 (由模型決定) 或外生 (由模型外決定) 分成兩類。

這五個方程式決定模型五個內生變數的走勢：產出 Y_t、實質利率 r_t、通貨膨脹 π_t、預期通貨膨脹 $E_t\pi_{t+1}$ 及名目利率 i_t。在任何時期，五個內生變數受方程式中四個外生變數及前期通貨膨脹率的影響。前一期通貨膨脹 π_{t-1} 稱為先決變數 (predetermined variable)；也就是說，它在過去是內生變數，但在 t 期固定，本質上是外生，目的是找到當期均衡。

我們幾乎已準備好組合各個部份，以便檢視經濟體系的不同衝擊如何影響這些變數隨著時間經過的走勢。然而，在組合之前，我們需要建立分析的起始點：經濟體系的長期均衡。

表 16-1　動態 AD-AS 模型的變數與參數

方程式

$Y_t = \overline{Y}_t - \alpha(r_t - \rho) + \varepsilon_t$　　　　商品與服務需求

$r_t = i_t - E_t \pi_{t+1}$　　　　費雪方程式

$\pi_t = E_{t-1}\pi_t + \varphi(Y_t - \overline{Y}_t) + \upsilon_t$　　　　菲力浦曲線

$E_t \pi_{t+1} = \pi_t$　　　　適應性預期

$i_t = \pi_t + \rho + \theta_\pi(\pi_t - \pi_t^*) + \theta_Y(Y_t - \overline{Y}_t)$　　　　貨幣政策法則

內生變數

Y_t　　　　產出
π_t　　　　通貨膨脹
r_t　　　　實質利率
i_t　　　　名目利率
$E_t \pi_{t+1}$　　　　預期通貨膨脹

外生變數

$\overline{Y}_t$　　　　自然產出水準
π_t^*　　　　中央銀行的通貨膨脹目標
ε_t　　　　商品與服務的需求面衝擊
υ_t　　　　菲力浦曲線的衝擊 (供給面衝擊)

先決變數

π_{t-1}　　　　前一期的通貨膨脹

參數

α　　　　商品與服務需求對實質利率的反應程度
ρ　　　　自然利率
φ　　　　菲力浦曲線中，通貨膨脹對產出的反應程度
θ_π　　　　在貨幣政策法則中，名目利率對通貨膨脹的反應程度
θ_Y　　　　在貨幣政策法則中，名目利率對產出的反應程度

長期均衡

長期均衡代表經濟體系上下波動所環繞的正常狀態。它發生在沒有衝擊 ($\varepsilon_t = \upsilon_t = 0$) 及通貨膨脹穩定 ($\pi_t = \pi_{t-1}$) 的時期。

直接的代數應用在上述的五個方程式中，可以確認這些長期均衡值：

$$Y_t = \overline{Y}_t$$
$$r_t = \rho$$
$$\pi_t = \pi_t^*$$
$$E_t \pi_{t+1} = \pi_t^*$$
$$i_t = \rho + \pi_t^*$$

換言之，長期均衡描述如下：產出與實質利率處於自然水準，通貨膨脹與預期通貨膨脹處於目標通貨膨脹率，而名目利率等於自然利率加目標通貨膨脹。

這個模型的長期均衡反映兩個相關原理原則：古典二分法與貨幣中立性。請記得：古典二分法是區分實質與名目變數，而貨幣中立性是貨幣政策不會影響實質變數的特性。上面的式子顯示中央銀行的目標通貨膨脹 π_t^* 只影響通貨膨脹 π_t、預期通貨膨脹 $E_t\pi_{t+1}$ 及名目利率 i_t。若中央銀行提高目標通貨膨脹，則通貨膨脹、預期通貨膨脹及名目利率將會增加相同幅度。實質變數——產出 Y_t、實質利率 r_t——均不受貨幣政策的影響。在這些方面，動態 AD-AS 模型的長期均衡與第 3 章到第 10 章所檢視的古典模型雷同。

動態總供給曲線

想要研究經濟體系的短期行為，以圖形分析是有用的方式。由於圖形有兩軸，我們需要聚焦兩個變數。我們將用產出 Y_t 及通貨膨脹 π_t 作為兩軸的變數，因為這些變數是我們最關心的變數。如傳統的 AD-AS 模型，產出位於橫軸，但因為物價水準已經淡出舞台，圖形的橫軸現在則為通貨膨脹率。

為了得到圖形，我們需要兩個方程式來總結產出 Y_t 與通貨膨脹 π_t 間的關係。這些方程式是由我們已經見到模型中的五個方程式所推導。然而，想要獨立出 Y_t 與 π_t 間的關係，我們需要一些代數來消除其他三個內生變數 (r_t、i_t 及 $E_t\pi_{t+1}$)。

產出與通貨膨脹的第一個關係幾乎直接來自於菲力浦曲線方程式。藉由利用預期方程式 ($E_{t-1}\pi_t = \pi_{t-1}$) 將前期通貨膨脹 π_{t-1} 替代預期通貨膨脹 ($E_{t-1}\pi_t$)，我們可以去掉方程式中的內生變數 $E_{t-1}\pi_t$，透過這個替代，菲力浦曲線方程式變成：

$$\pi_t = \pi_{t-1} + \varphi(Y_t - \overline{Y}_t) + v_t \qquad (DAS)$$

在兩個外生變數 (自然產出 $\overline{Y}_t$ 和供給面衝擊 v_t) 及一個先決變數 (前一期通貨膨脹率 π_{t-1}) 已知的情況下，這個式子連結通貨膨脹 π_t 與產出 Y_t。

圖 16-2 畫出方程式所描繪的通貨膨脹 π_t 與產出 Y_t 之間的關係，我們稱這個正斜率曲線為動態總供給 (或 DAS) 曲線 (dynamic aggregate supply curve)。除了縱軸為通貨膨脹而非物價水準外，動態總供給曲線與第 15 章所見的總供給曲線類似。DAS 曲線顯示通貨膨脹在短期如何連結產出。正斜率反映菲力浦曲線：其他條件不變，經濟活動擴張與更高的通貨膨脹同時存在。

DAS 曲線是在前一期通貨膨脹 π_{t-1}、自然產出水準 $\overline{Y}_t$ 及供給面衝擊 v_t 為已知情形下所繪出的。若三個變數中的任一個變數改變，DAS 曲線將會移動。擺在我們前面的一個工作是勾勒出這些移動的意涵。但是在此之前，我們需要另外一條曲線。

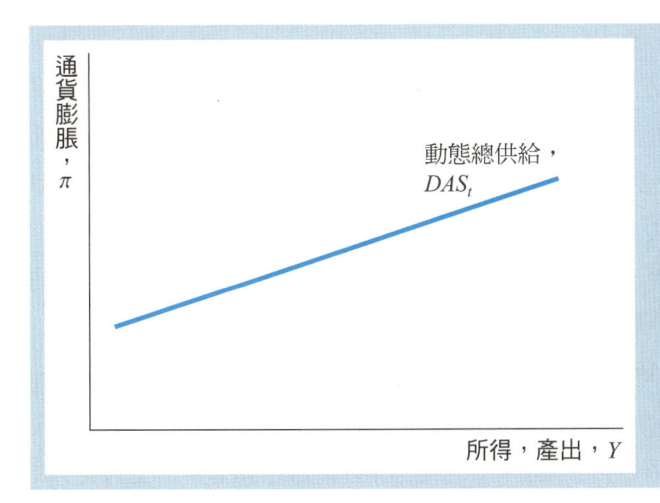

圖 16-2 動態總供給曲線 動態總供給曲線 DAS_t 顯示，產出 Y_t 與通貨膨脹 π_t 的正向關係。正斜率曲線反映菲力浦曲線的關係：其他條件不變，經濟活動的擴張與更高的通貨膨脹同時並存。動態總供給是在前期通貨膨脹 π_{t-1}、自然產出水準 $\overline{Y}_t$ 及供給面衝擊 v_t 已知情形下所畫出的曲線。因為這些變數的變動，曲線將會移動。

動態總需求曲線

兩種決定經濟體系短期均衡的產出與通貨膨脹之間關係的其中一種是動態總供給曲線；另外一種關係 (毫不令人驚訝) 則是動態總需求曲線。透過結合模型的四個方程式，並消除除了產出與通貨膨脹以外的其他內生變數，我們可推導動態總需求曲線。一旦有兩個內生變數 (Y_t 與 π_t) 的式子，我們可在平面圖形繪出它們之間的關係。

首先，從商品與服務需求開始：

$$Y_t = \overline{Y}_t - \alpha(r_t - \rho) + \varepsilon_t$$

想要消除內生變數，實質利率 r_t，我們利用費雪方程式中的 $i_t - E_t\pi_{t+1}$ 來替代 r_t：

$$Y_t = \overline{Y}_t - \alpha(i_t - E_t\pi_{t+1} - \rho) + \varepsilon_t$$

為了消除另外一個內生變數，名目利率 i_t，我們利用貨幣政策方程式來替代 i_t：

$$Y_t = \overline{Y}_t - \alpha[\pi_t + \rho + \theta_\pi(\pi_t - \pi_t^*) + \theta_Y(Y_t - \overline{Y}_t) - E_t\pi_{t+1} - \rho] + \varepsilon_t$$

接著，為了要消除內生變數預期通貨膨脹 $E_t\pi_{t+1}$，我們利用預期通貨膨脹方程式，以 π_t 替代 $E_t\pi_{t+1}$：

$$Y_t = \overline{Y}_t - \alpha[\pi_t + \rho + \theta_\pi(\pi_t - \pi_t^*) + \theta_Y(Y_t - \overline{Y}_t) - \pi_t - \rho] + \varepsilon_t$$

就像是我們的目的，這個式子只有兩個內生變數：產出 Y_t 和通貨膨脹 π_t。現在我們可簡化它。請注意：中括弧內的 π_t 與 ρ 正負相互抵銷。上式可簡化成：

$$Y_t = \overline{Y}_t - \alpha[\theta_\pi(\pi_t - \pi_t^*) + \theta_Y(Y_t - \overline{Y}_t)] + \varepsilon_t$$

現在我們若將 Y_t 移到等號左邊，整理後可得：

$$Y_t = \overline{Y}_t - [\alpha\theta_\pi/(1+\alpha\theta_Y)](\pi_t - \pi_t^*) + [1/(1+\alpha\theta_Y)]\,\varepsilon_t \qquad (DAD)$$

在三個外生變數 ($\overline{Y}_t$、π_t^* 及 ε_t) 已知情形下，上式連結產出 Y_t 與通貨膨脹 π_t。總體來說，它說明當通貨膨脹等於目標通貨膨脹時 ($\pi_t = \pi_t^*$)，產出與自然產出相等 ($\varepsilon_t = 0$)；若通貨膨脹低於其目標 ($\pi_t < \pi_t^*$)，產出高於其自然水準 ($\varepsilon_t > 0$)；若通貨膨脹高於其目標 ($\pi_t > \pi_t^*$) 或需求面衝擊為負，則產出低於其自然水準 ($\varepsilon_t < 0$)。

圖 16-3 畫出上式敘述的通貨膨脹 π_t 與產出 Y_t 之間的關係。我們稱這個負斜率曲線為動態總需求 (或 DAD) 曲線 (dynamic aggregate demand curve)。DAD 曲線顯示短期通貨膨脹與產品需求量之間的關係。它是在自然產出水準 $\overline{Y}_t$、通貨膨脹目標 π_t^* 及需求面衝擊 ε_t 固定情況下所繪出的曲線。若三個變數中的其中一個變動，DAD 曲線將會移動。我們將簡短地檢視 DAD 曲線移動的影響。

將動態總需求曲線視為第 13 章的標準總需求曲線，在縱軸是通貨膨脹而非物價水準是不錯的主意。在某些方面，它們頗為類似：都包含利率和商品與服務需求間的關係。但兩者有一個重要的區別，第 13 章傳統的總需求曲線是在貨幣供給數量固定下所繪出的。相反地，因為貨幣政策法則用來推導動態總需求曲線，動態總需求曲線是在貨幣政策法則既定下所繪出的。在該法則下，中央銀行依據總經濟情勢來制定利率，並允許貨幣供給相對應地調整。

因為下列機制，動態總需求曲線斜率為負。當通貨膨脹上升時，中央銀行遵循其法則並提高名目利率來因應。由於法則指示中央銀行提高的名目利率幅度超過通貨膨脹上漲幅度，實質利率也會上升。實質利率上升降低商品與服務的數量需求，透過中央銀行政策的運作，通貨膨脹與數量需求的負向關係使得動態總需求曲線斜率為負。

面對財政與貨幣政策的變動，動態總需求曲線將會移動。如前所述，衝擊變

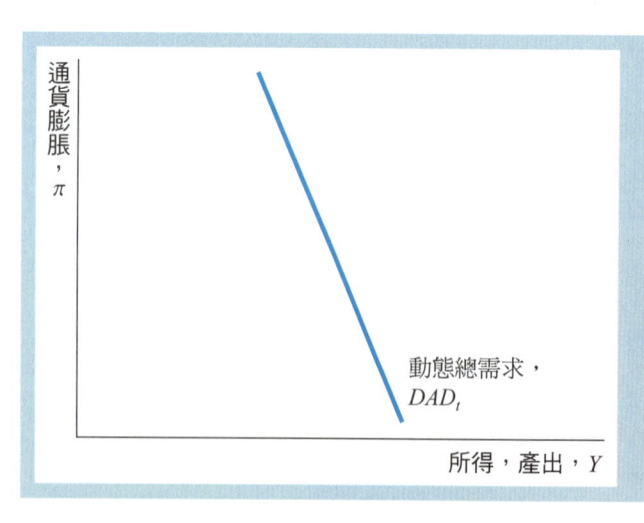

圖 16-3　動態總需求曲線　動態總需求曲線顯示產出與通貨膨脹間的負向關係。負斜率曲線反映貨幣政策和商品與服務需求：更高的通貨膨脹導致中央銀行提高名目利率與實質利率，因而降低商品與服務需求。動態總需求曲線是在自然產出水準 $\overline{Y}_t$、目標通貨膨脹 π_t^* 與需求面衝擊已知情形下繪出的。當這些外生變數變動時，動態總需求曲線隨之移動。

數 ε_t 反映政府支出與稅收 (還有其他事件) 的改變。任何造成商品與服務需求增加的財政政策變動意味著 ε_t 值為正，而 DAD 曲線向右移動。任何造成商品與服務需求減少的財政政策變動意味著 ε_t 值為負，而 DAD 曲線向左移動。

貨幣政策透過目標通貨膨脹率 π_t^* 進入動態總需求曲線。DAD 方程式顯示，在其他條件不變下，π_t^* 的增加將提高產品需求。(π_t^* 前面有兩個負號，所以其總影響為正。) 此結論背後的運作機制如下：當中央銀行提高其目標通貨膨脹時，藉由降低名目利率來追求更擴張性的貨幣政策，如貨幣政策法則所敘述。較低的名目利率導致較低的實質利率，而較低的實質利率刺激商品與服務支出。因此，在既定通貨膨脹率下，產出將會增加，動態總需求曲線向右移動；相反地，當中央銀行降低其目標通貨膨脹時，會提高名目及實質利率，因而減低商品與服務需求，並造成動態總需求曲線向左移動。

短期均衡

經濟體系的短期均衡由動態總需求曲線與動態總供給曲線的交點所決定。我們可以利用剛剛推導的兩個方程式來代表經濟體系：

$$Y_t = \overline{Y}_t - [\alpha\theta_\pi/(1+\alpha\theta_Y)](\pi_t - \pi_t^*) + [1/(1+\alpha\theta_Y)]\,\varepsilon_t \qquad (DAD)$$

$$\pi_t = \pi_{t-1} + \varphi(Y_t - \overline{Y}_t) + v_t \qquad (DAS)$$

在任一 t 期，這些方程式共同決定兩個內生變數：通貨膨脹 π_t 與產出 Y_t。解答受五個外生 (或至少在 t 期前所決定) 變數的影響。這些外生 (和先決) 變數包括自然產出水準 $\overline{Y}_t$、中央銀行目標通貨膨脹率 π_t^*、需求面衝擊 ε_t、供給面衝擊 v_t 及前一期的通貨膨脹率 π_{t-1}。

若將這些外生變數視為固定，我們可藉著動態總需求曲線與動態總供給曲線的交點，來描繪經濟體系的短期均衡。如圖 16-4 所示，短期均衡產出水準 Y_t 可以小於自然水準 $\overline{Y}_t$，也可以大於或等於自然水準。如同我們所見，當經濟體系處於長期均衡時，產出等於自然產出 ($Y_t = \overline{Y}_t$)。

短期均衡不僅決定產出水準 Y_t，也決定通貨膨脹率 π_t，在下一期 ($t+1$ 期)，這個通貨膨脹率會變成影響動態總供給曲線位置的前期通貨膨脹率。這種不同期間所創造的動態過程接下來將逐一檢視；亦即，本期與下一期透過預期通貨膨脹而相互連結。t 期的衝擊將會影響 t 期的通貨膨脹，進而影響人們對 $t+1$ 期的通貨膨脹預期。$t+1$ 期的預期通貨膨脹轉而影響該期動態總供給曲線的位置，這將影響 $t+1$ 期的產出與通貨膨脹，然後影響 $t+2$ 期的預期通貨膨脹，以此類推。

當我們透過一連串的例子來學習時，這些不同期間經濟結果的連結將變得更加清晰。

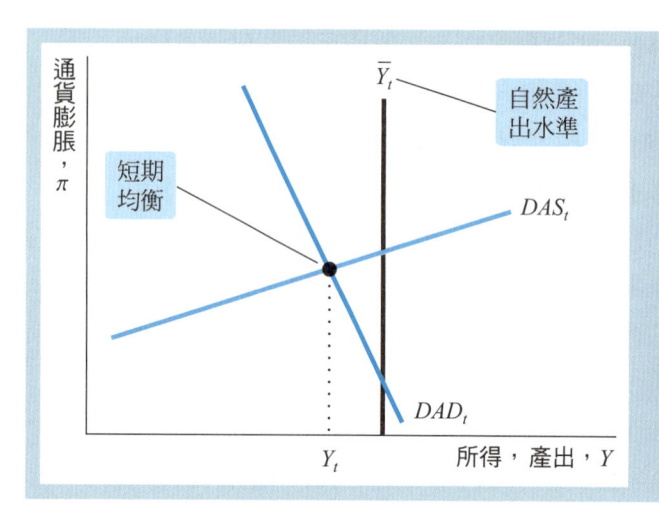

圖 16-4 短期均衡 動態總需求曲線與動態總供給曲線的交點決定短期均衡。這個均衡決定 t 期的通貨膨脹率與產出水準。在圖形所顯示的均衡，短期均衡產出水準 Y_t 低於經濟體系的自然產出水準 $\overline{Y}_t$。

16-3 模型的運用

現在讓我們利用動態 AD-AS 模型，來分析經濟體系面對外生變數的改變如何變化。模型中的四個外生變數，分別為自然產出水準 $\overline{Y}_t$、供給面衝擊 v_t、需求面衝擊 ε_t 及中央銀行目標通貨膨脹 π_t^*。為了簡化分析，我們假設經濟體系一開始處於長期均衡，然後其中一個外生變數的變動造成均衡的改變，也同時假設其他外生變數維持固定不變。

長期成長

如同第 8 章、第 9 章與第 10 章所討論的，因為人口成長、資本累積和技術進步，經濟體系的自然產出水準 $\overline{Y}_t$ 會隨著時間經過而變動。就我們在此的目的，可視成長為外生變數——也就是模型以外決定。圖 16-5 顯示 $\overline{Y}_t$ 外生變數增加的影響，由於這個變數同時影響動態總需求曲線和動態總供給曲線，兩條曲線均會移動。事實上，兩條曲線向右移動幅度與 $\overline{Y}_t$ 增加幅度相同。

這些曲線的移動造成經濟體系的均衡從圖中的 A 點移至 B 點。產出 Y_t 與自然水準 $\overline{Y}_t$ 增加的幅度相同。通貨膨脹則維持固定不變。

這個結論背後的故事如下：當自然產出水準上升時，經濟體系能夠生產更多數量的商品與服務。這可由動態總供給曲線向右移動來表示。同時，自然產出水準的提高使得人們更加富裕。在其他條件不變下，他們想要購買更多的商品與服務。這可由動態總需求曲線向右移動來表示。供需同時的移動使得經濟體系產出增加，而通貨膨脹卻不會向上或向下調整。用這種方式，經濟體系可以經歷長期成長和穩定通貨膨脹。

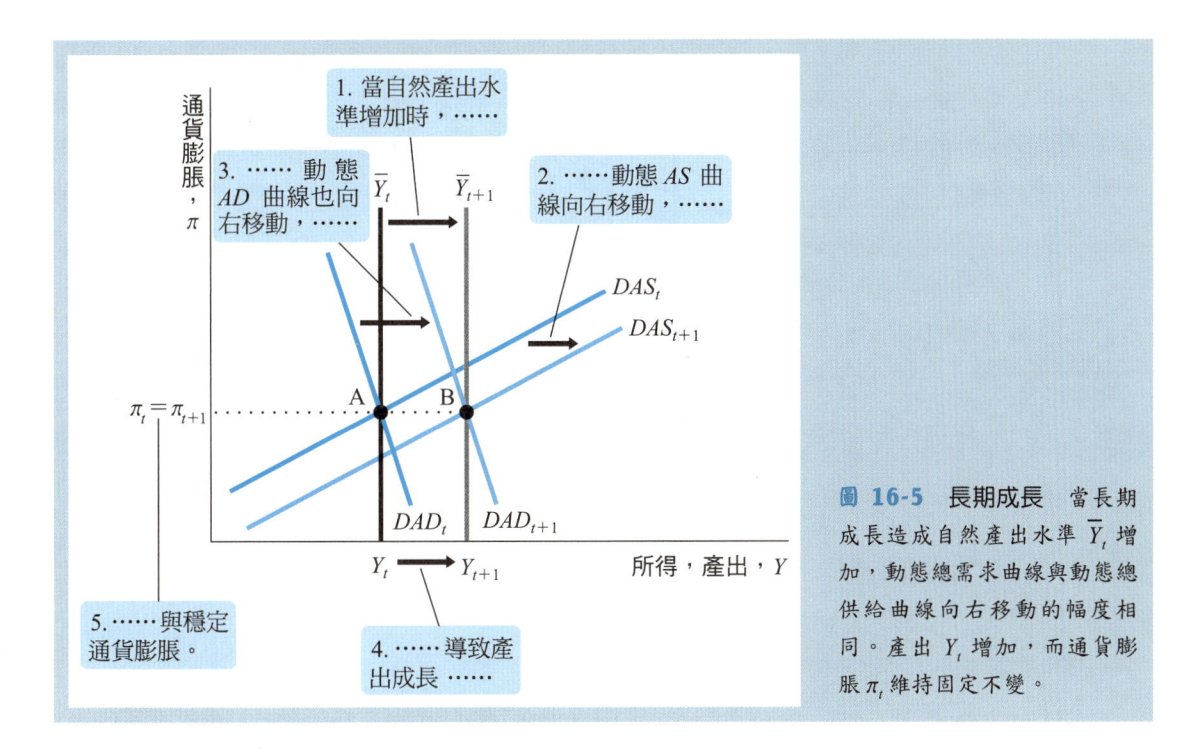

圖 16-5 長期成長 當長期成長造成自然產出水準 $\overline{Y}_t$ 增加，動態總需求曲線與動態總供給曲線向右移動的幅度相同。產出 Y_t 增加，而通貨膨脹 π_t 維持固定不變。

對總供給的衝擊

現在考慮衝擊對總供給的影響。假設 v_t 只上升 1% 一期，然後回到零的水準。這個衝擊會對菲力浦曲線造成影響，舉例來說，由於中東混亂的情勢將推升油價或乾旱造成食物價格上漲，生產成本因而上升。一般而言，除了預期通貨膨脹 $E_{t-1}\pi_t$ 和由 $Y_t - \overline{Y}_t$ 衡量的當期經濟活動以外，供給面衝擊 v_t 會捕捉任何影響通貨膨脹的事件。

圖 16-6 顯示這種結果。在 t 期，當衝擊發生時，動態總供給曲線從 DAS_{t-1} 向上移動至 DAS_t。更精確地說，曲線移動的幅度與衝擊幅度相同，在此我們假設衝擊幅度為 1%。由於供給面衝擊 v_t 並非是動態總需求方程式中的變數，DAD 曲線並未移動，因此經濟體系沿著動態總需求曲線從 A 點移向 B 點。如同圖形所描繪的，t 期的供給面衝擊導致通貨膨脹上升至 π_t，而產出下跌至 Y_t。

這些影響部份是透過貨幣政策因應衝擊所形成，當供給面衝擊導致通貨膨脹上升時，中央銀行透過法則的依循並提高名目與實質利率來因應。實質利率上升會降低商品與服務的需求，使得產出低於其自然水準。(這一連串的事件可由 A 點沿著 DAD 曲線移向 B 點來表示。) 較低的產出在某種程度上可減低通貨膨脹壓力，因此通貨膨脹上升的幅度低於衝擊的幅度。

在衝擊發生後的後續期間，因為預期是根據過去通貨膨脹所形成，預期通貨

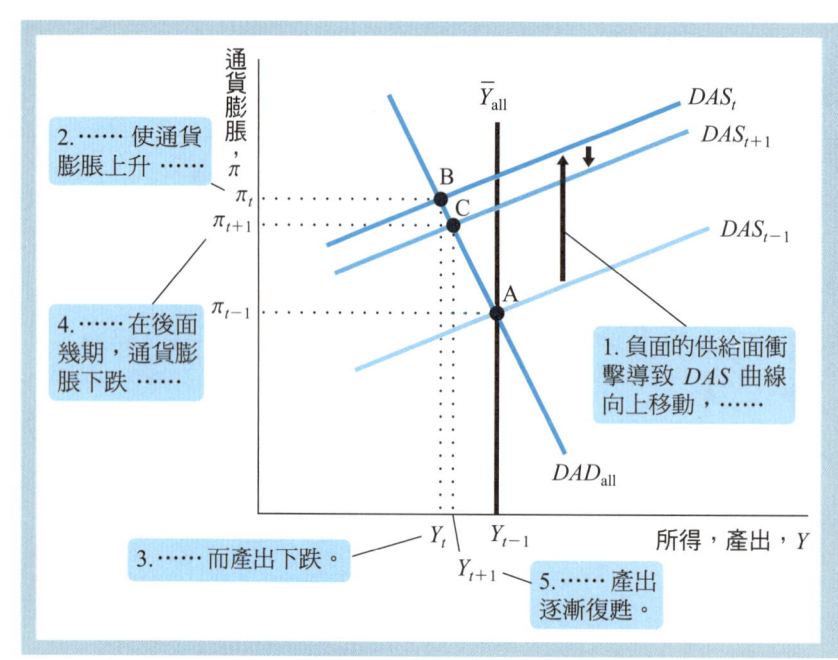

圖 16-6 對供給面衝擊

t 期供給面衝擊，使得動態總供給曲線從 DAS_{t-1} 移向 DAS_t。動態總需求曲線維持固定不變。經濟體系短期均衡從 A 點移至 B 點。通貨膨脹上升而產出下跌。在 $(t+1)$ 期，動態總供給曲線移至 DAS_{t+1}，而經濟體系移至 C 點。供給面衝擊回到其正常值 0。但預期通貨膨脹仍維持高檔。因此，經濟體系只能逐漸回到最初的均衡，A 點。

圖中標示：
1. 負面的供給面衝擊導致 DAS 曲線向上移動……
2. ……使通貨膨脹上升……
3. ……而產出下跌。
4. ……在後面幾期，通貨膨脹下跌……
5. ……產出逐漸復甦。

膨脹將會更高。例如，在 $t+1$ 期，經濟體系處於 C 點。即使衝擊變數 v_t 回到正常值 0，動態總供給曲線不會立即回到一開始的位置。相反地，當經濟活動水準降低通貨膨脹且預期未來通貨膨脹也隨之下跌，它會緩慢地向下回到原來的位置 DAS_{t-1}。最後，經濟體系回到 A 點。不過，在整個調整過程，產出始終在自然水準之下。

在圖 16-6 中，當經濟體系面對供給面衝擊，從 A 點移到 B 點到 C 點，然後逐漸地回到 A 點時，所有模型中的變數都會跟著變動。圖 16-7 顯示，重要變數的時間走勢。(這些模擬依據實際參數值，如下面的「FYI」專欄描述。) 如圖 16-7(a) 所示，衝擊 v_t 在 t 期達到高峰 1%，然後在後續期間回到 0。通貨膨脹如圖 16-7(d) 所示，上升 0.9% 並在長期回到 2% 的目標。產出如圖 16-7(b) 所示，面對供給面衝擊，產出下跌但最後也回到其自然產出水準。

圖 16-7 也同時顯示名目與實質利率的走勢。在供給面衝擊的期間，名目利率增加 1.2%，如圖 16-7(e) 所示；而實質利率增加 0.3%，如圖 16-7(c) 所示。兩個利率均隨著經濟體系回到其長期均衡，而回到其正常水準。

在動態 AD-AS 模型中，這些模型描繪停滯性通貨膨脹的現象。供給面衝擊引起通貨膨脹上升，且進而提高預期通貨膨脹。當中央銀行開始運用貨幣政策法則來回應較高通貨膨脹時，利率開始上升，且逐漸將通貨膨脹排除在經濟體系之外——但其代價為經濟活動冗長的下跌。

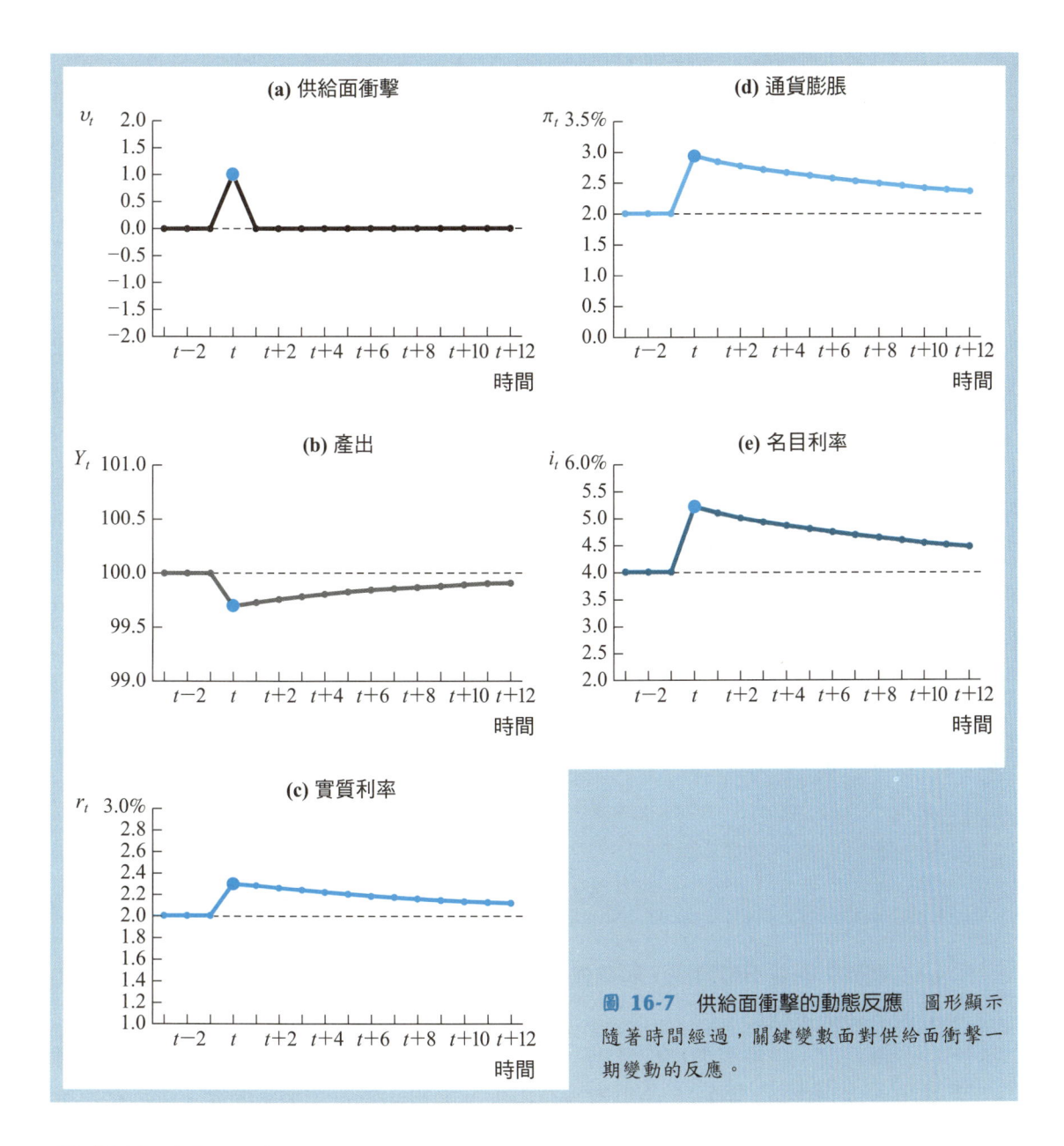

圖 16-7 供給面衝擊的動態反應　圖形顯示隨著時間經過，關鍵變數面對供給面衝擊一期變動的反應。

對總需求的衝擊

現在讓我們來考慮衝擊對總需求的影響。為了要切合實際，假設衝擊持續好幾期。特別是假設 $\varepsilon_t = 1$ 延續五期，然後回到正常值 0。正的衝擊 ε_t，舉例來說，增加政府購買的戰爭或增加財富的股市泡沫，因而刺激消費支出。一般而言，在自然產出 $\overline{Y}_t$ 和實質利率 r_t 已知的情形下，需求面衝擊捕捉任何影響商品與服務需求的事件。

圖 16-8 顯示結果。在 t 期，當衝擊發生時，動態總需求曲線從 DAD_{t-1} 向右移動至 DAD_t。因為需求面衝擊 ε_t 並不是動態總供給方程式的變數，DAS 曲線從

> ## FYI　數值參數校正與模擬
>
> 在此將呈現某些動態 AD-AS 模型的數值模擬。當解釋這些結果時，最簡單的方式是將每一期視為一年。我們將檢視某一年 (t 期) 衝擊的改變，以及隨後十二年所形成的衝擊。
>
> 模擬所使用的參數值為：
>
> $$\overline{Y}_t = 100$$
> $$\pi_t^* = 2.0$$
> $$\alpha = 1.0$$
> $$\rho = 2.0$$
> $$\varphi = 0.25$$
> $$\theta_\pi = 0.5$$
> $$\theta_Y = 0.5$$
>
> 以下為數值的解釋。自然產出水準 $\overline{Y}_t$ 為 100；因為選擇這個數字，我們可以很便利地視 $Y_t - \overline{Y}_t$ 的波動可視為產出偏離其自然水準的變動百分比。中央銀行的目標通貨膨脹 π_t^* 是 2%。參數 $\alpha=1.0$ 隱含實質利率上升 1 個百分點降低產品需求 1，即 1% 的自然水準。經濟體系的自然利率 ρ 是 2%。菲力浦曲線參數 $\varphi=0.25$ 隱含當產出高於其自然水準 1% 時，通貨膨脹上升 0.25%。貨幣政策法則參數 $\theta_\pi=0.5$ 與 $\theta_Y=0.5$ 是泰勒所建議，而且它們很合理地近似 Fed 的行為。
>
> 在所有的情況下，模擬假設要討論的外生變數移動 1 個百分點。更大的衝擊具有相同的實質結論，但其幅度將會等比例放大。舉例來說，3 個百分點的衝擊與 1 個百分點的衝擊以相同的方式影響所有變數，但模擬結果顯示其移動幅度將會有三倍大。
>
> 衝擊後所有變數的時間序列走勢 (如圖 16-7、圖 16-9 和圖 16-11 所示) 稱為衝擊反應函數 (impulse response function)。衝擊 (impulse) 是指衝擊 (shock)，而反應函數是指內生變數如何隨著時間經過而變動。這些模擬的衝擊反應函數是提供模型如何運作的一個方式。它們顯示當一衝擊衝撞經濟體系時，內生變數如何變動，這些變數在隨後幾期將如何調整，以及變數之間如何隨著時間經過而相互影響。

$t-1$ 期到 t 期並不會變動。經濟體系沿著動態總供給曲線從 A 點移至 B 點，產出與通貨膨脹皆增加。

再一次，這些影響部份是因為貨幣政策因應衝擊所造成。當需求面衝擊導致產出與通貨膨脹上升時，中央銀行藉由提高名目和實質利率來回應。由於較高的實質利率會降低商品與服務需求，將部份抵銷需求面衝擊的擴張性效果。

在衝擊發生後的幾期，由於預期通貨膨脹係依據過去的通貨膨脹所形成，預期通貨膨脹將會上升。因此，動態總供給曲線重複地向上移動；因為這樣做，產出持續下跌而通貨膨脹上升。在圖形中，經濟體系從最初衝擊的 B 點到接下來幾期的 C 點、D 點、E 點和 F 點。

在第六期的 ($t+5$)，需求面衝擊消聲匿跡。在此時，動態總需求曲線回到當初的位置。然而，經濟體系並不會立刻回到其最初的均衡，A 點。需求增加的期間，會提高通貨膨脹與預期通貨膨脹。較高的預期通貨膨脹將使得動態總供給曲線比一開始的位置高。因此，當需求下跌，經濟體系均衡移向 G 點，產出下跌至

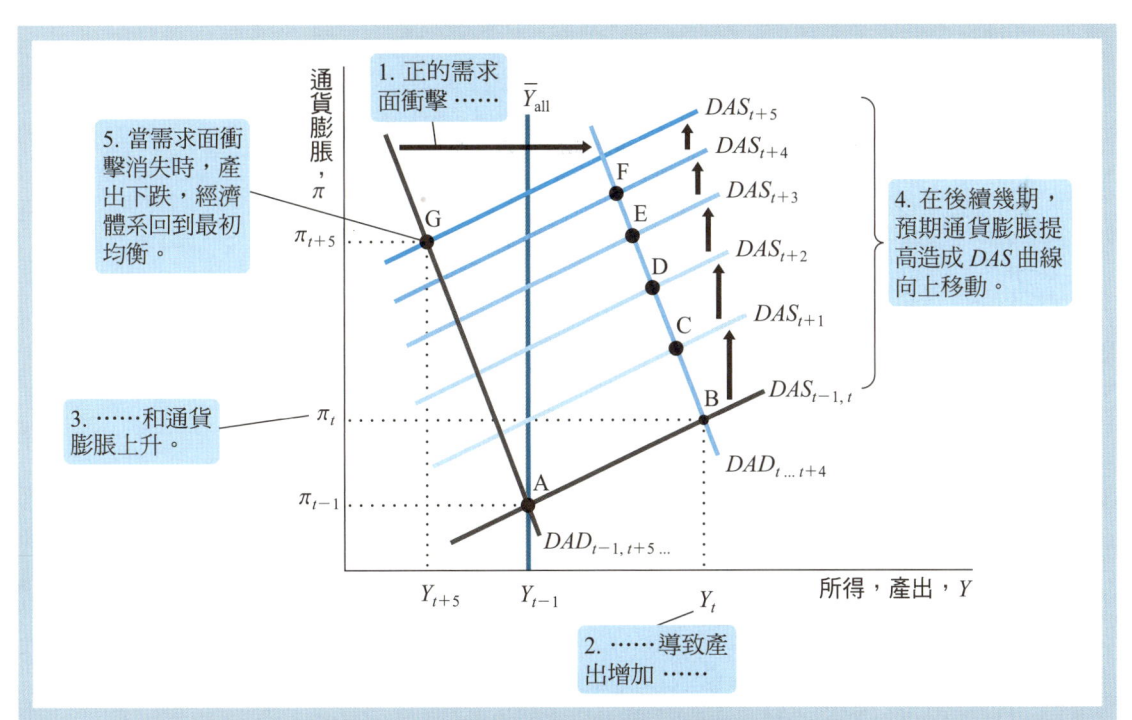

圖 16-8 需求面衝擊 此圖形顯示 t 期正的需求面衝擊延續五期的影響。衝擊即刻造成動態總需求曲線從 DAD_{t-1} 移向 DAD_t。經濟體系從 A 點移向 B 點，產出與通貨膨脹皆上升。在下一期，因為預期通貨膨脹提高，動態總供給曲線移至 DAS_{t+1}。經濟體系從 B 點移向 C 點，然後在後續期間，從 D 點、E 點到 F 點。當需求面衝擊在五期後消失不見後，動態總需求曲線回到最初的位置，而經濟體系從 F 點移向 G 點。產出低於其自然水準，而通貨膨脹開始下跌。隨著時間經過，動態總供給曲線開始向下移動，而經濟體系逐漸回到其最初的均衡 A 點。

Y_{t+5}，而低於其自然水準。然後，隨著高於目標的通貨膨脹退出經濟體系，經濟體系逐漸復甦。隨著時間經過，當通貨膨脹與預期通貨膨脹下跌時，經濟體系緩慢地回到 A 點。

圖 16-9 顯示面對需求面衝擊，模型中重要變數的時間走勢。請注意：正面需求面衝擊提高實質與名目利率。當需求面衝擊不見蹤影時，兩種利率皆下跌。這些反應之所以發生，是因為中央銀行在制定名目利率時，會將通貨膨脹率與產出偏離其自然水準都列入考慮。

貨幣政策的移動

假設中央銀行決定降低其目標通貨膨脹率。尤其是在 t 期，想像 π_t^* 從 2% 下降至 1%，然後一直維持在較低的水準。讓我們考慮經濟體系面對貨幣政策的改變將如何因應。

請記得：通貨膨脹目標在動態總需求曲線中為一外生變數。當目標通貨膨脹下跌時，DAD 曲線向左移動，如圖 16-10 所示。(更精確地說，它向下移動 1 個百

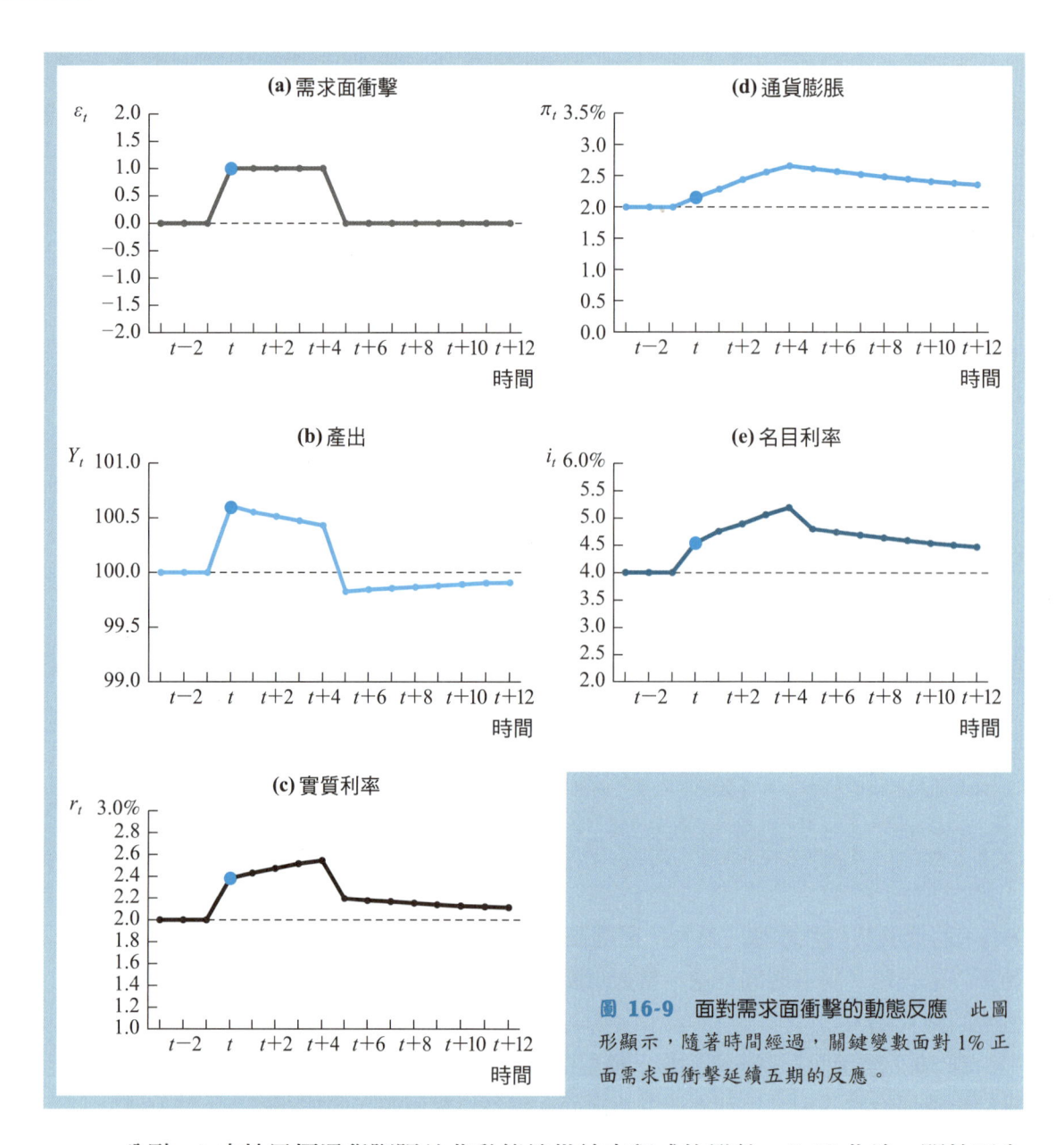

圖 16-9 面對需求面衝擊的動態反應 此圖形顯示，隨著時間經過，關鍵變數面對 1% 正面需求面衝擊延續五期的反應。

分點。）由於目標通貨膨脹並非動態總供給方程式的變數，DAS 曲線一開始不會變動。經濟體系從最初的均衡 A 點，移向新的均衡 B 點。產出與通貨膨脹都低於其自然水準，但都少於中央銀行降低 1 個百分點的目標通貨膨脹率。

貨幣政策是解釋此結果的關鍵。當中央銀行降低其目標通貨膨脹時，當期通貨膨脹現在會高於目標通貨膨脹。因此中央銀行依循其政策法則，並提高實質及名目利率。較高的實質利率降低商品與服務的需求。當產出下跌時，菲力浦曲線說明通貨膨脹也將下跌。

較低的通貨膨脹進而誘使人們預期下一期的通貨膨脹會降低。在 $t+1$ 期，較低的預期通貨膨脹使動態總供給曲線向下移至 DAS_{t+1}。（更精確地說，移動幅度與

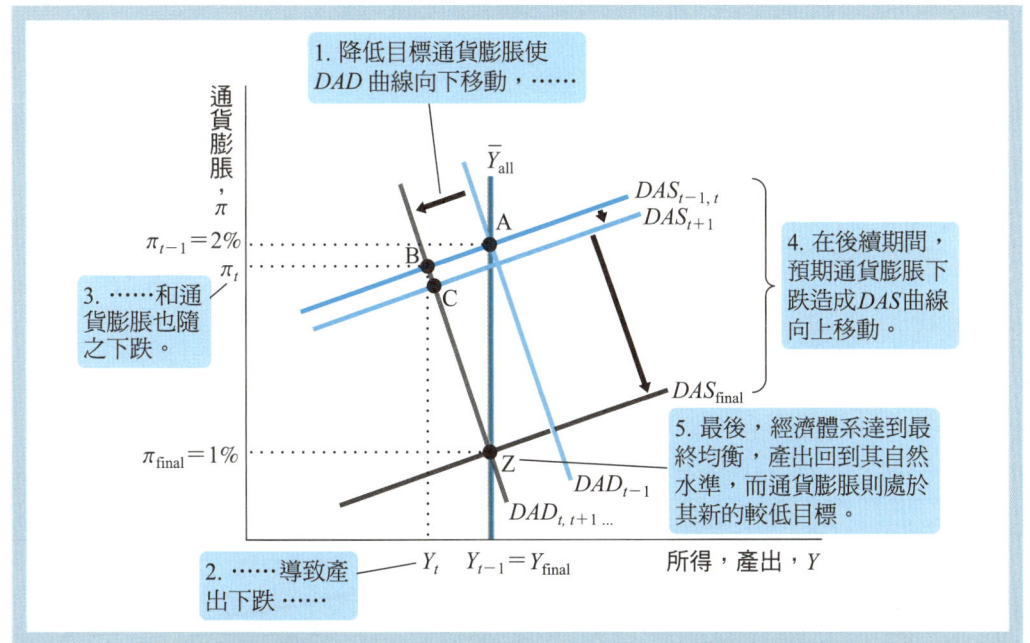

圖 16-10　降低目標通貨膨脹　t 期目標通貨膨脹的永久降低，使得動態總需求曲線從 DAD_{t-1} 左移至 $DAD_{t,\,t+1}$，然後就停留在這裡。一開始，經濟體系從 A 點移向 B 點。產出與通貨膨脹都下跌。在後續期間，因為預期通貨膨脹下跌，動態總供給曲線向下移動。在 $t+1$ 期經濟體系，從 B 點移向 C 點。隨著時間經過，當預期通貨膨脹下跌及動態總供給曲線持續向下移動，經濟體系到達一個新的均衡 Z 點，產出回到其自然水準 $\bar{Y}_{\text{all}}$，而通貨膨脹則到達新的較低目標 (1%)。

預期通貨膨脹下跌幅度相同。) 這個移動使經濟體系從 B 點移向 C 點，進一步地降低通貨膨脹和擴張產出。隨著時間經過，當通貨膨脹持續下跌和 DAS 曲線持續向 DAS_{final} 移動，經濟體系在 Z 點達到新的長期均衡，產出回到其自然水準 ($Y_{\text{final}} = \bar{Y}_{\text{all}}$)，而通貨膨脹在其新的較低目標 ($\pi_{\text{final}} = 1\%$)。

圖 16-11 顯示，隨著時間經過，各個變數面對目標通貨膨脹降低會如何反應。請注意：圖 16-11(e) 名目利率 i_t 的時間走勢，在政策變動前，名目利率處於其長期水準 4.0%。(等於自然利率 $\rho = 2\%$ 加上目標通貨膨脹 $\pi^*_{t-1} = 2\%$。) 當目標通貨膨脹降至 1% 時，名目利率上升至 4.2%。然而，隨著時間經過，名目利率隨著通貨膨脹與預期通貨膨脹下跌至新的目標通貨膨脹率而下跌；最後，i_t 趨向新的長期均衡值 3.0%。因此，降低目標通貨膨脹使得名目利率在短期上升，而在長期下跌。

我們用一則警語做結束。從頭到尾，這個分析都維持適應性預期的假設；也就是說，人們是根據最近體驗的通貨膨脹來形成預期通貨膨脹。然而，若中央銀行宣佈一個值得信賴的降低目標通貨膨脹新政策，人們會立刻改變對通貨膨脹的預期；亦即，他們依據政策宣告的理性預期，而非根據他們所經歷的適應性預期。(我們在第 15 章已討論這種可能性。) 倘若果真如此，動態總供給曲線會在政

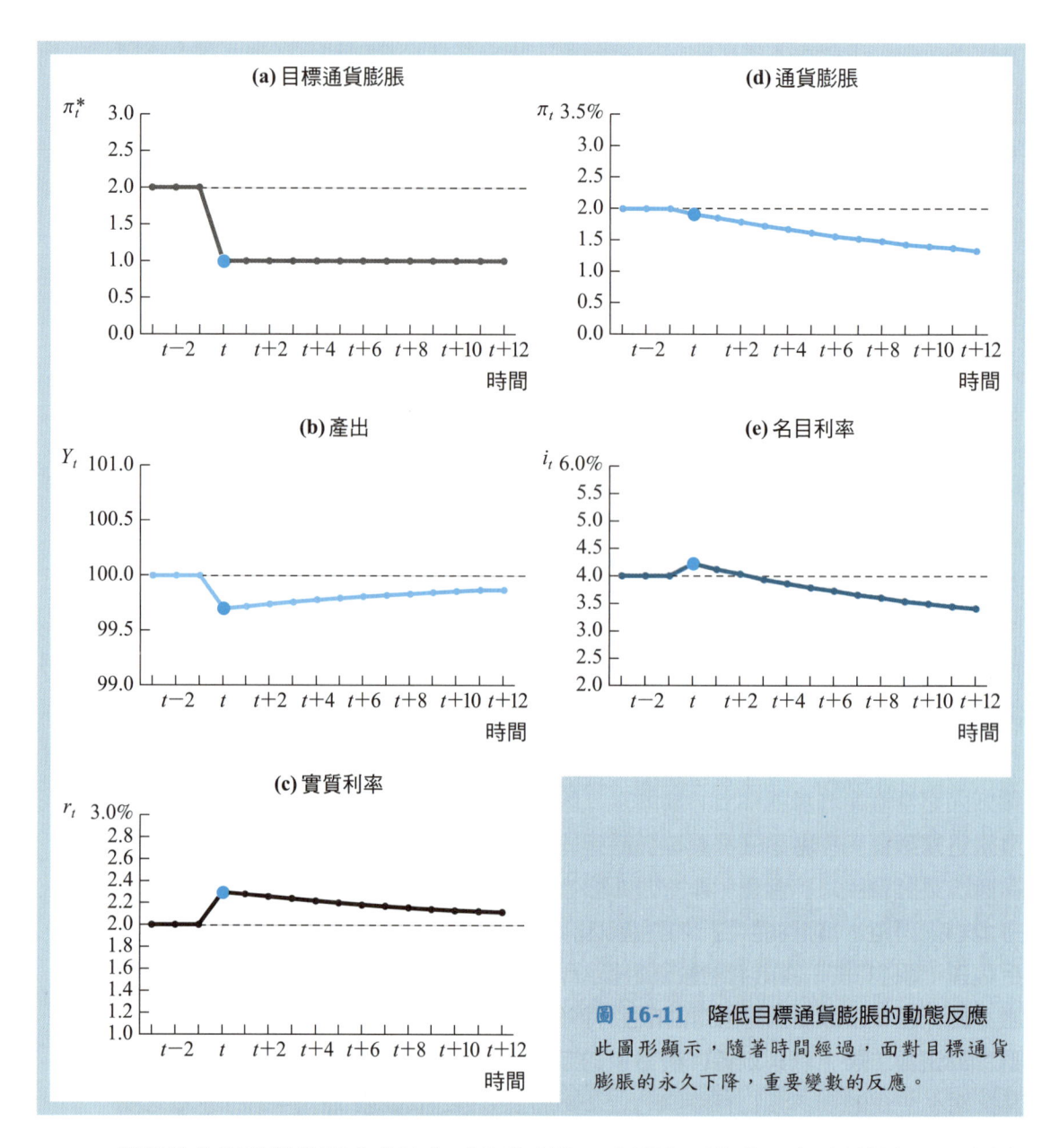

(a) 目標通貨膨脹
(b) 產出
(c) 實質利率
(d) 通貨膨脹
(e) 名目利率

圖 16-11　降低目標通貨膨脹的動態反應
此圖形顯示，隨著時間經過，面對目標通貨膨脹的永久下降，重要變數的反應。

策變動後與動態總需求曲線向下移動之際，立即向下移動。在這種情況下，經濟體系立即達到新的長期均衡。相反地，除非人們見到通貨膨脹下跌，否則不會相信降低通貨膨脹的宣告，則適應性預期是較合理的假設，而降低通貨膨脹將會導致在過渡時期產出下跌，如圖 16-11 所示。

16-4　兩個應用：貨幣政策的功課

截至目前為止，我們已在本章建構一個通貨膨脹與產出的動態模型，且用來顯示不同的衝擊如何影響產出、通貨膨脹及利率的時間走勢。現在我們利用模型來闡明貨幣政策的設計。

我們在此先停下腳步,考慮「貨幣政策的設計」的意義。截至目前為止的分析,中央銀行的任務頗為簡單:它只要調整貨幣供給,以確保名目利率達到貨幣法則指定的目標水準。政策法則的兩個參數分別為 θ_π (目標利率對通貨膨脹的反應程度) 及 θ_Y (目標利率對產出的反應程度)。我們並未討論它們如何被決定,而只是視其為已知。現在我們知道模型如何運作,可考慮更深入的問題:貨幣政策法則的參數應該是多少?

產出變動與通貨膨脹變動的取捨

讓我們考慮供給面衝擊對產出與通貨膨脹的影響。根據動態 AD-AS 模型,這個衝擊主要取決於動態總需求曲線的斜率。特別是 DAD 曲線的斜率決定供給面衝擊對產出與通貨膨脹衝擊的大小。

這種現象由圖 16-12 來說明。在此圖形的兩個部份是,經濟體系遭遇相同的供給面衝擊。在圖 16-12(a),動態總需求曲線近乎水平,因此衝擊對通貨膨脹的影響較小,而對產出的影響較大;在圖 16-12(b),動態總需求曲線陡峭,因此衝擊對通貨膨脹的影響較大,而對產出的影響較小。

為什麼這對貨幣政策如此重要?因為中央銀行可影響動態總需求曲線的斜率。回想 DAD 曲線的斜率方程式:

$$Y_t = \overline{Y}_t - [\alpha\theta_\pi/(1+\alpha\theta_Y)](\pi_t - \pi_t^*) + [1/(1+\alpha\theta_Y)]\varepsilon_t$$

兩個關鍵參數分別是 θ_π 和 θ_Y,決定中央銀行的利率目標如何因應通貨膨脹與產出的變動。當中央銀行選擇這些政策參數時,就決定 DAD 曲線的斜率及經濟體系面對供給面衝擊的反應。

一方面,假設中央銀行在制定利率時,對通貨膨脹的反應程度較為強烈 (θ_π 較大),而對產出的反應程度較為微弱 (θ_Y 較小)。在這種情況下,上式中的通貨膨脹係數較大。也就是說,通貨膨脹的微小變動對產出的影響很大。因此,動態總需求曲線相對平坦,而供給面衝擊對產出影響較大,對通貨膨脹影響較小。整個故事如下所示:當經濟體系遭逢供給面衝擊而推升通貨膨脹時,中央銀行的政策法則有力地以提高利率來因應。利率大幅上揚,大幅降低商品與服務需求,因而導致景氣大幅衰退,減弱通貨膨脹衝擊的影響 (此為貨幣政策反應的目的)。

另一方面,假設中央銀行在制定利率時,對通貨膨脹的反應微弱 (θ_π 較小),而對產出的反應強烈 (θ_Y 較大)。在這種情況下,上式通貨膨脹係數較小,意味著較大幅度的通貨膨脹變動僅會造成產出微幅改變。因此,動態總需求曲線相對陡峭,而供給面衝擊對產出影響較小,而對通貨膨脹影響較大。這與前面故事的敘述恰好相反:現在,當經濟體系遭逢供給面衝擊而推升通貨膨脹時,中央銀行政

(a) *DAD* 曲線平坦

通貨膨脹，π

通貨膨脹變動較小 { π_t, π_{t-1} }

DAS_t
DAS_{t-1}
$DAD_{t-1,\,t}$

B、A

Y_t　Y_{t-1}　所得，產出，Y

產出變動較大

(b) *DAD* 曲線陡峭

通貨膨脹，π

通貨膨脹變動較大 { π_t, π_{t-1} }

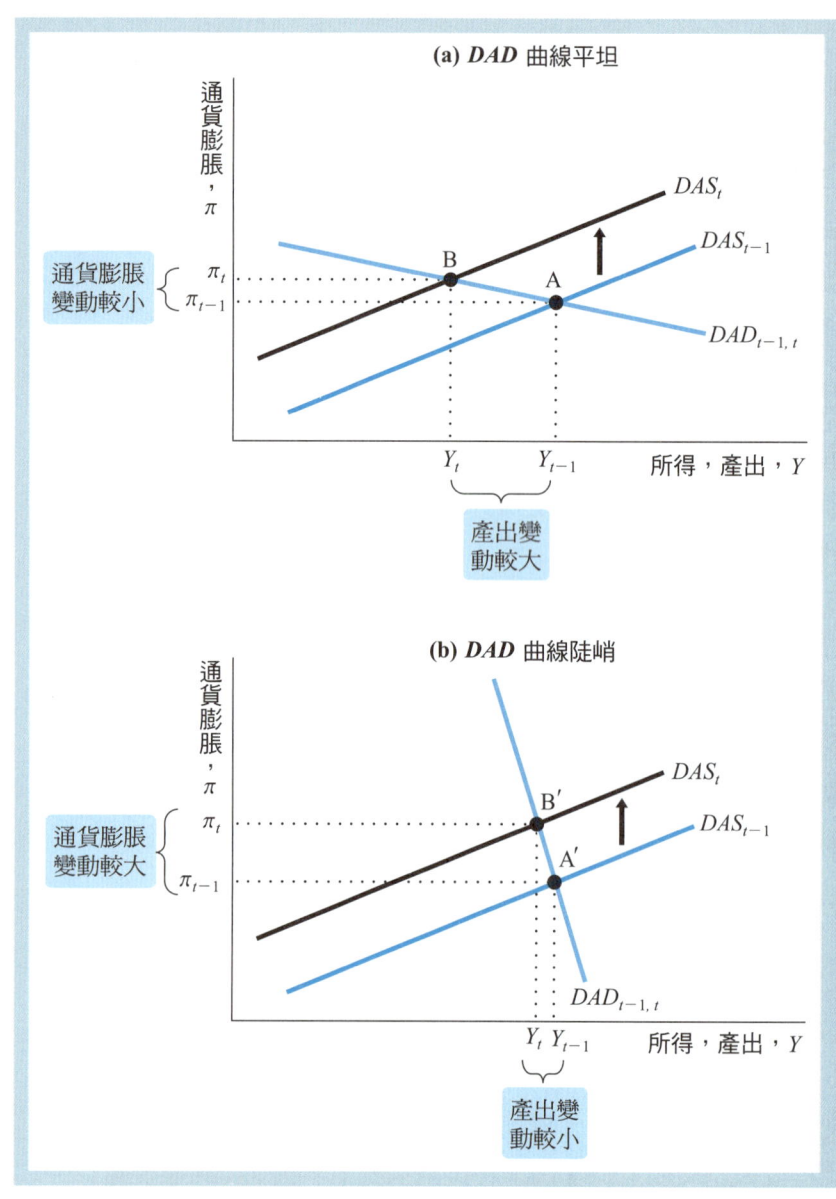

DAS_t
DAS_{t-1}
$DAD_{t-1,\,t}$

B′、A′

Y_t　Y_{t-1}　所得，產出，Y

產出變動較小

圖 16-12 供給面衝擊的兩個可能反應 當動態總需求曲線相對平坦時，如圖 (a) 所示，供給面衝擊對通貨膨脹的影響較小，而對產出的影響較大。當動態總需求曲線相對陡峭時，如圖 (b) 所示，同樣的供給面衝擊對通貨膨脹影響較大，但對產出影響較小。動態總需求曲線的斜率部份依據貨幣政策參數 (θ_π 和 θ_Y) 而定，θ_π 和 θ_Y 是衡量利率面對通貨膨脹與產出變動的反應程度。在選擇這些參數時，中央銀行面臨通貨膨脹變動與產出變動間的取捨。

策法則只會微幅提高利率。這種微幅的政策反應可避免嚴重的不景氣，但調和通貨膨脹的衝擊。

在中央銀行的貨幣政策選擇中，它決定哪一個版本的故事將會上演；也就是說，在制定政策參數 θ_π 和 θ_Y 時，中央銀行暗中選擇讓經濟體系比較像圖 16-12(a) 或比較像圖 16-12(b)。在做選擇時，中央銀行面臨通貨膨脹變動與產出變動兩者之間的取捨。中央銀行可以是走強硬路線的通膨鬥士，如圖 16-12(a) 所示，在這種情況下，通貨膨脹穩定，而產出波動劇烈；或是可以比較妥協性，如圖 16-12(b) 所示，在這種情況下，通貨膨脹波動劇烈，而產出較為平穩。它可以在兩種極端裡選擇中間的位置。

個案研究

不同的命令、不同的事實：Fed 與歐洲央行

根據動態 AD-AS 模型，任何中央銀行所面臨的重要政策選擇是有關其政策法則的參數。貨幣政策參數 θ_π 和 θ_Y 支配利率面對總體經濟情勢的反應程度，因此決定產出與通貨膨脹的波動程度。

美國聯邦準備與歐洲央行 (European Central Bank, ECB) 似乎對這種決策有不同的態度。設立 Fed 的法律明文規定，其目標是「有效地追求最大就業、物價穩定及適當的長期利率」。由於 Fed 要穩定就業和物價，我們說其具**雙元目**(dual mandate)。(第三個目標──適當的長期利率──應自然地追隨物價穩定而來。) 相反地，歐洲央行在網站上宣稱「ECB 貨幣政策最主要的目標是維持物價穩定。歐洲央行將中期的目標通貨膨脹率訂在接近 2% 以下」。其他的總體經濟目標，包括產出與就業穩定，似乎是次要的。

我們可藉由模型來說明兩者的差異。相較於 Fed，歐洲央行似乎給予通貨膨脹穩定較多權重，而給予產出穩定較少權重。目標之間的差異應可反映在貨幣政策法則的參數上。為了要達到雙重目標，Fed 比歐洲央行將更多的注意力放在產出，而較少的注意力放在通貨膨脹上。

2008 年到 2009 年金融危機說明這些差異。在 2008 年，全球經濟正面臨油價高漲、金融危機和經濟活動趨緩，在一年內，Fed 藉由降低其目標利率，從大約 4.25% 到 0 至 0.25% 之間來因應這些衝擊。歐洲央行面臨同樣的情勢，也是降低利率──從 3% 到 2%。它在 2009 年當景氣跌幅甚深且通貨膨脹憂慮消失不見時，將利率降至 0.25%。在整個事件中，歐洲央行較不擔心經濟不景氣，而比較關心通貨膨脹是否在控制中。

儘管動態 AD-AS 模型預測，在其他條件不變下，歐洲央行的政策應該隨著時間經過，導致產出變動較為劇烈而通貨膨脹較為穩定，但是要檢驗這種預測的難度很高。事實上，其他條件並不會永遠不變。除了中央銀行的政策外，歐洲和美國在許多方面都不相同。例如，在 2010 年，許多歐洲國家，最明顯的是希臘，國家債務幾乎要違約，**歐元區危機** (eurozone crisis) 降低信用與全球總需求，但是對歐洲的衝擊卻比美國來得大。因此，歐洲與美國不僅有不同的貨幣政策，而且也面臨不同衝擊。■

中央銀行的任務之一是追求經濟穩定。然而，這種目標有不同的層面，需要中央銀行決定想要強調哪一種穩定。動態 AD-AS 模型顯示，一種通貨膨脹變動與產出變動的基本取捨。

請注意：這種取捨與通貨膨脹與產出之間的取捨截然不同。這種模型的長期，通貨膨脹趨向其目標，而產出趨向其自然水準。與古典總體經濟理論一致的是，政策制定者並未面臨產出與通貨膨脹的長期取捨。相反地，他們面對的是想要穩定的兩種總體經濟變數選擇。決定貨幣政策法則的參數同時，他們要決定供

給面衝擊是導致通貨膨脹變動、產出變動或兩者的組合。

泰勒原則

中央銀行面對通貨膨脹的變動應該制定的名目利率水準為何？動態 *AD-AS* 模型無法給予一個明確的答案，但可提供一個重要的指導方針。

記得貨幣政策方程式為：

$$i_t = \pi_t + \rho + \theta_\pi(\pi_t - \pi_t^*) + \theta_Y(Y_t - \overline{Y}_t)$$

其中 θ_π 和 θ_Y 是衡量中央銀行面對通貨膨脹與產出時，利率制定的反應程度。根據這個式子，通貨膨脹 π_t 上升 1 個百分點誘使名目利率 i_t 上升 $1+\theta_\pi$ 個百分點。由於我們假設 θ_π 大於 0，只要通貨膨脹增加，中央銀行提高的利率幅度更甚於通貨膨脹增加幅度。

$\theta_\pi > 0$ 的假設對實質利率行為有重要意涵。記得實質利率為 $r_t = i_t - E_t\pi_{t+1}$。在適應性預期假設下，它也可寫成 $r_t = i_t - \pi_t$。因此，若通貨膨脹 π_t 上升造成名目利率 i_t 上升，它也會造成實質利率 r_t 上升。你可能記得本章前面曾提到，這就是為何動態總需求曲線斜率為負的重要原因。

然而，想像中央銀行的表現方式不同；相反地，中央銀行提高名目利率的幅度低於通貨膨脹的幅度。在這種情況下，貨幣政策參數 θ_π 會小於零。這種改變將會深刻地改變模型。記得動態總需求方程式為：

$$Y_t = \overline{Y}_t - [\alpha\theta_\pi/(1+\alpha\theta_Y)](\pi_t - \pi_t^*) + [1/(1+\alpha\theta_Y)]\,\varepsilon_t$$

若 θ_π 小於零，則通貨膨脹上升將提高產品需求。想要瞭解為何如此，記得實質利率的變動。若通貨膨脹上升導致名目利率上升較小的幅度 (因為 $\theta_\pi < 0$)，則實質利率下跌。實質利率下跌使貸款成本下跌，進而提高商品與服務的需求。因此，θ_π 的負值意味著動態總需求曲線斜率為正。

$\theta_\pi < 0$ 與正斜率 *DAD* 曲線的經濟體系，會遭遇一些嚴重的問題。特別是，通貨膨脹會變得不穩定。舉例來說，假設總需求正的衝擊只有持續一期。通常這個事件只會對經濟體系造成短暫影響，而通貨膨脹率會隨著時間經過而回到目標水準 (與圖 16-9 的分析雷同)。然而，若 $\theta_\pi < 0$，整個事件會呈現不同風貌：

1. 正的需求面衝擊在發生當期會影響產出與通貨膨脹。
2. 由於預期形式為適應性預期，通貨膨脹上升使預期通貨膨脹也上升。
3. 由於廠商部份以預期通貨膨脹制定產品價格，預期通貨膨脹上升導致後續期間真實通貨膨脹上升 (即便在需求面衝擊已消逝)。
4. 通貨膨脹上升導致中央銀行提高名目利率。但因為 $\theta_\pi < 0$，中央銀行提高名目

利率的幅度低於通貨膨脹增加的幅度，所以實質利率會下跌。

5. 實質利率下跌使商品與服務需求高於自然產出水準。
6. 由於產出高於自然水準，廠商的邊際成本上升，而通貨膨脹率再度上升。
7. 經濟體系回到步驟 2。

經濟體系處於更高的通貨膨脹與預期通貨膨脹的邪惡循環。通貨膨脹盤旋向上而失去控制。

圖 16-13 說明這個過程，假設在 t 期，發生一期性影響總需求之正的衝擊。也就是說，只有一期，動態總需求曲線向右移至 DAD_t；在下一期，它回到原來的位置。在 t 期，經濟體系從 A 點移向 B 點，產出與通貨膨脹都上升。在下一期，由於通貨膨脹上升會使預期通貨膨脹上升，動態總需求曲線向上移至 DAD_{t+1}，經濟體系從 B 點移向 C 點。但因為動態總需求曲線斜率為正，即使需求面衝擊已經消失不見，產出依然高於其自然水準。因此，通貨膨脹再度上升，使得 DAS 曲線在下一期向上移動，經濟體系移向 D 點，過程持續下去。通貨膨脹持續上升，而且看不到盡頭。

動態 AD-AS 模型導致一個強烈的結論：想要穩定的通貨膨脹，中央銀行必須更大幅度地提高名目利率來因應通貨膨脹的上升。這個結論有時稱為**泰勒原則**

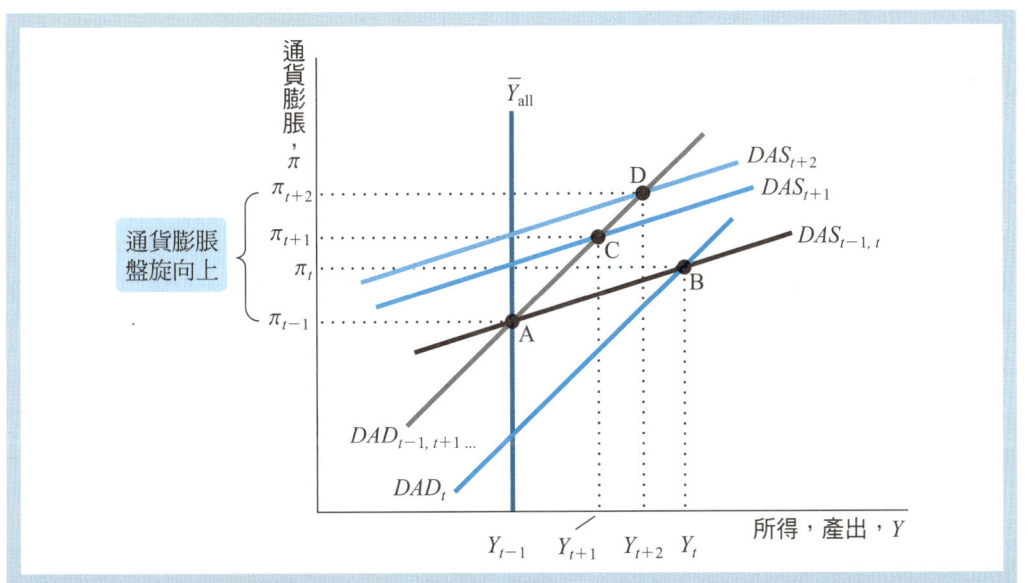

圖 16-13　泰勒原則的重要性　此圖形顯示經濟體系中需求面衝擊的影響，由於貨幣政策並不滿足泰勒原則，因此動態總需求曲線斜率為正。需求面衝擊 DAD 曲線右移一期到 DAD_t，並使經濟體系從 A 點移向 B 點，產出與通貨膨脹都增加。通貨膨脹上升導致下一期的預期通膨上升，使得動態總供給曲線向上移至 DAS_{t+1}。因此，在 $t+1$ 期，經濟體系從 B 點移向 C 點。由於 DAD 曲線具正斜率，產出依然高於其自然水準，因此通貨膨脹持續上升。在 $t+2$ 期，經濟體系移至 D 點，產出與通貨膨脹上升得更快，通貨膨脹盤旋向上，失去控制。

(Taylor principle)，是以強調貨幣政策設計重要性的經濟學家泰勒來命名。(如前所述，在其同名的泰勒法則，泰勒建議 θ_π 應等於 0.5。) 在本章中，大多數的分析都假設泰勒原則成立；亦即，我們假設 $\theta_\pi > 0$。我們現在就可以瞭解，為何中央銀行堅持其指導方針的理由。

個案研究

大通膨的成因為何？

在 1970 年代，美國的通貨膨脹已經無法控制。如同我們在前幾章中所見，在這十年間的通貨膨脹率達到兩位數。高漲的物價普遍被認為是當時最主要的經濟問題。在 1979 年，剛被提名的 Fed 主席沃克爾宣佈改變貨幣政策，最後使得通貨膨脹得以控制。接下來的四分之一個世紀，沃克爾及其繼任者亞倫‧葛林斯潘 (Alan Greenspan) 主導穩定且低的通貨膨脹。

在這些事件上，動態 AD-AS 模型提供一個新的觀點。根據經濟學家理察‧克里達 (Richard Clarida)、霍爾迪‧加利 (Jordi Galí) 與馬克‧格特勒 (Mark Gertler) 的研究，關鍵在於泰勒原則。克里達及其同事使用利率、產出與通貨膨脹的資料，並估計貨幣政策法則的參數。他們發現沃克爾與葛林斯潘的貨幣政策遵循泰勒原則，而早期的貨幣政策則未依循泰勒原則。特別是在 1979 年後的沃克爾—葛林斯潘任職期間，參數 θ_π (衡量在貨幣政策法則中，利率對通貨膨脹的反應程度) 估計係數為 0.72，與泰勒建議的 0.5 頗為接近，但在 1960 年到 1978 年沃克爾任職前的估計值則為 −0.14。沃克爾任職前的 θ_π 小於零，意味著貨幣政策並不符合泰勒原則。[2] 換言之，沃克爾任職前的 Fed 對通貨膨脹的反應不夠強烈。

這個發現為 1970 年代大通膨找到一個潛在的理由。當經濟體系遭遇需求面衝擊 (如美國政府對越戰的戰爭支出) 與供給面衝擊 (如石油輸出國家組織的推升油價) 時，Fed 提高名目利率來因應高漲的通貨膨脹 —— 但調升的幅度不足。因此，儘管名目利率上升，但實質利率卻下跌。貨幣政策的不足不僅無法壓制通貨膨脹壓力，而且實際上是推升通貨膨脹上升的幫凶。直到貨幣政策法則改變，包括利率面對通貨膨脹更強而有力的反應，通貨膨脹盤旋的問題才獲得解決。

為何政策制定者在早期是如此被動，依舊是懸而未決的問題。在此，克里達、加利與格特勒提供某些猜測：

> 為什麼在 1979 年以前聯邦準備遵循的法則有明顯缺陷？另一個檢視這個議題的方式是詢問一個問題：為何 Fed 面對較高且上升的通貨膨脹時，持續性維持

---

[2] 這些估計值是從 Richard Clarida, Jordi Galí, and Mark Gertler, "Monetary Policy Rules and Macroeconomic Stability: Evidence and Some Theory," *The Quarterly Journal of Economics* 115, no. 1 (February 2000): 147-180 的表 VI 推導而得。

低的實質利率？一個可能……只是 Fed 認為當時的自然失業率遠比實際低 (或相當於，產出缺口更小)……

另外一個有點相關的可能性則是，在當時，不管是 Fed 或經濟學家都不是很瞭解通貨膨脹的動態變化。確實，直到 1970 年代中後期，中級教科書才開始著重通貨膨脹與產出缺乏長期抵換關係。有關預期在通貨膨脹生成過程中的攸關性，以及可信度在決策形成中重要性的觀念，在那個時代並未完整建立。這一切都說明，在瞭解過去的經濟行為時，考慮政策制定者對經濟體系狀態的認識，以及它們如何隨著時間的演變，是相當重要的。

16-5　結論：走向 DSGE 模型

假如你繼續修習更高級的總體經濟學課程，可能會學到一種模型稱為動態、隨機、一般均衡模型 [dynamic stochastic general equilibrium (DSGE) models]。由於模型追蹤變數隨著時間經過的走勢，它們是動態的；因為模型包含經濟生活與生俱來的隨機性。它們是隨機的；因為模型考慮每個變數取決於其他變數的事實。它們是一般均衡的。在許多方面，它們是分析短期經濟波動的最新模型。

本章所呈現的動態 *AD-AS* 模型是這些 DSGE 模型的精簡版，不像使用先進 DSGE 模型的分析師，我們並非從構成家計單位與廠商最適決策的總體經濟關係開始。但本章所假定的總體關係與更複雜的 DSGE 模型所發現的總體關係是雷同的，動態 *AD-AS* 模型是在稍早章節所見的基本總需求與總供給模型，以及你在更高級課程可能見到的更複雜 DSGE 模型，介於兩者之間的一個良好跳板。[3]

動態 *AD-AS* 模型也得到某些重要的功課，顯示不同的總體經濟變數 —— 產出、通貨膨脹及實質與名目利率 —— 如何隨著時間經過面對衝擊而有所反應，以及彼此之間如何互動。在貨幣政策的制定上，它指出中央銀行面臨通貨膨脹變動與產出變動的取捨。最後，它建議中央銀行面對通貨膨脹需要強而有力的因應，以防止通貨膨脹失去控制。如果你發現自己正在掌管中央銀行，這裡有許多值得記住的好功課。

---

[3] 有關此課題的簡短介紹，請見 Argia Sbordone, Andrea Tambalotti, Krishna Rao, and Kieran Walsh, "Policy Analysis Using DSGE Models: An Introduction," *Federal Reserve Bank of New York Economic Policy Review* 16, no. 2 (2010): 23-43。一個 DSGE 模型發展的早期重要文獻，請見 Julio Rotemberg and Michael Woodford, "An Optimization-Based Econometric Framework for the Evaluation of Monetary Policy," *NBER Macroeconomics Annual* 12 (1997): 297-346。一本介紹此文獻的教科書是 Jordi Galí, *Monetary Policy, Inflation, and the Business Cycle* (Princeton, NJ: Princeton University Press, 2008)。

快速測驗

1. 在本章的動態總需求與總供給模型中，中央銀行
   a. 確保貨幣供給以固定比率成長
   b. 讓實質利率等於自然利率
   c. 隨著情況變動，調整名目利率
   d. 利用權衡性而非貨幣政策法則

2. 在動態模型的長期均衡，自然利率等於
   a. 通貨膨脹率   b. 預期通貨膨脹率
   c. 名目利率   d. 實質利率

3. 中央銀行的目標通貨膨脹提高，會 _____ 短期名目利率但會 _____ 長期利率。
   a. 提高，降低   b. 增加，不變
   c. 降低，增加   d. 降低，不變

4. 若中央銀行積極地回應產出缺口，供給面衝擊將會
   a. 對通貨膨脹有較大衝擊，但對產出有較少衝擊
   b. 對通貨膨脹有較小衝擊，但對產出有較大衝擊
   c. 對通貨膨脹與產出有較大衝擊
   d. 對通貨膨脹與產出有較小衝擊

5. 當中央銀行制定動態模型的政策參數時，是在 _____ 之間選擇。
   a. 低通貨膨脹目標與強勁長期成長
   b. 穩定通貨膨脹與穩定產出
   c. 低通貨膨脹與低名目利率
   d. 陡峭需求曲線與陡峭供給曲線

6. 根據泰勒法則，想要確保通貨膨脹穩定性，中央銀行應該藉由增加名目利率 _____ 1 個百分點，以面對 _____ 增加 1 個百分點。
   a. 超過，產出缺口
   b. 超過，通貨膨脹
   c. 低於，產出缺口
   d. 低於，通貨膨脹

摘要

1. 動態總需求與總供給模型結合五個經濟關係：連結需求量與實質利率的商品市場方程式、連結實質與名目利率的費雪方程式、決定通貨膨脹的菲力浦曲線、預期通貨膨脹方程式，以及根據中央銀行設定名目利率為通貨膨脹與產出函數的貨幣政策法則。

2. 模型的長期均衡是古典的。產出與實質利率處於其自然水準，與貨幣政策無關。中央銀行的目標通貨膨脹決定通貨膨脹、預期通貨膨脹與名目利率。

3. 動態 AD-AS 模型可以用來決定任何衝擊對經濟體系的立即影響，也可以用來勾勒任何衝擊隨著時間經過的影響。

4. 由於貨幣政策法則參數影響動態總需求曲線的斜率，它們決定供給面衝擊對產出或通貨膨脹的影響何者較大。在選擇貨幣政策的參數時，中央銀行面臨產出變動與通貨膨脹變動之間的取捨。

5. 動態 AD-AS 模型通常假設中央銀行面對通貨膨脹上升 1 個百分點，藉由提高名目利率超過 1 個百分點來因應，因此實質利率也會上升。若中央銀行面對通貨膨脹的因應不再那麼強烈，經濟體系將變得不穩定。衝擊將會讓通貨膨脹盤旋向上而失去控制。

第 16 章 經濟波動的動態模型   433

● 關鍵詞

泰勒法則　Taylor rule　　　　　　　　　泰勒原則　Taylor principle

● 複習題

1. 在一個詳細標示的圖形中，請畫出動態總供給曲線，並解釋其為斜率形狀的原因。
2. 在一個詳細標示的圖形中，請畫出動態總需求曲線，並解釋其為斜率形狀的原因。
3. 中央銀行換了一位新總裁，並決定其目標通貨膨脹率從 2% 提高至 3%。請利用動態 AD-AS 模型顯示這種改變的影響。政策變動後對名目利率以及在長期的影響為何？長期的變動又為何？請解釋。
4. 中央銀行換了一位新總裁，並決定提高利率對通貨膨脹的反應程度。這種政策的變動如何影響經濟體系面對供給面衝擊的反應？請以圖形分析，並用直接的經濟解釋來回答。

● 問題與應用

1. 請推導動態 AD-AS 模型的長期均衡。假設沒有供給面與需求面衝擊 ($\varepsilon_t = v_t = 0$)，以及通貨膨脹穩定 ($\pi_t = \pi_{t-1}$)，然後利用這五個方程式導出模型中的每個變數。請將各個步驟詳細寫出。
2. 假設中央銀行在貨幣政策法則中的自然利率有誤，所以中央銀行遵循的法則為：

$$i_t = \pi_t + \rho' + \theta_\pi (\pi_t - \pi_t^*) + \theta_Y (Y_t - \bar{Y}_t)$$

其中 ρ' 不等於商品需求方程式中的自然利率 ρ，其他的動態 AD-AS 模型與本章的模型相同，請求出此政策法則下的長期均衡，並以文字解釋答案背後的經濟直覺。

3. 「想要達到較低的名目利率，中央銀行必須提高名目利率。」請解釋此敘述的合理性。
4. 犧牲比率是指中央銀行降低其目標通貨膨脹 1 個百分點，產出所累積的損失。請用課文中的參數模擬 (請見「FYI」專欄)，隱含的犧牲比率為何？請解釋。
5. 課文分析商品與服務需求面對短暫衝擊的情況。然而，若假設 ε_t 增加並永遠停在那個水準，經濟體系隨著時間經過的變動如何？特別是通貨膨脹是否在長期會回到其目標水準？為什麼？(提示：在不假設 ε_t 為零而求解長期均衡可能會有一些幫助。) 中央銀行如何改變其政策法則來處理這個議題？
6. 假設中央銀行並未符合泰勒原則；尤其是假設 θ_π 略小於零，因此名目利率上升幅度小於通貨膨脹上升幅度。利用類似圖 16-13 的圖形來分析供給面衝擊。此種分析是泰勒原則作為貨幣政策法則設計的指導方針是矛盾或加分效果？
7. 課文假設自然利率 ρ 為固定參數。並假設其會隨著時間而變動，所以現在必須改寫成 ρ_t。
    a. 這種改變會如何影響動態總需求與動態總供給？
    b. 對 ρ_t 的衝擊如何影響產出、通貨膨脹、名目利率及實質利率？
    c. 若 ρ_t 隨著時間經過而變動，你是否能見到任何中央銀行可能面對的實際難題？
8. 假設人們對通貨膨脹的預期受限於隨機衝擊；也就是說，我們不假設適應性預期，在 $t+1$ 期見到的 t 期預期通貨膨脹是 $E_t \pi_{t+1} = \pi_t + \eta_t$，其中 η_t 為隨機衝擊。這個衝擊正常來說是零，但在某些超越過去的通貨膨脹事件引起預期通貨膨脹改變時，它會偏離零的水準。同樣地，$E_{t-1} \pi_t = \pi_{t-1} + \eta_{t-1}$。

a. 在這種在一般化模型中，請推導動態總需求 (DAD) 與動態總供給 (DAS) 兩個式子。
b. 假設經濟體系遭逢通貨膨脹恐懼 (inflation scare)；也就是說，在 t 期，某些人相信 t+1 期的通貨膨脹將會上升，所以 η_t 大於零 (僅止於這一期)。t 期的 DAD 和 DAS 曲線有何變動？該期的產出、通貨膨脹、名目與實質利率有何變化？請解釋。
c. t+1 期的 DAD 和 DAS 曲線有何變動？該期的產出、通貨膨脹、名目及實質利率有何變化？請解釋。
d. 在後續期間，經濟體系的變動為何？
e. 在哪一種意義上，通貨膨脹恐懼會自我實現？

9. 利用動態 AD-AS 模型求解通貨膨脹為落後期通貨膨脹及供需衝擊的函數。(假設目標通貨膨脹為常數。)
    a. 根據你所推導的式子，在衝擊發生後，通貨膨脹是否會回到其目標水準？請解釋。(提示：請檢視落後期通貨膨脹的係數。)
    b. 假設中央銀行並非對產出變動而是對通貨膨脹變動有所反應，以致於 $\theta_Y=0$，如果有的話，這個事實會如何改變 (a) 小題的答案？
    c. 假設中央銀行並非對通貨膨脹變動而是對產出變動有所反應，以致於 $\theta_\pi=0$，如果有的話，這個事實會如何改變 (a) 小題的答案？
    d. 假設中央銀行並未遵循泰勒原則，而是只對通貨膨脹增加 1 個百分點，提高名目利率 0.8 個百分點。在此狀態下，θ_π 為何？這種對供給面或需求面衝擊如何影響通貨膨脹的走勢？

快速測驗答案

1. c   2. d   3. c   4. a   5. b   6. b

CHAPTER 17

穩定政策的不同觀點

> 聯邦準備的工作是在宴會進行當中拿走雞尾酒缸。
>
> ——威廉・麥奇斯尼・馬丁

> 我們需要的不是熟練的經濟汽車貨幣駕駛,不斷地調整方向盤以適應道路意外的凹凸不平,而是採取某些方法防止後座的貨幣乘客因為碎石而東倒西歪,並讓駕駛掌控方向盤,以免因為顛簸而使車輛偏離路面。
>
> ——彌爾頓・傅利德曼

政府政策制定者面對景氣循環應該如何因應?上面兩則引言,第一位是 Fed 前任主席,第二位則是 Fed 的傑出批評者,指出這個問題的最佳答案存在南轅北轍的意見。

有些經濟學家,如威廉・麥奇斯尼・馬丁 (William McChesney Martin),認為經濟體系本身是不穩定的。他們認為,經濟體系經常遭受到對總需求和總供給的衝擊。除非政策制定者利用貨幣和財政政策來穩定經濟,否則這些衝擊將導致產出、失業和通貨膨脹等不必要且沒有效率的波動。根據一句流行的名言,總體經濟政策應該「逆風而行」,當經濟不景氣時,要刺激經濟;當景氣過熱時,要使經濟腳步放慢。

其他的經濟學家,如傅利德曼,則認為經濟體系天生是穩定的。他們將我們有時發生大規模且沒有效率的波動,歸咎於不好的經濟政策。他們認為政策制定者不應該嘗試微調經濟體系,而是經濟政策制定者應該承認能力有限,以及如果他們沒有造成任何傷害就應該滿足了。

這種辯論持續數十年之久,眾多主角為其立場提出不同的論證。基本的議題是,政策制定者應該如何使用前幾章發展的短期經濟波動理論。在此,我們考慮這種辯論中浮現的兩個問題:第一,貨幣和財政政策應該採取主動的角色試圖穩定經濟,或是政策應該採取較被動的角色?第二,政策制定者面對變動的經濟情勢,應該自由採取解決的措施或遵循固定的政策法則?

17-1 政策應該主動或被動？

政策制定者視穩定經濟為其主要的責任之一。分析總體經濟政策是 Fed 經濟顧問委員會、國會預算辦公室及其他政府機構的固定職責。如同我們在前幾章中所見，貨幣與財政政策對總需求的衝擊很大，因此也對通貨膨脹和失業造成強大的影響。當國會正考慮對財政政策做出重大改變，或當 Fed 正考慮對貨幣政策進行重大改變時，首要的討論重點是這些改變如何影響通貨膨脹和失業，以及是否應該刺激或抑制總需求。

儘管政府長久以來執行貨幣與財政政策，但有關應該利用這些政策工具來穩定經濟的觀點是最近才出現的。1946 年的就業法案 (Employment Act of 1946) 是政府首次認為自己應該負起總體經濟表現責任的關鍵法案。這個法案說明：「聯邦政府持續的政策與責任是……促進充份就業與生產。」這個法案是在大家對經濟大蕭條仍然記憶鮮明時所寫下的。法案起草人相信，如同許多經濟學家也是這樣認為，在經濟體系中缺乏政府主動的角色，如經濟大蕭條的類似事件，可能會定期發生。

對許多經濟學家而言，需要主動的政府政策是明顯和簡單的。經濟衰退是高失業、低所得及經濟困境日益蔓延的期間。總需求與總供給模型說明對經濟體系的衝擊如何引起經濟衰退。它也說明面對這些衝擊時，貨幣與財政政策如何能夠避免，或至少能夠減輕不景氣的發生。這些經濟學家認為，不使用這些政策工具來穩定經濟是一種浪費。

其他經濟學家對政府企圖穩定經濟的作法抱持懷疑態度。這些質疑者認為，政府對總體經濟政策應該經常採取不干涉的觀點。一開始，這種觀點似乎令人驚訝。如果我們的模型顯示如何避免或減低衰退的嚴重性，為什麼這些質疑者希望政府不要採取貨幣和財政政策來穩定經濟？為了找到答案，讓我們考慮他們的一些論點。

政策執行與效果的時間落後

若政策效果能立即生效，經濟穩定是輕而易舉的事。制定政策就像是駕駛一部汽車：政策制定者只要調整他們的工具，好讓經濟體系走在想要走的道路上。

然而，制定經濟政策比較不像開車，而是像在行駛大型船隻。汽車在方向盤轉動後，可以立刻改變方向；而舵手轉動船舵一段時間以後，船隻才會改變方向；且一旦船隻開始轉向，就會繼續轉向，又要經過一段長時間，船舵才會回到原來的位置。一個初學的舵手可能會轉過頭，在發現錯誤以後，可能修正過度，又往相反的方向迴轉太多。隨著初學者面對先前的錯誤做出愈來愈大的修正，船隻航行路徑可能變得很不穩定。

如同船隻的舵手，經濟政策制定者面臨長期時間落後的問題。的確，因為時間落後的長度難以預測，政策制定者面臨的問題更加艱辛。這些冗長且多變的時間落後，導致貨幣和財政政策的執行變得異常複雜。

經濟學家將實施穩定政策有關的時間落後分成兩類：內在時間落後和外在時間落後。內在時間落後 (inside lag) 是指從經濟體系發生衝擊到政府面對這項衝擊採取政策行動的這段時間。這種落後的發生是因為政策制定者首先需要一段時間確認衝擊已經發生，然後再採取適當的政策施行。外在時間落後 (outside lag) 則是指一項政策從實行到對經濟體系造成影響的這段時間。這種落後的產生是因為政策無法立即影響支出、所得和就業。

冗長的內在時間落後是使用財政政策來穩定經濟時的核心問題。這對美國特別真實，政府支出或稅收的改變需要總統和國會兩院的同意。有時，政策制定者能夠快速地行動：面對 2020 年新冠肺炎經濟衰退的回應，國會在危機發生後大約一個月通過，並實施 $2 兆的新冠病毒援助、救濟和經濟安全 (CARES) 法案。然而，更頻繁的是緩慢且繁瑣的立法過程經常導致遲延，使得財政政策成為穩定經濟的一個不精確工具。這種內在時間落後在內閣制的國家較短，如英國，因為執政黨可以迅速通過改變政策的法案。

貨幣政策的內在時間落後比財政政策要短上許多，因為中央銀行可以在一天內決定並實施一項新政策，但貨幣政策有明顯的外在時間落後。貨幣政策藉由改變貨幣供給與利率，進而造成投資水準與總需求以達到政策效果。因為許多廠商在很早以前就已經制定投資計畫。一般認為貨幣政策改變後，從執行到影響經濟活動大約是六個月的時間。

貨幣與財政政策冗長且多變的時間落後，確實造成穩定經濟的工作更加困難。被動政策的擁護者認為，因為存在這些落後，成功穩定政策幾乎是不可能的任務。的確，企圖穩定經濟，結果可能是更不穩定。假設在政策行動開始到效果出現這段時間，經濟情況發生變動。在這種情形下，主動政策可能在景氣過熱時才刺激經濟，或在景氣低迷時才抑制經濟活動。主動政策的擁護者承認，政策制定者必須小心留意這些時間落後。但是他們宣稱，這些時間落後並不必然意味著政策應該完全被動，特別是在面臨嚴重且持久的經濟衰退時。

有些政策，稱為自動穩定因子 (automatic stabilizers)，是設計用來縮短穩定政策形成的時間落後。自動穩定因子是指在需要刺激或抑制經濟時，卻又不用任何蓄意政策改變的那些政策。例如，所得稅制在經濟陷入不景氣時，可以自動減少稅收：不需要改變任何稅法，因為個人和公司在所得減少時，必須負擔的稅額也會減少。同樣地，失業保險和福利制度在經濟步入衰退時，可以自動提高移轉性支付，因為有更多的人符合申請資格。我們可以將這些自動穩定因子視為沒有內在時間落後的財政政策。

困難的經濟預測工作

因為政策只有在長期的時間落後之後才會影響經濟，成功地穩定政策需要正確預測未來經濟情況的能力。如果我們無法預測未來六個月或一年經濟是繁榮或衰退，就不能評估貨幣和財政政策現在是應該用來擴張或緊縮總需求。不幸的是，經濟發展通常是無法預測的。

預測者嘗試向前看的一個方法是觀察領先指標 (leading indicators)。如同我們在第 11 章中討論的，領先指標是領先經濟波動的資料數列。領先指標的大幅下滑是未來幾個月不景氣可能出現的訊號。

另外一個預測者往前看的方法是，使用總體計量模型 (macroeconometric models)，它是由政府機構及私人企業為了預測和政策分析而發展的。總體計量模型是以量化而非質化描述經濟體系的模型。許多模型比第 16 章學到的動態總供給和總需求模型更複雜且更接近事實。建立總體計量模型的經濟學家使用歷史資料來估計模型參數，一旦模型被建立，經濟學家即可用來模擬不同政策的影響。在使用模型的人對外生變數，如貨幣政策、財政政策和油價的路徑做出假設後，這些模型可得到失業、通貨膨脹，以及其他內生變數的預測值。然而，請記住：這些預測值的有效性不會比模型與預測者對外生變數所做的假設來得好。

「是真的，凱撒。羅馬正在下降，但我預測它在下一季會再度隆起。」

個案研究

預測的錯誤

「小雨、多晴和微風。」這是英國國家氣象局在 1987 年 10 月 14 日所做的著名天氣預測，隔天英國遭受兩個世紀多以來最嚴重的暴風雪襲擊。

就像天氣預測一樣，經濟預測對民間及政府決策制定都是重要的參考數據。企業主管在決定要生產多少，以及要投資多少的工廠與設備時，都需要依賴經濟預測。政府政策制定者在研擬經濟政策時，需要依賴它們。但是正如同天氣預測，經濟預測相當不準確。

美國歷史上最嚴重的經濟衰退為 1930 年代的經濟大蕭條，完全出乎預測者的意料。即使在 1929 年股市崩盤後，他們仍然相信經濟不會遭受巨幅倒退。在 1931 年底，當經濟明顯處於惡劣狀態時，知名經濟學家費雪預測景氣會快速反彈。往後陸續出現的事件證明這些預測都是過度樂觀：失業率持續攀升至 1933 年為止，當時高達 25%，而在 1933 年到

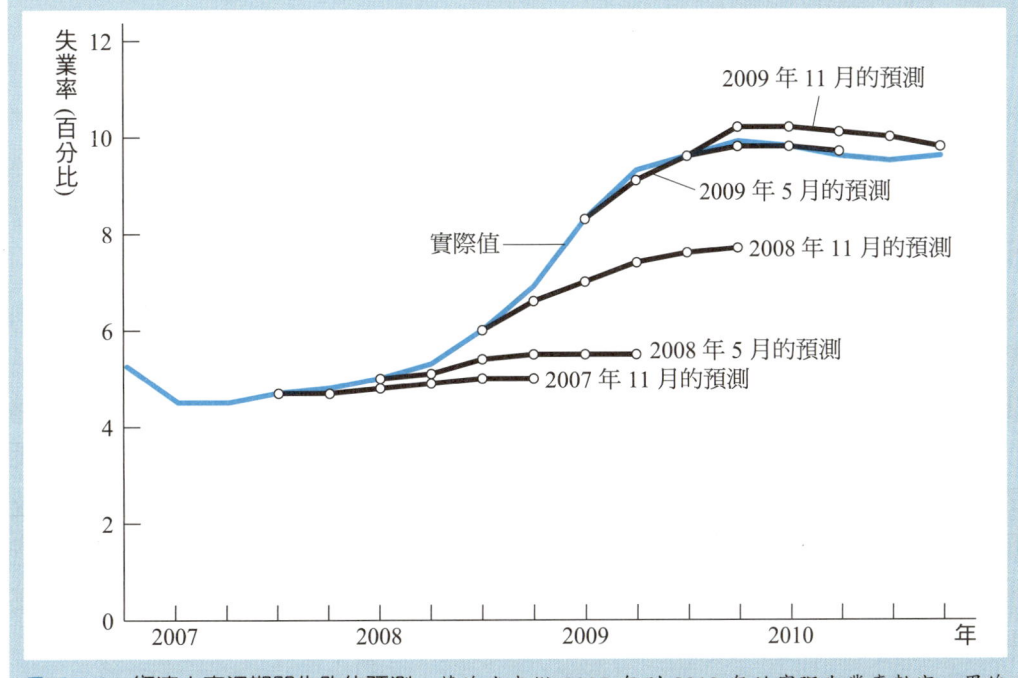

圖 17-1　**經濟大衰退期間失敗的預測**　藍線代表從 2007 年到 2010 年的實際失業率數字。黑線表示不同時點的失業率預測值。就每一次的預測，圓圈符號代表當期的失業率及往後五季的預測值。請注意：預測者無法預測失業率的快速上升，以及失業率的快速下降。

資料來源：失業率取自美國勞工部，失業率預測值是專業預測者調查預測值的中位數。

1940 年間，失業率仍維持在高檔。[1]

圖 17-1 顯示 2008 年到 2009 年的經濟衰退期間，其為自經濟大蕭條以來，美國最嚴重的經濟衰退，經濟預測者是如何準確預測的。這個圖形顯示實際失業率 (藍線) 和往後五季所做的六次預測 (黑線)。你可以看到預測者相當準確地預測下一季或下兩季的失業率。然而，愈久的預測通常愈不精確。例如，2007 年 11 月專業預測者調查 (Survey of Professional Forecasters) 預測經濟會溫和下跌：美國失業率預期從 2007 年第四季的 4.7% 上升至 2008 年第四季的 5.0%。在 2008 年 5 月的調查，預測者在該年年底提高對失業率的預測──但只有到 5.5%。實際上，失業率在 2008 年最後一季是 6.9%。隨著衰退愈來愈嚴重，預測者變得愈來愈悲觀──但是仍不夠悲觀。在 2008 年 11 月，他們預測 2009 年第四季的失業率將會上升至 7.7%。實際上，它卻上升到 10%。

1930 年代的經濟大蕭條和 2008 年到 2009 年的經濟大衰退，說明許多重大的經濟事件通常是無法預測的。然而，民間與政府決策者沒有其他選擇，只能依靠經濟預測，但是他們一定要記住這些預測值通常帶有頗大的預測誤差。

1　Kathryn M. Dominguez, Ray C. Fair, and Matthew D. Shapiro, "Forecasting the Depression: Harvard Versus Yale," *American Economic Review* 78 (September 1988): 595-612. 這篇文章顯示，在經濟大蕭條期間，經濟預測者的表現奇差無比；反對這個論調的人則認為，即使以今天更先進的預測技巧也無法做得更好。

無知、預期與盧卡斯批判

聲譽卓著的經濟學家盧卡斯曾經寫道：「身為一位專業顧問，我們所做的超過我們所知的。」即使許多提供政策制定者建議的人也都同意這種評論。經濟學是一門年輕的科學，至今仍有許多經濟學家未知的領域。當經濟學家評估不同政策效果時，他們也不能完全肯定。這意味著經濟學家在提供政策建議時，應該謹慎小心。

在對總體經濟政策制定的著作中，盧卡斯強調經濟學家應該更注意有關人們如何對未來形成預期的重要性。因為預期影響各式各樣的經濟行為，在經濟體系中扮演極為關鍵的角色。例如，家計單位依據對未來所得多寡的預期，決定要進行多少消費；廠商依據對未來獲利的預期，決定要進行多少投資。這些預期取決於許多事件，但依據盧卡斯的言論，只有一個因素特別重要：政府追求的經濟政策的影響。因此，當政策制定者想要估計任何政策變動的影響時，他們必須知道面對政策改變，民眾的預期是什麼。盧卡斯認為，傳統的政策評估方法——如那些依靠標準總體計量模型的方法——並未適度地將政策對預期的衝擊納入考慮。這種對傳統政策評估的評價，稱為盧卡斯批判 (Lucas critique)。[2]

一個盧卡斯批判的重要範例發生在反通貨膨脹的分析上。你可能還記得在第 15 章，降低通貨膨脹的成本通常是以犧牲比率來衡量，它是降低通貨膨脹 1 個百分點必須放棄國內生產毛額的百分點。因為這些犧牲比率的估計值通常很大，導致某些經濟學家認為，政策制定者應該學習如何與通貨膨脹相處，而不是投入鉅額成本去降低。

然而，根據理性預期觀點的支持者，因為盧卡斯批判的存在，這些犧牲比率的估計值並不可靠。傳統犧牲比率的估計值是依據適應性預期——亦即，假設預期通貨膨脹受到過去通貨膨脹影響為基礎所估計的。適應性預期在某些情況下也許是合理的前提，但如果政策制定者制定值得信賴的新政策時，勞工與廠商將藉由適當地調整通貨膨脹預期，應會合理地反映在議定的工資和價格上。這種通貨膨脹預期的變動會迅速地改變通貨膨脹與失業之間的短期抵換關係。因此，降低通貨膨脹的成本可能遠低於傳統犧牲比率估計值建議的成本。

盧卡斯批判留給我們兩項功課：較小的功課是經濟學家在評估不同政策時，必須考慮政策如何影響預期，並進而影響行為；較大的功課則是政策評估是困難的，所以經濟學家在從事這種任務時，應該表現出必要的謙卑。

---

[2] Robert E. Lucas, Jr., "Econometric Policy Evaluation: A Critique," *Carnegie-Rochester Conference on Series Public Policy* 1 (1976): 19-46. 在 1995 年，盧卡斯因為這個理論與其他貢獻榮獲諾貝爾經濟學獎。

歷史紀錄

判斷政府政策在經濟體系中應該扮演主動或被動角色時，過去的歷史紀錄可以幫助我們瞭解。若經濟體系的總需求和總供給經歷許多次衝擊，且熟練的經濟政策成功保護經濟免受衝擊所苦，則採取主動政策應是再明顯不過的情況。相反地，若經濟體系只遭受幾次重大衝擊，且觀察到的經濟波動是由不適當的政策所引起，則採取被動政策應是明顯的情況。換言之，我們對穩定政策的觀點應該受到政策過去是否可穩定經濟的影響。基於這個理由，總體經濟政策的辯論通常會轉變成總體經濟歷史的辯論。

但是，歷史無法平息穩定政策的辯論。確認經濟波動的來源是相當困難的任務。歷史紀錄往往會出現一種以上的解釋。

經濟大蕭條是一個範例。經濟學家對穩定政策的觀點與其對經濟大蕭條形成原因的看法有關。有些經濟學家相信對私人支出大規模的緊縮性衝擊導致經濟大蕭條，他們主張政策制定者應藉由刺激總需求來解決；其他經濟學家則相信貨幣供給大幅降低引發經濟大蕭條，他們主張若 Fed 當時採取以穩定成長貨幣供給方式的消極性貨幣政策，經濟大蕭條應該不會發生。因此，視每個人對形成原因的認定，經濟大蕭條可以當成是為什麼需要採取主動貨幣和財政政策的範例，或為什麼這是有害的範例。

個案研究

政策不確定性如何影響經濟？

當貨幣與財政政策制定者積極嘗試控制經濟體系時，經濟政策的未來走向通常並不確定。此外，政策結果可能是分裂的、爭論的，無法預測政治過程的結果，民眾有理由相信每一個政策決策的結果都不確定。

在一項 2016 年的研究中，經濟學家史考特·貝克 (Scott Baker)、布倫與史考特·戴維斯 (Scott Davis) 調查政策不確定性的影響。三人藉由衡量政策如何隨著時間經過不確定性，建立指數為開始。他們的指數有三項組成項目。

第一項組成項目是，由閱讀報紙專欄內容推導而得。從 1985 年開始，他們檢視十種主要報紙，搜尋文章包括*不確定性*或*不確定*、*經濟*或*經濟體系*詞彙，以及至少有下列詞彙：*國會、立法、白宮、管制、聯邦準備*或*赤字*。如果有愈多的文章包括這三類的詞彙，政策不確定性指數就愈高。

第二項指數的組成項目是，聯邦臨時稅法條款的數目。貝克、布倫與戴維斯推斷「臨時稅法對企業與家庭而言是一種不確定性，理由是國會通常在最後一分鐘通過，削弱稅法的穩定性」。臨時稅法條款愈多，牽涉其中的金額就愈大，政策不穩定性指數就愈高。

第三項指數的組成項目是，民間預測者對總體經濟政策相關關鍵變數預測不一致的數

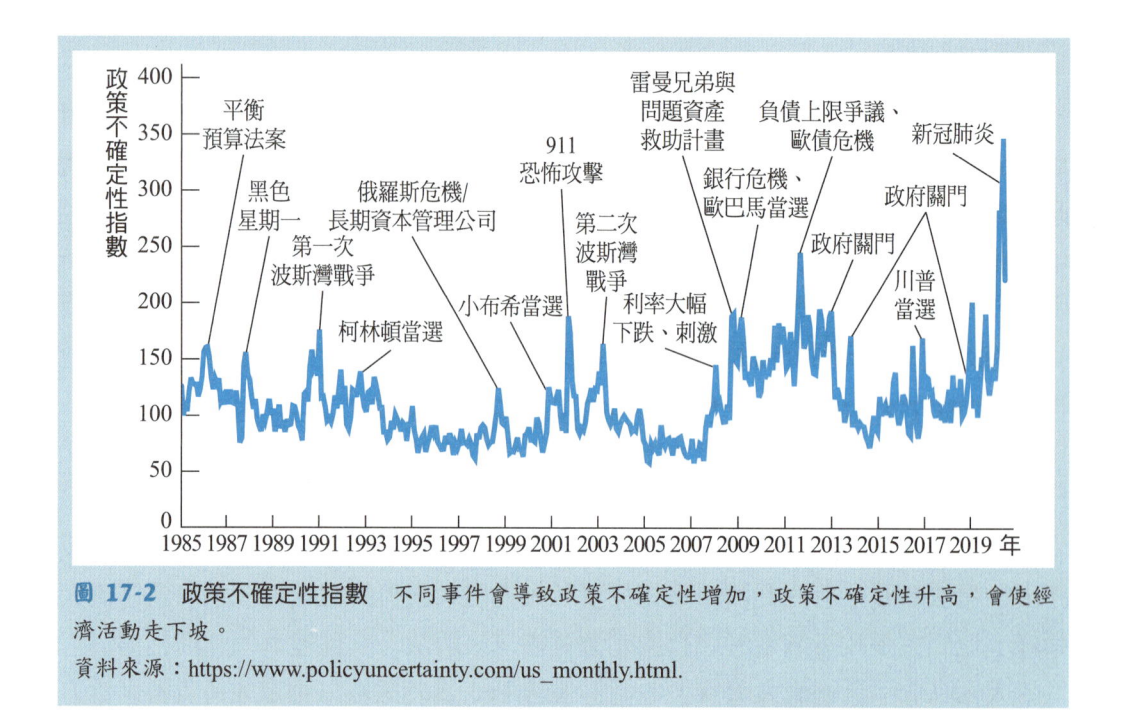

圖 17-2 政策不確定性指數　不同事件會導致政策不確定性增加，政策不確定性升高，會使經濟活動走下坡。

資料來源：https://www.policyuncertainty.com/us_monthly.html.

量。貝克、布倫與戴維斯假設，民間預測者對未來物價水準與未來政府支出水準看法不一致的人數愈多，財政與貨幣政策的不確定性也愈高。也就是，民間預測者的看法愈分歧，政策不確定性指數就愈高。

圖 17-2 顯示由這三個組成項目所得到的指數。當有重要的外國政策事件 (如戰爭或恐怖攻擊)、經濟危機 [如黑色星期一 (Black Monday) 股市崩盤，或新冠肺炎疫情與歇業]、與重大政治事件 (如新總統當選) 時，指數向上代表政策不確定性增加。

有了這個指數，貝克、布倫及戴維斯接著檢視政策不確定性與總體經濟表現的相關性。他們發現，經濟政策的不確定性愈高，經濟愈容易不景氣。尤其是當經濟政策不確定性提高時，投資、生產和就業在未來幾年可能下跌 (相對其正常成長)。

這種影響的一個可能解釋是，不確定性會減少商品與服務的總需求。當政策不確定性增加時，家計單位與廠商可能延遲某些大型購買，直到不確定性消除為止。舉例來說，若廠商考慮興建新工廠，以及投資的獲利程度取決於何種政策，廠商會等到決策已定才開始進行投資。這種延遲對廠商而言是理性的，但它會使總需求減少，降低經濟體系產出和提高失業。

當然，政策不確定性是無法避免的。但對政策制定者而言，應記住：在某種程度上，不確定性可以控制，而不確定性的增高對總體經濟有負面效果是重要的事實。[3] ■

---

[3] 此個案研究是取自 Scott R. Baker, Nicholas Bloom, and Steven J. Davis, "Measuring Economic Policy Uncertainty," *The Quarterly Journal of Economics* 131 (November 2016): 1593-1636。有關此研究的更新，請見 https://www.policyuncertainty.com。有關其他總體經濟不確定性的研究，請見 Nicholas Bloom, "Fluctuations in Uncertainty," *Journal of Economic Perspectives* 28 (2014): 153-176；以及 Susanto Basu and Brent Bundick, "Uncertainty Shocks in a Model of Effective Demand," *Econometrica* 85 (May 2017): 937-958。

17-2 政策應以法則或權衡實行？

經濟學家之間辯論的第二個主題是，經濟政策應該是以遵循法則或權衡方式來實行。如果政策制定者事先宣佈政策會如何因應不同情況，且承諾會遵循事前的宣告，則政策是依循法則來執行。若政策制定者針對發生的事件自由評估，並選定當時最恰當的政策，則政策是以權衡方式執行。

對法則與權衡的辯論不同於主動與被動政策的辯論。政策可以依循法則執行，且其可以是被動或主動。例如，一個被動的政策法則可以設定每年的貨幣供給以 3% 穩定成長。一個主動的政策法則可以設定成：

$$貨幣成長 = 3\% + (失業率 - 6\%)$$

在這個法則下，若失業率為 6%，貨幣供給以 3% 成長，但失業率每超過 6% 的 1 個百分點，貨幣成長會額外增加 1 個百分點。這個法則是希望在不景氣期間，能以提高貨幣成長的方式來穩定經濟。

本節一開始先討論為什麼遵循政策法則可以改進政策效果，然後再檢視許多可能的政策法則。

政策制定者與政治過程的不信任

有些經濟學家相信經濟政策太重要，以致於不應交由政策制定者任意處置。雖然這種看法的政治意味比經濟意味濃厚，但評估這種看法對我們如何判斷經濟政策的角色是相當關鍵的。如果政治人物無能或他們是投機者，我們就不會想要把自由使用貨幣和財政政策工具的權力交到他們手上。

經濟政策無能的原因有好幾個。有些經濟學家認為政治過程反覆無常，或許是因為它反映出特定利益團體的權力移轉。此外，總體經濟學是複雜的，政治人物通常缺乏足夠的知識做出正確的判斷。這種無知會讓那些蒙古大夫提出不正確但表面吸引人的方案，造成問題更加複雜。政策決策過程往往無法分辨蒙古大夫的建議，而去接受有能力經濟學家的真知灼見。

經濟政策的投機性是發生在政策制定者的目標與社會大眾福祉互相牴觸時，有些經濟學家懼怕政治人物會利用總體經濟政策進一步達成自己的選舉目的。若人民是依據選舉當時的經濟情況投票，則政治人物就有誘因在選舉年期間追求那些讓經濟表現更好的政策。一位總統可能在就任後便引起不景氣而降低通貨膨脹，然後在下次選舉來臨時刺激經濟以降低失業，確保在選舉日時，通貨膨脹與失業都很低。這種為了選舉利益操縱經濟情勢的作法，稱為政治景氣循環 (political business cycle)，一直是經濟學家和政治學家的研究主題。[4]

---

[4] William Nordhaus, "The Political Business Cycle," *Review of Economic Studies* 42 (1975): 169-190; Edward Tufte, *Political Control of the Economy* (Princeton, NJ: Princeton University Press, 1978).

不信任政治過程導致有些經濟學家主張讓經濟政策脫離政治勢力的範圍。例如，聯邦準備是建構來部份隔絕貨幣政策受政治壓力的影響。有些經濟學家提倡憲法修正案，如平衡預算修正案，以約束立法人物，並阻隔財政政策使其不受無能與投機主義的迫害。我們將在下一章討論平衡預算修正案的一些潛在問題。

權衡政策的時間不一致性

如果假設我們可以信任政策制定者，乍看之下，權衡似乎比固定政策法則來得好。權衡政策本質是相當有彈性的。只要政策制定者有智慧且勤政愛民，實在沒有理由拒絕彈性地因應變動經濟情況。

但是，有一種情況使法則優於權衡，即政策時間不一致性 (time inconsistency) 的問題。在某些情況下，政策制定者可能希望事先宣佈他們即將採行的政策，以便影響民間單位決策者的預期。但稍後，在私人決策者依據他們的預期付諸行動後，這些政策制定者似乎想違背當時的承諾。知道政策制定者可能隨時間經過出現不一致的情形，私人決策者會得到不再信任政策宣佈的結論。在這種情況下，為了要讓政策的宣佈值得人民信賴，政策制定者會想要遵循固定法則。

時間不一致性的問題以經濟以外的範例較為簡單──尤其是與恐怖分子協商人質釋放的公共政策。許多國家宣示的政策是不會與恐怖分子談判。這項宣示的用意在嚇阻恐怖分子：若綁架人質無法得到任何利益，理性的恐怖分子不會綁架任何人。換言之，宣示的目的是為了影響恐怖分子的預期，而改變他們的行為。

但是事實上，除非政策制定者信守這項政策，否則宣示不會產生任何效果。恐怖分子知道，一旦綁架人質，政策制定者面對排山倒海的壓力，而會做出某些讓步以獲得人質的釋放。唯一嚇阻理性恐怖分子的方法，是取消政策制定者的自由裁量權力，並遵循永不談判的法則。若政策制定者真的無法讓步，恐怖分子挾持人質的誘因絕大部份會消失無蹤。

同樣的問題也會發生在貨幣政策執行上，雖然比較沒有戲劇性。讓我們考慮中央銀行時關心通貨膨脹與失業所面臨的兩難問題。根據菲力浦曲線，通貨膨脹與失業之間的抵換受預期通貨膨脹的影響。中央銀行偏好每一個人預期較低的通貨膨脹，因此會面臨有利的抵換關係。要降低預期通貨膨脹，中央銀行可以宣佈低通貨膨脹是貨幣政策的最高目標。

但是，低通貨膨脹的政策宣示本身是不可信的。一旦家計單位和廠商形成通貨膨脹的預期，並據此議定工資和價格，中央銀行有誘因背棄這項宣示，並追求擴張性貨幣政策來降低失業。民眾瞭解中央銀行違背承諾的誘因，因此一開始就不會相信這項宣示。就如同總統面臨人質危機，衷心地希望協商釋放人質，中央銀行有自由裁量權力，也非常想要降低失業而任由通貨膨脹發生。且如同恐怖分子懷疑永不談判的政策宣示決心，家計單位與廠商會對低通貨膨脹的政策抱持懷疑態度。

這個分析有一個令人驚訝的結論是：有時放棄決策的自由裁量權力，反而比較能夠達成目標。在理性恐怖分子的例子裡，如果政策制定者信守看起來非常嚴苛的法則，拒絕為人質的釋放進行任何談判，可能被綁架或被撕票的人數會減少。在貨幣政策的例子裡，若中央銀行遵循零通貨膨脹的政策，則我們會有較低的通貨膨脹且失業不會增加。(這個貨幣政策的結論，會在本章附錄以更正式的模型解釋。)

政策的時間不一致性也發生在許多環境下。這裡有些範例：

- 為了鼓勵投資，政府宣佈將不對資本課稅。但是當工廠建成以後，政府企圖背棄承諾，從它們身上得到更多的稅收。
- 為了鼓勵研究，政府宣佈將給予發明新藥的公司短暫的獨占權力。但是在新藥發明後，政府企圖撤消專利或管制價格，使新藥價格更合理。
- 為了鼓勵孩子有良好的行為，父母宣示只要她犯規時一定給予處罰。但是當小孩行為不檢時，因為懲罰對大人和小孩都不愉快，父母會原諒她的過失。
- 為了鼓勵你用功讀書，老師宣佈這門課會有期末考。但是在你用功讀完所有內容後，老師想要取消考試，如此她就不用批改考卷。

在每個例子中，理性的人會瞭解政策制定者違背承諾的誘因，且這個預期會改變他們的行為。解決方法是取消政策制定者的自由裁量權，而信守固定的政策法則。

個案研究

漢彌爾頓對時間不一致性

長久以來，時間不一致性一直是權衡政策的問題。事實上，當 1789 年喬治·華盛頓 (George Washington) 總統任命漢彌爾頓為首任美國財政部長時，這是漢彌爾頓首先面臨的問題之一。

漢彌爾頓面臨的是，如何處理這個新國家為脫離英國發動獨立戰爭所累積的債務問題。當革命政府舉債時，承諾戰爭一結束便會還錢。但是戰爭結束後，許多美國人提議不要清償債務，因為還債必須課稅，課稅總是令人不愉快且代價很高。

漢彌爾頓反對拒償債務的時間不一致性政策。他瞭解國家有可能需要在未來某一個時間再度舉債。在 1790 年，他對國會發表的《公信力的首次報告》(*First Report on the Public Credit*) 一文中寫道：

> 如果此時維持公信力是如此的重要，下一個問題是：公信力受什麼影響？問題的直接答案是誠信；準時履行契約。國家如同個人，觀察到他們的契約被尊重和信賴；追求相反的行為，不信守承諾，命運就會完全相反。

因此，漢彌爾頓主張國家遵循清償債務的政策法則。

漢彌爾頓最初主張的政策法則已經持續超過兩個世紀。今天，不像漢彌爾頓的時代，當國會辯論支出的優先順序時，沒有人會主張以拒償債務作為減稅的方法。在公債的例子裡，每個人現在都同意政府應該遵循一個固定的政策法則。■

貨幣政策法則

即使我們信服政策法則優於權衡，總體經濟政策的辯論仍未結束。如果 Fed 打算為貨幣政策採用固定法則，應該選擇哪一種法則？讓我們簡短討論不同經濟學家主張的三種政策法則。

有些**貨幣學派** (monetarists) 的經濟學家，主張 Fed 讓貨幣供給以穩定的比率成長。本章一開始，傅利德曼 —— 最著名的貨幣學派學者 —— 的引言，就是這種貨幣政策觀點的例證。貨幣學派相信貨幣供給的波動是造成絕大部份經濟波動的主因，他們認為緩慢且穩定的貨幣供給成長，可以得到穩定的產出、就業和物價。

儘管貨幣學派的政策法則可能可以防止許多我們過去曾經歷的經濟波動，但大多數經濟學家相信它不是最佳的政策法則。只有在貨幣流通速度穩定時，貨幣供給的穩定成長才能夠穩定總需求。但是有時經濟體系遭受衝擊，如貨幣需求的移動，會導致流通速度的不穩定。大多數經濟學家認為，政策法則必須允許貨幣供給可以針對不同的經濟衝擊做出適當的調整。

許多經濟學家主張的第二個政策法則是，釘住名目國內生產毛額。在這個法則下，Fed 宣佈名目國內生產毛額的計畫路徑。若名目國內生產毛額超過這個目標，Fed 調整貨幣政策來降低總需求。若其低於目標，Fed 調整貨幣供給來刺激總需求。因為釘住名目國內生產毛額允許貨幣政策隨貨幣流通速度的改變而調整，大多數經濟學家相信它會比貨幣學派政策法則對產出與物價有更高的穩定性。

第三個經常被主張的政策法則是**釘住通貨膨脹** (inflation targeting)。在這個法則下，Fed 宣佈通貨膨脹率的目標 (通常是滿低的) 比率，然後當實際通貨膨脹偏離目標時，就會調整貨幣政策。就像釘住名目國內生產毛額，釘住通貨膨脹能夠阻隔經濟體系免受貨幣流通速度改變的影響。此外，通貨膨脹目標有政治上的好處，它很容易向大眾解釋。

請注意：所有的這些法則都是以一些名目變數表示 —— 貨幣供給、名目國內生產毛額或物價水準。我們也可以想像政策法則以實質變數表示。例如，Fed 可以嘗試釘住失業率在 5% 的水準。這種政策法則的問題是，沒有人確實知道自然失業率是多少。若 Fed 選擇的失業率目標低於自然率，結果是通貨膨脹加速上升。反之，若 Fed 選擇的失業率目標高於自然率，結果會是通貨緊縮加速。基於這個理由，即使實質變數，如失業和實質國內生產毛額是衡量經濟表現的最佳變數，經濟學家卻很少主張貨幣政策法則單獨以實質變數表示。

第 17 章　穩定政策的不同觀點　447

> **個案研究**

釘住通貨膨脹：法則或受限權衡？

自 1980 年代末期以來，許多世界各個國家的中央銀行——包括澳洲、加拿大、芬蘭、以色列、紐西蘭、瑞典及英國，紛紛採取某種形式的通貨膨脹目標。有時釘住通貨膨脹是採取中央銀行宣告其政策意向的形式。其他時候採取以國家法律詳細載明貨幣政策目標的方式。例如，1989 年紐西蘭準備銀行法案 (Reserve Bank of New Zealand Act of 1989) 規定：中央銀行「制定和執行貨幣政策以達到及維持一般物價水準穩定的經濟目標」。這個法案明顯省略提起任何其他競爭，如就業、產出、利率或匯率的穩定。

我們是否應該將釘住通貨膨脹解讀為政策法則的事先承諾？不完全如此。在所有採取釘住通貨膨脹的國家，中央銀行都有一些自由裁量權。通貨膨脹目標有時是設定一個目標區——例如，1% 到 3% 的通貨膨脹率，並非一個特定的數字。因此，中央銀行可以選擇目標區中其所希望的任何一個通貨膨脹率：它可以刺激經濟且鄰近目標區的上緣或抑制經濟，接近目標區的下緣。此外，若一外在事件 (如容易確認的供給面衝擊) 使通貨膨脹離開原先宣示的目標區，中央銀行有時可以暫時不履行通貨膨脹目標。

根據這種彈性，釘住通貨膨脹的目的為何？儘管釘住通貨膨脹的確留給中央銀行一些權衡的空間，但是政策確實限制這個權衡如何使用。當中央銀行單純被告知「做正確的事」時，很難要求中央銀行負起責任，因為民眾永遠可以在任何特定環境下爭辯何謂正確的事。相反地，當中央銀行宣佈一個通貨膨脹目標或甚至目標範圍時，民眾可以比較容易判斷中央銀行是否達成那個目標。因此，雖然釘住通貨膨脹並未束縛中央銀行，但確實提高貨幣政策的透明度，從而可使中央銀行為其行為更加負責。[5]

與其他的中央銀行相比，較慢採用目標通貨膨脹的政策，但在 2012 年，它為自己制定 2% 的通貨膨脹目標。Fed 在其網站上提供下列解釋：

> 聯邦公開市場委員會 (FOMC) 判斷通貨膨脹率在 2% 的水準 (以個人消費支出或 PCE，物價指數的年變動率來衡量)，與聯邦準備追求物價穩定和充份就業長期目標較為一致。隨著時間經過，通貨膨脹會降低民眾制定長期經濟與金融正確政策的能力。另一方面，低通貨膨脹會升高通貨緊縮出現的機率，這意味著物價與工資平均而言，是下跌的——與非常脆弱的經濟狀況有關。如果經濟景氣不佳，至少有些微的通貨膨脹比較不會讓經濟遭遇通貨緊縮，聯邦公開市場委員會實施貨幣政策，以協助在中期維持 2% 通貨膨脹率。

最近，有關 2% 是否為目標通貨膨脹正確目標的爭議出現。在 2008 年到 2009 年經濟大衰退六年後，Fed 讓聯邦基金利率處於利率下限 0 的水準。(零利率下限已在第 13 章討論。) 聯邦基金利率在 2020 年新冠肺炎衰退期間再度觸及零利率下限。有些經濟學家主

---

[5] 請見 Ben S. Bernanke and Frederic S. Mishkin, "Inflation Targeting: A New Framework for Monetary Policy?" *Journal of Economic Perspectives* 11 (Spring 1997): 97-116。

張，若 Fed 有一個較高的目標通貨膨脹 —— 如 4% —— 正常利率水準會較高 (透過費雪效果)，且 Fed 會有更多的武器在必要時來打擊經濟衰退。當前政策擁護者認為在說服民眾信守 2% 的目標後，若其將目標通貨膨脹改成 4%，Fed 大幅喪失其可信度。至少到目前為止，Fed 並沒有興趣提高目標通貨膨脹。

個案研究

中央銀行獨立性

假設你負責撰寫一個國家的憲法和法律，會賦予這個國家總統核准中央銀行政策的權力？或是會允許中央銀行有免於政治干擾自由行使決策的權力？換言之，假設貨幣政策以權衡方式而非法則方式施行，誰應該行使這種裁量權？

各國對如何回答這個問題的看法南轅北轍。在某些國家，中央銀行是政府一個部門；在其他國家，中央銀行絕大部份是獨立的；在美國，Fed 總裁由總統任命，任期是十四年，如果總統不喜歡他們的決策，也不能撤換。這種制度結構賦予 Fed 和最高法院相同，有一定程度的獨立性。

許多研究者檢驗這種憲法設計對貨幣政策的影響。他們檢視不同國家的法律，來建構一個中央銀行獨立性的指數。這個指數是依據不同的特性，如總裁任期的時間、政府官員在中央銀行理事會的角色，以及政府和中央銀行接觸的頻率來建立。然後研究者也檢視中央銀行獨立性和總體經濟表現的相關程度。

這些研究的結論令人大吃一驚：中央銀行獨立性愈高，通貨膨脹就愈低和愈穩定。圖 17-3 顯示從 1955 年到 1988 年這段期間，中央銀行獨立性與平均通貨膨脹的散佈圖，那些

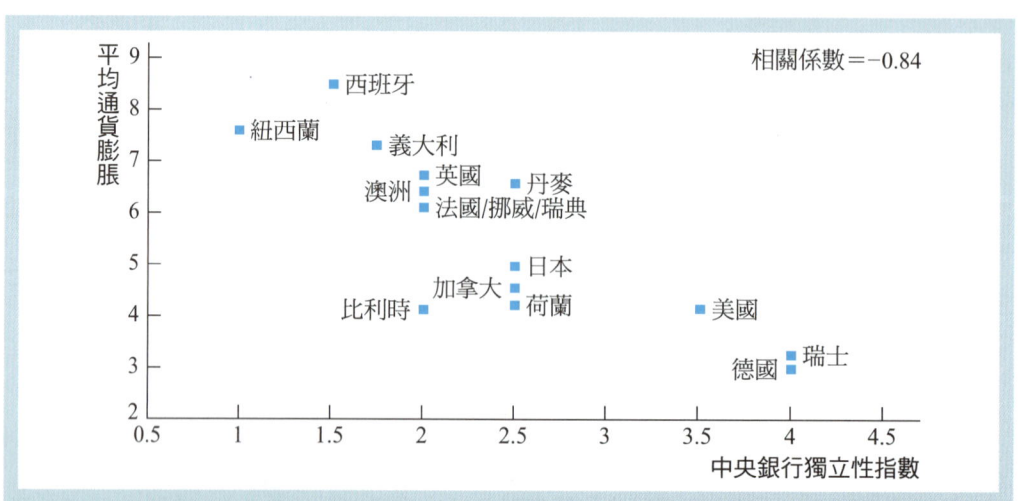

圖 17-3　通貨膨脹與中央銀行獨立性　此散佈圖顯示中央銀行獨立性的國際經驗。證據顯示，中央銀行獨立性愈高，通貨膨脹率愈低。

資料來源：Alberto Alesina and Lawrence H. Summers, "Central Bank Independence and Macroeconomic Performance: Some Comparative Evidence," *Journal of Money, Credit, and Banking* 25 (May 1993): 151-162 的第 155 頁，圖 1a。平均通貨的計算期間是 1955 年到 1988 年。

擁有獨立中央銀行的國家，如德國、瑞士和美國，平均通貨膨脹都比較低；那些擁有中央銀行獨立性較低的國家，如紐西蘭和西班牙，平均通貨膨脹都比較高。

研究者也發現，中央銀行獨立性與實質經濟活動之間沒有關係，特別是中央銀行獨立性與平均失業、失業的變動、實質國內生產毛額的平均成長或實質國內生產毛額的變動都無關。中央銀行獨立性似乎提供國家一份免費午餐：它具有較低通貨膨脹的利益，且不會遭遇任何明顯的成本。這個發現導致某些國家，如紐西蘭，重新修改法令並賦予中央銀行更高的獨立性。[6]

17-3 結論：在變化無常的世界中制定決策

在本章檢視面對經濟波動時，應該採取主動抑或被動政策，及應以法則或權衡來執行政策。這個問題的正反兩面都有很多爭論，或許唯一清楚的結論是對任何特定總體經濟政策觀點，並不存在簡單與令人信服的案例。最後，你必須衡量包括政治面與經濟面的不同論點，並自行決定政府在嘗試穩定經濟體系中應該扮演什麼角色。

快速測驗

1. _____ 落後是指衝擊經濟體系與政策因應之間的時間，對 _____ 政策時間特別長。
   a. 內在，貨幣
   b. 內在，財政
   c. 外在，貨幣
   d. 外在，財政

2. _____ 落後是指採取政策行動與影響經濟體系之間的時間，對 _____ 政策時間特別長。
   a. 內在，貨幣
   b. 內在，財政
   c. 外在，貨幣
   d. 外在，財政

3. 根據盧卡斯批判，傳統評估總體經濟政策的方法有瑕疵，因為它們並未考慮
   a. 政策制定過程的內在落後
   b. 政策變動如何影響預期
   c. 政策制定者如何為了選舉利益操弄經濟
   d. 隨著時間經過，政策制定者不一致的傾向

4. 因為政策制定者權衡性政策的時間不一致性，會發生
   a. 想要在人們預期形成後行動，違反其先前宣佈的計畫
   b. 相信他們比實際上更能預測經濟狀況
   c. 無法完全預測對經濟的所有衝擊
   d. 認為人們的預期形態是適應性而非理性

5. 自1980年代以來，全球許多中央銀行採取目標 _____ 的政策。
   a. 名目 GDP
   b. 實質 GDP

---

[6] 對這些發現更多完整說明及中央銀行獨立性的大量參考文獻，請見 Alberto Alesina and Lawrence H. Summers, "Central Bank Independence and Macroeconomic Performance: Some Comparative Evidence," *Journal of Money, Credit, and Banking* 25 (May 1993): 151-162。有關一項質疑通貨膨脹與中央銀行獨立性之間關係的研究，請見 Marta Campillo and Jeffrey A. Miron, "Why Does Inflation Differ Across Countries?" in Christina D. Romer and David H. Romer, eds., *Reducing Inflation: Motivation and Strategy* (Chicago: University of Chicago Press, 1997), 335-362。

c. 貨幣供給　　　d. 通貨膨脹率

b. 擁有較多變的失業

6. 國際證據指出，中央銀行愈獨立的國家

c. 在鑄幣上有更多收入

a. 經歷較低的平均通貨膨脹

d. 支付中央銀行職員更多薪資

摘要

1. 主動政策的擁護者認為，經濟體系經常受到衝擊，除非採取貨幣或財政政策因應，否則將導致產出和就業不必要的波動。許多人相信經濟政策可以穩定經濟。

2. 被動政策的擁護者認為，因為貨幣與財政政策執行時會引起冗長且多變的時間落後現象，企圖穩定經濟最後導致經濟更不穩定。他們也相信我們目前對經濟體系的瞭解太有限，以致於無法制定成功的穩定政策，且不當的政策通常是經濟波動的一個經常來源。

3. 權衡政策支持者認為，自由裁量可以賦予政策制定者更多的彈性，來因應不同的未知情況。

4. 政策法則支持者認為，政治過程是不能信任的。他們相信政治人物在執行經濟政策時經常犯錯，且有時利用經濟政策達成自己的政治目的。此外，支持政策法則者認為，遵循固定法則可以解決時間不一致性的問題。

關鍵詞

內在時間落後　inside lag
外在時間落後　outside lag
自動穩定因子　automatic stabilizers
盧卡斯批判　Lucas critique
政治景氣循環　political business cycle
時間不一致性　time inconsistency
貨幣學派　monetarists
釘住通貨膨脹　inflation targeting

複習題

1. 何謂內在時間落後與外在時間落後？何者具有較長的內在時間落後：貨幣政策或財政政策？何者具有比較長的外在時間落後？為什麼？
2. 為什麼比較準確的經濟預測能使政策制定者更容易穩定經濟？請描述經濟學家預測經濟發展的兩種方法。
3. 請描述盧卡斯批判。
4. 請問一個人對總體經濟歷史的詮釋，如何影響其對總體經濟政策的觀點？
5. 請問經濟政策的「時間不一致性」涵義為何？為什麼政策制定者企圖違背先前的承諾？在這種情形下，政策法則的優點是什麼？
6. 請列出 Fed 採行的三種政策法則。這三者中，你支持哪一個？為什麼？

問題與應用

1. 假設通貨膨脹與失業之間的抵換關係由下列的菲力浦曲線決定：

$$u = u^n - \alpha(\pi - E\pi)$$

其中 u 代表失業率、u^n 是自然失業率、π 是通貨膨脹率，以及 $E\pi$ 是預期通貨膨脹率。此外，假設左派政黨始終採取高貨幣成長的政策，而右派政黨總是採取低貨幣成長的政策。在下列情況中，請問你預測會有什麼樣的通貨膨脹與失業的「政治景氣循環」形態出現？

   a. 每四年，擲銅板隨機決定由其中一個政黨執政。(提示：在選舉時的預期通貨膨脹為何？)
   b. 兩黨輪流執政。
   c. 上述答案是否可支持貨幣政策應由獨立中央銀行制定的結論？

2. 當市議會通過法律規定房東最高可收取的房租上限時，法律通常適用現有建築，而排除任何尚未興建的建物。租金管制的擁護者認為，這種排除確實使得租金管制不致影響新房屋的興建。請依據時間不一致性問題來評估這種說法。

3. 中央銀行決定採取目標通貨膨脹，而辯論是應採 5% 通貨膨脹或零通貨膨脹。經濟體系由下列菲力浦曲線所描述：

$$u = 5 - 0.5(\pi - E\pi)$$

其中 u 與 π 為以百分比表示的失業率和通貨膨脹率 (以百分比表示)。失業與通貨膨脹的社會成本由下列損失函數描述：

$$L = u + 0.05\pi^2$$

中央銀行希望損失愈小愈好。

   a. 若中央銀行追求 5% 的目標通貨膨脹，預期通貨膨脹是多少？若中央銀行堅持到底，失業率是多少？從通貨膨脹與失業而來的損失又是多少？
   b. 若中央銀行追求零目標通貨膨脹，預期通貨膨脹是多少？若中央銀行堅持到底，失業率是多少？從通貨膨脹與失業而來的損失是多少？
   c. 根據 (a) 小題與 (b) 小題的答案，你建議的目標通貨膨脹是多少？為什麼？
   d. 假設中央銀行選擇零目標通貨膨脹，且預期通貨膨脹也為零。然而，中央銀行突然令民眾吃驚，追求 5% 目標通貨膨脹。在這段未預期通貨膨脹期間，失業率是多少？從失業與通貨膨脹而來的損失是多少？
   e. (d) 小題答案說明哪一種問題？

4. 在每一次的政策會議之後，Fed 都會發佈決議文件 (有時稱為新聞稿)，你可以在 Fed 的網站 (http://www.federalreserve.gov/monetarypolicy/fomccalendars.htm) 中找到。請找出並閱讀一篇最近有關貨幣政策的報導，其內容為何？Fed 做了什麼事？為什麼？你認為 Fed 最近的政策決定如何？

快速測驗答案

1. b　　2. c　　3. b　　4. a　　5. d　　6. a

附錄

時間不一致性和通貨膨脹與失業間的抵換

在本附錄中,我們檢視在法則而非權衡方面的時間不一致性論點。因為我們需要使用一些微積分,所以將此部份留到附錄。[7]

假設菲力浦曲線描寫通貨膨脹和失業之間的關係。令 u 表失業率、u^n 為自然失業率、π 表示通貨膨脹率及 $E\pi$ 代表預期通貨膨脹率,失業由下列方程式決定:

$$u = u^n - \alpha(\pi - E\pi)$$

當通貨膨脹超過預期通貨膨脹時,失業會下跌;當通貨膨脹低於預期通貨膨脹時,失業會上升。參數 α 決定失業對非預期通貨膨脹的反應程度。

假設中央銀行也選擇通貨膨脹率。實際上,中央銀行也只能透過貨幣政策不完全地控制通貨膨脹。但這是一個有用的假設,假設中央銀行可以完全控制通貨膨脹。

中央銀行喜歡低失業和穩定物價。我們可將失業與通貨膨脹的成本表示成:

$$L(u, \pi) = u + \gamma \pi^2$$

其中參數 γ 代表相對於失業,中央銀行厭惡通貨膨脹的程度。$L(u, \pi)$ 稱為損失函數 (loss function),中央銀行的目標是極小化損失。

在設定經濟如何運作和中央銀行的目標後,讓我們來比較在固定法則及權衡下的貨幣政策。

首先,讓我們考慮固定法則下的政策。法則要求中央銀行採取一特定通貨膨脹水準。只要民間部門瞭解中央銀行會信守這個法則,預期通貨膨脹水準將會是中央銀行承諾的水準。因為預期通貨膨脹等於實際通貨膨脹 ($\pi = E\pi$),失業將維持在自然率 ($u = u^n$)。

何謂最適法則?因為不論法則要求的通貨膨脹水準是多少,失業始終處於自然率時,任何通貨膨脹都不會有好處。因此,最適固定法則要求中央銀行生產零通貨膨脹。

現在讓我們考慮權衡貨幣政策。在權衡方式下,經濟體系的運作如下:

---

[7] 本附錄的內容源自 Finn E. Kydland and Edward C. Prescott, "Rules Rather Than Discretion: The Inconsistency of Optimal Plans," *Journal of Political Economy* 85 (June 1977): 473-492;以及 Robert J. Barro and David Gordon, "A Positive Theory of Monetary Policy in a Natural Rate Model," *Journal of Political Economy* 91 (August 1983): 589-610。芬恩·基德蘭德 (Finn E. Kydland) 與普雷斯科特由這項及其他研究共同獲得 2004 年諾貝爾獎。

1. 民間部門形成通貨膨脹預期 $E\pi$。
2. 中央銀行選擇實際通貨膨脹水準 π。
3. 根據預期和實際通貨膨脹可以決定失業。

在這個安排下，中央銀行菲力浦曲線的限制條件下，追求損失 $L(u, \pi)$ 的最小。當決定通貨膨脹率時，中央銀行視預期通貨膨脹為已知。

要得到權衡政策下的結果，我們必須檢視中央銀行選擇的通貨膨脹水準。藉由將菲力浦曲線代入中央銀行的損失函數中，可得到：

$$L(u, \pi) = u^n - \alpha(\pi - E\pi) + \gamma\pi^2$$

請注意：中央銀行的損失與非預期通貨膨脹呈負相關 (上式的第二項)，且與實際通貨膨脹呈正相關 (上式的第三項)。要求出損失極小化的通貨膨脹水準，將上式對 π 微分可得：

$$dL/d\pi = -\alpha + 2\gamma\pi$$

當一階導數等於零時，損失可達最小。[8] 求解 π，我們得到：

$$\pi = \alpha/(2\gamma)$$

無論民間部門預期通貨膨脹水準是多少，這是中央銀行選擇的最適通貨膨脹水準。當然，理性的民間部門知道中央銀行的目標和菲力浦曲線的限制式。因此，它們預期中央銀行會選擇這個通貨膨脹水準。此時預期通貨膨脹等於實際通貨膨脹 $[E\pi = \pi = \alpha/(2\gamma)]$，且失業率等於自然失業率 $(u = u^n)$。

現在可以比較最適權衡與最適法則下的結果。在兩種情形下，失業率都處於自然失業率。但權衡政策產生的通貨膨脹高於固定法則下的通貨膨脹。因此，最適法則要比最適權衡好。即使這是中央銀行在權衡方式下，企圖追求損失 $L(u, \pi)$ 最小，依然成立。

中央銀行藉由遵循固定法則可以達到比較好的結果，剛開始覺得這句話有些奇怪。為什麼擁有自由裁量權的中央銀行不能夠模仿零通貨膨脹法則下的中央銀行？答案是：中央銀行與理性預期的民間部門決策者進行賽局。除非信守零通貨膨脹的固定法則，否則中央銀行無法讓民間部門預期零通貨膨脹。

例如，假設中央銀行只是宣佈其將採取零通貨膨脹政策。這樣宣佈可信度不高。在民間部門形成通貨膨脹預期之後，中央銀行為了降低失業會有誘因違背宣告。如同我們剛才見到的，一旦預期已知，中央銀行的最適政策是將通貨膨脹設定在 $\pi = \alpha/(2\gamma)$，無論 $E\pi$ 是多少。民間部門知道背棄宣告的誘因，因此一開始就

---

[8] 數學註解：二階導式 $d^2L/d\pi^2 = 2\gamma$ 為正，確保我們求解損失函數的最小而非最大。

不會相信這項宣告。

這個貨幣政策理論有一個重要的推論。在某種情況下，中央銀行採用權衡政策和採用通貨膨脹的固定法則，可以達到相同的效果。若中央銀行厭惡通貨膨脹的程度遠超過厭惡失業的程度 (γ 非常大)，通貨膨脹在權衡政策下接近零，因為中央銀行沒有誘因讓通貨膨脹發生。這個發現提供給負有任命中央銀行總裁的人某些指導原則。實施固定法則以外的另一個選擇是，任命一位極度討厭通貨膨脹的人。或許這就是為什麼有些比較關心失業，而非通貨膨脹的自由型政治人物 (卡特和柯林頓總統)，有時會任命比較關心通貨膨脹的保守型中央銀行總裁 (沃克爾和葛林斯潘)。[9]

● 更多的問題與應用

1. 1970 年代的美國通貨膨脹率和自然失業率都上升。讓我們利用時間不一致性模型檢視這個現象。假設政策是權衡的。
   a. 在截至目前為止所發展的模型中，當自然失業率上升時，通貨膨脹率會有何變化？
   b. 讓我們稍微變動模型，假設 Fed 的損失函數是通貨膨脹和失業的二次函數；亦即，

   $$L(u, \pi) = u^2 + \gamma \pi^2$$

   請依據課文中的相同步驟，求解權衡政策下的通貨膨脹率。
   c. 現在當自然失業率上升時，通貨膨脹率會如何變化？
   d. 在 1979 年，卡特總統任命保守型的沃克爾接掌 Fed。根據這個模型，通貨膨脹與失業應該會發生什麼變化？請比較模型預測與真實情況間的差異。

---

9 這個推論是基於 Kenneth Rogoff, "The Optimal Degree of Commitment to an Intermediate Monetary Target," *The Quarterly Journal of Economics* 100 (November 1985): 1169-1189。

CHAPTER 18

政府負債與預算赤字

> 祝福年輕人,因為他們將承受國家債務。
>
> —— 赫伯特・胡佛

> 我想我們應該繼續賺「無限大」(zillion) 的數,並賺「無法計算」(gazillion) 的錢。無限大可能是千萬兆,而無法計算可能是百萬千萬兆。對我而言,從事此事的時間到了。
>
> —— 喬治・卡林

當政府的支出超過稅收時,有預算赤字,會向民間部門或外國政府貸款來融通預算赤字。過去所累積的尚未償還債務就是政府負債。

有關政府負債最適數量的辯論從美國建國以來就已存在。漢彌爾頓相信:「一國負債若不會太多,將是全民之福。」然而,詹姆士・麥迪生 (James Madison) 則反擊:「公債是一種對大眾的詛咒。」即便選定首都位置部份原因是基於考量聯邦政府所承擔的各州獨立戰爭債務:因為北方各州有較大數量的負債,所以首都位於南方。

本章考慮政府負債經濟影響辯論的不同面向。首先,檢視一些數據。第 18-1 節討論政府負債規模的大小,並與其他國家的負債及美國自己過去的負債比較。本節也將簡短地預測未來的債券持有情況。第 18-2 節探討為什麼衡量政府負債的變動不像看起來那樣直接。的確,有些經濟學家認為傳統衡量方式容易使人誤導,所以應該棄置不用。

然後我們檢視政府負債如何影響經濟體系。第 18-3 節描述傳統對政府負債的觀點,根據這個觀點,政府舉債會減少國民儲蓄並排擠資本累積。大多數經濟學家都抱持這種觀點,且本書在討論財政政策時也都秉持這種觀點。第 18-4 節探討另外一種觀點,稱為李嘉圖等值定理。根據李嘉圖的觀點,政府負債不會影響國民儲蓄和資本累積。如同我們即將見到的,傳統與李嘉圖學派對政府負債的觀點,是因為消費者面對政府負債政策的不同意見所造成。

第 18-5 節檢視政府負債辯論的其他觀點。先討論政府是否應該始終維持預算平衡,如果不是,何時發生預算赤字或盈餘是比較理想的;也檢視政府負債對貨幣政策、政治過程及一個國家在全球經濟扮演角色的影響。

儘管本章提供瞭解政府負債與預算赤字的基礎,但是直到下一章,故事才算完成。在那裡,我們將會更廣泛地檢視金融體系,包括金融危機的成因。如同我們即將見到的,政府過度舉債是風暴的中心 —— 許多歐洲國家在 2010 年學到的功課 —— 全都太痛苦了。

18-1 政府負債規模

首先觀察政府負債。在 2019 年,美國聯邦政府的負債是 $16.8 兆。如果將這個數字除以美國人口數 3 億 2,800 萬人,我們發現每一個人負擔的政府債務約為 $51,000。很顯然地,這不是一個小數目:沒有人會輕看 $51,000。但是,如果我們將這個債務和一般人在一生工作生涯所賺取超過 $200 萬相比,政府負債也不像是有時形容的大災難。

一種判斷政府負債規模大小的方式是,與其他國家負債數量相較。表 18-1 列出許多主要國家政府負債占國內生產毛額的百分比。這裡的數字是淨債務:政府金融債務扣除持有的金融資產。表中排名前面的希臘、日本、義大利和葡萄牙是負債比例最高的國家,累積負債金額超過每年國內生產毛額;最底下的國家是瑞士和澳洲,負值代表它們政府持有的資產超過它們的負債。以國際標準來看,美國政府既不是特別的揮霍,也不是特別的節儉。

在美國的歷史上,聯邦政府的負債變動幅度頗為顯著。圖 18-1 顯示自 1791 年以來聯邦政府負債占國內生產毛額的比率。政府負債相對美國經濟規模,從 1830 年代的接近 0% 變動到 1946 年最高占國內生產毛額的 106%。

表 18-1　全球政府如何負債?

國家	政府負債占 GDP 的百分比	國家	政府負債占 GDP 的百分比
希臘	139.2	西班牙	78.3
日本	125.2	法國	77.5
義大利	121.7	荷蘭	31.6
葡萄牙	100.3	德國	29.9
美國	84.5	加拿大	23.0
比利時	83.9	澳洲	−11.5
英國	79.9	瑞士	−12.4

資料來源:OECD 經濟展望 (OECD Economic Outlook)。表格內的數字是依據 2019 年淨金融負債占國內生產毛額的百分比。

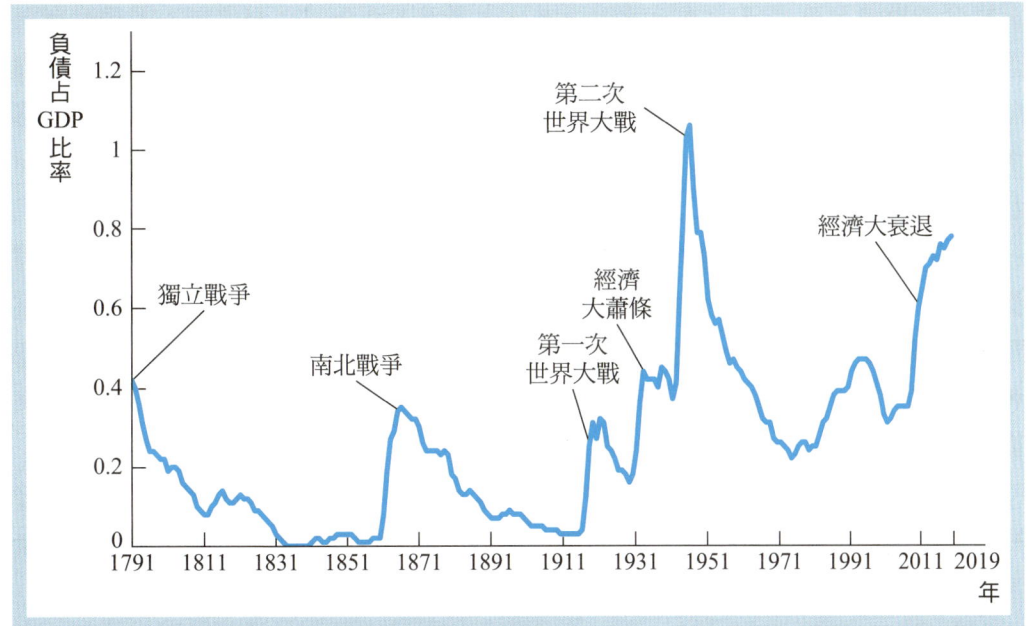

圖 18-1 自 1791 年以後，政府負債占國內生產毛額的比率　大眾持有的美國聯邦政府公債相對美國整體經濟規模的比率，當政府以貸款融通戰爭支出時，在戰爭期間會大幅上升。在重大經濟不景氣，如 1930 年代經濟大蕭條、2008 年到 2009 年的經濟大衰退，也會上升。負債占 GDP 比率通常在和平與繁榮時期逐漸下降。

資料來源：美國財政部、美國商務部及 T. S. Berry, "Production and Population Since 1789," Bostwick Paper No. 6, Richmond, 1988。

歷史上，政府負債增加主要的原因是戰爭。負債占 GDP 比在主要軍事衝突期間大幅上升，如美國南北戰爭、第一次世界大戰與第二次世界大戰，然後在和平時期緩慢下降。許多經濟學家認為這種歷史模式是管理財政政策的適當方式。如同稍後我們將在本章中討論的，以赤字融通戰爭時期的支出，維持稅率穩定與將稅負從當前世代移至未來世代是適切的方式。

第二個政府負債的主要原因是，嚴重的經濟衰退及其後果，如 1930 年代的經濟大蕭條與 2008 年到 2009 年的經濟大衰退。因為在這些期間的高失業，這些債務的增加被視為合理。想要減緩債務上升，需要增稅或降低政府支出，任何一種都會減緩總需求，並再次使失業上升。

其他負債變動較具爭議。政府負債大幅增加的一個例子是在 1980 年代。雷根當選總統，擁護者指出他面臨 1981 年開始的嚴重經濟不景氣，而且他承諾要在冷戰時期勝出，而需要增加軍隊支出；批評者則認為雷根政府的減稅政策與增加軍隊支出，將負擔加在未來世代身上。政府負債占 GDP 比從 1980 年的 25% 上升至 1991 年的 44%。

在 1980 年代後半是繁榮與和平時期，政府負債的增加也引起政策制定者間相當程度的重視。在 1990 年代，老布希提高稅收來降低赤字，打破他的競選宣言：「讀我的嘴脣：不會有新稅。」根據一些政治評論家的說法，他付出競選連任失敗的代價。在 1993 年，柯林頓總統入主白宮後，再度提高稅率。稅收增加加上抑制支出，以及因為資訊科技發達所造成的經濟快速成長，導致預算赤字縮減，而且最終變成預算盈餘。政府負債占 GDP 比下降至 2001 年的 31%。

小布希在 2001 年當選總統後，股票市場中網路所造成的榮景逐漸破滅，而經濟也開始步入不景氣。經濟衰退自動造成稅收下降，且將預算推向赤字。通過減稅用來對抗不景氣、911 恐怖攻擊之後增加國內的社會安全支出，以及在阿富汗和伊朗的戰爭中再度增加預算赤字。從 2001 年到 2008 年，政府負債占 GDP 比率從 31% 上升到 39%。

當歐巴馬總統在 2009 年入主白宮時，經濟體系正處於經濟大衰退當中。隨著經濟活動萎縮，稅收下跌且簽署財政刺激來提升商品與服務的總需求，導致鉅額財政赤字 (已在第 12 章中討論)。負債占 GDP 比率在 2016 年上升至 76%。

當川普總統在 2017 年主政時，經濟已從經濟衰退中邁向繁榮，而負債占 GDP 比率依舊維持在歷史高水準，他的第一個主要經濟提議是在 2018 年生效的減稅法案，特別是公司所得。政策支持者認為，它將促進資本累積和經濟成長；批評者則相信，它對成長效果有限但將造成政府負債巨幅擴張。

在 2020 年，當本書付印之際，新冠肺炎疫情導致經濟重創 (已在第 11 章中討論)。當國民所得下跌時，稅收隨之減少。為了減輕危機帶來的艱困生活，美國國會通過 $2 兆支出法案 (CARES 法案)，政府預算赤字大幅攀升，雖然未在圖 18-1 顯示，但負債占 GDP 比率預計在 2019 年底持續飆升。根據國會預算辦公室指出，政府負債在 2023 年將達到 GDP 的 107% —— 美國有史以來最高水準。

個案研究

財政政策令人困擾的前景

預算赤字與政府負債的未來展望為何？當經濟學家預測美國財政政策在未來數十年的走勢時，他們提出令人苦惱的景象。

其中一個原因是人口結構。醫療科技的發達延長人類壽命，且生育控制技術的進步和社會標準的改變，降低人們擁有小孩的數目。因為這些發展，老年人口將會占總人口較大比例。在 1950 年，老年人口 (年齡 65 歲及以上) 約占總人口的 8%。到了 2020 年，老年人口約是總人口的 17%，而此數字在 2050 年預期將上升至約 22%，超過三分之一的美國聯邦政府預算，投入老年人的退休年金 (透過社會安全) 和健康照護 (透過聯邦醫療保險)。當愈來愈多的人有資格符合這些計畫時，政府支出會自動增加。

第二個令人苦惱的財政狀況之相關原因是，日益上升的健保成本。政府透過聯邦醫

療保險 (Medicare) 提供老年人健康照護，以及透過醫療補助提供窮人健康照護，而且在 2010 年通過平價醫療法案 (Affordable Care Act)，也補貼低收入家庭的私人醫療保險。當健保成本上漲時，政府這些制度的支出也跟著上升。政策制定者提出許多阻止健保成本提高的方法，如降低訴訟負擔、鼓勵健保提供者間的競爭、提倡更多人使用資訊科技，以及藉由改變醫生收費來減少不必要的檢驗與治療。然而，許多健康經濟學家認為這種改革只會有些微效果。健保成本日益上升的主要原因是，醫療技術進步及提供更新、更好，但也更昂貴的方法來延長與增進我們的壽命。

老年化人口與日益上漲的健保成本，將對聯邦政府預算造成重大衝擊。政府對社會安全 (Social Security)、健康照護、醫療補助 (Medicaid) 與其他政府健保制度的支出，從 1950 年少於 1% 的 GDP 上升到 2020 年的 10%。上升的軌跡並不會停止。國會預算辦公室估計，若是沒有任何改變，到了 2050 年政府對這些計畫的支出將上升至約 GDP 的 16%。

美國如何處理這些支出壓力仍是一個疑問。關鍵議題是：必要的財政調整如何在稅收增加與支出減少間分攤。有些經濟學家相信，為了支應這些承諾，需要大幅提高稅收占 GDP 的百分比，持續超過其歷史水準。其他經濟學家則相信，這種高稅率將造成年輕工作者的莫大負擔。他們建議，政策制定者應該減少對未來老年人的承諾，同時人們應該在逐漸年老之際多扮演自己照顧自己的角色。有些提倡正常退休年齡的提高，並鼓勵增加個人儲蓄，以準備自己的退休和健康照護費用。

解決這個爭端是未來數十年最重要的政策挑戰之一。大幅增稅或大幅降低支出都並非討喜的政治動作，這也是問題至今無人敢提的原因。然而，另外一個可能是預算赤字大幅提高和日益增加的政府債務。在某些時候，隨著政府負債占 GDP 的比率增加，政府願意且能夠提供服務與償還債務將會成為問題。

18-2　衡量的問題

政府的預算赤字等於政府支出減去政府收入，又等於政府融通營運所需發行新債務的金額。雖然這個定義聽起來簡單，但有時財政政策的辯論落在預算赤字應該如何衡量上。有些經濟學家相信，以傳統方式衡量的赤字並不是財政政策的良好指標；亦即，他們相信預算赤字無法準確衡量出財政政策對今日經濟體系的影響，也無法知道對未來納稅者造成的財政負擔。在本節中，要討論一般衡量預算赤字的四個問題。

衡量問題 1：通貨膨脹

通貨膨脹是衡量議題中最沒有爭議的。幾乎所有的經濟學家都同意政府負債應該以實質項目，而非名目項目來衡量。衡量出來的赤字應該等於政府實質負債的變動，而非名目負債的變動。

然而，一般衡量的預算赤字並未經過通貨膨脹調整。以下列的例子來瞭解這會造成多大的誤差。假設政府實質負債並未變動；換言之，以實質金額來看，預算是平衡的。在這種情形下，名目負債一定與通貨膨脹同比率上漲；亦即，

$$\Delta D/D = \pi$$

其中 π 為通貨膨脹率和 D 為政府負債存量。這隱含：

$$\Delta D = \pi D$$

政府實際觀察到的是名目負債的變動 ΔD，公佈的預算赤字是 πD。因此，大部份經濟學家認為公佈的預算赤字高估，高估的金額是 πD。

我們可以用另外一種方法得到相同的結論。赤字是政府支出減去政府收入。一部份的支出是政府公債利息支出。支出應該只包括公債的實質利息支出 rD，而非名目利息支出 iD。因為名目利率 i 與實質利率 r 之間的差異為通貨膨脹 π，故預算赤字高估的金額是 πD。

通貨膨脹的調整幅度可以很大，特別是在通貨膨脹很高時，這往往會改變我們對財政政策的評估。例如，在 1979 年，聯邦政府公佈的預算赤字是 $280 億。通貨膨脹是 8.6%，而大眾在年初持有的政府債券是 $4,950 億。因此，赤字被高估達：

$$\pi D = 0.086 \times \$4,950 \text{ 億}$$
$$= \$430 \text{ 億}$$

經過通貨膨脹調整，原先公佈 $280 億的預算赤字，變成 $150 億的預算盈餘！換言之，即使名目政府負債上升，但實質政府負債卻是下跌的。由於通貨膨脹處於低檔，這個修正在最近幾年變得較不重要。

衡量問題 2：資本資產

許多經濟學家相信，一個準確的政府預算赤字評估需要考慮政府的資產和負債，特別是在衡量政府整體負債時，我們應該將政府資產從政府負債中扣除。因此，政府負債應該是以負債的變動減去資產的變動來衡量。

當然，個人與廠商是以對稱的方式看待資本和負債。當個人以貸款方式購買房子時，我們不會說他有預算赤字；相反地，我們將資產的增加 (房子) 與負債的增加 (房屋貸款) 相互抵銷，而淨財富沒有改變。或許我們應該以相同方式來對待政府融資。

一種同時考慮資產和負債的預算程序稱為資本預算 (capital budgeting)，因為它說明資本的變動。例如，政府將某一棟辦公大樓或一部份土地出售，並將所得

用來減少政府負債。在傳統的預算程序下，公佈的赤字會降低。在資本預算下，銷售收入並不會降低赤字，因為負債的減少會被資產的減少所抵銷。同樣地，在資本預算下，政府貸款購買資本財並不會提高赤字。

資本預算最主要的困難是，很難決定哪一項政府支出應該視為資本支出。例如，州際高速公路系統是否應視為政府的一項資產？若可視為資產，其價值是多少？一堆核子武器呢？教育支出是否應該當成人力資本支出？如果政府想要採用資本預算制度，都必須回答這些困難的問題。

有關政府是否應該採用資本預算制度，理性的民眾有不同的意見。(許多州政府已經採用這種制度。) 反對資本預算者認為，儘管這個制度原則上較現有制度為優，但是它在實務上卻無法執行；支持資本預算者則認為，即使資本資產無法完全精確衡量，總比視而不見要好。

衡量問題 3：未被計算的負債

有些經濟學家認為衡量出來的預算赤字是錯誤的，因為它並未包括一些重要的政府負債項目。例如，讓我們考慮公務人員的退撫基金。這些公務人員今天為政府提供勞務，但是有一部份的報酬要延遲到將來才給付。事實上，這些勞工是提供貸款給政府。其未來的退休金代表政府的負債，和一般政府負債並沒有很大的差異，但是這項負債的累積並未當成預算赤字的一部份。根據一些估計，這些隱含的負債和官方統計的政府負債金額幾乎相同。

同樣地，讓我們考慮社會安全制度。從某些方面來看，這個制度與退撫基金計畫雷同。人們在年輕時將一部份所得存入這個制度中，在年老時預期會收到這筆津貼，或許累積到未來的社會安全福利津貼應該列入政府負債當中。一些估計指出，政府未來的社會安全負債 (減去未來社會安全稅收) 超過官方衡量政府負債數字的三倍。

有人可能認為社會安全負債與政府負債並不相同，因為政府可以改變決定社會安全福利津貼的法律。然而，原則上，政府始終可以選擇不償還所有的債務：政府選擇償還債務，因為它願意這樣做。承諾償還公債持有人和承諾支付給未來社會安全津貼領取人基本上並無差異。

政府負債中有一個特別困難衡量的部份是或有負債 (contingent liability) ── 只有在特定事件發生時，這項債務才會到期。例如，政府保證許多種類的私人信用，如學生貸款、中低收入家庭的房屋貸款，以及銀行和儲蓄貸款協會的存款。如果貸款者償還這些貸款，政府不用支付一毛錢；若貸款者違約，政府就必須負責償還。當政府提供保證時，是在貸款人違約的條件下承擔這筆負債，但是這筆負債沒有反映在預算赤字上，一部份是因為不清楚真正金額的大小。

衡量問題 4：景氣循環

面對波動的經濟活動，許多政府預算赤字的改變會自動發生。例如，當經濟陷入不景氣時，所得下跌，所以人民繳納的所得稅也會減少。利潤下跌，所以公司繳納的公司所得稅也減少。有更多的人符合政府移轉性支付的資格，如福利津貼和失業保險，所以政府支出增加。即使政府支出和稅收的法律沒有改變，但預算赤字還是會增加。

預算赤字的自動改變並不是衡量誤差，因為當不景氣抑制稅收成長和提高政府支出時，政府確實增加舉債額度，這些改變的確造成利用赤字來監督財政政策變動的工作更難以進行。因為政府改變政策或因為經濟景氣發生變化，都可能導致赤字的增加或減少。為了某些目的，最好能弄清楚到底是哪一種情況。

為了解決這個問題，政府計算一個循環調整預算赤字 (cyclically adjusted budget deficit) [有時稱為充份就業預算赤字 (full-employment budget deficit)]。循環調整預算赤字是依據經濟體系處於自然就業和產出水準下，政府支出與稅收的估計值計算的。循環調整預算赤字是相當有用的衡量變數，因為反映出財政政策的決策而非目前階段的景氣循環現象。

總結

經濟學家對衡量問題重要性的意見並不一致。有些相信問題相當嚴重，以致於衡量出來的預算赤字幾乎沒有任何經濟意義。大部份的經濟學家頗為重視衡量問題，仍然認為衡量出來的預算赤字是一個十分有用的財政政策指標。

沒有爭議的功課是要完整評估財政政策的衝擊，經濟學家和政策制定者必須注意的不只是衡量出來的預算赤字。事實上，他們觀察得比較全面。每一年預算管理局準備的預算報告書中，涵蓋許多政府財務狀況的詳細資訊，包括資本支出和信用計畫的資料。

經濟統計數據並非完美無缺。每當在媒體上看到一項數據時，我們必須知道它衡量什麼及遺漏什麼。這種情況在政府負債和預算赤字特別真實。

18-3 政府負債的傳統觀點

想像你是在國會預算辦公室 (CBO) 工作的經濟學家。參議院預算委員會主席寄給你一封信：

親愛的國會預算辦公室經濟學家：

　　國會正考慮總統要求將所有稅率降低 20% 的提議，而在決定是否背書之前，委員會想請你進行分析。我們對政府支出的減少不抱任何期望，所以減稅意味著預算赤字的增加。請問稅收與預算赤字如何影響經濟體系及國家的經濟福祉？

誠摯的，
委員會主席

在回覆參議員之前，你翻開最喜愛的經濟學課本 —— 當然是這一本 —— 來查看模型對這種財政政策變動的預測。

要分析這個政策變動的長期影響，你回到第 3 章到第 10 章的模型。第 3 章的模型說明，減稅刺激消費者支出並減少國民儲蓄。儲蓄的減少導致利率上漲，而排擠投資。第 8 章的梭羅成長模型說明，投資降低最終會導致穩定狀態下的資本存量和產出水準都減少。因為我們在第 10 章的結論指出，美國經濟體系的資本存量小於黃金法則的穩定狀態下之資本水準 (消費極大化的穩定狀態)，穩定狀態下資本的減少意味著消費減少及經濟福祉下跌。

為了分析政策變動的短期影響，你回到第 12 章和第 13 章的 IS-LM 模型。這個模型說明，減稅導致消費者支出增加，此由 IS 曲線擴張性移動反映。若是貨幣政策沒有改變，IS 曲線的移動導致總需求曲線擴張性移動。在短期，當價格是僵固時，總需求的擴增造成產出增加和失業減少。隨著時間經過，當價格開始調整時，經濟體系會回到自然產出水準，而總需求的增加造成物價水準上漲。

要瞭解國際貿易會如何影響你的分析，你回到第 6 章和第 14 章的開放經濟體系模型。第 6 章的模型說明，當國民儲蓄下跌時，民眾開始向國外貸款來融通投資，引起貿易赤字。儘管資本從國外流入減緩財政政策變動對美國資本累積的影響，但美國變成積欠外國債務的國家。財政政策的變動也會造成美元升值，使得外國商品比美國商品便宜及本國商品變得比外國商品昂貴。第 14 章的孟德爾—弗萊明模型說明，美元升值導致淨出口減少，使財政政策對產出和就業的擴張性影響也減少。

瞭解所有的模型後，你回覆一封信：

親愛的參議員：

透過政府貸款融通減稅，對經濟體系有許多影響。減稅的立即影響是刺激消費者支出。消費者支出增加對經濟會造成短期和長期的影響。

在短期，消費者支出增加會提高商品與服務的需求，因而造成產出與就業的增加。然而，當投資者競相爭取較少的儲蓄資金時，利率會上升。利率提高導致投資減少，進而鼓勵資本從國外流入。美元相對其他外國貨幣升值，使美國廠商在全球市場競爭力下跌。

在長期，減稅引起的國民儲蓄減少意味著資本存量減少和對外負債增加。因此,國家的產出水準下跌,較大比例的產出會流到國外。

減稅對經濟福祉的整體影響難以判斷。目前的世代享受更多的消費和更高的就業,雖然通貨膨脹也可能比較高。未來的世代必須承擔今日預算赤字造成大部份的負擔:他們會生活在較低資本存量和較大外債的國家。

您忠心的僕人,
國會預算辦公室經濟學家

參議員回覆你的信:

親愛的國會預算辦公室經濟學家:

謝謝您的來信。聽起來十分合理,但是昨天委員會聽到一位自稱為「李嘉圖學派」的經濟學家證詞,並得到完全不同的結論。她說,減稅本身並無法刺激消費者支出。因此,她的結論是預算赤字不會有您列出的所有影響。這是怎麼一回事?

誠摯的,
委員會主席

在學習過下一節後,你回覆參議員一封信,並詳細解釋李嘉圖等值定理的辯論。

FYI 稅與誘因

本書從頭到尾以單一變數 T 總結稅制。在我們的模型中,政策工具是政府選擇的租稅水準;我們忽略政府如何籌措稅收的議題。但實際上,租稅並非定額,而是以某種形態的經濟活動課徵。美國聯邦政府藉由課徵個人所得(在 2019 年,稅收的 50%)、薪資稅(36%)、公司利潤稅(7%),以及其他來源(7%),來籌措稅收。

財政學課程花費大部份的時間,來研究不同形態租稅的贊成與反對意見。其中一個在這種課程強調的功課是租稅影響誘因。當人們的勞動所得需繳稅時,比較沒有誘因辛勤工作;當人們的資本所得被課稅時,比較沒有誘因儲蓄和投資資本。因此,當租稅改變時,誘因跟著改變,而這會有總體經濟效果。假如降低稅率可以鼓勵多工作和投資、商品與服務的總供給會增加。

有些經濟學家被稱為供給學派學家(supply-siders),相信租稅的誘因效果很大。一些供給學派經濟學家甚至建議減稅可以自我融通:儘管稅率下降,但稅率下降誘使總供給和稅收增加。雖然所有的經濟學家都同意租稅影響誘因,而誘因影響某種程度的總供給,但是大部份的人相信在大多數情況下,誘因效果一般不足以大到使減稅有自我融通的效果。[1]

---

[1] 想知道更多有關租稅如何透過誘因影響經濟,最佳入門是大學財政學教科書,如 Harvey S. Rosen and Ted Gayer, *Public Finance*, 10th ed. (New York: McGraw-Hill, 2014)。

18-4　政府負債的李嘉圖觀點

　　政府負債的傳統觀點認定，當政府減稅和發生預算赤字時，消費者面對高稅後所得，支出因此提高。另一種觀點則質疑這種認定，稱為**李嘉圖等值定理** (Ricardian equivalence)。根據李嘉圖的觀點，消費者關心未來，因此他們的支出不僅依據當前所得，也根據未來的預期所得來做決定。如同我們將在第 20 章所見，有遠見的消費者是許多現代消費理論的核心觀念。政府負債的李嘉圖觀點運用消費者有遠見的邏輯來分析財政政策。

李嘉圖等值定理的基本邏輯

　　讓我們考慮有遠見的消費者對參議院預算委員會關心的減稅方案會如何回應。消費者可能會做出以下的推理：

> 政府正在減稅，卻沒有任何減少政府支出的計畫。這個政策是否會改變我的消費選擇組合？我是否會因為減稅而更富有？我是否應該多消費？
>
> 或許不會。政府是藉由預算赤字來融通減稅。在未來的某個時點，政府必須增稅來償還負債和累積的利息。所以，政策實際上是今日減稅而在未來增稅的組合。減稅只帶給我們暫時所得，最後會被拿回去，我沒有變得更好，所以不會改變我的消費。

有遠見的消費者瞭解，今天的政府貸款意味著未來的加稅。透過政府負債來融通減稅並不會減少稅賦；它只是重新安排時程。因此，它不應該鼓勵消費者支出上升。

　　我們可以用另外一種方法得到相同的結論。假設政府向一般民眾貸款 $1,000，並給予該民眾 $1,000 的減稅。本質上，這個政策和給民眾 $1,000 政府債券作為禮物是一樣的。債券的一面是：「政府欠你，債券持有人，$1,000 加上利息。」另外一面則是：「你，納稅人，欠政府 $1,000 加上利息。」整體而言，一張政府債券作為禮物，並不會使民眾更富有或更貧窮，因為債券的價值被未來的稅賦價值所抵銷。

　　一般原則是政府負債相當於未來的稅收，而且如果消費者有足夠的遠見，未來的稅收相當於現在的稅收。因此，以負債融通政府支出相當於以稅收融通政府支出。這種觀點稱為李嘉圖等值定理，是紀念 19 世紀著名經濟學家李嘉圖而命名的，他是第一位注意到這種理論觀點的學者。

　　李嘉圖等值定理的一個涵義是，以債券融通的減稅不會影響消費。家計單位將額外的所得儲蓄，以作為繳納因減稅所造成未來稅賦的增加。此人私人儲蓄的增加與公共儲蓄的減少相互抵銷。國民儲蓄——私人儲蓄加公共儲蓄——維持不變。因此,減稅並沒有傳統觀點預測的任何效果。

李嘉圖等值定理的邏輯並不是意味著所有財政政策的變動都不重要。如果財政政策的改變會影響現在或未來政府購買,就會影響消費者支出。例如,假設政府計畫在未來減少政府購買,而選擇在今天實施減稅。若消費者瞭解這種減稅並不需要未來增稅,就會覺得比較有錢而增加消費。但是政府購買的減少而不是稅收的減少刺激消費:宣佈未來政府購買減少,即使目前的稅收沒有改變仍會導致今日消費的增加,因為它隱含在未來某一個時點會出現稅收的減少。

消費者與未來稅收

李嘉圖觀點的本質是,當人們選擇其消費水準時,會理性地往前看政府負債隱含的未來稅賦是多少。但是消費者多有遠見?政府負債傳統觀點的支持者相信,未來稅收對現在消費的影響並不像李嘉圖觀點假設的那麼大。這裡有一些他們的論點。[2]

短視　贊成李嘉圖財政政策觀點者認為,民眾在選擇將所得儲蓄多少和消費多少時所做的決定是理性的。當政府貸款來支付現在的支出時,理性的消費者會向前看到未來必須增稅來支應這筆負債。因此,李嘉圖觀點認定民眾擁有相當的知識和遠見。

反對減稅的一個傳統觀點是,民眾是短視的,或許因為人們沒有完全瞭解政府預算赤字的涵義。某些民眾在選擇儲蓄多少金額時,有可能只是遵循簡單且並非完全理性的經驗法則。例如,假設某人是根據未來稅收與現在稅收是一樣的假設進行消費行為,則此人沒有考慮到現在政府政策所導致未來稅收的變動。負債融通的減稅措施會讓此人相信他的終身所得增加,即使實際上並未改變。因此,減稅將造成消費的增加和國民儲蓄的減少。

貸款限制　政府負債的李嘉圖觀點假設,消費者支出不僅依據現在的所得,且會根據包括現在和預期未來所得的終身所得。根據李嘉圖觀點,負債融通的減稅措施會增加現在的所得,但不會改變終身所得或消費。政府負債傳統觀點的擁護者認為,對面臨貸款限制的消費者而言,現在所得比未來所得更加重要。貸款限制(borrowing constraint)是消費者可以向銀行或其他金融機構貸款金額的限制。

讓我們考慮一個人想要消費超過他現在所得與財富——或許因為他未來賺取更高的所得唯一的方法是必須貸款才能這麼做。如果他無法貸款來融通現在的消

---

[2] 有關李嘉圖等值定理辯論的整理文獻,請見 B. Douglas Bernheim, "Ricardian Equivalence: An Evalua-tion of Theory and Evidence," *NBER Macroeconomics Annual* (1987): 263-304;也請見 1989 年春天出版的 *Journal of Economic Perspectives*,預算赤字的論文集。

> **個案研究**

老布希總統的扣繳實驗

在 1992 年初，老布希總統尋求一個嶄新的政策，以處理在美國徘徊的不景氣。透過行政命令，他降低勞工薪資中扣繳的所得稅額。這個命令並沒有降低勞工繳納的稅額，只是延長支付期限。1992 年間領到的高稅後所得會被 1993 年 4 月應繳的較高稅賦和較少的退稅金額所抵銷。

你預期這個政策會有什麼影響？根據李嘉圖等值定理的邏輯，消費者應該理解到他們的終身資源並未改變，因此將額外的稅後所得儲蓄起來，以支應未來的稅賦。但是，老布希總統宣稱，他的政策將提供「一筆錢，人們可以用來買衣服、支付大學學費或購買新車。」亦即，他相信消費者會將額外的所得用做消費，因此刺激總需求，並協助經濟走出不景氣的陰影。老布希總統似乎是假設消費者是短視，或面臨有約束力的貸款限制。

以總體資料來衡量這個政策的實際影響是十分困難的，因為同一時間還發生許多其他的事情。但是，有兩位經濟學家在這項政策宣佈不久後就進行一項調查，並得到一些證據。調查詢問民眾會如何使用這筆額外的所得。57% 的受訪者表示會儲蓄、用來償還債務，或調整手中保留的現金，來應付老布希總統行政命令的影響；43% 的受訪者則回答，會花掉這筆額外的所得。因此，對這個政策改變而言，大部份人的計畫符合李嘉圖理論的主張。儘管如此，老布希總統還是對了一部份：許多人即使瞭解來年的稅單金額會比較高，依然計畫花掉這筆多出來的收入。[3] ∎

費，或是只能貸到有限的金額，不論他的終身所得是多少，現在的所得會決定他的消費支出。在這種情形下，負債融通的減稅措施，即使未來所得減少，仍會導致現在所得和消費的增加。事實上，當政府降低當前稅收和提高未來稅收時，是給納稅者一筆貸款。對一個想要貸款但無法貸到錢的人而言，減稅擴增他的機會並刺激消費。

未來的世代　除了短視和貸款限制以外，傳統政府負債觀點的第三個論點是，消費者預期未來隱含的稅賦不會落在他們身上，而是落在未來世代的身上。例如，假設政府實施減稅，發行三十年期公債來融通預算赤字，且在三十年後提高稅收來償還這筆貸款。在這個情形下，政府負債表示財富從下一個世代納稅者 (面臨增稅) 的手中移轉到當前世代納稅者 (得到減稅) 的手中。事實上，這種負債融通的減稅措施會提高消費，因為它給這一代多消費的機會，而犧牲下一代的所得。

經濟學家勞勃・巴洛 (Robert Barro) 對這種論點提出巧妙的答辯來支持李嘉圖觀點。巴洛認為未來世代是當前世代的子女和子孫，我們不應該將他們視為獨立

---

[3] Matthew D. Shapiro and Joel Slemrod, "Consumer Response to the Timing of Income: Evidence from a Change in Tax Withholding," *American Economic Review* 85 (March 1995): 274-283.

「什麼，我聽到你們大人要拿我的將來做抵押？」

的經濟行動者。相反地，他宣稱當前世代會關心未來世代是比較適當的假設。這種世代間的利他主義是以很多人送禮物給他們的小孩，通常以饋贈形式呈現。當他們在世能夠增加後代子孫的消費機會時，許多人有意識地盡可能放棄現在的消費。換句話說，許多人並不會積極想要以下一代的幸福作為這一代多消費的代價。

根據巴洛的分析，相關的決策單位並不是生命有限的個人，而是永續存在的家族。換言之，一個人決定消費多少不僅依據個人的所得，還依據未來家族成員的所得來做決定。負債融通的減稅措施可以提高個人的終身所得，但不會提高他家族整體資源。與其從減稅中消費額外的所得，個人會將多餘的所得儲蓄起來，並留給需要負擔更多稅賦的後代子孫。

我們現在可以看到，對政府負債的辯論其實是對消費者行為的辯論。李嘉圖觀點假設消費者擁有一段長期的生涯。巴洛對家族的分析隱含消費者的時間長度實際上是無限的，就像政府。但消費者不重視未來世代的租稅負擔是有可能發生的。或許他們預期子孫會比自己富有，因此樂於接受消費下一代資產的機會。許多人不留下任何遺產或只留下少量的遺產給子孫的事實，是符合這個假設的。對於那些留下零或最少遺產的家族，以公債融通的減稅措施藉由世代間的財富重分配改變其消費水準。[4]

進行選擇

看過政府負債的傳統和李嘉圖觀點後，你應該考慮兩個問題。

第一，你贊同哪一個觀點？如果政府今天實施減稅，發生預算赤字，且未來增稅，這個政策會如何影響經濟體系？它是否會像傳統觀點的主張，刺激消費？或消費者瞭解到其終身所得沒有改變，因此提高私人儲蓄來抵銷預算赤字？

第二，你為什麼會抱持這個觀點？如果你贊同政府負債的傳統觀點，理由為何？消費者是否不瞭解政府今天增加舉債，意味著明天稅收的增加？或其忽略未來稅收，因為他們面臨貸款限制，或因其稅賦落在未來世代身上，他們覺得與當前世代沒有經濟關聯？如果你抱持李嘉圖觀點，認為消費者是否有看到今日的貸款所產生未來的稅賦會落在自己或後代子孫身上的遠見？你是否相信這些消費者會將多餘所得儲蓄，以抵銷未來的稅賦？

---

4 Robert J. Barro, "Are Government Bonds Net Wealth?" *Journal of Political Economy* 82 (1974): 1095-1117.

FYI 李嘉圖的李嘉圖等值定理

李嘉圖是一名身價百萬的股票經紀人，而且是史上最偉大的經濟學家之一。他對經濟領域最重要的貢獻是 1817 年出版的《政治經濟原則與稅收》(*On the Principles of Political Economy and Taxation*)，他在這本書中發展比較利益理論，至今仍有許多經濟學家用來解釋國際貿易的利益。李嘉圖也是英國下議院的議員，他在那裡將其理論付諸實施，反對限制穀物國際貿易的玉米法規。

李嘉圖對於政府償還支出的不同方法頗感興趣。在 1820 年發表的〈資助體系論文〉(*Essay on the Funding System*) 一文中，他考慮一個耗費 2,000 萬英鎊戰爭的例子。他注意到若利率是 5%，這筆支出可以用一次 2,000 萬英鎊的稅收，持續每年課徵 100 萬英鎊的稅收，或課徵每年 120 萬英鎊的稅達四十五年來融通戰爭經費。他寫道：

> 以經濟觀點看，不同模式間並沒有實質差異；一次付 2,000 萬英鎊，每年 100 萬英鎊，直到永遠，或 120 萬英鎊達四十五年，其價值是相同的。

李嘉圖瞭解這個議題牽涉到世代間的關聯：

> 我們很難說服一個擁有 20,000 英鎊或其他數目的人，每一年支付 50 英鎊，直到永遠，和一次給付 1,000 英鎊的稅賦是相同的負擔。他會有一些模糊的概念，每年繳納 50 英鎊會由子孫負擔這筆錢，而他不會負擔，但是如果他留下財產給子孫，並讓子孫負擔這個永久的稅，他留給子孫 20,000 英鎊加上這項稅金，和他留給子孫 19,000 英鎊但沒有稅賦，兩者之間又有何差別？

儘管李嘉圖認為這些融通政府支出的不同方式其實是一樣的，但他並不認為別人也會這麼想：

> 那些納稅者……並不會因此管理其私人事務。我們也傾向於認為，戰爭的負擔只存在現在必須繳納稅收者的身上，而不考慮這種稅賦的可能延續。

因此，李嘉圖懷疑人們是否如此的理性和有遠見，足以完全看到未來的租稅負擔。

身為政策制定者，李嘉圖異常重視政府負債。在擔任英國下議院議員之前，他曾經宣佈：

> 如果我們能夠擺脫兩個惡魔——國家債務和玉米法規，我們將是世界上最快樂的國家，而且繁榮進步的程度將遠遠超過我們的想像。

這是經濟史上最大的諷刺之一，李嘉圖拒絕現在以他為名的理論！

我們希望證據可以協助決定這兩種政府負債的觀點。但是，當經濟學家檢視歷史上發生的一些龐大預算赤字事件時，證據並不是一面倒。歷史可以用不同的方式來詮釋。

以 1980 年代的經驗為例。龐大的預算赤字，部份是由 1981 年雷根政府減稅所引起，似乎提供一個自然實驗來測試這兩種政府負債的觀點。乍看之下，這個事件似乎一面倒地支持傳統觀點。龐大的預算赤字與低國民儲蓄、高實質利率一起發生。的確，政府負債傳統觀點的擁護者通常宣稱這種經驗符合他們的主張。

但是，那些支持政府負債的李嘉圖觀點者卻以不同方式來詮釋這些證據。或許 1980 年代儲蓄水準低落，是因為人們對未來經濟成長抱持樂觀態度 —— 樂觀的態度反映在交易熱絡的股市上。或許儲蓄水準的低落是因為人們預期減稅最終將導致，如雷根總統承諾的，未來稅賦不會增加，而是政府支出的減少。因為很難排除任何一種解釋，兩種政府負債的觀點依然存在。

18-5 政府負債的其他觀點

關於政府負債的政策辯論有許多面向。到目前為止，我們考慮政府負債的傳統和李嘉圖觀點。根據傳統觀點，政府預算赤字在短期會擴張總需求並刺激產出，但在長期會排擠資本並抑制經濟成長。根據李嘉圖觀點，政府預算赤字毫無上述的效果，因為消費者瞭解預算赤字僅是稅賦的延遲。以這兩個理論作為背景，現在我們來考慮政府負債的其他觀點。

平衡預算對最適財政政策

在美國，許多州法律需要州政府維持平衡的預算。一個重複出現的政治辯論議題是：聯邦憲法是否應該要求聯邦政府也維持平衡預算。有三個理由說明為什麼最適財政政策有時需要財政赤字或盈餘。

穩定　預算赤字或盈餘可以協助穩定經濟。事實上，平衡預算法則會使稅收和移轉性支付的自動穩定功能失效。當經濟體系陷入不景氣時，稅收自動下降，而移轉性支付自動上升。雖然這些自動穩定因子協助穩定經濟，但是卻會造成預算赤字。一個嚴格的預算平衡法則會要求政府在經濟衰退期間，提高稅收或減少支出作為因應，但這些措施會導致總需求減少，並加深不景氣幅度。換言之，它將抵銷稅制與移轉性支付的穩定能力。

稅收平滑　預算赤字或盈餘可以用來降低稅制引起的誘因扭曲。如同我們先前的討論，稅率提高透過經濟活動的減少會引起社會成本上升。例如，對勞動報酬課稅，會降低勞工長時間工作的誘因。因為在稅率極高時，這種反誘因效果特別明顯，藉由維持稅率相對穩定而非時高時低，可以使稅收的總社會成本達到極小化。經濟學家稱這種政策為 稅收平滑 (tax smoothing)。為了保持稅率平穩，在所得異常低 (經濟衰退) 的年代或支出異常高 (戰爭) 的年代，赤字是有必要的。

跨世代的重分配　預算赤字可以用來將稅賦從當前世代轉移到未來世代。例如，有些經濟學家認為，如果當前世代為維護自由而戰，未來世代也會受益而應該承受部份的負擔。要傳遞部份的戰爭經費給下一代，當前世代可以用預算赤字的方式來融通戰爭支出。政府稍後可以透過對未來世代的課稅來償還這些債務。

這些考量導致大部份的經濟學家反對平衡預算法則。一個財政政策的原則最起碼必須考慮到重複發生的事件，如不景氣和戰爭，在那些期間內，政府有預算赤字是合理的。

貨幣政策的財政效果

在 1985 年，Fed 主席沃克爾告訴國會：「實際與推測的預算赤字規模⋯⋯提高我們對控制貨幣供給和維持通貨膨脹平穩的懷疑。」十年後，他的繼任者葛林斯潘宣稱：「美國長期預算赤字的大幅降低，明顯使得非常長期的通貨膨脹預期下降。」這兩位 Fed 主席顯然都看到財政政策與貨幣政策間的關聯。

在第 5 章首次討論這種可能性。如同我們先前所見，一種政府融通預算赤字的方式是印製鈔票──一個導致通貨膨脹上升的政策。的確，當國家經歷惡性通貨膨脹時，典型的理由是財政政策制定者依賴通貨膨脹稅來通融一部份的支出。惡性通貨膨脹的結束幾乎總是與大幅降低政府支出的財政改革措施一起出現，且因此降低對鑄幣稅的需求。

除了預算赤字與通貨膨脹之間的關聯外，有些經濟學家指出，負債水準提高也可能鼓勵政府創造通貨膨脹。因為大部份政府債券是以名目價值設定，當物價水準上升時，公債的實質價值下跌。這是未預期通貨膨脹所引起債權人和債務人之間的財富重分配；這裡政府是債務人，而民間部門是債權人。負債水準提高可能鼓勵政府印製鈔票，因此提高物價水準，引起負債實質價值的下跌。

儘管這些問題對政府負債和貨幣政策可能有關聯性，但是在大多數已開發國家中，找不到證據支持這種關聯性是很重要的。例如，在美國，通貨膨脹在 1970 年代頗高，即使政府負債相對國內生產毛額處於偏低的水準。貨幣政策制定者在 1980 年代初期控制住通貨膨脹，在同一時期，財政政策制定者開始遭遇龐大的預算赤字及日益增加的政府負債。在 2019 年，以歷史標準觀察，負債占 GDP 比率處於高檔，但通貨膨脹略為低於 Fed 宣佈的目標通貨膨脹率 2%。因此，雖然貨幣政策有時可能是由財政政策推動，如在古典的惡性通貨膨脹期間，這種情況在今天大多數的國家似乎不是常態。原因有好幾個：第一，大多數政府是經由公債銷售來融通赤字，並不需要依賴鑄幣稅；第二，中央銀行有足夠的獨立性來抵擋追求更寬鬆貨幣政策的政治壓力；第三，大多數的政策制定者都知道，通貨膨脹不是解決財政問題的靈丹妙藥。[5]

---

[5] 一篇價格水準財政政策的最近文章重新強調，貨幣政策與財政政策間的關聯性，介紹請見 Christopher A. Sims, "Paper Money," *American Economic Review* 103 (April 2013): 563-584。

負債和政治過程

財政政策並非由仁慈的、眾所周知的天使,而是由政府官員透過不完美的政治過程所制定。因此有些經濟學家擔心以發行公債的方式融通政府支出的作法,會使政治過程愈來愈糟。

這個觀念由來已久。19 世紀瑞典經濟學家奈特·威克席爾 (Knut Wicksell) 宣稱,若某種政府支出的利益超過其成本,選民以無異議的方式支持這種支出應該是有可能存在的。他的結論是,政府支出只有在幾乎無異議時才應該執行。然而,在負債融通的情況下,威克席爾關心:「(未來納稅人的) 利益完全沒有反映出來,或在核准稅制的會議上被不當地反映。」

許多經濟學家最近回應這個主題。詹姆士·麥坎南 (James Buchanan) 和理查·華格納 (Richard Wagner) 在 1977 年出版的《赤字中的民主》(*Democracy in Deficit*) 一書中,主張財政政策的平衡預算法則,理由是:「將會喚起決策者對公共支出實質成本關心的效果;會使那種『有比沒有好』財政選擇形態的幻覺破滅。」同樣地,馬汀·費德斯坦 (Martin Feldstein) (曾為雷根總統的經濟顧問及預算赤字的長期批評者) 認為:「只有『嚴格的預算限制』才能夠平衡預算。」這句話可以迫使政治人物判斷支出是否「利益確實反映成本」。

這些論點導致經濟學家贊成修改憲法,要求美國國會通過平衡預算。通常這些提議在國家遭遇緊急時期,如戰爭和不景氣期間,此時預算赤字是合理的政策因應措施時會有例外條款。這些提議的一些批評者認為,即使有例外條款,這樣的憲法修正案將大為束縛政策制定者。其他人則宣稱,國會可以用會計技巧輕易地規避平衡預算的要求。當這個討論逐漸明朗之際,對平衡預算修正案的辯論在政治面和經濟面早已糾纏不清。

國際層面

政府負債會影響一個國家在國際上的角色。如同我們首次在第 6 章看到的,當預算赤字降低國民儲蓄時,往往會造成貿易赤字,進而增加向國外貸款來融通國內投資。確實,許多觀察者認為美國的財政政策是美國最近從世界經濟主要債權國家轉變成主要債務國家的原罪。預算赤字和貿易赤字之間的關聯,造成政府負債進一步的兩個效果。

第一,偏高的政府負債水準提高一個國家經歷資本外逃——在全球金融市場中對一個國家的資產需求突然減少的風險。國際投資者相當清楚,政府總是可以用違約的方式規避負債。這個方法最早可追溯至 1335 年,當時英國國王愛德華三世 (Edward III) 拒絕償還義大利銀行家的債務。最近,俄羅斯在 1998 年和阿根廷在 2001 年發生債務違約事件。政府負債水準愈高,違約的誘惑就愈大。因此,隨政府負債的增加，國際投資者開始憂慮呆帳而縮減放款。若信心喪失突然發生，結果是出現資本外流的典型徵兆：貨幣價值的崩跌和利率的大幅攀升。如同我們在第 14 章的討論，這種狀況正是墨西哥在 1990 年代初期可能違約的情況。

第二，以國外貸款來融通偏高的政府負債水準，會減低該國在全球事務上的影響力。經濟學家班傑明·傅利德曼 (Benjamin Friedman) 在 1988 年出版的《計算日子》(*Day of Reckoning*) 一書中強調這種恐懼。他寫道：「世界權力和影響力在歷史上都掌握在債權國的手中。美國成為世界強權與我們從債務國轉變成債權國……提供投資資金給世界上其他的國家同時發生，並不是巧合。」傅利德曼建議，如果美國繼續出現龐大的貿易赤字，最終將損失部份的國際影響力。最近數十年間，歷史並未支持這種假設：美國現在是全球金融市場主要的債務國，而儘管如此，仍是世界超級強權。但或許其他事件，如蘇聯的解體，抵銷美國負債增加造成影響力的下滑。

18-6 結論

財政政策和政府負債是美國政治辯論的核心議題。本章討論某些隱藏在這些決策背後的經濟議題。如同我們先前所見，經濟學家對於政府負債的影響與何種財政政策為最佳並沒有共識。當然，經濟學家並不負責設計和施行財政政策。這個角色都是由民選領袖扮演，他們並不會都遵循經濟學家的建議。

快速測驗

1. 檢視整個美國歷史，政府負債大幅提升的最主要原因是
   a. 衰退導致稅收下滑
   b. 減稅促進成長的供給面政策
   c. 戰爭導致政府支出大增
   d. 資格權益法案提供所得與健康照護給年長者

2. 在通貨膨脹時期，因為政府支出包括政府債務的 ＿＿＿ 利息支付，政府的預算赤字是 ＿＿＿。
   a. 名目，高估
   b. 實質，高估
   c. 名目，低估
   d. 實質，低估

3. 根據政府負債的傳統觀點，債務融通減稅會
   a. 在短期與長期都會提高產出
   b. 在短期與長期都會降低產出
   c. 在短期提高產出，但在長期降低產出
   d. 在短期降低產出，但在長期提高產出

4. 根據政府負債的李嘉圖觀點，債務融通減稅會
   a. 增加私人儲蓄，但降低國民儲蓄
   b. 增加私人儲蓄，但對國民儲蓄沒有影響
   c. 對私人儲蓄沒有影響，但降低國民儲蓄
   d. 不會影響私人儲蓄與國民儲蓄

5. 李嘉圖等值定理無法成立，若
   a. 政府採用資本預算
   b. 人們都是前瞻理性而非短視
   c. 人們會留遺產給後代子孫
   d. 消費者面對有約束力的貸款限制

6. 若財政政策制定者被稅收平滑激勵，則當所得不尋常的 _____ 或政府支出不尋常的 _____ 時，預算盈餘是恰當的。
   a. 高，高
   b. 高，低
   c. 低，高
   d. 低，低

摘要

1. 在 2019 年，其他國家的負債與美國聯邦政府過去的負債相比，目前美國聯邦政府的負債規模並無特殊之處，但相較過去歷史，它處於高檔。因為自動穩定機制與權衡性財政政策都會增加預算赤字，在美國負債占 GDP 比率在 2008 年到 2009 年經濟大衰退期間飆升。它預期在 2020 年新冠肺炎經濟衰退時會再度上升。

2. 預算赤字的標準衡量數字不是財政政策的完美指標，因為它們並未調整通貨膨脹的影響，沒有抵銷政府負債與政府資產的變動，忽略某些負債項目，並未調整景氣循環的影響。

3. 根據政府負債的傳統觀點，負債融通的減稅措施會刺激消費者支出和降低國民儲蓄。消費者支出的增加導致短期總需求的擴張及所得的增加，但是在長期則造成資本存量的降低和所得的減少。

4. 根據政府負債的李嘉圖觀點，負債融通的減稅措施不會刺激消費者支出，因其並未提高消費者整體的資源──只是重新安排將稅收從現在移到未來。政府負債的傳統與李嘉圖觀點之間的辯論，最終歸向消費者如何行為的辯論。消費者是理性的前瞻抑或短視？他們是否面臨有約束力的貸款限制？透過利他關係的遺產饋贈，其是否與未來世代有經濟關聯？經濟學家對政府負債的看法是依其對問題的答案而定。

5. 許多經濟學家反對嚴格的平衡預算法則。預算赤字有時可以依據短期穩定經濟波動，穩定稅課制度或稅賦的跨世代重分配而定。

6. 政府負債可以有許多其他效果。龐大的政府負債或預算赤字會鼓勵過度的貨幣擴張，因此導致通貨膨脹上升。預算赤字出現的可能性，會鼓勵政治人物在決定政府支出和稅收金額時，不當地將稅賦移轉到未來世代。偏高的政府負債水準會導致資本外逃，並削弱一個國家在全世界的影響力。經濟學家對哪一個效果最重要並未達成共識。

關鍵詞

資本預算　capital budgeting
循環調整預算赤字　cyclically adjusted budget deficit
李嘉圖等值定理　Ricardian equivalence
稅收平滑　tax smoothing

複習題

1. 請問從 1980 年到 1995 年，美國財政政策有什麼不尋常之處？
2. 為什麼許多經濟學家預測數十年後的政府負債和預算赤字會持續上升？
3. 請描述影響政府預算赤字衡量的四個問題。
4. 根據政府負債的傳統觀點，請問負債融通的減稅措施如何影響公共儲蓄、私人儲蓄和國民儲蓄？
5. 根據政府負債的李嘉圖觀點，請問負債融通的減稅措施如何影響公共儲蓄、私人儲蓄及國民儲蓄？
6. 政府負債的傳統觀點或李嘉圖觀點何者比較值得信賴？為什麼？
7. 請以三個理由說明為什麼預算赤字可能是好的政策選擇。
8. 請問為什麼政府負債水準會影響政府創造貨幣的誘因？

問題與應用

1. 1996 年 4 月 1 日，速食連鎖店 Taco Bell 在《紐約時報》刊登全版廣告：「為了協助解決國家負債，Taco Bell 很高興宣佈我們同意購買我國最具歷史意義的古董 —— 自由鐘 (Liberty Bell)。現在它將改名為 Taco 自由鐘 (Taco Liberty Bell)，繼續供美國人民參觀。有些人可能會覺得有爭議，我們希望能夠拋磚引玉，其他公司也加入降低國家負債的行列。」請問這項美國公司的舉動能否真正降低以目前方式衡量的預算赤字？如果美國政府採用資本預算制度，請問你的答案是否會改變？請問你認為這些舉動是否代表美國負債的真正減少？你是否認為 Taco Bell 真的重視這項計畫？(提示：請注意日期。) 記得解釋你的答案。
2. 請寫一封信給第 18-3 節所描述的參議員，解釋政府負債的李嘉圖觀點，並評估其實務攸關性。
3. 社會安全制度對勞工課稅及給付福利金給老年人。假設國會同時提高稅收和福利津貼。為了簡化分析，假設國會宣佈這個措施只持續一年。
   a. 你認為這種改變會如何影響經濟體系？(提示：請考慮年輕人與老年人的邊際消費傾向。)
   b. 你的答案是否受世代間利他關係有否關聯的影響？請解釋。
4. 有些經濟學家提倡循環調整預算赤字始終平衡的法則。請比較這個提議與嚴格預算平衡法則，哪一個比較好？請問在循環調整預算平衡法則下，你看到什麼問題？
5. 請找出最近對美國負債與國內生產毛額百分比未來路徑的預測值。有關政府支出、稅收和經濟成長，它們做了哪些假設？你認為這些假設是否合理？假設美國經歷生產力的下跌，請問實際與預測之間的差異為何？(提示：請見 http://www.cbo.gov。)

快速測驗答案

1. c   2. a   3. c   4. b   5. d   6. b

CHAPTER 19

金融體系：機會與危險

> 英文的 crisis 在中文的意義是「危機」，它包含兩個字 —— 一個代表危險；另一個代表機會。
>
> —— 約翰‧甘迺迪

在2008 年與 2009 年，美國經濟經歷一場歷史性危機。如同我們在前幾章所討論的，房價大幅下跌導致許多金融機構經營不善，導致自 1930 年代經濟大蕭條以來最嚴重的經濟危機。這個事件清楚地告訴我們，金融體系與經濟體系無法分開的連結性。當華爾街打噴嚏時，榮耀大道會感冒。

在本章中，我們將仔細檢視金融體系與經濟體系之間的連結。我們討論何謂金融體系及其如何運作，也討論金融體系帶給負責促進短期穩定與長期經濟成長的政策制定者之新挑戰。

金融體系在本書中幾乎隨處可見。在第 3 章中，我們討論可貸資金市場。在那裡，我們看到利率調整到使可貸資金供給 (從國民儲蓄推導而得) 與可貸資金需求 (目的為投資) 相等。在第 8 章和第 9 章中，我們利用梭羅模型來檢視長期經濟成長的來源。在那個模型中，金融體系是背景，確保經濟體系的儲蓄能導向投資與資本累積。

金融體系也同樣呈現在短期分析中。在第 12 章與第 13 章的 *IS-LM* 模型中，利率是商品市場和貨幣市場間的連結。在那個模型中，利率決定持有貨幣的成本及融通投資支出的貸款成本。因此，它是貨幣政策影響商品與服務總需求的重要變數。

藉由更仔細地學習金融體系，我們能夠更精緻分析經濟成長與波動。金融體系不只是單一的可貸資金市場、在此體系中包含超過一個利率的多個價格。確實這種複雜的金融體系大到需要一個完整的領域，稱為財務金融 (finance) 來研究。本章聚焦在對總體經濟有重要影響的兩個課題。我們先從檢視金融體系的在經濟體系角色開始，然後考慮金融危機的成因及因應的政策。

19-1 金融體系做什麼？

山姆是理性前瞻的消費者。他一年賺 $20 萬，但不打算全部花完，他想要儲蓄一部份所得，或許是為退休、未來的假期、小孩的大學學費，或只是預備將來的不時之需。他沒有支出的部份所得變成國民儲蓄的一部份。

艾薇是一位開創新事業的企業家。她有一個關於洋娃娃的創意，相信可讓全球孩童著魔且獲利。為了要將創意付諸行動，她需要一些資源：塑膠、鑄模、布料、縫紉機，以及能放置製造器具的建築。艾薇對這些資本財的購買是國民投資的一部份。

簡言之，山姆有些所得想要儲蓄，而艾薇有創意想要投資但缺乏足夠資金來支付資本財。答案很明顯：山姆可以融通艾薇的風險。**金融體系** (financial system) 泛指經濟體系中促進資金在儲蓄者與投資者之間流通的機構；亦即，金融體系是將人們，如山姆和艾薇，結合在一起的機構。

融通投資

貫穿本書的絕大部份，經濟社會的金融體系是由單一市場：可貸資金市場來描述。那些像山姆的人，有一些所得不想立即花掉，將儲蓄帶到這個市場，所以他們可將資金借給別人；那些像艾薇的人，他們有投資計畫想要進行，在這個市場進行貸款來融通投資計畫。在這個簡單模型中，存在一個單一利率使儲蓄與投資相等。

實際的金融市場比前面描述得更加複雜。就像是這個簡單模型，金融體系的主要功能是將資源從儲蓄者手中移到不同形式的投資，但此體系包含許多種促進資源移轉的機制。

金融體系的一個部份是**金融市場** (financial markets)，家計單位可透過它直接提供資源給投資之用。兩個重要的金融市場分別是債券市場與股票市場：**債券** (bonds) 代表債券持有人貸款給廠商；**股份** (stocks) 代表公司股票對所有權的求償；亦即，向蘋果公司買債券的人變成公司的債權人，而購買蘋果公司增資股的人則是公司的所有人之一。(但在證券交易所買股票，代表所有權從一人移轉到另一人，而並未提供新的資金給投資計畫。) 發行債券籌措投資資金稱為**債務融資** (debt finance)，而發行股票籌措資金則稱為**權益融資** (equity finance)。由於儲蓄者知道其資金融通哪一個投資計畫，所以債券及股票都是直接融資。

金融體系的另外一個部份是**金融中介機構** (financial intermediary)，家計單位可透過它間接提供資源給投資之用。如同這個名詞所示，金融中介機構是介於市場的兩邊，並協助資金移動，以達到資金的最佳使用。商業銀行是最廣為人知的金融中介機構。[1] 它們收受儲蓄者的存款,並利用這些存款貸款給需要資金融通的投資計畫。其他金融中介的例子包括共同基金、退休基金和保險公司。當金融中介出現時,融資可視為間接,因為儲蓄者不知道其資金融通給哪一項投資。

延續前述的例子,山姆和艾薇能夠利用這些機會中的一個。如果艾薇與山姆互相認識,她就能夠直接向他借錢並付利息。在這種情況下,她實際上是賣債券給他。或是艾薇給山姆新公司的部份所有權來交換所需資金,而山姆可享有股票的未來利潤。或是山姆可將錢存入當地銀行,銀行再將資金貸款給艾薇。在這個情況下,他間接融通她的新公司,兩人互不相識,甚至不知道對方的存在。在所有這些情況下,山姆與艾薇從交易中互蒙其利。山姆找到一個賺取儲蓄利息的方法,而艾薇則找到一個融通其投資計畫的方法。

分散風險

投資本身是有風險的。艾薇的新洋娃娃可能是一時的狂熱,或可能會以失敗作收。就像所有的企業,因為艾薇預期賺錢,所以才會成立新公司,但她無法確定結果為何。

金融體系的功能之一是分配風險。當艾薇賣股票給山姆時,她將新公司的風險與山姆共享。如果她的洋娃娃事業賺錢,他也會享有部份利潤;若不賺錢,他也會分擔損失。由於艾薇是**風險趨避** (risk averse),她可能很想分散風險,而非完全自己承擔;亦即,在其他條件不變下,她不喜歡未來經濟結果的不確定性。如果山姆預期風險性投資的報酬高於他將儲蓄投入安全性資產,可能願意接受部份風險。因此,權益融資提供一個儲蓄者與企業經營者共同分擔企業經營者投資的報酬和風險。

此外,金融體系可讓儲蓄者藉由將其財富分散至許多不同企業來降低風險。山姆知道購買艾薇洋娃娃公司的股票充滿風險,所以可能只會用儲蓄的一部份購買她公司的股票,他也可能購買朋友埃斯特班經營的冰淇淋店股票,也可能購買知名公司,如埃克森、蘋果與臉書的股票。因為艾薇洋娃娃公司的成功與埃斯特班冰淇淋店、埃克森、或蘋果及臉書的獲利性,完全不相關,所以山姆在很多資產分散其財富時,可降低整體風險。藉由持有許多不完全相關資產來降低風險,稱為**分散風險** (diversification)。

不同的金融機構協助分散風險,其中最重要的是共同基金。**共同基金** (mutual funds) 是銷售股份給儲蓄者,並將所得資金用來購買分散資產組合的金融中介,即使是小額儲蓄者也能夠用 $1,000 買共同基金,並成為數以千計企業的股東。由

---

[1] 本章從頭到尾,銀行意指商業銀行,其為最令人熟知的銀行形式。相反地,投資銀行是協助廠商及政府發行股票與債券,以及協助安排公司併購等其他功能。投資銀行不僅與銀行的功能不同,且因為它不收受存款,因此較不受主管機關監督。

於許多企業的命運並不完全相關，買 $1,000 的共同基金比只買一家公司股票的風險會低上許多。

然而，分散風險有其限制。有些總體經濟同時影響許多企業。這種風險稱為系統性風險 (systematic risk)。例如，不景氣通常會使大多數產品需求下降，因而降低許多公司的利潤資產分散無法降低此種風險。能夠大量消除個別公司風險，稱為獨特風險 (idiosyncratic risk)，如艾薇洋娃娃或埃斯特班冰淇淋店是否受歡迎。因為這個緣故，像山姆這樣的儲蓄限制，將他們的儲蓄分配到任何一家公司是明智的作法。

處理不對稱資訊

當山姆考慮融通艾薇的新公司時，一個重要的問題浮上心頭：她的公司會成功嗎？若山姆提供權益融資，會得到未來利潤的股份，所以公司的命運是很重要的。由於債權人比股東有優先求償權，債務融資比較安全，但艾薇的成功依然攸關。倘若洋娃娃公司破產，艾薇無法償還貸款，也就是她可能違約。山姆不僅無法拿到利息，也可能損失本金 (貸款金額)。

更糟的是，艾薇比山姆更清楚自己的公司。經濟學家使用不對稱資訊 (asymmetric information)，來描述經濟交易中一方比另一方擁有更多的資訊。不對稱資訊有兩種類型，兩種都與山姆衡量是否融通艾薇新公司有關。

第一種形態的不對稱資訊是，有關隱藏特性的知識。艾薇的洋娃娃設計是否能吸引眾人的目光，或它是一個有利基的產品？洋娃娃市場是否能接受新產品或已經過度飽和？艾薇是否為有才幹的企業家？針對這些問題，艾薇可能比山姆有更多的答案。通常就是如此：企業經營者通常會比提供資金者對投資計畫是否成功擁有更多資訊。

在這種情況下，山姆應該擔心逆向選擇 (adverse selection) 問題。如同我們在第 7 章中說明，儘管是以不同內容討論，逆向選擇描述具有較多資訊的人們 (在此為企業經營者) 會讓自己處於較有利地位，而讓資訊較不足的一方 (在此為提供資金者) 處於較不利位置。在我們的例子裡，山姆可能會更擔心別人提供較不利的企業投資機會。如果艾薇真的對自己的創意較有信心，可能會嘗試用自己的儲蓄來融資，她要求山姆提供資金與共享部份風險的事實，可能是因為她知道某些山姆不知道的負面消息。因此，山姆有擔心的理由。

第二種不對稱資訊的形態是，有關隱藏行動的知識。一旦艾薇從山姆那裡得到所需資金，她需要做許多決策。她會長時間工作，或縮減工時去跟朋友打網球？她會將錢做最有效的使用，或為自己準備一間舒適的辦公室和一輛豪華汽車？艾薇可承諾為企業做出最佳決策，但因為山姆不會整天待在洋娃娃公司裡觀察艾薇的決策，很難觀察她是否每天都這麼做。

在這種情況下，出現道德風險 (moral hazard) 的問題，其為無法完美監督貸款者以不誠實或其他不適當方式行動而招致的風險。特別是使用別人投資的金錢企業經營者，可能不會像投資自己的錢一般照顧自己的投資計畫。一旦艾薇拿到山姆的錢，可能會選擇過輕鬆的生活。如果她屈服於道德風險，就會造成公司獲利減少，而增加公司債務違約的風險。

金融體系包括許多不同機構，來減緩逆向選擇與道德風險的問題。銀行是其中最重要的一個。當某人要向銀行貸款時，必須填妥有關其營運計畫、工作經歷、信用歷史、犯罪紀錄，以及其他金融與個人特性的詳細問題。因為是由訓練有素的貸款負責人來審閱申請書，銀行很有可能發現導致逆向選擇的隱藏特性。此外，為了要降低道德風險的問題，銀行可能會限制貸款如何使用，以及監督貸款使用後的營運狀況。因此，即使山姆與艾薇熟識，山姆可能不會直接貸款給艾薇，而是會將錢存入銀行，銀行再將錢貸放給像艾薇一樣的企業經營者。銀行作為中介者會收取費用，這反映在貸款與存款利率的差距上。銀行藉由減低不對稱資訊衍生的問題來賺取收入。

促進經濟成長

我們在第 8 章與第 9 章中利用梭羅模型，來檢視驅動長期經濟成長的因素。在那個模型中，我們見到國民儲蓄決定穩定狀態的資本水準，進而決定穩定狀態的平均每人所得。一國儲蓄愈多，勞動力可使用的資本愈多，民眾可享有的所得就愈多。

梭羅模型做出具有單一形態資本的簡化假設，但真實世界包含數以千計不同投資計畫的廠商，相互競爭經濟有限資源。山姆的儲蓄可以融通艾薇的洋娃娃公司，但也可融通埃斯特班的冰淇淋店、波音飛機工廠，或沃爾瑪零售超市。金融體系的功能為，將經濟體系的稀少性儲蓄分配到許多可能投資計畫上。

理想上，想要將儲蓄分配到投資上，所有的金融體系需要的是市場力量與亞當・斯密那一隻看不見的手的魔力。特別是有生產力和獲利機會的廠商比獲利較少的廠商願意付出較高的貸款利率。因此，若利率調整至使可貸資金供給與需求相等，經濟體系會將儲蓄分配到最佳投資計畫。

然而，如同我們所見，因為不對稱資訊造成金融體系阻礙，它可能會偏離理想狀態。銀行在某種程度上減緩逆向選擇與道德風險，但可能無法完全消除這些問題。因此，由於企業經營者無法順利取得融資資金，一些有價值的投資計畫被放棄。若金融體系無法將經濟社會儲蓄做最佳分配，經濟體系的整體生產力將會比原來更低。

政府政策在確保金融體系良好運作扮演協助者的角色。首先，它可藉由起訴詐欺者和瀆職者來降低道德風險的問題。法律無法確保艾薇將山姆的金錢做最佳使用，如果她用來支付個人生活費用，可能最終會去坐牢。其次，政府可藉由強制揭露來降低逆向選擇的問題。如果艾薇的洋娃娃公司大到在證券交易所發行股票，政府的證券交易委員會要求她定期公告由合格會計師簽證的公司財務報表。

由於政府機構的品質在全球各地不同，有些國家比另一些國家有較好的金融體系，而這些差異是國際間生活水準差異的來源之一，富裕國家比貧窮國家有較大的股票市場與較大的銀行體系 (相對其經濟規模而言)。正如以往，在比較不同國家的差異時，釐清因果關係是困難的。儘管如此，許多經濟體系認為貧窮國家依然貧窮的原因之一是，它們的金融體系無法將其儲蓄導向最有利的投資。這些國家可藉由重新改造其能改善金融體系績效的政府機構來促進經濟成長。如果他們成功擁有好創意的企業家，就會發現他們比較會開創新事業。

FYI 效率市場假設對凱因斯的選美比賽

一公司發行股票後，股票買賣是在交易所交易，其價格由供給與需求共同決定。一個在經濟學家間持續討論的議題是，股價波動是否理性。

有些經濟學家支持效率市場假說 (efficient markets hypothesis)，依據理論，在當前有關公司營運前景資訊已知的情況下，一公司股價是公司價值的理性評估，這個假說依賴兩個基礎：

1. 每一家在證券交易所上市的公司會由專業基金經理人緊密追蹤。每一天，這些經理人會查看新事件來評斷公司價值。他們的工作是買進價值被低估的股票與賣出價值被高估的股票。
2. 股票價格由供需均衡決定。在市場價格，想要賣的股票數量等於想要買的股票數量；亦即，在市場價格，認為價值高估的股票投資者與認為價值低估的股票投資者相等。

根據這個理論，股市具資訊效率 (informationally efficient)，它反映所有資產價值的可得資訊。當資訊發生變動時，股價也會變動。當公司前景有利多消息時，股票上升；當公司前景為利空消息時，股價下跌。但在任何時候，市場價格是公司價值的最佳猜測。

這個假設的意涵是股價依循隨機漫步 (random walk)，意味著股價變動應該無法預測。若一人可利用公開可得資訊準確預測明天股價上漲 10%，今天股市將存在這種資訊。能夠造成股價變動的新聞是市場改變對公司價值的認知。但這種消息是無法預測的；否則，它就不是新聞。因此，股價變動也應該無法預測。

效率市場假說的證據為何？它的支持者主張要打敗大盤是很難的，統計檢定顯示股價至少大致上依循隨機漫步。此外，指數型基金 (購買股價指數內所有公司股票) 超過大多數由專業經理人 (他們想要購買價值被低估的股票) 主動操盤的共同基金。

但許多經濟學家對股票市場是理性的抱持懷疑態度。懷疑論者指出，許多股價變動並非新聞所致。他們指出在買賣股票時，股票投資者較少專注股票基本價值，而較注重預測其他投資者未來會購買的價格。

> 凱因斯提出一個著名的比喻來解釋此種推測，在他那個時期，有些報紙舉行「選美比賽」，他們印製 100 位女性的照片，然後邀請讀者挑選其中 5 位最漂亮的女性，那些選擇與其他讀者選擇最多重疊的讀者獲得獎賞。天真的讀者只會挑選那些他們以為最漂亮的人選，但稍微老練的策略是挑選其他人認為最漂亮的 5 位人選。然而，其他人也會做此種思考。因此，更老練的策略是猜測其他人覺得其他人覺得最漂亮者，以此類推。最終，評斷真實美貌者來贏得獎賞比猜測別人有關別人的想法更不重要。
>
> 同樣地，凱因斯的推理是，由於股票投資者最終是將股票賣給其他人，他們比較關心其他人對公司的評價而非公司的實質價值。從他的觀點，最佳投資者是那些精於智取大眾心理的人。他認為股價變動通常只反映樂觀與悲觀的非理性浪潮，稱此為投資者的動物本能。
>
> 時至今日，這兩種股市看法依然持續。有些經濟學家透過效率市場假設鏡頭來觀察股市，其他人則相信非理性投機是常態。從他們的觀點，股市通常是沒有理由的變動，且因為股市影響總需求，股價變動的產出與就業波動的一個來源。[2]

19-2　金融危機

截至目前為止，我們已經討論金融體系如何運作。現在就來討論金融體系為何可能停止運作，以及這種崩潰帶來廣泛的總體經濟惡果。

當我們在第 11 章到第 15 章學習景氣循環理論時，見到導致短期經濟波動的許多種衝擊。消費者或廠商信心變動、全球油價上升或下跌，以及貨幣或財政政策的突然變動，都會改變總價格或總需求 (或兩者)。當這些發生時，產出與就業都會偏離自然水準，而通貨膨脹會上升或下跌。

在此，我們聚焦於特殊的衝擊。**金融危機** (financial crisis) 是金融體系的重大崩潰，阻礙經濟體系居中作為想要儲蓄者與想要貸款和投資者橋樑的能力。不令人驚訝的是，在金融體系重要角色的條件下，金融危機有廣泛的總體經濟衝擊。在整個人類歷史裡，許多嚴重的經濟衰退都是在金融體系問題發生後。這些不景氣包括 1930 年代經濟大蕭條，以及 2008 年到 2009 年的經濟大衰退。

危機的解剖

金融危機並不相同，但它們有些共通點。概括地說，在大部份金融危機的中心有六個元素。2008 年到 2009 年金融危機，為各個元素提供良好的案例。

---

[2] 效率市場假說的經典參考文獻是 Eugene F. Fama, "Efficient Capital Markets: A Review of Theory and Empirical Work," *Journal of Finance* 25 (1970): 383-417. 其他觀點請見 Robert J. Shiller, "From Efficient Markets Theory to Behavioral Finance," *Journal of Economic Perspectives* 17 (Winter 2003): 83-104。

1. **資產價格破滅**：在很多情況下，通常在一段樂觀期間後，在金融危機前，資產價格會大幅上升。有時民眾會競相出價，使資產價格高於其基本價值 (也就是根據資產產生現金流量，客觀分析計算而得的真正價值)。在這個情況下，該資產市場正受投機性泡沫 (speculative bubble) 所苦。稍後，當情緒轉移時，樂觀變成悲觀，泡沫破裂，價格開始下跌。資產價格下跌，觸發金融危機。

   在 2008 年與 2009 年，重要的資產是房地產住宅。美國平均房價在 2000 年初經歷一段上漲時期，房價激增部份由寬鬆的借款標準所致；許多次級貸款者 —— 那些信用風險特別顯著者 —— 只要負擔小額頭期款，就能貸款購屋。本質上，在貸款給許多後來無法償還房貸的人時，金融體系無法適當地處理不對稱資訊。政府提倡住者有其屋也鼓勵房市蓬勃，且部份屋主過度樂觀認定房價會一直持續上漲，也導致房價上漲。然而，房價不可能一直上漲。隨著時間經過，繳不出房貸者日益增加，而屋主的情緒也跟著移轉。房價從 2006 年到 2009 年下跌約 30%。從 1930 年代以來，美國尚未經歷此種房價的大幅修正。

2. **金融機構破產**：資產價格大跌可能造成銀行與其他金融機構的麻煩。為了確保貸款能夠償還，銀行通常會要求貸款者有抵押品，也就是貸款者必須質押，如果貸款者違約，銀行能夠扣押資產。但是當資產價格下跌時，抵押品價值下滑，甚至低於貸款額度，銀行無法回收其借款。

   如同我們在第 4 章中討論的，銀行重度依賴槓桿 (leverage)，使用貸款來進行投資。槓桿擴大銀行金融部位，資產報酬正面及負面的影響。關鍵數據是槓桿比率 (leverage ratio)：銀行資產除以資本的比率。舉例來說，槓桿比率 20 意味著銀行股東每放 $1 在資本上，銀行貸款 $19 (透過存款及其他貸款)，此時銀行才有 $20 的資產。在這種情況下，如果銀行資產價值下跌 2%，銀行資本將下跌 40%。若銀行資產價值下跌超過 5%，則其資產低於負債，而銀行會破產，銀行沒有資源償還存款者及其他債權人債務。金融體系內普遍的破產是金融危機的第二個元素。

   在 2008 年與 2009 年，許多金融公司藉由持有房地產作為抵押品，將賭注押在房地產價格上。它們假設房價會持續上升或至少維持穩定，所以為貸款背書的擔保品能保證還清房貸。然而，當房價走跌時，為數眾多的屋主發現他們在水下，房屋價值低於貸款金額。許多屋主無力償還房貸，在那個時候，銀行會法拍房屋，但只能拿回一部份的錢。這些違約事件讓許多金融機構瀕臨破產。這些機構包括主要的投資銀行 [如貝爾斯登 (Bear Stearns) 與雷曼兄弟]、房貸市場中政府資助的企業 [如房地美 (Fannie Mae) 與房利美 (Freddie Mac)]，以及大型保險公司 (如 AIG)。

FYI 泰德利差

察覺信用風險的一個常見指標是，兩種到期日相同的貸款利率差距。例如，金融不穩固公司可能要付 7% 才能得到一年期貸款，而安然無恙公司只要付 3%。因為放款者擔心金融不穩固公司可能違約，所以才會有 4% 的利率差距，因此他們要求風險承擔的補償。若金融不穩固公司發佈有關公司經營不善的消息，利率差距可能上升至 5 或 6 個百分點——或甚至更高。因此，觀察信用風險重視程度的方法之一是追蹤利率差距。

一個特別值得注意的利率差距是泰德利差 (TED spread)，其為三個月銀行同業貸款利率與三個月國庫券利率的差距。TED 的「T」是指國庫券 (T-bills)，而「ED」是指歐洲美元 (Eurodollars) (因為管理緣故，銀行同業貸款都是發生在倫敦)。泰德利差以基點衡量，基點是 0.01 個百分點 (0.01%)。通常泰德利差介於 20 到 40 個基點之間 (0.2% 到 0.4%)。泰德利差很小的原因是，雖然商業銀行比政府風險略高，但仍然相當安全。相較於政府債務而言，借款者不需要額外高的報償來接受銀行債務。

然而，在金融危機發生期間，對銀行體系的信心下滑。因此，銀行之間變得不願意彼此借貸，而泰德利差大幅上揚。圖 19-1 顯示，在 2008 年到 2009 年金融危機前後及期間的泰德利差走勢。當危機發生時，泰德利差飆升，在 2008 年 10 月投資銀行雷曼兄弟宣佈倒閉不久後，達到 458 個基點。高泰德利差是一個民眾擔心銀行體系倒閉的直接衡量指標。

圖形也顯示，泰德利差在 2020 年 3 月底，接近新冠肺炎經濟衰退開始時，高達 142 個基點，投資者明顯擔心嚴重的經濟不景氣會威脅銀行償付能力。然而，向上的高點是短暫的：到了 2020 年 6 月，泰德利差回復正常水準，經濟活動不振結束為時尚早，但是有關銀行體系的恐懼已經平息。

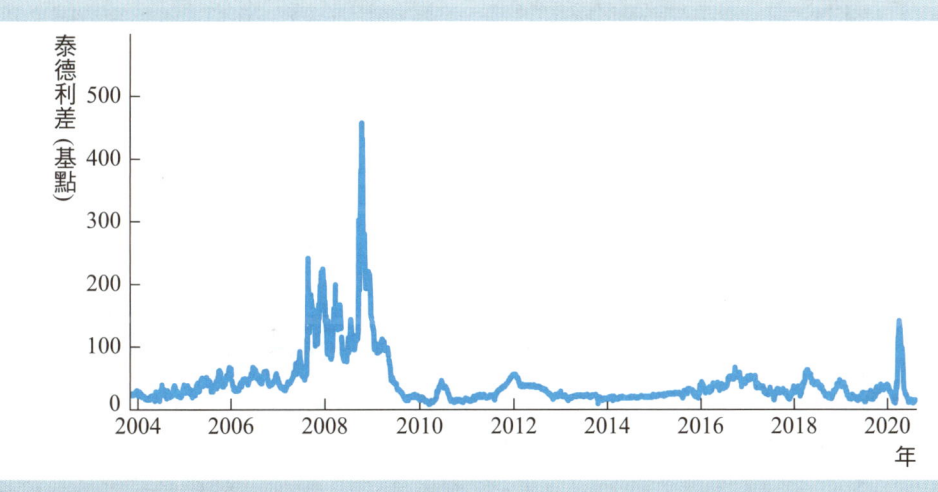

圖 19-1　泰德利差　泰德利差是三個月銀行同業貸款利率與三個月國庫券利率的差距，當借款給銀行的風險異常顯著時會上升。

資料來源：聯邦準備銀行聖路易分行。

3. **信心下滑**：金融危機的第三個元素是，對金融機構的信心下滑。雖然銀行有些存款受到政府政策保護，但並不是全部。隨著破產家數的增加，每個金融機構可能變成下一個破產者，在那些金融機構未受保護的存款人會將錢提出。面對一連串的提款，銀行再度借款，並開始出售一些資產來提高現金準備。

    當銀行出售部份資產時，資產的市場價格下跌。由於金融危機期間很難找到風險性資產的買主，資產價格有時會陡峭下跌。這種現象稱為*跳樓大拍賣* (fire sale)，類似像商家在火災後降價來做商品清倉。不過，這種跳樓大拍賣的價格會帶給其他銀行麻煩。會計師與官員可能會要求這些銀行以市價重編資產負債表，並降低持有資產的報告價值，銀行持有因跳樓大拍賣造成價格下跌的資產，則必須減損持有資產價值，威脅到它們的償付能力。如此一來，一家銀行的問題可能蔓延至其他家。

    在 2008 年與 2009 年，金融體系被有關破產在何處停止的不確定性所包圍。貝爾斯登與雷曼兄弟等大型公司的崩潰，導致人們想要知道其他大型金融公司，如摩根士丹利 (Morgan Stanley)、高盛 (Goldman Sachs) 和花旗集團 (Citigroup) 是否會遭遇相同命運。因為公司間相互依存使問題更加嚴重，由於彼此之間有許多合約，任何一家機構破產都會殃及所有其他家。更有甚者，由於複雜的佈局，存款者不確定這些公司的脆弱程度。透明度不足更加深危機的信心。

4. **信用緊縮**：金融危機的第四個元素是信用緊縮。在許多金融機構面臨困境下，想要貸款的人無法順利貸款，即使他們具有賺錢的投資計畫。本質上，金融體系有困難執行將儲蓄者資源導向擁有最佳投資機會貸款者手中的正常功能。

    在 2008 年到 2009 年金融危機期間，信用緊縮情況相當明顯。不令人驚訝的是，當銀行明瞭房價下跌與先前借款標準過度寬鬆時，開始對房貸申請者提高標準，需要更多的頭期款及更詳細地審查貸款者的財務狀況。但借款減少不只影響屋主。小型企業發現很難貸到資金來擴張營運或購買存貨；消費者發現很難申請到信用卡或汽車貸款。因此，銀行藉由更小心地處理所有貸款種類，來因應自己的金融問題。

5. **衰退**：金融危機的第五個元素是經濟衰退。當民眾無法獲得消費者信用與廠商無法得到新投資計畫所需資金時，商品與服務的總需求下跌。在 *IS-LM* 模型的架構下，這個事件可視為消費與投資函數的緊縮，將造成 *IS* 曲線和總需求曲線向左移動。結果是國民所得下跌與失業率上升。

    這些影響在 2008 年到 2009 年的經濟大衰退令人感覺異常強烈。失業率從 2007 年初的 4.5% 上升至 2009 年底的 10%，更糟的是，有很長一段時間

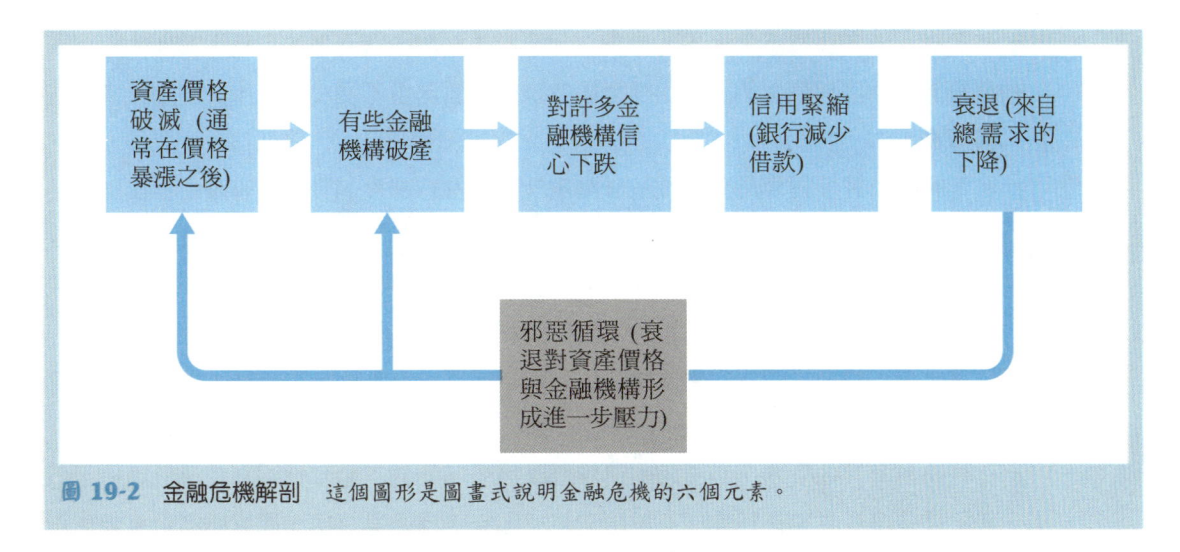

圖 19-2　金融危機解剖　這個圖形是圖畫式說明金融危機的六個元素。

都在這個水準徘徊。即使官方宣佈 2009 年 6 月開始復甦後，國民生產毛額的成長依舊貧乏，以致於失業僅微幅下跌。在 2012 年底之前，失業率仍然超過 8%。

6. **邪惡循環**：金融危機的第六個，也是最後一個元素為邪惡循環。經濟衰退降低許多公司的獲利和許多資產的價值。股票市場下跌，許多公司破產而致使債務違約。許多勞工失業，且無力償還個人貸款。因此，我們回到元素 1 (資產價格破滅) 和元素 2 (金融機構破產)。金融體系的問題與經濟衰退將彼此推落深淵。圖 19-2 即描繪這個過程。

2008 年與 2009 年的金融危機是一個相當明顯邪惡循環。有些人憂慮虛弱的金融體系加上疲弱不振的經濟，會導致經濟社會盤旋向下，失去控制，將國家推向另一個經濟大蕭條。幸運的是它並未發生，部份原因是政策制定者專注地阻止邪惡循環發生。

這帶我們到下一個問題：面對金融危機，政策制定者能做什麼？

個案研究

誰應該為 2008 年到 2009 年的金融危機負責？

「成功乃眾人之功，失敗則自我承擔。」這是甘迺迪總統的名言。每個人都想要搶功勞，但是沒有人願意為失敗負責。在 2008 年到 2009 年金融危機之後，許多人想要知道誰是罪魁禍首。一點也不令人驚訝，沒有人願意承擔敗責。

儘管如此，經濟觀察家仍指出許多可能的戰犯。他們控訴的對象如下：

- **聯邦準備**：在 2001 年經濟不景氣之後，中央銀行一直將利率維持在低檔。當政策協助促進經濟復甦時，也鼓勵家計單位貸款和買房子。許多經濟學家認為，藉由將低利率長時間維持在低檔，Fed 促成房價泡沫化，最終導致金融危機。

- **購屋者**：許多民眾不顧後果的借貸比他們原先能夠償還更多的金錢，其他人賭博式地買房，期望房價能夠持續快速上揚的走勢。當房價不漲反跌時，許多屋主無力清償債務。
- **房貸仲介**：許多提供房屋貸款者鼓勵家計單位進行過度的貸款，有時會推出開始償還小額貸款但後來要償還大筆金額的複雜房貸商品；有些則提供所謂的忍者貸款 (NINJA loan，「無所得、無工作或財產」) 給根本不應取得房貸的家計單位。仲介並未持有這些風險性貸款，而是賣給他們來賺取費用。
- **投資銀行**：許多投資銀行將風險性房貸包裝成不動產抵押貸款證券，然後銷售給不知其所承擔商品風險的買家，如退休基金。
- **信評機構**：評估債務工具風險的信評機構給予不同的不動產抵押貸款證券高信用等級，這些證券在後來都變成高風險資產。因為這種後見之明，信評機構用來評估風險的模型顯然都是基於可疑的假設。
- **管制者**：銀行與其他金融機構的管制者應該確保這些公司不會承受過度的風險，但是管制者無法察覺到房價大幅下跌的可能性，如果他們能預先知道，就能夠對整體金融體系有一些對策。
- **政府政策制定者**：許多年來，政治領袖鼓勵民眾擁有自己的房子，這些政策包括房貸利息的租稅扣抵、建立房利美與房地美 (支援房屋貸款的政府資助機構)，以及社會再投資法案 (Community Reinvestment Act，鼓勵貸款給低收入家庭購買房屋)。然而，財力不足的家庭最好的方式是租房。
- **聯邦準備重現**：一國中央銀行的職掌之一是扮演最終放款者的角色，提供資金給那些無法從其他地方獲得資金的金融機構。根據諾貝爾經濟學獎得主勞倫斯·鮑爾 (Laurance Ball)，《聯準會與雷曼兄弟》(*The Fed and Lehman Brothers*) 一書的作者指出，Fed 在 2018 年 9 月並沒有這麼做。金融巨人雷曼兄弟當時面臨流動性危機，Fed 並未出手相救，反而放任其破產。鮑爾相信，如果 Fed 提供雷曼兄弟尋求的資金，金融危機有可能減緩，甚至不會發生。

最終，似乎是每個群體 (或許還有別人) 都要承擔一些過錯。正如《經濟學人》曾經寫道：問題是「層層不負責任」所造成的。

最後，記得這場金融危機並非歷史上第一次，這種事件儘管罕見，但卻經常發生。不要只是尋找單一事件的究責單位，或許我們應該將過度投機及其糾結不清，視為市場經濟與生俱來的特質。政策制定者在金融危機發生時，可以因應且採取降低危機的嚴重性與可能性，但若想要完全阻止，在我們現有的知識下可能無法達成。[3]

---

[3] 想知道金融危機的歷史，請見 Charles P. Kindleberger and Robert Z. Aliber, *Manias, Panics, and Crashes: A History of Financial Crises*, 6th ed. (New York: Palgrave Macmillan, 2011)；以及 Carmen M. Reinhart and Kenneth S. Rogoff, *This Time Is Different: Eight Centuries of Financial Folly* (Princeton, NJ: Princeton University Press, 2009)。

危機的政策因應

由於金融危機嚴重且多層面，經濟政策制定者會使用不同工具，通常是同時來限制損失，以下我們討論三種類型的政策因應之道。

傳統的貨幣與財政政策　如同我們所見，由於金融危機使商品與服務總需求減少，會提高失業率和降低所得。政策制定者可藉由使用貨幣與財政政策工具，擴張總需求來減緩衝擊。中央銀行可增加貨幣供給和降低利率，以及政府可增加政府支出和減稅。

在 2008 年到 2009 年金融危機期間，政策制定者正是利用政策來擴張總需求。Fed 將聯邦基金利率從 2007 年 9 月的 5.25%，調降至 2008 年 12 月接近零的水準，然後在接下來六年維持在低檔水準。在 2008 年 2 月，小布希總統簽署一項 $1,680 億的刺激經濟法案，針對每個納稅人退稅 $300 到 $1,200。在 2009 年 2 月，歐巴馬總統簽署一項 $7,870 億的振興經濟法案，包括一些退稅與提高政府支出。所有這些行動都是用來支撐總需求。

然而，傳統貨幣與財政政策能做的畢竟有限。中央銀行無法將目標利率降至零以下。(請回想第 13 章討論的流動性陷阱。) 財政政策也有限制。由於經濟不景氣自動使失業保險增加與稅收減少，振興經濟法案使得預算赤字雪上加霜。政府負債增加應該擔心，理由是它們增加未來世代納稅者負擔，並引起政府可能破產的疑慮。在 2008 年到 2009 年金融危機發生之後，聯邦政府預算赤字上升到第二次世界大戰以來的最高水準，在 2011 年 8 月，因為財政失衡，標準普爾 (Standard & Poor's) 史上首次將美國政府公債的信用評等降至 AAA 以下──這是讓有些政策制定者不願意加強額外的財政刺激決策。

在金融危機期間，貨幣與財政政策的有限性自然使政策制定者考慮其他方案，有時是不尋常的替代方案。這些其他形態的政策本質上大不相同。不是提出金融危機的病徵 (總需求的減少)，它們的目標是修正金融體系。如果金融中介的正常過程能夠恢復，消費者與企業能夠再度貸款，經濟社會總需求將會復甦，而經濟體系就會回到充份就業與所得上升。以下兩種類型描述的政策，目標即在直接解決金融體系困境。

資金最後融通者　當民眾開始對銀行喪失信心時會提領存款。在部份準備銀行體系下，大量且突然的提款會是一個問題。即使銀行有償還能力 (意味著其資產大於負債)，也會遭遇滿足所有存款者的困境。許多銀行資產的流動性不足──也就是它們無法輕易出售轉成現金。舉例來說，當地餐館的商業貸款、當地家庭的汽車貸款、室友的學生貸款，可能是銀行有價值的資產，但它們無法輕易地滿足想要立即提領金錢的存款大眾。有能力償還銀行沒有足夠資金來滿足存款者提錢的情況，稱為 流動性危機 (liquidity crisis)。

中央銀行能藉由直接借錢給銀行解決這個問題。如同我們在第 4 章中討論的，中央銀行可憑空，實際上是印製鈔票創造貨幣。(或更實際一點是在電子世紀，它在帳上登錄那些貨幣。) 然後它可將新創造的貨幣借給那些異於平常提領的銀行，並接受銀行流動性不足的資產作為抵押。當中央銀行在金融危機期間借錢給銀行時，我們就說它是 資金最後融通者 (lender of the resort)。

這種政策的目的是，讓經歷異常提領的銀行安然度過信心喪失的風暴。若是沒有這種貸款，銀行可能被迫以跳樓大拍賣價格出售其流動性不足的資產。如果發生跳樓大拍賣，銀行資產價值下跌，而流動性危機將會導致銀行破產。作為資金最後融通者，中央銀行可阻止銀行破產，並協助恢復民眾對銀行體系的信心。

在 2008 年與 2009 年，Fed 非常積極扮演資金最後融通者的角色。如同我們在第 4 章中討論的，這種行動一般出現在 Fed 貼現窗口，透過它可讓銀行以貼現率貸款。然而，在金融危機期間，Fed 使用不同的新方法來借錢給金融機構，包含的金融機構不限於商業銀行，還有所謂的影子銀行。影子銀行 (shadow banks) 是指功能與傳商業銀行類似，卻不受嚴格金融法規規範的不同種類金融機構。由於影子銀行與商業銀行面臨相同困境，Fed 也同樣關心。

例如，從 2008 年 10 月到 2009 年 10 月，Fed 願意借款給貨幣市場共同基金。貨幣市場共同基金不是銀行，並不提供存款保險，但其工作與銀行類似：它們接受存款，並將利得投資在如商業本票的短期信用工具，並承諾存款帳戶會有利息。在金融危機期間，存款大眾擔心購買的貨幣市場共同基金的價值縮水，這些基金被大量提回。貨幣市場共同基金帳戶內的存款縮減，意味著商業本票的購買者減少，進而讓想要靠發行商業本票資金融通企業營運的公司難以經營。藉由借款給貨幣市場共同基金，Fed 協助維持這種特殊形態金融中介的正常營運。

知道 Fed 在金融危機期間新設立的措施並不是那麼重要。的確，隨著經濟復甦，就不再需要這些計畫，許多政策都已結束。重要的是，瞭解這些新舊政策只有一個目的：一些批評 Fed 者認為，當雷曼兄弟在 2018 年 9 月破產時，Fed 過於被動。但之後金融危機的振幅變得明顯，Fed 開始接受資金最終融通者角色。若金融體系有足夠流動性，也就是只要金融機構的資產可作為可靠的抵押品，Fed 做好借錢的準備，好讓存款大眾能夠領回自己的錢。

押注政府資金　政策因應金融危機的最後一個類型，牽涉到政府使用資金來支撐金融體系。

這種政策最直接的行動是，直接把錢給那些遭受損失的民眾。其中一個例子是存款保險。透過聯邦存款保險公司 (Federal Deposit Insurance Corporation, FDIC)，聯邦政府承諾補償銀行破產時存款大眾的損失。在 2008 年，FDIC 將存

款保險上限從 $10 萬提高至 $25 萬，來向存款者保證他們的資金是安全的。

贈送政府資金也可能以權衡方式出現。例如，在 1984 年，一家名為伊利諾大陸 (Continental Illinois) 的大型銀行瀕臨破產邊緣。由於伊利諾大陸與其他銀行有很多往來，管制者擔心任其倒閉會威脅到整個金融體系。因此，FDIC 承諾保護所有的存款者，而非只在存款保險範圍內的存款。最終，從股東手中買下銀行，挹注資本並賣給美國銀行 (Bank of America)。這個政策讓納稅人付出約 $10 億的代價。這個事件讓國會議員史都華·麥金尼 (Stewart Mckinney) 創造「大到不能倒」一詞，來描述對金融體系至關重要的公司，政策制定者不會讓它倒閉。

另外一個政府挹注資金至金融體系的方式是，承做風險性貸款。一般來說，當 Fed 作為資金最後貸款者時，會貸款給那些能提供良好抵押品的金融機構。但是如果政府貸款給那些無法償還者，會將公司資金置於險境，若貸款者真的違約，納稅人就是輸家。

在 2008 年到 2009 年金融危機期間，Fed 從事不同種類的風險性貸款。在 2008 年 3 月，聯邦準備貸款給摩根大通 (JPMorgan Chase) $290 億，好讓它能購買幾近倒閉的貝爾斯登，而 Fed 收到的唯一抵押品是貝爾斯登持有的不動產抵押擔保證券，其價值已接近零。同樣地，Fed 貸款 $850 億來支撐保險巨擘 AIG，其面臨發行一些不動產抵押證券擔保 (透過稱為信用違約交換的協議) 的損失。Fed 採取行動，阻止貝爾斯登與 AIG 進入冗長的破產程序，而這會再度威脅金融體系。

最後一個政府用資金處理金融危機的看法是，直接挹注資金到金融機構。在這種情況下，不只是一個債權人，政府是那家公司的股東。這是 2008 年 AIG 貸款的一個顯著元素：作為貸款方案的一部份，政府獲得認股權證 (購買股票的選擇權)，因而最終擁有大部份的公司股票。另外一個例子是在 2008 年和 2009 年由美國財政部主導的資金挹注。作為問題資產紓困計畫 (Troubled Asset Relief Program, TARP) 的一部份，政府挹注數千億萬美元到不同銀行，以交換這些銀行的股份。此計畫的目標是維護銀行清償能力，以及防衛金融中介過程。(再一次地，股票在稍後獲利出場。)

不令人驚訝的是，不管用饋贈、風險性借貸或資本挹注來支撐金融體系都極富爭議。批評者認為，使用納稅人的資源來解救金融市場參與者自己犯下的錯誤是不公平的；更有甚者，這種金融紓困計畫會誘使道德風險。原因在於，當民眾相信政府將彌補其損失時，他們有可能承擔過多的風險，承受金融風險變成「正面我贏，反面納稅人輸」。贊成這些政策的人承認這些問題，但他們指出，如果經濟復甦的話，風險性借貸與資本挹注確實能幫納稅人賺錢，如 2008 年到 2009 年金融危機之後所發生的，更重要的是，他們相信這些政策的成本會被移除更嚴重危機與更嚴重經濟衰退的利益所抵銷。

避免危機的政策

除了政策制定者在面對金融危機如何因應的問題之外，還有一個重要的辯論是：政策制定者應該如何避免未來的金融危機？不幸的是，沒有簡單的答案。但是這裡有五個領域讓政策制定者可考慮的選項，而在某些情況下，能夠修正其政策。

聚焦於影子銀行 傳統商業銀行被嚴格規範。一個理由是，政府透過 FDIC 確保一些存款。長久以來，政策制定者瞭解存款保險產生道德風險問題。藉由存款保險，存款者沒有誘因去監督存款銀行的風險；因此，銀行有誘因承做風險性過高的貸款，他們知道存款保險制度會彌補損失，而可從中獲利。為了因應道德風險問題，政府規範銀行可以承受的風險。

然而，在 2008 年到 2009 年金融危機期間，重點不在傳統銀行，而在影子銀行 —— 處於金融中介的重要位置 (類似銀行)，但沒有 FDIC 的存款保險 (不像銀行)。例如，貝爾斯登與雷曼兄弟是投資銀行，因此較不受規範。同樣地，避險基金、保險公司、私募基金都是影子銀行，這些機構並未遭受存款保險所引起的道德風險問題，但因為它們的失敗會有縱橫交錯的總體經濟後果，它們承擔的風險仍是公共政策的考量。

許多政策制定者建議，應該限制這些影子銀行所能承擔的風險。一種方法是要求它們持有更多的資本，進而降低這些公司使用槓桿的能力，並提供在經歷資產價值損失時更多的保護。贊成這種想法的人表示，這將增加金融穩定性；反對者則說，這將限制它們作為金融中介的能力。

另外一個議題是，有關當影子銀行遭遇困難且瀕臨破產邊緣時會發生什麼事。在 2010 年立法通過的多德—法蘭克法案 (Dodd-Frank Act) 賦予 FDIC 有序清算管理局監督影子銀行，其規範早已適用於傳統商業銀行。根據這個法案，FDIC 現在可以接管並關閉有問題的非銀行金融機構，如果關心這些機構有麻煩且會造成經濟體系的系統性風險。提倡這種新法案的人相信，當影子銀行經營不善時，可以有更有秩序的過程，因此可避免對金融體系失去更多的信心。批評者則憂慮，它會讓使用納稅人的錢紓困變得更為頻繁，並更加重道德風險問題。

限制規模 2008 年到 2009 年金融危機集中在少數非常大型的金融機構。有些經濟學家認為，如果金融體系不要那麼集中，問題或許可以避免，或者至少不會那麼嚴重。當一家小型金融機構破產時，破產法律能夠像平常一樣接管，裁定不同利害關係人的求償，而不會產生經濟體系普遍性的問題。經濟學家認為，若是一家金融機構大到不能倒，它就太大了。

有很多限制金融機構規模想法被提出，其中一個是限制銀行合併。(在過去半個世紀，銀行業變得過度集中，大部份是透過合併。）另外一個想法則是，對大型銀行制定更高的資本規範。贊成這些想法的人表示，小型公司的金融體系會比較穩定；批評者則說這種政策讓銀行沒有規模經濟，且較高的成本最終會轉嫁到顧客身上。

降低風險過度承擔　在 2008 年到 2009 年金融危機期間，金融機構承受鉅額的風險，導致公司破產。有些觀察家相信一個降低未來危機風險的方法，是限制過多的風險承接。然而，承擔風險本來就是許多金融機構的重心，很難在適當與過多風險間畫出一條界限。

儘管如此，多德—法蘭克法案包括許多條款對準風險承接的限制。或許最為人熟知的是，以前任 Fed 主席伏克爾命名，第一個提出的伏克爾法則 (Volcker rule)。在伏克爾法則下，限制商業銀行不得投資某些投機性投資。贊成者認為這個法則可協助保護銀行；批評者則認為藉由限制銀行交易活動，會讓投機性金融工具的市場流動性變差。

此外，現在中央銀行監管銀行單位要求大型銀行接受定期壓力測試。為了執行這些測試，監管機關安排一個經濟困境的假設場景，如失業率上升至 10%、房價下跌 20% 及股市下滑 40%。每一家銀行被要求在這種場景中，估計其資產價值，目標是確認銀行有足夠資本來闖過難關。若無法渡過，銀行必須提高資本或降低資產的風險程度。這些壓力測試是銀行是否從事過多風險的一個測量方式，但因為是依據假設的場景，它們的價值受限於監管機構想像可能遭遇不利結果場景的能力。

讓管制運作得更好　金融體系各式各樣，有不同形態的公司執行不同的功能，而且有不同的歷史階段發展。監督這些公司的政府機關也高度分歧。Fed、美國貨幣監理署和 FDIC 都可監管商業銀行；證券交易委員會監管投資銀行和共同基金；各州政府機關監管保險公司。

在 2008 年到 2009 年金融危機之後，政策制定者想要改良監管體系。多德—法蘭克法案建立新的金融穩定監管委員會，主席為財政部長，來協調不同的監管機構。也成立新的信用評等辦公室來監督私人信評機構，這些機構被歸咎無法預期許多不動產抵押擔保證券的巨大風險，該法案也建立新的消費者金融保護局，目標是確保金融機構推銷產品給消費者時的公平性與透明性。因為金融危機不經常發生——通常相隔數十年，它需要花費很長時間才能分辨新的監管結構是否比舊的要好。[4]

---

[4] 推論：金融管制是吃力不討好的工作，理由是它愈成功，人們愈無法意識到它的存在。若危機到來，我們會歸咎於管制者；若危機未發生，沒有人會感謝他們防範於未然。

採取宏觀監管角度 政策制定者愈來愈能夠接受監管金融機構需要更多的總體經濟觀點。傳統上，金融監管是**個體基礎的謹慎規範** (microprudential)：其目標為降低個別金融機構危難時的風險，因而可保護這些機構的存款戶及其他利害關係人。今天，金融監管也是**總體基礎的謹慎規範** (macropurdential)：其目標為降低整個體系危難時的風險，因而保護整體經濟免於生產與就業下跌。個體基礎謹慎規範藉由聚焦於個別機構與評估個別面對的風險，而採取由下而上觀點；相反地，總體基礎謹慎規範藉由聚焦於大的藍圖，與評估能夠同時影響許多金融機構的風險，而採取由上而下的觀點。

舉例來說，總體基礎的謹慎規範能夠處理房市暴漲與暴跌釀成 2008 年到 2009 年金融危機的問題。贊成此種規範者認為，隨著房價上升，政策制定者在民眾用房屋貸款購屋時，應該要求購屋者支付更高的頭期款。這個政策可以減緩房價泡沫，而在後來房價下跌時，可造成較少的房貸違約，進而可協助保護那些手中擁有不同房屋相關證券的金融機構。而批評此政策者則質疑，政府監管者是否有足夠知識且善於確認和補救整體經濟風險。他們憂慮嘗試說明風險會加重監管者負擔；例如，提高頭期款會讓比較不富有的家庭無法購買自己的房子。

無疑地，按照 2008 年到 2009 年金融危機期間及其後所學，金融主管機關正重新開始注意總體經濟基礎穩定作為目標之一。從這個意義上來說，總體基礎的謹慎規範會取而代之且與傳統的貨幣與財政政策工具並列。然而，政策制定者應該多積極地使用此工具依然是可辯論的議題。[5]

> **個案研究**

歐洲主權債務危機

當美國開始從 2008 年到 2009 年金融危機復甦時，另外一個危機則是在使用歐元為共同貨幣的歐洲地區 —— 歐元區爆發，問題源自於政府發行的債券，稱為**主權債務** (sovereign debt)。許多年以來，銀行與銀行主管機關視此種債券為無風險。它們假設歐洲中央政府會履行義務。因為這種信念，這些債券給付較低利率，並要求比它們察覺到更高信用風險所要求報酬的更高價格。

然而，在 2010 年，金融市場參與者開始懷疑有關歐洲政府的樂觀期待能否實現。問題就從希臘開始。在 2010 年，希臘政府債務 (淨金融負債) 占 GDP 比上升至 116%，是歐洲平均值的兩倍。此外，希臘許多年來隱瞞財務狀況，且沒有任何降低負債的計畫變得愈來愈明顯。在 2010 年 4 月，標準普爾將希臘債券降至垃圾等級，代表其為信用風險異

---

[5] 更多有關總體基礎的謹慎規範，請見 Samuel G. Hanson, Anil K. Kashyap, and Jeremy C. Stein, "A Macroprudential Approach to Financial Regulation," *Journal of Economic Perspectives* 25 (Winter 2011): 3-28。

常顯著的債券。由於許多人擔心違約可能會出現，希臘債券價格下跌，而希臘新債的利率大幅上升。到了 2011 年夏天，希臘債券的利率是 26%，而在該年 11 月，它上升超過 100%。

歐洲政策制定者認為，希臘的問題可能蔓延至整個歐洲。許多歐洲銀行持有希臘債券作為資產。當希臘債券價格下跌時，銀行被推向破產邊緣。希臘違約讓許多銀行進入另一種狀態，導致普遍的信心危機。因此，比較健全的歐洲經濟體，如德國和法國，協助安排持續性貸款給希臘，避免立即性違約情事發生。有些貸款來自控制歐元區貨幣供給的歐洲央行。

這種政策並不受歡迎。德國與法國選民納悶，為何要拿他們的納稅錢去拯救希臘自己造成的財政揮霍問題。同時，希臘選民也不開心，因為這些貸款是伴隨大幅降低政府支出和提高稅收而來。這些嚴酷的標準導致希臘街頭發生暴動。

讓事情更雪上加霜的是，希臘不是唯一有問題的國家。若是不由那些富有的鄰國協助解決希臘債務而是放任其違約，有些人會擔心葡萄牙、愛爾蘭、西班牙及義大利可能也步其後塵。那些國家的主權債務價值廣泛下跌，一定會造成歐洲銀行體系過度緊張。而且由於全球銀行體系高度連結，也會造成世界上其他銀行體系的緊張。

因應這個危機的政策行動在某種意義上是成功的：儘管預測希臘與其他有問題國家可能停止使用歐元作為貨幣，但是貨幣聯盟依然維持。然而，伴隨危機而來的經濟痛楚依然巨大且延續許久。在 2013 年，希臘失業率是 27%，西班牙是 26%，葡萄牙是 16% (但人口最多的歐元區國家 —— 德國只有 5%)，如標準菲力浦曲線所預測，經濟停滯讓歐洲通貨膨脹遠低於目標通貨膨脹率 2%。從 2014 年到 2016 年，歐元區通貨膨脹稍微超過零的水準，而許多觀察家憂心歐洲可能朝通貨緊縮的道路前進。為了擴張總需求和刺激經濟，隨著危機推展，歐洲央行調降利率至大約零的水準。此外，在 2015 年後，歐洲央行實施量化寬鬆政策，購買大量的政府公債，來降低長期利率並再度地擴張總需求。

到了 2019 年底，歐洲已從主權債務危機復甦到先前景氣。歐元區的失業率約 7%，是許多年來的最低水準。通貨膨脹依然低於目標水準，但已非常接近 2%。實質國內生產毛額達到新高，但 2020 年迎來一個截然不同的新危機：全球性的新冠肺炎疫情 (已在第 11 章討論)。[6]

19-3 結論

在人類的歷史中，金融危機一直是經濟波動的主要來源及經濟政策的驅動因子。在 1873 年，沃爾特‧白芝浩 (Walter Bagehot) 出版一本名著《倫巴底街》

---

[6] 想知道更多相關議題，請見 Philip R. Lane, "The European Sovereign Debt Crisis," *Journal of Economic Perspectives* 26 (Summer 2012): 49-68。

(*Lombard Street*)，內容描述英格蘭銀行應如何管理金融危機。他的建議是中央銀行應該作為資金最後融通者，隨著時間經過，變成普遍的看法。1907 年銀行危機發生後的 1913 年，美國國會通過成立聯邦準備的法律。國會希望新的中央銀行監督銀行體系，以確保金融與總體經濟更大的穩定。

Fed 不是每次都能成功達成目標。直到今日，許多經濟學家相信，因為 Fed 無法遵守白芝浩的建議，作為積極的資金最後融通者，1930 年代的經濟大蕭條才會如此嚴重。如果它能夠積極採取行動，銀行信心的危機及隨之而來貨幣供給與總需求的暴跌即可避免。留心這段歷史，Fed 在 2008 年到 2009 年經濟大衰退與 2020 年新冠肺炎經濟衰退時扮演更積極的角色。

在危機後，我們很容易惋惜金融危機引起的問題，但應該記住金融體系帶來的龐大利益，金融體系讓儲蓄者能以最低可能的風險賺取最佳可能的報酬率。它讓企業經營者有能力融通新創事業的所需資金。藉由結合那些想要儲蓄與想要投資的人，金融體系促進經濟成長與整體繁榮。

快速測驗

1. 佛瑞斯特展開新的除草事業，需要購買除草機，他從珍妮那裡獲得資金，貸款利率是 6%；從丹恩那裡獲得資金，並允諾 10% 的未來利潤。在這種情況下，_____ 是股東，而 _____ 是債權人。
   a. 珍妮，佛瑞斯特   b. 珍妮，丹恩
   c. 丹恩，佛瑞斯特   d. 丹恩，珍妮

2. 將退休資金買共同基金，比將錢全買網飛 (Netflix) 更好，因為這樣做可消除
   a. 逆向選擇   b. 道德風險
   c. 系統性風險   d. 獨特風險

3. 在出售新創電影製作公司股票給投資者後，金牌製作人馬克斯・比利斯托克 (Max Bialystock) 去渡假，而非努力工作來確保舞台劇的成功，這是一個 _____ 的例子。
   a. 逆向選擇   b. 道德風險

   c. 資產分散   d. 槓桿

4. 根據效率市場假說
   a. 積極主動的共同基金應該比指數型基金提供更高報酬
   b. 過多的資產分散可以降低資產組合報酬與提高其風險
   c. 從公開資訊無法預測股價變動
   d. 股價受不理性投資者心理的影響

5. 因為銀行依賴槓桿，銀行資產價值的變動導致銀行 _____ 更大比例的變動。
   a. 資本   b. 存款
   c. 負債   d. 準備

6. 中央銀行通常作為最終貸款者，當銀行
   a. 資本低於零的報告
   b. 沒有現金來滿足存款大眾的提款
   c. 因為環境風險太高，停止貸款
   d. 決定持有更多的超額準備

摘要

1. 金融體系最重要的目的是，將儲蓄者的資源導向有投資計畫需要融資的貸款者手中。有時，這個工作是直接透過股票與債券市場完成。有時，它是透過如銀行的金融中介機構來完成。

2. 金融體系的另外一個目的是，在市場參與者之間分配風險。金融體系讓個人可透過分散風險，降低所面對的風險。

3. 財務安排充滿不對稱資訊，由於企業經營者比提供資金者更清楚知道其企業的固有品質，這就是逆向選擇問題。由於企業經營者比提供資金者更清楚自己的決策與行動，這就是道德風險問題。金融機構，如銀行，可減緩但並未完全消除由不對稱資訊所產生的問題。

4. 由於資本累積與分配是經濟成長的來源之一，一個運作良好的金融體系是長期經濟繁榮的關鍵。

5. 在資產價格下跌時，金融危機開始，通常在投機性泡沫之後，造成一些高槓桿金融機構破產，然後這些破產造成整體信心的下跌，進而導致存款者提回存款和銀行減少借款，接踵而來的信用緊縮降低總需求且造成經濟衰退，然後進入邪惡循環，使破產事件增加與信心下跌的問題更加惡化。

6. 政策制定者因應金融危機的方法有三：第一，他們可用傳統的貨幣與財政政策來擴張總需求；第二，中央銀行可藉由作為資金最後融通者的角色來提供流動性；第三，政策制定者可利用政府資金來支撐金融體系。

7. 阻止金融危機並不容易，但政策制定者可藉由專注於嚴加監管影子銀行、限制金融機構規模、嘗試限制過度承擔風險、改革監督金融體系的監管機構，以及接受在監管金融機構時更宏觀經濟的觀點，來降低未來危機發生的可能性。

關鍵詞

金融體系　financial system
金融市場　financial markets
債券　bonds
股份　stocks
債務融資　debt finance
權益融資　equity finance
金融中介機構　financial intermediaries
風險趨避　risk averse
分散風險　diversification
共同基金　mutual funds
不對稱資訊　asymmetric information

逆向選擇　adverse selection
道德風險　moral hazard
金融危機　financial crisis
投機性泡沫　speculative bubble
槓桿　leverage
跳樓大拍賣　fire sale
流動性危機　liquidity crisis
資金最後融通者　lender of last resort
影子銀行　shadow banks
個體基礎的謹慎規範　microprudential
總體基礎的謹慎規範　macroprudential

複習題

1. 請解釋債務融通與權益融資的差異。
2. 持有股票共同基金而非個別股票的主要優點為何？

3. 何謂逆向選擇與道德風險？銀行如何減緩這些問題？
4. 槓桿比率如何影響金融機構在面對壞消息時的穩定性？
5. 請解釋金融危機如何降低商品與服務的總需求。
6. 何謂中央銀行作為資金最後融通者？
7. 在危機發生時，使用政府資金來支撐金融體系的正反意見為何？

問題與應用

1. 在下列各個情況下，請指出哪一個是逆向選擇或道德風險，並解釋你的答案。這些問題要如何處理？
   a. 弗雷德里卡得到一大筆撰寫教科書的預付款。有了這筆款項，她偏好花時間去航海，而不是坐在辦公室寫書。
   b. 賈斯汀企圖得到一大筆撰寫教科書的預付款，在大學的說明文寫作部份，他知道自己表現不好，但出版商並不知情。
   c. 麻衣購買人壽保險，她知道家族成員在年輕時早逝。
   d. 雷金納德購買鉅額的人壽保險，在渡假時，他喜歡從事喜愛的運動：高空跳傘、高空彈跳及鬥牛。

2. A 國有運作良好的金融體系，資源會流向有最高邊際產出的資本投資；B 國的金融體系運作較不順暢，有些想要投資的人會被排除在外。
   a. 你預期哪一個國家有較高的總要素生產力？請解釋。(提示：請見第 10 章附錄有關總要素生產力的定義。)
   b. 假設兩個國家有相同的儲蓄率、折舊率和技術進步率。根據梭羅成長模型，兩個國家的平均每位勞工產出、平均每位勞工資本與資本勞動比率是多少？
   c. 假設生產函數是 Cobb-Douglas。請比較兩個國家的實質工資和實質資本租賃。
   d. 誰能從較健全的金融體系中獲利？

3. 有些評論者認為，在金融危機期間，當一家金融公司被政府出手拯救時，公司權益持有者應該被徹底消滅，而公司債權人應該受到保護，這是否可解決道德風險問題？為什麼？

4. 如同本章所述，在最近幾年，美國與希臘都經歷政府負債增加和嚴重的經濟不景氣。在何種方式下，兩種狀況相同？在何種方式下，兩者不同？為什麼兩個國家會有不同的政策選擇？

快速測驗答案

1. d　　2. d　　3. b　　4. c　　5. a　　6. b

CHAPTER 20

消費與投資的個體基礎

消費是所有生產的目的和唯一終點。

—— 亞當・斯密

純熟投資的社會目標應該是戰勝會包括我們未來的時間與無知的黑暗力量。

—— 約翰・梅納德・凱因斯

家計單位如何決定其所得中有多少要用在今日的消費，以及有多少要作為儲蓄以備將來所用？廠商如何決定投資多少來擴充其資本存量？這些問題是個體經濟學的問題，因為它們探討個人決策者的行為，但它們的答案具有總體經濟學效果。如同我們在前幾章中見到的，家計單位的消費決策與廠商的投資決策會影響整體經濟體系的行為。

在前面幾章中，我們利用簡單函數來說明消費與投資：$C=C(Y-T)$ 與 $I=I(r)$ 來解釋消費。這些函數說明消費受可支配所得的影響，以及投資受實質利率的影響，且讓我們可以發展短期與長期分析模型，但它們太過簡化，以致於無法提供對消費者與廠商行為的完整解釋。在本章中，我們要更詳細地檢視消費與投資函數，並發展更深入的解釋來說明決定家計單位與廠商的支出。

如同我們在第 1 章中討論的，經濟學分成兩個子領域：個體經濟學與總體經濟學。在本章中，我們將瞭解學習消費與投資決策的個體經濟基礎，如何加強我們對總體經濟事件與政策的瞭解。

20-1 如何決定消費者支出？

自從總體經濟學開始成為研究領域後，許多經濟學家提出一些消費者行為的方法。在此將呈現五位傑出經濟學家的看法，來說明消費者行為的不同觀點。

凱因斯與消費函數

我們以凱因斯在 1936 年出版的《一般理論》，揭開對消費的學習。凱因斯讓消費函數成為其經濟波動理論的核心，此後它在總體經濟分析中扮演相當關鍵的角色。讓我們來思考凱因斯對消費函數的想法，然後再看當他的想法面對資料時會產生什麼難題。

凱因斯的推測　今天，研究消費的經濟學家都依賴複雜的資料分析技術。藉由電腦的協助，他們從國民所得會計帳中取得總體資料，以分析整體經濟的行為，並從調查取得詳細的個體資料分析個別家計單位的行為。然而，因為凱因斯是在 1930 年代完成《一般理論》，他既沒有得到這些資料的好處，也沒有電腦來分析如此龐大的資料集。凱因斯是依據內省和日常觀察的方式來推測消費函數，而不是依靠統計分析。

第一，而且是最重要的，凱因斯推測邊際消費傾向 (marginal propensity to consume)──每額外增加 1 美元所得，所增加的消費數量──是介於 0 與 1 之間。他寫道：「我們以莫大信心依賴的基本心理法則，……是作為一個法則和一般而言，人們會隨其所得的增加而增加消費，但消費增加的幅度小於所得增加的幅度。」亦即，當人們多賺 1 美元時，通常會花掉其中一部份，而將另外一部份儲蓄起來。如同我們在第 12 章中發展凱因斯十字架所見，邊際消費傾向在凱因斯對如何降低廣泛失業政策的建議是十分重要的。財政政策影響經濟體系的能力──以財政政策乘數來表示──是從消費和所得之間的相互回饋而產生的。

第二，凱因斯主張消費對所得的比例，稱為平均消費傾向 (average propensity to consume)，隨著所得增加而下跌。他相信儲蓄是一種奢侈品，所以預期富人儲蓄占所得的比例會比窮人的比例高。儘管對凱因斯的分析並不重要，但平均消費傾向隨所得增加而下跌的假設，成為早期凱因斯學派經濟學的核心部份。

第三，凱因斯認為所得是消費的主要決定因素，利率並未扮演重要的角色。這個推測與在他之前的古典學派經濟學家信念，形成強烈的對比。古典學派經濟學家主張，利率上漲會鼓勵儲蓄和降低消費。凱因斯則承認利率在理論上會影響消費，但他寫道：「我從經驗當中得到的主要結論是，利率對個人在既定所得下的支出影響是次要且相對不重要。」

為了以數學表達這些觀念，凱因斯的消費函數可寫成：

$$C = \overline{C} + cY, \quad \overline{C} > 0, \, 0 < c < 1$$

其中 C 是消費，Y 是可支配所得，$\overline{C}$ 為常數，及 c 是邊際消費傾向。消費函數是畫成一條直線，如圖 20-1 所示。$\overline{C}$ 決定縱軸的截距，而 c 決定斜率。

此消費函數呈現凱因斯猜測的三個特性。藉由推斷邊際消費傾向 c 是介於 0

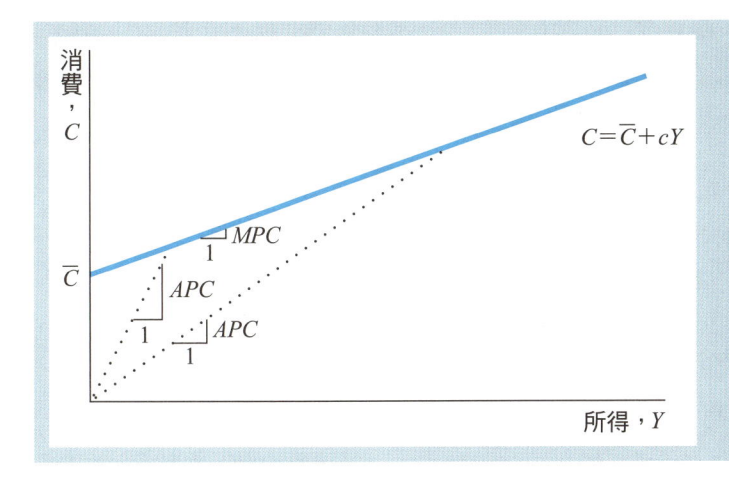

圖 20-1 凱因斯消費函數

此圖形畫出凱因斯推測消費函數的三個特性。第一，邊際消費傾向 c 是介於 0 與 1 之間；第二，平均消費傾向隨著所得上升而下跌；第三，消費受現在所得的影響。

註解：邊際消費傾向 MPC 是消費函數的斜率。平均消費傾向 $APC = C/Y$ 等於從原點與消費函數任何一點連線的直線斜率。

與 1 之間，這個函數滿足凱因斯的第一個特性，所得愈高，消費和儲蓄也會愈高。它也滿足凱因斯的第二個特性，因為平均消費傾向 APC 是：

$$APC = C/Y = \overline{C}/Y + c$$

Y 上升使 $\overline{C}/Y$ 下跌，因此平均消費傾向 C/Y 也下跌。最後，這個消費函數滿足凱因斯的第三個特性，利率並未包含在消費的決定因素當中。

早期實證的成功 在凱因斯提出消費函數不久後，經濟學家開始蒐集和觀察資料來檢驗凱因斯的推測。最早期的研究指出，凱因斯消費函數提供消費者行為的良好描述。

在一些這類研究中，研究者對家計單位進行調查，並蒐集消費和所得的資料。他們發現家計單位的所得愈高，消費也愈多，符合邊際消費傾向大於零的推測。他們也發現家計單位的所得愈高，儲蓄也愈多，證實邊際消費傾向小於 1 的推測。此外，這些研究者發現所得較高的家計單位，儲蓄占所得的比例也較高，平均消費傾向隨著所得上升而下跌的推測。因此，這些資料證實凱因斯有關邊際與平均消費傾向的推測。

在其他研究中，研究者檢視兩次世界大戰期間消費與所得的總體資料。這些資料也支持凱因斯消費函數。在所得異常低的年代，如在 1932 年與 1933 年的經濟大蕭條最嚴重期間，消費和儲蓄都很低，代表邊際消費傾向是介於 0 與 1 之間。此外，在那些所得偏低的年代，消費對所得的比率很高，符合凱因斯的第二個推測。最後，因為所得與消費之間的相關性如此高，沒有其他變數是消費的重要解釋變數。因此，資料也證實凱因斯的第三個推測，所得是人們選擇消費多寡的主要決定因素，而利率扮演微不足道的角色。

消費迷思 儘管凱因斯消費函數早期有些成功，但是兩個反常事件在不久出現。兩者皆與凱因斯平均消費傾向隨著所得上升而下跌的推測有關。

第一個反常事件是，一些經濟學家在第二次世界大戰期間做了可怕的 —— 結果發現是錯誤的 —— 預測之後，變得相當明顯。依據凱因斯消費函數，這些經濟學家推論，隨著時間經過，經濟體系的所得會成長，家計單位消費占所得的比例愈來愈低，而儲蓄占所得比例愈來愈高。他們憂慮可能沒有足夠有利可圖的投資計畫，來吸收所有的儲蓄。如果這個恐懼被證明是真的，偏低的消費將導致商品與服務的需求不足，一旦政府在戰爭期間的需求結束，就會產生經濟衰退。換言之，利用凱因斯消費函數，這些經濟學家預測除非用財政政策來擴張總需求，否則經濟體系將會遭遇所謂的長期停滯 (secular stagnation) —— 無限制的經濟蕭條。

對美國經濟而言是幸運的，但對凱因斯消費函數來說卻是非常不幸，第二次世界大戰的結束，並沒有將國家推入另一個蕭條中。雖然戰後的所得比戰前高出許多，但這些較高的所得並未導致儲蓄率的大幅提高。凱因斯對平均消費傾向會隨著所得上升而下跌的推測似乎沒有成立。

第二個反常事件則是，當經濟學家賽門‧顧志耐 (Simon Kuznets) 在 1940 年代嘗試建構自 1869 年以來消費與所得總體資料時發生的。後來顧志耐榮獲諾貝爾經濟學獎。他發現，儘管在研究這段期間的所得大幅增加，但消費對所得的比例在數十年間卻相當穩定。同樣地，凱因斯對平均消費傾向會隨著所得上升而下跌的推測似乎沒有成立。

長期停滯假設的無效與顧志耐的發現都指出，平均消費傾向在一段長時間內是相當固定的。這個事實呈現一個迷思，激勵後續許多對消費的研究經濟學家想要知道，為什麼有些研究符合凱因斯的推測，以及為什麼其他的研究卻否定凱因斯的推測。亦即，為什麼凱因斯的推測在家計單位資料和短期時間數列資料的研究相當成功，但是在檢視長期時間數列資料時卻失敗？

圖 20-2 描繪這種迷思。證據顯示有兩種消費函數。對家計單位資料或短期時間數列而言，凱因斯消費函數似乎頗能解釋。但對長期時間數列而言，消費函數似乎具有固定平均消費傾向。在圖 20-2 中，這兩個消費和所得之間的關係稱為短

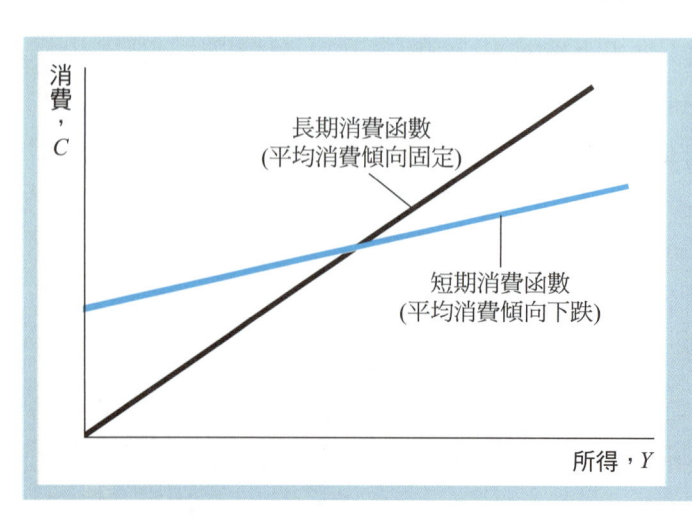

圖 20-2 **消費的迷思** 家計單位資料和短期時間數列資料的研究發現，消費與所得之間的關係符合凱因斯的推測。在圖形中，這個關係稱為短期消費函數。但是長期時間數列資料的研究則發現，平均消費傾向並不會受所得的影響。這個關係稱為長期消費函數。請注意：短期消費函數的平均消費傾向是遞減的，而長期消費函數的平均消費傾向則是固定的。

期與長期消費函數。經濟學家需要解釋這兩個消費函數如何能夠同時成立。

在 1950 年代，莫帝格里尼及傅利德曼對這些看起來互相矛盾的發現，都提出各自的解釋。兩位經濟學家後來也獲頒諾貝爾經濟學獎，部份原因是他們對消費研究的貢獻。莫帝格里尼和傅利德曼都從同樣的領悟開始：若人們偏好每年都平滑消費而不是大幅度波動，他們應該是理性前瞻者。他們的所得不僅受當前所得，也受預期未來可收到所得的影響。但兩位經濟學家以不同方向來解釋。

莫帝格里尼與生命循環假說

在 1950 年代寫作的一系列論文中，莫帝格里尼及其合著者想要嘗試解開消費的迷思 —— 亦即，解釋當凱因斯消費函數以資料驗證時，所出現明顯矛盾的證據。莫帝格里尼推論，若一人為理性前瞻者，則消費會受一個人終身所得的影響。然而，一輩子的所得會呈現有系統的變化，而儲蓄可以讓消費者將所得從生命中收入較高的年代移向生命中收入較低的年代。這種對消費行為的解釋構成**生命循環假說** (life-cycle hypothesis) 的基礎。[1]

假說　所得在一個人一生當中變動的一個重要原因是退休。大多數人計畫在 65 歲左右停止工作，而且當他們退休後，預計所得將會減少，但是他們並不希望以消費衡量的生活水準大幅滑落。為了維持退休以後的消費水準，人們必須在有工作的期間儲蓄。讓我們檢視這種儲蓄的動機隱含的消費函數。

假設有一個預期再活 T 年的消費者，擁有財富 W 且從現在到 R 年的退休期間，他預期每年賺取所得 Y。如果他想要在一生中都維持平穩的消費水準，應該選擇什麼樣的消費水準？

這個消費者一輩子的資源，包括最初擁有的財富 W 及終身所得 $R \times Y$。(為了簡化分析，我們假設利率為零；若利率大於零，我們必須考慮儲蓄的利息收入。) 消費者可以將一生的資源分配到剩下的 T 年生命中。想要一輩子的消費路徑盡可能地平穩，他會將總財富 $W+RY$ 平均地分配到 T 年，且每一年能夠消費：

$$C = (W+RY)/T$$

我們可以將這個人的消費函數寫成：

$$C = (1/T)W + (R/T)Y$$

例如，若這位消費者預期再活 50 年，且其中 30 年在工作，則 $T=50$ 和 $R=30$，

---

[1] 有關生命循環假說的大量參考文獻，一個很好的入門是莫帝格里尼榮獲諾貝爾經濟學獎時的演講稿：Franco Modigliani, "Life Cycle, Individual Thrift, and the Wealth of Nations," *American Economic Review* 76 (June 1986): 297-313。有關這個假說的最近研究，請見 Pierre-Olivier Gourinchas and Jonathan A. Parker, "Consumption Over the Life Cycle," *Econometrica* 70 (January 2002): 47-89。

所以他的消費函數是：

$$C = 0.02W + 0.6Y$$

此式說明消費受到所得和財富影響。每年額外增加 $1 所得，每年的消費會增加 $0.60，而財富額外增加 $1，每年的消費會增加 $0.02。

如果經濟體系中每個人都是這樣計畫消費，則總消費函數與個人消費函數會大致相同：總消費受到財富和所得影響；亦即，經濟體系的消費函數是：

$$C = \alpha W + \beta Y$$

其中參數 α 為財富的邊際消費傾向，參數 β 是所得的邊際消費傾向。

涵義　圖 20-3 畫出由生命循環模型預測的消費與所得之間的關係。對於任何既定的財富水準 W，這個模型得到一個類似圖 20-1 顯示的傳統消費函數。然而，請注意：在所得下跌到零時，消費函數的截距項並不是一個固定值，這點和圖 20-1 不同。相反地，這裡的截距項是 αW，因此截距項是受到財富水準影響。

消費行為的生命循環模型可以解決消費的迷思。根據生命循環消費函數，平均消費傾向是：

$$C/Y = \alpha(W/Y) + \beta$$

因為財富在個人之間和各年之間都不會與所得呈比例變動，我們應該可以發現，在觀察個人或短期資料時，高所得會對應較低的平均消費傾向。但是在長期，財富和所得共同成長，這會產生固定的 W/Y 比例，因此平均消費傾向也是固定值。

為了從不同的角度來詮釋，讓我們思考消費函數如何隨著時間經過而變動。如圖 20-3 所示，對於任何既定的財富水準，生命循環消費函數類似凱因斯所建議

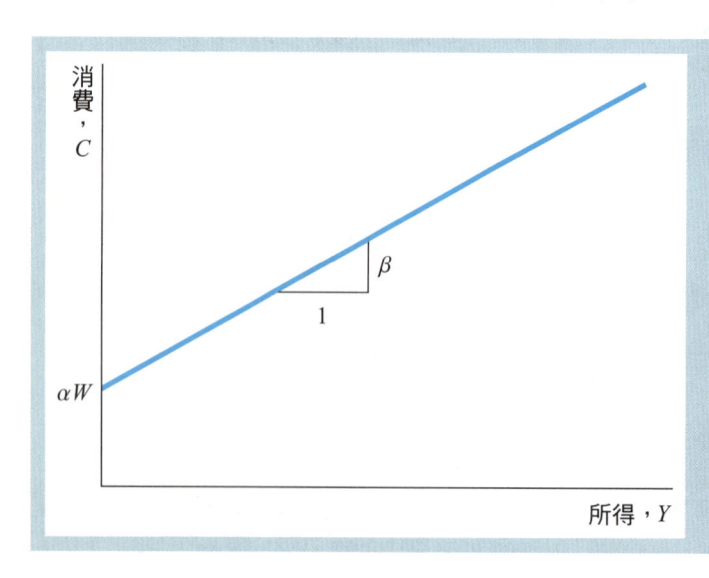

圖 20-3　生命循環消費函數　生命循環模型說明消費受所得和財富的影響。換言之，消費函數 αW 的截距項受到財富影響。

的消費函數。但這個函數只有在短期當財富是固定時才成立。在長期，隨著財富增加，消費函數會向上移動，如圖 20-4 所示。這種消費函數的上移，會阻止平均消費傾向隨著所得而下跌的現象發生。莫帝格里尼以這種方式，解開由顧志耐資料所提出的消費迷思。

生命循環模型也做了許多其他的預測。其中最重要的是，它預測一個人一生中的儲蓄會變動。如果一個成年人最初並沒有任何財富，則他會在工作生涯中累積財富，然後在退休後花光財富。圖 20-5 顯示消費者在成年以後的消費、所得及財富的變動情形。根據生命循環假說，因為人們想要在一生中平穩消費，工作時的年輕人會儲蓄，而退休後的老年人則為負儲蓄。

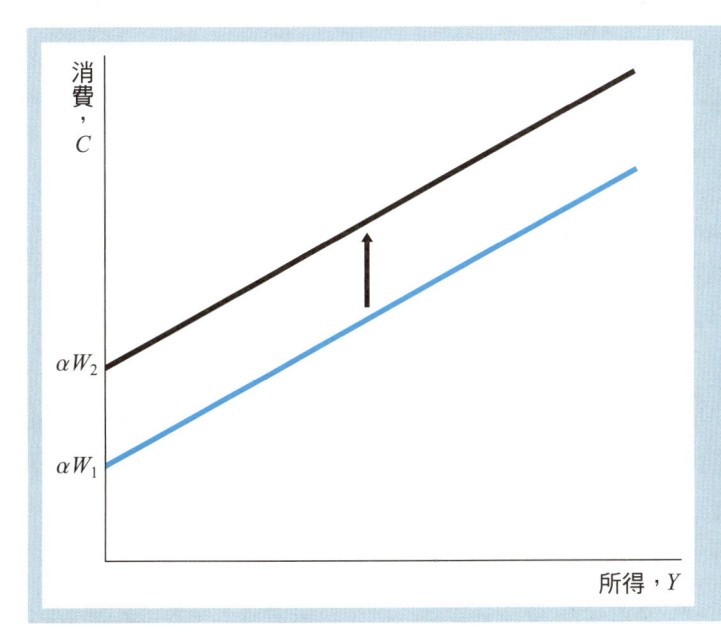

圖 20-4　財富的改變如何移動消費函數？ 若消費受到財富影響，則財富的增加會使消費函數往上移動。因此，短期的消費函數 (財富固定不變) 與長期消費函數 (財富隨著時間經過會成長) 並不相同。

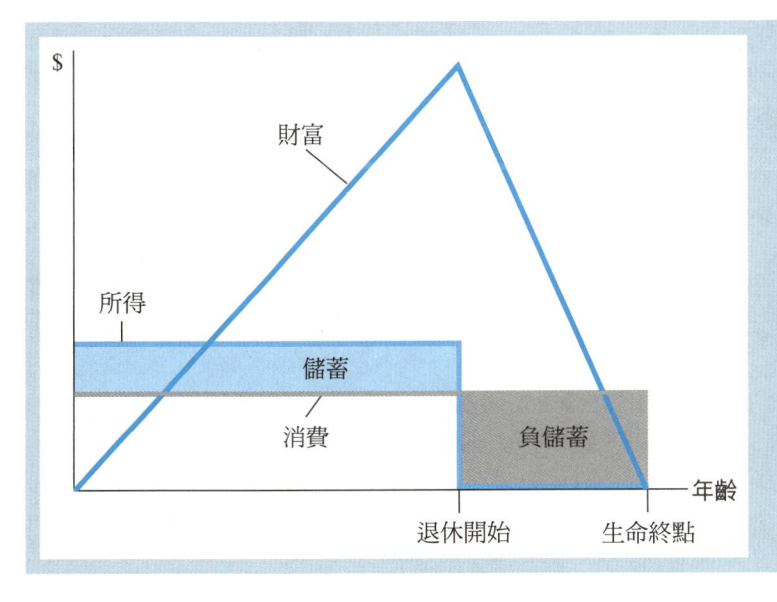

圖 20-5　生命循環中的消費、所得和財富 若消費者在其一生中是平均地分配消費 (如水平的消費線所示)，則他會在工作期間儲蓄並累積財富，然後在退休後花光財富。

在這個模型的推動下，許多經濟學家研究老年人之間的消費與儲蓄行為。通常他們發現，老年人似乎不像模型的預測一樣，負儲蓄得那麼多。換言之，如果老年人想要在有生之年平穩消費，其財富並不會像一般預測下降得那麼迅速。一個原因是他們預期壽命長度的不確定性與未來的醫療費用。另外一個原因則是，他們想要留下遺產給後代子孫。毫無疑問地，為退休做準備是儲蓄的一個重要動機，但是其他的動機似乎也同樣重要。[2]

傅利德曼與恆常所得假說

在 1957 年出版的一本書中，傅利德曼提出恆常所得假說 (permanent income hypothesis) 來解釋消費者行為。傅利德曼的恆常所得假說補充莫帝格里尼的生命循環假說：兩者都是利用費雪的消費理論，主張消費不應該只受當期所得的影響。但是不像生命循環假說強調，在人的一生當中所得會遵循規則的模式，恆常所得假說強調人們各年之間會經歷所得隨機或暫時性的變動。[3]

假說　傅利德曼建議我們視當期所得 Y 為恆常所得 (permanent income) Y^P 和臨時所得 (transitory income) Y^T 的加總；亦即：

$$Y = Y^P + Y^T$$

恆常所得是指所得中人們預期會持續到未來那一個部份的所得；臨時所得則是指所得中，人們預期不會持續的那一個部份。換言之，恆常所得是平均所得，而臨時所得是偏離平均所得的隨機部份。

我們考慮下面的例子，來瞭解如何將所得分成兩個部份：

- 尼亞擁有法律學位，她今年的所得比高中輟學的伊森來得多。尼亞較高的所得是較高的恆常所得的結果，因為她的學歷可以持續帶給她較高的薪水。
- 莉莉是佛羅里達州的橘農，今年的收入比往年低，因為霜害摧毀她的收成。朱利歐是加州的橘農，今年的收入比往年高，因為佛羅里達州發生的霜害，使橘子價格大漲。朱利歐的所得增加是臨時所得上升所造成，因為明年加州的天氣不見得會比佛羅里達州好。

這兩個例子說明，不同形態的所得會有不同程度的持續性。高學歷可以提供永遠的較高所得，而好天氣只能提供短暫的較高所得。儘管我們可以思考中間的情

---

[2] 想閱讀更多有關老年人的消費與儲蓄行為，請見 Albert Ando and Arthur Kennickell, "How Much (or Little) Life Cycle Is There in Micro Data?" in Rudiger Dornbusch, Stanley Fischer, and John Bossons, eds., *Macroeconomics and Finance: Essays in Honor of Franco Modigiani* (Cambridge, MA: MIT Press, 1986): 159-223；以及 Michael D. Hurd, "Research on the Elderly: Economic Stuatus, Retirement, and Consumption and Savmg," *Journal of Economic Literature* 28 (June 1990): 565-637。

[3] Milton Friedman, *A Theory of the Consumption Function* (Princeton, NJ: Princeton University Press, 1957)。

況,但是藉由假設只有兩種所得:恆常與臨時,對簡化分析是相當有用的。

傅利德曼的推論是,消費應該主要由恆常所得來決定,因為消費者面對所得臨時變動,會利用儲蓄和貸款來平穩消費。例如,如果一個人每年收到永久性的加薪 $10,000,他的消費大約也會上升到這個數目。但如果一個人中了 $10,000 的樂透,他不會在一年內將所有的獎金花光,而是會將額外的消費平均分散到往後的日子。假設利率為零且未來的年歲是 50 年,面對 $10,000 的獎金,每年消費只會增加 $200。因此,消費者會花費其恆常所得,但會將大部份的臨時所得儲蓄起來,而不是用掉。

傅利德曼的結論是,我們應該將消費函數視為下列函數的近似式:

$$C = \alpha Y^P$$

其中 α 是常數,衡量恆常所得中用來消費的比例。如上式所示,恆常所得假說說明消費與恆常所得呈固定比例。

涵義　恆常所得假說藉由指出標準的凱因斯函數使用錯誤的變數來解開消費迷思。根據恆常所得假說,當許多消費函數的研究嘗試找出消費與當期所得 Y 的關係,恆常所得假說主張消費受恆常所得 Y^P 的影響。傅利德曼認為,這種變數錯誤問題可以解釋看似矛盾的發現。

讓我們來看傅利德曼的假說隱含的平均消費傾向。將其消費函數等號兩邊都除以 Y,可得:

$$APC = C/Y = \alpha Y^P/Y$$

根據恆常所得假說,平均消費傾向受恆常所得對當期所得比率的影響。在當期所得暫時超過恆常所得時,平均消費傾向會暫時下跌;在當期所得暫時低於恆常所得時,平均消費傾向會暫時上升。

現在我們檢視許多有關家計單位調查資料的研究。傅利德曼認為,這些資料反映恆常與臨時所得的組合,恆常所得較高的家計單位會有較高的消費比例。若當期所得的所有變動皆來自恆常所得的部份,所有家計單位的平均消費傾向都會一樣;但若所得的某些變動來自臨時的部份,則臨時所得較高的家計單位不會有較高的消費。因此研究者發現,平均而言,高所得家計單位會有較低的平均消費傾向。

同樣地,讓我們檢視許多時間數列資料的研究。傅利德曼認為,所得在年與年之間的變動主要是由臨時所得造成。因此,高所得的年度應該是低平均消費傾向的年度。但在長期——例如,十年與十年之間——所得的變動來自於恆常所得。因此,在長期的時間數列資料中,我們應該觀察到固定的平均消費傾向,如同顧志耐實際發現的證據。

> 個案研究

1964 年的減稅和 1968 年的增稅

恆常所得假說可以協助我們解釋經濟體系如何因應財政政策的改變。根據第 12 章和第 13 章描述的 IS-LM 模型，減稅會刺激消費並提高總需求，增稅會降低消費並減少總需求。然而，恆常所得假說預測消費只有在恆常所得變動時才會變動。因此，稅收的臨時變動對消費和總需求只會造成微不足道的影響。如果稅收的改變對總需求有很大的影響，它一定是恆常的。

這就是理論，但此預測是否可從資料中得到驗證？

有些經濟學家會給予肯定的回答，而且他們指向財政政策的兩個變動——1964 年的減稅和 1968 年的增稅——描繪這個原則。1964 年的減稅大受歡迎，政府宣佈稅率大幅且永久降低。如同在第 12 章中討論的，這項政策的改變達到想要刺激經濟的效果。

1968 年的增稅卻是在不同的政治環境下提出的。因為林登‧詹森 (Lyndon Johnson) 總統的經濟顧問相信，越戰引起政府支出的增加，過度刺激總需求，所以提出立法。為了抵銷這個效果，他們建議提高稅率。但是，詹森總統知道越戰已經不受歡迎，擔心增稅可能導致政治反彈。他最後同意暫時性增稅——事實上，是一年的增稅。增稅措施並未如預期般有降低總需求的效果。失業繼續下跌，而通貨膨脹持續上升。這個結果是恆常所得假說一致：稅收增加只會影響臨時所得，所以消費行為和總需求不太受到影響。

雖然這兩個歷史事件符合恆常所得假說，但我們想從它們身上得到結論是不可能的。在任何時點，有許多總體經濟事件會影響消費者支出，包括消費者對經濟前景的信心。想要在同一時間內將稅收政策與其他事件的影響分開是相當困難的。幸運的是，有些研究得到更值得信賴的結論，如同接下來「個案研究」中討論的。

> 個案研究

2008 年的退稅

當醫療研究者想要決定新藥的有效性時，最好的方式是執行隨機對照實驗。找到一群病人，一半給他們新藥，另外一半給他們安慰劑。研究者就可以追蹤和比較兩個不同群體，以衡量新藥的影響。

總體經濟學通常不能採用隨機實驗，但有時這種實驗是歷史的偶然，而無須刻意要求分類。一個例子出現在 2008 年。因為金融風暴，經濟體系步入不景氣。為了要對抗衰退，美國國會通過經濟刺激法案 (Economic Stimulus Act)，提供一次 $1,000 億的退稅給家計單位，個人可拿到 $300 到 $600，夫婦可拿到 $600 到 $1,200，而有小孩的家庭，每個小孩會額外收到 $300。更重要的是，郵寄數以百萬計的支票是冗長的過程，消費者會在不同的時間收到退稅。收到的時點與個人社會安全號碼最後兩個數字有關，而這本質上是隨機的。藉由較早收到退稅與較晚收到退稅的行為，研究者可利用這種隨機差異來估計臨時性減稅的效果。

這裡是研究者的研究成果：

> 我們發現，平均來說，家計單位會支出退稅金額的 12% 到 30%，與其設定有關，這取決於收到退稅三個月內，對非耐久消費商品與服務 (由消費者支出調查來定義) 的支出。這種反應有統計性與經濟顯著性。我們也發現，耐久財購買及其相關服務，主要是購買車子的顯著效果，在收到退稅的三個月之內，平均約有 50% 到 90% 的消費支出。[4]

這個研究的發現與恆常所得假說預測的大相徑庭。若家計單位隨著時間經過平滑其消費，如同恆常所得假說所言，他們只會將退稅金額內的一小部份在三個月內花掉，但資料顯示退稅對支出的影響很大。此外，若恆常所得假說正確，由於較早收到支票者與較晚收到支票者的恆常所得相同，兩類人的行為應會相同。然而，資料顯示，收到支票的時點對家計單位支出的時點有巨大的影響。

這些發現的一個可能解釋是，許多家計單位面臨**借貸限制** (borrowing constraints)──面對預期未來所得，他們能夠貸款金額的限制。傅利德曼的恆常所得假說是，基於家計單位能夠動用儲蓄與貸款來在長期平滑消費。借貸限制阻礙消費平滑與將家計單位消費與當前所得，包括臨時性所得綁在一起。

恆常所得理論在推論恆常稅賦變動時比臨時稅賦變動更能影響消費者支出可能是正確的。但是依據 2008 年的經驗來看，臨時性稅賦變動效果不顯著的結論似乎並不正確，即使是非常臨時的稅賦變動也能影響消費者支出的金額。 ■

霍爾與隨機漫步假說

恆常所得假說是建立在有遠見的消費者進行消費決策時不僅受當期所得的影響，且受預期未來所得的影響。因此恆常所得假說凸顯消費受人們預期的影響。

後續對消費的研究是結合這種觀點和理性預期假設。理性預期假設主張，人們會運用所有可以得到的資料針對未來做適當的預測。如同我們在第 15 章所見，這個假設對降低通貨膨脹的成本有深遠的涵義。它對消費者行為的研究也有深遠的涵義。

假說　經濟學家勞勃·霍爾 (Robert Hall) 是第一個導出理性預期在消費上涵義的經濟學家。他指出，若恆常所得假說是正確的，且若消費者具有理性預期，則隨

---

[4] Jonathan A. Parker, Nicholas S. Souleles, David S. Johnson, and Robert McClelland, "Consumer Spending and the Economic Stimulus Payments of 2008," *American Economic Review* 103 (October 2013): 2530-2553.

著時間的經過，消費的變動應該是無法預測的。當一個變數的變動無法預測時，我們稱這個變數遵循隨機漫步 (random walk)。根據霍爾的看法，恆常所得假說與理性預期的結合隱含消費遵循隨機漫步。

霍爾的推理如下：根據恆常所得假說，消費者面對波動的所得會盡可能地在每一年平穩其消費。在任何時候，消費者是根據現在對未來一生所得的預期來選擇消費組合。隨著時間經過，因為消費者收到新訊息，進而修正他們對未來的預期，所以會改變最適消費組合。例如，一個人突然升遷會增加消費，而一個人突然被降職則會減少消費。換言之，消費的變動反映出終身所得的「意外」部份。若消費者是最適地利用所有可得的資訊，則其應該只會對完全出乎意料的事件感到意外。因此，他們的消費變動應該也是無法預測的。[5]

涵義 消費的理性預期觀點不僅具有預測的涵義，且具有經濟分析的涵義。若消費者遵守恆常所得假說，且具有理性預期，則只有非預期的政策變動才會影響消費。當這些政策變動改變人們預期時，它們才會發揮效用。例如，假設國會今天通過一個明年開始增稅的法案。在這種情況下，消費者在國會通過這項法案時(或若法案的通過是可預期的，則時間會更早)，收到與自己終身所得有關的新訊息。這個訊息的到來會引起消費者修正他們的預期，進而減少他們的消費。隔年當增稅開始實施時，因為再也沒有接收到新訊息，消費就不會有任何變動。

因此，若消費者具有理性預期，政策制定者不僅透過他們的行動，也透過大眾對其行動的預期來影響經濟體系。然而，預期是無法直接觀察得到的。因此，通常很難知道財政政策的改變是如何及何時會改變總需求。

個案研究

可預測的所得變動是否導致可預測的消費變動？

在許多有關消費者行為的事實中，有一點是無可爭議的：在景氣循環期間，消費與所得同步波動。當經濟體系步入不景氣時，所得與消費同時下跌；當經濟繁榮時，所得與消費同時迅速上升。

這個事實本身並未提到太多有關恆常所得假說的理性預期版本。大部份的短期波動是無法預測的。因此，當經濟步入不景氣時，一般的消費者收到有關終身所得的壞消息，所以消費自然會下跌。當經濟進入繁榮時期，一般消費者收到好消息，所以消費會上升。這種行為並未違反消費的變動無法預測的隨機漫步假設。

但是假設我們可以辨認出一些可預測的所得變動。根據隨機漫步假設，這些所得的變動應該不會引起消費者修正其支出計畫。若消費者預期所得上升或下跌，他們應已經將該

---

[5] Robert E. Hall, "Stochastic Implications of the Life Cycle-Permanent Income Hypothesis: Theory and Evidence," *Journal of Political Economy* 86 (December 1978): 971-987.

訊息反映在其消費調整上。因此，可預測的所得變動應該不會導致可預測的消費變動。

然而，消費和所得的資料似乎沒有符合隨機漫步假說的這個涵義。當所得預期下跌 $1 時，同一時間的消費平均會減少 $0.50。換言之，可預測的所得變動導致可預測的消費變動約一半的幅度。

為什麼會這樣？這種行為的一個可能解釋是，某些消費者不具理性預期。相反地，他們可能迅速以當期所得作為預期未來所得的基礎。因此，當所得上升或下跌時 (即使是可預測的)，他們的反應就好像已經收到有關其終身資源的訊息，並據此改變消費行為。另外一個可能的解釋則是，某些消費者面臨貸款限制，因此只能單獨依據當期所得來決定消費。不論哪一個解釋是正確的，凱因斯原來的消費函數開始變得更吸引人；亦即，當期所得在決定消費者支出上，扮演的角色比霍爾隨機漫步假說建議的還要重大。[6]

萊柏森與立即享受的吸引力

凱因斯稱消費函數是一個「基本心理法則」。然而，如同我們已經看到的，心理因素在後續消費者行為的研究中並未扮演任何角色。大多數經濟學家假設消費者是理性的效用及追求者，總是在評估他們的機會和計畫，以得到最高的一生滿足。這種人類行為的模型是從莫帝格里尼、傅利德曼到霍爾所有消費理論的研究基礎。

最近，經濟學家開始回到心理層面。他們指出，消費決策不是由極端理性的經濟人所做，而是由一群行為遠離理性的真正人類做的。這個子領域將心理學注入經濟學中，稱為行為經濟學 (behavioral economics)。

大衛·萊柏森 (David Laibson) 是研究消費最著名的行為經濟學家，主張許多消費者認為自己是不完美的決策者。在一項針對美國人民的調查中，76% 的人認為他們的儲蓄不足以應付退休的生活。在另一項針對嬰兒潮世代的調查中，受訪者被問到所得中儲蓄的比例及他們認為自己應該儲蓄的比例。儲蓄短少平均 11 個百分點。

根據萊伯森的觀點，儲蓄的不足與另一個現象：立即享受的吸引力有關。讓我們考慮下面兩個問題：

問題 1：你喜歡 (A) 今天一顆糖果，或 (B) 明天兩顆糖果？

問題 2：你喜歡 (A) 100 天後一顆糖果，或 (B) 101 天後兩顆糖果？

許多人在面對這些選擇題時，問題 1 會回答 (A)，而問題 2 會回答 (B)。因此，他

---

[6] John Y. Campbell and N. Gregory Mankiw, "Consumption, Income, and Interest Rates: Reinterpreting the Time-Series Evidence," *NBER Macroeconomics Annual* (1989): 185-216; Jonathan A. Parker, "The Reaction of Household Consumption to Predictable Changes in Social Security Taxes," *American Economic Review* 89 (September 1999): 959-973; Nicholas S. Souleles, "The Response of Household Consumption to Income Tax Refunds," *American Economic Review* 89 (September 1999): 947-958.

們在長期會比在短期更有耐心。

這提高消費者可能有時間不一致性偏好 (time-inconsistent preferences) 的可能性：他們很有可能只是因為時間的因素而改變決策。一個人面對問題 2 可能會選擇 (B) 且多等一天可多得到一顆糖果。但是當 100 天過去，此時他面對問題 1。立即享受的吸引力會誘使心意改變。

我們在日常生活中經常看到這種行為。一個正在減肥的人要吃第二盤食物的同時，也自我承諾明天少吃一點；一個人多抽一根菸的同時，也告訴自己這是最後一根；一名消費者在購物中心大肆採購的同時，也自我承諾明天要撙節開支，開始多存錢以供將來退休使用。但是當明天來臨時，承諾已成過往雲煙，一個新的自我以立即享受的自我欲望重新做決策。

這些觀察提出的問題和問題的答案一樣多。在經濟學家之間重新喚起心理因素的重要性，是否可提供對消費者行為更清楚的認識？它是否提供有關稅收政策對儲蓄的新處方？現在回答這些問題還嫌太早，但毫無疑問地，這些問題走在待研究課題的最前端。[7]

個案研究

如何讓人們多儲蓄？

許多經濟學家相信，美國增加其所得中儲蓄的部份是值得的事。這個結論的理由很多。從個體經濟學的觀點來看，更多的儲蓄意味著人們愈能應付退休生活；這個目標尤其重要，因為社會安全這項提供退休所得的公共政策，預測在人口老化前幾年將遭遇財務困境。從總體經濟的觀點來看，更多的儲蓄意味著融通投資的可貸資金供給增加；梭羅成長模型顯示，資本累積增加導致所得提高。從開放經濟的觀點來看，更多的儲蓄意味著較少的國內投資由國外資本融通；較少的資本內流將使貿易帳從赤字轉為盈餘。最後，許多美國人說自己的儲蓄不足，可以視為增加儲蓄應該是一個國家目標的充份理由。

政策制定者如何讓美國人儲蓄更多？迅速發展的行為經濟學領域提供一些答案。

其中一個觀點是，讓儲蓄的阻力愈低愈好。例如，考慮 401(k) 計畫，許多勞工可透過雇主獲得租稅優惠退休儲蓄帳戶。在大部份的公司中，參與 401(k) 計畫是一種選項，勞工可透過填寫簡單表格進行選擇。然而，有些公司的勞工是自願加入此計畫，但可透過填寫簡單表格來退出。許多研究指出，勞工較不可能參與第二種情況，而較有可能參與第

---

[7] 想知道更多相關議題，請見 David I. Laibson, "Golden Eggs and Hyperbolic Discounting," *The Quarterly Journal of Economics* 112 (May 1997): 443-477；以及 George-Marios Angeletos, David Laibson, Andrea Repetto, Jeremy Tobacman, and Stephen Weinberg, "The Hyperbolic Consumption Model: Calibration, Simulation, and Empirical Evaluation," *Journal of Economic Perspectives* 15 (Summer 2001): 47-68。

一種情況。若勞工是理性追求最大效用者,如同一般經濟理論經常假設的情形,不管他們選擇加入或自動加入,都會選擇最適退休儲蓄金額。事實上,由於勞工行為呈現慣性,預設值對他們儲蓄多少有顯著影響。想要提高儲蓄的政策制定者,可藉由經常做成自動加入這些儲蓄計畫的作法來利用這種慣性。

第二個提高儲蓄的觀點,則是讓人們有機會控制立即享受吸引力的欲望。一個有趣的可能性是由 2017 年獲得諾貝爾獎的經濟學家理察德·塞勒 (Richard Thaler),提倡的「明天儲蓄更多」(Save More Tomorrow) 計畫。這個計畫的精華是,人們事先承諾將未來薪水增加的其中一部份放入退休儲蓄帳戶。當勞工簽署這項計畫時,他不需要做出犧牲來降低消費,而是承諾減少未來的消費成長。當這項計畫在許多公司實施後,造成非常大的影響,那些有機會加入計畫的勞工中,有很高比例 (78%) 的勞工加入。此外,那些已加入者中,大部份 (80%) 留在這項計畫內的勞工至少都連續四年加薪。在四十個月的期間內,那些加入計畫者的平均儲蓄率從 3.5% 上升至 13.6%。

更廣泛地應用這些概念在提高美國國民儲蓄率上究竟會有多成功?這並無法確定。但在儲蓄對個人和國家經濟繁榮重要性的條件下,許多經濟學家認為這些建議值得一試。[8]

消費的重點

在五位傑出經濟學家的研究中,我們看到消費者行為觀點的進展。凱因斯提出消費主要是受當期所得的影響。凱因斯建議的消費函數形式為:

$$消費 = f(當期所得)$$

更近期地,經濟學家認為消費者瞭解其面臨的是跨期決策。消費者往前看到他們未來的資源和需要,隱含一個比凱因斯所建議更複雜的消費函數。這個研究反而建議:

$$消費 = f(當期所得,財富,預期未來所得,利率,自我控制機制)$$

換言之,當期所得只是總消費的其中一個決定因素。

經濟學家繼續辯論這些消費決定因素的重要性。例如,關於利率對消費支出的影響、貸款限制的普遍性,以及心理因素的重要性,依舊存在許多歧見。重要的是,不同的消費函數會讓不同經濟學家對經濟政策得到不同的結論。

---

[8] James J. Choi, David Laibson, Brigitte C. Madrian, and Andrew Metrick, "Defined Contribution Pensions: Plan Rules, Participant Decisions, and the Path of Least Resistance," *Tax Policy and the Economy* 16 (2002): 67-113; Richard H. Thaler and Shlomo Benartzi, "Save More Tomorrow: Using Behavioral Economics to Increase Employee Saving," *Journal of Political Economy* 112 (2004): S164-S187.

20-2 什麼決定投資支出？

消費財支出提供今天的效用給家計單位，而投資財的支出目標是在稍後的日子裡提供更高的生活水準。投資是國內生產毛額中連結現在與未來的組成項目。

投資支出不僅在長期成長，也在短期景氣循環扮演關鍵角色，因為其為國內生產毛額中波動性最大的項目。當商品與服務支出在經濟衰退期間下跌時，大部份的下跌是由投資支出的下跌所引起。例如，美國在 2008 年到 2009 年經濟大衰退的期間，實質國內生產毛額從 2007 年第四季的高峰到 2009 年第二季的低谷，總共下跌 \$6,280 億。同一期間的投資支出下跌 \$7,810 億，比整體支出的下跌數量還大。

如同我們在第 2 章中討論的，投資支出的類型有三：企業固定投資 (business fixed investment)、住宅投資 (residential investment) 及存貨投資 (inventory investment)。而在此我們專注於企業固定投資，約占投資支出的四分之三。企業一詞意味著廠商購買用在未來生產中使用的投資商品。固定意味著這項資本支出會有一段期間的停留，不像存貨投資在稍後很短的時間內會使用或出售。企業固定投資包括從辦公室家具到工廠、電腦到公司車等各式各樣的東西。

標準的企業固定投資模型稱為新古典投資模型 (neoclassical model of investment)。新古典模型檢視廠商擁有資本財的成本與效益。模型顯示投資水準 ── 資本存量的增加 ── 與資本邊際產量、利率和影響廠商的稅法之間的關聯性。

為了發展這個模型，我們假設經濟體系存在兩種類型的廠商：生產型廠商 (production firms)，使用租來的資本生產商品與服務 (如我們第 3 章的模型所示)；租賃型廠商 (rental firms)，進行經濟體系中所有的投資，他們購買資本並將其租給生產型廠商。在真實世界中，大部份真正的廠商都生產商品與服務，及其為將來生產投資購買資本。然而，如果我們藉由想像這些活動發生在不同廠商而將它們分開，可以簡化我們的分析，並釐清我們的思維。

資本的租賃價格

首先，讓我們考慮一般的生產型廠商。如同我們在第 3 章中所見，這個廠商透過比較各個單位資本的成本效益來決定租用多少資本。廠商以租賃率 R 租用資本，並以價格 P 銷售產品；生產型廠商一單位資本的實質成本是 R/P。一單位資本的實質效益是資本的邊際產量 MPK ── 額外增加一單位資本所能額外增加的商品數量。資本邊際產量隨資本的增加而下跌：廠商擁有的資本愈多，額外一單位資本所能生產的商品數量會愈少。第 3 章的結論是追求利潤極大化的廠商會持續租用資本，直到資本的邊際產量下跌至與實質租賃價格相等為止。

圖 20-6 顯示資本租賃市場的均衡。基於剛剛討論的理由，資本的邊際產量決

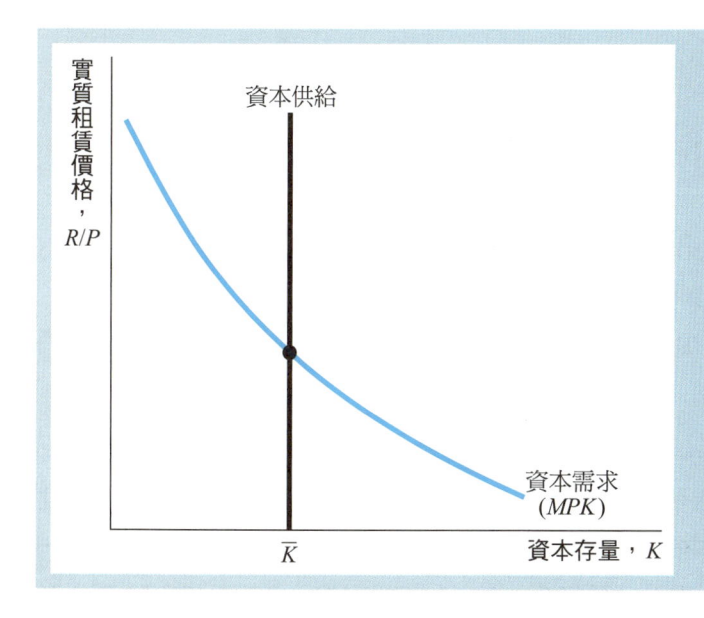

圖 20-6 資本的租賃價格
資本的實質租賃價格會調整到使資本的需求 (由資本邊際產量決定) 與固定供給達到均衡。

定需求曲線。因為資本的邊際產量在資本水準增加時會下跌，需求曲線的斜率為負。在任何時點，經濟體系中的資本數量是固定的，所以供給曲線是垂直的。資本的實質租賃價格調整到使供給與需求達到均衡。

要瞭解什麼樣的變數會影響均衡租賃價格，讓我們考慮一個特殊的生產函數。如同在第 3 章所見，許多經濟學家認為 Cobb-Douglas 生產函數是描寫實際經濟如何將資本和勞動轉換成商品與服務的良好近似。Cobb-Douglas 生產函數為：

$$Y = AK^{\alpha}L^{1-\alpha}$$

其中 Y 是產出，K 為資本，L 是勞動，A 為衡量技術水準的參數，以及 α 是產出資本份額的參數，其值介於 0 與 1 之間。Cobb-Douglas 生產函數的資本邊際產量為：

$$MPK = \alpha A(L/K)^{1-\alpha}$$

因為在均衡時，實質租賃價格等於資本的邊際產量，我們可以寫成：

$$R/P = \alpha A(L/K)^{1-\alpha}$$

這個式子指出決定實質租賃價格的變數。我們學到以下的事實：

- 資本存量愈低，資本的實質租賃價格愈高。
- 勞動雇用量愈大，資本的實質租賃價格愈高。
- 技術愈進步，資本的實質租賃價格愈高。

任何降低資本存量 (如龍捲風)，或提高就業 (總需求擴張)，或技術進步 (工程突破) 的事件，都會提高均衡的實質租賃價格。

資本成本

接著，討論租賃型廠商。這些廠商，如租車公司，只是購買資本財並將其出租。因為我們的目標是解釋租賃型廠商的投資行為，首先考慮擁有資本的成本和利益。

擁有資本的利益是出租給生產型廠商所得到的收入。租賃型廠商可以從擁有並出租每一個單位資本，收到資本的實質租賃價格 R/P。

擁有資本財的成本比較複雜。租賃型廠商在每一期出租一單位資本，會負擔三種成本：

1. 當租賃型廠商貸款購買一單位資本時，計畫將資本出租，必須支付貸款的利息。若 P_K 為一單位資本的購買價格及 i 是名目利率，則 iP_K 是利息成本。請注意：即使租賃型廠商不需要貸款，仍會負擔利息成本。若租賃型廠商使用手上的現金購買一單位資本，其損失本來可以將這筆錢存入銀行所賺到的利息。不管是哪一種情況，利息成本等於 iP_K。

2. 當租賃型廠商出租資本時，資本的價格可能變動。假如資本價格下跌，因為廠商的資產價值跟著下跌，廠商會遭受損失；假如資本價格上漲，因為廠商的資產價值跟著上升，廠商會獲利。這項損失或利得的成本是 $-\Delta P_K$。（負號在此是因為我們衡量的是成本而非利益。）

3. 當資本出租時，會遭遇磨損，稱為**折舊** (depreciation)。若 δ 為折舊率──因為磨損，每一期價值損失的比率──則折舊的成本是 δP_K。

因此在每一期出租一單位資本的總成本為：

$$資本成本 = iP_K - \Delta P_K + \delta P_K$$
$$= P_K(i - \Delta P_K/P_K + \delta)$$

資本成本受資本價格、利率、資本價格變動率和折舊率的影響。

例如，考慮租車公司的資本成本。公司以每部 $30,000 的價格購買汽車，並出租給其他企業使用。公司面對的年利率 i 是 10%，所以公司擁有一部汽車的每年利息成本 iP_K 等於 $3,000。若汽車價格每年上升 6%，所以扣除磨損後，公司每年的資本利得 ΔP_K 為 $1,800。如果車子每年以 20% 的比率折舊，則每年因磨損造成的損失 δP_K 是 $6,000。因此，公司的資本總成本是：

$$資本成本 = \$3,000 - \$1,800 + \$6,000$$
$$= \$7,200$$

租車公司擁有一部汽車，在其資本存量內的成本等於每年 $7,200。

為了使資本成本的表示更簡單且更容易解釋，我們假設資本價格會與其他商品價格一起上升。在這種情形下，$\Delta P_K/P_K$ 等於通貨膨脹 π。因為 $i-\pi$ 等於實質利率 r，我們可以將資本成本寫成：

$$資本成本 = P_K(r+\delta)$$

這個式子說明資本成本受資本價格、實質利率和折舊率的影響。

最後，我們想要表達資本成本與經濟體系中其他商品之間的關係。**實質資本成本** (real cost of capital) ── 以經濟體系的產出數量為衡量，購買與出租一單位資本的成本為：

$$實質資本成本 = (P_K/P)(r+\delta)$$

這個式子說明實質資本成本受資本財的相對價格 P_K/P、實質利率 r 及折舊率 δ 的影響。

投資的成本效益計算

現在讓我們來考慮租賃型廠商是否要增加或減少資本存量的決策。就每一單位的資本，廠商賺取實質收入 R/P 和負擔實質成本 $(P_K/P)(r+\delta)$。每一單位的實質利率是：

$$利潤率 = 收入 - 成本$$
$$= R/P - (P_K/P)(r+\delta)$$

因為均衡時的實質租賃價格等於資本的邊際產量，我們可以將利潤率寫成：

$$利潤率 = MPK - (P_K/P)(r+\delta)$$

若資本的邊際產量大於資本成本，租賃型廠商的利潤為正；若邊際產量小於資本成本，租賃型廠商會遭受損失。

我們現在可以來看租賃型廠商投資決策背後的經濟誘因。廠商關於資本存量的決策 ── 亦即，是否增加資本存量或任其折舊 ── 視擁有並出租資本是否有利可圖而定。資本存量的變動，稱為**淨投資** (net investment)，是受資本邊際產量與資本成本間差距的影響。若資本邊際產量超過資本成本，廠商發現增加資本存量會使利潤增加；若資本邊際產量小於資本成本，廠商會任憑資本存量縮減。

我們現在也可以看到將生產型廠商和租賃型廠商的經濟活動分開，雖然有助於釐清我們的觀念，但對於廠商選擇要投資多少的結論卻不是必要的。就一個同時擁有和使用資本的廠商而言，額外一單位資本的利益是資本的邊際產量，且成本是資本成本。如同一家擁有並出租資本的廠商，若邊際產量超過資本成本，該廠商會增加資本到現有的資本存量中。因此，我們可以寫成：

$$\Delta K = I_n[MPK-(P_K/P)(r+\delta)]$$

其中 $I_n(\ )$ 是顯示淨投資對經濟誘因反應程度的函數。資本存量的反應程度 (與此函數的正確形態) 取決於調整過程付出的代價。

現在我們可以導出投資函數。企業固定投資的總支出是淨投資和折舊資本重置的加總，投資函數為：

$$I = I_n[MPK-(P_K/P)(r+\delta)] + \delta K$$

企業固定投資受資本的邊際產量、資本成本和折舊數量影響。

這個模型說明投資為什麼會受利率影響。實質利率下跌導致資本成本減少，因而提高擁有自有資本的利潤並增加累積更多資本的誘因。同樣地，實質利率上升導致資本成本增加，進而促使廠商減少投資。基於這個原因，說明投資與實質利率之間關係的投資曲線斜率為負，如圖 20-7(a) 所示。

這個模型也說明引起投資曲線移動的因素。任何使資本邊際產量增加的事件會提高投資的獲利率，導致投資曲線往外移動，如圖 20-7(b) 所示。例如，就任何既定的利率、技術創新會使生產函數的參數 A 上升，進而提高資本的邊際產量，這會增加租賃型廠商希望購買的資本財數量。

最後，讓我們考慮隨著時間經過，當資本存量持續調整時，會發生什麼變動。若一開始的邊際產量超過資本成本，資本存量會上升而邊際產量會下跌；若一開始的邊際產量低於資本成本，資本存量會下跌而邊際產量會上升。最終，隨著資本存量的調整，資本邊際產量會等於資本成本。當資本存量到達穩定狀態水準時，我們可以寫成：

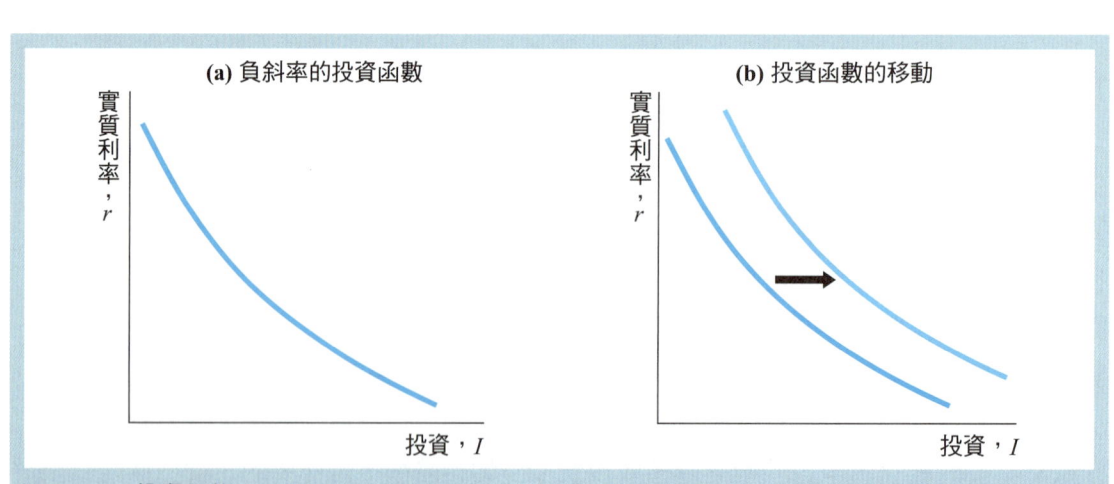

圖 20-7 投資函數 圖 (a) 指出當利率下跌時，企業固定投資會增加。這是因為較低的利率可以降低資本成本，因此使擁有資本的利潤增加。圖 (b) 顯示投資函數向外移動，這可能是資本邊際產量上升所造成。

$$MPK = (P_K/P)(r+\delta)$$

因此，在長期，資本的邊際產量等於實質資本成本。趨向穩定狀態的調整速度受廠商調整資本存量速度快慢的影響，而資本存量的調整速度是受建造、運輸和製造新資本成本高低的影響。[9]

稅收和投資

稅法在很多方面影響廠商累積資本的誘因。有時候政策制定者會為了移動投資函數和影響總需求而改變稅法。在此我們考慮兩項最重要的公司稅規定：公司所得稅和投資抵減。

公司所得稅 (corporate income tax) 為對公司利潤課稅。在過去大部份的時間，美國的公司稅稅率是 46%。這個稅率在 1986 年曾經降到 34%，到了 1993 年又提高到 35%，直在 2017 年，稅率都維持在這個水準。許多州都制定是額外的公司稅，讓美國的總公司稅率約為 40%。相反地，歐洲在 2017 年的平均公司稅率是 20%，而在亞洲則是 21%，為了將美國公司稅率接近國際水準，川普總統在 2017 年底簽署一項法律，將聯邦公司所得稅率從 35% 降至 21%，並在 2018 年生效。

公司所得稅對投資的影響，須視稅法基於課稅目的是如何定義「利潤」而定。首先，假設法律所定義的利潤和我們前面的定義一樣──資本租賃價格減去資本成本。在這種情形下，即使廠商要繳納一部份的利潤給政府，只要資本租賃價格超過資本成本，廠商就會增加資本投資。如果租賃價格低於資本成本，廠商的投資就會減少。在這種利潤定義的方式下，對利潤課說不會改變投資誘因。

然而，因為實際上稅法對利潤的定義不同，公司所得稅確實會影響投資決策。稅法和我們對利潤的定義有許多不同。例如，一項主要的差異是對折舊的處置方式。我們的利潤定義是將折舊的現在價值視為成本的一種，並從利潤中扣除，亦即，折舊是根據今天要替換磨損資本所需花費的金錢來決定。相反地，在現行公司稅稅法下，廠商是以歷史成本來扣除折舊；亦即，折舊扣除額會根據資本的原始購買價格來提列。在通貨膨脹期間，重置成本超過歷史成本，所以公司稅傾向會低估折舊成本，而高估利潤。因此，即使在經濟利潤為零時，依稅法來看，利潤仍然為正，所以公司必須繳稅，這會使得擁有資本較不具吸引力。基於這個和其他原因，許多經濟學家相信公司所得稅會妨礙投資。

政策制定者通常會改變決定公司所得稅的規則，企圖鼓勵投資或至少減緩租稅達成的反誘因。其中一個例子是投資抵減 (investment tax credit)，為一項鼓勵資

---

[9] 經濟學家通常以單位 (units) 來衡量資本財，如 1 單位資本的價格等於 1 單位其他商品與服務的價格 ($P_K = P$)。例如，這是隱含在第 8 章和第 9 章的觀點。在這種情形下，穩定狀態的條件告訴我們：資本邊際產量扣除折舊 $MPK - \delta$ 等於實質利率 r。

本累積的稅務條款。投資抵減是廠商對資本商品的購買可獲得一定比例的減稅。因為廠商繳納較低的稅賦可補償一部份新資本的支出，投資抵減可降低單位資本的有效購買價格 P_K。因此，投資抵減會使資本成本減少，而造成投資上升。

在 1985 年，投資抵減稅率是 10%。但在 1986 年的稅務改革法案 (Tax Reform Act of 1986) 中，降低公司所得稅稅率，同時也取消投資抵減。當 1992 年柯林頓競選總統時，提出重新恢復投資抵減的競選政見，但是這項稅法的修改並沒有在國會通過。許多經濟學家都同意柯林頓總統的看法，投資抵減是刺激投資的有效方法，而重新恢復投資抵減的概念依然經常被提起。

有關折舊的稅法是另外一個政策制定者如何能夠影響投資誘因的例子。當小布希在 2001 年成為總統後，經濟步入不景氣之中，主要歸因於企業投資的大幅下降。小布希在第一個任期所簽署的減稅法案，包括提供暫時的「紅利折舊」。這意味為了計算公司稅負的目的，廠商可以在投資計畫年限的早期扣抵折舊成本。然而，這個額外的好處只適用於 2004 年底以前所進行的投資。政策的目標是在經濟社會特別需要促進總需求時鼓勵投資。根據經濟學家克里斯多夫·豪斯 (Christopher House) 與馬修·夏皮洛 (Matthew Shapiro) 的研究，在某種程度上政府有達成目標。他們寫道：

> 儘管它們的總效果可能很溫和，但 2002 年和 2003 年的紅利折舊政策對經濟社會仍有顯著影響。就美國的整體經濟而言，這些政策可增加 $100 億到 $200 億的 GDP，而且是創造 10 萬到 20 萬個工作的原因。

在 2011 年，當經濟在下一個衰退開始復甦時，歐巴馬總統簽署一類似臨時紅利折舊政策的法律。[10]

股票市場與杜賓 q

許多經濟學家觀察到投資的波動與股票市場波動之間的關聯性。記得股票這個名詞指的是公司所有權的股份，股票市場是指交易這些股份的市場。當公司有許多有利可圖的投資機會時，股票價格會上漲，主要是因為這些獲利的機會意味著股東在未來的所得會增加。因此，股票價格反映投資的誘因。

諾貝爾經濟學獎得主詹姆士·杜賓 (James Tobin) 主張廠商依據以下的比率進行投資決策，這個比率現在稱為杜賓 q (Tobin's q)：

---

[10] 一個租稅如何影響投資的經典研究是 Robert E. Hall and Dale W. Jorgenson, "Tax Policy and Investment Behavior," *American Economic Review* 57 (June 1967): 391-414。有關最近公司所得稅改變的研究，請見 Christopher L. House and Matthew D. Shapiro, "Temporary Investment Tax Incentives: Theory with Evidence from Bonus Depreciation," *American Economic Review* 98 (June 2008): 737-768。

$$q = \frac{資本的市場價格}{資本的重置成本}$$

杜賓 q 的分子是經濟體系中由股票市場決定的資本價值,分母是如果今日重新購買的資本價格。

杜賓認為淨投資應該視 q 大於或小於 1 而定。若 q 大於 1,則股票市場評估購入資本的價值會高於購入資本的重置成本。在這種情形下,管理者可藉由購買更多的資本,來提高公司股票的市場價值。相反地,若 q 小於 1,股票市場評估資本價值小於其重置成本。在這種情形下,當資本磨損時,管理者不會更換遭磨損的資本。

起初,投資的 q 理論一開始看起來與先前發展的新古典模型非常不同,但事實上這兩個理論關係密切。要瞭解這種關係,請注意:杜賓 q 是受資本的當期與預期利潤的影響。若廠商資本邊際產量超過資本成本,則他可以從購入資本賺取利潤。這個利潤使租賃型廠商更願意擁有資本,進而提高其股票的市場價值,這隱含 q 值會上升。同樣地,若資本邊際產量小於資本成本,則廠商購入資本會遭受虧損,這隱含市場價值和 q 值都會下跌。

杜賓 q 作為衡量投資誘因指標的優點是,反映資本的預期未來獲利能力及現在的獲利能力。例如,國會立法通過明年要開始降低公司所得稅。這種預期公司稅的下跌,意味著資本擁有者的未來利潤提高。這些預期利潤的增加使股票價格上漲,杜賓 q 隨之上升,並鼓勵投資。因此,投資的 q 理論強調投資決策不僅受當前經濟政策的影響,還會受到未來預期政策的影響。[11]

個案研究

股票市場作為一項經濟指標

「股票市場成功預測出過去五年發生不景氣中的九個。」這是薩穆爾森有關股票市場作為一項經濟指標可靠性的珠璣妙語。事實上,股票市場是相當多變的,且其可能會發出對未來經濟走勢相反的訊號,但是我們不應該忽略股票市場與整體經濟的關聯性。圖 20-8 顯示股市的變動通常可以反映實質國內生產毛額的變動。每當股市重挫時,我們有理由擔心不景氣會接踵而至。

為什麼股價會與經濟活動同步波動?其中一個可由杜賓 q 理論,加上總供給與總需求模型一起來解釋。例如,假設你觀察到股價下跌。因為資本的重置成本相當穩定,股市的

---

[11] 想閱讀更多有關新古典投資模型和 q 理論之間關係的資料,請見 Fumio Hayashi, "Tobin's Marginal q and Average q: A Neoclassical Approach," *Econometrica* 50 (January 1982): 213-224;以及 Lawrence H. Summers, "Taxation and Corporate Investment: A q-Theory Approach," *Brookings Papers on Economic Activity* no. 1 (1981): 67-140。

圖 20-8　股票市場與經濟體系　此圖形顯示股票市場和實質經濟活動之間的關聯性。利用 1980 年到 2020 年的季資料，它呈現出威爾夏 5000 指數 (Wilshire 5000) (一種股價指數) 和實質國內生產毛額前一年比較的變動百分比。圖形顯示股票市場和國內生產毛額一起變動，但兩者的關係並不精確。

資料來源：美國商務部與威爾夏協會 (Wilshire Associates)。

下跌經常會與杜賓 q 的下跌一起出現。q 的下跌反映投資者對資本的現在或未來獲利能力表達悲觀的看法。這意味著投資函數會往內移動：在任何既定的利率水準下，投資減少。因此，商品與服務的總需求緊縮，導致產出和就業的減少。

還有兩個額外的原因可以解釋股票價格為什麼與經濟活動有關：第一，因為股票是家計單位財富的一部份，股價的下跌使人們比較貧窮，會減少消費者支出與總需求減少；第二，股價下跌可能反映關於技術進步和長期經濟成長的壞消息。如果這是真的，它意味著自然產出水準 —— 及總供給 —— 在未來成長的速度將會比原先預期的更緩慢。

政策制定者，如聯邦準備的決策者，並未忽略股票市場與經濟體系之間的關聯性。的確，因為股市通常可以預測實質國內生產毛額的變動，且因股市的資料比國內生產毛額的資料可以更快獲得，所以股市是一個被密切觀察的經濟指標。

融資限制

當一家廠商想要投資新資本時，如建造新工廠，通常會在金融市場籌措所需的資金。這種融資可以有很多種形式：從銀行取得貸款、出售債券給社會大眾，或在股票市場出售可享有未來利潤的股票。新古典模型假設若廠商願意支付資本成本，金融市場將會提供足夠的資金。

但有時廠商面臨融資限制 (financing constraints) —— 他們能夠在金融市場籌

募資金的限制。融資限制讓廠商無法進行有利的投資。當廠商無法在金融市場籌募資金時，能夠花費在新資本的金額將會受限於當前盈餘的金額。融資限制影響廠商的投資行為就如同貸款限制影響家計單位的消費行為，貸款限制造成家計單位是根據當期所得而非恆常所得，來決定其消費水準；融資限制則造成廠商根據當期現金流量而非預期獲利率，來決定其投資水準。

要瞭解融資限制的衝擊，讓我們考慮短期不景氣對投資支出的影響。不景氣導致就業、資本租賃價格及利潤的降低。然而，若廠商預期不景氣是短暫的，就會想要繼續投資，因為知道其投資未來將可享有利潤；亦即，短暫的不景氣對杜賓 q 只會造成些微的影響。對那些能夠在金融市場籌措到資金的廠商而言，不景氣對投資的影響甚微。

對那些面臨融資限制的廠商而言，情況剛好相反。本期利潤的下跌限制這些廠商在新資本的支出金額，並可能使其無法從事有利可圖的投資。因此，融資限制使投資對當前經濟情勢更加敏感。[12]

融資限制妨礙投資支出的程度，隨著時間經過而有所不同，這和金融體系的健全與否有關，並且能成為短期波動的一個來源。例如，如同我們在第 13 章中討論的，在 1930 年代經濟大蕭條期間，許多銀行的資產低於負債時。許多銀行破產，這些銀行被迫停止營業，其以前的客戶更難獲得潛在投資計畫所需的融資資金。許多經濟學家相信這段期間大量的銀行倒閉，協助解釋大蕭條的跌幅與持續性。同樣地，如同我們在第 13 章與第 19 章的討論，2008 年到 2009 年的經濟大衰退，從房市下滑開始，進而引發全面性金融危機。

投資的重點

本節的目的是詳細檢視企業固定投資的決定因素。我們可以看到三個結論。

第一，因為利率上漲會提高廠商資本成本，投資支出都與實質利率呈負向關係。因此，新古典投資模型驗證本書使用的投資函數。

第二，有很多原因會導致投資函數移動。技術進步會提高資本的邊際產量與投資。不同的經濟政策，如公司所得稅的變動，會改變投資誘因，因此造成投資函數的移動。

第三，因為投資支出受經濟社會的狀態及利率的影響，所以投資支出在景氣循環中上下波動是很自然的事。在新古典的企業固定投資模型中，就業增加會使資本邊際產量上升，而提高投資誘因。產出增加會使廠商利潤增加，而降低廠商

---

[12] 有關支持這些融資限制重要性的實證研究，請見 Steven M. Fazzari, R. Glenn Hubbard, and Bruce C. Petersen, "Financing Constraints and Corporate Investment," *Brookings Papers on Economic Activity* no. 1 (1988): 141-195。

面臨的一些融資限制。我們的分析預測經濟繁榮應該會刺激投資,而經濟衰退應該會抑制投資。這正是我們觀察到的現象。

20-3 結論:預期的關鍵角色

自始至終,我們對消費與投資個體經濟分析基礎,有一項主題浮現:因為家計單位與廠商為理性前瞻者,他們對未來的預期會影響今天的決策,人們會視預期未來賺取的所得來決定消費多少,以及預期新資本可能提供的利潤來決定投資多少。

一個推論是公共政策不僅透過直接影響,且透過改變預期來影響消費與投資,在預期面對增稅或減稅要因應多少時,消費者會預期是暫時或恆常變動。在制定資本分配決策時,公司經理人會預期投資壽命期間稅法的變動。因此,政策制定者必須思考他們的話語與行動會如何影響制定消費和投資決策的預期。

在總體經濟學較深入的課程中,預期模型扮演重要角色。有些經濟學家主張理性預期假設,在預期未來時,政策制定者最適化地使用包括公共政策資訊的公開可得資訊。其他經濟學家則建議偏離傳統理性,如粗心與慣性,可以協助解釋人們如何預期事件。然而,有一個共識是他們的預期形成,對瞭解經濟行為與政策效果是相當關鍵的。

快速測驗

1. 凱因斯消費函數預測隨著時間經過愈來愈富有時,經濟體系儲蓄率＿＿＿＿,但顧志耐蒐集的資料則顯示儲蓄率＿＿＿＿。
   a. 增加,減少　　b. 增加,穩定
   c. 減少,增加　　d. 減少,穩定

2. 隨著時間經過,人們偏好平滑消費應
   a. 依據當時所得而非終身所得消費
   b. 當當期所得低於恆常所得時,增加儲蓄
   c. 面對臨時所得增加,增加儲蓄
   d. 短暫減稅比恆常減稅,消費會增加

3. 霍爾隨機漫步假說指出,稅收政策改變,在人們＿＿＿＿對消費有最大影響。
   a. 聽到立法者建議改變
   b. 政策可能發生的結論
   c. 看到政策變成法律
   d. 觀察到變動使薪水變動

4. 根據時間不一致性偏好家計單位的模型,人們會在未來會＿＿＿＿更多,但在未來將屆時,他們會比計畫,＿＿＿＿更多。
   a. 消費,儲蓄　　b. 消費,工作
   c. 儲蓄,消費　　d. 儲蓄,工作

5. 在經濟不景氣時,就業與實質利率均下跌,資本邊際產出＿＿＿＿,而資本成本＿＿＿＿。
   a. 增加,增加　　b. 增加,減少
   c. 減少,增加　　d. 減少,減少

6. 若投資者預期國會在未來會削減企業稅,現在的衝擊為
   a. 杜賓 q 上升與投資增加
   b. 杜賓 q 上升與投資減少
   c. 杜賓 q 下跌與投資增加
   d. 杜賓 q 下跌與投資減少

摘要

1. 凱因斯推測邊際消費傾向是介於 0 與 1 之間、平均消費傾向隨所得的上升而下降，以及當期所得是消費的主要決定因素。許多對家計單位資料和短期時間數列的研究都證實凱因斯的推測，但是對長期時間數列的研究，卻無法找到隨著時間經過，平均消費傾向隨著所得上升而下跌的證據。

2. 莫帝格里尼的生命循環假說強調，一個人一生中的所得會以有些可預測的方式變動，而消費者利用儲蓄和貸款來平穩其一生中的消費。根據這個假說，消費受所得與財富的影響。

3. 傅利德曼的恆常所得假說強調，個人會經歷所得的恆常和臨時波動。因為消費者可以儲蓄和貸款，也因其想要平穩消費，消費不太受臨時所得的影響。相反地，消費主要受恆常所得的影響。

4. 霍爾的隨機漫步假說是結合恆常所得假說和消費者理性預期未來所得的假設。它隱含消費的變動是無法預測的，因為消費者只有在收到有關其終身資源的訊息時，才會改變他們的消費。

5. 萊柏森提出心理因素對瞭解消費者行為是十分重要的。特別是消費者對立即享受有強烈的欲望，他們可能呈現時間不一致性行為，且可能導致最終儲蓄太少。

6. 資本的邊際產量決定實質資本租賃價格。實質利率、折舊率及資本財相對價格共同決定資本成本。根據新古典模型，若租賃價格大於資本成本，廠商會進行投資；且若租賃價格小於資本成本，廠商會減少投資。

7. 聯邦稅務法規會影響投資誘因。公司所得稅會抑制投資，以及投資抵減——美國已經廢除這項法規——可鼓勵投資。

8. 另外一種表示新古典模型的方式是寫成投資受杜賓 q 的影響，它是購入資本的市場價值對重置資本的比例。這個比例反映資本的現在與未來獲利能力。q 值愈高，購入資本的市場價值相對其重置成本就愈大，投資誘因也會愈高。

9. 相對於新古典模型的假設，廠商無法每次都籌募足夠資金來融通投資。融資限制讓投資對當期現金流量更加敏感。

10. 消費與投資個體經濟模型強調，家計單位與企業經理人皆為理性前瞻者。因此，預期很重要，而且政策會透過改變預期來部份影響經濟體系。

關鍵詞

邊際消費傾向　marginal propensity to consume
平均消費傾向　average propensity to consume
生命循環假說　life-cycle hypothesis
恆常所得假說　permanent income hypothesis
恆常所得　permanent income
臨時所得　transitory income
貸款限制　borrowing constraint
隨機漫步　random walk
時間不一致性偏好　time-inconsistent preferences
新古典投資模型　neoclassical model of investment
折舊　depreciation
實質資本成本　real cost of capital
淨投資　net investment
公司所得稅　corporate income tax
投資抵減　investment tax credit
杜賓 q　Tobin's q
融資限制　financing constraints

複習題

1. 請問凱因斯對消費函數的三個推測為何？
2. 請描述符合凱因斯推測的證據，以及不符合凱因斯推測的證據。
3. 試問生命循環與恆常所得假說如何解決一些關於消費行為看似矛盾的證據？
4. 請解釋若消費者遵循恆常所得假說和具有理性預期，為什麼消費的變動是無法預測的。
5. 請舉一個有些人可能會呈現時間不一致性偏好的例子。
6. 在新古典企業固定投資模型中，請問廠商在什麼條件下會覺得有利可圖，且願意增加資本存量？
7. 何謂杜賓 q，它與投資之間的關係為何？

問題與應用

1. 亞伯特與法蘭柯都遵循生命循環假說：他們盡可能也平穩消費。兩人都存活五期，最後兩期為退休期間。以下是各期所得：

期	亞伯特	法蘭柯
1	$100,000	$40,000
2	100,000	100,000
3	100,000	160,000
4	0	0
5	0	0

   為了簡化分析，假設儲蓄及貸款之利率皆為零，且兩人壽命完全如同預期。
   a. 請計算每一個人在各期的消費與儲蓄。
   b. 請計算各期初，包括第六期，個人的財富。
   c. 請畫出橫軸為時間，縱軸為消費、所得及財富的圖形，並與圖 20-5 做比較。
   d. 現在假設消費者無法貸款，所以財富不會小於零。這種變動如何影響上述各小題的答案？如果需要的話，請畫出 (c) 小題的新圖形。

2. 人口統計學者預測老年人口占總人口的比例，在未來二十年會上升。請問生命循環模型預測這種人口結構的改變對國民儲蓄率有什麼影響？

3. 本章指出老年人的負儲蓄不會像生命循環假說預測得那麼多。
   a. 請描述這種現象的兩個可能原因。
   b. 一項研究發現，沒有子女的老年人與有子女老年人的負儲蓄比率大致相同。這項發現如何隱含這兩種解釋的有效性？為何它可能不確定？

4. 請解釋在下列各種情況下，貸款限制的增加或減少如何影響財政政策有效性。
   a. 暫時性的減稅。
   b. 一個未來減稅的宣佈。

5. 假設有兩個儲蓄帳戶的利率一樣。一個帳戶允許你隨時可以提領，另一個需要你在三十天以前通知才可以提款。

a. 請問你喜歡哪一個帳戶？為什麼？
b. 你是否能想出一個人會做出相反選擇的理由？
c. 在本章中討論的這些選擇告訴我們什麼樣的消費函數理論內容？

6. 本問題使用微積分來比較兩種消費者最適化。
   a. 李娜的效用函數如下：

   $$U = \ln(C_1) + \ln(C_2) + \ln(C_3)$$

   一開始，她的財富為 $120,000，而無額外收入，且面對零利率。李娜在這三個期間的消費為何？

   b. 除了從當期消費得到額外效用外，大衛就像李娜從第一期的角度來看，他的效用函數為：

   $$U = 2\ln(C_1) + \ln(C_2) + \ln(C_3)$$

   在第一期，大衛決定在各期消費多少？在第一期後，他還有多少財富？

   c. 當大衛進入第二期後，其效用函數為：

   $$U = \ln(C_1) + 2\ln(C_2) + \ln(C_3)$$

   第二期與第三期的消費為何？與 (b) 小題的大衛決策進行比較，變動為何？

   d. 在第一期，若大衛能夠限制在第二期的選擇，他會如何做？將這個例子與本章討論的消費理論做一連結。

7. 請利用新古典投資模型解釋下列事件對資本租賃價格、資本成本及投資的影響。
   a. 反通貨膨脹的貨幣政策提高實質利率。
   b. 地震摧毀部份資本存量。
   c. 外籍勞工移民增加勞動力人口。
   d. 電腦科技進步造成生產更有效率。

8. 假設政府對石油公司課稅等於公司原油儲存量價值的一定比例。(政府向石油公司保證，這是唯一的一次課稅。) 根據新古典模型，請問這種稅制對石油公司的企業固定投資有何影響？若石油公司面臨融資限制，結果有何不同？

9. 在第 12 章和第 13 章中發展的 *IS-LM* 模型，假設投資只受利率的影響，但我們的投資理論指出，投資也受國民所得的影響：所得愈高導致廠商的投資愈多。
   a. 請解釋為什麼投資會受國民所得的影響。
   b. 假設投資由下式決定：

   $$I = \bar{I} + aY$$

   其中 a 是常數，介於 0 與 1 之間，是衡量國民所得對投資的影響。如果投資以這種方式設定，試問在凱因斯十字架模型中，財政政策乘數為何？請解釋。

   c. 假設投資同時受利率和所得的影響，也就是投資函數是：

   $$I = \bar{I} + aY - br$$

其中 a 是常數，介於 0 與 1 之間，是衡量國民所得對投資的影響，而 b 是常數且大於 0，是衡量利率對投資的影響。請利用 IS-LM 模型來考慮政府購買的增加，對國民所得 Y、利率 r、消費 C 及投資 I 的短期影響。請問這種投資函數可能如何改變基本 IS-LM 模型隱含的理論？

10. 當股票市場崩盤時，對投資、消費與總需求影響為何？為什麼？請問聯邦準備應該如何因應？為什麼？

11. 假設今年是大選年，且經濟處於不景氣。反對黨候選人提出投資抵減法案的政見，並在聲明中強調待其入主白宮，明年就會開始實施。試問這項競選承諾對今年的經濟情勢的影響為何？

快速測驗答案

| 1. b | 2. c | 3. b | 4. c | 5. d | 6. a |

結語

我們知道什麼,我們不知道什麼

> 假設所有的經濟學家排成一列,他們也不會達成共同結論。
>
> —— 喬治‧蕭伯納

> 經濟學理論並未提供可以立即應用到政策的確定理論。它是一個方法而非教條,一種心智的器官,一種思考技巧,協助使用者可以做出正確的結論。
>
> —— 約翰‧梅納德‧凱因斯

本書第 1 章表明總體經濟學的目的是瞭解經濟事件,以及改進經濟政策。我們已經發展和使用在總體經濟學家工具箱中的許多最重要模型,現在可以評估總體經濟學家是否已達成這些目標。

今天對總體經濟學任何堪稱公正的評估,都必須承認這門學科是不完整的。在分析或制定政策時,有一些幾乎是所有總體經濟學家都接受的原理,但是仍有許多關於經濟體系的問題備受爭議。在此結語中,我們要簡短地回顧總體經濟學中一些重要的課題,並探討一些最令人印象深刻有待解決的問題。

總體經濟學最重要的四項課題

我們首先由本書從頭到尾重複出現,且至今仍為經濟學家所贊同的四個課題開始。每一項課題都告訴我們政策如何影響一個關鍵經濟變數 —— 產出、通貨膨脹,或失業,在長期或在短期。

課題 1:在長期,一個國家生產商品與服務的能力決定該國人民的生活水準

在第 2 章中介紹,以及在本書各章使用的所有衡量經濟表現的統計中,衡量經濟福利的最佳變數是國內生產毛額。實質國內生產毛額衡量經濟體系中商品與服務的總產出,因此它也衡量一個國家滿足該國人民需求和欲望的能力。擁有較

高平均每人國內生產毛額的國家幾乎所有的東西都會比較多——較大的房子、較多的車子、較高的識字率、較佳的健康照護、較長的平均壽命，以及較容易的網際網路連線。或許在總體經濟學中最重要的問題是，究竟決定國內生產毛額水準和成長的因素為何。

第 3 章、第 8 章及第 9 章的模型，指出國內生產毛額的長期決定因素。在長期，國內生產毛額受生產因素——資本和勞動——以及將資本和勞動轉換成產出的技術影響。當生產因素增加或當經濟社會能更好將投入轉換成商品與服務的產出時，國內生產毛額將會成長。

這個課題有一個明顯但很重要的推論：公共政策唯有經由改善經濟體系生產能量的方式，才能提高長期的國內生產毛額。政策制定者可以用許多方法達到這個目標。提高國民儲蓄的政策——可透過公共儲蓄的增加或私人儲蓄的增加——最終致使資本存量提高。那些提高勞動效率的政策——如鼓勵教育或提升技術進步——造成資本與勞動的使用更有生產力。那些改進國家制度的政策——如打擊貪污和腐敗——導致資本累積增加和經濟體系中稀少性資源更有效率的運用。藉由經濟體系商品與服務的產出，這些政策都可以提高生活水準。

課題 2：在短期，總需求影響一國生產商品與服務的數量

雖然經濟體系供給商品與服務的能力是長期國內生產毛額的唯一決定因素，但在短期國內生產毛額也受商品與服務總需求的影響。因為價格在短期是僵固的，故總需求具關鍵重要性。第 12 章和第 13 章發展的 *IS-LM* 模型加上第 14 章的開放經濟孟德爾—弗萊明模型說明引起總需求變動，因而造成國內生產毛額短期波動的原因。

因為總需求影響短期的產出，所有影響總需求的變數都會影響經濟波動。貨幣政策、財政政策及對貨幣與商品市場的衝擊，都會造成產出和就業每年之間的變動。因為總需求對短期波動十分重要，政策制定者會嚴密監視經濟體系的情況。在對貨幣政策或財政政策做任何改變之前，他們會想要知道經濟目前是處於繁榮階段或正要步入不景氣狀態。

課題 3：在長期，貨幣成長率決定通貨膨脹率，但不會影響失業率

除了國內生產毛額外，通貨膨脹和失業也是社會大眾最密切注意衡量經濟表現的兩個變數。第 2 章曾討論如何衡量這兩個變數，後續幾章則發展模型來解釋它們是如何被決定的。

第 5 章的長期分析強調，貨幣供給成長是通貨膨脹的最終決定因素；亦即，在長期，唯有中央銀行創造愈來愈多鈔票的情況下，通貨才會隨著時間經過降低它的實質價值。這個課題可以解釋，我們觀察美國歷史每十年間通貨膨脹率的變動走勢，以及不同國家有時會經歷更加惡劣的惡性通貨膨脹現象。

我們也已經討論許多高貨幣成長和高通貨膨脹的長期效果。在第 5 章中，我們看到根據費雪效果，高通貨膨脹會提高名目利率 (因此實質利率維持不變)。在第 6 章，我們看到高通貨膨脹導致外匯市場中本國貨幣的貶值。

「主啊！求您讓鮑爾接受他無法改變的事，賜給他勇氣改變他有能力改變的事，並求主給他智慧瞭解兩者之間的差別。」

失業的長期決定因素截然不同。根據古典二分法，名目變數不會決定實質變數因此，貨幣供給成長不會影響長期的失業。如同我們在第 7 章見到的，自然失業率由就職率和離職率共同決定，而就職率與離職率是由工作搜尋過程和實質工資僵固性共同決定。

因此，我們的結論是持續性通貨膨脹與持續性失業在長期是不相關的問題。要對抗通貨膨脹，政策制定者必須限制貨幣供給成長。要對抗失業，政策制定者必須改善勞動市場結構。在長期，通貨膨脹與失業並沒有抵換關係。

課題 4：在短期，掌控貨幣與財政政策的政策制定者面臨通貨膨脹和失業的抵換關係

雖然通貨膨脹和失業在長期並沒有關係，但是這兩個變數在短期存在抵換關係，這可由短期菲力浦曲線加以描繪。如同我們在第 15 章中討論的，政策制定者可利用貨幣和財政政策來擴張總需求，降低失業和提高通貨膨脹；或其可利用這些政策來縮減總需求，提高失業降低通貨膨脹。

政策制定者只有在短期才會面臨通貨膨脹與失業之間的固定抵換關係。隨著時間經過，有兩個原因會導致短期菲力浦曲線移動。第一，供給面衝擊，如油價的變動，改變短期抵換關係；一項不利的供給面衝擊使政策制定者難以在高通貨膨脹或高失業之間進行抉擇。第二，當人們改變對通貨膨脹的預期時，通貨膨脹與失業之間的短期抵換也會改變，預期的調整確保抵換關係只會在短期存在。亦即，只有在短期，失業率才會偏離自然率，且貨幣政策只有在短期才會有實質效果。在長期，全球經濟現象是由第 3 章到第 10 章的古典模型來描述。

總體經濟學四個最重要卻尚未解決的問題

截至目前為止,我們討論大部份經濟學家都會同意的一些廣泛課題,現在讓我們轉向目前仍在持續辯論中的四個問題。其中有一些歧見是關於不同經濟理論的有效性;另外一些則是關於經濟理論應如何運用到經濟政策上。

問題 1:政策制定者應該如何設法提高經濟體系的自然產出水準?

由於經濟體系的自然產出水準受資本、勞動和技術的影響,任何設計來提高長期產出的政策,應該將目標瞄準在增加資本累積,改善勞動的使用,或提升現有的技術水準。然而,並沒有簡單且不需付出任何代價的方法來達成這些目標。

第 8 章和第 9 章的梭羅成長模型說明,經濟體系投資與儲蓄率的增加可以提高資本存量。因此,許多經濟學家提倡增加國民儲蓄的政策。但是梭羅模型也指出,提高資本存量需要當前世代減少一段時間的消費。有些人認為,政策制定者不應該鼓勵當前世代做這樣的犧牲,因為技術進步足以確保未來世代會比當前世代生活得更好。(一個淘氣的經濟學家問道:「後代子孫到底為我做了些什麼?」) 即使那些主張增加儲蓄和投資者,對如何鼓勵額外儲蓄,以及投資應否以私人擁有的工廠和設備,還是以公共基礎建設,如道路和學校的形態進行,意見並不一致。

要改善經濟體系中勞動力的使用效率,大部份的政策制定者希望能降低自然失業率。然而,如同在第 7 章中討論的,觀察跨國之間失業的差異及各國國內失業隨著時間經過的變動,指出自然失業率並非是一個永不改變的常數,而是會受一國政策與制度的影響,然而勞動市場政策通常呈現困難的抵換關係。自然失業率可以經由縮減失業保險津貼 (因此提高失業勞工工作搜尋的努力程度),或降低最低工資 (因此使工資接近均衡水準) 來降低。但是,這些政策也會造成社會上最需要幫助的一群人受到傷害。在 2008 年到 2009 年經濟大衰退期間,美國國會臨時將失業保險給付週數延長至前有未有的九十九週,點燃經濟學家爭辯此政策在面對異常事件時是否恰當或過度反應。同樣地,在 2020 年新冠肺炎經濟衰退期間,美國國會大幅提高失業保險的替代率,再次產生更多的爭辯。

在許多國家中,因為缺乏已開發國家視為理所當然的制度機構,其自然產出水準被削弱。今天的美國人民並不憂心革命政變或內戰。他們通常都信任警察和司法體系,來遵守法律、維持秩序、保護財產權和執行私人契約。在那些沒有這些制度的國家裡,人們面臨錯誤的誘因:如果發明某些具有經濟價值的東西比起向鄰居偷竊是一條無法致富的途徑,一個經濟社會不可能繁榮。所有的經濟學家都同意,建立正確的制度是全世界貧窮國家促進經濟成長的先決條件,但是那些嘗試改變一個國家的制度卻面臨令人氣餒的政治障礙。

根據某些經濟學家的說法，促進技術進步成長是公共政策最重要的目標。梭羅成長模型指出，只有技術進步能夠獲得生活水準的持續成長。儘管許多心力都投注在實踐影響技術變動的社會決策的內生成長理論，但經濟學家依然無法提供一個確保技術快速進步的可靠方法。有些人建議，政府應該提升關鍵技術進步的特定產業；其他人則希望，政府能夠創造一個公平競爭的環境，並讓市場力量來決定哪一個部門應該成長及哪一個應該縮小規模。如同一位經濟學家的質疑：電腦晶片與馬鈴薯片有何經濟差異？

問題 2：穩定經濟的最佳方法為何？

第 11 章到第 16 章發展的總供給和總需求模型顯示，對經濟體系的不同衝擊如何引起經濟波動，以及貨幣與財政政策如何影響這些波動。許多經濟學家認為，政策制定者應該利用這種分析來試圖穩定經濟。他們相信，貨幣政策與財政政策應該積極地設法抵銷這些衝擊，以便使產出和就業接近各自的自然水準。

然而，就像我們在第 17 章的討論，其他人質疑我們穩定經濟的能力。這些經濟學家引證經濟政策制定過程中固有的冗長且多變的時間落後、經濟預測乏善可陳的紀錄，以及我們對經濟體系依然有限的瞭解。這些經濟學家的結論為，政策應該是更加被動。此外，有些經濟學家認為，政策制定者往往太過投機或經常採行時間不一致性的政策。他們的結論是，政策制定者不應採用權衡性的貨幣與財政政策，而應該承諾遵循固定政策法則；或者至少權衡性應該受到某些限制，如同中央銀行採行通貨膨脹目標政策的例子。

經濟學家之間也爭辯有關總體經濟工具，作為經濟穩定目的之有效性。通常，在對抗景氣循環時貨幣政策站在第一線；然而，在 2008 年到 2009 年經濟大衰退與 2020 年新冠肺炎經濟衰退之際，Fed 將利率調降至零下限，而將焦點轉向財政政策。在不景氣時，財政政策是否應該用來刺激經濟的程度和減稅，與增加支出最適分配？哪一個才是有效政策工具，經濟學家有很大的歧見。

一個相關的問題是經濟穩定的利益，假設穩定是可以達成的，是較大或較小的分別。許多經濟學家指向嚴重衰退經歷的困境，並主張穩定經濟應該是政策制定者最關心的問題。然而，其他經濟學家注意到，如果自然失業率沒有任何的變動，穩定政策只能降低偏離自然率的波動幅度。因此，成功的穩定政策可以消除經濟繁榮和經濟衰退現象。有些經濟學家指出，穩定政策的平均利益可能很小。

最後，在 2008 年到 2009 年的金融危機與經濟大衰退之後，經濟學家質疑能否藉由避免將來再發生衝擊來穩定經濟體系。如同在第 19 章中討論的，金融體系的問題會造成整體經濟出現問題。確實，歷史上，金融危機導致一些嚴重的經濟衰退。不幸的是，如何能夠阻止危機發生仍是謎團。

一個爭辯的重點在於，貨幣政策如何因應資產價格投機性泡沫。有些經濟學家認為，中央銀行應監督這些市場，並應在第一時間阻止投機性泡沫發生。舉例來說，Fed 可以在投機性泡沫形成之前先提高利率。其他經濟學家相信，在辨別資產價格上升是反映不理性的投機性泡沫或基本面變動的理性評估上，中央銀行主管不會比市場參與者更厲害。此外，他們相信貨幣政策工具太粗糙，以致於無法刺破泡沫，而企圖這麼做會讓中央銀行破壞穩定就業與物價穩定的主要目標。

另外一個辯論則是關於監管。有些經濟學家認為，更加謹慎地監管金融機構能夠限制魯莽的風險承擔，因此可以降低金融危機發生的可能性。其他人相信，金融監管很難做得很好、很容易避開，並且可能會給予民眾以為金融體系比實際情況更安全的錯誤期望。除此之外，他們認為過多的監管會讓金融體系無法有效率地執行資本與風險間的分配，因而阻礙長期經濟成長。

問題 3：通貨膨脹的代價是多少？以及降低通貨膨脹的代價是多少？

每當物價上升時，政策制定者便面臨是否採用政策來降低通貨膨脹的問題。要制定這個政策，他們必須比較允許通貨膨脹持續的成本與降低通貨膨脹所付出的成本。不幸的是，經濟學家無法提供這兩項成本的精確估計數字。

通常經濟學家和外行人對通貨膨脹成本的看法不同。當通貨膨脹在 1970 年代末期，高達每年 10% 時，民意調查顯示社會大眾視通貨膨脹為一個重大的經濟問題。但如同我們在第 5 章所見，當經濟學家嘗試確認通貨膨脹的社會成本時，他們只能指出一些成本，包括皮鞋成本、菜單成本及非指數化稅制成本等。這些成本在國家經歷高通貨膨脹時會變得很大，但相對於只經歷溫和通貨膨脹的大部份主要國家而言，如最近每年經歷 2% 到 4% 通貨膨脹，這些成本似乎顯得較小。有些經濟學家認為，社會大眾將通貨膨脹與隨著通貨膨脹一起出現的其他經濟問題，相互混淆且分不清楚。例如，在 1970 年代，生產力與實質工資成長同時減緩，有些外行人可能認為通貨膨脹是造成實質工資下跌的原因。但經濟學家可能犯錯；或許通貨膨脹實際上成本非常高，而我們還思考不出為什麼會如此之高。

也有可能某種程度的通貨膨脹是可取的。如果勞工抗拒名目工資縮減，則在需要使勞動的供給與需求達到均衡時，通貨膨脹較容易使實質工資下跌。也就是，通貨膨脹可以「潤滑勞動市場的輪子」。此外，高通貨膨脹可透過費雪效果提高名目利率。而較高的名目利率讓中央銀行在需要刺激經濟時，有更多的空間可降低利率。換句話說，高通貨膨脹讓中央銀行較不會觸及名目利率的零下限，減低經濟體系落入流動性陷阱的風險。有些經濟學家利用這些論證建議，Fed 目標通貨膨脹率是 4%，而非當前的 2% 目標。

經濟學家通常對降低通貨膨脹的成本有不同的意見。如同在第 15 章中討論的，標準的觀念 —— 由短期菲力浦曲線所描述 —— 係降低通貨膨脹需要一段期間的高失業率與低產出。根據這種觀點，以犧牲比率來衡量降低通貨膨脹的成本(這個比率係指為了降低 1 個百分點的通貨膨脹所必須放棄一年國內生產毛額的百分點)。有些經濟學家相信，降低通貨膨脹的成本遠比犧牲比率的標準估計值來得小。根據第 15 章討論的理性預期觀點，若一個反通貨膨脹的政策事先宣佈且值得信賴，民眾會迅速調整預期，所以反通貨膨脹不必然會引發不景氣。

其他經濟學家相信，降低通貨膨脹的成本遠高於犧牲比率標準估計值指出的成本。第 15 章討論的遲滯現象理論指出，反通貨膨脹引起的經濟衰退會提高自然失業率。如果這是真的，降低通貨膨脹的成本不只是短暫的經濟衰退，而是持續性更高的失業水準。

由於有關通貨膨脹與反通貨膨脹成本的看法依然備受爭議，經濟學家有時會提供互相牴觸的建議給政策制定者。或許經由進一步的研究，我們對低通貨膨脹率的利益及達到該項目標的最佳方式會有一致的看法。

問題 4：政府負債是大問題嗎？

政府負債在政策制定者之間一直是終年不斷的話題，特別在最近幾年成為重要的議題。在 2020 年新冠肺炎經濟衰退期間，美國預算赤字增加至 \$3.3 兆，或約國內生產毛額的 16%，這是自第二次世界大戰以來不曾見到的水準。儘管預算赤字會隨著經濟復甦而縮減，但預測當大量嬰兒潮世代者達到退休年齡，並開始支領政府提供給老年人的社會安全和醫療福利時，預算赤字的可能變得更大。

大多數的經濟學家都接受政府負債的傳統觀點。根據這個觀點，當政府出現預算赤字並發行公債時，國民儲蓄會減少，導致投資下跌和貿易赤字。在長期，其會造成穩定狀態下資本存量減少和對外國負債的增加。那些抱持傳統觀點的學者得到一個結論，政府負債會造成未來世代的沉重負擔。

然而，如同我們在第 18 章中討論的，有些經濟學家質疑這種評估。政府負債的李嘉圖觀點的擁護者強調，預算赤字只是表示以未來的稅收替代現在的稅收。倘若消費者具有遠見，如同第 20 章介紹的消費者行為理論所假設，他們會在今天儲蓄以因應自己或後代子孫未來遭遇的稅賦。這些經濟學家相信，政府負債對經濟體系只有些微的影響。

仍有一些其他的經濟學家相信，財政政策的標準衡量方式充滿太多缺點，並不是一個完美的指標。儘管政府關於稅收和支出的選擇對不同世代的福利有重大影響，但是並非所有選擇都反映出政府負債的規模。例如，社會安全福利水準與稅收對領取福利的老年人與正值工作年齡納稅者有不同的意涵，但預算赤字規模的大小並未反映這種差異。或許我們應該較少注意政府赤字的規模，並投注更多心力在財政決策所導致的跨世代影響上。

在最近幾年，許多著名的經濟學家建議因為利率甚低，政策制定者不應該在意政府負債。例如，在 2020 年，十年期政府債券利率不到 1%；通貨膨脹率約 2%，實質利率為負值。在此情況下，私人投資的排擠可能比較不是問題。或許政府應該利用這個機會貸款更多資金來融通，如基礎建設與教育的公共投資。

儘管如此，有些經濟學家關心政府債務違約的可能性上。在 18 世紀，漢彌爾頓成功地主張美國聯邦政府應該清償債務。然而，在 2010 年代初期，希臘與其他歐洲國家正努力奮鬥。在 2011 年 8 月，標準普爾將美國公債信用評等從 AAA 調降，且在 2020 年仍維持在 AAA 信用評等下，意味著即便是在美國，漢彌爾頓的法則有一天可能會被打破。當美國政治體系在與預算赤字奮鬥時，經濟學家和一般民眾對政府應該怎麼做才能讓財政政策回到永續成長軌道的看法分歧。明智的社會大眾對多少的財政調整應來自提高稅收，與多少應該來自降低政府支出的看法不一。

結論

經濟學家和政策制定者必須處理含糊不清的議題。當前的總體經濟學提供許多相當有用的觀點，但也造成許多爭議性的問題。經濟學家面臨的挑戰是，找到這些問題的答案並擴充我們的知識；政策制定者面臨的挑戰是，利用現有的知識去改善經濟表現。兩種挑戰都是難以克服的，但沒有一個超出我們的掌握。

解釋名詞

A

Accommodating policy 調和式政策 一種一方面防止衝擊造成破壞性力量,另一方面必須對衝擊所造成另外一個影響做讓步的政策;例如,一個面對不利的供給面衝擊而採行擴張性總需求的政策,一方面使產出維持在自然水準,另一方面卻造成物價持續攀升。

Accounting profit 會計利潤 廠商銷售產品的收入扣除所有生產因素的報酬並加上資本報酬。它等於經濟利潤與資本報酬的加總。

Acyclical 非循環性 在景氣循環當中並沒有一致性的移動方向。

Adaptive expectations 適應性預期 假設人們對一個變數的預期是根據最近對該變數所觀察到的數值形成的,這種觀點稱為適應性預期。

Adverse selection 逆向選擇 個人自我選擇所造成不利的篩選;例如,在效率工資理論中,當減薪發生時會導致素質好的勞工辭職,而素質不好的勞工繼續留在公司。

Aggregate 總合 整個經濟的總和。

Aggregate demand 總需求 商品市場與貨幣市場互動中所產生物價水準與產品數量總需求之間的負向關係。

Aggregate supply 總供給 物價水準與廠商生產的總產出之間的關係。

Animal spirits 動物本能 一種外生的且有關經濟狀態悲觀與樂觀心理的自我實現。根據某些經濟學家的說法,動物本能會影響投資水準。

Appreciation 升值 在外匯市場中,本國貨幣相對外國貨幣價值的上升。

Arbitrage 套利 從一個市場以低價買進一個商品,而在另外一個市場高價賣出,進而賺取中間差價利潤的行動。

Asymmetric information 不對稱資訊 經濟交易中的一方比另一方擁有攸關的資訊。

Automatic stabilizer 自動穩定因子 一個不需要規則性及蓄意性的經濟政策的改變,並且可以降低經濟波動幅度的政策;例如,所得稅制度在所得下跌時可自動減稅。

Average propensity to consume (APC) 平均消費傾向 消費對所得的比例 (C/Y)。

B

Balance sheet 資產負債表 顯示資產與負債的會計報表。

Balanced budget 平衡預算 收入等於支出的預算。

Balanced growth 平衡成長 許多經濟變數:如平均每人所得、平均每人資本和實質工資都以相同速率成長的條件。

Balanced trade 貿易平衡 出口值等於進口值的狀態,所以淨出口等於零。

Bank capital 銀行資本 銀行股東投入銀行的資源。

Bond 債券 一張載明有利率和政府或公司發行者名稱的債務證明文件。

Borrowing constraint 貸款限制 一個人可以向金融機構貸款金額的限制,限制一個人可以支出其未來所得的能力;也稱為流動性限制。

Budget deficit 預算赤字 收入小於支出。

Budget surplus 預算盈餘 收入超過支出。

Business cycle 景氣循環 整體經濟中產出、就業和所得的波動現象。

C

Capital 資本 (1) 用於生產的設備與建築存量；(2) 用來融通累積設備與建築的資金。

Capital budgeting 資本預算 同時衡量資產和負債的會計步驟。

Capital requirement 資本規範 監理單位要求提存的最低銀行資本數量。

Central bank 中央銀行 負責執行貨幣政策的機構，如美國的聯邦準備。

Classical dichotomy 古典二分法 古典模型在理論上將名目變數與實質變數分離的情況。它隱含名目變數不會影響實質變數。

Classical model 古典模型 由古典學派或凱因斯之前的經濟學家觀念所推導的經濟模型；模型的假設是工資和價格調整到使市場達到均衡，且貨幣政策不會影響實質變數。

Closed economy 封閉經濟體系 一個沒有從事國際貿易的經濟體系。

Cobb-Douglas production function Cobb-Douglas 生產函數 一個擁有 $F(K, L)=AK^{\alpha}L^{1-\alpha}$ 形式的生產函數，其中 K 是資本，L 是勞動，A 和 α 是參數。

Commodity money 商品貨幣 即使商品不用來作為貨幣，它本身具有價值且是有用的。

Competition 競爭 是指一種情況，存在許多個人或廠商，且任何一個人的行動不會影響市場價格。

Conditional convergence 條件收斂 不同經濟體系具不同的最初所得水準，但有相同的經濟政策和制度，隨著時間經過，可能有更相似的所得水準。

Constant returns to scale 固定規模報酬 生產函數的一個特性，所有生產因素等比例的增加導致產出也等比例增加。

Consumer price index (CPI) 消費者物價指數 一種衡量物價水準的指標，它顯示固定一籃商品當期成本相對同樣一籃商品基期成本的比率。

Consumption 消費 消費者購買的商品與服務。

Consumption function 消費函數 一個顯示消費決定因素的關係式；例如，一個消費與可支配所得之間的關係式，$C=C(Y-T)$。

Contractionary policy 緊縮性政策 降低總需求、實質所得和產出的政策。

Convergence 收斂 具不同起始狀態所得水準的經濟體系，隨時間經過變得愈來愈相似。

Corporate income tax 公司所得稅 針對公司會計利潤課徵的稅收。

Cost of capital 資本成本 在一段期間內，為了持有一單位資本所必須放棄的收入，包括利息、折舊、資本價格變動的利得或損失。

Cost-push inflation 成本推動的通貨膨脹 由總供給面衝擊所造成的通貨膨脹。

Countercyclical 反循環 在景氣循環中，與產出、所得、就業呈反方向移動；在經濟衰退期間是上升的，在經濟繁榮期間是下跌的。

CPI 請見消費者物價指數 (consumer price index)。

Creative destruction 創造性毀滅 企業家引進新發明，導致既有生產者無利可圖且促進整體經濟成長的過程。

Credit crunch 信用危機 金融機構情勢的改變，使潛在貸款者難以獲得所需資金。

Crowding out 排擠 當擴張性財政政策提高利率時，所導致投資的減少。

Currency 通貨 流通在外紙鈔和硬幣的總和。

Currency board 聯繫匯率制度 中央銀行以另外一個國家貨幣來背書本國貨幣的固定匯率制度。

Currency-deposit ratio 通貨存款比率 人們選

擇持有通貨數量對其在銀行活期存款的比率。

Cyclical unemployment 循環性失業 失業與短期經濟波動有關；是指失業率偏離自然失業率的部份。

Cyclically adjusted budget deficit 循環調整預算赤字 調整過景氣循環對政府稅收和支出影響後的預算赤字；假設經濟體系的產出和就業處在自然水準下，所出現的預算赤字；也稱為充份就業預算赤字。

D

Debt-deflation theory 債務—通貨緊縮理論 未預期物價水準的下跌使得實質財富從債務人轉到債權人手中，因而降低經濟體系總支出的理論。

Debt finance 債務融通 企業藉由貸款，如透過債券市場，取得所需資金。

Deflation 通貨緊縮 整體物價水準的下跌。

Deflator 平減物價指數 請見 GDP 平減指數 (GDP deflator)。

Demand deposits 活期存款 存放在銀行且需要時可隨時用來執行交易的資產，如支票存款。

Demand-pull inflation 需求拉動的通貨膨脹 由總需求衝擊所引起的通貨膨脹。

Demand shocks 需求面衝擊 引起總需求曲線移動的外生事件。

Depreciation (1) 折舊 隨時間經過，資本存量因為使用和磨損所造成資本存量的減少；**(2) 貶值** 外匯市場中本國貨幣相對外國貨幣價值的下跌。

Depression 蕭條 非常嚴重的經濟衰退。

Devaluation 貶值 在固定匯率制度下，中央銀行讓本國貨幣價值下跌的措施。

Diminishing marginal product 邊際產量遞減 一個生產函數的特性，在其他生產因素不變的情形下，隨著生產因素的增加，生產因素的邊際產量會減少。

Discount rate 重貼現率 聯邦準備貸款給銀行所要求的利率。

Discouraged workers 氣餒的工人 有些人離開勞動市場是因為他們相信根本沒有機會找到工作。

Disinflation 反通貨膨脹 物價水準上升比率的減少。

Disposable income 可支配所得 扣除稅賦之後的所得。

Diversification 分散風險 藉由持有報酬不完全相關的資產來降低風險。

Dollarziation 美元化 採用美元作為另外一個國家的貨幣。

Double coincidence of wants 雙方互為滿足 兩個人剛好都有對方想要的東西，這種情況稱為雙方互為滿足。

E

Economic profit 經濟利潤 廠商的銷售收入扣除所有生產因素的報酬。它等於會計利潤減去資本報酬。

Efficiency units of labor 勞動效率單位 一種勞動力的衡量方式，包括勞工人數和勞動力的知識。

Efficiency of labor 勞動效率 在梭羅模型中，衡量勞動力健康、教育、技能與知識的變數。

Efficiency-wage theories 效率工資理論 實質工資僵固性和失業的理論，廠商藉維持實質工資高於均衡水準來提高生產力和利潤。

Efficient markets hypothesis 效率市場假說 資產價格反映有關一資產價值的所有公開可得資訊的理論。

Elasticity 彈性 一個變數變動 1% 引起另外一個變數變動的百分比。

Endogenous growth theory 內生成長理論 嘗試解釋技術進步成長率的經濟成長模型。

Endogenous variable 內生變數 由一特定模型解釋的變數；變數值是由模型求解而得。

Equilibrium 均衡 相反力量之間的平衡狀態，如市場中供給與需求之間的平衡。

Equity finance 權益融資 企業藉由發行股票，如透過股票市場，來取得所需資金。

Euler's theorem 尤拉定理 是一個數學結果。如果生產函數是固定規模報酬，且生產因素的價格等於邊際產量，則經濟利潤一定會等於零。

Ex ante **real interest rate 事前實質利率** 當貸款協議完成時，貸款者與借款者預期的實質利率；名目利率減預期通貨膨脹。

Ex post **real interest rate 事後實質利率** 真正實現的實質利率；名目利率減實際通貨膨脹。

Excess reserves 超額準備 銀行持有超過法定準備的準備金。

Exchange rate 匯率 一國與世界各國交易的比率。

Exogenous variable 外生變數 一特定模型視為既定的變數；變數值並非由模型求解而得。

Expansionary policy 擴張性政策 提高總需求、實質所得和就業的政策。

Exports 出口 將商品與服務賣到其他的國家。

F

Factor of production 生產因素 用來生產商品與服務的投入；如資本和勞動。

Factor price 生產因素價格 支付給每一單位生產因素的金額。

Factor share 生產因素份額 總所得中支付給一生產因素的比例。

Federal funds rate 聯邦基金利率 銀行彼此之間相互借貸的隔夜拆款利率。

Federal Reserve (the Fed) 聯邦準備 美國的中央銀行。

Fiat money 強制貨幣 貨幣本身沒有價值也沒有用。只因為它作為貨幣才有價值。

Finacial crisis 金融危機 阻礙經濟體系撮合想要儲蓄者與想要貸款投資者能力的金融體系重大事件。

Financial intermediaries 金融中介機構 從儲蓄者手中移轉資金到投資者手中的機構，如銀行。

Financial intermediation 金融中介 資源從想要儲蓄作為將來消費人們手中分配到想要貸款購買投資財作為將來生產的個人與廠商之間的過程。

Financial markets 金融市場 儲蓄者直接提供資源給貸款者(如股票市場與債券市場)的市場。

Financial system 金融體系 想要儲蓄者將資源分配給想要貸款者的機構。

Financing constraint 融資限制 為了購買資本，廠商能籌募資金——如透過貸款——的限制。

Fire sale 跳樓大拍賣 當金融機構必須在危機發生期間迅速賣出資產，而造成資產巨幅的下挫。

Fiscal policy 財政政策 政府關於支出和稅收水準的選擇。

Fisher effect 費雪效果 預期通貨膨脹對名目利率一對一的影響。

Fisher equation 費雪方程式 方程式說明名目利率是實質利率和預期通貨膨脹的加總 ($i = r + E\pi$)。

Fixed exchange rate 固定匯率 中央銀行按預定價格買賣外國貨幣，它是由中央銀行設定。

Flexible prices 彈性的價格 價格可以迅速調整到使供給與需求達到均衡。

Floating exchange rate 浮動匯率 中央銀行允許匯率依據經濟情況和經濟政策而自由變動。

Flow 流量 是指衡量單位時間內的數量。

Forward guidance 前瞻指引 涉及影響長期利率的貨幣執行與目標宣告的中央銀行政策。

Fractional-reserve banking 部份準備銀行體系 一種銀行只保留一部份存款作為準備的制度。

Frictional unemployment 摩擦性失業 勞工尋

找最適合他們技能與喜好工作的期間所發生的失業。

Full-employment budget deficit 充份就業預算赤字 請見循環調整預算赤字 (cyclically adjusted budget deficit)。

G

GDP 請見國內生產毛額 (gross domestic product)。

GDP deflator GDP 平減物價指數 名目國內生產毛額對實質國內生產毛額的比率；一種整體物價水準的衡量指標，顯示當期生產的一籃商品與服務的成本相對該籃商品在基期的成本。

General equilibrium 一般均衡 經濟體系中所有市場同時達到均衡。

GNP 請見國民生產毛額 (gross national product)。

Gold standard 金本位 人們使用黃金作為貨幣或所有的貨幣可轉換成黃金的制度。

Golden Rule 黃金法則 在梭羅成長模型使平均每位勞工消費水準 (或平均每位效率勞工單位) 最大的穩定狀態下的儲蓄率。

Government purchases 政府購買 政府購買的商品與服務。

Government-purchases multiplier 政府購買乘數 政府購買變動 1 美元引起總所得的變動量。

Gross domestic product (GDP) 國內生產毛額 國內所賺取的總所得，包括外國人在國內設廠的所得；它是國內生產商品與服務的總支出。

Gross national product (GNP) 國民生產毛額 一國國民的總所得，包括在國外使用生產因素賺取的所得；它是國民商品與服務的總支出。

Growth accounting 成長會計 將成長來源以衡量技術進步步驟為目標的實證方法。

H

High-powered money 強力貨幣 通貨與銀行準備的總和，也稱為貨幣基數。

Human capital 人力資本 人們對教育、投資的累積。

Hyperinflation 惡性通貨膨脹 極端高的通貨膨脹。

Hysteresis 遲滯現象 歷史的長遠影響，如對自然失業率的影響。

I

Imperfect-information model 不完全資訊模型 是總供給模型的一種，因為個人無法觀察所有經濟體系中的商品與服務的價格，他們並不知道整體物價水準。

Import quota 進口配額 政府對進口商品數量的法律限制。

Imports 進口 向國外購買商品與服務。

Impossible trinity 不可能的三一定律 一國無法同時擁有自由的資本移動、固定匯率，以及獨立貨幣政策的事實。有時稱為國際金融的三難困境。

Imputed value 設算值 一個不在市場出售且沒有市場價格的商品之估計值。

Income velocity of money 貨幣流通速度 以 GDP 衡量的國民所得對貨幣供給的比率。

Index of leading indicators 領先指標指數 請見領先指標 (leading indicators)。

Inflation 通貨膨脹 整體物價水準的上漲。

Inflation rate 通貨膨脹率 物價上升的速率。

Inflation targeting 釘住通貨膨脹 中央銀行宣佈通貨膨脹特定目標或目標範圍的貨幣政策。

Inflation tax 通貨膨脹稅 政府藉由印製貨幣來增加收入；也稱為鑄幣稅。

Inside lag 內在時間落後 是指經濟體系發生衝擊到政府面對這項衝擊採取應對政策的這段時間。

Insiders 局內人 已經受雇的員工，因此對工資的談判有影響力。

Interest on reserves 準備利息 支付銀行存放中央銀行準備利息的中央銀行政策。

Interest rate 利率 資源從現在移轉到未來的市場價格；儲蓄的報酬和貸款的成本。

Intermediation 中介 請見金融中介 (financial intermediation)。

Investment 投資 個人和廠商購買商品來增加資本存量。

Investment tax credit 投資抵減 當廠商購買新資本時，可以享受減稅的稅務規定。

IS curve IS 曲線 商品市場中利率與所得之間的負向關係。

IS-LM model IS-LM 模型 總需求模型顯示在既定物價水準下，藉分析商品市場與貨幣市場之間的互動來決定總所得。

K

Keynesian cross 凱因斯十字架 根據凱因斯之《一般理論》觀念所建構的簡單所得決定模型，它顯示支出變動如何對總所得有乘數效果。

Keynesian model 凱因斯模型 根據凱因斯之《一般理論》觀念所導出的模型；模型的假設是工資與物價無法調整到結清市場，以及總需求決定經濟體系的產出和就業。

L

Labor-augmenting technological progress 勞動增強的技術進步 生產能量的進步提高勞動效率。

Labor force 勞動力 指那些已經有工作或正在尋找工作的人口。

Labor-force participation rate 勞動參與率 勞動力占成年人口的比率。

Labor hoarding 勞動窖藏 當產品需求低落時，廠商會雇用不需要的勞工，而當需求復甦之際，他們仍然擁有這些勞工的現象。

Large open economy 大型開放經濟體系 一個能夠影響國內利率的開放經濟體系；以規模而言，它對全球市場，特別是全球利率水準有顯著的影響。

Laspeyres price index 拉氏物價指數 根據固定一籃商品衡量的物價水準。

Leading indicators 領先指標 領先經濟體系中產出波動的變數，因此可以指出經濟波動的方向。

Lender of last resort 資金最後融通者 中央銀行在流動性危機期間借錢給金融機構所扮演的角色。

Leverage 槓桿 為了投資，使用貸款的錢來補足現有的資金缺口。

Life-cycle hypothesis 生命循環假說 一種強調儲蓄和貸款角色的消費理論，資源在所得較高的時期可以移轉到所得較低的時期，如從工作期移轉到退休期。

Liquid 流動性 轉換成交易媒介的速度；可以很容易使用在交易上。

Liquidity constraint 流動性限制 限制一個人能夠從金融機構貸款的金額，它限制個人在今天花費他未來所得的能力。

Liquidity crisis 流動性危機 有償付能力銀行手中沒有足夠現金來滿足存款者提款需求的狀況。

Liquidity-preference theory 流動性偏好理論 請見流動性偏好理論 (theory of liquidity preference)。

Liquidity trap 流動性陷阱 名目利率降至零的水準，使得貨幣政策無法刺激經濟的狀況。

LM curve LM 曲線 實質貨幣餘額市場中，利率與所得水準之間的正向關係。

Loanable funds 可貸資金 用來融通資本累積現有資源的流量。

Lucas critique 盧卡斯批判 一種對傳統政策分析並未考慮政策改變對人們預期所造成的衝擊的批判。

M

M1、M2 貨幣存量的不同衡量標準,其中數字愈大表示貨幣定義愈廣。

Macroeconometric model 總體計量模型 是指利用資料和統計方法來描述經濟體系的模型,是量化分析而非質化分析。

Macroeconomics 總體經濟學 對整個經濟體系的研究。

Marginal product of capital (MPK) 資本的邊際產量 資本使用增加一單位時,產出增加的數量。

Marginal product of labor (MPL) 勞動的邊際產量 勞動雇用增加一單位時,產出增加的數量。

Marginal propensity to consume (MPC) 邊際消費傾向 可支配所得增加1塊錢時引起消費增加的數量。

Market-clearing model 市場結清模型 假設價格可自由調整到讓市場供需達到均衡的模型。

Medium of exchange 交易的媒介 可以廣泛接受使用在交易商品與服務的物品;貨幣功能的一種。

Menu cost 菜單成本 價格改變的成本。

Microeconomics 個體經濟學 對個別市場與個別決策者的研究。

Model 模型 一種對實際現象的簡化表達方式,通常是利用圖形或方程式來顯示變數之間如何互動。

Monetarism 貨幣學派 主張貨幣供給是經濟波動的主要原因,穩定的貨幣供給導致穩定的經濟體系。

Monetary base 貨幣基數 通貨與銀行準備的總和。

Monetary neutrality 貨幣中立性 請見貨幣中立性 (neutrality of money)。

Monetary policy 貨幣政策 中央銀行有關貨幣供給的選擇。

Monetary transmission mechanism 貨幣傳遞機能 貨幣供給影響家計單位和廠商對商品與服務支出的過程。

Monetary union 貨幣聯盟 一群經濟體系決定共用貨幣和共同的貨幣政策。

Money 貨幣 用來交易的資產存量。

Money demand function 貨幣需求函數 顯示貨幣需求決定因素的函數;如 $(M/P)^d = L(i, Y)$。

Money multiplier 貨幣乘數 貨幣基數每增加1美元,引起貨幣供給增加的數量。

Money supply 貨幣供給 貨幣數量通常由中央銀行與銀行體系決定。

Moral hazard 道德風險 在無法完全監視情況下,發生不誠實行為的可能性;例如,在效率工資理論,低工資的勞工可能會蹺班,冒偷懶和被解雇風險的可能性。

Multiplier 乘數 請見政府購買乘數,貨幣乘數或稅收乘數。

Mundell-Fleming model 孟德爾—弗萊明模型 小型開放經濟體系下的 IS-LM 模型。

Mutual fund 共同基金 持有不同股票或債券資產組合的金融中介。

N

NAIRU 請見無加速型通貨膨脹失業率 (non-accelerating inflation rate of unemployment)。

National income accounting 國民所得會計帳 衡量國民所得和許多其他相關統計量的會計制度。

National income accounts identity 國民所得會計帳恆等式　這個方程式說明國內生產毛額是消費、投資、政府購買及淨出口的加總。

National saving 國民儲蓄　等於國民所得減去消費和政府購買；私人與公共儲蓄的加總。

Natural-rate hypothesis 自然率假說　總需求的波動只有在短期才會影響產出、就業和失業，在長期這些變數都會回到古典模型隱含的水準。

Natural rate of unemployment 自然失業率　穩定狀態下的失業率；經濟體系中長期會趨向的失業率。

Neoclassical model of investment 新古典投資模型　這個理論主張投資受資本邊際產量偏離資本成本的影響。

Net capital outflow 淨資本外流　投資到國外資金的淨流動；等於國內儲蓄減國內投資；也稱為淨對外投資。

Net exports 淨出口　出口減進口。

Net foreign investment 淨對外投資　請見淨資本外流 (net capital outflow)。

Net investment 淨投資　扣除折舊資本重置後的投資數量；資本存量的變動。

Neutrality of money 貨幣中立性　貨幣供給的變動不會影響實質變數的特性。

Nominal 名目　以當前貨幣來衡量；未經通貨膨脹調整的。

Nominal exchange rate 名目匯率　一個國家貨幣與他國貨幣交換的比率。

Nominal interest rate 名目利率　未經通貨膨脹調整的儲蓄的報酬和貸款的成本。

O

Okun's law 歐肯法則　是指失業與實質國內生產毛額之間的負向關係。它主張失業率下跌 1 個百分點會使實質國內生產毛額上漲 2 個百分點。

100-percent-reserve banking 百分之百準備銀行體系　銀行將所有的存款以準備形式持有。

Open economy 開放經濟體系　人們可以自由進行商品與服務國際貿易的經濟體系。

Open-market operations 公開市場操作　中央銀行藉由買賣政府債券來增加或減少貨幣供給。

Optimize 最適化　在一組限制下，達到最佳可能的結果。

Outside lag 外在時間落後　是指政策從實施到影響經濟體系的這段期間。

Outsiders 局外人　是指沒有工作的勞工，所以無法影響工資的談判。

P

Paasche price index 帕氏物價指數　根據變動籃商品衡量的物價水準。

PCE deflator PCE 平減指數　名目個人消費支出對實質個人消費支出的比率；顯示現在消費商品組合的成本相對基期同樣商品組合成本的物價水準衡量指標。

Permanent income 恆常所得　人們預期會持續到未來的所得。

Permanent-income hypothesis 恆常所得假說　一種消費理論，人們是根據恆常所得來進行消費選擇，並且利用儲蓄來平穩消費，以因應臨時所得的變動。

Phillips curve 菲力浦曲線　是指通貨膨脹與失業之間的負向關係；現代形式的短期菲力浦曲線是通貨膨脹、循環性失業、預期通貨膨脹和供給面衝擊之間的關係。

Pigou effect 皮古效果　是指物價水準下跌，使實質貨幣餘額和消費者財富增加，進而導致消費者支出的增加。

Political business cycle 政治景氣循環　為政治利益而操縱經濟情勢所引起產出和就業的波動。

Predetermined variable 先決變數　在前幾期，其數值為固定的變數。

Private saving 私人儲蓄　等於可支配所得減消費。

Procyclical 正向循環　在景氣循環當中，與所得、產出和就業同方向移動；它在不景氣時會下跌，而在繁榮時會上升。

Production function 生產函數　是指生產因素數量如何決定商品與服務生產數量的數學關係；例如，$Y=F(K, L)$。

Profit 利潤　企業主的所得；廠商的收入減廠商的成本。

Public saving 公共儲蓄　政府收入減政府支出；預算盈餘。

Purchasing-power parity 購買力平價　商品在每一個國家的銷售價格應該相同，隱含名目匯率反映物價水準的差異。

Q

q theory of investment q 投資理論　主張資本財的支出受購入資本市場價值相對其重置成本比率的影響。

Quantitative easing 量化寬鬆　中央銀行藉由購買長期債券來降低長期利率目標的擴張貨幣供給的政策。

Quantity equation 數量方程式　是一恆等式，說明貨幣供給與貨幣流通速度的乘積等於名目支出 ($MV=PY$)；加上流通速度穩定的假設，這種名目支出的解釋稱為貨幣數量學說。

Quantity theory of money 貨幣數量學說　強調貨幣數量的變動導致名目支出的變動。

Quota 配額　請見進口配額 (import quota)。

R

Random variable 隨機變數　偶然隨意決定數值的變數。

Random walk 隨機漫步　隨著時間經過，變數的路徑是無法預測的。

Rational expectations 理性預期　假設人們利用所有可以得到的資訊——包括現在與未來的政策——來最適地預測未來。

Real 實質　以固定價格衡量；經通貨膨脹調整過。

Real business cycle theory 實質景氣循環理論　經濟波動是由經濟體系中實質變動 (如技術的改變) 來解釋，名目變動 (如貨幣供給) 並沒有扮演任何角色。

Real cost of capital 實質資本成本　經整體物價水準調整後的資本成本。

Real exchange rate 實質匯率　兩個國家商品的交換比率。

Real interest rate 實質利率　經過通貨膨脹調整過的儲蓄的報酬和貸款的成本。

Real money balances 實質貨幣餘額　以商品與服務表示的貨幣數量；它等於貨幣數量除以物價水準 (M/P)。

Recession 衰退　實質所得持續下跌的期間。

Rental price of capital 資本租賃價格　租賃一單位資本所給付的價格。

Reserve-deposit ratio 準備率　銀行選擇持有的準備對其持有存款數量的比率。

Reserve requirements 法定準備　由中央銀行規定銀行存款準備率下限的法律。

Reserves 準備　銀行收受存款而未貸放出去的部份。

Revaluation 升值　在固定匯率制度下，中央銀行提高本國貨幣價值的舉動。

Ricardian equivalence 李嘉圖等值定理　具遠見的消費者完全預期到政府負債所隱含的未來稅賦，因此今天政府貸款與未來以增稅來償還負債的方式和今天增加稅收的方式，兩者的效果相同。

Risk aversion 風險趨避　厭惡不確定性。

S

Sacrifice ratio 犧牲比率　為了降低 1% 的通貨膨脹，必須放棄一年國內生產毛額的百分比。

Saving 儲蓄 請見國民儲蓄、私人儲蓄和公共儲蓄。

Seasonal adjustment 季節調整 去除經濟變數中隨時間規則變動的部份。

Sectoral shift 部門移轉 是指在不同產業或區域之間，需求組合的改變。

Seigniorage 鑄幣稅 政府透過創造貨幣來增加收入；也稱為通貨膨脹稅。

Shadow banks 影子銀行 就像銀行般的金融機構，但 (不像銀行) 它不能夠吸收由聯邦存款保險公司保險的存款。

Shock 衝擊 是指經濟關係的外生變動，這些經濟關係包括總需求與總供給等。

Shoeleather cost 皮鞋成本 因為實質貨幣餘額減少所產生的通貨膨脹成本，如跑銀行次數增加的不便利性。

Small open economy 小型開放經濟體系 一開放經濟體系，利率由全球金融市場決定；從規模來看，這個經濟體系對全球市場，特別是全球利率水準的影響微不足道。

Solow growth model 梭羅成長模型 這個模型顯示儲蓄、人口成長，和技術進步如何決定生活水準及其成長。

Solow residual 梭羅殘差 是指總要素生產力的成長，以產出變動百分比減去投入變動百分比來衡量，其中投入由因素份額加權計算。

Speculative attack 投機性攻擊 通常因為投資者看法的改變，大量賣出一國貨幣導致固定匯率制度的崩潰。

Speculative bubble 投機性泡沫 資產價格超過其基本價值的上升過程。

Stabilization policy 穩定政策 以降低經濟波動嚴重性為目標的公共政策。

Stagflation 停滯性膨脹 產出下跌與物價水準上升同時存在的現象；所得停滯與通貨膨脹的組合。

Steady state 穩定狀態 是指關鍵變數沒有改變的狀態。

Sticky-price model 價格僵固性模型 一種總供給的模型，強調商品與服務價格的緩慢調整。

Sticky prices 價格僵固性 物價調整緩慢，因此不會使供給與需求達到均衡。

Stock (1) 存貨 在任一時點測得的變數數量；**(2) 股份** 公司所有權的股份證明。

Stock market 股票市場 是指公司所有權股份的買賣場所。

Store of value 價值的儲存 一種將購買力從現在移轉到未來的方式；貨幣功能的一種。

Structural unemployment 結構性失業 因為工資僵固性和工作配給所產生的失業現象。

Sub-prime borrower 次級貸款者 所得與資產較低的貸款者，因此具有較高的違約風險。

Supply shocks 供給面衝擊 是指那些使總供給曲線移動的外生事件。

T

Tariff 關稅 是指對進口商品課徵的稅賦。

Tax multiplier 稅收乘數 當稅收變動 1 塊錢時引起總所得的變動量。

Tax smoothing 稅收平滑 一種財政政策，是為了在政府支出暫時偏高或國民收入暫時偏低的情況下，維持預算赤字來保持稅率的長期穩定。

Taylor principle 泰勒原則 面對通貨膨脹，中央銀行應該更大幅度地提高名目利率的命題。

Taylor rule 泰勒法則 貨幣政策法則，根據此法則，中央銀行利率是通貨膨脹的正函數，以及產出低於其自然水準的負函數。

Theory of liquidity preference 流動性偏好理論 基於凱因斯的一般理論，利率調整至使貨幣供給與需求相等的簡單利率模型。

Time inconsistency 時間不一致性 政策制定者在事前宣佈政策來影響私人決策者的預期，但在這些預期形成與採取措施後,再採取不同的政策,這種情況即為時間不一致性。

Time-inconsistent preferences 時間不一致性偏好 消費者目標可能隨著時間經過而變動,因此,他們無法依據先前制定的計畫來執行。

Tobin's q 杜賓 q 購入資本的市場價值與其重置成本的比率。

Total factor productivity 總要素生產力 一種技術水準的衡量標準;每一單位投入的產出數量,其中不同的投入以各自的因素份額加權。

Trade balance 貿易餘額 等於出口的收入減去進口的支出。

Trade deficit 貿易赤字 進口大於出口。

Trade surplus 貿易盈餘 出口大於進口。

Transactions velocity of money 貨幣的交易流通速度 所有交易貨幣價值對貨幣供給的比率。

Transfer payments 移轉性支付 從政府移轉到個人手中的福利津貼,這項津貼不是用來與人民交換商品與服務,而是單方面的給付,如社會安全福利金。

Transitory income 臨時所得 人們預期不會持續到未來的所得;當期所得減正常所得。

U

Underground economy 地下經濟 為了逃稅或從事非法活動的經濟交易。

Unemployment insurance 失業保險 一種政府福利制度,失業者在沒有工作以後,可以從政府領到一段期間的福利津貼。

Unemployment rate 失業率 失業人口占勞動力的比率。

Unit of account 計價的單位 價格與其他會計科目可以被衡量出來;貨幣功能的一種。

Utility 效用 家計單位滿足程度的衡量指標。

V

Value added 附加價值 廠商產品的價值減去廠商所購入中間商品的價值。

Velocity of money 貨幣流通速度 名目支出對貨幣供給的比率;它是貨幣轉手的次數。

W

Wage 工資 支付給一單位勞動的金額。

Wage rigidity 工資僵固性 是指工資無法調整到使勞動供給與勞動需求達到均衡。

World interest rate 全球利率 是指全球金融市場現行的利率水準。

索引

Cobb-Douglas 生產函數　Cobb-Douglas production function　52
IS 曲線　IS curve　288
IS-LM 模型　IS-LM model　288
LM 曲線　LM curve　288
PCE 平減物價指數　PCE deflator　31

三畫

小型開放經濟體系　small open economy　132
工資僵固性　wage rigidity　173

四畫

不可能的三位一體　impossible trinity　361
不完全資訊模型　imperfect-information model　378
不對稱資訊　asymmetric information　480
中央銀行　central bank　81
內生成長理論　endogenous growth theory　223
內生變數　endogenous variables　6
內在時間落後　inside lag　437
公司所得稅　corporate income tax　519
公共儲蓄　public saving　61
公開市場操作　open-market operations　82
分散風險　diversification　479

升值　revaluation　350

五畫

古典二分法　classical dichotomy　123
可支配所得　disposable income　56
可貸資金　loanable funds　61
外生變數　exogenous variables　6
外在時間落後　outside lag　437
失業率　unemployment rate　3, 34
市場結清　market clearing　9
平均消費傾向　average propensity to consume　500
生命循環假說　life-cycle hypothesis　503
生產因素　factors of production　43
生產因素價格　factor prices　45
生產函數　production function　43
皮古效果　Pigou effect　326
皮鞋成本　shoeleather cost　114

六畫

交易的媒介　medium of exchange　78
全球利率　world interest rate　133
共同基金　mutual fund　479
名目利率　nominal interest rate　57, 108
名目國內生產毛額　nominal GDP　21

索引 549

名目匯率　nominal exchange rate　141
名目變數　nominal variables　123
存款準備率　reserve-deposit ratio　88
存量　stock　17
成本推動的通貨膨脹　cost-push inflation
　　386
成長會計　growth accounting　233
百分之百準備銀行　100-percent-reserve banking　84
自動穩定因子　automatic stabilizers　437
自然失業率　natural rate of unemployment
　　167
自然率假說　natural-rate hypothesis　393

七畫

利率　interest rate　56
利潤　profit　46
局內人　insiders　177
局外人　outsiders　177
投資　investment　25
投資抵減　investment tax credit　519
投機性泡沫　speculative bubble　484
折舊　depreciation　516
李嘉圖等值定理　Ricardian equivalence　465
杜賓 q　Tobin's q　520
私人儲蓄　private saving　61

八畫

事前實質利率　ex ante real interest rate　110
事後實質利率　ex post real interest rate　110
供給面衝擊　supply shock　275

固定規模報酬　constant returns to scale　43
固定匯率　fixed exchange rates　348
孟德爾—弗萊明模型　Mundell-Fleming model
　　339
法定準備　reserve requirements　91
股份　stock　478
金本位　gold standard　79
金融中介　financial intermediary　86
金融中介機構　financial intermediaries　478
金融市場　financial markets　478
金融危機　financial crisis　483
金融體系　financial system　478
附加價值　value added　20

九畫

恆常所得　permanent income　506
恆常所得假說　permanent income hypothesis
　　506
政府購買　government purchases　25
政府購買乘數　government-purchases multiplier　292
政治景氣循環　political business cycle　443
活期存款　demand deposits　82
流動性危機　liquidity crisis　490
流動性偏好理論　theory of liquidity preference
　　301
流動性陷阱　liquidity trap　331
流量　flow　17
計價的單位　unit of account　78
風險趨避　risk averse　479

十畫

個體基礎的謹慎規範　microprudential　494
個體經濟學　microeconomics　10
借貸限制　borrowing constraints　509
效率工資　efficiency wage　177
時間不一致性　time inconsistency　444
時間不一致性偏好　time-inconsistent preferences　512
氣餒的工人　discouraged workers　182
泰勒法則　Taylor rule　409
泰勒原則　Taylor principle　429
浮動匯率　floating exchange rates　344
消費　consumption　25
消費函數　consumption function　56
消費者物價指數　consumer price index, CPI　29
衰退　recession　3
逆向選擇　adverse selection　480
釘住通貨膨脹　inflation targeting　446

十一畫

商品貨幣　commodity money　79
國內生產毛額平減物價指數　GDP deflator　22
國民所得會計帳　national income accounting　16
國民所得會計帳恆等式　national income accounts identity　24
國民儲蓄　national saving　61
強制貨幣　fiat money　79

排擠　crowding out　62
梭羅成長模型　Solow growth model　191
淨出口　net exports　25, 128
淨投資　net investment　517
淨資本外流　net capital outflow　129
理性預期　rational expectations　391
設算值　imputed value　20
貨幣　money　77
貨幣中立性　monetary neutrality　123
貨幣供給　money supply　81
貨幣的交易流通速度　transactions velocity of money　101
貨幣的所得流通速度　income velocity of money　102
貨幣政策　monetary policy　81
貨幣乘數　money multiplier　89
貨幣基數　monetary base　88
貨幣傳遞機能　monetary transmission mechanism　314
貨幣需求函數　money demand function　102
貨幣數量學說　quantity theory of money　103
貨幣學派　monetarists　446
通貨　currency　82
通貨存款比率　currency-deposit ratio　88
通貨緊縮　deflation　3
通貨膨脹　inflation　99
通貨膨脹率　inflation rate　3
部份準備銀行體系　fractional-reserve banking　85
部門移轉　sectoral shift　171

十二畫

凱因斯十字架/凱因斯交叉 Keynesian cross 289

創造性毀滅 creative destruction 227

勞動力 labor force 34

勞動的邊際產量 marginal product of labor, MPL 46

勞動效率 efficiency of labor 220

勞動增強的技術進步成長率 rate of labor-augmenting technological progress 221

循環調整預算赤字 cyclically adjusted budget deficit 462

惡性通貨膨脹 hyperinflation 99

稅收平滑 tax smoothing 470

稅收乘數 tax multiplier 294

結構性失業 structural unemployment 174

菜單成本 menu costs 114

菲力浦曲線 Phillips curve 383

貶值 devaluation 350

費雪方程式 Fisher equation 108

費雪效果 Fisher effect 108

貼現率 discount rate 90

貿易平衡 balanced trade 130

貿易赤字 trade deficit 130

貿易盈餘 trade surplus 130

貿易餘額 trade balance 129

超額準備 excess reserves 91

黃金法則的資本水準 Golden Rule level of capital 202

十三畫

債務─通貨緊縮理論 debt-deflation theory 327

債務融資 debt finance 478

新古典投資模型 neoclassical model of investment 514

會計利潤 accounting profit 50

準備 reserves 84

準備利息 interest on reserves 91

經濟利潤 economic profit 49

資本的邊際產量 marginal product of capital, MPK 48

資本預算 capital budgeting 460

資本適足 capital requirement 87

資金最後融通者 lender of the resort 490

資產負債表 balance sheet 84

跳樓大拍賣 fire sale 486

道德風險 moral hazard 481

十四畫

實質工資 real wage 48

實質利率 real interest rate 57, 108

實質國內生產毛額 real GDP 21

實質貨幣餘額 real money balances 102

實質匯率 real exchange rate 142

實質資本成本 real cost of capital 517

實質資本租賃價格 real rental price of capital 49

實質變數 real variables 123

槓桿　leverage　87, 484
銀行資本　bank capital　87
需求拉動的通貨膨脹　demand-pull inflation　386
需求面衝擊　demand shock　275
領先指標　leading indicators　262

十五畫

僵固的　sticky　9
價值的儲存　store of value　78
價格僵固性模型　sticky-price model　376
彈性　flexible　9
影子銀行　shadow banks　490
摩擦性失業　frictional unemployment　170
數量方程式　quantity equation　100
模型　models　5
歐肯法則　Okun's law　260
衝擊　shock　275
質國內生產毛額　real GDP　3
適應性預期　adaptive expectations　385

十六畫以上

盧卡斯批判　Lucas critique　440
蕭條　depression　3

融資限制　financing constraints　522
遲滯現象　hysteresis　394
隨機漫步　random walk　510
儲蓄　saving, S　61
總供給　aggregate supply, AS　270
總需求　aggregate demand, AD　268
總體基礎的謹慎規範　macropurdential　494
總體經濟學　macroeconomics　1
聯邦準備　Federal Reserve　81
臨時所得　transitory income　506
購買力平價　purchasing-power parity　150
穩定狀態　steady-state　196
穩定政策　stabilization policy　275
邊際消費傾向　marginal propensity to consume, MPC　56, 500
邊際產量遞減　diminishing marginal product　47
競爭廠商　competitive firm　45
犧牲比率　sacrifice ratio　390
權益融資　equity finance　478
鑄幣稅　seigniorage　106